中国县域经济

CHINA COUNTY-LEVEL ECONOMY

2002

高以诺 刘福刚 孟宪江

国家行政学院出版社

图书在版编目(CIP)数据

中国县域经济.2002/高以诺等编.
北京:国家行政学院出版社,2003.8
ISBN 7-80140-302-9
Ⅰ.中… Ⅱ.①高…②刘…③孟… Ⅲ.县—地区经济—概况—中国—2002 Ⅳ.F127
中国版本图书馆 CIP 数据核字(2003)第066086号

书　　名　中国县域经济(2002)
作　　者　高以诺 刘福刚 孟宪江
责任编辑　韩匆 王兵
出版发行　国家行政学院出版社
　　　　　(北京市海淀区长春桥路6号 100089)
经　　销　新华书店
印　　刷　北京华正印刷厂
版　　次　2003年8月北京第1版
印　　次　2003年8月北京第1次印刷
开　　本　880毫米×1230毫米 16开
印　　张　42
字　　数　949千
书　　号　ISBN 7-80140-302-9/F.26
定　　价　286.00元(精装)

ISBN 7-80140-302-9
9 787801 403025 >

编写说明

县域经济是国民经济的基本单元。中国全面建设小康社会的一个关键点是县域经济的发展，也是推动解决“三农”问题的一个切入点。为此，中郡县域经济研究所全国县域经济基本竞争力评价中心，在《经济日报》县域经济周刊、中国区域经济学会等部门和有关专家学者的支持参与下，开展了全国县域经济基本竞争力评价（评价结果陆续刊登在《经济日报》县域经济周刊）。

为了更好地推动中国县域经济的发展和县域经济研究的深入，编者将已刊登过的县域经济资料，编辑成书——《中国县域经济（2002）》，以飨读者。《中国县域经济（2002）》是全国县域经济研究领域第一部综合性、年鉴式资料，为县域经济发展和研究提供了一个动态的参照系和借鉴平台。

《中国县域经济（2002）》主要内容包括：第二届中国县域经济基本竞争力百强、中国县域经济总览、中国县域经济基本竞争力评价和中国县域经济论坛。

一、全国县域经济基本竞争力评价，已于2002年12月陆续刊登在《经济日报（县域经济周刊）》。

二、全国县域经济基本竞争力评价是由编者单位以公开出版的统计资料为基础，经过对比、甄别、核实后，本着真实、客观、科学的原则，进行评价得出的。

三、中国县域经济论坛主要是介绍县域经济发展的理论和实践，特别是一些县（市）的经验总结、特色经济发展状况，并配发图片。

四、编撰中国县域经济年鉴式资料尚属首次尝试，无同类书籍可资借鉴，加之编者自身水平所限，本书错漏及不妥之处在所难免，恳切欢迎读者批评教正。

编 者

2003年8月

统筹城乡经济社会发展，建设现代农业，发展农村经济，增加农民收入，是全面建设小康社会的重大任务。加强农业基础地位，推进农业和农村经济结构调整，保护和提高粮食综合生产能力，健全农产品质量安全体系，增强农业的市场竞争力。积极推进农业产业化经营，提高农民进入市场的组织化程度和农业综合效益。发展农产品加工业，壮大县域经济。

——摘自江泽民同志在中国共产党第十六次全国代表大会上的报告

增加对农业基础设施建设和农业科技的投入。加快节水灌溉、人畜饮水、县乡公路、农村能源、农村教育和医疗卫生设施等建设。加大对粮食主产区的扶持。搞好扶贫开发工作。增强集体经济实力。推动县域经济发展。

——摘自朱镕基同志在第十届全国人大一次会议上的政府工作报告

农村的发展，县委、政府是关键。县委、政府要把农村工作作为重点。县级经济要以农业和农村经济为中心。当前，要把调整农业结构、增加农民收入摆在突出位置。“一要吃饭、二要建设”是县级经济建设的一条重要方针。一切从实际出发，尊重农民意愿是必须坚持的思想和工作路线。《经济日报》要重视县级经济、社会发展的研究和宣传报道。

——温家宝同志在 2002 年 1 月 31 日给《经济日报》的批示

梨城

中共库尔勒市委书记 孙建新

库尔勒市人民政府市长 木塔里甫·玉素甫

西域明珠—库尔勒

人民广场

库尔勒市荣誉榜

- ★ 第一、二届中国县域经济基本竞争力百强县（市）
- ★ 第一、二届中国西部百强县（市）第一名
- ★ 全国创建文明城工作先进城市
- ★ 国家卫生城市
- ★ 全国双拥模范城
- ★ 中国优秀旅游城市
- ★ 全国环境综合整治先进城市
- ★ 全国民族团结进步模范市
- ★ 库尔勒素有梨乡 梨城之美誉
- ★ 库尔勒近年来发展成为中国西部重要的石油化工业基地

香梨丰收

风帆广场

石化大道

塔指生活小区

高要市城区新貌

位于高要的广东鸿图科技股份有限公司
是华南地区规模最大的铝合金公司

圣莎拉制衣公司是高要市一家大型的
外资企业，拥有员工4000多人。

璀璨的高要市城区夜景

蓬勃发展的高要市

高要市位于广东省中部、西江中下游，既属珠江三角洲经济区和肇庆市经济发展中心区，又属全省50个山区县（市）之一。东与珠江三角洲腹地接壤，西与粤西相联，处于经济发达的珠江三角洲和资源丰富的西江经济走廊结合部。距广州90公里，香港138海里。全市总面积2196平方公里，总人口73.1万人，有华侨、港澳台同胞22万人。

改革开放以来，全市经济和社会各项事业都保持了良好的发展势头。1993年撤县建市，1994年列入珠江三角洲经济区，并成为广东省首批23个小康达标县（市）之一，2001年被评为广东省文明城市、卫生城市、文化先进市，在第二届全国县域经济基本竞争力评价中，列百强县（市）68位。

横贯高要的广肇高速公路

建设中的肇庆市（高要）金渡工业园

XIANTAO CHINA

中国仙桃

中共仙桃市委书记、市长 马清明

丝宝工业城

市政广场

新区一景

城市夜景

水乡园林城市

中共双流县委书记 冷 刚

双流县人民政府县长 牛 敏

四川省 双流县

双流县位于“天府之国”——成都平原的腹地，面积1072平方公里，总人口87.4万人。

双流经济社会发展迅速，连续6年成为四川省县级经济实力综合评价“十强县”第一名，连续两届进入“中国西部百强县”第二名和中国县域经济基本竞争力百强县。

府河明珠——华阳

东升镇夜景

四川国际高尔夫球俱乐部

省级风景区——黄龙溪

美丽的华阳镇

府河明珠——华阳镇

发挥优势 引客商

重点项目汇 滕州

中共枣庄市委常委、滕州市委书记 牛启忠

中共滕州市委副书记、市长 杜永光

荆河公园一瞥

鲁南大酒店

新源电厂施工现场

文化广场全景

国家历史文化名城—江苏常熟

居民新村 夏普公司车间一角

方塔园 高尔夫球场 全国十大内河港口之一——常熟港 服装服饰博览会

常熟市大力构筑“大港口、大交通、大工业、大市场、大城市”

海虞路

安宁市位于云南省中部，东距省会昆明市主城区28公里，是昆明通往滇西8个州和缅甸的必经之道。安宁市域内矿产资源丰富，山川秀美、气候宜人。安宁依托中心城市昆明市，具有优越的地理位置和良好的投资环境。

- **区划**：辖 7 镇 3 乡，市域面积 1321 平方公里。
- **人口**：29.5 万人，其中非农业人口占人口总数的 55.6%。
- **交通**：成昆铁路和安楚、石安高等级公路横贯安宁境内，形成了四通八达、纵横交错的网络化交通格局。
- **资源**：磷矿、盐矿、钙芒硝、铁矿、天然温泉、高岭土。
- **气候**：亚热带高原季风气候，平均海拔 1800 米，年平均气温 15.7 度，年降雨量 1136 毫米，冬暖夏凉，四季宜人。
- **市树**：滇翠柏（又名大鳞肖楠、花瓶柏）。
- **市花**：梅花。
- **安宁精神**：团结奋进，求实拼搏，乐于奉献，争创一流。
- **发展战略**：科教兴市、工业强市、城市发展推动、建设园林生态城市和对外开放五大战略。
- **支柱产业**：冶金矿产、盐磷化工、高新技术、商贸旅游、绿色经济。

幽静的昆明软件园

享誉中外的天下第一汤

城市一角

郫县 Pixian County

正在崛起的中国西部硅谷

郫县位于川西平原腹心，成都市近郊，距成都市中心10公里，区位优势突出，交通十分便捷，生态环境优美，市政设施完善。幅员面积437.5平方公里，辖19个镇、261个村，总人口47.3万人。

近年来，郫县始终坚持以追赶型、跨越式发展为主题，调整优化经济结构为主线，建设成都高新西区为龙头，扩大开放招商引资为重点，提高经济运行质量为核心，壮大财政综合实力为目标，县域经济快速高效发展，综合经济实力显著增强，城乡人民生活日益改善。2001年，实现国内生产总值70.2亿元，比1997年（下同）增长59.6%，年均增长12.4%；一、二、三产业增加值比例由1997年的17.1：58.3：24.6调至12.4：61.9：25.7；财政收入突破4亿元，增长1.4倍，年均增长24.5%；农民人均纯收入3263元，增加708元；城镇居民人均可支配收入7452元，增加2292元。特别是成都国家高新技术产业开发区西区（简称成都高新西区）定址郫县，构筑了以高新技术产业支撑开放型县域经济跨越式发展的战略格局。2001年，电子信息、生物医药等高新技术产业实现工业增加值占全县规模工业增加值的51%，解缴税收占全县重点工业企业纳税总额的62%。连续5年评为全省综合经济实力“十强县”；2000年经济发展综合指数居全国百强县第89位，综合竞争能力居西部百强县第10位。

“十五”期郫县实现跨越式发展的总体思路是：坚持以“三个代表”重要思想为指针，以贯彻落实党的十六大和省市党代会精神为动力，按照“实力做强、功能做优、形象做美、品位做高”的要求，以成都高新西区建设、郫县跨越式发展为“第一要务”统揽县域经济工作全局，突出抓好招商引资、支柱工业、科教兴县、农民增收和城镇建设，调整优化经济结构，提高经济增长质量，增强财政综合实力，不断改善人民生活，努力把郫县建设成为经济发达、城乡繁荣、设施完善、环境优美、社会文明、充满活力、可持续发展的成长型经济强县和现代化建设的先行区。**奋斗目标是：**到2005年，国内生产总值达到160亿元，人均GDP达到4000美元以上；一、二、三产业增加值比例调整为6：70：24；财政收入达到13亿元，占GDP的比重达8%以上；农村、城镇居民人均可支配收入分别达到4200和10000元。

发展高科技　实现新跨越
Develop the high-tech,realize new leap

●**科学决策，引领郫县发展新跨越**。省委省政府、市委市政府把成都高新西区作为实施"一号工程"的重要载体，聚集发展电子信息、生物医药等高新技术产业的重要基地，构建"高科技成都"、推动区域经济发展新跨越的重要支撑。成都高新西区建设启动以来，江泽民、胡锦涛、李岚清、乔石、宋平、姜春云、李铁映等党和国家领导人先后视察成都高新西区，四川省委书记周永康、省长张中伟、省委常委、成都市委书记王荣轩、市长李春城等省、市领导多次深入成都高新西区调研指导、推动发展。

江泽民同志视察迪康药业

胡锦涛同志视察成都高新西区软件园

李岚清同志视察成都高新西区

四川省委书记周永康、省长张中伟为成都高新西区重大项目奠基

成都市委书记王荣轩、市长李春城督战成都高新西区

郫县 Pixian County

正在崛起的中国西部硅谷

摩托罗拉成都软件中心

●电子信息产业聚集发展势头强劲。国家集成电路设计成都产业化基地、国家软件产业（成都）基地、国家信息安全成果产业化（西部）基地在成都高新西区挂牌运行。引进电子信息产业项目76个，协议投资总额90亿元，实际到位资金25亿元。摩托罗拉成都软件中心及无线通讯（GSM）实验室、瑞士布鲁克超高压电缆生产基地等世界500强企业和托普科技、大唐电信、汇源科技、国腾通讯等国内电子信息百强企业落户成都高新西区。托普软件、大唐电信、银河磁体、汇源电子等26家企业建成投产。

托普科技

大堂电信

国腾通讯

迈普科技

●国家中药现代化科技产业园初具规模。引进生物医药研发、生产项目28个，协议投资总额30亿元，实际到位资金16亿元。投资上亿元的项目有三九药业、奥邦药业、华宇制药等10个。迪康药业、蓝剑药业、奇力制药、恒瑞制药等16个项目建成投产。进区制药企业获得国家一类新药2个、二类新药9个、三类新药79个，国家中药保护品种25个。

迪康药业

蓝剑药业

蓝光生物研发中心

华宇制药

●独具优势的大学经济圈战略格局正在形成。电子科技大学、西南交通大学、成都电子高专、四川工业学院新校园等14所大学落户郫县；电子科大国腾软件学院和微电子学院、成都中医药大学药学院、四川外国语学院成都分院、四川师范大学信息学院、托普信息技术学院等8所大学建成招生，为快速发展高新技术产业提供了可持续的人才支撑和项目源泉。

①电子科技大学
②西南交通大学
③成都中医药大学药学院
④四川外国语学院成都分院
⑤电子科大国腾软件学院、微电子学院

发展高科技　实现新跨越

Develop the high-tech,realize new leap

●高新技术孵化器产业初见成效。近6万平方米的成都高新西区创业中心、迪康医药研发中心和雅地高新技术孵化器等建成投运；中国西部大学生创业园和成都电子科技大学、四川大学科技园在成都高新西区挂牌运行；签约入驻的孵化项目有台湾凌阳科技、韩国特路庀科、新加坡电脑集团、哈工大斗软等92个，投资规模近8亿元；目前已有78个孵化项目建成投运，广越射频、顺康电子等一批孵化项目进入产业化发展阶段。区内已相继建立10家风险投资公司，风投资金规模达10亿元，累计为区内企业提供近2亿元的风投资金。

成都高新西区创业中心孵化器

广越设频

旭展电子

银河磁体

岚牌实业

●创汇经济发展成效显著。全县获得自营进出口经营权的企业达35家，2001年出口创汇达6020万美元，位居成都市区（市）县第1位，进入四川省出口创汇“十强县”。银河磁体、托普科技、岚牌实业等被列入全省外贸出口50强企业和全市10户重点出口企业。

花卉苗木种植基地

●现代农业发展取得重大突破。国家现代农业科技园定址郫县，美国乃奇乐乳业、以色列智能温室、英国PIC种猪场等一批投资上1000万元的现代农业项目相继建成。花卉苗木基地面积达7万亩，优质蔬菜面积达10万亩，被农业部列为国家级蔬菜标准化生产示范区，被国家林业局授予“中国盆景之乡”。

以色列智能温室

农业产业化重点龙头企业——（美国独资）四川乃奇乐乳业有限公司

县城夜景一隅

●乡村城市化进程加快。建成县域高等级公路128公里，公路密度达2.02公里/平方公里，实现镇镇通达二级公路、村村通达黑色油路，电话普及率达36部/百人，城市化水平达34%。全县19个镇均进入国家、省级小城镇建设试点镇，被列为全国乡村城市化试点县，建成省级卫生县城和国家生态示范区，被评为全国城市环境综合整治优秀县城和村镇建设先进县。

中共临邑县委书记 杨军

临邑县人民政府县长 玄祖香

临邑县

国内先进的黑液利用“五效蒸发站”

恒源石化

红坛寺森林公园

临邑邢侗公园

临邑县先后荣获

全国民族团结进步先进县

全国科技工作先进县

全国平原绿化先进县

全国农村经营管理先进县

全国城市环境综合整治优美县城

全省党管武装工作先进县

全省信访工作先进县

全省老干部工作先进县

全省双拥模范县

全省计划生育优质服务县

全省社会治安综合治理模范县

省级文明卫生城

齐鲁杯优秀县城等荣誉称号

临盘文化广场

中共兖州市委书记　李卫国

兖州市人民政府市长　于建民

城市景观

城市住宅小区一瞥

现代化的大型煤矿——兴隆庄煤矿

锦秀兖州

千年古城

科技示范园

兴隆塔

太阳纸业集团公司

兖州广场

铸于清康熙年间，重 1.5 吨、长 7.5 米的镇水“天下第一剑”

保德县

中共保德县委书记 梁 洁

保德县人民政府县长 李永胜

保德地处晋、陕、蒙三省区交汇处，是通商贸易的集散地，自古就有“水旱码头”之称。面积997.5平方公里，人口14.5万，是典型的山区农业县。

保德县有得天独厚的矿产自然资源，有优质的动力煤、高品位的铝钒土、裸露地表的石灰石、纯天然优质矿泉水等。

保德名产主要有保德油枣和活性炭。保德油枣为“中华贡枣”，是山西八大名枣之一，驰名海内外。

保德县委县政府紧紧围绕“调整经济结构”这个主题，全面实施了“优化环境，开放引进”战略，县域经济实现了大跨跃，成为“第二届全国县域经济基本竞争力提升速度最快的百县（市）之一，争取再用3–5年时间跨入全省经济强县行列。

新建的滨河广场

府前大街一角

天桥铁厂

神朔铁路保德黄河大桥

神华集团康家滩现代化大型煤矿一角

县委书记安峰（中）深入县铁合金厂调研

县委副书记、代理县长饶小华同志（左）在详细询问贵州红星梵净山冷水渔业有限责任公司生产经营状况

1 梵净山泉与梵山净水相映成趣
2 渝怀铁路过境江口，桃映新寨为在建县级站。图为建设工地一角。
3 名贵中药材五陪子
4 太平云舍冷水鱼养殖场一角

①

②

④

③

江口县具有丰富的山野菜资源亟待开发，图为蕨菜、蕨粑及竹笋

县毛巾厂车间工人正在紧张工作

名山脚下的开放县一江口

人间仙境　蓬莱市

独特的山海风光与人文景观，构成了蓬莱的旅游主体

莱是候鸟的主要迁徙地之一

斛珠矶

炮台

发水产公司加工的海产品

蓬莱金福不锈钢有限公司生产车间

中国·蓬莱“和平颂”青少年文化节

蓬莱葡萄具有同法国名酒城“波尔多”相似的葡萄质量

小鸭集团生产车间

青岛啤酒生产车间

畿东第一城
——遵化市

遵化市位于河北省东北部燕山南麓，北倚长城，西顾京城，南临津唐，东通辽沈，素有“畿东第一城”之称。境内有三山两川，总面积1521平方公里，辖25个乡镇，两个街道办事处，648个行政村，68万人口。

改革开放二十多年来，遵化人民发扬“团结、勤奋、求实、创新”的遵化精神，励精图治，国民经济和社会事业持续、快速、健康发展。到2001年底，全市国内生产总值实现98.9亿元，财政收入实现4.1亿元。在第二届全国县域经济基本竞争力评价中，首次跻身全国百强县（市），位居全国77位。

中共遵化市委书记 贾晓峰

遵化市人民政府市长 崔长征

新区雏形

穿行境内的112国道

奇士电助动自行车公司

万国兴宇纺织公司

中国板栗之乡 图为全国最大的板栗加工厂中外合资企业栗源集团

昔称地瓜县　今登百强榜——惠安县

雕之乡——惠安“中国雕艺城”

走马埭万亩农田——省级现代农业示范片

安城南中心工业区

国家重点文物保护单位——惠安崇武古城

啤酒龙头企业——惠泉啤酒集团股份有限公司

县城中新花园音乐喷泉广场

旧城改造后的惠安县城新貌

省级旅游区——西施殿

諸暨

全國最大的珍珠養殖、加工和銷售基地

THE LARGEST BASE OF PEARL CULTURE, PROCESSING AND SALE IN CHINA

珍珠市场

全國最大的襪業生產、銷售基地

THE LARGEST BASE OF SOCKS PRODUCTION AND SALE IN CHINA

袜业市场

国家二A级旅游区——斗岩风景区

白云禅寺

文昌阁

广西藤县

棋蜜柚

熟江口荔枝

自治区认证的无公害无籽西瓜

白粉

藤县位于广西东部，水陆交通便利。行政区域面积3945.62平方公里。2002年末人口92.89万，有壮、瑶等少数民族4000多人。盛产无公害香芋、粉葛、无籽西瓜、沙田柚和迟熟江口荔枝等农产品。

全县森林覆盖率70.1%，有林面积26.23万公顷。特优林产品有西江桂皮、龙淳八角和松脂。2000年被国家林业局命名为“中国名特优经济林肉桂之乡”。

主要矿产资源有钛、黄金、铅锌、重晶石和高岭土，其中钛矿储量998万吨，居广西首位。

旅游景点有太平狮山、天平罗漫山、明朝著名将领袁崇焕故居藤县天平镇新马村和太平天国后期英王陈玉成、忠王李秀成、侍王李世贤、来王陆顺德故里大黎镇。其中太平狮山为自治区级森林公园旅游景点。

中共藤县县委书记：秦国明，藤县人民政府县长：李军平。

西江桂皮

龙淳牌大红八角

城河东新区街景

太湖西南岸的璀璨明珠

——长兴县

浙江省长兴县位于太湖西南岸，素称“鱼米之乡，丝绸之府，文化之邦”。面积1427平方公里，人口62万。长兴历史悠久，文化底蕴深厚，为中国茶文化的发祥地，又有“江南小延安”之称。

近年来，长兴先后争创了全国科技工作先进县、省级文明城市、双拥模范城“四连冠”、浙江省教育强县、综合治理先进县，连续两届进入全国县域经济基本竞争力“百强县（市）”之列。

在十六大精神指引下，长兴将以加快建设山水园林型现代中等工贸城市为目标，加快工业化、外向化、城市化、科技产业化进程，着力打造“四张名片”，推进“三大建设”，大手笔确定旅游发展新定位，为全县的经济跨越式发展创造更美、更有吸引力的环境。

目 录

■ 中国县域经济推荐

■第二届中国县域经济基本竞争力百强

■中国县域经济总览

■中国县域经济基本竞争力评价

■中国县域经济论坛

■中国县域经济推荐

■附 第一届中国县域经济基本竞争力百强

第二届中国县域经济基本竞争力百强县(市)名单

2nd CHINA COUNTY-LEVEL ECONOMY BASIC COMPETITIVENESS TOP100

排位	县域	UNIT	中郡指数	竞争力动态	竞争力等级
1	广东顺德市	GD—Shunde City	R1T2052	相对稳定	A
2	广东南海市	GD—Nanhai City	R2T2052	相对稳定	A
3	江苏江阴市	JS—Jiangyin City	R3T2052	相对稳定	A
4	江苏张家港市	JS—Zhangjiagang City	R4T2052	相对稳定	A
5	江苏常熟市	JS—Changshu City	R5T2052	相对稳定	A
6	福建晋江市	FJ—Jinjiang City	R6T2052	相对稳定	A
7	江苏武进市	JS—Wujin City	R7T2052	相对稳定	A
8	江苏昆山市	JS—Kunshan City	R8T2052	相对稳定	A
9	浙江绍兴县	ZJ—Shaoxing County	R9T2052	相对稳定	A
10	江苏吴江市	JS—Wujiang City	R10T2052	相对稳定	A
11	浙江慈溪市	ZJ—Cixi City	R11T2052	相对稳定	A
12	山东荣成市	SD—Rongcheng City	R12T2052	相对稳定	A
13	江苏宜兴市	JS—Yixing City	R13T2052	相对稳定	A
14	浙江鄞县	ZJ—Yinxian County	R14T2052	相对稳定	A
15	浙江温岭市	ZJ—Wenling City	R15T2052	相对稳定	A
16	福建福清市	FJ—Fuqing City	R16T2052	相对稳定	A
17	浙江余姚市	ZJ—Yuyao City	R17T2052	相对稳定	A
18	山东文登市	SD—Wendeng City	R18T2052	相对稳定	A
19	浙江乐清市	ZJ—Leqing City	R19T2052	相对稳定	A
20	浙江诸暨市	ZJ—Zhuji City	R20T2052	相对稳定	A
21	江苏太仓市	JS—Taicang City	R21T2052	相对稳定	A
22	辽宁海城市	LN—Haicheng City	R22T2052	相对稳定	A
23	浙江义乌市	ZJ—Yiwu City	R23T2052	相对稳定	A
24	浙江瑞安市	ZJ—Rui'an City	R24T2052	相对稳定	A
25	广东增城市	GD—Zengcheng City	R25T2052	相对稳定	A

第二届中国县域经济基本竞争力百强县(市)名单(续)

2nd CHINA COUNTY-LEVEL ECONOMY BASIC COMPETITIVENESS TOP100

排位	县域	UNIT	中郡指数	竞争力动态	竞争力等级
26	福建南安市	FJ—Nan'an City	R26T2052	相对稳定	A
27	江苏丹阳市	JS—Danyang City	R27T2052	相对稳定	A
28	浙江海宁市	ZJ—Haining City	R28T2052	相对稳定	A
29	山东龙口市	SD—Longkou City	R29T2052	相对稳定	A
30	山东邹城市	SD—Zoucheng City	R30T2052	相对稳定	A
31	浙江桐乡市	ZJ—Tongxiang City	R31T2052	相对稳定	A
32	福建惠安县	FJ—Hui'an County	R32T2052	相对稳定	A
33	浙江上虞市	ZJ—Shangyu City	R33T2052	相对稳定	A
34	广东新会市	GD—Xinhui City	R34T2052	相对稳定	A
35	山东胶南市	SD—Jiaonan City	R35T2052	相对稳定	A
36	山东即墨市	SD—Jimo City	R36T2052	相对稳定	A
37	浙江富阳市	ZJ—Fuyang City	R37T2052	相对稳定	A
38	广东普宁市	GD—Puning City	R38T2052	相对稳定	A
39	山东胶州市	SD—Jiaozhou City	R39T2052	相对稳定	A
40	江苏通州市	JS—Tongzhou City	R40T2052	相对稳定	A
41	山东平度市	SD—Pingdu City	R41T2052	相对稳定	A
42	山东寿光市	SD—Shouguang City	R42T2052	相对稳定	A
43	江苏海门市	JS—Haimen City	R43T2052	相对稳定	A
44	山东章丘市	SD—Zhangqiu City	R44T2052	相对稳定	A
45	广东惠阳市	GD—Huiyang City	R45T2052	相对稳定	A
46	山东莱州市	SD—Laizhou City	R46T2052	相对稳定	A
47	江苏启东市	JS—Qidong City	R47T2052	相对稳定	A
48	新疆库尔勒市	XJ—Ku'erle City	R48T2052	相对稳定	A
49	福建石狮市	FJ—Shishi City	R49T2052	相对稳定	A
50	山东滕州市	SD—Tengzhou City	R50T2052	相对稳定	A

第二届中国县域经济基本竞争力百强县(市)名单(续)

2nd CHINA COUNTY-LEVEL ECONOMY BASIC COMPETITIVENESS TOP100

排位	县域	UNIT	中郡指数	竞争力动态	竞争力等级
51	广东潮阳市	GD—Chaoyang City	R51T2052	相对稳定	A
52	广东台山市	GD—Taishan City	R52T2052	相对稳定	A
53	四川双流县	SC—Shuangliu County	R53T2052	相对稳定	A
54	山东诸城市	SD—Zhucheng City	R54T2052	相对稳定	A
55	河南巩义市	HEN—Gongyi City	R55T2052	相对稳定	A
56	江苏江都市	JS—Jiangdu City	R56T2052	相对稳定	A
57	广东开平市	GD—Kaiping City	R57T2052	相对稳定	A
58	浙江东阳市	ZJ—Dongyang City	R58T2052	相对稳定	A
59	山东新泰市	SD—Xintai City	R59T2052	相对稳定	A
60	浙江玉环县	ZJ—Yuhuan County	R60T2052	相对稳定	A
61	广东三水市	GD—Sanshui City	R61T2052	相对稳定	A
62	山东乳山市	SD—Rushan City	R62T2052	相对稳定	A
63	湖南长沙县	HN—Changsha County	R63T2052	相对稳定	A
64	河北丰南市	HEB—Fengnan City	R64T2052	相对稳定	A
65	湖北仙桃市	HB—Xiantao City	R65T2052	相对稳定	A
66	山东兖州市	SD—Yanzhou City	R66T2052	相对稳定	A
67	浙江临海市	ZJ—Linhai City	R67T2052	相对稳定	A
68	广东高要市	GD—Gaoyao City	R68T2052	相对稳定	A
69	浙江平湖市	ZJ—Pinghu City	R69T2052	相对稳定	A
70	福建龙海市	FJ—Longhai City	R70T2052	相对稳定	A
71	山东肥城市	SD—Feicheng City	R71T2052	相对稳定	A
72	山东招远市	SD—Zhaoyuan City	R72T2052	相对稳定	A
73	江苏东台市	JS—Dongtai City	R73T2052	相对稳定	A
74	江苏铜山县	JS—Tongshan County	R74T2052	相对稳定	A
75	江苏泰兴市	JS—Taixing City	R75T2052	相对稳定	A

第二届中国县域经济基本竞争力百强县(市)名单(续)

2nd CHINA COUNTY-LEVEL ECONOMY BASIC COMPETITIVENESS TOP100

排位	县域	UNIT	中郡指数	竞争力动态	竞争力等级
76	浙江永康市	ZJ—Yongkang City	R76T2052	相对稳定	A
77	河北遵化市	HEB—Zunhua City	R77T2052	相对稳定	A
78	辽宁普兰店市	LN—Pulandian City	R78T2052	相对稳定	A
79	江苏溧阳市	JS—Liyang City	R79T2052	相对稳定	A
80	河北迁安市	HEB—Qian'an City	R80T2052	相对稳定	A
81	浙江苍南县	ZJ—Cangnan County	R81T2052	相对稳定	A
82	浙江象山县	ZJ—Xiangshan County	R82T2052	相对稳定	A
83	上海崇明县	SH—Chongming County	R83T2052	相对稳定	A
84	湖北枣阳市	HB—Zaoyang City	R84T2052	相对稳定	A
85	辽宁瓦房店市	LN—Wafangdian City	R85T2052	相对稳定	A
86	山东蓬莱市	SD—Penglai City	R86T2052	相对稳定	A
87	辽宁庄河市	LN—Zhuanghe City	R87T2052	相对稳定	A
88	山东莱西市	SD—Laixi City	R88T2052	相对稳定	A
89	广东高州市	GD—Gaozhou City	R89T2052	相对稳定	A
90	浙江临安市	ZJ—Lin'an City	R90T2052	相对稳定	A
91	河南新郑市	HEN—Xinzheng City	R91T2052	相对稳定	A
92	广东揭东县	GD—Jiedong County	R92T2052	相对稳定	A
93	浙江嘉善县	ZJ—Jiashan County	R93T2052	相对稳定	A
94	广东博罗县	GD—Boluo County	R94T2052	相对稳定	A
95	广东从化市	GD—Conghua City	R95T2052	相对稳定	A
96	福建长乐市	FJ—Changle City	R96T2052	相对稳定	A
97	浙江长兴县	ZJ—Changxing County	R97T2052	相对稳定	A
98	浙江平阳县	ZJ—Pingyang County	R98T2052	相对稳定	A
99	福建安溪县	FJ—Anxi County	R99T2052	相对稳定	A
100	辽宁大石桥市	LN—Dashiqiao City	R100T2052	相对稳定	A

第二届中国西部百强县(市)名单

2nd CHINA WESTEN COUNTY-LEVEL ECONOMY BASIC COMPETITIVENESS TOP100

排位	县域	UNIT	中郡指数	竞争力动态	竞争力等级
1	新疆库尔勒市	XJ—Ku'erle City	R48T2052	相对稳定	A
2	四川双流县	SC—Shuangliu County	R53T2052	相对稳定	A
3	重庆江津市	CQ—Jiangjin City	R112T2052	相对稳定	A
4	重庆合川市	CQ—Hechuan City	R118T2052	相对稳定	A
5	云南大理市	YN—Dali City	R124T2052	相对稳定	A
6	四川江油市	SC—Jiangyou City	R150T2052	相对稳定	A
7	四川郫县	SC—Pixian County	R155T2052	相对稳定	A
8	四川什邡市	SC—Shifang City	R166T2052	相对稳定	A
9	四川崇州市	SC—Chongzhou City	R169T2052	相对稳定	A
10	新疆鄯善县	XJ—Shanshan County	R191T2052	相对稳定	A
11	四川都江堰市	SC—Dujiangyan City	R205T2052	相对稳定	B
12	四川绵竹市	SC—Mianzhu City	R208T2052	相对稳定	B
13	重庆永川市	CQ—Yongchuan City	R212T2052	相对稳定	B
14	广西来宾县	GX—Laibin County	R216T2052	相对稳定	B
15	四川邛崃市	SC—Qionglai City	R218T2052	相对稳定	B
16	云南安宁市	YN—Anning City	R223T2052	相对稳定	B
17	四川西昌市	SC—Xichang City	R225T2052	相对稳定	B
18	云南弥勒县	YN—Mile County	R227T2052	上升	B
19	四川金堂县	SC—Jintang County	R230T2052	相对稳定	B
20	贵州遵义县	GZ—Zunyi County	R238T2052	相对稳定	B
21	四川大邑县	SC—Dayi County	R242T2052	相对稳定	B
22	云南楚雄市	YN—Chuxiong City	R249T2052	相对稳定	B
23	四川广汉市	SC—Guanghan City	R260T2052	相对稳定	B
	新疆阿克苏市	XJ—Akesu City	R282T2052	相对稳定	B
25	广西合浦县	GX—Hepu County	R283T2052	相对稳定	B

第二届中国西部百强县(市)名单(续)

2nd CHINA WESTEN COUNTY-LEVEL ECONOMY BASIC COMPETITIVENESS TOP100

排位	县域	UNIT	中郡指数	竞争力动态	竞争力等级
26	广西宜州市	GX—Yizhou City	R291T2052	相对稳定	B
27	广西邕宁县	GX—Yongning County	R293T2052	相对稳定	B
28	四川温江县	SC—Wenjiang County	R299T2052	相对稳定	B
29	广西贺州市	GX—Hezhou City	R300T2052	相对稳定	B
30	四川射洪县	SC—Shehong County	R307T2052	相对稳定	B
31	内蒙古准格尔旗	NM—Zhunge'er Banner	R308T2052	相对稳定	B
32	重庆铜梁县	CQ—Tongliang County	R311T2052	相对稳定	B
33	新疆昌吉市	XJ—Changji City	R315T2052	相对稳定	B
34	广西北流市	GX—Beiliu City	R350T2052	相对稳定	B
35	内蒙古达拉特旗	NM—DalateBanner	R352T2052	相对稳定	B
36	四川中江县	SC—Zhongjiang County	R353T2052	相对稳定	B
37	四川三台县	SC—Santai County	R364T2052	相对稳定	B
38	青海格尔木市	QH—Ge'ermu City	R369T2052	相对稳定	B
39	四川彭州市	SC—Pengzhou City	R376T2052	相对稳定	B
40	广西武鸣县	GX—Wuming County	R377T2052	相对稳定	B
41	新疆石河子市	XJ—Shihezi City	R386T2052	相对稳定	B
42	四川仁寿县	SC—Renshou County	R392T2052	相对稳定	B
43	重庆綦江县	CQ—Qijiang County	R393T2052	相对稳定	B
44	广西博白县	GX—Bobai County	R398T2052	相对稳定	B
45	贵州毕节市	GZ—Bijie City	R400T2052	相对稳定	B
46	四川简阳市	SC—Jianyang City	R401T2052	相对稳定	C
47	重庆大足县	CQ—Dazu County	R405T2052	相对稳定	C
48	重庆开县	CQ—Kaixian County	R410T2052	相对稳定	C
49	重庆璧山县	CQ—Bishan County	R416T2052	相对稳定	C
50	内蒙古临河市	NM—Linhe City	R423T2052	相对稳定	C

第二届中国西部百强县(市)名单(续)

2nd CHINA WESTEN COUNTY-LEVEL ECONOMY BASIC COMPETITIVENESS TOP100

排位	县域	UNIT	中郡指数	竞争力动态	竞争力等级
51	贵州兴义市	GZ—Xingyi City	R424T2052	相对稳定	C
52	四川大竹县	SC—Dazhu County	R425T2052	相对稳定	C
53	甘肃玉门市	GS—Yumen City	R429T2052	相对稳定	C
54	广西全州县	GX—Quanzhou County	R430T2052	相对稳定	C
55	云南宣威市	YN—Xuanwei City	R443T2052	相对稳定	C
56	陕西长安县	SN—Chang'an County	R452T2052	上升	C
57	广西南丹县	GX—Nandan County	R453T2052	相对稳定	C
58	新疆哈密市	XJ—Hami City	R454T2052	相对稳定	C
59	广西百色市	GX—Baise City	R459T2052	相对稳定	C
60	广西桂平市	GX—Guiping City	R463T2052	相对稳定	C
61	贵州盘县	GZ—Panxian County	R465T2052	相对稳定	C
62	云南个旧市	YN—Gejiu City	R466T2052	相对稳定	C
63	广西河池市	GX—Hechi City	R472T2052	相对稳定	C
64	陕西神木县	SN—Shenmu County	R480T2052	相对稳定	C
65	重庆南川市	CQ—Nanchuan City	R482T2052	相对稳定	C
66	四川南部县	SC—Nanbu County	R490T2052	相对稳定	C
67	四川达县	SC—Daxian County	R491T2052	相对稳定	C
68	四川富顺县	SC—Fushun County	R496T2052	相对稳定	C
69	云南宜良县	YN—Yiliang County	R501T2052	相对稳定	C
70	广西横县	GX—Hengxian County	R504T2052	相对稳定	C
71	广西崇左县	GX—Chongzuo County	R508T2052	上升	C
72	新疆沙湾县	XJ—Shawan County	R511T2052	相对稳定	C
73	四川新津县	SC—Xinjin County	R512T2052	相对稳定	C
74	四川威远县	SC—Weiyuan County	R518T2052	相对稳定	C
75	宁夏青铜峡市	NX—Qingtongxia City	R528T2052	相对稳定	C

第二届中国西部百强县(市)名单(续)

2nd CHINA WESTEN COUNTY-LEVEL ECONOMY BASIC COMPETITIVENESS TOP100

排位	县域	UNIT	中郡指数	竞争力动态	竞争力等级
76	广西浦北县	GX—Pubei County	R529T2052	相对稳定	C
77	内蒙古满州里市	NM—Manzhouli City	R530T2052	相对稳定	C
78	重庆潼南县	CQ—Tongnan County	R531T2052	相对稳定	C
79	甘肃张掖市	GS—Zhangye City	R535T2052	相对稳定	C
80	云南景洪市	YN—Jinghong City	R541T2052	相对稳定	C
81	陕西靖边县	SN—Jingbian County	R546T2052	上升	C
82	贵州清镇市	GZ—Qingzhen City	R548T2052	相对稳定	C
83	四川宜宾县	SC—Yibin County	R554T2052	相对稳定	C
84	重庆荣昌县	CQ—Rongchang County	R555T2052	相对稳定	C
85	新疆玛纳斯县	XJ—Manasi County	R560T2052	相对稳定	C
86	甘肃平凉市	GS—Pingliang City	R561T2052	上升	C
87	重庆垫江县	CQ—Dianjiang County	R562T2052	相对稳定	C
88	贵州仁怀市	GZ—Renhuai City	R566T2052	相对稳定	C
89	广西平果县	GX—Pingguo County	R575T2052	相对稳定	C
90	四川峨眉山市	SC—Emeishan City	R592T2052	相对稳定	C
91	广西宾阳县	GX—Binyang County	R596T2052	相对稳定	C
92	四川泸县	SC—Luxian County	R603T2052	相对稳定	D
93	云南开远市	YN—Kaiyuan City	R605T2052	相对稳定	D
94	广西藤县	GX—Tengxian County	R617T2052	相对稳定	D
95	内蒙古伊金霍洛	NM—Yijinhuoluo Banne	R620T2052	相对稳定	D
96	四川安岳县	SC—Anyue County	R621T2052	相对稳定	D
97	新疆阜康市	XJ—Fukang City	R625T2052	相对稳定	D
98	新疆乌苏市	XJ—Wusu City	R626T2052	相对稳定	D
99	四川资中县	SC—Zizhong County	R627T2052	相对稳定	D
100	新疆伊宁市	XJ—Yining City	R629T2052	相对稳定	D

第二届中国县域经济基本竞争力提升速度最快的百县(市)名单

2nd CHINA COUNTY-LEVEL ECONOMY BASIC COMPETITIVENESS INCREASING TOP100

县域	UNIT	中郡指数	竞争力动态	竞争力等级
安徽繁昌县	AH-Fanchang County	R667T2052	上升	D
安徽旌德县	AH-Jingde County	R1593T2052	上升	H
甘肃环县	GS-Huanxian County	R1516T2052	上升	H
甘肃平凉市	GS-Pingliang City	R561T2052	上升	C
广东东源县	GD-Dongyuan County	R1165T2052	上升	F
广东和平县	GD-Heping County	R1340T2052	上升	G
广西天峨县	GX-Tian'e County	R1133T2052	上升	F
贵州纳雍县	GZ-Nayong County	R1090T2052	上升	F
贵州普安县	GZ-Pu'an County	R1650T2052	上升	I
贵州松桃县	GZ-Songtao County	R1415T2052	上升	H
贵州修文县	GZ-Xiuwen County	R1158T2052	上升	F
贵州玉屏县	GZ-Yuping County	R1379T2052	上升	G
河北博野县	HEB-Boye County	R1485T2052	上升	H
河北丰宁县	HEB-Fengning County	R1187T2052	上升	F
河北宽城县	HEB-Kuancheng County	R1093T2052	上升	F
河北涞水县	HEB-Laishui County	R1422T2052	上升	H
河北平泉县	HEB-Pingquan County	R949T2052	上升	E
河南社旗县	HEN-Sheqi County	R997T2052	上升	E
河南台前县	HEN-Taiqian County	R1374T2052	上升	G
河南舞钢市	HEN-Wugang City	R741T2052	上升	D
河南义马市	HEN-Yima City	R936T2052	上升	E
黑龙江勃利县	HL-Boli County	R1092T2052	上升	F
黑龙江杜尔伯特县	HL-Du'erbote County	R1155T2052	上升	F
黑龙江呼玛县	HL-Huma County	R1465T2052	上升	H
黑龙江桦南县	HL-Huanan County	R1030T2052	上升	F

第二届中国县域经济基本竞争力提升速度最快的百县(市)名单(续)

2nd CHINA COUNTY-LEVEL ECONOMY BASIC COMPETITIVENESS INCREASING TOP100

县域	UNIT	中郡指数	竞争力动态	竞争力等级
黑龙江漠河县	HL-Mohe County	R1182T2052	上升	F
黑龙江青冈县	HL-Qinggang County	R1377T2052	上升	G
黑龙江饶河县	HL-Raohe County	R1782T2052	上升	I
黑龙江肇源县	HL-Zhaoyuan County	R1008T2052	上升	F
黑龙江肇州县	HL-Zhaozhou County	R1002T2052	上升	F
吉林乾安县	JL-Qian'an County	R950T2052	上升	E
吉林镇赉县	JL-Zhenlai County	R1074T2052	上升	F
江苏响水县	JS-Xiangshui County	R736T2052	上升	D
江西横峰县	JX-Hengfeng County	R1683T2052	上升	I
江西永新县	JX-Yongxin County	R1342T2052	上升	G
辽宁北宁市	LN-Beining City	R411T2052	上升	C
辽宁北票市	LN-Beipiao City	R1104T2052	上升	F
辽宁昌图县	LN-Changtu County	R599T2052	上升	C
辽宁朝阳县	LN-Chaoyang County	R1214T2052	上升	G
辽宁法库县	LN-Faku County	R853T2052	上升	E
辽宁阜新县	LN-Fuxin County	R1327T2052	上升	G
辽宁建昌县	LN-Jianchang County	R963T2052	上升	E
辽宁建平县	LN-Jianping County	R1112T2052	上升	F
辽宁康平县	LN-Kangping County	R1122T2052	上升	F
辽宁铁法市	LN-Tiefa City	R894T2052	上升	E
辽宁彰武县	LN-Zhangwu County	R1458T2052	上升	H
内蒙古二连浩特市	NM-Erlianhaote City	R635T2052	上升	D
内蒙古和林格尔县	NM-Helinge'er County	R837T2052	上升	E
内蒙古科左中旗	NM-Ke'erqinzuoyizhong Banner	R1026T2052	上升	F
内蒙古莫力达瓦旗	NM-Molidawa Banner	R1010T2052	上升	F

第二届中国县域经济基本竞争力提升速度最快的百县(市)名单(续)

2nd CHINA COUNTY-LEVEL ECONOMY BASIC COMPETITIVENESS INCREASING TOP100

县域	UNIT	中郡指数	竞争力动态	竞争力等级
内蒙古托克托县	NM–Tuoketuo County	R838T2052	上升	E
宁夏海原县	NX–Haiyuan County	R1756T2052	上升	I
宁夏彭阳县	NX–Pengyang County	R1714T2052	上升	I
宁夏西吉县	NX–Xiji County	R1757T2052	上升	I
宁夏中卫县	NX–Zhongwei County	R827T2052	上升	E
青海贵德县	QH–Guide County	R1658T2052	上升	I
青海湟源县	QH–Huangyuan County	R1594T2052	上升	H
青海湟中县	QH–Huangzhong County	R1658T2052	上升	G
青海祁连县	QH–Qilian County	R1687T2052	上升	I
山东冠县	SD–Guanxian County	R597T2052	上升	C
山西保德县	SX–Baode County	R1680T2052	上升	I
山西长治县	SX–Changzhi County	R1103T2052	上升	F
山西长子县	SX–Zhangzi County	R1402T2052	上升	H
山西汾西县	SX–Fenxi County	R1702T2052	上升	I
山西浮山县	SX–Fushan County	R1433T2052	上升	H
山西古交市	SX–Gujiao City	R691T2052	上升	D
山西古县	SX–Guxian County	R1483T2052	上升	H
山西和顺县	SX–Heshun County	R1631T2052	上升	I
山西交城县	SX–Jiaocheng County	R1526T2052	上升	H
山西交口县	SX–Jiaokou County	R1662T2052	上升	I
山西蒲县	SX–Puxian County	R1413T2052	上升	H
山西沁水县	SX–Qinshui County	R1277T2052	上升	G
山西沁源县	SX–Qinyuan County	R1700T2052	上升	I
山西曲沃县	SX–Quwo County	R1201T2052	上升	G
山西寿阳县	SX–Shouyang County	R1373T2052	上升	G

第二届中国县域经济基本竞争力提升速度最快的百县(市)名单(续)

2nd CHINA COUNTY-LEVEL ECONOMY BASIC COMPETITIVENESS INCREASING TOP100

县域	UNIT	中郡指数	竞争力动态	竞争力等级
山西文水县	SX-Wenshui County	R1273T2052	上升	G
山西乡宁县	SX-Xianning County	R1135T2052	上升	F
山西襄汾县	SX-Xiangfen County	R765T2052	上升	D
山西翼城县	SX-Yicheng County	R1055T2052	上升	F
陕西定边县	SN-Dingbian County	R1216T2052	上升	G
陕西户县	SN-Huxian County	R638T2052	上升	D
陕西佳县	SN-Jiaxian County	R1482T2052	上升	H
陕西靖边县	SN-Jingbian County	R546T2052	上升	C
陕西西乡县	SN-Xixiang County	R1567T2052	上升	H
四川珙县	SC-Gongxian County	R1326T2052	上升	G
四川泸定县	SC-Luding County	R1710T2052	上升	I
四川松潘县	SC-Songpan County	R1410T2052	上升	H
四川盐边县	SC-Yanbian County	R925T2052	上升	E
西藏安多县	XZ-Anduo County	R1674T2052	上升	I
西藏林芝县	XZ-Linzhi County	R1160T2052	上升	F
西藏那曲县	XZ-Naqu County	R1681T2052	上升	I
西藏日喀则市	XZ-Rikaze City	R1703T2052	上升	I
新疆富蕴县	XJ-Fuyun County	R1431T2052	上升	H
新疆和布克赛尔县	XJ-Hebukesai'er County	R1274T2052	上升	G
新疆皮山县	XJ-Pishan County	R1636T2052	上升	I
新疆疏附县	XJ-Shufu County	R1589T2052	上升	H
新疆伊吾县	XJ-Yiwu County	R1746T2052	上升	I
云南弥勒县	YN-Mile County	R227T2052	上升	B
浙江松阳县	ZJ-Songyang County	R978T2052	上升	E
重庆秀山县	CQ-Xiushan County	R1124T2052	上升	F

第二届中国各省市区县域经济基本竞争力排序

2nd CHINA COUNTY-LEVEL ECONOMY BASIC COMPETITIVENESS EVALUATION BY PROVINCE

排位	省市区	竞争力数	分级
1	上海	1969	I
2	天津	1878	I
3	江苏	1850	I
4	北京	1735	I
5	山东	1703	II
6	浙江	1694	II
7	广东	1465	III
8	福建	1431	III
9	辽宁	1404	III
10	河南	1395	III
11	湖北	1355	III
12	重庆	1327	III
13	安徽	1283	III
14	吉林	1253	III
15	河北	1208	III
16	湖南	1145	III
17	海南	1113	III
18	广西	1048	III
19	黑龙江	1014	III
20	江西	902	IV
21	四川	854	IV
22	内蒙古	795	IV
23	云南	669	IV
24	新疆	663	IV
25	宁夏	661	IV
26	山西	619	IV
27	陕西	611	IV
28	贵州	606	IV
29	甘肃	507	IV
30	青海	392	IV
31	西藏	232	V

■第二届中国县域经济基本竞争力百强

■中国县域经济总览

■中国县域经济基本竞争力评价

■中国县域经济论坛

■中国县域经济推荐

■附 第一届中国县域经济基本竞争力百强

中国县域经济单位

全国县域经济单位简表

省级		地级		县级	
合计	行政区划单位	合计	行政区划单位	合计	行政区划单位
34	4 直辖市 23 省 5 自治区 2 特别行政区	332	265 地级市 32 地区 30 自治州 5 盟	2861	808 市辖区 393 县级市 1489 县 116 自治县 49 旗 3 自治旗 2 特区 1 林区
北京市				18	16 市辖区 2 县
天津市				18	15 市辖区 3 县
河北省		11	11 地级市	173	35 市辖区 23 县级市 109 县 6 自治县
山西省		11	10 地级市 1 地区	119	22 市辖区 12 县级市 85 县
内蒙古自治区		12	7 地级市 5 盟	101	19 市辖区 13 县级市 17 县 49 旗 3 自治旗
辽宁省		14	14 地级市	100	56 市辖区 17 县级市 19 县 8 自治县
吉林省		9	8 地级市 1 自治州	60	19 市辖区 20 县级市 18 县 3 自治县

省级	地级		县级	
行政区划单位	合计	行政区划单位	合计	行政区划单位
黑龙江省	13	12 地级市 1 地区	130	64 市辖区 19 县级市 46 县 1 自治县
上海市			19	18 市辖区 1 县
江苏省	13	13 地级市	108	50 市辖区 28 县级市 30 县
浙江省	11	11 地级市	88	29 市辖区 22 县级市 36 县 1 自治县
安徽省	17	17 地级市	105	44 市辖区 5 县级市 56 县
福建省	9	9 地级市	85	25 市辖区 14 县级市 46 县
江西省	11	11 地级市	99	19 市辖区 10 县级市 70 县
山东省	17	17 地级市	139	48 市辖区 31 县级市 60 县
河南省	17	17 地级市	158	48 市辖区 21 县级市 89 县
湖北省	13	12 地级市 1 自治州	102	38 市辖区 24 县级市 37 县 2 自治县 1 林区
湖南省	14	13 地级市 1 自治州	122	34 市辖区 16 县级市 65 县 7 自治县

省级	地级		县级	
行政区划单位	合计	行政区划单位	合计	行政区划单位
广东省	21	21 地级市	124	48 市辖区 31 县级市 42 县 3 自治县
广西壮族自治区	14	9 地级市 5 地区	109	28 市辖区 10 县级市 59 县 12 自治县
海南省	2	2 地级市	20	3 市辖区 7 县级市 4 县 6 自治县
重庆市			40	15 市辖区 4 县级市 17 县 4 自治县
四川省	21	18 地级市 3 自治州	180	41 市辖区 14 县级市 122 县 3 自治县
贵州省	9	4 地级市 2 地区 3 自治州	87	9 市辖区 9 县级市 56 县 11 自治县 2 特区
云南省	16	5 地级市 3 地区 8 自治州	128	9 市辖区 10 县级市 80 县 29 自治县
西藏自治区	7	1 地级市 6 地区	73	1 市辖区 1 县级市 71 县
陕西省	10	10 地级市	107	21 市辖区 3 县级市 83 县
甘肃省	14	6 地级市 6 地区 2 自治州	86	11 市辖区 8 县级市 60 县 7 自治县

省级	地级		县级	
行政区划单位	合计	行政区划单位	合计	行政区划单位
青海省	8	1 地级市 1 地区 6 自治州	43	4 市辖区 2 县级市 30 县 7 自治县
宁夏回族自治区	4	4 地级市	24	8 市辖区 2 县级市 14 县
新疆维吾尔自治区	14	2 地级市 7 地区 5 自治州	96	11 市辖区 17 县级市 62 县 6 自治县
* 香港特别行政区				
* 澳门特别行政区				
* 台湾省				

注：* 香港特别行政区、澳门特别行政区、台湾省资料略。

* 资料截止 2001 年 12 月 31 日。

全国各省市区县域经济单位表

北京市县域单位表

市辖区	东城区 西城区 崇文区 宣武区 朝阳区 海淀区 丰台区 石景山区 门头沟区 房山区 通州区 顺义区 昌平区 平谷区 怀柔区 大兴区
县	密云县 延庆县

天津市县域单位表

市辖区	和平区	河东区	河西区	南开区	河北区
	红桥区	塘沽区	汉沽区	大港区	东丽区
	西青区	北辰区	津南区	武清区	宝坻区
县	静海县	宁河县	蓟县		

河北省县域单位表

石家庄市	长安区	桥东区	桥西区	新华区	裕华区
	井陉矿区				
	辛集市	藁城市	晋州市	新乐市	鹿泉市
	平山县	井陉县	栾城县	正定县	行唐县
	灵寿县	高邑县	赵县	赞皇县	深泽县
	无极县	元氏县			
唐山市	路北区	路南区	古冶区	开平区	新区
	遵化市	丰南市	迁安市		
	迁西县	滦南县	丰润县	玉田县	唐海县
	乐亭县	滦县			
秦皇岛市	海港区	山海关区	北戴河区		
	昌黎县	卢龙县	抚宁县	青龙县	
邯郸市	丛台区	复兴区	邯山区	峰峰矿区	
	武安市				
	邯郸县	永年县	曲周县	馆陶县	魏县
	大名县	涉县	鸡泽县	邱县	广平县
	肥乡县	临漳县	磁县	成安县	
邢台市	桥东区	桥西区			
	南宫市	沙河市			
	邢台县	柏乡县	任县	清河县	宁晋县
	威县	隆尧县	临城县	广宗县	临西县
	内丘县	平乡县	巨鹿县	新河县	南和县
保定市	新市区	南市区	北市区		
	涿州市	定州市	安国市	高碑店市	
	满城县	清苑县	涞水县	阜平县	徐水县
	定兴县	唐县	高阳县	容城县	涞源县
	望都县	安新县	易县	曲阳县	蠡县
	顺平县	博野县	雄县		
张家口市	桥西区	桥东区	宣化区	下花园区	
	宣化县	康保县	张北县	阳原县	赤城县

河北省县域单位表(续)

	沽源县	怀安县	怀来县	崇礼县	尚义县
	蔚县	涿鹿县	万全县		
承德市	双桥区	双滦区	鹰手营子矿区		
	承德县	兴隆县	隆化县	平泉县	滦平县
	丰宁县	围场县	宽城县		
沧州市	运河区	新华区			
	泊头市	任丘市	黄骅市	河间市	
	沧县	青县	献县	东光县	海兴县
	盐山县	肃宁县	南皮县	吴桥县	孟村县
廊坊市	安次区	广阳区			
	霸州市	三河市			
	固安县	永清县	香河县	大城县	文安县
	大厂县				
衡水市	桃城区				
	冀州市	深州市			
	饶阳县	枣强县	故城县	阜城县	安平县
	武邑县	景县	武强县		

山西省县域单位表

太原市	杏花岭区	小店区	迎泽区	尖草坪区	万柏林区
	晋源区				
	古交市				
	阳曲县	清徐县	娄烦县		
大同市	城区	矿区	南郊区	新荣区	
	天镇县	灵丘县	阳高县	左云县	大同县
	广灵县	浑源县			
阳泉市	城区	矿区	郊区		
	平定县	盂县			
长治市	城区	郊区			
	潞城市				
	长治县	长子县	平顺县	襄垣县	沁源县
	屯留县	黎城县	武乡县	沁县	壶关县
晋城市	城区				
	高平市				
	泽州县	陵川县	阳城县	沁水县	
朔州市	朔城区	平鲁区			
	山阴县	右玉县	应县	怀仁县	
晋中市	榆次区				
	介休市				
	昔阳县	灵石县	祁县	左权县	寿阳县
	太谷县	和顺县	平遥县	榆社县	
忻州市	忻府区				
	原平市				
	代县	神池县	五寨县	五台县	偏关县
	宁武县	静乐县	繁峙县	河曲县	保德县
	定襄县	岢岚县			
临汾市	尧都区				
	侯马市	霍州市			
	汾西县	吉县	安泽县	大宁县	浮山县
	古县	隰县	襄汾县	翼城县	永和县

山西省县域单位表(续)

	乡宁县	曲沃县	洪洞县	蒲县	
运城市	盐湖区				
	河津市	永济市			
	闻喜县	新绛县	平陆县	垣曲县	绛县
	稷山县	芮城县	夏县	万荣县	临猗县
吕梁地区	离石市	孝义市	汾阳市		
	文水县	中阳县	兴县	临县	方山县
	柳林县	岚县	交口县	交城县	石楼县

内蒙古自治区县域单位表

呼和浩特市	回民区	玉泉区	新城区	赛罕区	
	托克托县	和林格尔县	土默特左旗	清水河县	武川县
包头市	昆都仑区	青山区	东河区	九原区	石拐区
	白云矿区				
	固阳县	土默特右旗	达茂联合旗		
乌海市	海勃湾区	乌达区	海南区		
赤峰市	红山区	元宝山区	松山区		
	宁城县	林西县	喀喇沁旗	巴林左旗	敖汉旗
	翁牛特旗	阿鲁科尔沁旗	克什克腾旗	巴林右旗	
通辽市	科尔沁区				
	霍林郭勒市				
	开鲁县	科尔沁左翼中旗	科尔沁左翼后旗	库伦旗	奈曼旗
	扎鲁特旗				
鄂尔多斯市	东胜区				
	准格尔旗	鄂托克前旗	伊金霍洛旗	鄂托克旗	乌审旗
	杭锦旗	达拉特旗			
呼伦贝尔市	海拉尔区				
	满洲里市	额尔古纳市	扎兰屯市	根河市	牙克石市
	鄂温克旗	新巴尔虎右旗	新巴尔虎左旗	阿荣旗	鄂伦春旗
	莫力达瓦旗	陈巴尔虎旗			
乌兰察布盟	集宁市	丰镇市			
	兴和县	察哈尔右翼后旗	察哈尔右翼前旗	凉城县	化德县
	商都县	察哈尔右翼中旗	四子王旗	卓资县	
锡林郭勒盟	锡林浩特市	二连浩特市			
	多伦县	苏尼特左旗	东乌珠穆沁旗	正蓝旗	阿巴嘎旗
	苏尼特右旗	太仆寺旗	西乌珠穆沁旗	镶黄旗	正镶白旗

内蒙古自治区县域单位表(续)

巴彦淖尔盟	临河市 五原县　乌拉特前旗　乌拉特中旗　磴口县　杭锦后旗 乌拉特后旗
阿拉善盟	阿拉善左旗　阿拉善右旗　额济纳旗
兴安盟	乌兰浩特市　阿尔山市 突泉县　科尔沁右翼中旗　科尔沁右翼前旗　扎赉特旗

辽宁省县域单位表

沈阳市	沈河区	皇姑区	和平区	大东区	铁西区
	苏家屯区	东陵区	新城子区	于洪区	
	新民市				
	法库县	辽中县	康平县		
大连市	西岗区	中山区	沙河口区	甘井子区	旅顺口区
	金州区				
	瓦房店市	普兰店市	庄河市		
	长海县				
鞍山市	铁东区	铁西区	立山区	千山区	
	海城市				
	台安县	岫岩县			
抚顺市	新抚区	东洲区	望花区	顺城区	
	抚顺县	清原县	新宾县		
本溪市	平山区	明山区	溪湖区	南芬区	
	本溪县	桓仁县			
丹东市	振兴区	元宝区	振安区		
	东港市	凤城市			
	宽甸县				
锦州市	太和区	古塔区	凌河区		
	凌海市	北宁市			
	黑山县	义县			
葫芦岛市	龙港区	南票区	连山区		
	兴城市				
	绥中县	建昌县			
营口市	站前区	西市区	鲅鱼圈区	老边区	
	大石桥市	盖州市			
盘锦市	双台子区	兴隆台区			
	盘山县	大洼县			
阜新市	海州区	太平区	清河门区	细河区	新邱区
	彰武县	阜新县			

辽宁省县域单位表(续)

辽阳市	白塔区	文圣区	宏伟区	太子河区	弓长岭区
	灯塔市				
	辽阳县				
铁岭市	银州区	清河区			
	铁法市	开原市			
	铁岭县	昌图县	西丰县		
朝阳市	双塔区	龙城区			
	凌源市	北票市			
	朝阳县	建平县	喀喇沁左翼县		

吉林省县域单位表

长春市	朝阳区	宽城区	二道区	南关区	绿园区
	双阳区				
	九台市	榆树市	德惠市		
	农安县				
吉林市	船营区	昌邑区	龙潭区	丰满区	
	舒兰市	桦甸市	蛟河市	磐石市	
	永吉县				
四平市	铁西区	铁东区			
	公主岭市	双辽市			
	梨树县	伊通县			
辽源市	龙山区	西安区			
	东辽县	东丰县			
通化市	东昌区	二道江区			
	梅河口市	集安市			
	通化县	辉南县	柳河县		
白山市	八道江区				
	临江市				
	靖宇县	抚松县	江源县	长白县	
松原市	宁江区				
	乾安县	长岭县	扶余县	前郭县	
白城市	洮北区				
	洮南市	大安市			
	镇赉县	通榆县			
延边州	延吉市	图们市	敦化市	龙井市	珲春市
	和龙市				
	安图县	汪清县			

黑龙江省县域单位表

哈尔滨市	道里区 南岗区 动力区 平房区 香坊区 太平区 道外区 阿城市 尚志市 双城市 五常市 呼兰县 方正县 宾县 依兰县 巴彦县 通河县 木兰县 延寿县
齐齐哈尔市	龙沙区 昂昂溪区 铁峰区 建华区 富拉尔基区 碾子山区 梅里斯区 讷河市 富裕县 拜泉县 甘南县 依安县 克山县 泰来县 克东县 龙江县
鹤 岗 市	兴山区 工农区 南山区 兴安区 向阳区 东山区 萝北县 绥滨县
双鸭山市	尖山区 岭东区 四方台区 宝山区 集贤县 宝清县 友谊县 饶河县
鸡西市	鸡冠区 恒山区 城子河区 滴道区 梨树区 麻山区 密山市 虎林市 鸡东县
大庆市	萨尔图区 红岗区 龙凤区 让胡路区 大同区 林甸县 肇州县 肇源县 杜尔伯特县
伊春市	伊春区 带岭区 南岔区 金山屯区 西林区 美溪区 乌马河区 翠峦区 友好区 上甘岭区 五营区 红星区 新青区 汤旺河区 乌伊岭区 铁力市 嘉荫县
牡丹江市	爱民区 东安区 阳明区 西安区 绥芬河市 宁安市 海林市 穆棱市 林口县 东宁县
佳木斯市	前进区 永红区 向阳区 东风区 郊区 同江市 富锦市

黑龙江省县域单位表(续)

	桦川县	抚远县	桦南县	汤原县	
七台河市	桃山区	新兴区	茄子河区		
	勃利县				
黑河市	爱辉区				
	北安市	五大连池市			
	逊克县	嫩江县	孙吴县		
绥化市	北林区				
	安达市	肇东市	海伦市		
	绥棱县	兰西县	明水县	青冈县	庆安县
	望奎县				
大兴安岭地区	呼玛县	塔河县	漠河县		

上海市县域单位表

市辖区	黄浦区	卢湾区	徐汇区	长宁区	静安区
	普陀区	闸北区	虹口区	杨浦区	宝山区
	闵行区	嘉定区	浦东新区	松江区	金山区
	青浦区	南汇区	奉贤区		
县	崇明县				

江苏省县域单位表

南京市	玄武区 鼓楼区 建邺区 白下区 秦淮区 下关区 雨花台区 浦口区 栖霞区 大厂区 江宁区 溧水县 高淳县 六合县 江浦县
徐州市	云龙区 鼓楼区 九里区 贾汪区 泉山区 邳州市 新沂市 铜山县 睢宁县 沛县 丰县
连云港市	新浦区 连云区 海州区 东海县 灌云县 赣榆县 灌南县
淮安市	清河区 清浦区 楚州区 淮阴区 涟水县 洪泽县 金湖县 盱眙县
宿迁市	宿城区 宿豫县 沭阳县 泗阳县 泗洪县
盐城市	城区 东台市 大丰市 盐都县 建湖县 响水县 阜宁县 射阳县 滨海县
扬州市	广陵区 郊区 邗江区 高邮市 江都市 仪征市 宝应县
泰州市	海陵区 高港区 泰兴市 姜堰市 靖江市 兴化市
南通市	崇川区 港闸区 如皋市 通州市 海门市 启东市 海安县 如东县
镇江市	京口区 润州区 丹阳市 扬中市 句容市 丹徒县
常州市	钟楼区 天宁区 戚墅堰区 郊区 金坛市 溧阳市 武进市
无锡市	崇安区 北塘区 南长区 锡山区 惠山区

江苏省县域单位表(续)

	滨湖区				
	江阴市	宜兴市			
苏州市	沧浪区	金阊区	平江区	虎丘区	吴中区
	相城区				
	常熟市	张家港市	太仓市	昆山市	吴江市

浙江省县域单位表

杭州市	拱墅区	西湖区	上城区	下城区	江干区
	滨江区	余杭区	萧山区		
	建德市	富阳市	临安市		
	桐庐县	淳安县			
宁波市	海曙区	江东区	江北区	镇海区	北仑区
	余姚市	慈溪市	奉化市		
	鄞　县	宁海县	象山县		
温州市	鹿城区	龙湾区	瓯海区		
	瑞安市	乐清市			
	永嘉县	洞头县	平阳县	苍南县	文成县
	泰顺县				
嘉兴市	秀城区	秀州区			
	海宁市	平湖市	桐乡市		
	嘉善县	海盐县			
湖州市	长兴县	德清县	安吉县		
绍兴市	越城区				
	诸暨市	上虞市	嵊州市		
	绍兴县	新昌县			
金华市	婺城区	金东区			
	兰溪市	义乌市	东阳市	永康市	
	武义县	浦江县	磐安县		
衢州市	柯城区	衢江区	江山市		
	龙游县	常山县	开化县		
舟山市	定海区	普陀区			
	岱山县	嵊泗县			
台州市	椒江区	黄岩区	路桥区		
	临海市	温岭市			
	玉环县	天台县	仙居县	三门县	
丽水市	莲都区	龙泉市			
	缙云县	青田县	云和县	遂昌县	松阳县
	庆元县	景宁县			

安徽省县域单位表

合肥市	中市区	东市区	西市区	郊区	
	长丰县	肥东县	肥西县		
芜湖市	镜湖区	新芜区	马塘区	鸠江区	
	芜湖县	南陵县	繁昌县		
蚌埠市	中市区	东市区	西市区	郊区	
	怀远县	固镇县	五河县		
淮南市	田家庵区	大通区	谢家集区	八公山区	潘集区
	凤台县				
马鞍山市	雨山区	花山区	金家庄区		
	当涂县				
淮北市	相山区	杜集区	烈山区		
	濉溪县				
铜陵市	铜官山区	狮子山区	郊区		
	铜陵县				
安庆市	迎江区	大观区	郊区		
	桐城市				
	宿松县	枞阳县	太湖县	怀宁县	岳西县
	望江县	潜山县			
黄山市	屯溪区	黄山区	徽州区		
	休宁县	歙县	祁门县	黟县	
滁州市	琅琊区	南谯区			
	天长市	明光市			
	全椒县	来安县	定远县	凤阳县	
阜阳市	颍州区	颍东区	颍泉区		
	界首市				
	临泉县	颍上县	阜南县	太和县	
宿州市	埇桥区				
	萧县	泗县	砀山县	灵璧县	
巢湖市	居巢区				
	含山县	无为县	和县	庐江县	

安徽省县域单位表(续)

六安市	金安区	裕安区			
	寿县	霍山县	霍邱县	舒城县	金寨县
亳州市	谯城区				
	利辛县	涡阳县	蒙城县		
宣城市	宣州区				
	宁国市				
	广德县	郎溪县	泾县	旌德县	绩溪县
池州市	贵池区				
	东至县	石台县	青阳县		

福建省县域单位表

福州市	鼓楼区 台江区 仓山区 马尾区 晋安区 福清市 长乐市 闽侯县 闽清县 永泰县 连江县 罗源县 平潭县
厦门市	开元区 思明区 鼓浪屿区 杏林区 湖里区 集美区 同安区
三明市	梅列区 三元区 永安市 明溪县 将乐县 大田县 宁化县 建宁县 沙　县 尤溪县 清流县 泰宁县
莆田市	城厢区 涵江区 莆田县 仙游县
泉州市	鲤城区 丰泽区 洛江区 泉港区 石狮市 晋江市 南安市 惠安县 永春县 安溪县 德化县 金门县
漳州市	芗城区 龙文区 龙海市 平和县 南靖县 诏安县 漳浦县 华安县 东山县 长泰县 云霄县
南平市	延平区 建瓯市 邵武市 武夷山市 建阳市 松溪县 光泽县 顺昌县 浦城县 政和县
龙岩市	新罗区 漳平市 长汀县 武平县 上杭县 永定县 连城县
宁德市	蕉城区 福安市 福鼎市 寿宁县 霞浦县 柘荣县 屏南县 古田县 周宁县

江西省县域单位表

南昌市	东湖区	西湖区	青云谱区	湾里区	郊区
	南昌县	新建县	进贤县	安义县	
景德镇市	珠山区	昌江区			
	乐平市				
	浮梁县				
萍乡市	安源区	湘东区			
	莲花县	上栗县	芦溪县		
新余市	渝水区				
	分宜县				
九江市	浔阳区	庐山区			
	瑞昌市				
	九江县	星子县	武宁县	彭泽县	永修县
	修水县	湖口县	德安县	都昌县	
鹰潭市	月湖区				
	贵溪市				
	余江县				
赣州市	章贡区				
	瑞金市	南康市			
	石城县	安远县	赣县	宁都县	寻乌县
	兴国县	定南县	上犹县	于都县	龙南县
	崇义县	信丰县	全南县	大余县	会昌县
吉安市	吉州区	青原区			
	井冈山市				
	吉安县	永丰县	永新县	新干县	泰和县
	峡江县	遂川县	安福县	吉水县	万安县
宜春市	袁州区				
	丰城市	樟树市	高安市		
	铜鼓县	靖安县	宜丰县	奉新县	万载县
	上高县				
抚州市	临川区				

江西省县域单位表(续)

	南丰县	乐安县	金溪县	南城县	东乡县
	资溪县	宜黄县	广昌县	黎川县	崇仁县
上饶市	信州区				
	德兴市				
	上饶县	广丰县	波阳县	婺源县	铅山县
	余干县	横峰县	弋阳县	玉山县	万年县

山东省县域单位表

济南市	市中区	历下区	天桥区	槐荫区	历城区
	长清区				
	章丘市				
	平阴县	济阳县	商河县		
青岛市	市南区	市北区	城阳区	四方区	李沧区
	黄岛区	崂山区			
	胶南市	胶州市	平度市	莱西市	即墨市
淄博市	张店区	临淄区	淄川区	博山区	周村区
	桓台县	高青县	沂源县		
枣庄市	市中区	山亭区	峄城区	台儿庄区	薛城区
	滕州市				
东营市	东营区	河口区			
	垦利县	广饶县	利津县		
潍坊市	潍城区	寒亭区	坊子区	奎文区	
	青州市	诸城市	寿光市	安丘市	高密市
	昌邑市				
	昌乐县	临朐县			
烟台市	芝罘区	福山区	牟平区	莱山区	
	龙口市	莱阳市	莱州市	招远市	蓬莱市
	栖霞市	海阳市			
	长岛县				
威海市	环翠区				
	乳山市	文登市	荣成市		
济宁市	市中区	任城区			
	曲阜市	兖州市	邹城市		
	鱼台县	金乡县	嘉祥县	微山县	汶上县
	泗水县	梁山县			
泰安市	泰山区	岱岳区			
	新泰市	肥城市			
	宁阳县	东平县			
日照市	东港区				
	五莲县	莒县			

山东省县域单位表(续)

莱芜市	莱城区	钢城区			
德州市	德城区				
	乐陵市	禹城市			
	陵县	宁津县	齐河县	武城县	庆云县
	平原县	夏津县	临邑县		
临沂市	兰山区	罗庄区	河东区		
	沂南县	郯城县	沂水县	苍山县	费县
	平邑县	莒南县	蒙阴县	临沭县	
聊城市	东昌府区				
	临清市				
	高唐县	阳谷县	茌平县	莘县	东阿县
	冠县				
滨州市	滨城区				
	邹平县	沾化县	惠民县	博兴县	阳信县
	无棣县				
菏泽市	牡丹区				
	鄄城县	单县	郓城县	曹县	定陶县
	巨野县	东明县	成武县		

河南省县域单位表

郑州市	中原区	金水区	二七区	管城回族区	上街区
	邙山区				
	巩义市	新郑市	新密市	登封市	荥阳市
	中牟县				
开封市	鼓楼区	龙亭区	顺河回族区	南关区	郊区
	开封县	尉氏县	兰考县	杞县	通许县
洛阳市	西工区	老城区	涧西区	瀍河回族区	洛龙区
	吉利区				
	偃师市				
	孟津县	汝阳县	伊川县	洛宁县	嵩县
	宜阳县	新安县	栾川县		
平顶山市	新华区	卫东区	湛河区	石龙区	
	汝州市	舞钢市			
	宝丰县	叶县	郏县	鲁山县	
焦作市	解放区	中站区	马村区	山阳区	
	孟州市	沁阳市			
	修武县	温县	武陟县	博爱县	
鹤壁市	山城区	鹤山区	淇滨区		
	浚县	淇县			
新乡市	新华区	红旗区	北站区	郊区	
	卫辉市	辉县市			
	新乡县	获嘉县	原阳县	长垣县	封丘县
	延津县				
安阳市	北关区	文峰区	铁西区	郊区	
	林州市				
	安阳县	滑县	内黄县	汤阴县	
濮阳市	市区				
	濮阳县	南乐县	台前县	清丰县	范县
许昌市	魏都区				
	禹州市	长葛市			
	鄢陵县	襄城县	许昌县		

河南省县域单位表(续)

漯河市	源汇区				
	郾城县	临颍县	舞阳县		
三门峡市	湖滨区				
	义马市	灵宝市			
	渑池县	卢氏县	陕县		
南阳市	卧龙区	宛城区			
	邓州市				
	桐柏县	方城县	淅川县	镇平县	唐河县
	南召县	内乡县	新野县	社旗县	西峡县
商丘市	梁园区	睢阳区			
	永城市				
	宁陵县	虞城县	民权县	夏邑县	柘城县
	睢县				
信阳市	浉河区	平桥区			
	潢川县	淮滨县	息县	新县	商城县
	固始县	罗山县	光山县		
周口市	川汇区				
	项城市				
	商水县	淮阳县	太康县	鹿邑县	西华县
	扶沟县	沈丘县	郸城县		
驻马店市	驿城区				
	确山县	新蔡县	上蔡县	西平县	泌阳县
	平舆县	汝南县	遂平县	正阳县	
省直辖县级行政单位	济源市				

湖北省县域单位表

武汉市	江岸区 武昌区 江汉区 硚口区 汉阳区 青山区 洪山区 东西湖区 汉南区 蔡甸区 江夏区 黄陂区 新洲区
黄石市	黄石港区 西塞山区 下陆区 铁山区 大冶市 阳新县
襄樊市	襄城区 樊城区 襄阳区 老河口市 枣阳市 宜城市 南漳县 谷城县 保康县
十堰市	张湾区 茅箭区 丹江口市 郧县 竹山县 房县 郧西县 竹溪县
荆州市	沙市区 荆州区 洪湖市 石首市 松滋市 监利县 公安县 江陵县
宜昌市	西陵区 伍家岗区 点军区 猇亭区 夷陵区 宜都市 当阳市 枝江市 秭归县 远安县 兴山县 五峰县 长阳县
荆门市	东宝区 掇刀区 钟祥市 京山县 沙洋县
鄂州市	鄂城区 华容区 梁子湖区
孝感市	孝南区 应城市 安陆市 汉川市 云梦县 大悟县 孝昌县
黄冈市	黄州区 麻城市 武穴市 红安县 罗田县 浠水县 蕲春县 黄梅县 英山县 团风县
咸宁市	咸安区 赤壁市

湖北省县域单位表(续)

	嘉鱼县	通山县	崇阳县	通城县	
随州市	曾都区				
	广水市				
省直辖县级行政单位	神农架林区				
	仙桃市	天门市	潜江市		
恩施州	恩施市	利川市			
	建始县	来凤县	巴东县	鹤峰县	宣恩县
	咸丰县				

湖南省县域单位表

长沙市	岳麓区	芙蓉区	天心区	开福区	雨花区
	浏阳市				
	长沙县	望城县	宁乡县		
株洲市	天元区	荷塘区	芦淞区	石峰区	
	醴陵市				
	株洲县	炎陵县	茶陵县	攸县	
湘潭市	雨湖区	岳塘区			
	湘乡市	韶山市			
	湘潭县				
衡阳市	雁峰区	珠晖区	石鼓区	蒸湘区	南岳区
	耒阳市	常宁市			
	衡阳县	衡东县	衡山县	衡南县	祁东县
邵阳市	双清区	大祥区	北塔区		
	武冈市				
	邵东县	洞口县	新邵县	绥宁县	新宁县
	邵阳县	隆回县	城步县		
岳阳市	岳阳楼区	君山区	云溪区		
	临湘市	汨罗市			
	岳阳县	湘阴县	平江县	华容县	
常德市	武陵区	鼎城区			
	津市市				
	澧县	临澧县	桃源县	汉寿县	安乡县
	石门县				
张家界市	永定区	武陵源区			
	慈利县	桑植县			
益阳市	赫山区	资阳区			
	沅江市				
	桃江县	南县	安化县		
郴州市	北湖区	苏仙区			
	资兴市				
	宜章县	汝城县	安仁县	嘉禾县	临武县

湖南省县域单位表(续)

	桂东县	永兴县	桂阳县		
永州市	冷水滩区	芝山区			
	祁阳县	蓝山县	宁远县	新田县	东安县
	江永县	道县	双牌县	江华县	
怀化市	鹤城区				
	洪江市				
	会同县	沅陵县	辰溪县	溆浦县	中方县
	新晃县	芷江县	通道县	靖州县	麻阳县
娄底市	娄星区				
	冷水江市	涟源市			
	新化县	双峰县			
湘西州	吉首市				
	古丈县	龙山县	永顺县	凤凰县	泸溪县
	保靖县	花垣县			

广东省县域单位表

广州市	越秀区	东山区	海珠区	荔湾区	天河区
	白云区	黄埔区	芳村区	花都区	番禺区
	从化市	增城市			
深圳市	福田区	罗湖区	南山区	宝安区	龙岗区
	盐田区				
珠海市	香洲区	斗门区	金湾区		
汕头市	金园区	龙湖区	升平区	达濠区	河浦区
	澄海市	潮阳市			
	南澳县				
韶关市	北江区	浈江区	武江区		
	乐昌市	南雄市			
	仁化县	始兴县	翁源县	曲江县	新丰县
	乳源县				
河源市	源城区				
	和平县	龙川县	紫金县	连平县	东源县
梅州市	梅江区				
	兴宁市				
	梅县	蕉岭县	大埔县	丰顺县	五华县
	平远县				
惠州市	惠城区				
	惠阳市				
	惠东县	博罗县	龙门县		
汕尾市	城区				
	陆丰市				
	海丰县	陆河县			
东莞市					
中山市					
江门市	江海区	蓬江区			
	台山市	新会市	开平市	鹤山市	恩平市
佛山市	城区	石湾区			
	顺德市	南海市	三水市	高明市	

广东省县域单位表(续)

阳江市	江城区				
	阳春市				
	阳西县	阳东县			
湛江市	赤坎区	霞山区	坡头区	麻章区	
	廉江市	雷州市	吴川市		
	遂溪县	徐闻县			
茂名市	茂南区	茂港区			
	高州市	化州市	信宜市		
	电白县				
肇庆市	端州区	鼎湖区			
	高要市	四会市			
	广宁县	德庆县	封开县	怀集县	
清远市	清城区				
	英德市	连州市			
	佛冈县	阳山县	清新县	连山县	连南县
潮州市	湘桥区				
	潮安县	饶平县			
揭阳市	榕城区				
	普宁市				
	揭东县	揭西县	惠来县		
云浮市	云城区				
	罗定市				
	云安县	新兴县	郁南县		

广西壮族自治区县域单位表

南宁市	新城区 兴宁区 永新区 城北区 江南区 邕宁县 武鸣县
柳州市	城中区 鱼峰区 柳北区 柳南区 市郊区 柳江县 柳城县
桂林市	秀峰区 叠彩区 象山区 七星区 雁山区 阳朔县 临桂县 灵川县 全州县 平乐县 兴安县 灌阳县 荔浦县 资源县 永福县 龙胜县 恭城县
梧州市	万秀区 蝶山区 市郊区 岑溪市 苍梧县 藤县 蒙山县
北海市	海城区 银海区 铁山港区 合浦县
防城港市	港口区 防城区 东兴市 上思县
钦州市	钦南区 钦北区 灵山县 浦北县
贵港市	港北区 港南区 桂平市 平南县
玉林市	玉州区 北流市 容县 陆川县 博白县 兴业县
南宁地区	凭祥市 马山县 扶绥县 大新县 上林县 崇左县 天等县 宾阳县 宁明县 隆安县 横县 龙州县
柳州地区	合山市 融安县 象州县 来宾县 鹿寨县 武宣县 忻城县 融水县 金秀县 三江县

广西壮族自治区县域单位表(续)

贺州地区	贺州市				
	钟山县	昭平县	富川县		
百色地区	百色市				
	凌云县	平果县	西林县	乐业县	德保县
	田林县	田阳县	靖西县	田东县	那坡县
	隆林县				
河池地区	河池市	宜州市			
	天峨县	凤山县	南丹县	东兰县	都安县
	罗城县	巴马县	环江县	大化县	

海南省县域单位表

海口市	新华区	振东区	秀英区		
三亚市					
县级市 县 自治县	五指山市	琼海市	儋州市	琼山市	文昌市
	万宁市	东方市			
	澄迈县	定安县	屯昌县	临高县	白沙县
	昌江县	乐东县	陵水县	保亭县	琼中县

重庆市县域单位表

市辖区	渝中区	大渡口区	江北区	沙坪坝区	九龙坡区
	南岸区	北碚区	万盛区	双桥区	渝北区
	巴南区	万州区	涪陵区	黔江区	长寿区
县级市 县 自治县	永川市	合川市	江津市	南川市	
	綦江县	潼南县	荣昌县	璧山县	大足县
	铜梁县	梁平县	城口县	垫江县	武隆县
	丰都县	奉节县	开县	云阳县	忠县
	巫溪县	巫山县	石柱县	秀山县	酉阳县
	彭水县				

四川省县域单位表

成都市	青羊区 锦江区 金牛区 武侯区 成华区 龙泉驿区 青白江区 新都区 都江堰市 彭州市 邛崃市 崇州市 金堂县 温江县 郫县 新津县 双流县 蒲江县 大邑县
自贡市	自流井区 大安区 贡井区 沿滩区 荣县 富顺县
攀枝花市	东区 西区 仁和区 米易县 盐边县
泸州市	江阳区 纳溪区 龙马潭区 泸县 合江县 叙永县 古蔺县
德阳市	旌阳区 广汉市 什邡市 绵竹市 罗江县 中江县
绵阳市	涪城区 游仙区 江油市 盐亭县 三台县 平武县 北川县 安县 梓潼县
广元市	市中区 元坝区 朝天区 青川县 旺苍县 剑阁县 苍溪县
遂宁市	市中区 射洪县 蓬溪县 大英县
内江市	市中区 东兴区 资中县 隆昌县 威远县
乐山市	市中区 五通桥区 沙湾区 金口河区 峨眉山市 夹江县 井研县 犍为县 沐川县 马边县 峨边县
南 充 市	顺庆区 高坪区 嘉陵区 阆中市 营山县 蓬安县 仪陇县 南部县 西充县

四川省县域单位表(续)

宜宾市	翠屏区				
	宜宾县	兴文县	南溪县	珙县	长宁县
	高县	江安县	筠连县	屏山县	
广安市	广安区				
	华蓥市				
	岳池县	邻水县	武胜县		
达州市	通川区				
	万源市				
	达县	渠县	宣汉县	开江县	大竹县
巴中市	巴州区				
	南江县	平昌县	通江县		
雅安市	雨城区				
	芦山县	石棉县	名山县	天全县	荥经县
	宝兴县	汉源县			
眉山市	东坡区				
	仁寿县	彭山县	洪雅县	丹棱县	青神县
资阳市	雁江区				
	简阳市				
	安岳县	乐至县			
阿坝州	马尔康县	九寨沟县	红原县	汶川县	阿坝县
	理县	若尔盖县	小金县	黑水县	金川县
	松潘县	壤塘县	茂县		
甘孜州	康定县	丹巴县	炉霍县	九龙县	甘孜县
	雅江县	新龙县	道孚县	白玉县	理塘县
	德格县	乡城县	石渠县	稻城县	色达县
	巴塘县	泸定县	得荣县		
凉山州	西昌市				
	美姑县	昭觉县	金阳县	甘洛县	布拖县
	雷波县	普格县	宁南县	喜德县	会东县
	越西县	会理县	盐源县	德昌县	冕宁县
	木里县				

贵州省县域单位表

贵阳市	南明区	云岩区	花溪区	乌当区	白云区
	小河区				
	清镇市				
	开阳县	修文县	息烽县		
六盘水市	钟山区				
	水城县	盘县	六枝特区		
遵义市	红花岗区				
	赤水市	仁怀市			
	绥阳县	桐梓县	习水县	凤冈县	正安县
	余庆县	湄潭县	道真县	务川县	遵义县
安顺市	西秀区				
	普定县	平坝县	镇宁县	紫云县	关岭县
铜仁地区	铜仁市				
	德江县	江口县	思南县	石阡县	玉屏县
	松桃县	印江县	沿河县	万山特区	
毕节地区	毕节市				
	黔西县	大方县	织金县	金沙县	赫章县
	纳雍县	威宁县			
黔西南州	兴义市				
	望谟县	兴仁县	普安县	册亨县	晴隆县
	贞丰县	安龙县			
黔东南州	凯里市				
	施秉县	从江县	锦屏县	镇远县	麻江县
	台江县	天柱县	黄平县	榕江县	剑河县
	三穗县	雷山县	黎平县	岑巩县	丹寨县
黔南州	都匀市	福泉市			
	贵定县	惠水县	罗甸县	瓮安县	荔波县
	龙里县	平塘县	长顺县	独山县	三都县

云南省行政区划表

昆明市	盘龙区	五华区	官渡区	西山区	东川区
	安宁市				
	富民县	嵩明县	呈贡县	晋宁县	宜良县
	禄劝县	石林县	寻甸县		
曲靖市	麒麟区				
	宣威市				
	陆良县	会泽县	富源县	罗平县	马龙县
	师宗县	沾益县			
玉溪市	红塔区				
	华宁县	澄江县	易门县	通海县	江川县
	元江县	新平县	峨山县		
保山市	隆阳区				
	施甸县	昌宁县	龙陵县	腾冲县	
昭通市	昭阳区				
	永善县	绥江县	镇雄县	大关县	盐津县
	巧家县	彝良县	威信县	水富县	鲁甸县
思茅地区	思茅市				
	普洱县	景东县	镇沅县	景谷县	墨江县
	澜沧县	西盟县	江城县	孟连县	
临沧地区	临沧县	镇康县	凤庆县	云 县	永德县
	双江县	沧源县	耿马县		
丽江地区	丽江县	华坪县	永胜县	宁蒗县	
文山州	文山县	麻栗坡县	砚山县	广南县	马关县
	富宁县	西畴县	丘北县		
红河州	个旧市	开远市			
	弥勒县	红河县	绿春县	蒙自县	泸西县
	建水县	元阳县	石屏县	金平县	河口县
	屏边县				
西双版纳州	景洪市				
	勐海县	勐腊县			
楚雄州	楚雄市				

云省南县域单位表(续)

	元谋县	南华县	牟定县	武定县	大姚县
	双柏县	禄丰县	永仁县	姚安县	
大理州	大理市				
	剑川县	弥渡县	云龙县	洱源县	鹤庆县
	祥云县	宾川县	永平县	漾濞县	巍山县
	南涧县				
德宏州	潞西市	瑞丽市			
	盈江县	梁河县	陇川县		
怒江州	泸水县	福贡县	兰坪县	贡山县	
迪庆州	香格里拉县	德钦县	维西县		

西藏自治区县域单位表

拉萨市	城关区				
	林周县	达孜县	尼木县	当雄县	曲水县
	墨竹工卡县	堆龙德庆县			
那曲地区	那曲县	嘉黎县	申扎县	巴青县	聂荣县
	尼玛县	比如县	索县	班戈县	安多县
昌都地区	昌都县	芒康县	贡觉县	八宿县	左贡县
	边坝县	洛隆县	江达县	类乌齐县	丁青县
	察雅县				
山南地区	乃东县	琼结县	措美县	加查县	贡嘎县
	洛扎县	曲松县	桑日县	扎囊县	错那县
	隆子县	浪卡子县			
日喀则地区	日喀则市				
	江孜县	拉孜县	定结县	萨迦县	定日县
	康马县	聂拉木县	吉隆县	亚东县	谢通门县
	昂仁县	岗巴县	仲巴县	萨嘎县	仁布县
	白朗县	南木林县			
林芝地区	林芝县	墨脱县	朗县	米林县	察隅县
	波密县	工布江达县			
阿里地区	噶尔县	措勤县	普兰县	革吉县	日土县
	札达县	改则县			

陕西省县域单位表

西安市	莲湖区	新城区	碑林区	雁塔区	灞桥区
	未央区	阎良区	临潼区		
	长安县	高陵县	蓝田县	户县	周至县
铜川市	王益区	印台区			
	耀县	宜君县			
宝鸡市	渭滨区	金台区			
	宝鸡县	岐山县	凤翔县	陇县	太白县
	麟游县	扶风县	千阳县	眉县	凤县
咸阳市	秦都区	渭城区	杨凌区	兴平市	
	礼泉县	泾阳县	永寿县	三原县	彬县
	旬邑县	长武县	乾县	武功县	淳化县
渭南市	临渭区	韩城市	华阴市		
	蒲城县	潼关县	白水县	澄城县	华县
	合阳县	富平县	大荔县		
延安市	宝塔区				
	安塞县	洛川县	子长县	黄陵县	延川县
	富县	延长县	甘泉县	宜川县	志丹县
	黄龙县	吴旗县			
汉中市	汉台区				
	留坝县	镇巴县	城固县	南郑县	洋县
	宁强县	佛坪县	勉县	西乡县	略阳县
榆林市	榆阳区				
	清涧县	绥德县	神木县	佳县	府谷县
	子洲县	靖边县	横山县	米脂县	吴堡县
	定边县				
安康市	汉滨区				
	紫阳县	岚皋县	旬阳县	镇坪县	平利县
	石泉县	宁陕县	白河县	汉阴县	
商洛市	商州区				
	镇安县	山阳县	洛南县	商南县	丹凤县
	柞水县				

甘肃省县域单位表

兰州市	城关区	七里河区	西固区	安宁区	红古区
	永登县	榆中县	皋兰县		
金昌市	金川区				
	永昌县				
白银市	白银区	平川区			
	靖远县	景泰县	会宁县		
天水市	秦城区	北道区			
	武山县	甘谷县	清水县	秦安县	张家川县
嘉峪关市					
武威市	凉州区				
	民勤县	古浪县	天祝县		
定西地区	定西县	岷县	渭源县	陇西县	通渭县
	漳县	临洮县			
平凉地区	平凉市				
	灵台县	静宁县	崇信县	华亭县	泾川县
	庄浪县				
庆阳地区	西峰市				
	庆阳县	镇原县	合水县	华池县	环县
	宁县	正宁县			
陇南地区	成县	礼县	康县	武都县	文县
	两当县	徽县	宕昌县	西和县	
张掖地区	张掖市				
	民乐县	山丹县	临泽县	高台县	肃南县
酒泉地区	玉门市	酒泉市	敦煌市		
	安西县	金塔县	阿克塞县	肃北县	
甘南州	合作市				
	临潭县	卓尼县	舟曲县	迭部县	碌曲县
	玛曲县	夏河县			
临夏州	临夏市				
	临夏县	康乐县	永靖县	广河县	和政县
	东乡县	积石山县			

青海省县域单位表

西宁市	城中区	城东区	城西区	城北区	
	湟源县	湟中县	大通县		
海东地区	平安县	乐都县	民和县	互助县	化隆县
	循化县				
海北州	海晏县	祁连县	刚察县	门源县	
海南州	共和县	同德县	贵德县	兴海县	贵南县
黄南州	同仁县	泽库县	尖扎县	河南县	
果洛州	玛沁县	班玛县	甘德县	达日县	久治县
	玛多县				
玉树州	玉树县	杂多县	称多县	治多县	囊谦县
	曲麻莱县				
海西州	德令哈市	格尔木市			
	乌兰县	天峻县	都兰县		

宁夏回族自治区县域单位表

银川市	城区	新城区	郊区		
	永宁县	贺兰县			
石嘴山市	大武口区	石嘴山区	石炭井区		
	平罗县	陶乐县	惠农县		
吴忠市	利通区				
	青铜峡市	灵武市			
	同心县	盐池县	中卫县	中宁县	
固原市	原州区				
	海原县	西吉县	隆德县	泾源县	彭阳县

新疆维吾尔自治区县域单位简表

乌鲁木齐市	天山区 沙依巴克区 新市区 水磨沟区 头屯河区 南泉区 东山区 乌鲁木齐县
克拉玛依市	克拉玛依区 独山子区 白碱滩区 乌尔禾区
自治区直辖县级行政单位	石河子市
吐鲁番地区	吐鲁番市 托克逊县 鄯善县
哈密地区	哈密市 伊吾县 巴里坤县
和田地区	和田市 和田县 洛浦县 民丰县 皮山县 策勒县 于田县 墨玉县
阿克苏地区	阿克苏市 温宿县 沙雅县 拜城县 阿瓦提县 库车县 柯坪县 新和县 乌什县
喀什地区	喀什市 巴楚县 泽普县 伽师县 叶城县 岳普湖县 疏勒县 麦盖提县 英吉沙县 莎车县 疏附县 塔什库尔干县
克孜勒苏州	阿图什市 阿合奇县 乌恰县 阿克陶县
巴音郭楞州	库尔勒市 和静县 尉犁县 和硕县 且末县 博湖县 轮台县 若羌县 焉耆县
昌吉州	昌吉市 阜康市 米泉市 奇台县 玛纳斯县 吉木萨尔县 呼图壁县 木垒县
博尔塔拉州	博乐市 精河县 温泉县

新疆维吾尔自治区县域单位简表(续)

伊犁州	奎屯市	伊宁市			
	伊宁县	特克斯县	尼勒克县	昭苏县	新源县
	霍城县	巩留县	察布查尔县		
塔城地区	塔城市	乌苏市			
	额敏县	裕民县	沙湾县	托里县	和布克赛尔县
阿勒泰地区	阿勒泰市				
	青河县	吉木乃县	富蕴县	布尔津县	福海县
	哈巴河县				

2002年全国县级以上行政区划变更简况

河北 撤销县级丰南市,设立唐山市丰南区。
撤销丰润县和唐山市新区,设立唐山市丰润区。

辽宁 将铁法市更名为调兵山市。
调整阜新市部分行政区划。

江苏 撤销县级武进市,设立常州市武进区。将常州市郊区更名为新北区。调整常州市市辖区行政区划。
撤销南京市浦口区和江浦县,设立新的南京市浦口区。
撤销南京市大厂区和六合县,设立南京市六合区。
撤销丹徒县,设立镇江市丹徒区。
扬州市郊区更名为维扬区。

浙江 撤销鄞县,设立宁波市鄞州区。

安徽 合肥市东市区、中市区、西市区、郊区分别更名为合肥市瑶海区、庐阳区、蜀山区、包河区。

福建 撤销莆田县,设立莆田市荔城区和秀屿区。调整莆田市市辖区行政区划。

江西 南昌市郊区更名为青山湖区。

河南 撤销安阳市铁西区、郊区,设立安阳市殷都区、龙安区。调整安阳市北关区、文峰区和安阳县的行政区域。调整安阳市市辖区行政区划。
濮阳市市区更名为华龙区。

广东 撤销县级新会市,设立江门市新会区。调整原县级新会市行政区划。
调整佛山市行政区划:(1)撤销佛山市城区和石湾区,设立佛山市禅城区。(2)撤销县级南海市,设立佛山市南海区。(3)撤销县级顺德市,设立佛山市顺德区。(4)撤销县级三水市,设立佛山市三水区。(5)撤销县级高明市,设立佛山市高明区。

广西 撤销百色地区和县级百色市,设立地级百色市,百色市新设右江区。调整百色市行政区划。
撤销贺州地区和县级贺州市,设立地级贺州市,贺州市新设八步区。调整贺州市行政区划。
撤销河池地区和县级河池市,设立地级河池市,河池市新设金城江区。调整河池市行政区划。
撤销柳州市市郊区。
撤销柳州地区和来宾县,设立地级来宾市,来宾市新设兴宾区。调整来宾市行政区划。
撤销南宁地区和崇左县,设立地级崇左市,崇左市新设江洲区。调整南宁市行政区划。

海南 调整海口市行政区划:撤销琼山市和海口市秀英区、新华区、振东区,设立海口市秀英区、龙华区、琼山区、美兰区。

四川 撤销温江县,设立成都市温江区。

云南 撤销丽江地区和丽江纳西族自治县，设立地级丽江市，丽江市新设古城区。设立玉龙纳西族自治县。调整丽江市行政区划。

陕西 撤销长安县，设立西安市长安区。

撤销耀县，设立铜川市耀州区。

甘肃 撤销张掖地区和县级张掖市，设立地级张掖市，张掖市新设甘州区。调整张掖市行政区划。

撤销平凉地区和县级平凉市，设立地级平凉市，平凉市新设崆峒区。调整平凉市行政区划。

撤销酒泉地区和县级酒泉市，设立地级酒泉市，酒泉市新设肃州区。调整酒泉市行政区划。

撤销庆阳地区和县级西峰市，设立地级庆阳市，庆阳市新设西峰区。庆阳县更名为庆城县。调整庆阳市行政区划。

宁夏 撤销银川市城区、新城区和郊区，设立银川市西夏区、金凤区和兴庆区。调整银川市市辖区行政区划。

撤销石嘴山市石炭井区。调整石嘴山市大武口区和平罗县行政区划。

灵武市由目前吴忠市代管变更为由银川市代管。

新疆 乌鲁木齐市南泉区更名为达坂城区，调整乌鲁木齐市天山区和乌鲁木齐县行政区划。

设立县级阿拉尔市。

设立县级图木舒克市。

设立县级五家渠市。

中国县域经济概况

全国县域单位数量

截止到2001年12月31日,全国县级行政区划有2861个(香港特别行政区、澳门特别行政区、台湾省除外),其中:市辖区808个,县级市393个,县1489个,自治县116个,旗49个,自治旗3个,特区2个,林区1个。

为了探索县域经济发展规律,通常所讲的县域经济不包括市辖区经济。

参加第二届全国县域经济基本竞争力评价的县域单位,不包括市辖区和福建省金门县,共计2052个,县域单位数占全国县级行政区划总数的71.8%。

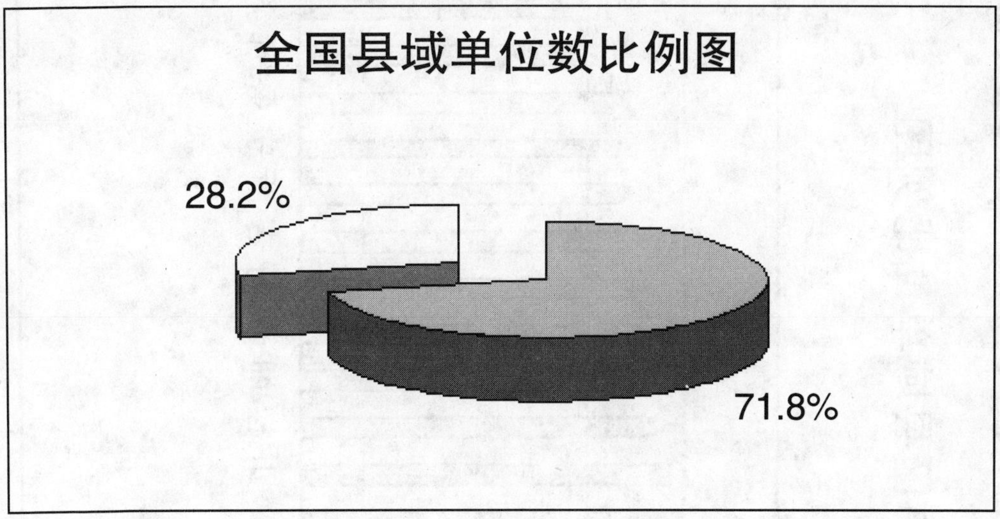

全国县域内国土面积

全国县域内国土面积有896多万平方公里,占全国国土总面积的93%。

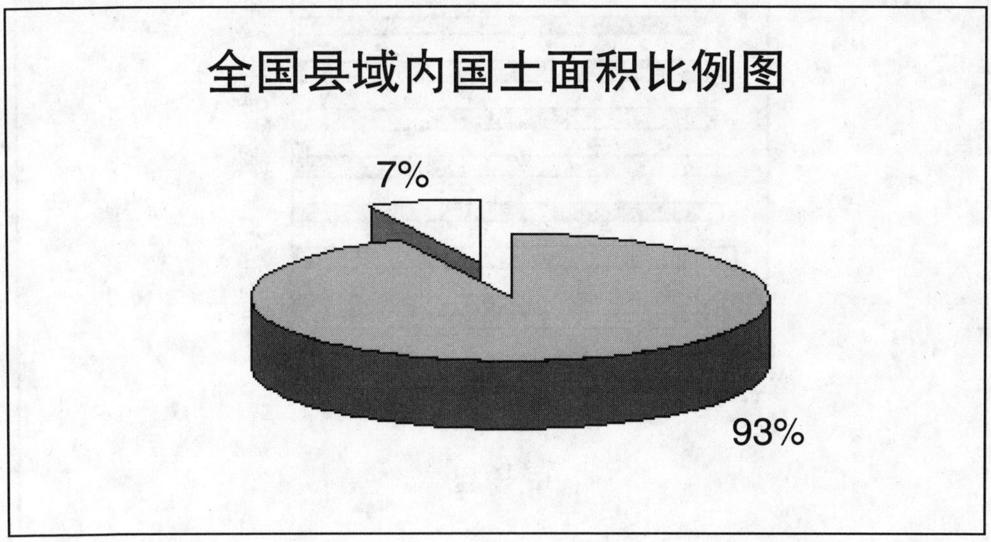

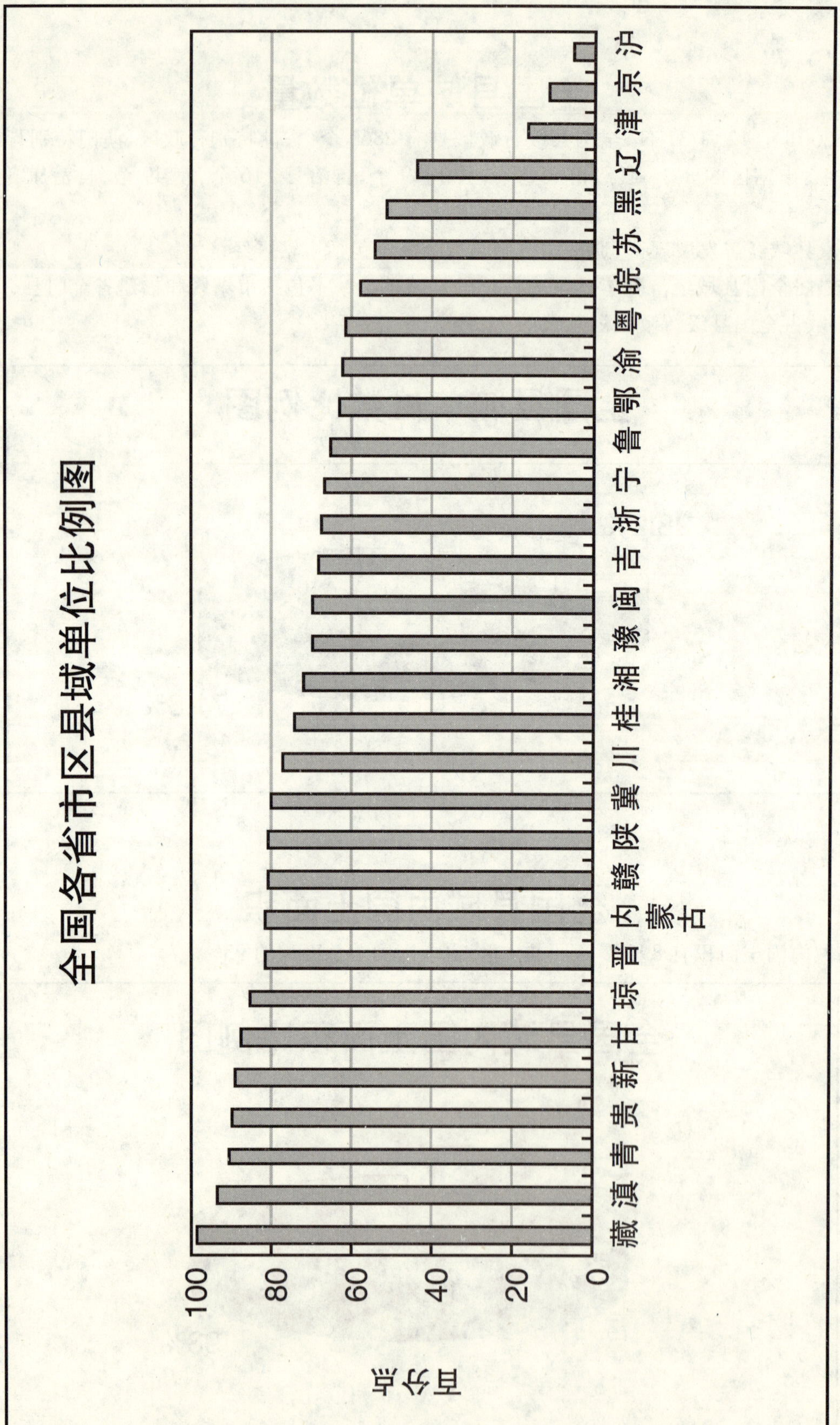
全国各省市区县域单位比例图
百分比
100
80
60
40
20
0
藏 滇 青 贵 新 甘 琼 晋 内蒙古 赣 陕 冀 川 桂 湘 豫 闽 吉 浙 宁 鲁 鄂 渝 粤 皖 苏 黑 辽 津 京 沪

全国县域人口

全国县域内人口总数达到9.35亿,占全国总人口的73.3%,贵州省和西藏自治区的县域内人口比例都超过90%。

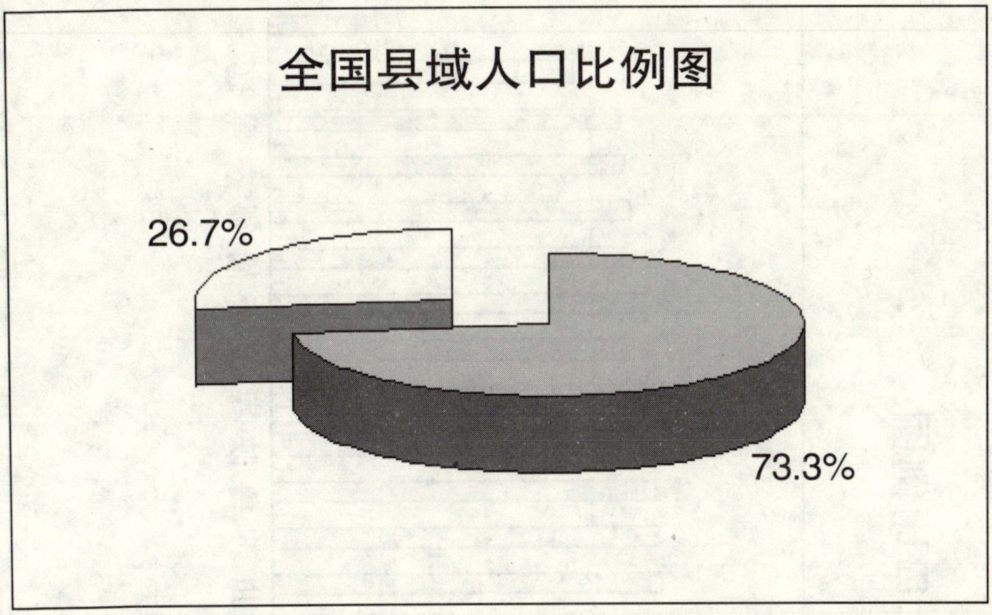

全国县域经济国内生产总值(GDP)

全国县域经济的国内生产总值(GDP)达5.4万亿元,占全国GDP的56%,比上年有所提高,河北省和贵州省的县域经济GDP比例分别达到75%和74%。

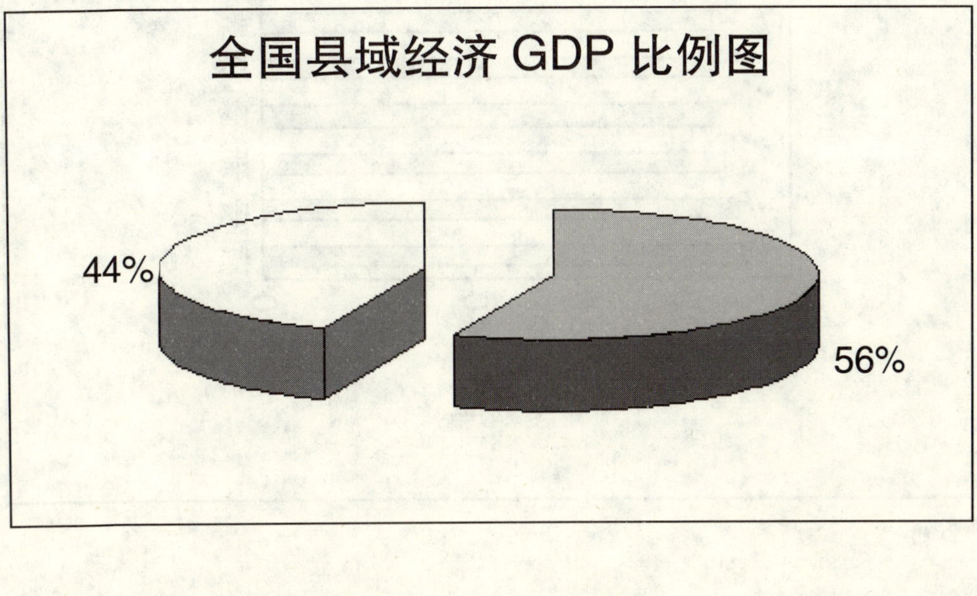

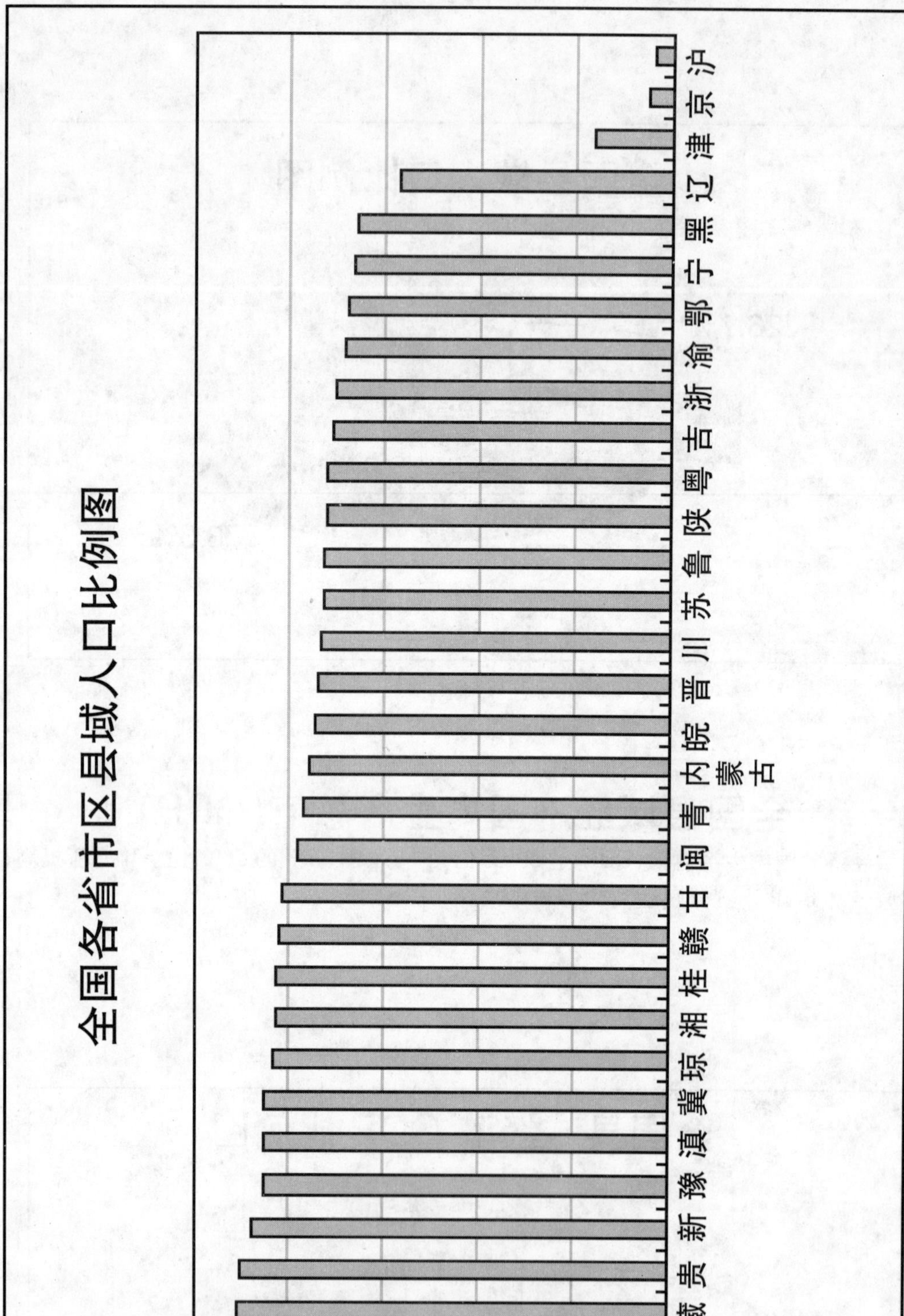
全国各省市区县域人口比例图
百分比
100
80
60
40
20
0
藏 贵 新 豫 滇 冀 琼 湘 桂 赣 甘 闽 青 内蒙古 皖 晋 川 苏 鲁 陕 粤 吉 浙 渝 鄂 宁 黑 辽 津 京 沪

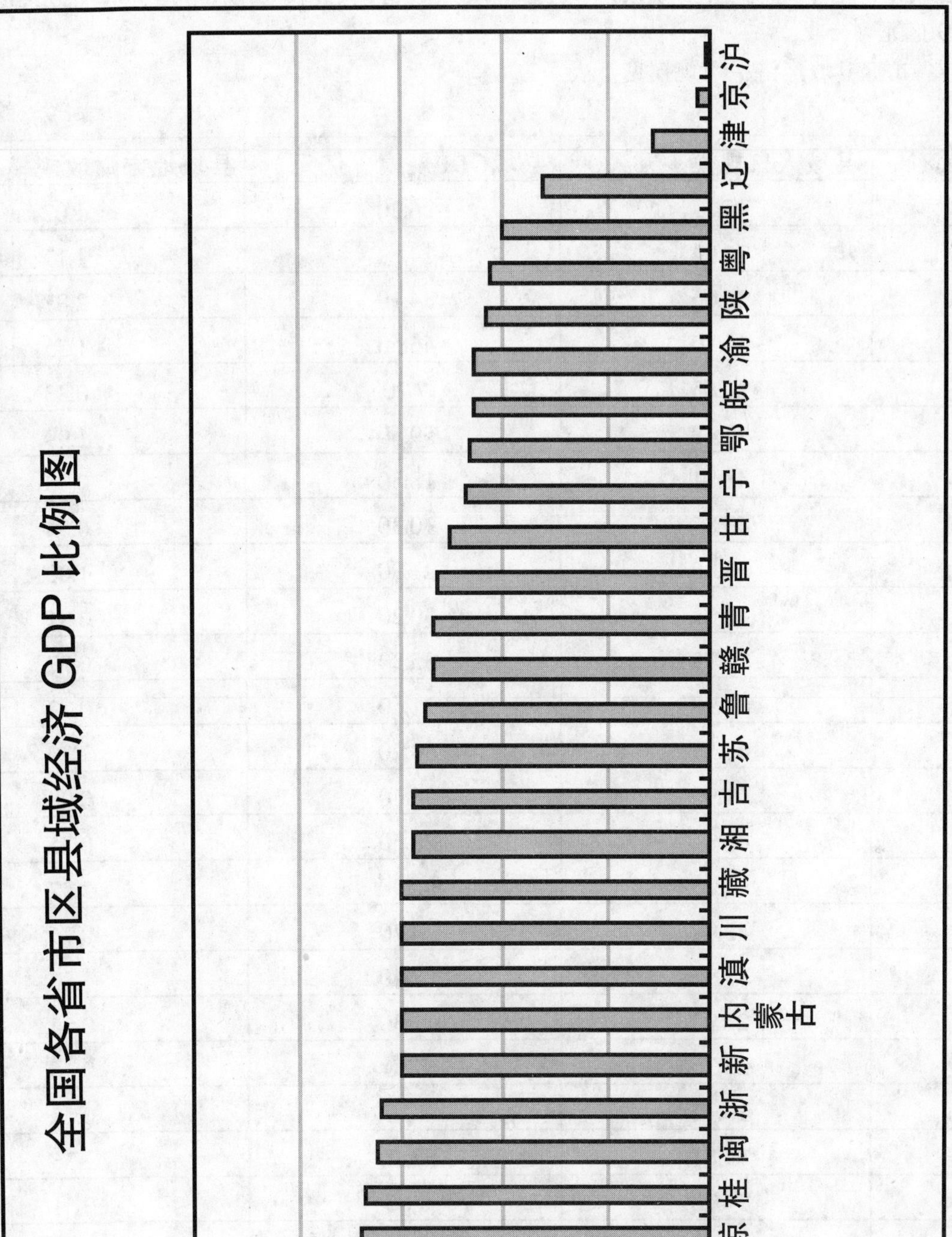
全国各省市区县域经济 GDP 比例图
百分点
100
80
60
40
20
0
冀
贵
豫
琼
桂
闽
浙
新
内蒙古
滇
川
藏
湘
吉
苏
鲁
赣
青
晋
甘
宁
鄂
皖
渝
陕
粤
黑
辽
津
京
沪

全国县域经济平均规模

全国县域经济的平均规模:县域人口,平均45.6万人;县域经济GDP,平均26.2亿元;地方财政收入,平均1.0亿元。

全国各省市区县域经济平均规模见下表。

省市区	县域人口规模(万人)	县域GDP规模(亿元)	县域地方财政规模(亿元)
全国	45.57	26.20	1.02
安徽	76.94	24.80	1.17
北京	35.06	34.10	2.87
福建	45.50	46.60	1.55
甘肃	27.85	7.20	0.33
广东	73.48	59.50	1.99
广西	48.81	18.50	0.95
贵州	43.87	10.30	0.54
海南	38.86	21.90	1.00
河北	41.13	30.20	0.81
河南	73.75	35.30	0.97
黑龙江	37.99	21.60	0.72
湖北	63.25	34.20	1.39
湖南	61.90	26.40	0.98
吉林	46.17	28.50	0.75
江苏	91.73	92.90	3.77
江西	42.98	14.70	0.76
辽宁	54.35	37.40	1.30
内蒙古	21.90	11.30	0.54
宁夏	23.36	8.80	0.46
青海	10.32	4.20	0.18
山东	71.81	57.10	2.36
山西	24.78	9.60	0.51
陕西	30.55	9.40	0.48
上海	61.70	57.80	5.90
四川	45.46	19.00	0.58
天津	55.33	67.30	2.02
西藏	3.32	1.10	0.03
新疆	19.25	10.50	0.51
云南	30.53	10.50	0.62
浙江	54.52	72.40	3.32
重庆	84.28	31.80	1.15

全国县域人均GDP分布曲线

全国县域内人均GDP平均值达到5430元。从2001年全国县域经济人均GDP分布曲线来看，曲线的峰值在2500元左右，也就是说大部分县市的人均GDP水平在2500元范围；人均GDP在平均值(5430元)以下的县市有65%，在6500元(约800美元)以下的县市有74%。因此，"壮大县域经济"，全面推进小康建设的任务还很艰巨。

全国各省市区县域人均GDP数据见下表：

省市区	2001年人均GDP
全国	5430
安徽	3711
北京	9636
福建	9710
甘肃	3347
广东	8081
广西	4063
贵州	2289
海南	5250
河北	7026
河南	5092
黑龙江	5820
湖北	5237
湖南	4193
吉林	6174
江苏	11013
江西	3543
辽宁	6780
内蒙古	6489
宁夏	4229
青海	4744
山东	8312
山西	3649
陕西	3122
上海	9368
四川	4273
天津	13086
西藏	3809
新疆	5378
云南	3520
浙江	12297
重庆	3590

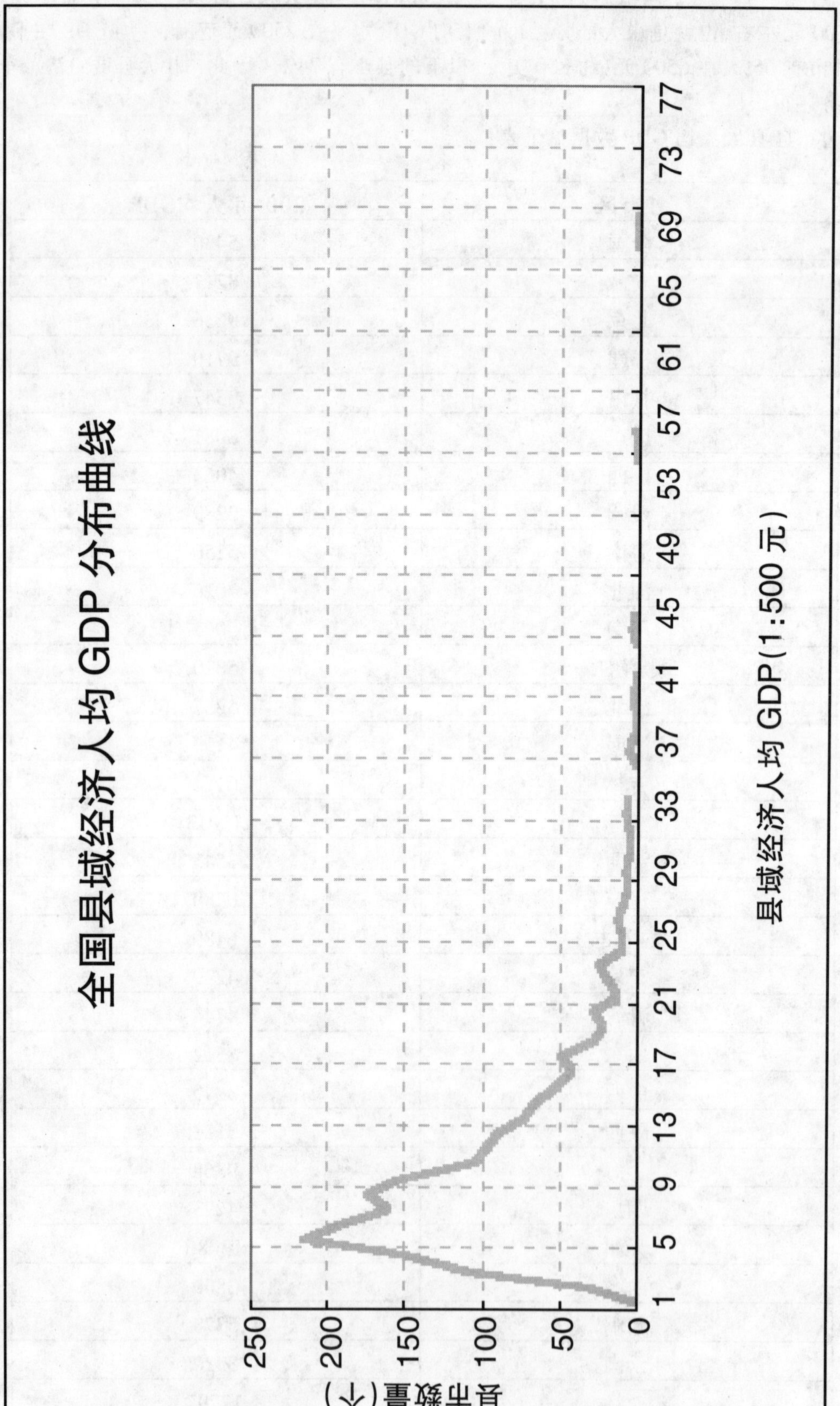
全国县域经济人均GDP分布曲线
县市数量(个)
0
50
100
150
200
250
1
5
9
13
17
21
25
29
33
37
41
45
49
53
57
61
65
69
73
77
县域经济人均GDP(1:500元)

全国县域经济地区差异性

我国是一个幅员辽阔、地区经济发展差异十分明显的发展中国家。地区经济差异性已经成为非常严重的社会经济问题,已引起政府部门和专家学者的重视。

2001年,全国县域经济GDP超过50亿的共有262个,东部地区191个,中部地区52个,西部地区19个。

第二届全国县域经济基本竞争力百强县(市)主要分布在东部地区,东部地区有93个,中部地区有5个,西部地区有2个。

在第二届全国县域经济基本竞争力评价中,我们将全国县域经济基本竞争力由强到弱划分十个等级,即从A级到J级。在最强的A级中,东部地区有160个,占总数的80.0%;中部地区有30个,占15.0%;西部地区有10个,占5.0%;比例结构与上年一致。

在最弱的J级中,东部地区有10个,占总数的4.0%;中部地区有36个,占14.3%;西部地区有206个,占81.7%;在比例结构上,西部地区比重下降,比上年有所改善。

在第二届全国县域经济基本竞争力提升速度最快的百县(市)中,西部地区占多数,达41个;中部地区有38个;东部地区有21个。随着西部大开发政策的贯彻落实,西部县域经济发展大有希望。

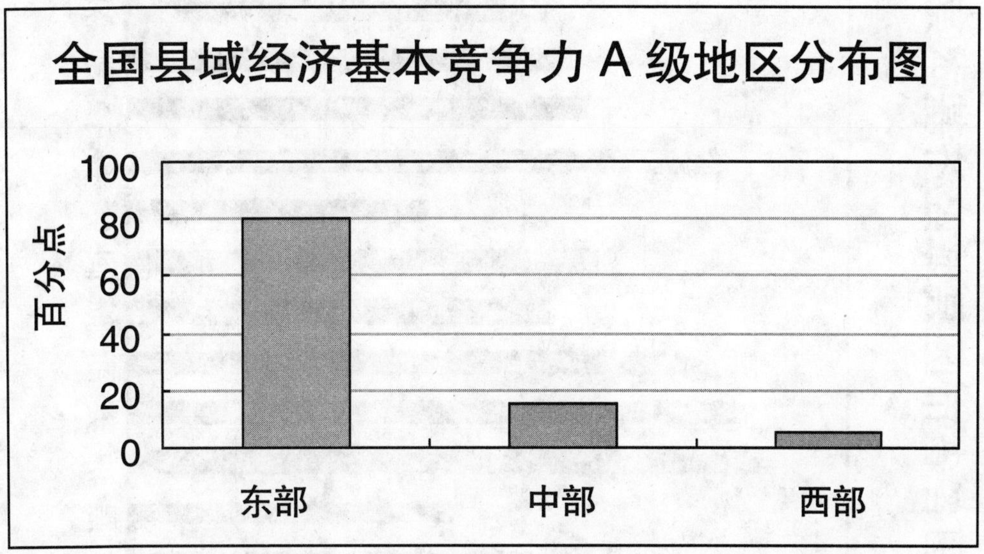

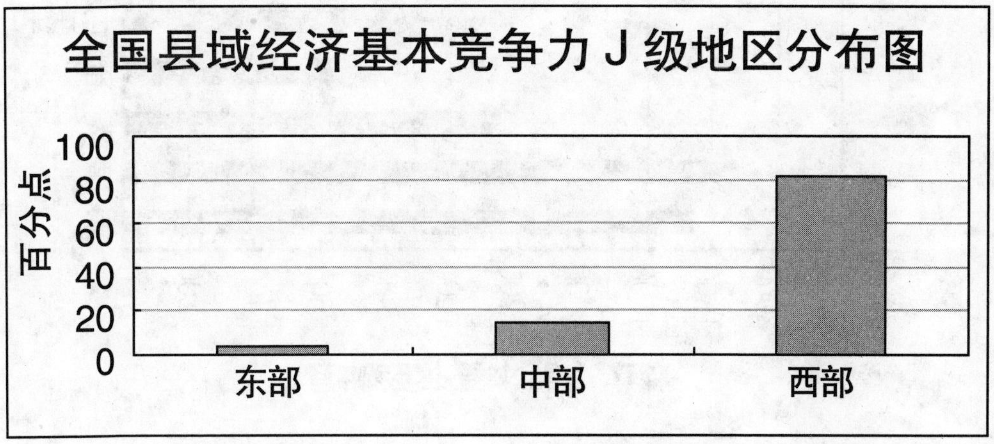

中国县域经济基本竞争力状态图

全国各省市区县域经济基本竞争力状态图

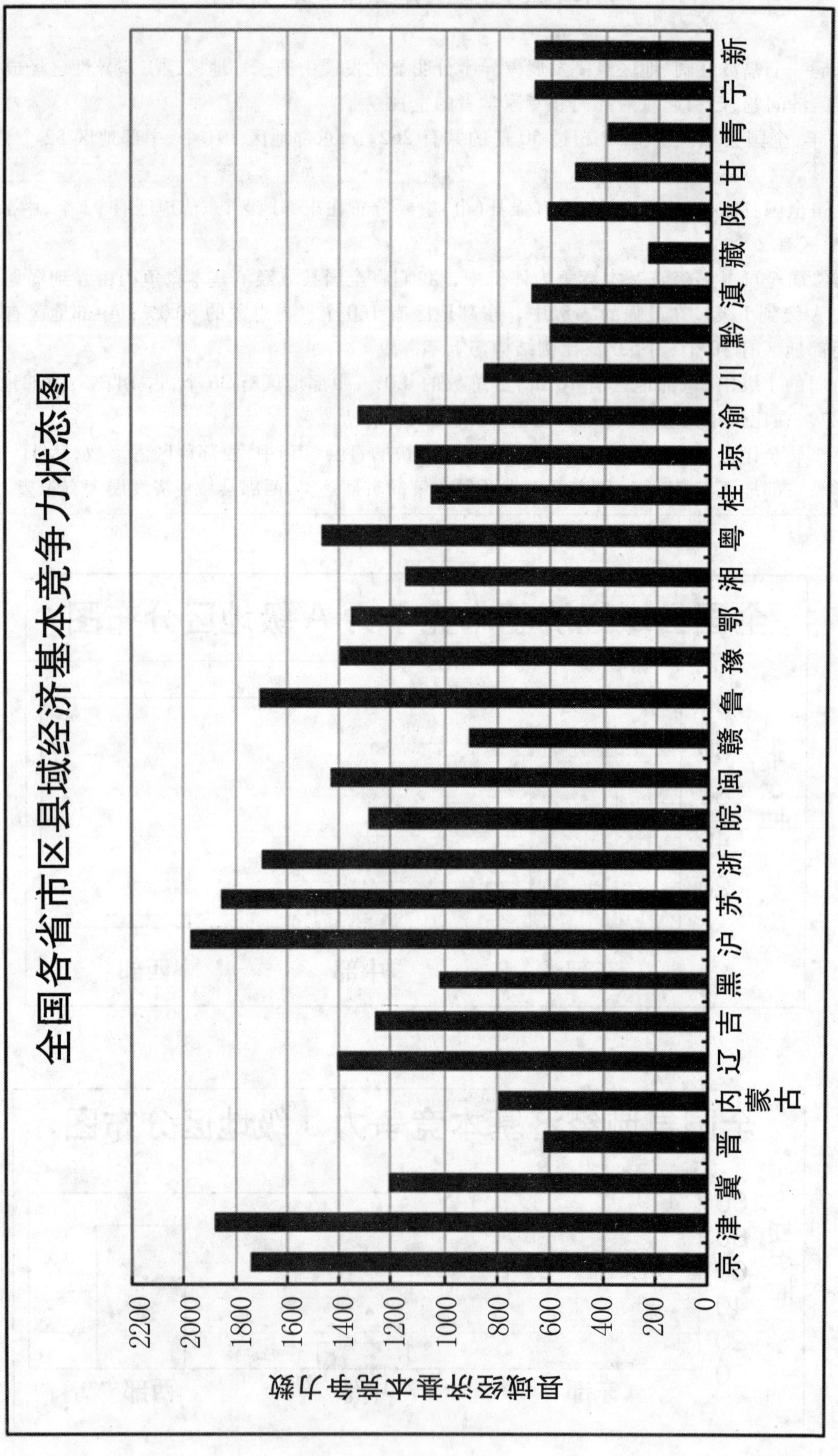

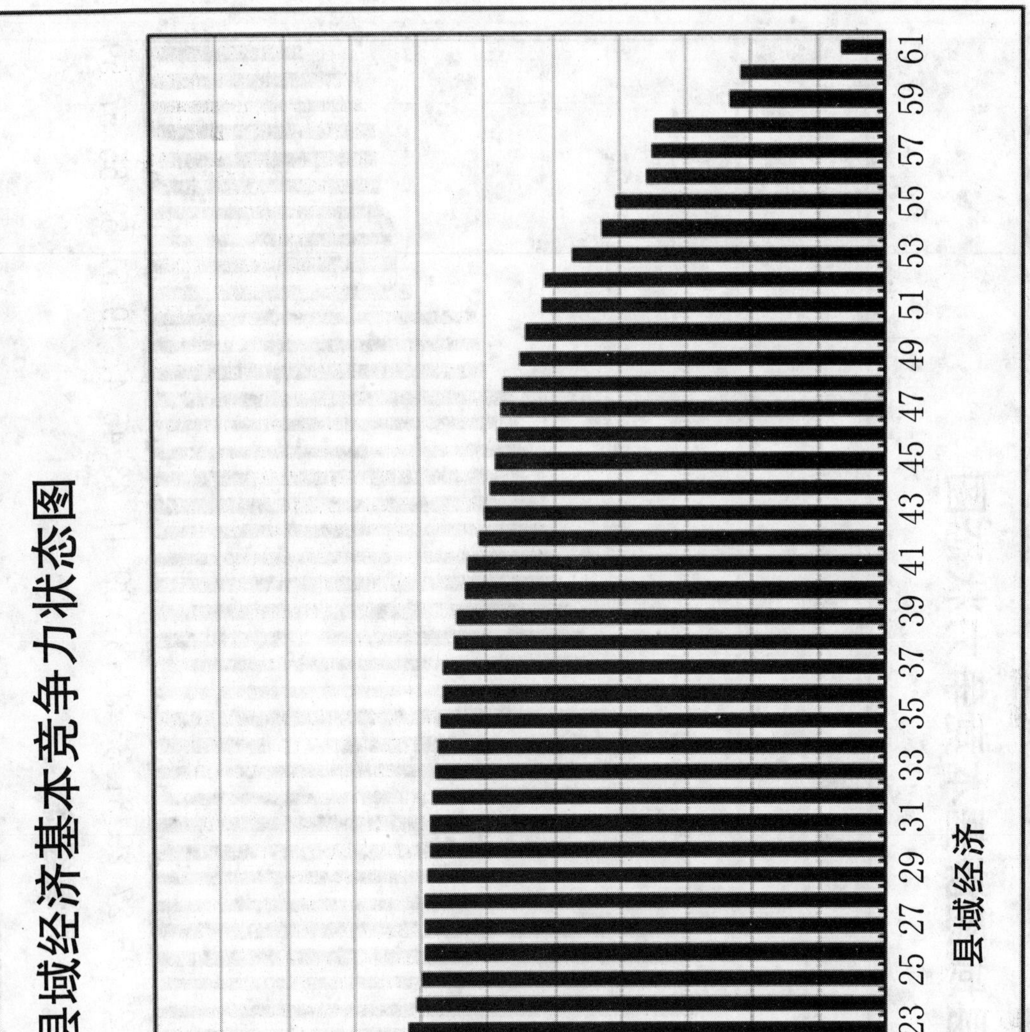

安徽省61个县域经济基本竞争力状态图

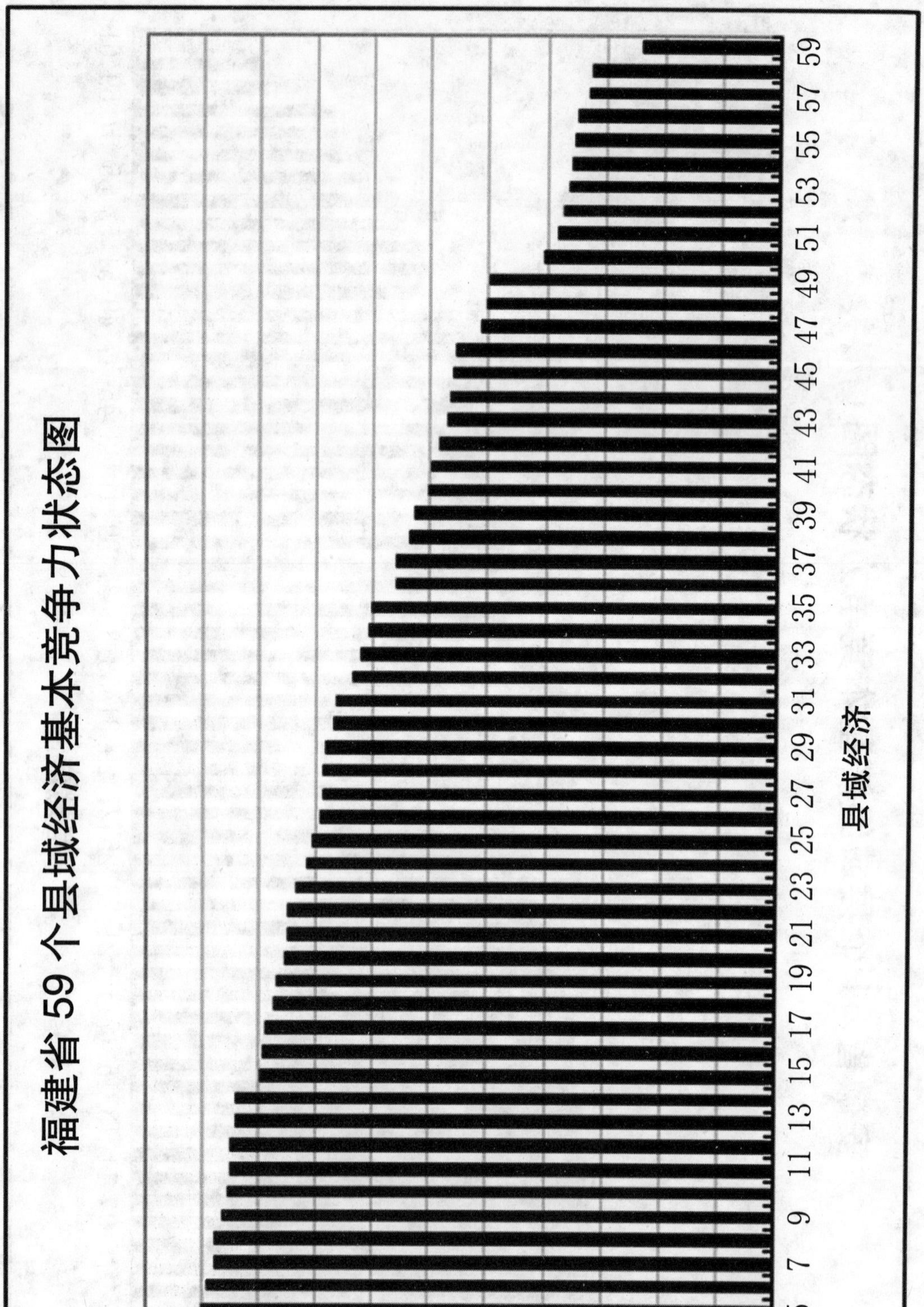
福建省 59 个县域经济基本竞争力状态图
基本竞争力数
县域经济
0
200
400
600
800
1000
1200
1400
1600
1800
2000
2200
1
3
5
7
9
11
13
15
17
19
21
23
25
27
29
31
33
35
37
39
41
43
45
47
49
51
53
55
57
59

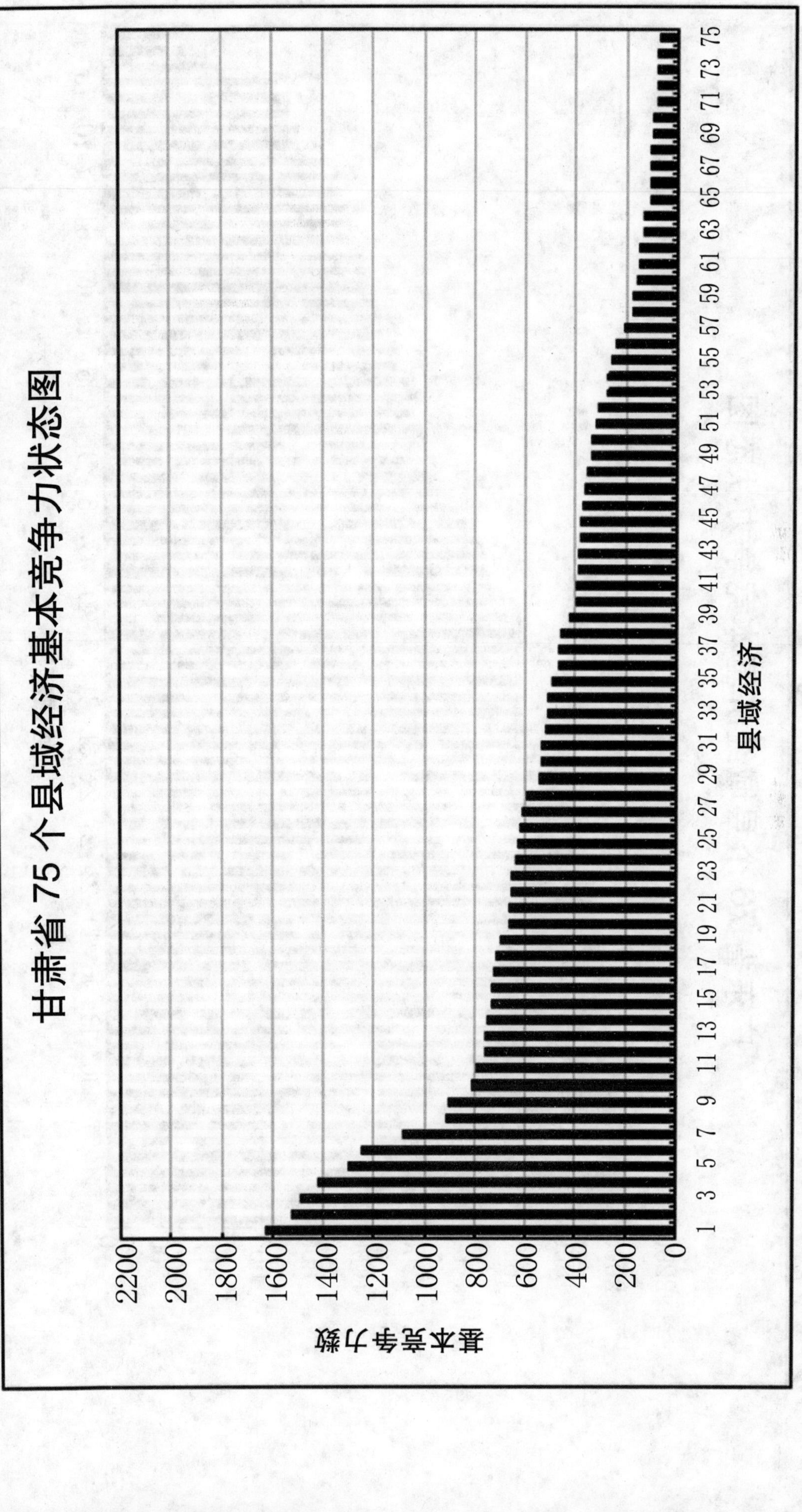
甘肃省 75 个县域经济基本竞争力状态图
基本竞争力数
0
200
400
600
800
1000
1200
1400
1600
1800
2000
2200
县域经济
1
3
5
7
9
11
13
15
17
19
21
23
25
27
29
31
33
35
37
39
41
43
45
47
49
51
53
55
57
59
61
63
65
67
69
71
73
75

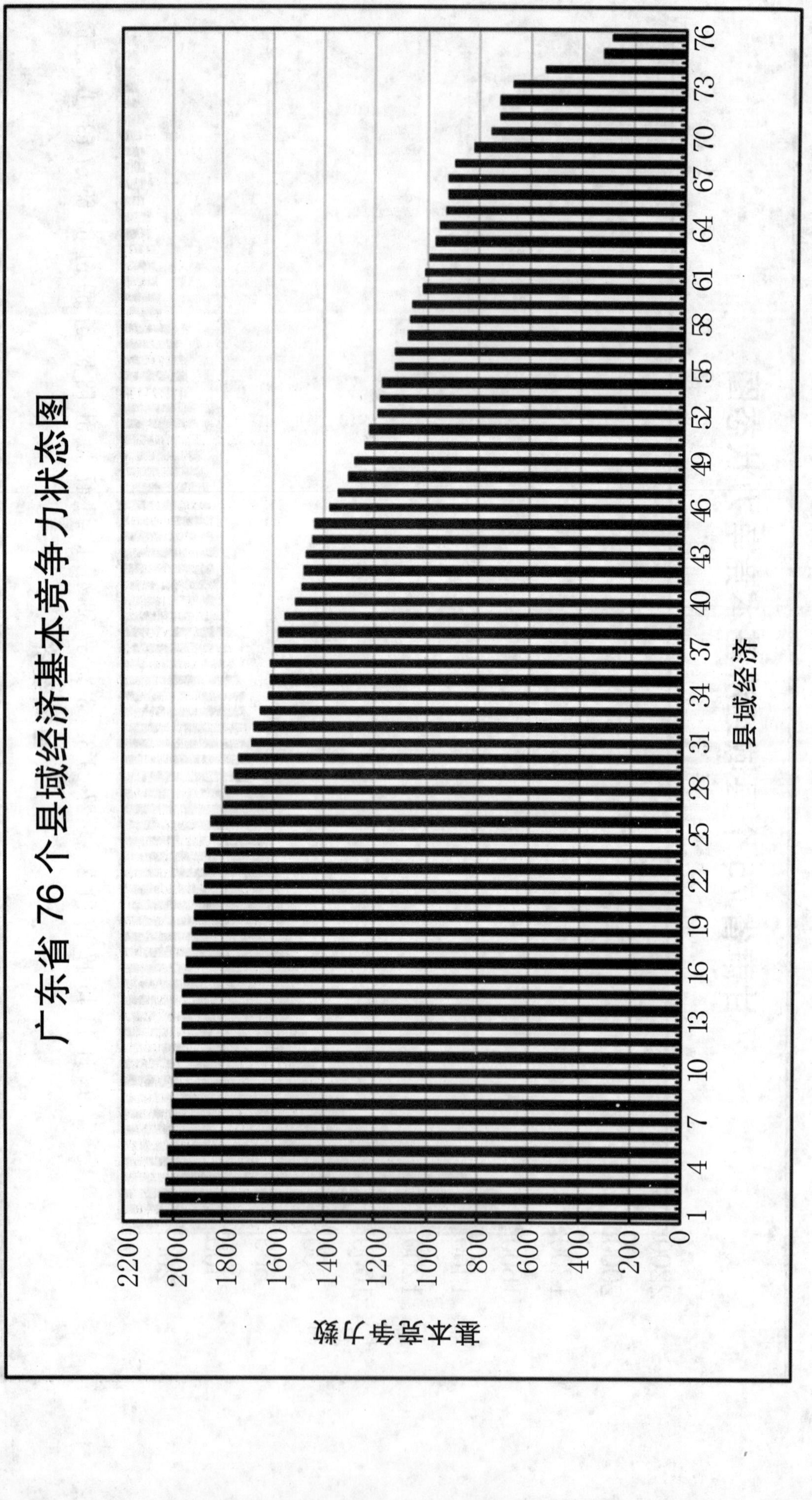
广东省 76 个县域经济基本竞争力状态图
基本竞争力数
2200
2000
1800
1600
1400
1200
1000
800
600
400
200
0
1
4
7
10
13
16
19
22
25
28
31
34
37
40
43
46
49
52
55
58
61
64
67
70
73
76
县域经济

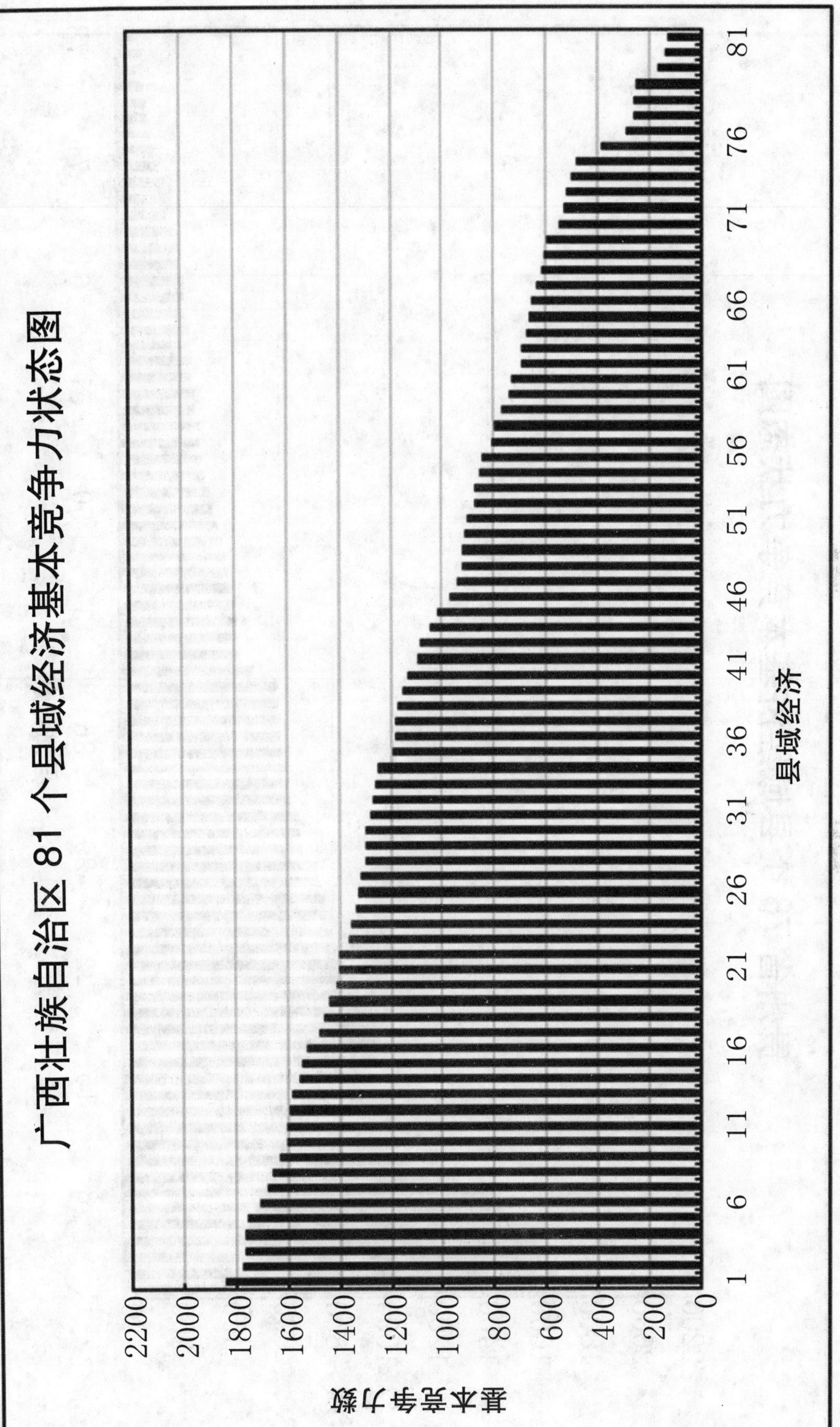
广西壮族自治区 81 个县域经济基本竞争力状态图
基本竞争力数
2200
2000
1800
1600
1400
1200
1000
800
600
400
200
0
1
6
11
16
21
26
31
36
41
46
51
56
61
66
71
76
81
县域经济

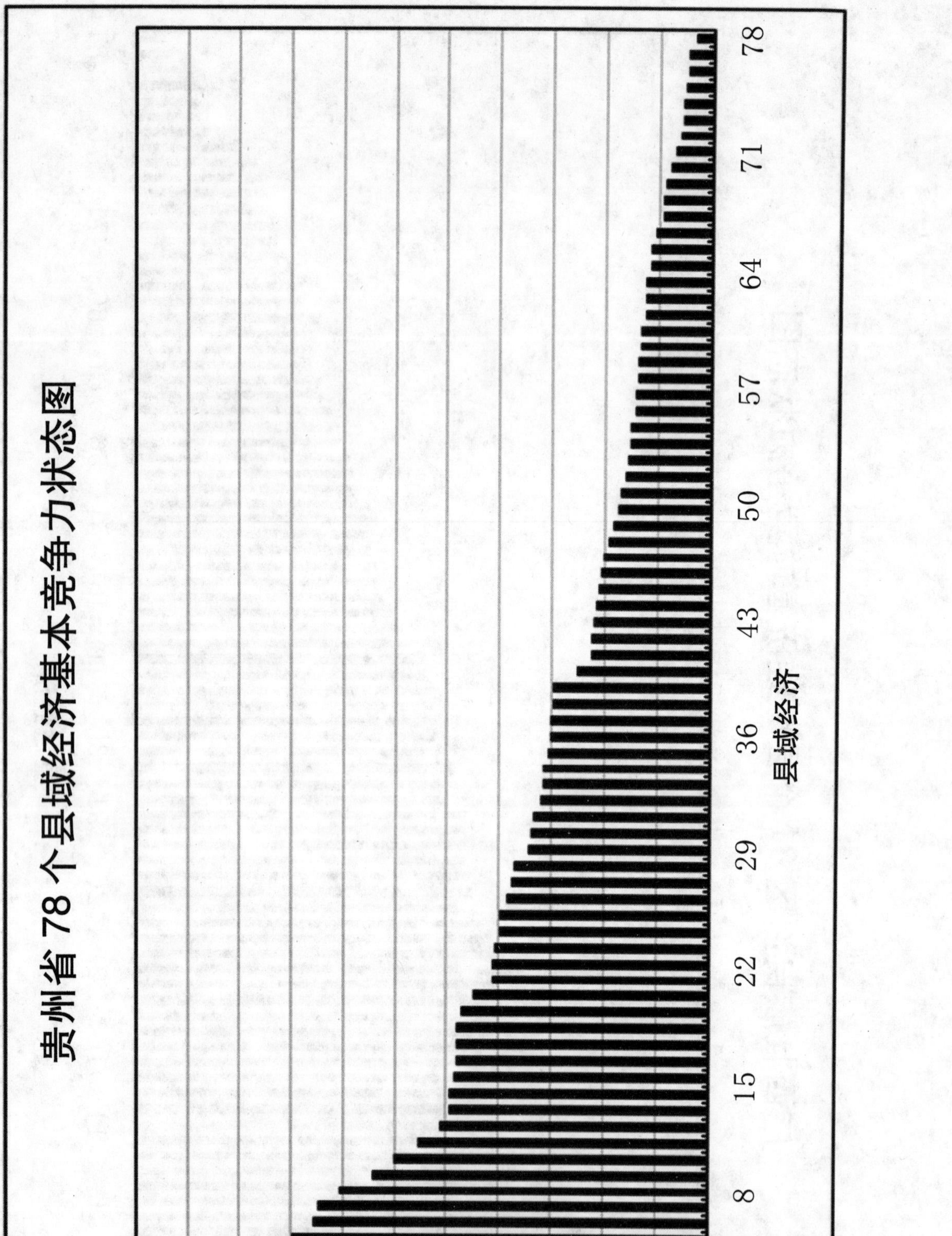
贵州省78个县域经济基本竞争力状态图
基本竞争力数
2200
2000
1800
1600
1400
1200
1000
800
600
400
200
0
1
8
15
22
29
36
43
50
57
64
71
78
县域经济

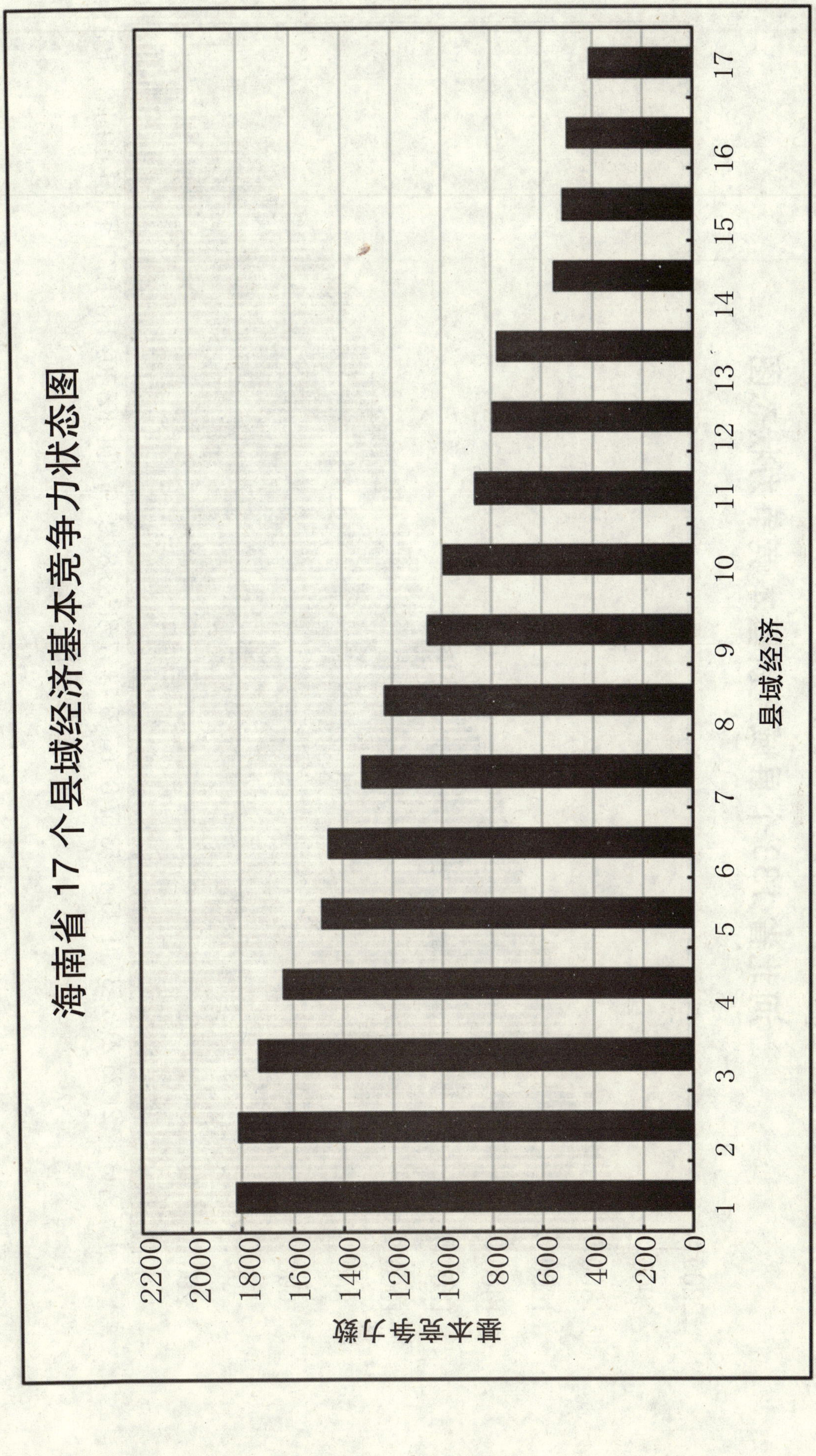
海南省 17 个县域经济基本竞争力状态图
基本竞争力数
2200
2000
1800
1600
1400
1200
1000
800
600
400
200
0
1
2
3
4
5
6
7
8
9
10
11
12
13
14
15
16
17
县域经济

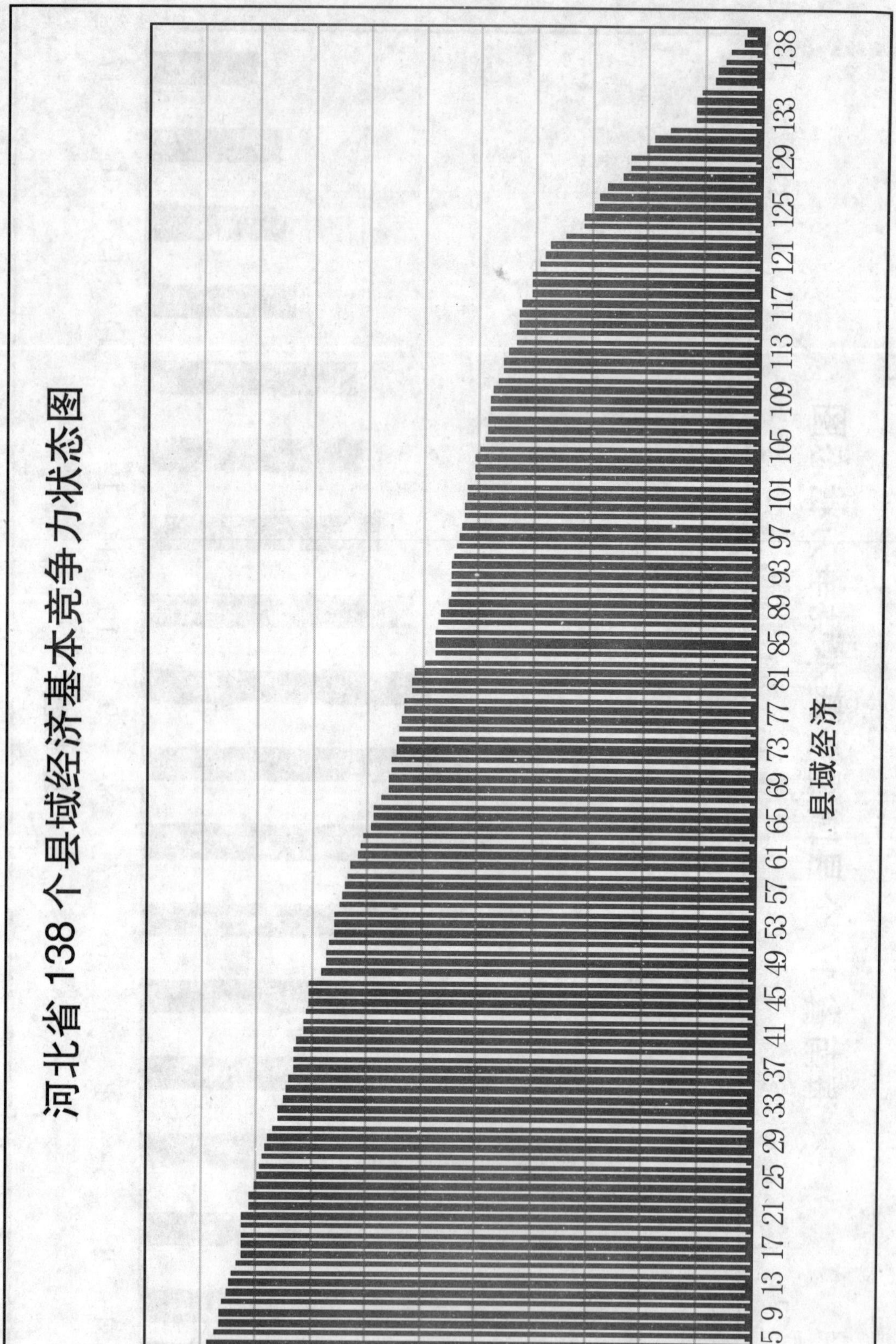

河北省 138 个县域经济基本竞争力状态图

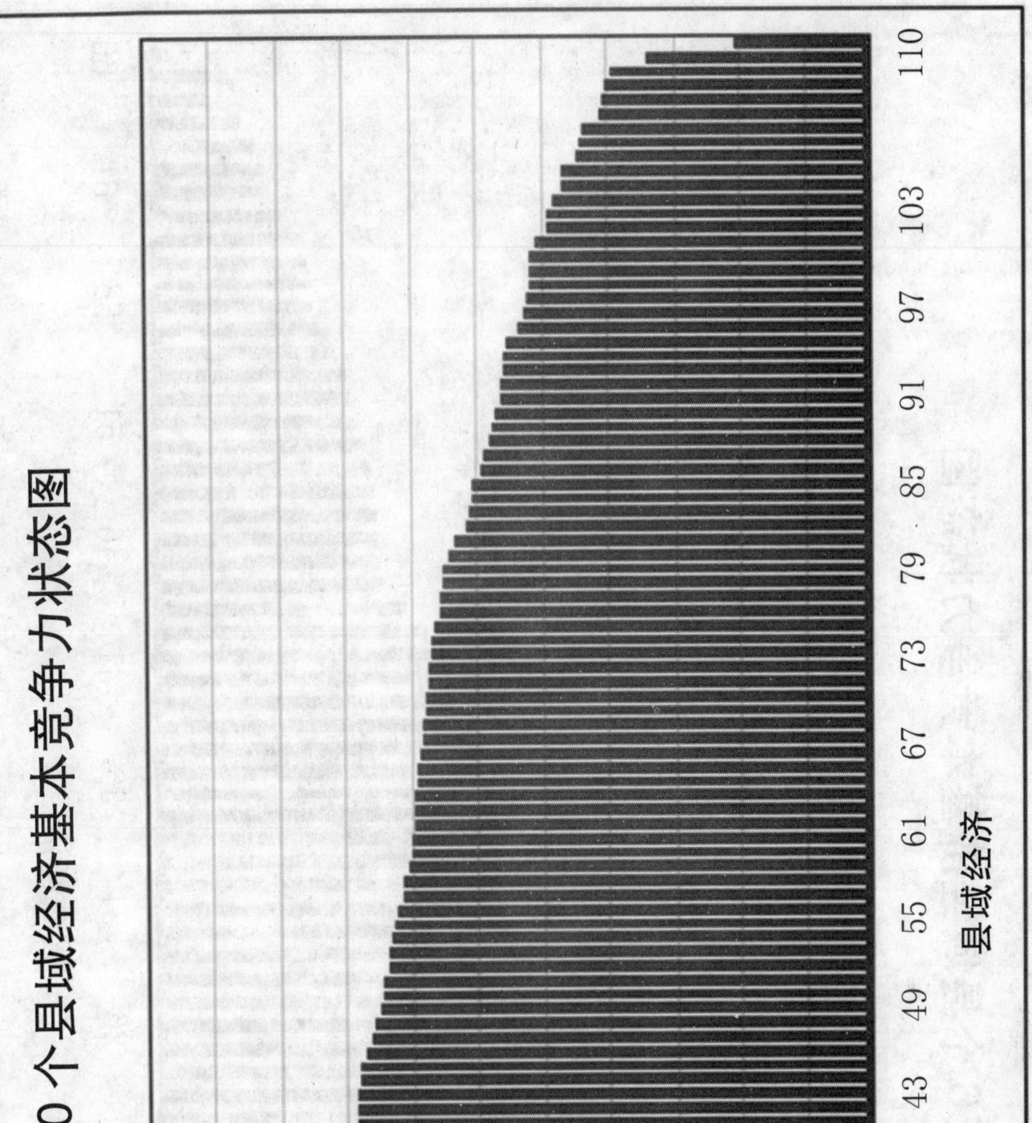
河南省110个县域经济基本竞争力状态图
基本竞争力数
2200
2000
1800
1600
1400
1200
1000
800
600
400
200
0
1
7
13
19
25
31
37
43
49
55
61
67
73
79
85
91
97
103
110
县域经济

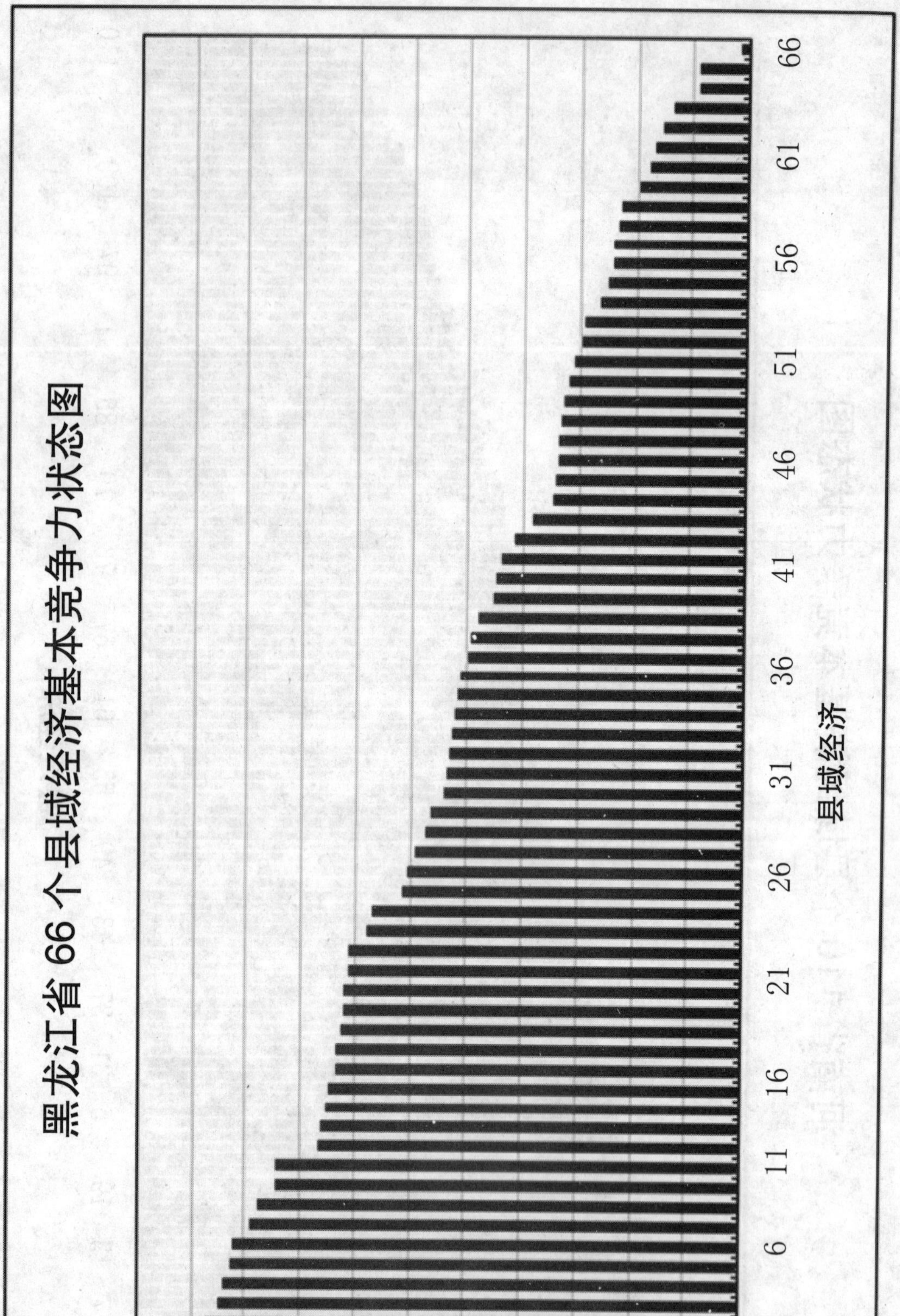
黑龙江省66个县域经济基本竞争力状态图
基本竞争力数
0
200
400
600
800
1000
1200
1400
1600
1800
2000
2200
县域经济
1
6
11
16
21
26
31
36
41
46
51
56
61
66

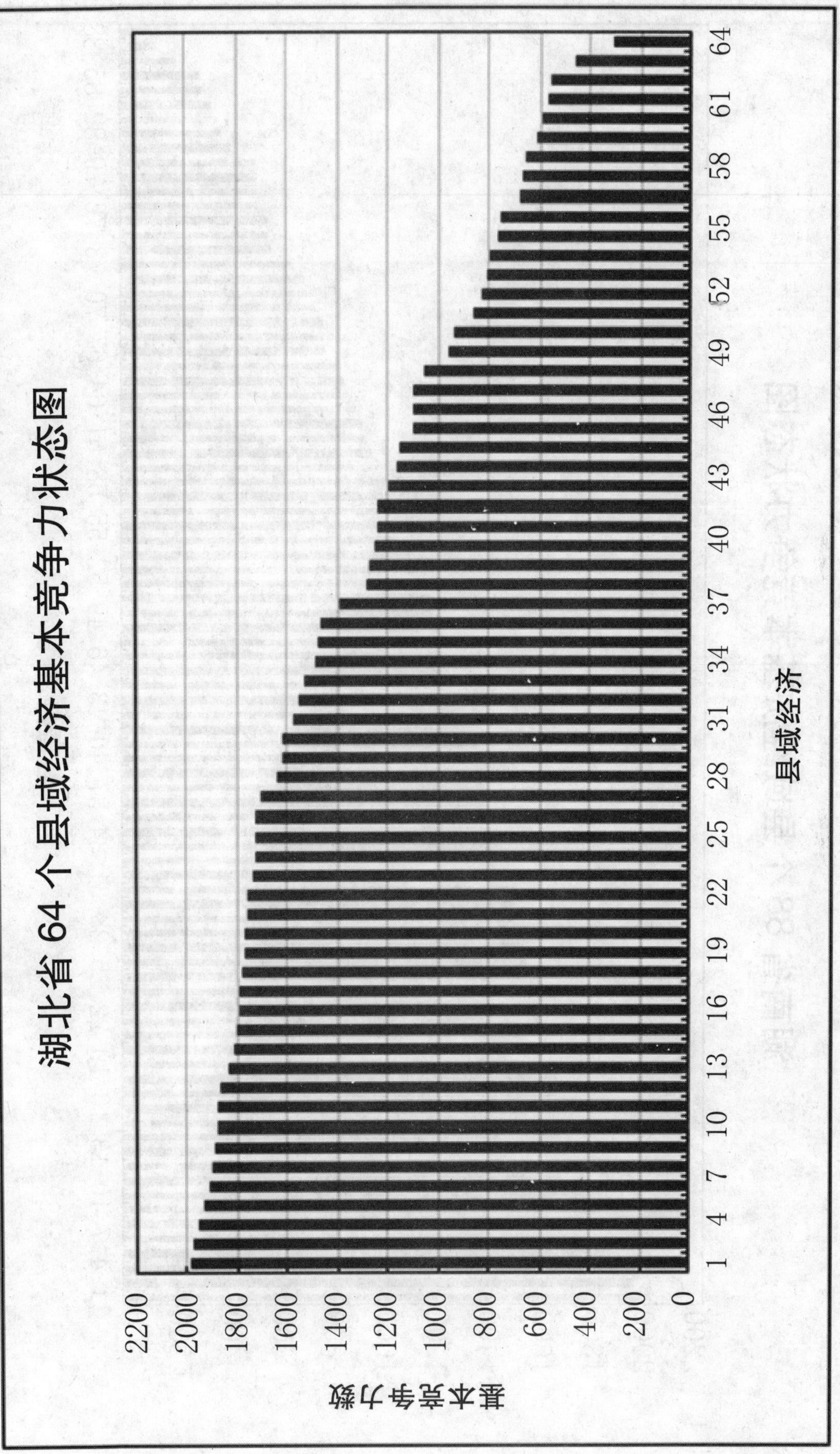
湖北省64个县域经济基本竞争力状态图
基本竞争力数
县域经济
0
200
400
600
800
1000
1200
1400
1600
1800
2000
2200
1
4
7
10
13
16
19
22
25
28
31
34
37
40
43
46
49
52
55
58
61
64

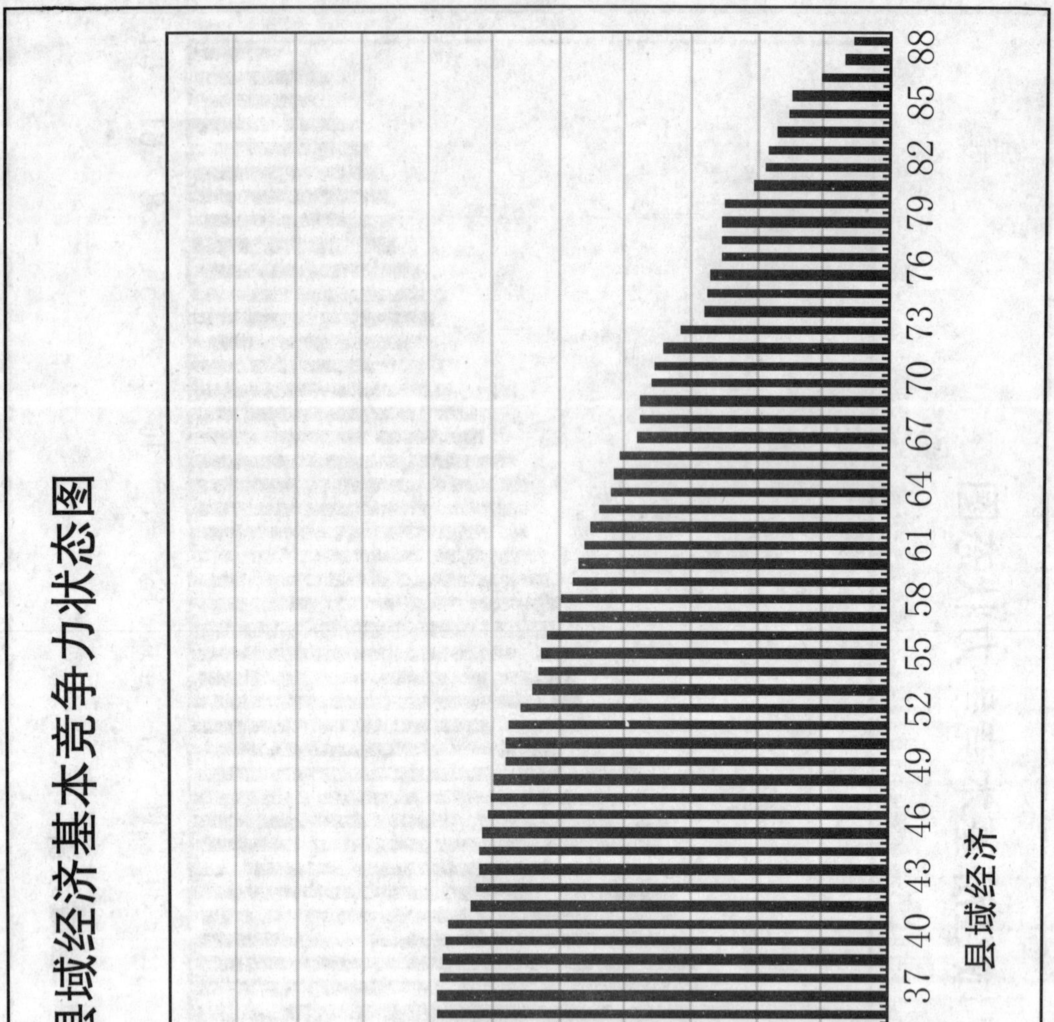
湖南省 88 个县域经济基本竞争力状态图
基本竞争力数
2200
2000
1800
1600
1400
1200
1000
800
600
400
200
0
1
4
7
10
13
16
19
22
25
28
31
34
37
40
43
46
49
52
55
58
61
64
67
70
73
76
79
82
85
88
县域经济

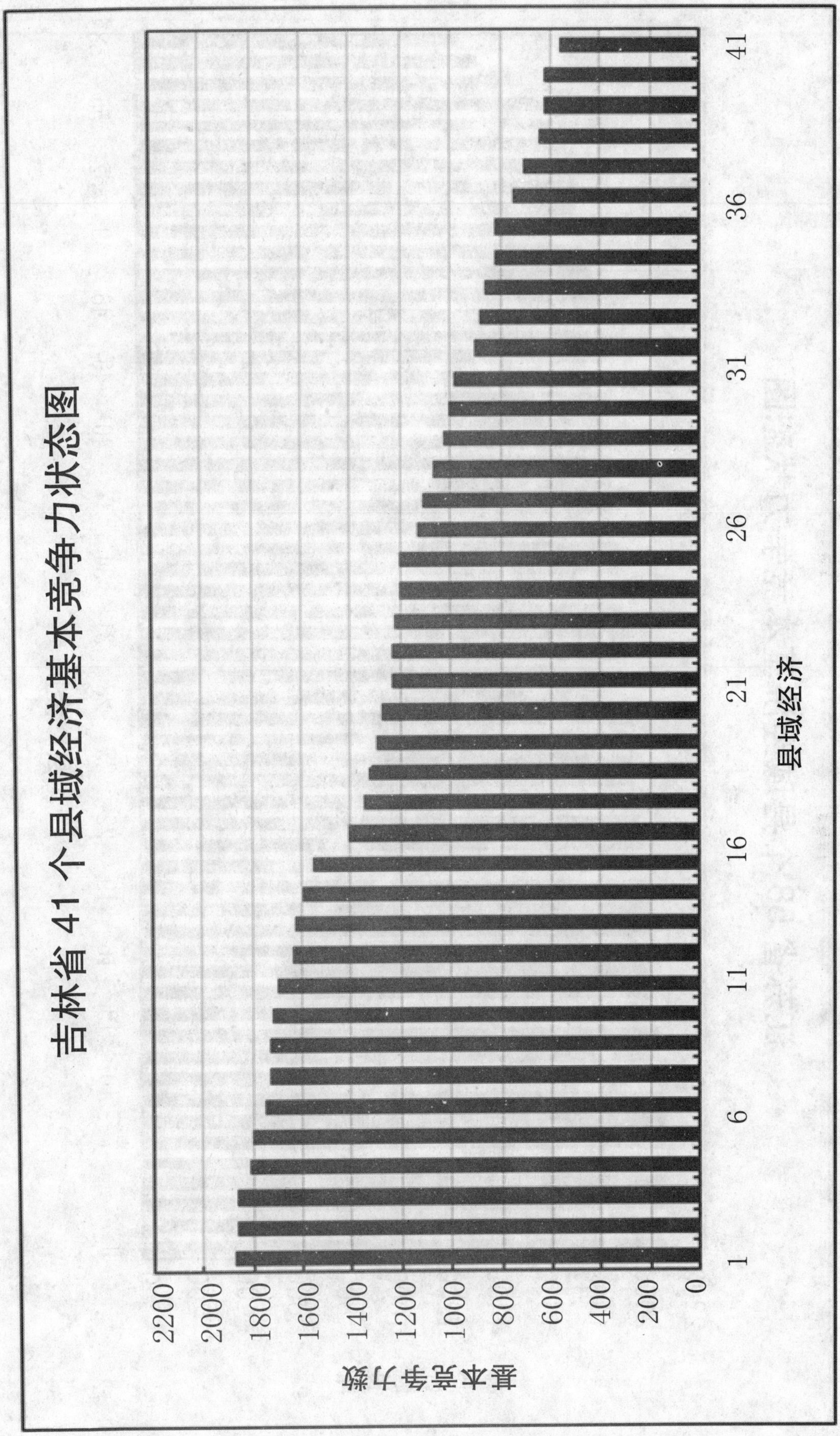
吉林省 41 个县域经济基本竞争力状态图
基本竞争力数
2200
2000
1800
1600
1400
1200
1000
800
600
400
200
0
1
6
11
16
21
26
31
36
41
县域经济

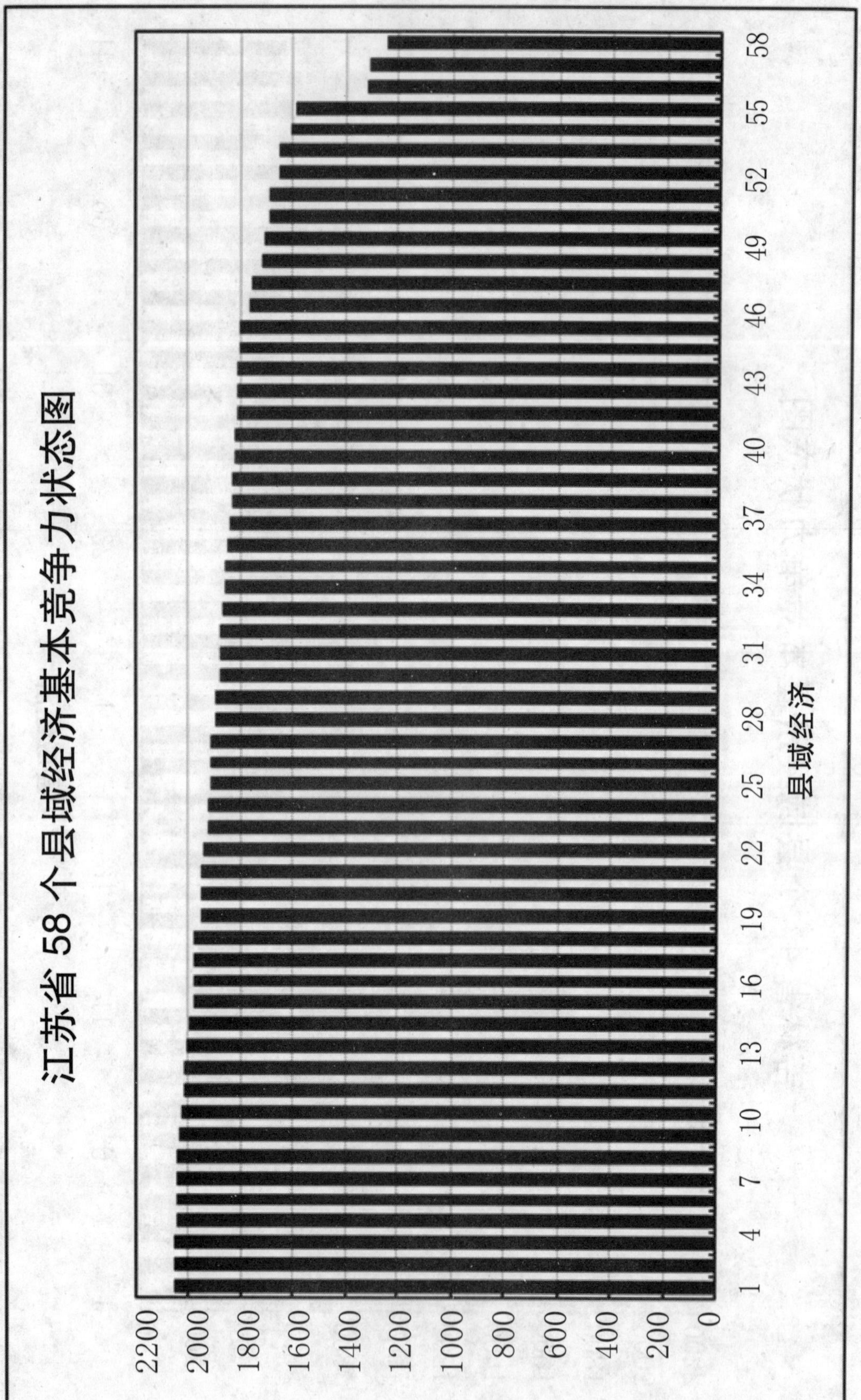
江苏省 58 个县域经济基本竞争力状态图
基本竞争力数
2200
2000
1800
1600
1400
1200
1000
800
600
400
200
0
1
4
7
10
13
16
19
22
25
28
31
34
37
40
43
46
49
52
55
58
县域经济

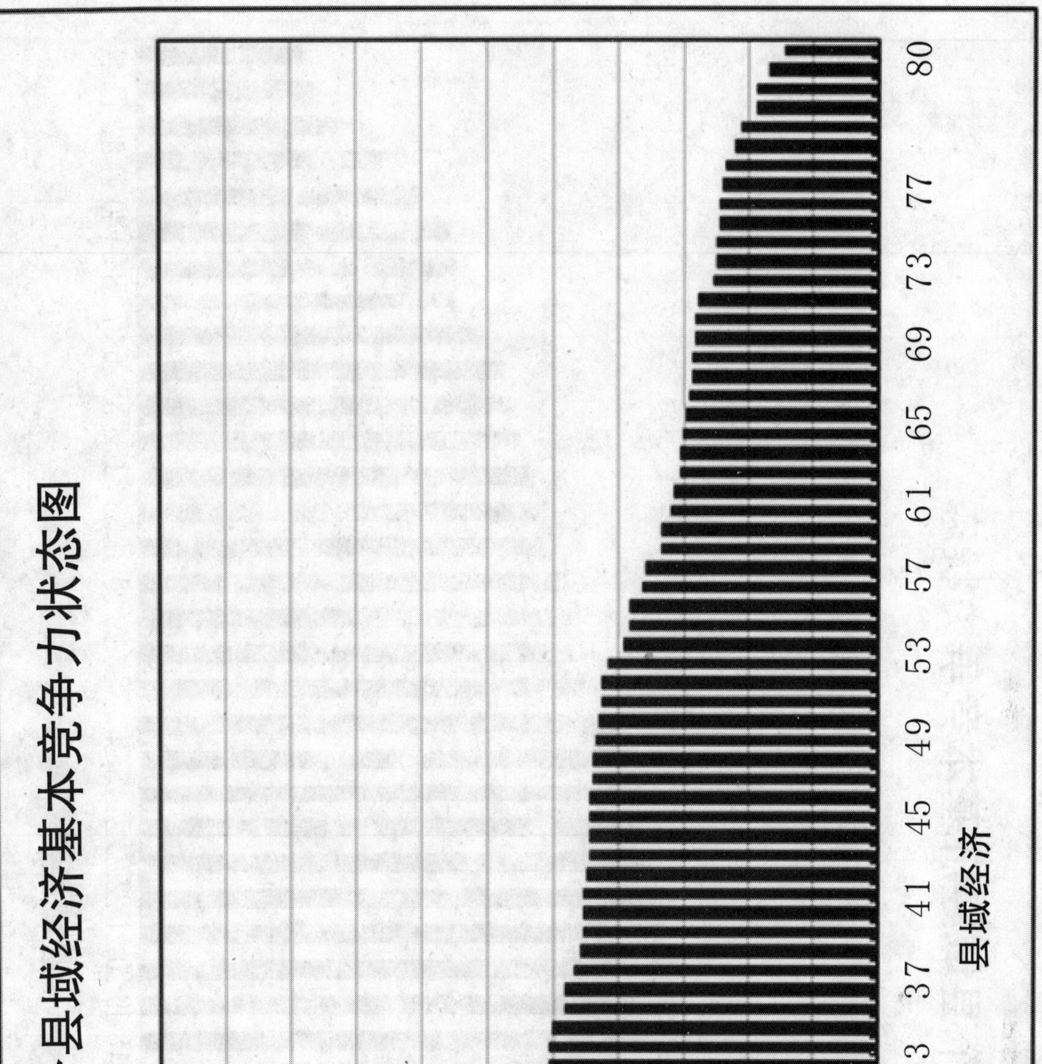
江西省80个县域经济基本竞争力状态图
基本竞争力数
2200
2000
1800
1600
1400
1200
1000
800
600
400
200
0
县域经济
1
5
9
13
17
21
25
29
33
37
41
45
49
53
57
61
65
69
73
77
80

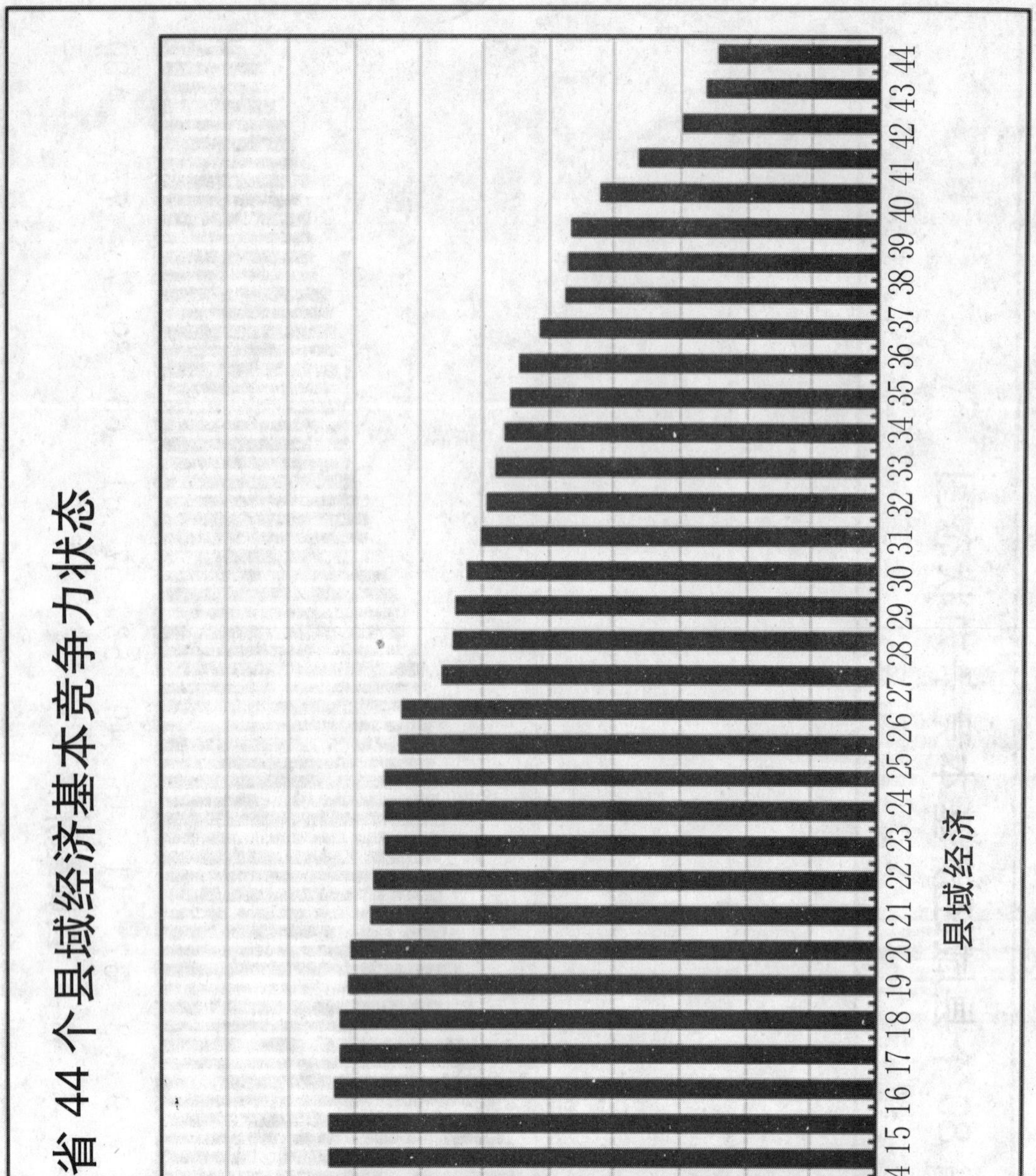
辽宁省 44 个县域经济基本竞争力状态
基本竞争力数
0
200
400
600
800
1000
1200
1400
1600
1800
2000
2200
县域经济
1 2 3 4 5 6 7 8 9 10 11 12 13 14 15 16 17 18 19 20 21 22 23 24 25 26 27 28 29 30 31 32 33 34 35 36 37 38 39 40 41 42 43 44

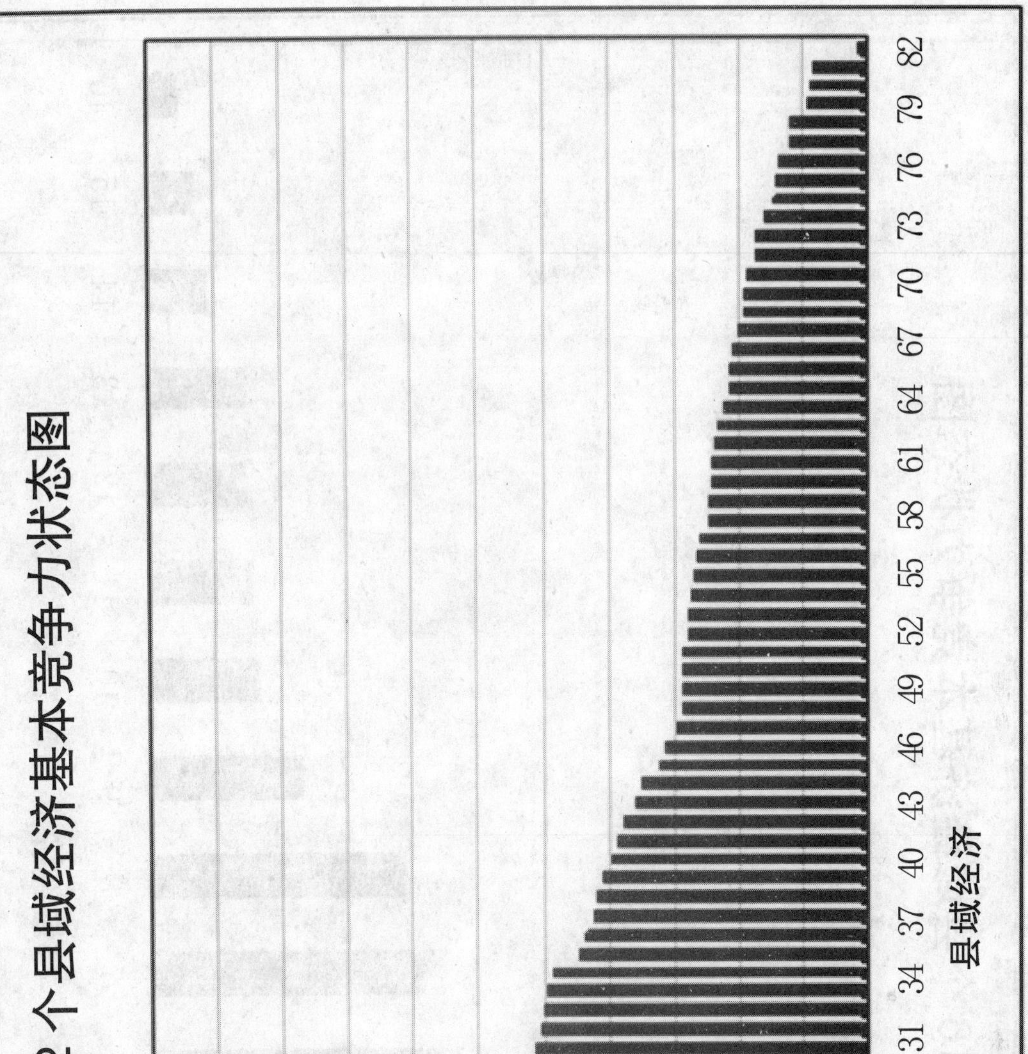

内蒙古自治区82个县域经济基本竞争力状态图

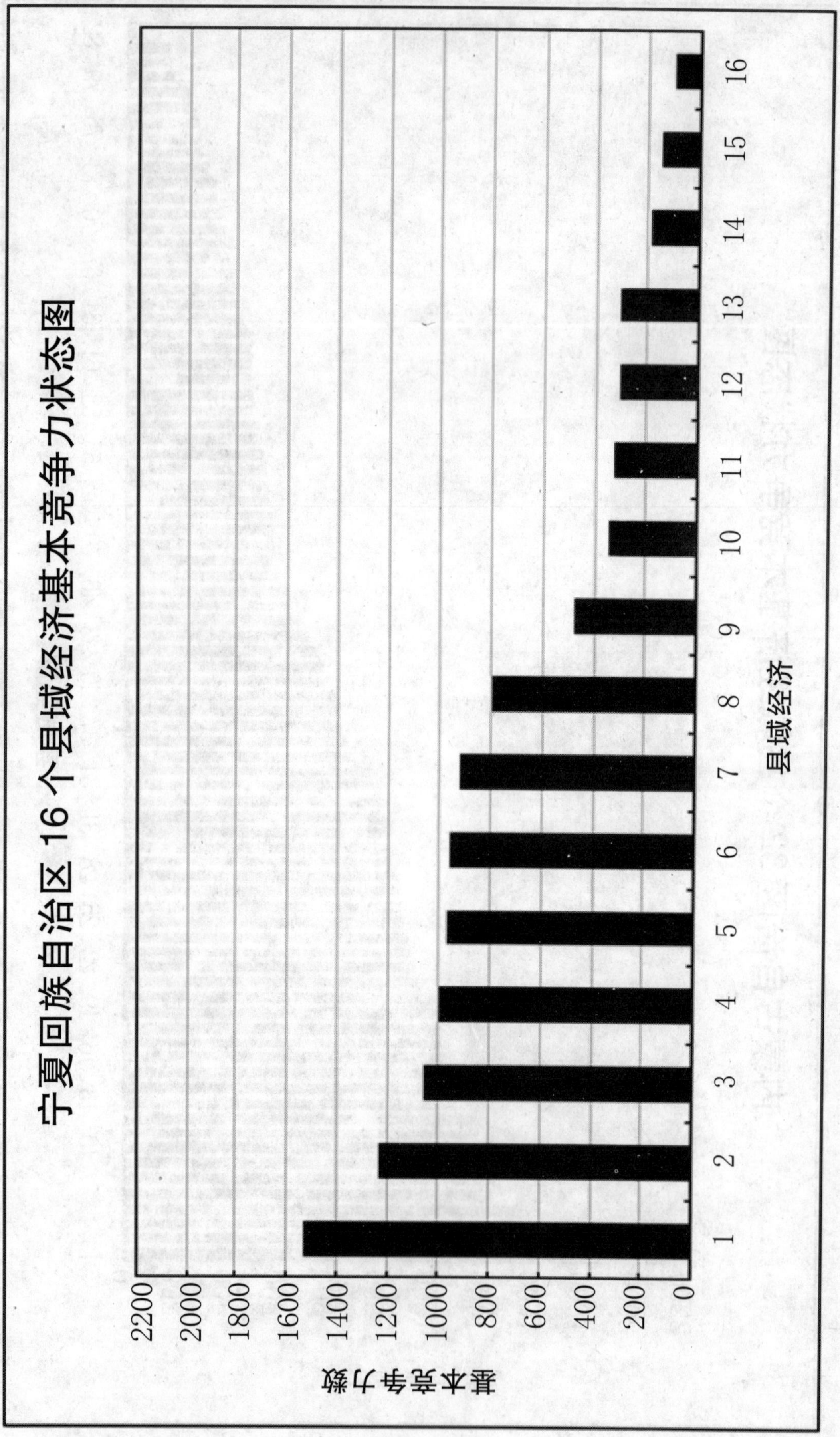
宁夏回族自治区16个县域经济基本竞争力状态图
基本竞争力数
2200
2000
1800
1600
1400
1200
1000
800
600
400
200
0
1
2
3
4
5
6
7
8
9
10
11
12
13
14
15
16
县域经济

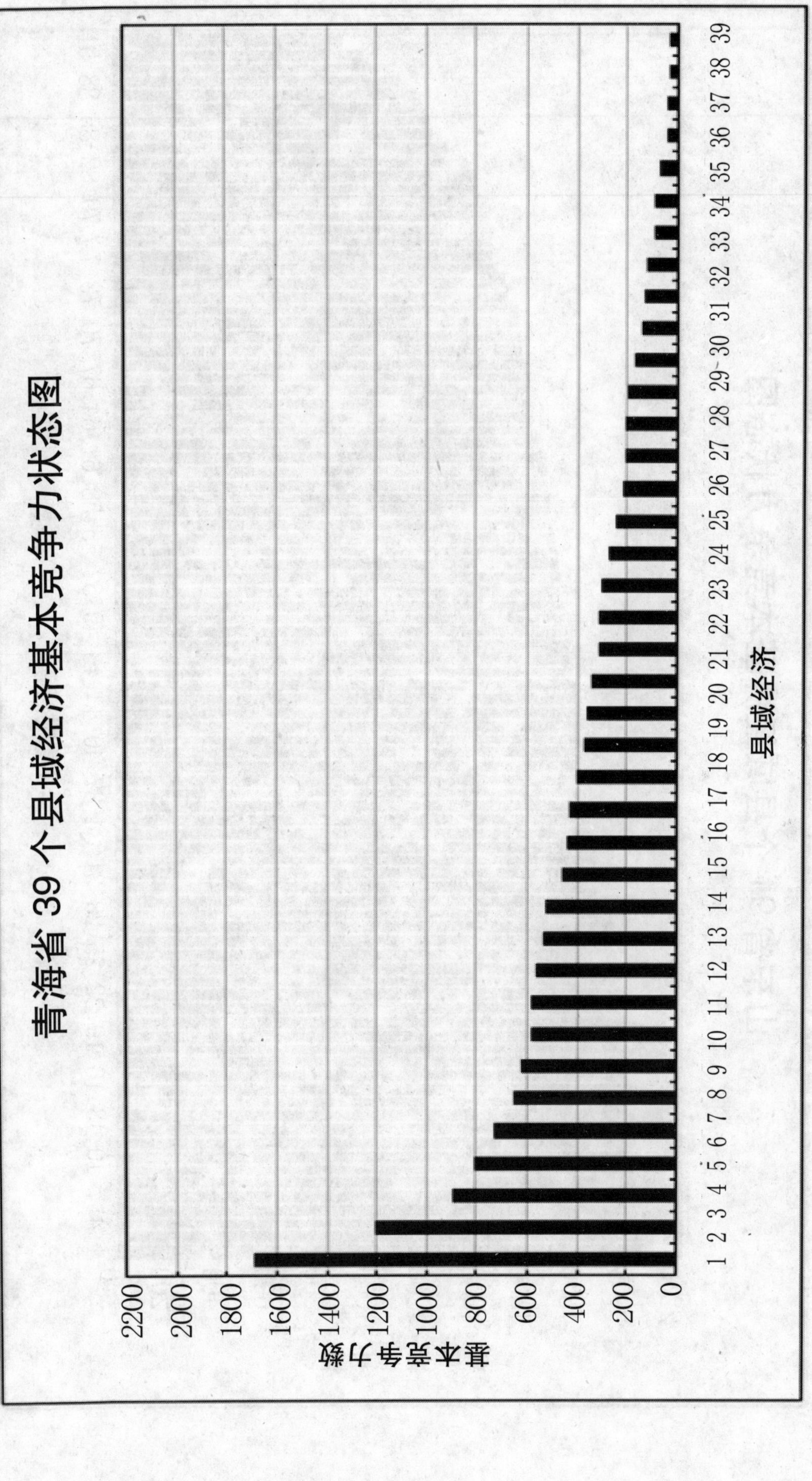
青海省 39 个县域经济基本竞争力状态图
基本竞争力数
2200
2000
1800
1600
1400
1200
1000
800
600
400
200
0
1 2 3 4 5 6 7 8 9 10 11 12 13 14 15 16 17 18 19 20 21 22 23 24 25 26 27 28 29 30 31 32 33 34 35 36 37 38 39
县域经济

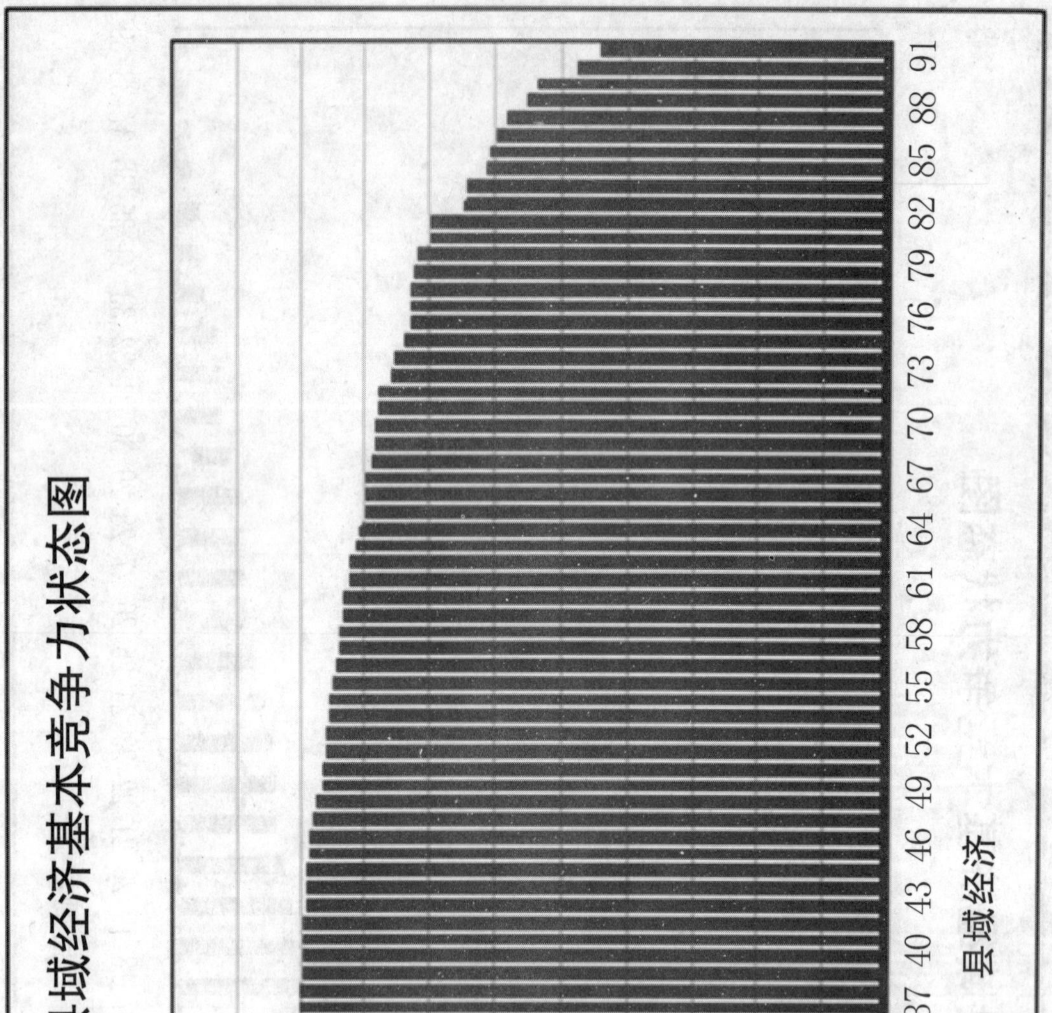

山东省91个县域经济基本竞争力状态图

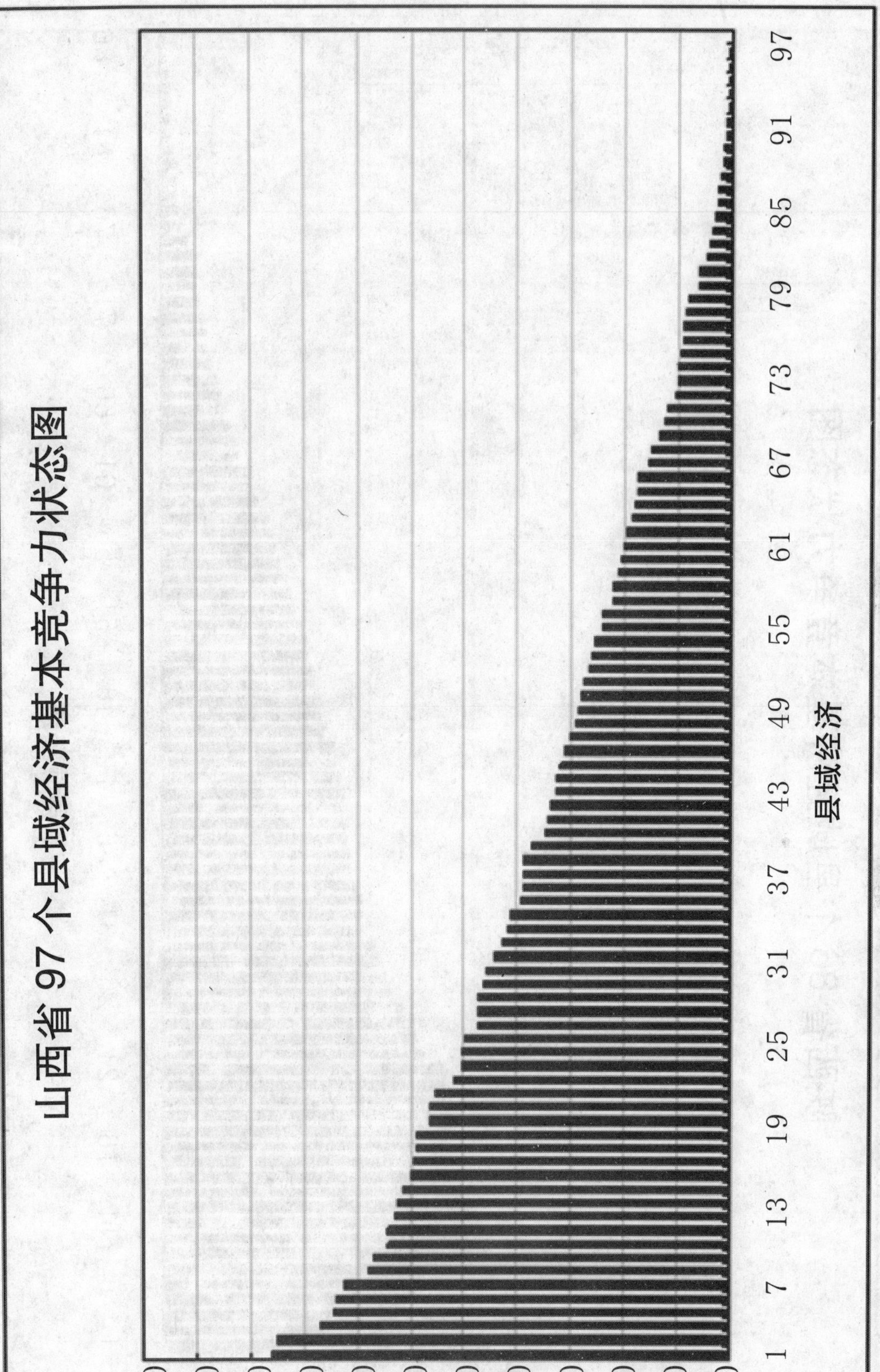

山西省97个县域经济基本竞争力状态图

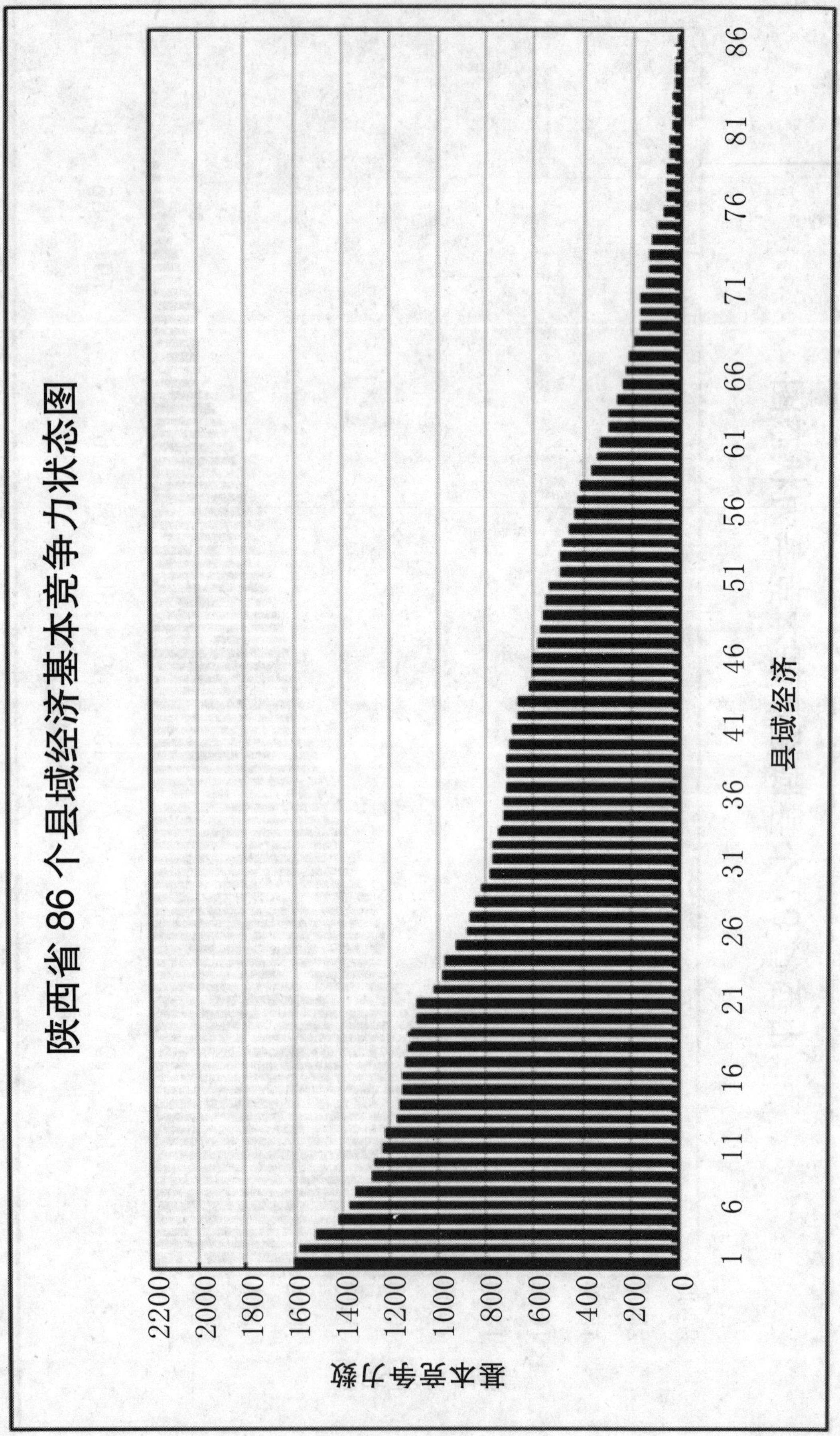
陕西省 86 个县域经济基本竞争力状态图
基本竞争力数
2200
2000
1800
1600
1400
1200
1000
800
600
400
200
0
1
6
11
16
21
26
31
36
41
46
51
56
61
66
71
76
81
86
县域经济

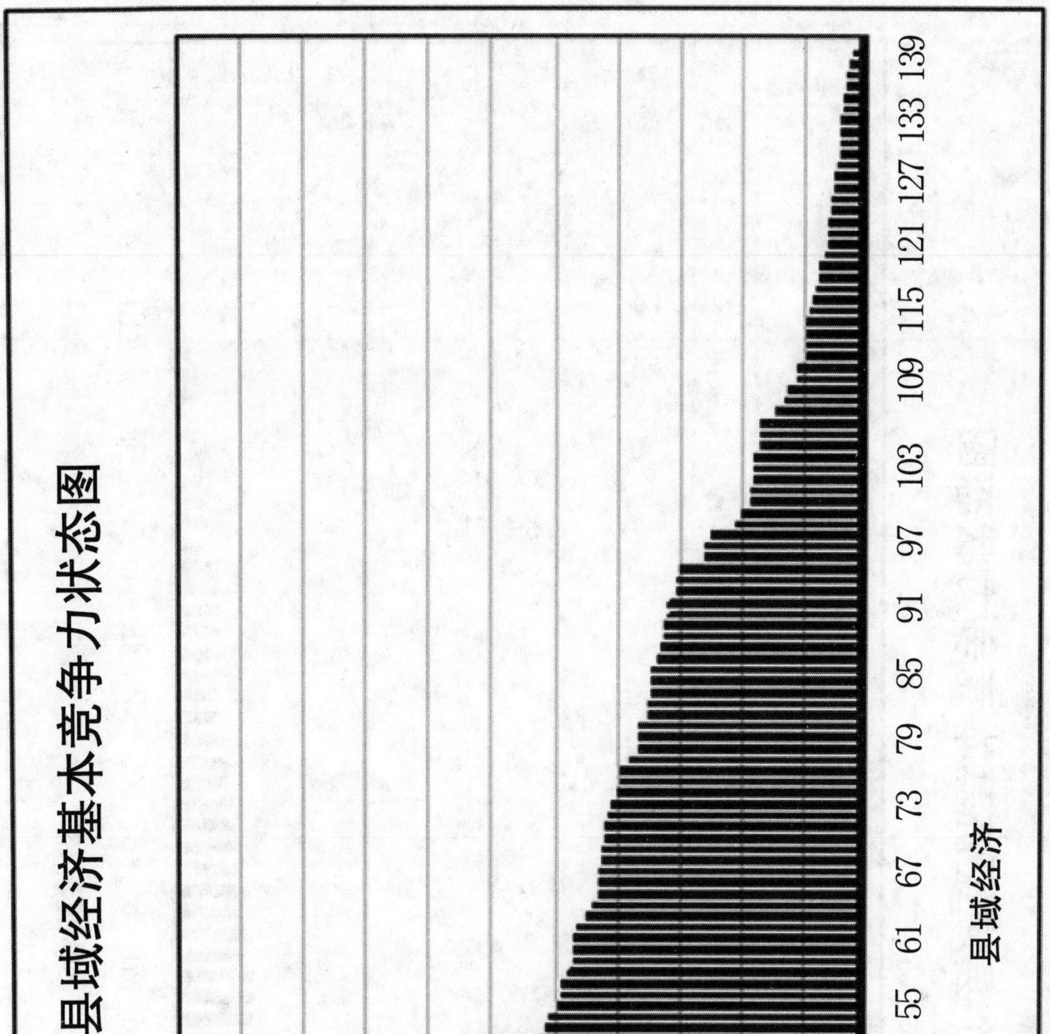
四川省139个县域经济基本竞争力状态图
基本竞争力数
2200
2000
1800
1600
1400
1200
1000
800
600
400
200
0
1
7
13
19
25
31
37
43
49
55
61
67
73
79
85
91
97
103
109
115
121
127
133
139
县域经济

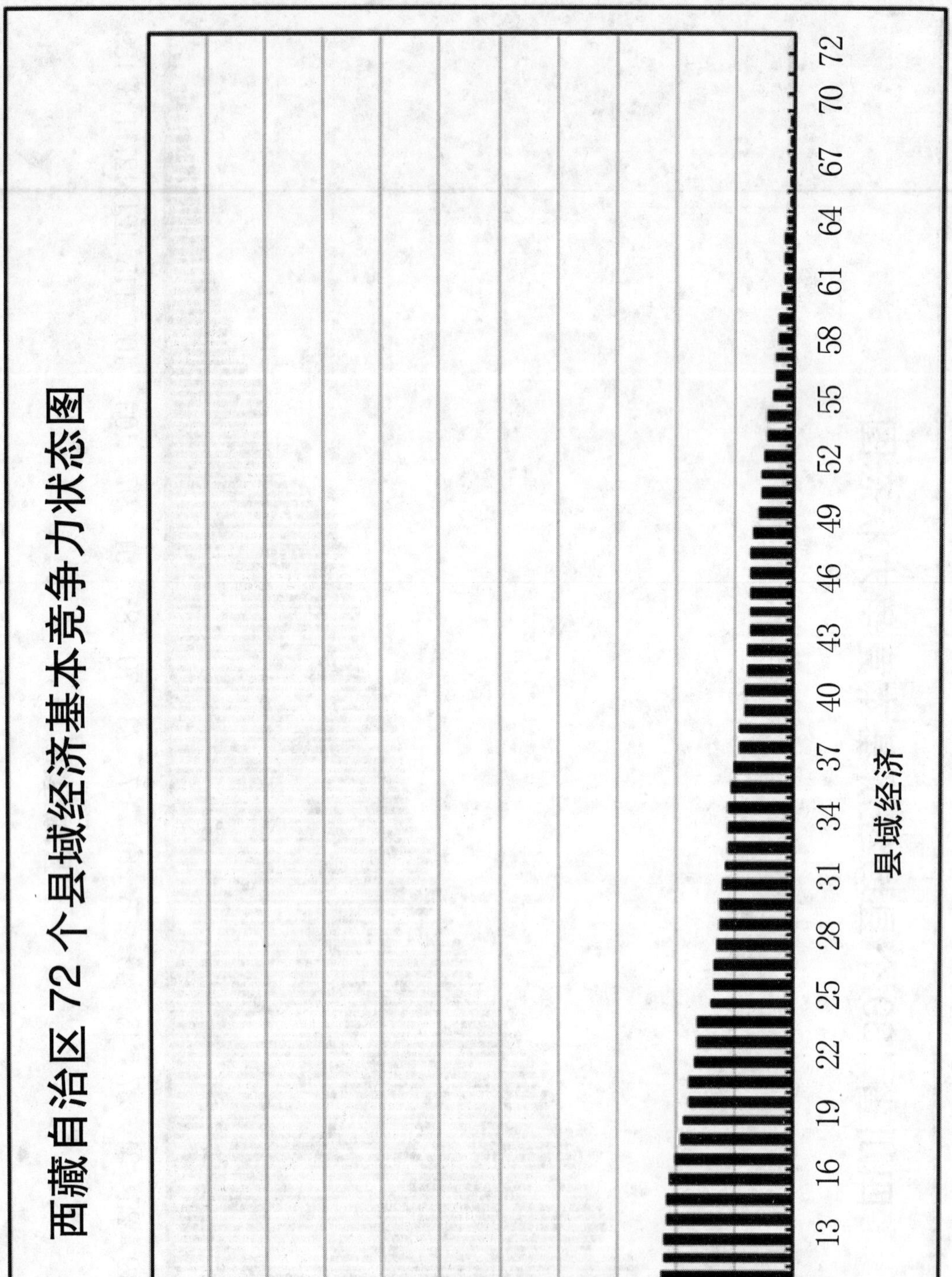
西藏自治区 72 个县域经济基本竞争力状态图
基本竞争力数
2200
2000
1800
1600
1400
1200
1000
800
600
400
200
0
1 4 7 10 13 16 19 22 25 28 31 34 37 40 43 46 49 52 55 58 61 64 67 70 72
县域经济

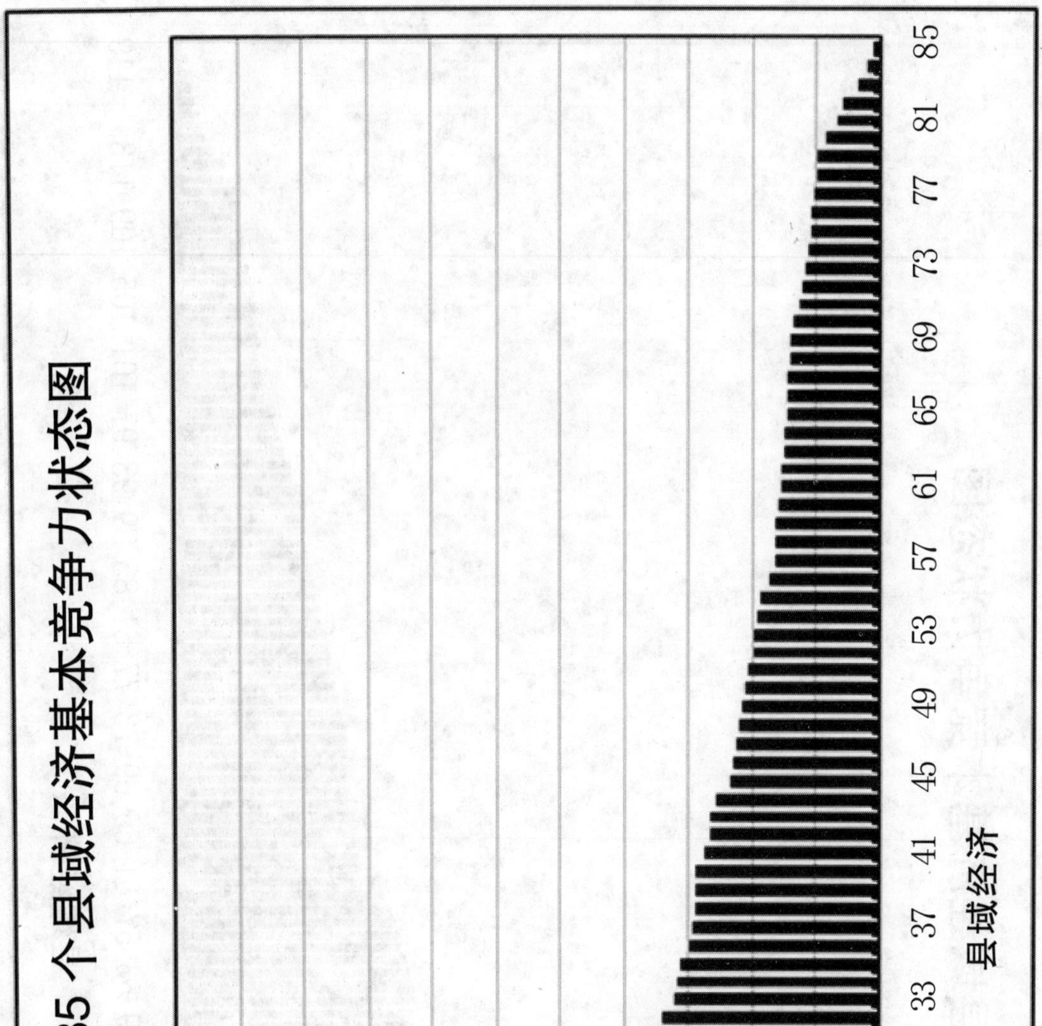
新疆维吾尔自治区85个县域经济基本竞争力状态图
基本竞争力数
2200
2000
1800
1600
1400
1200
1000
800
600
400
200
0
1
5
9
13
17
21
25
29
33
37
41
45
49
53
57
61
65
69
73
77
81
85
县域经济

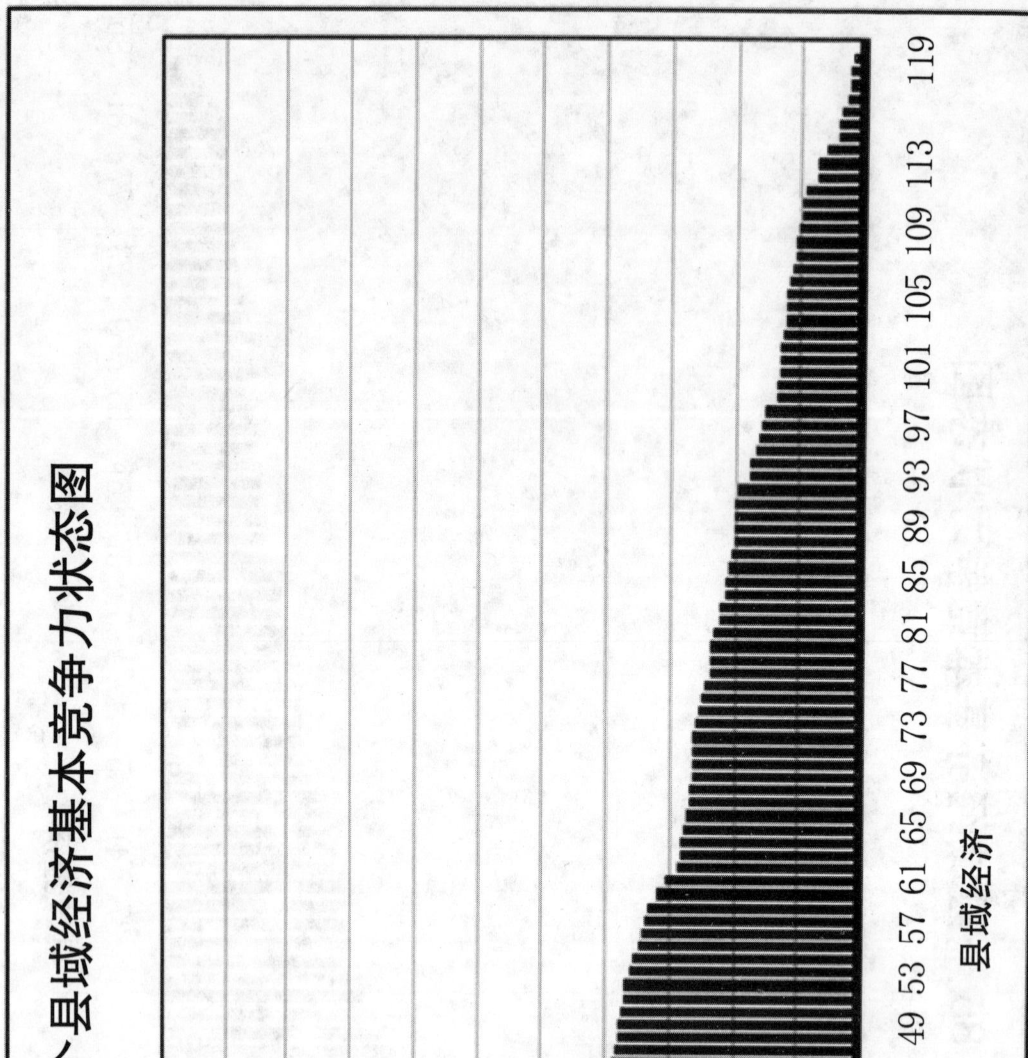
云南省119个县域经济基本竞争力状态图
基本竞争力数
2200
2000
1800
1600
1400
1200
1000
800
600
400
200
0
1 5 9 13 17 21 25 29 33 37 41 45 49 53 57 61 65 69 73 77 81 85 89 93 97 101 105 109 113 119
县域经济

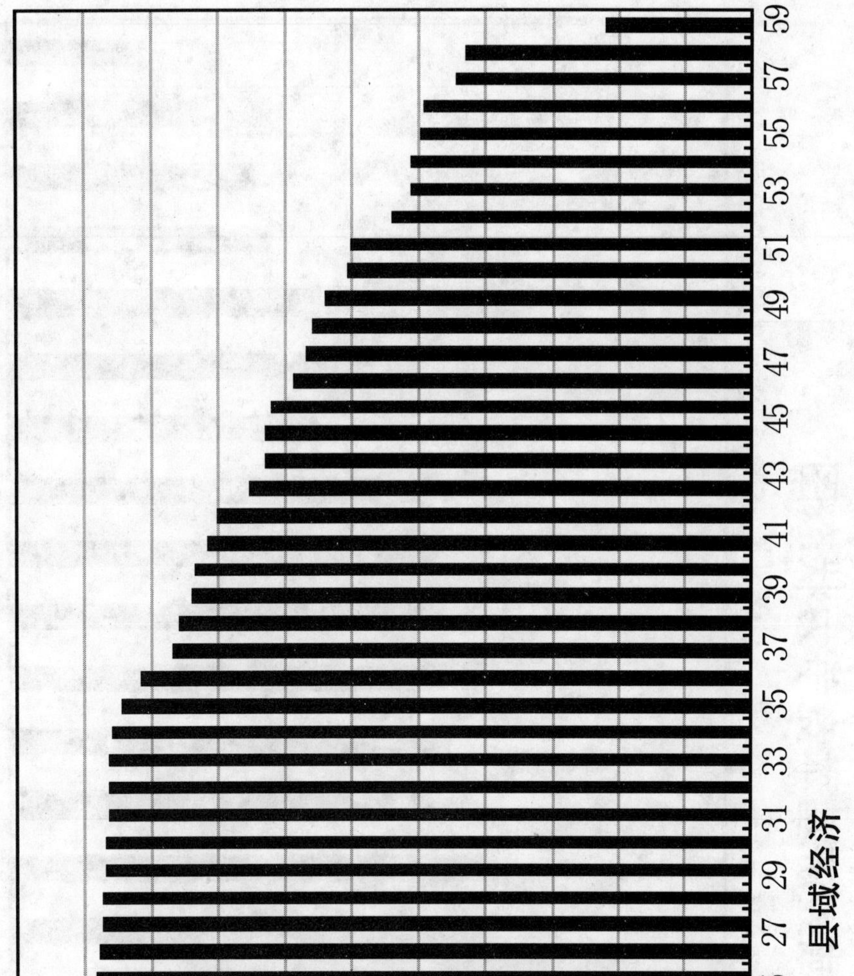

浙江省59个县域经济基本竞争力状态图

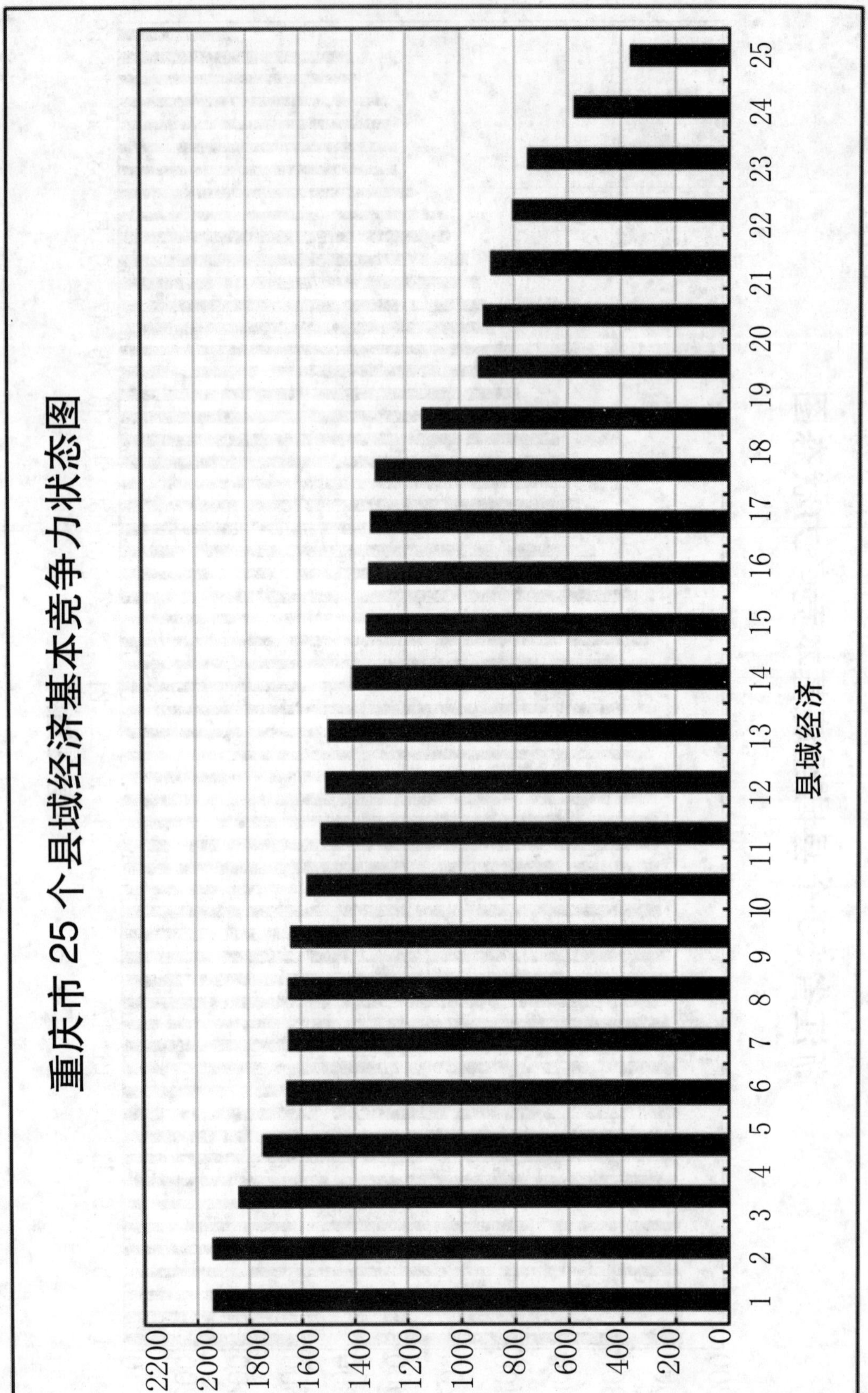

重庆市25个县域经济基本竞争力状态图

中国县域经济基本竞争力状态图和中国县域经济基本竞争力地图注释

1、在中国县域经济基本竞争力状态图中，各县域经济基本竞争力数为其基本竞争力排位的互补数。

2、在中国县域经济基本竞争力状态图中，各县域依据其经济竞争力等级选取对应的颜色。A级和B级对应强红和弱红；B级和C级对应强黄和弱黄；E级和F级对应强绿和弱绿；G级和H级对应强蓝和弱蓝；I级和J级对应强灰和弱灰。

3、中国县域经济基本竞争力地图为示意画法，不是定界依据。

4、中国县域经济基本竞争力状态图和中国县域经济基本竞争力地图能够非常直观地反映出全国各省市区及各省市内县域经济基本竞争力差异性，为政府和企业制定地区协调政策和地区投资布局等提供非常有益的帮助。

中国县域经济基本竞争力地图

安徽省县域经济基本竞争力地图

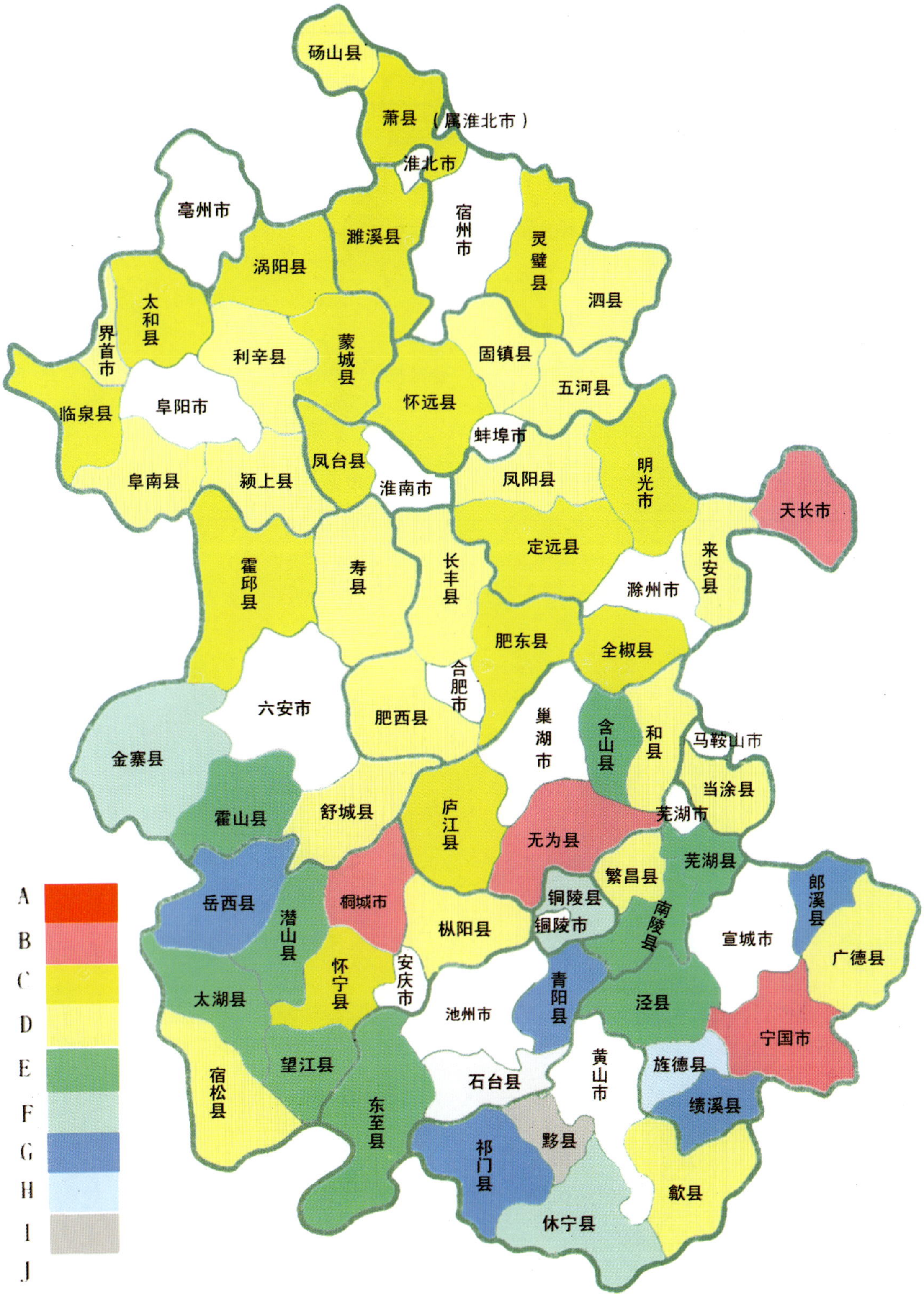

福建省县域经济基本竞争力地图

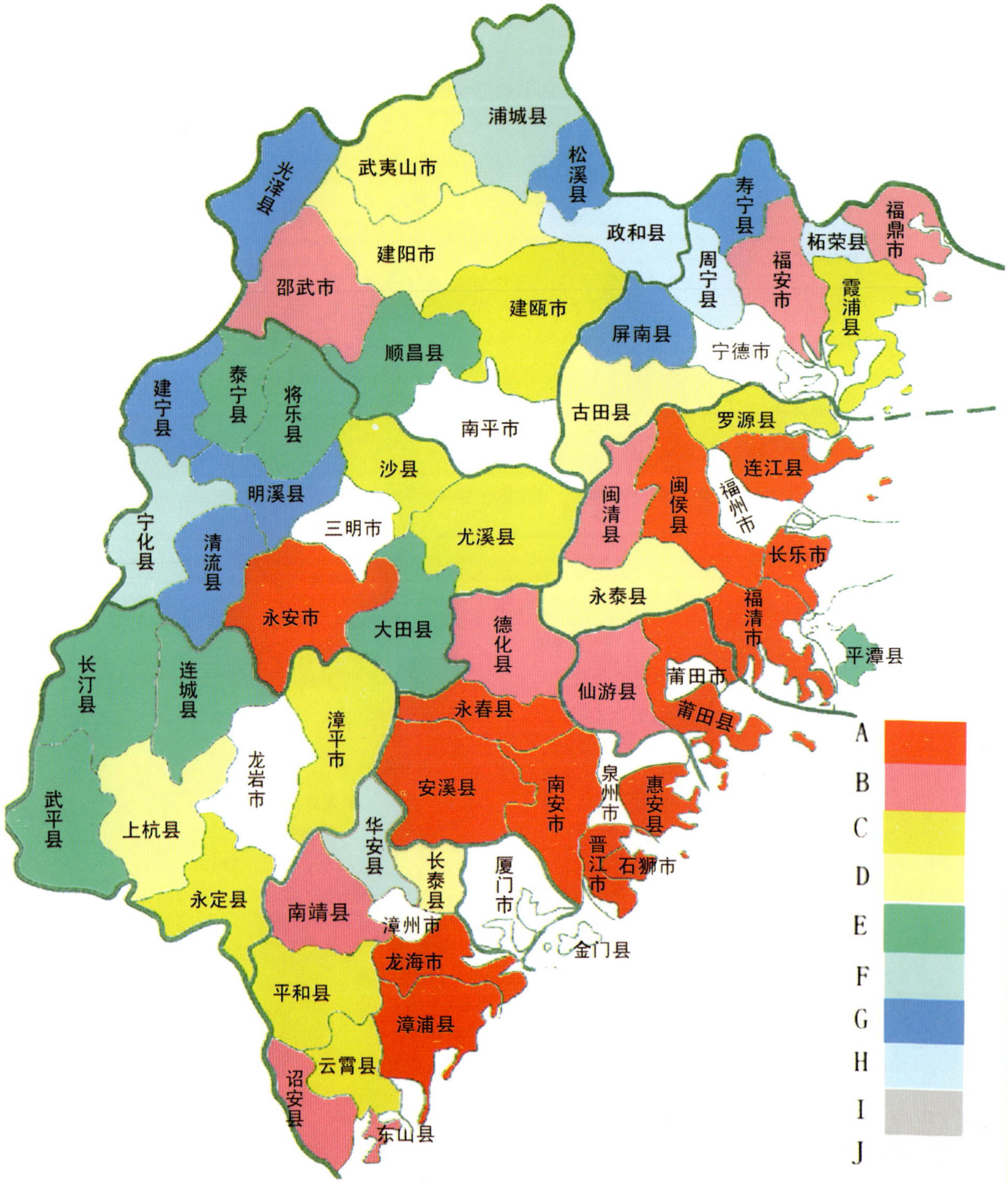

甘肃省县域经济济基本竞争力地图

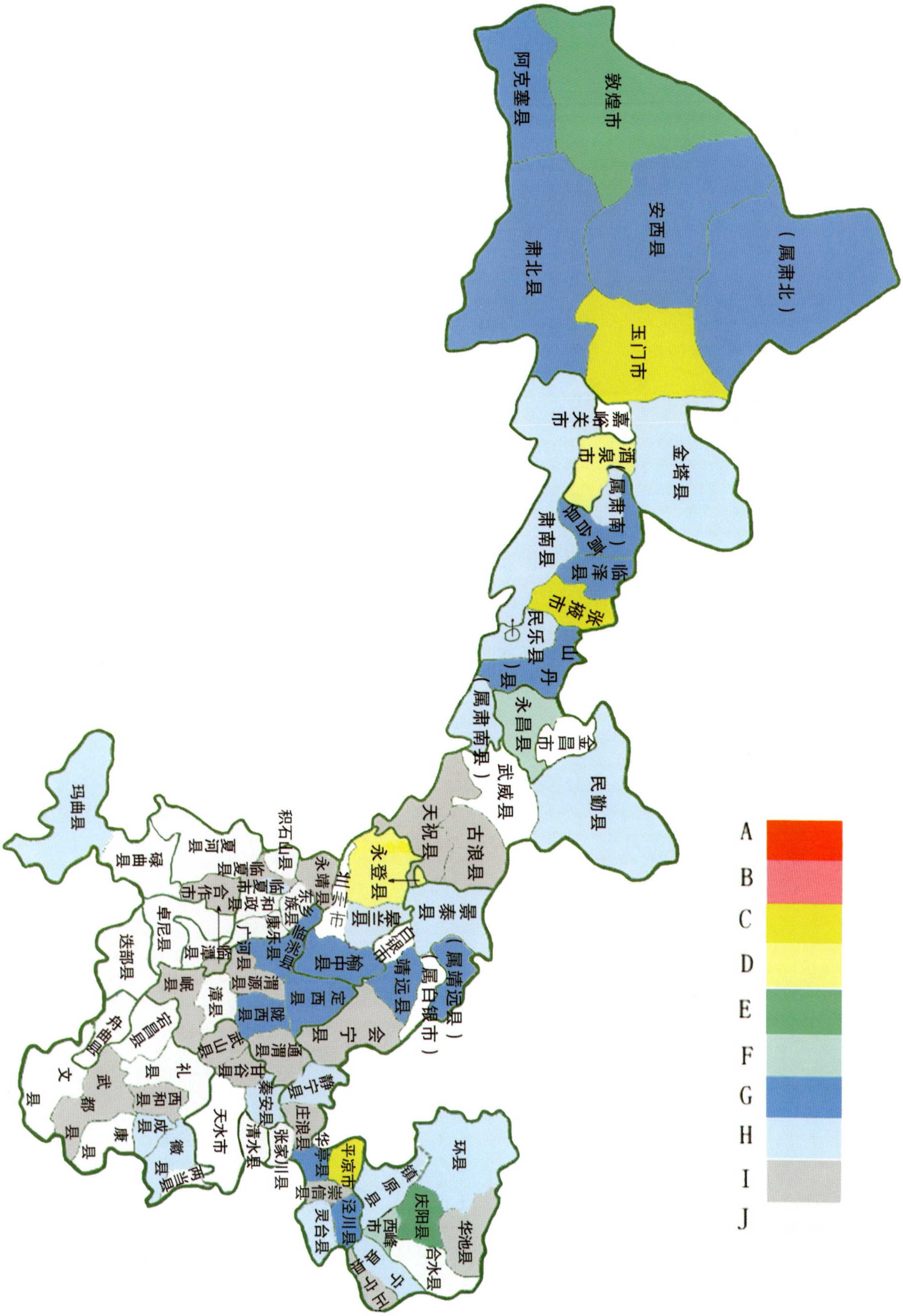

广东省县域经济基本竞争力地图

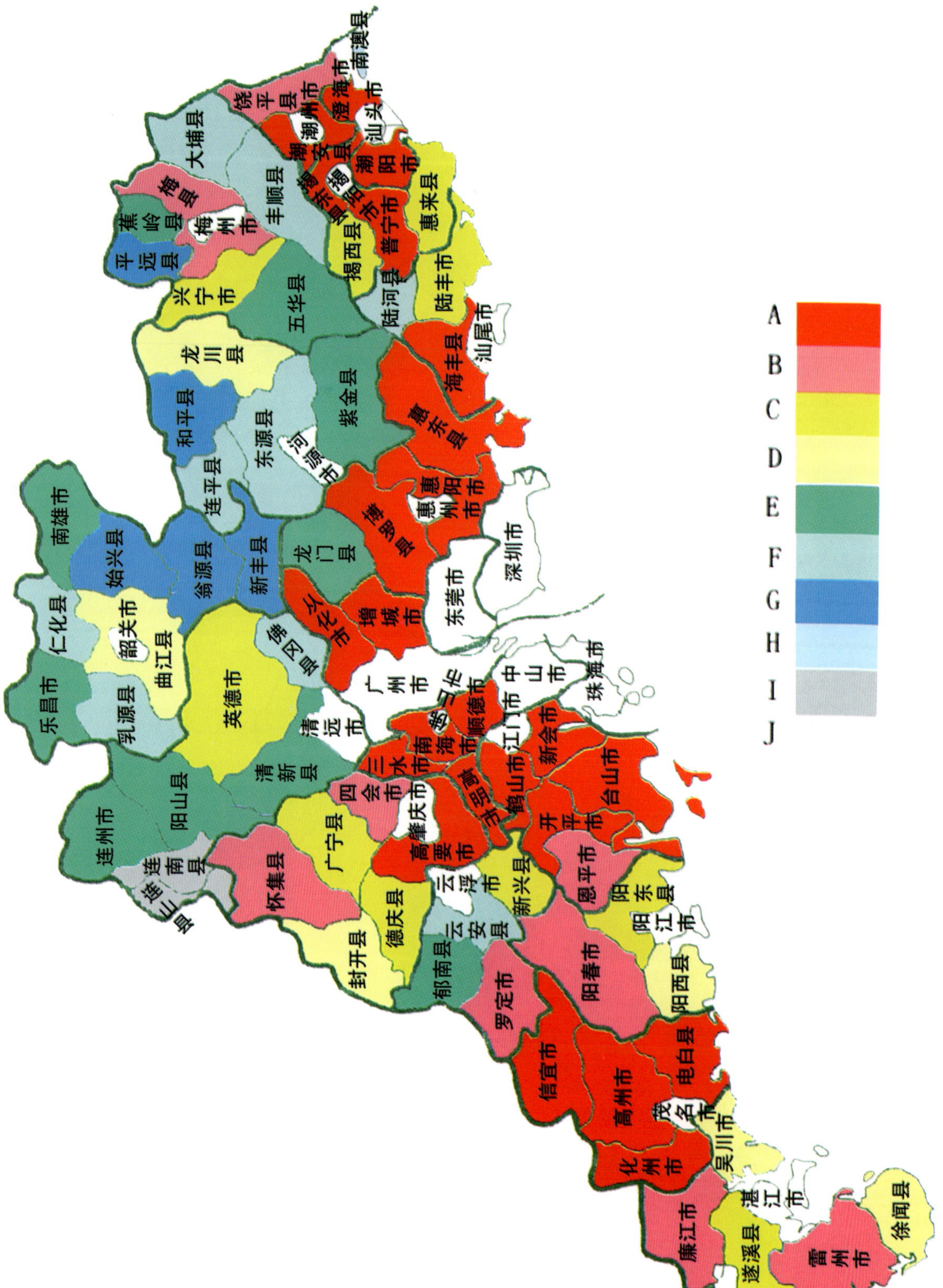

广西壮族自治区县域经济基本竞争力地图

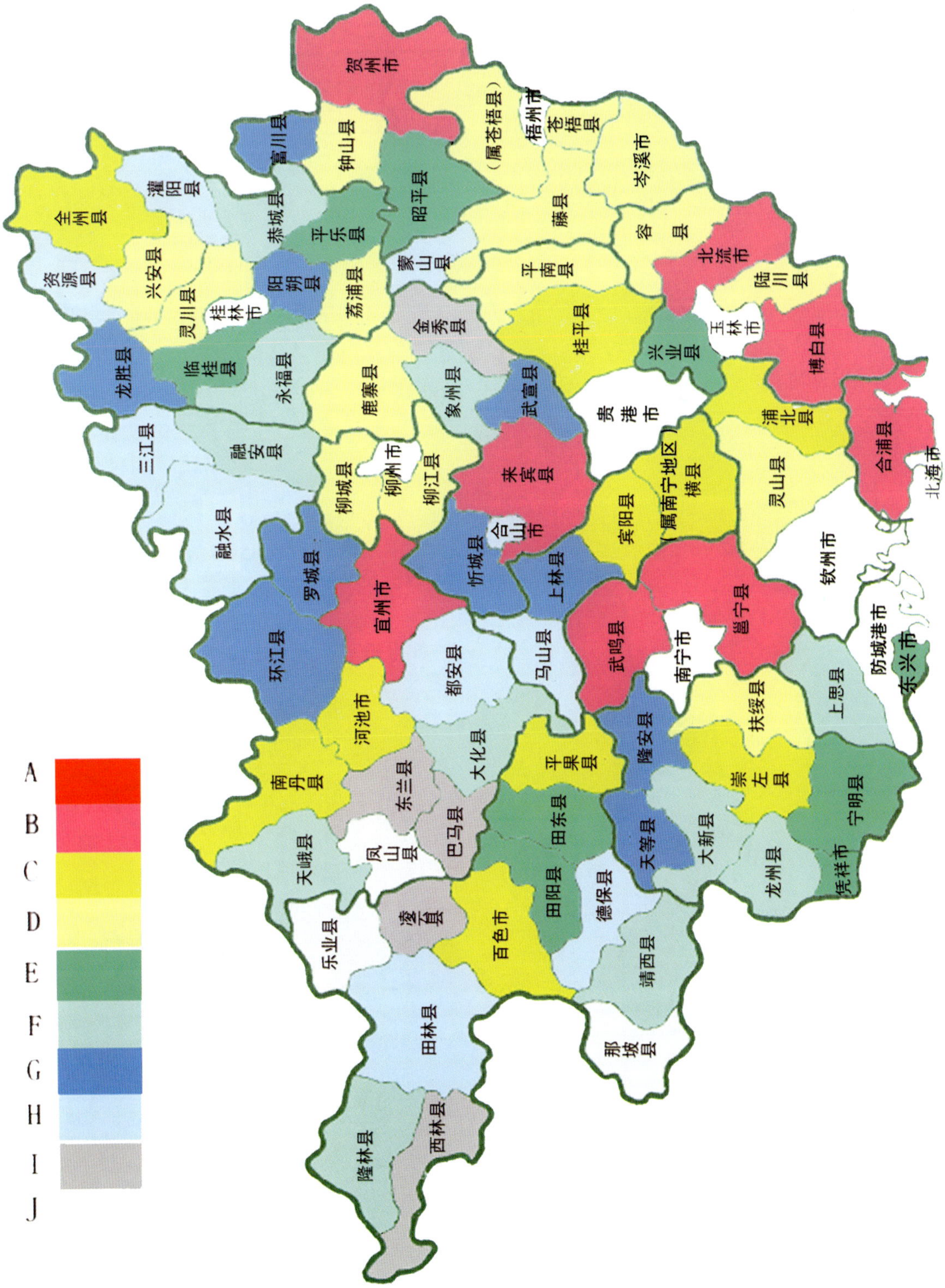

贵州省县域经济基本竞争力地图

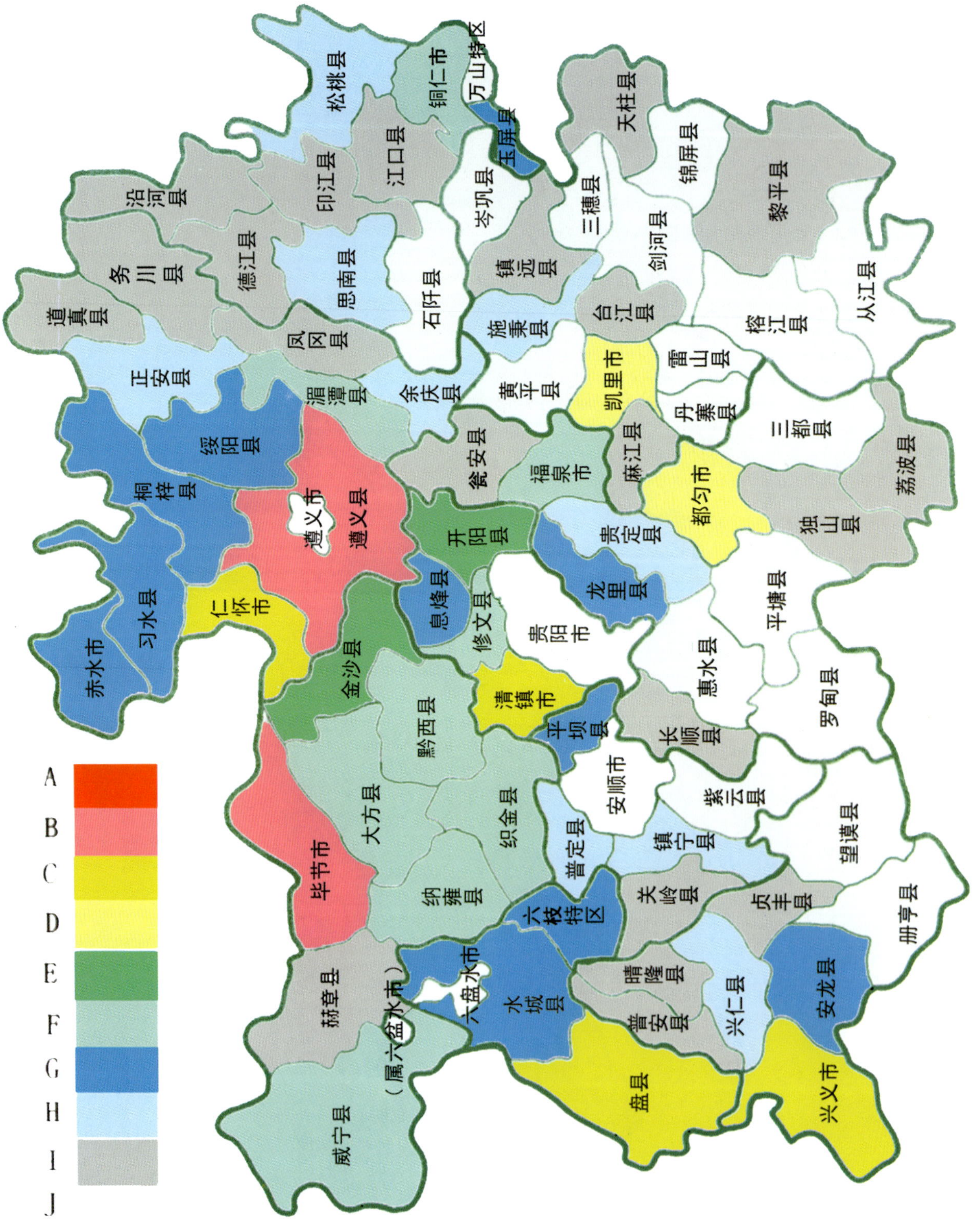

海南省县域经济基本竞争力地图

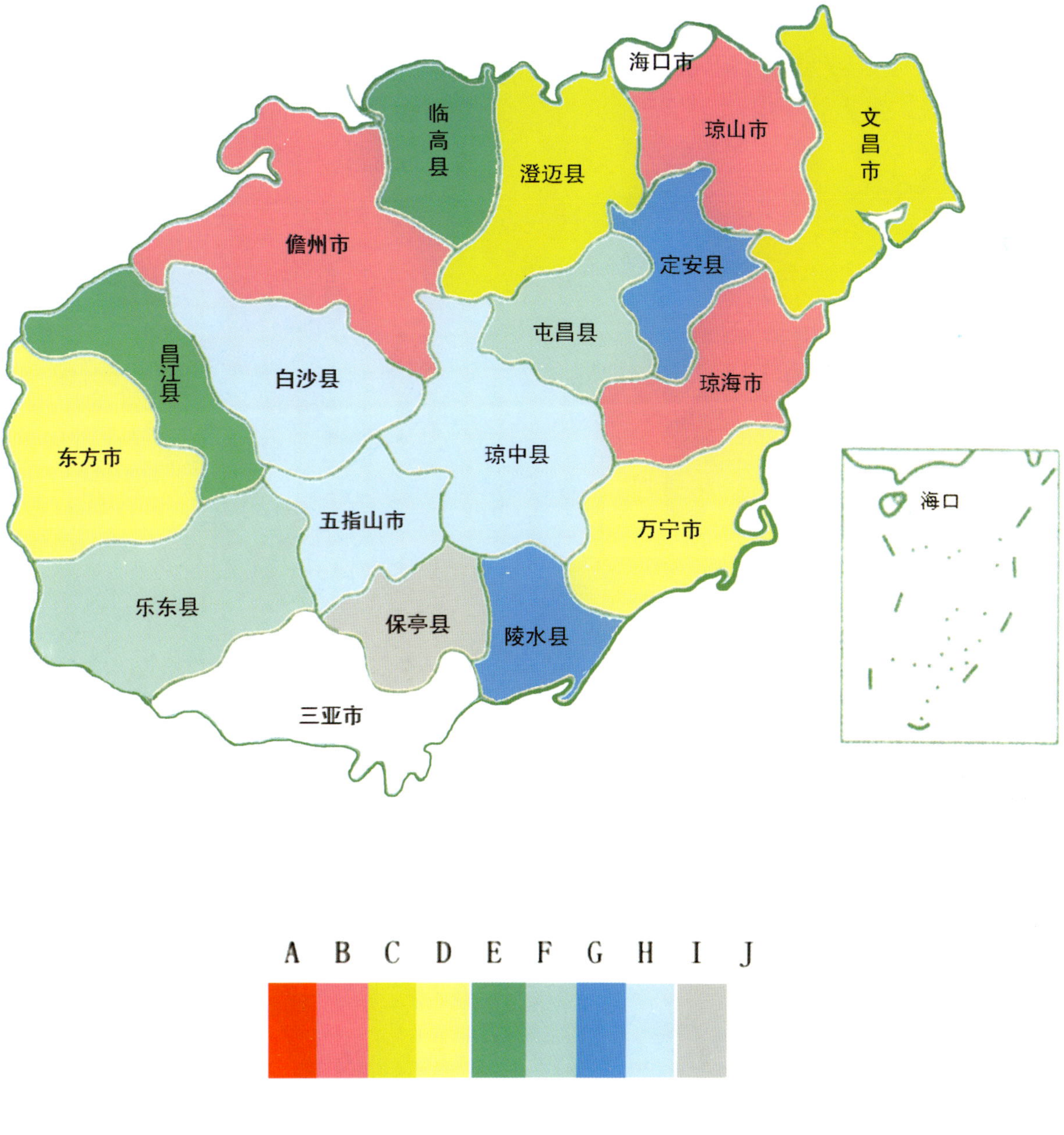

河北省、北京市、天津市县域经济基本竞争力地图

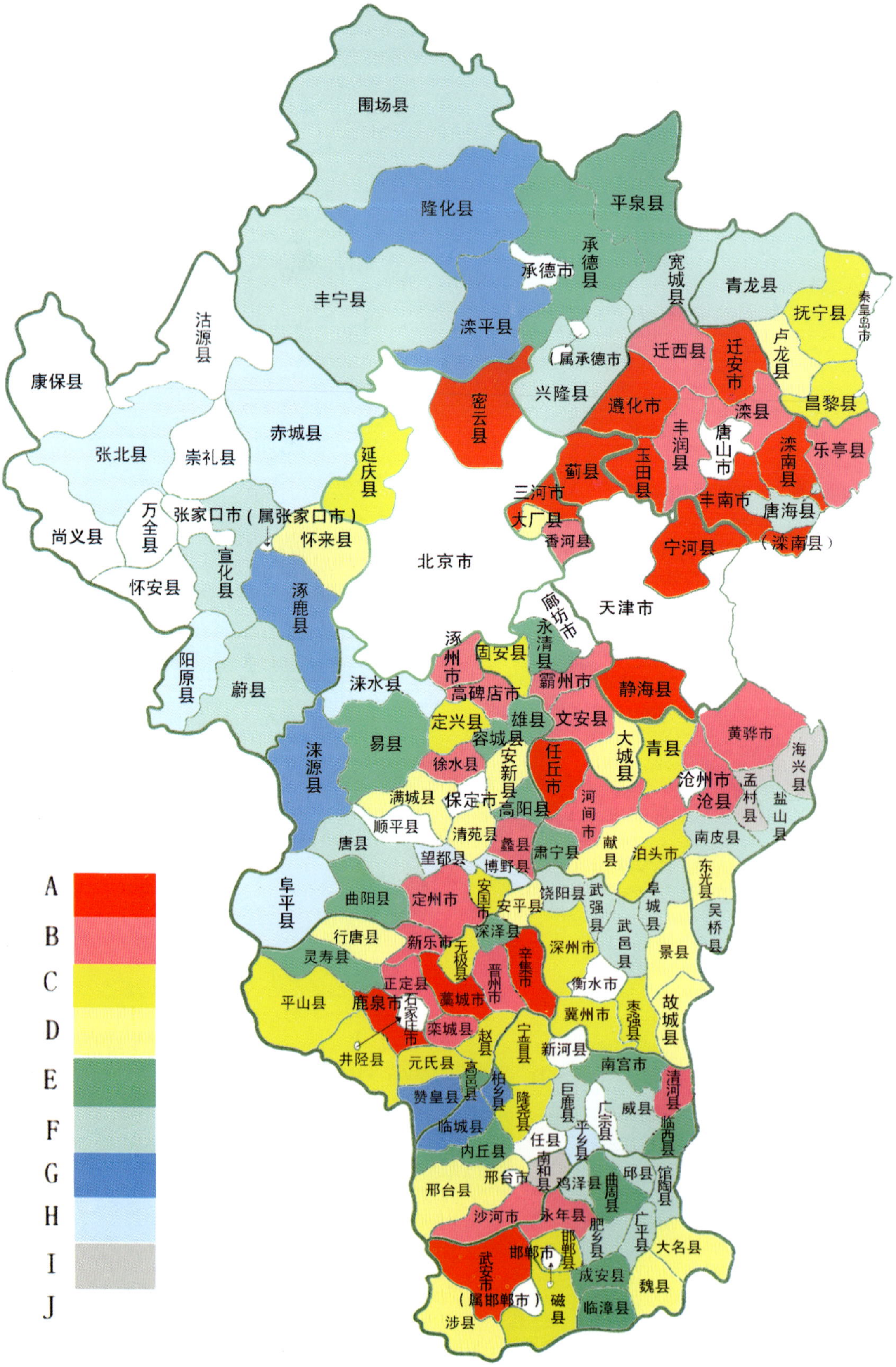

河南省县域经济基本竞争力地图

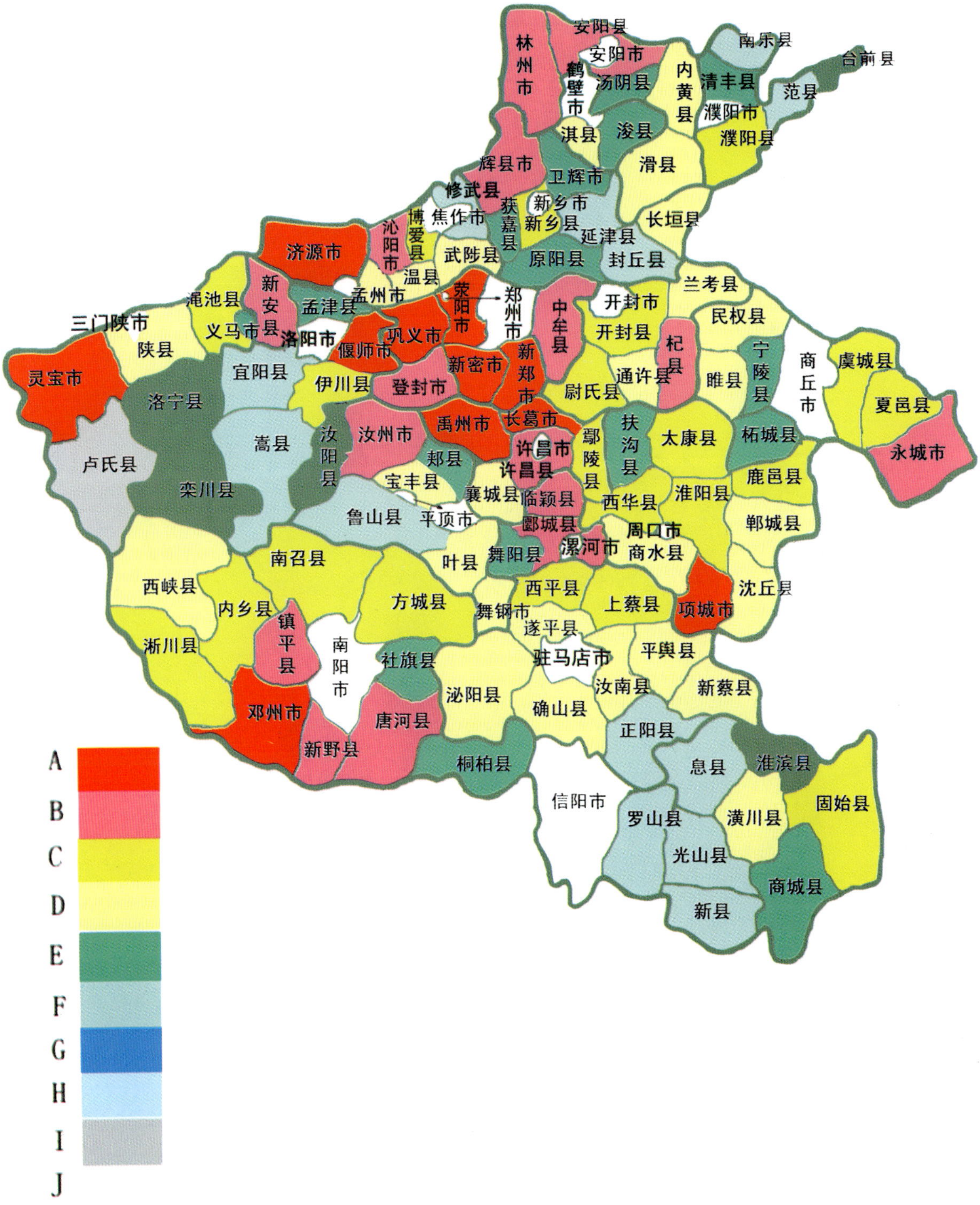

黑龙江省县域经济基本竞争力地图

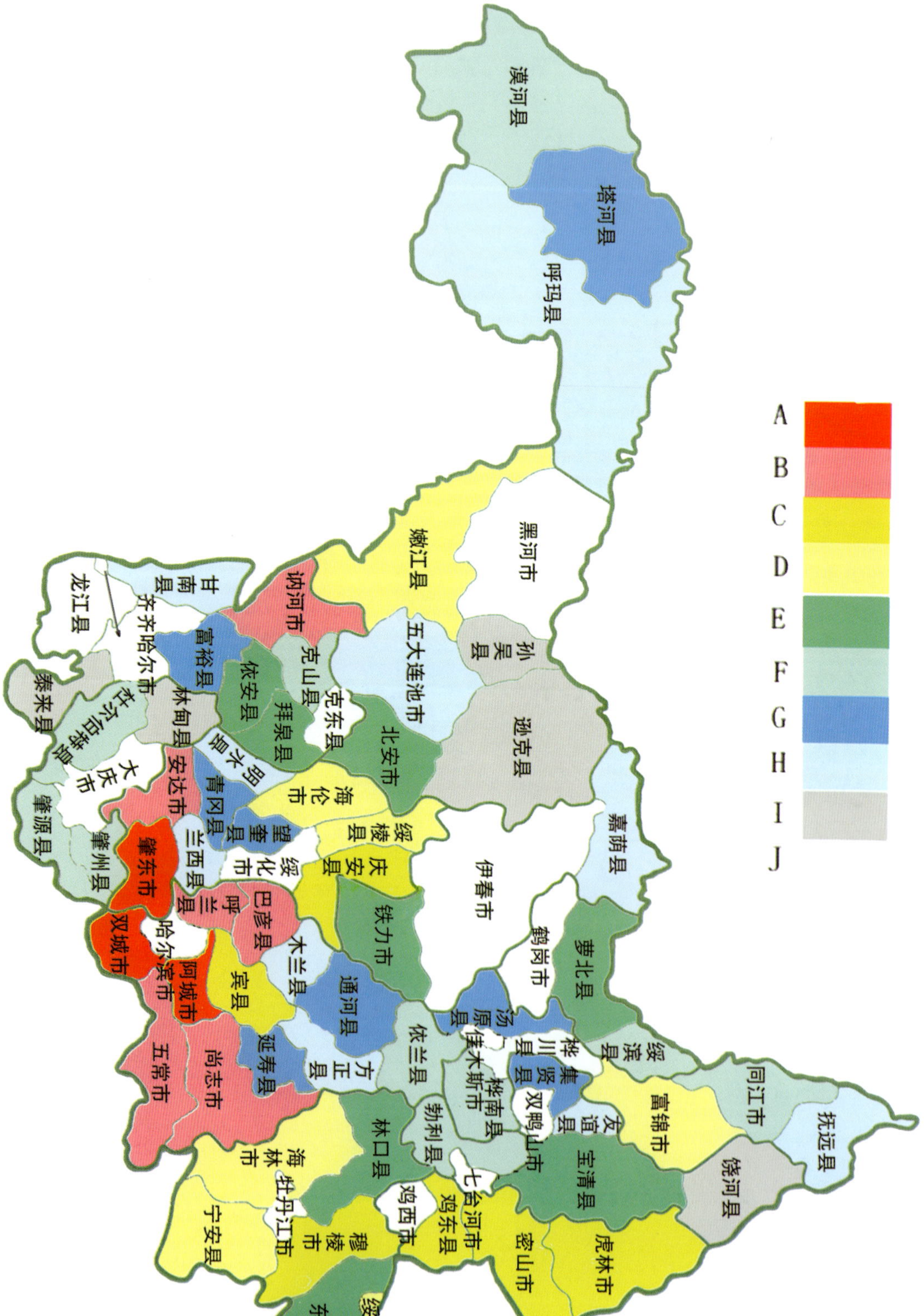

湖北省县域经济基本竞争力地图

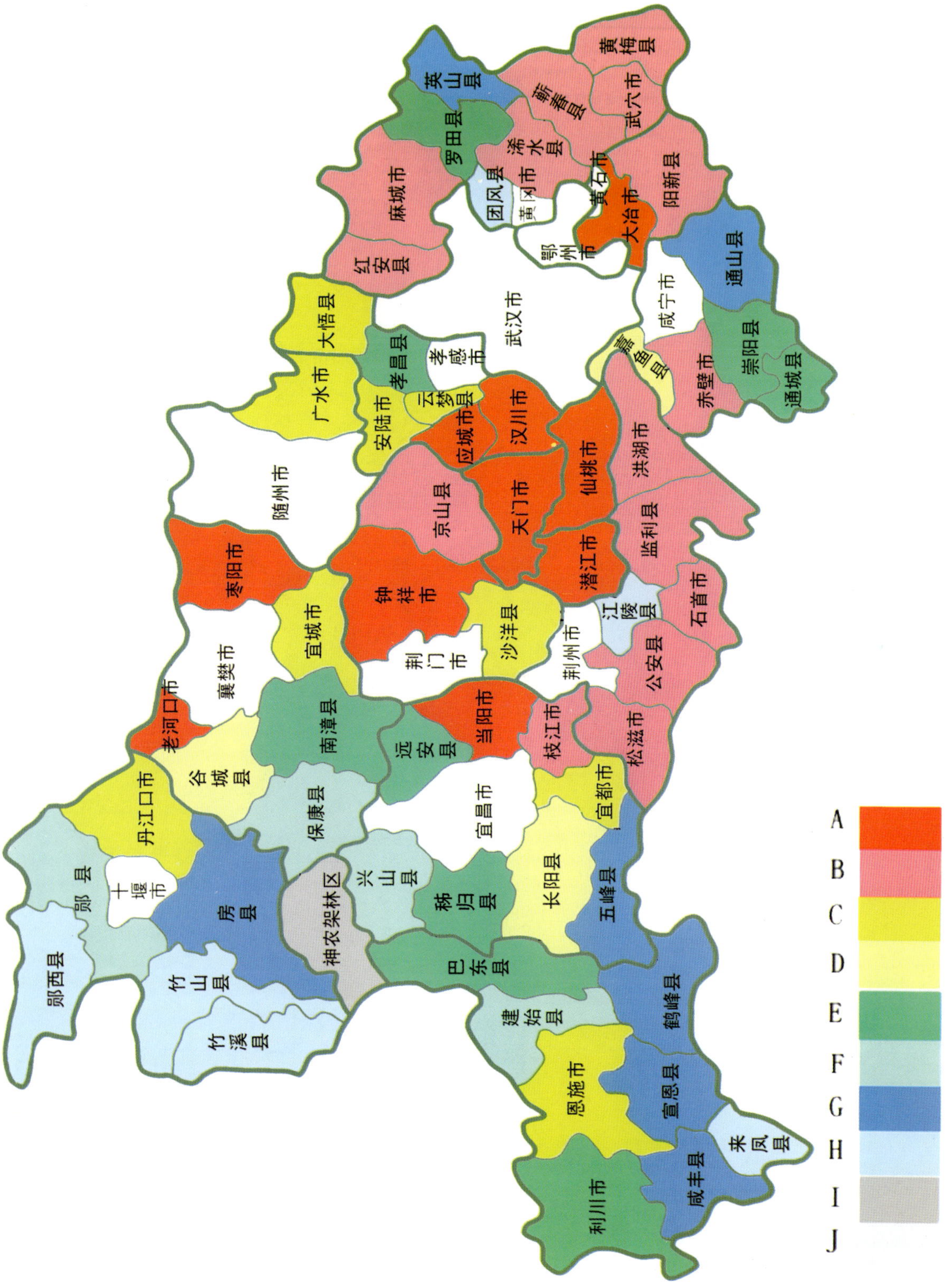

湖南省县域经济基本竞争力地图

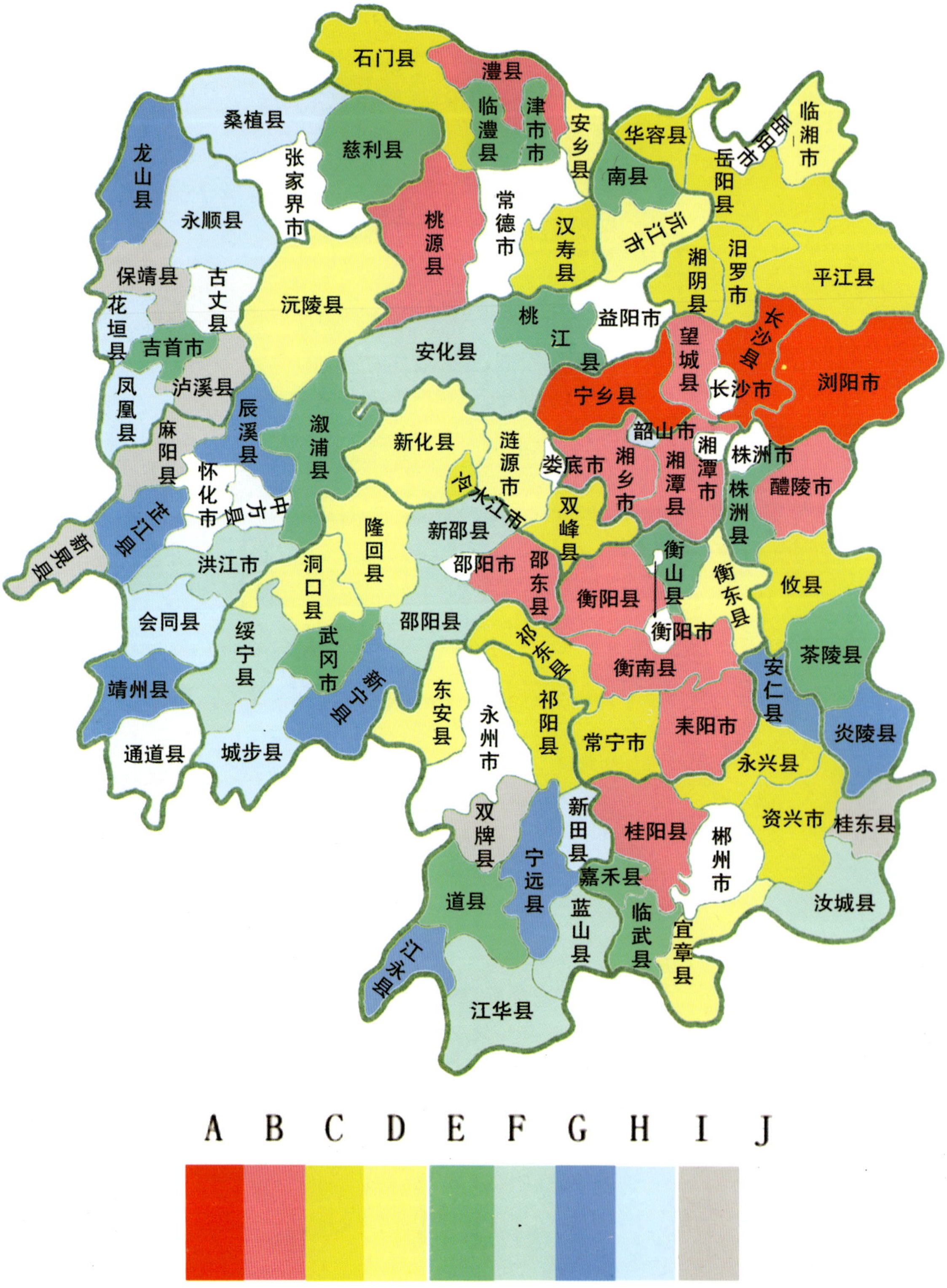

吉林省县域经济基本竞争力地图

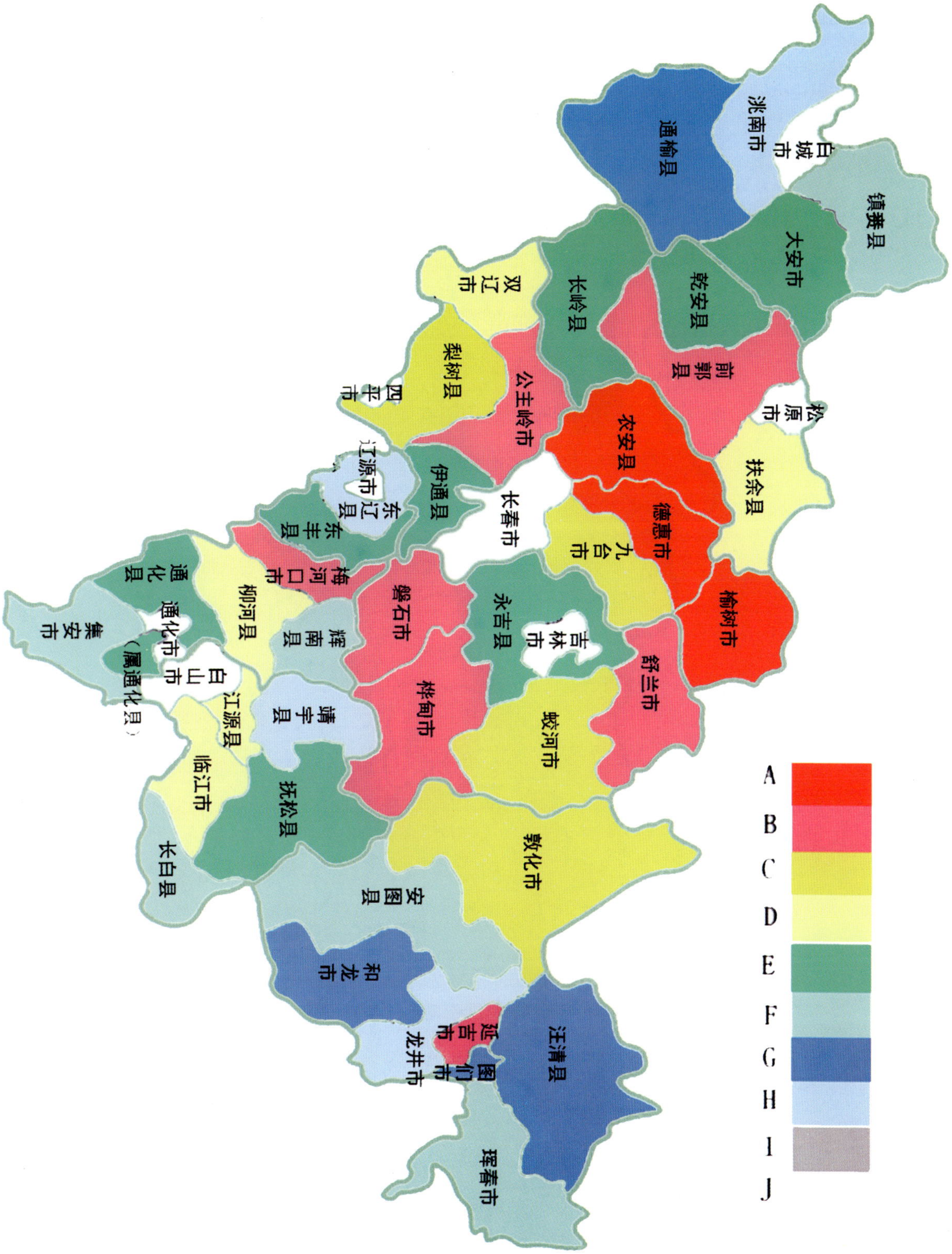

江苏省、上海市县域经济基本竞争力地图

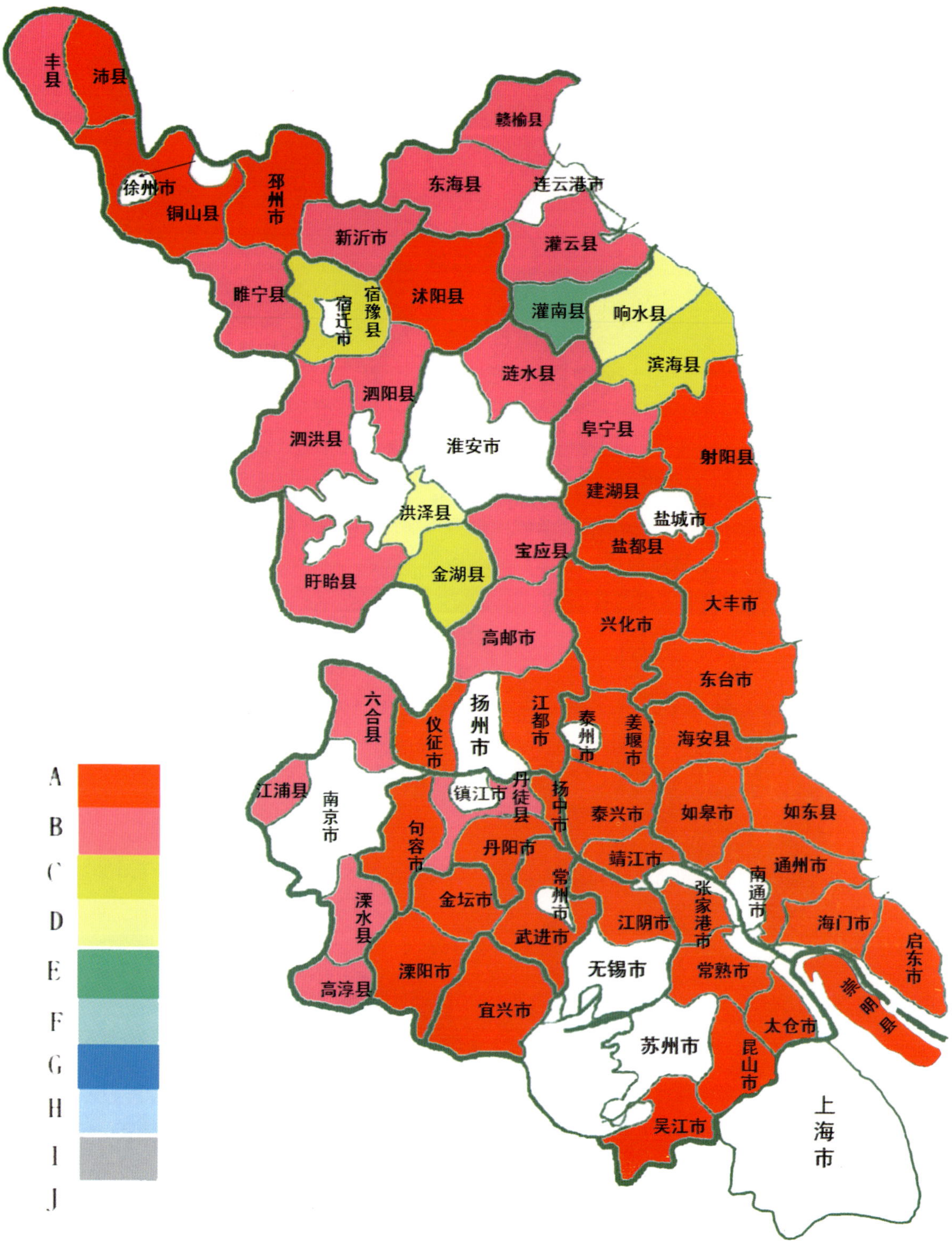

江西省县域经济基本竞争力地图

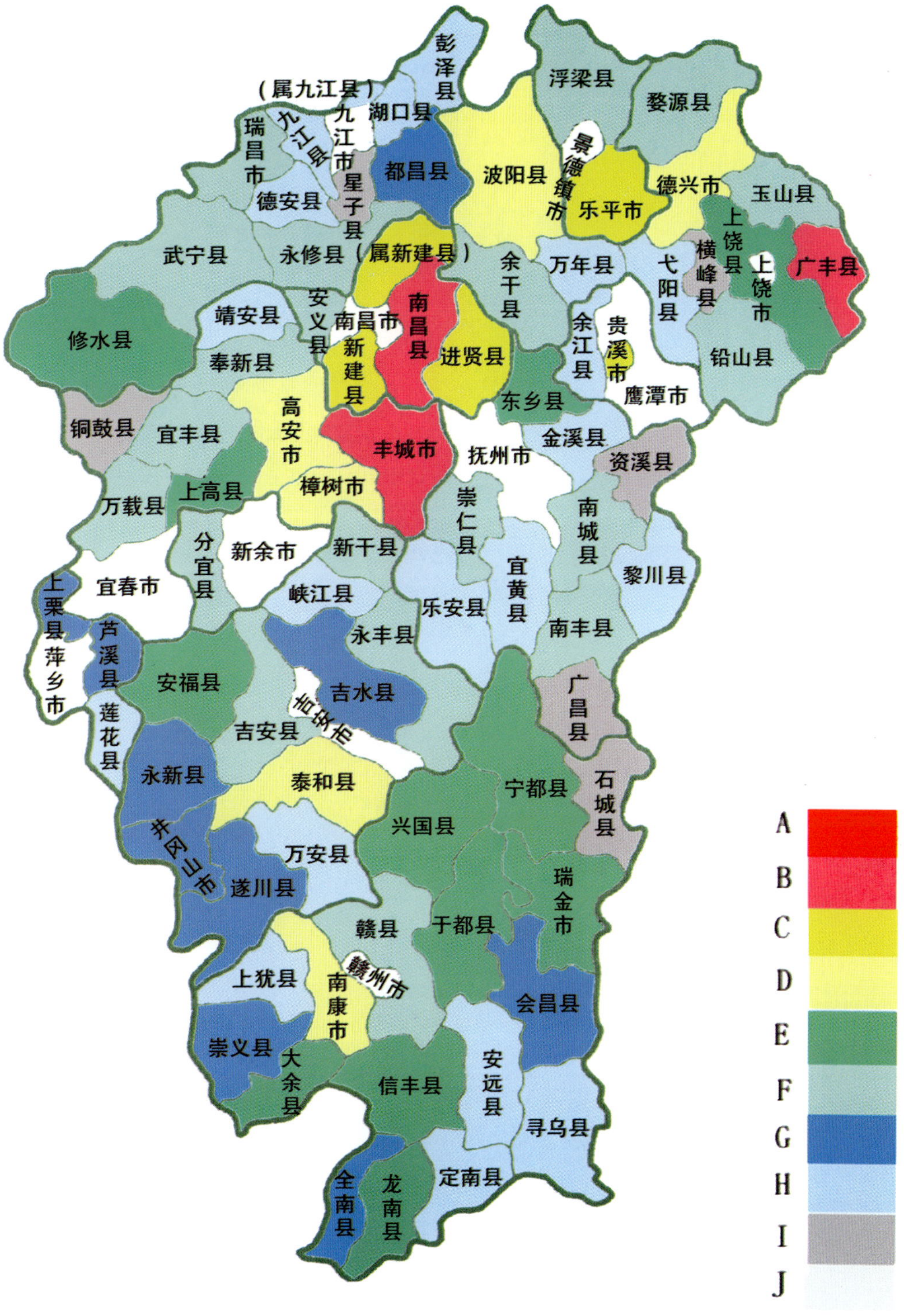

辽宁省县域经济基本竞争力地图

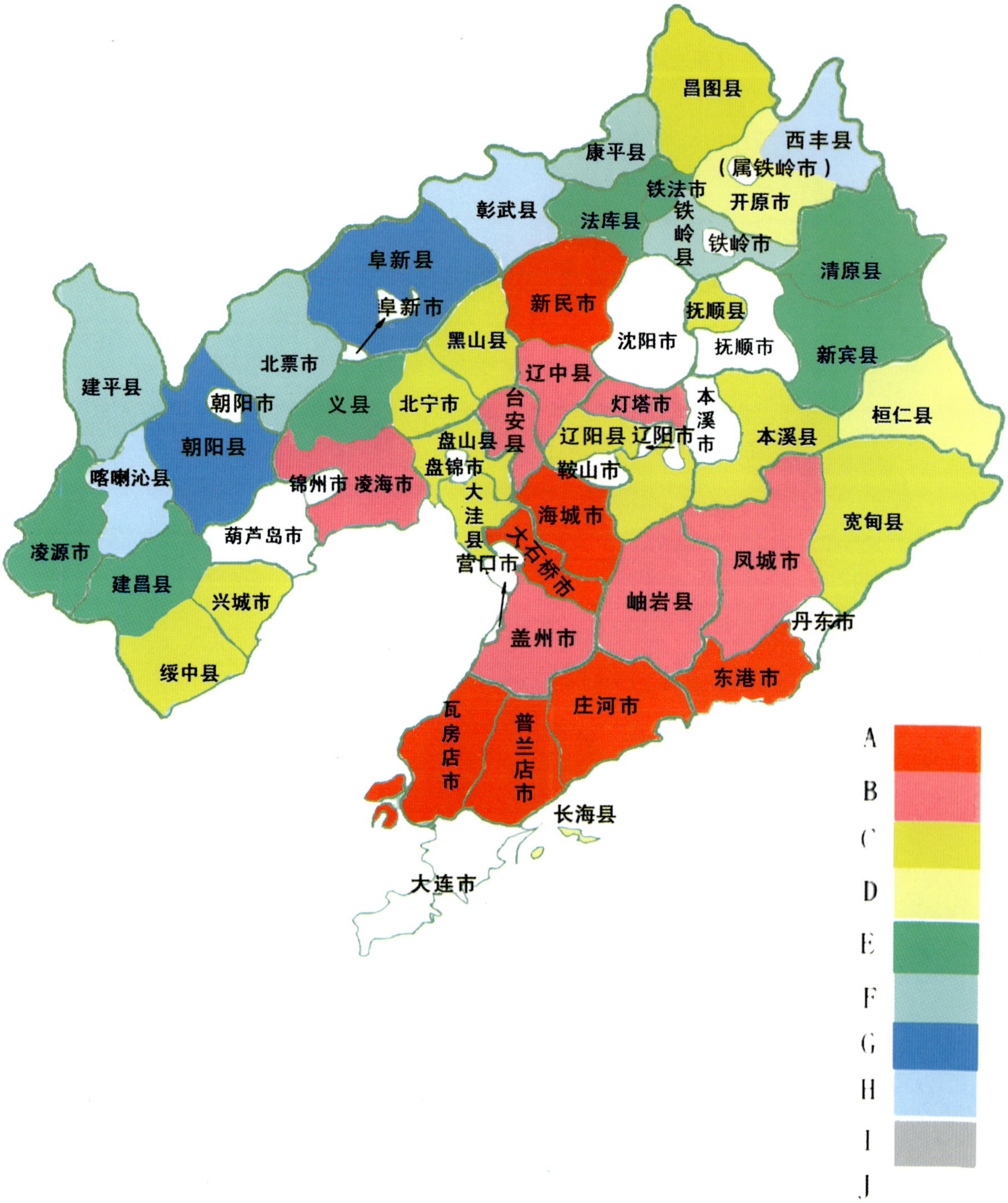

内蒙古自治区县域经济基本竞争力地图

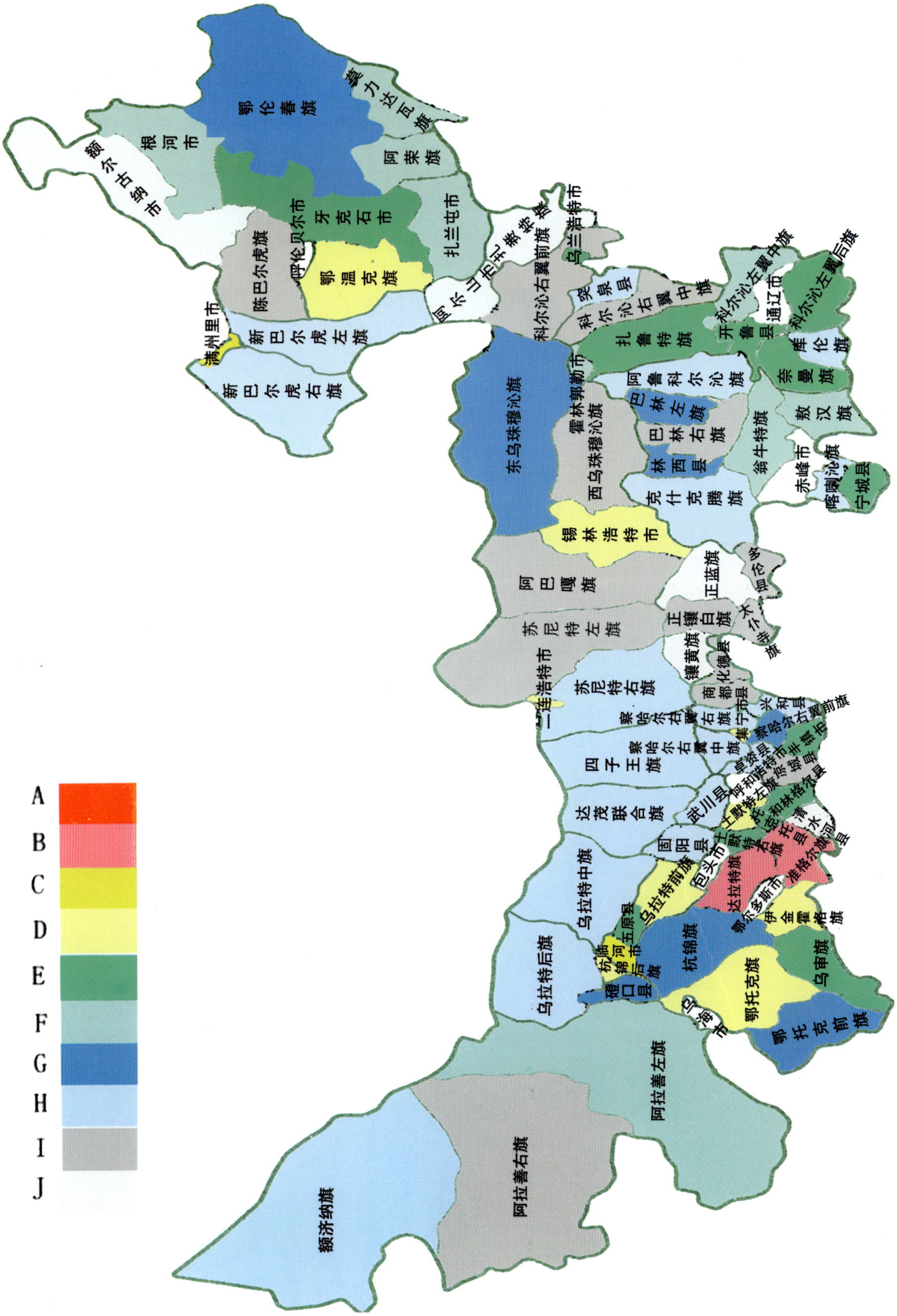

宁夏回族自治区县域经济基本竞争力地图

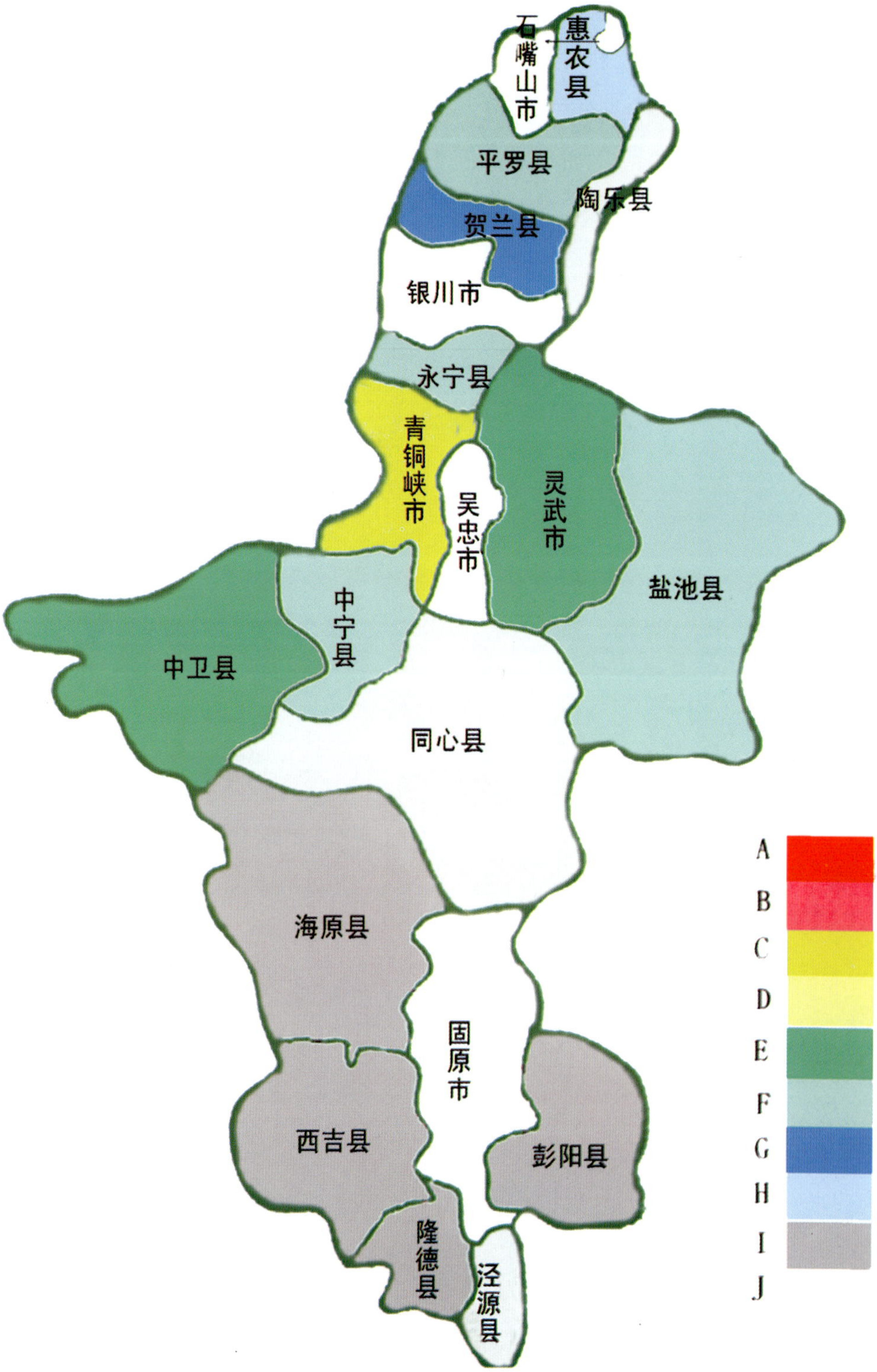

青海省县域经济基本竞争力地图

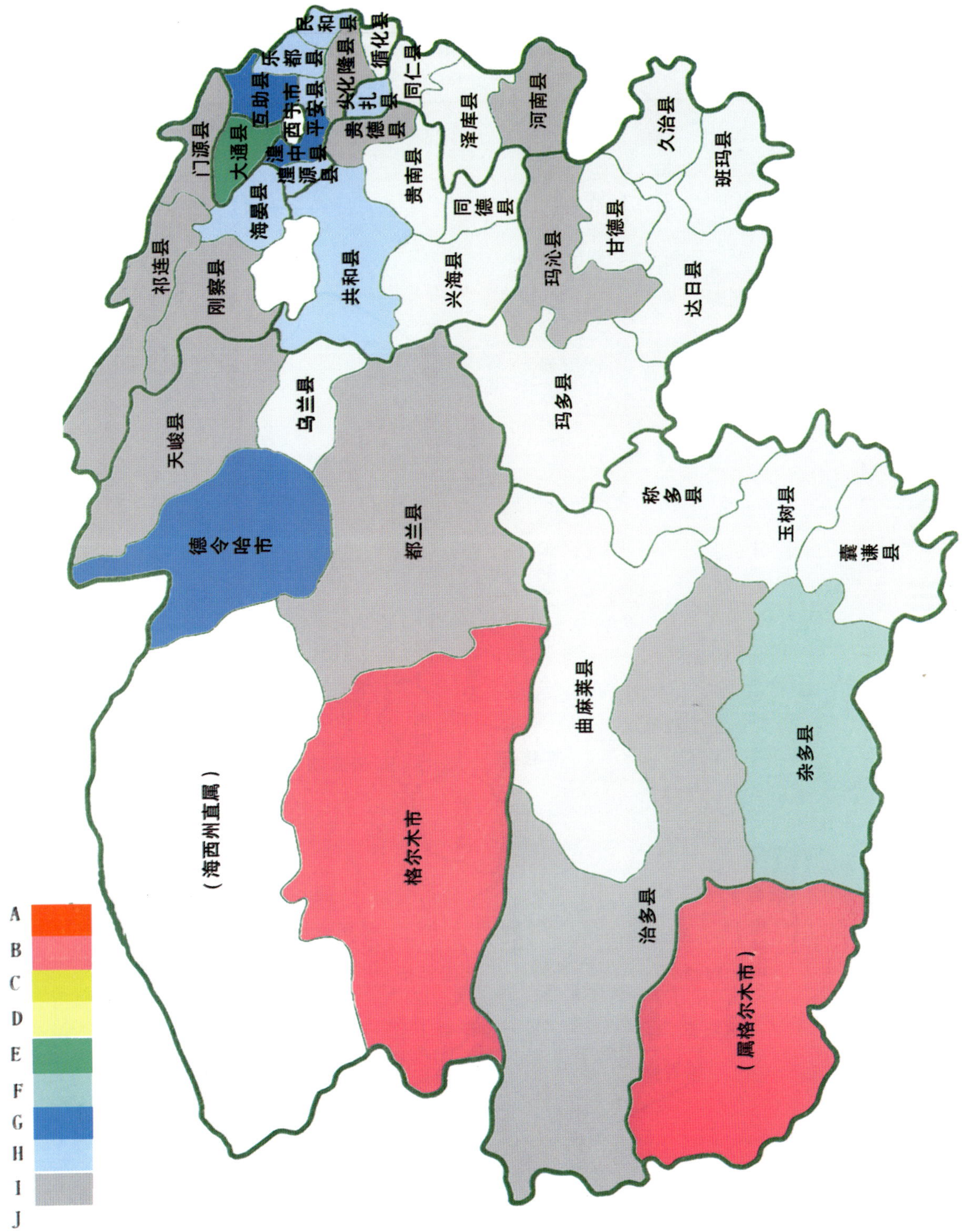

山东省县域经济基本竞争力地图

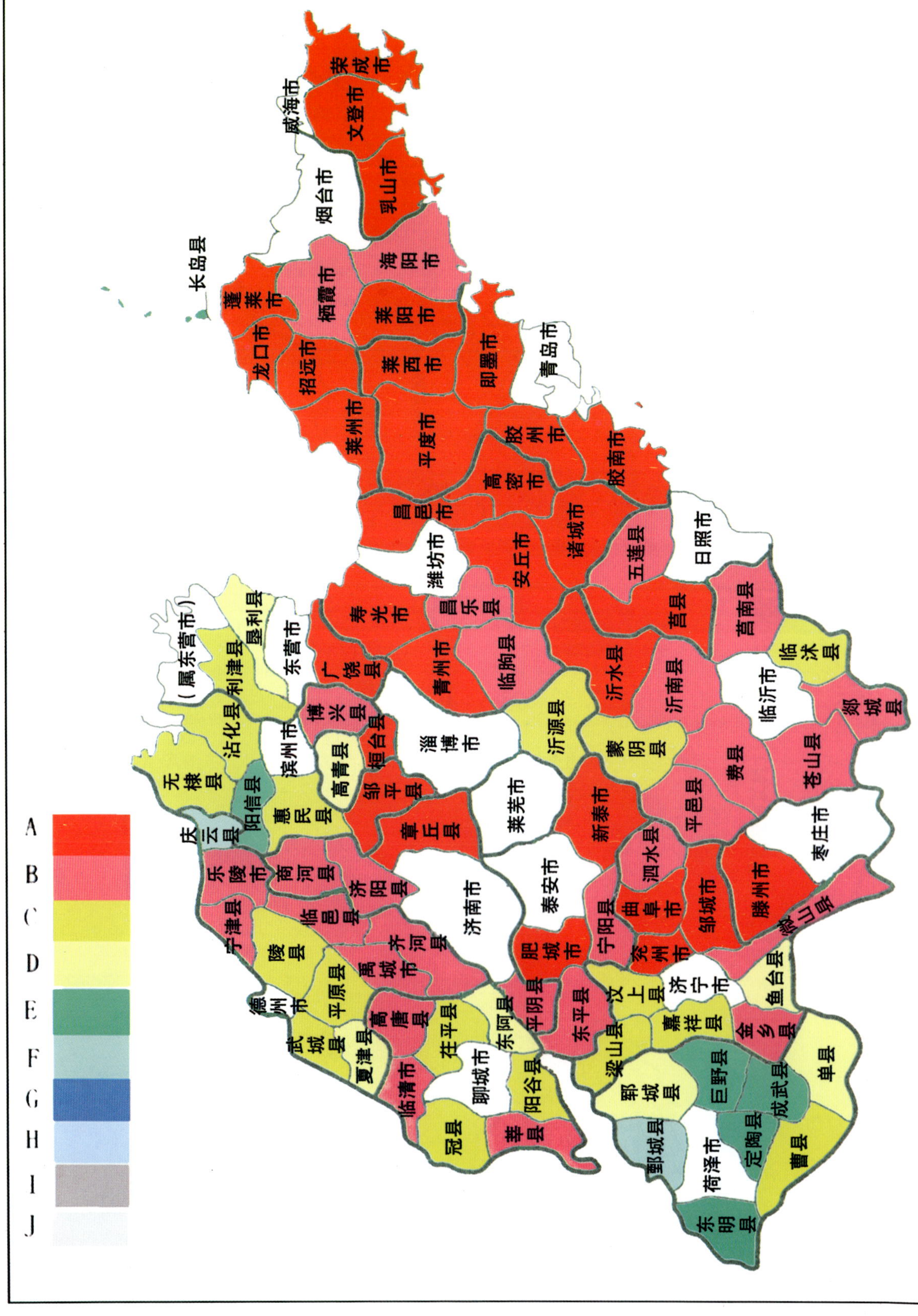

山西省县域经济基本竞争力地图

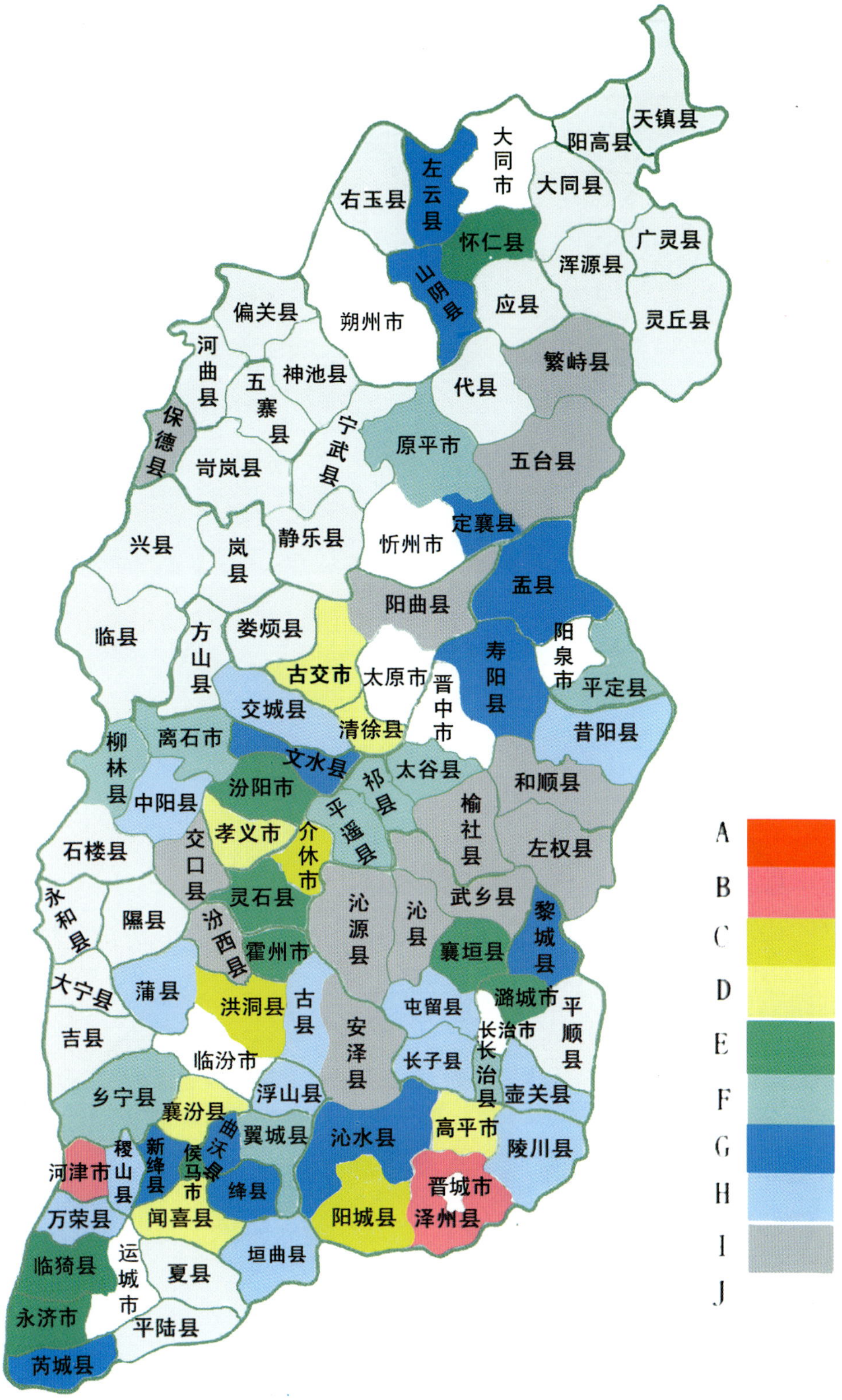

陕西省县域经济基本竞争力地图

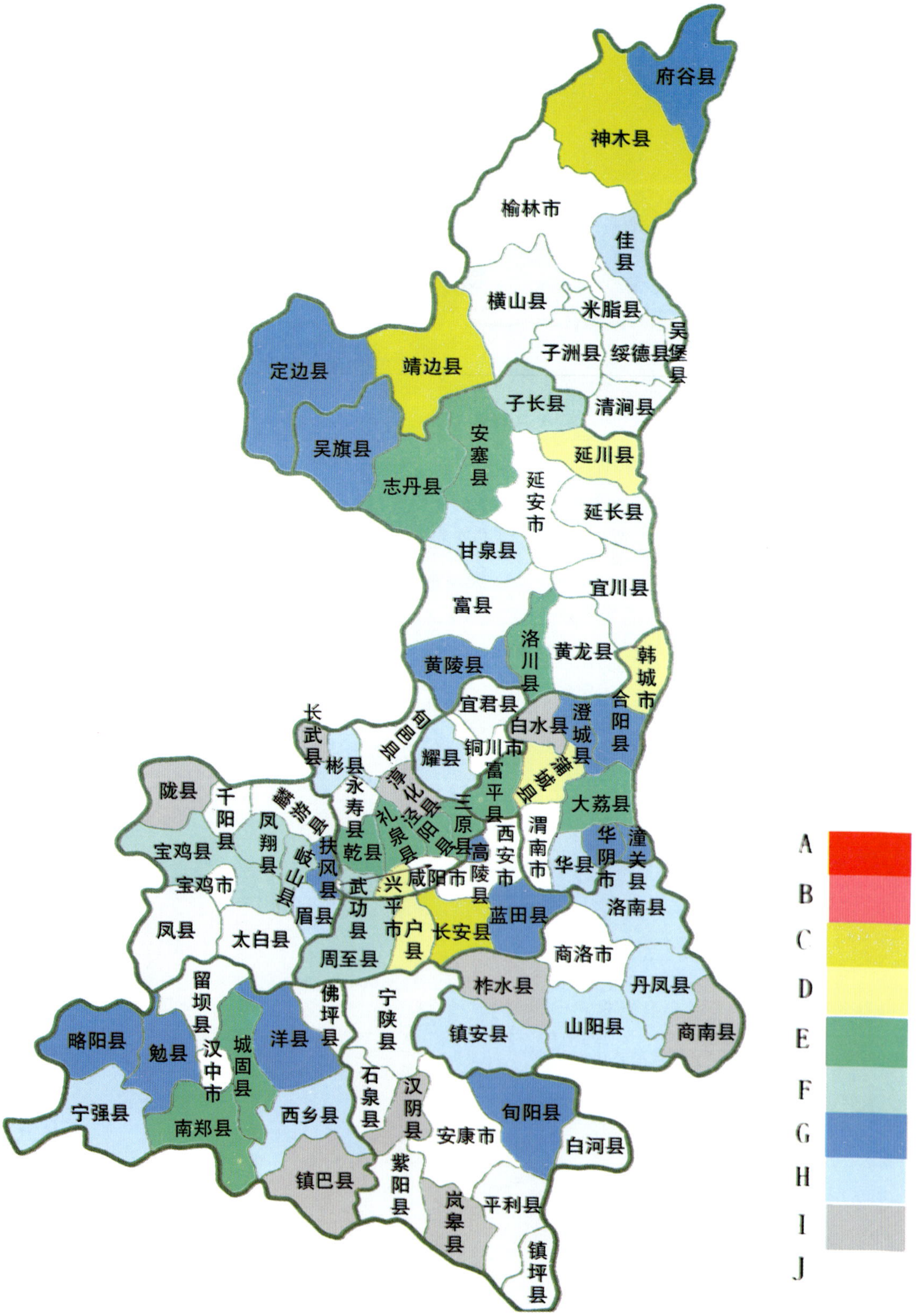

四川省县域经济基本竞争力地图

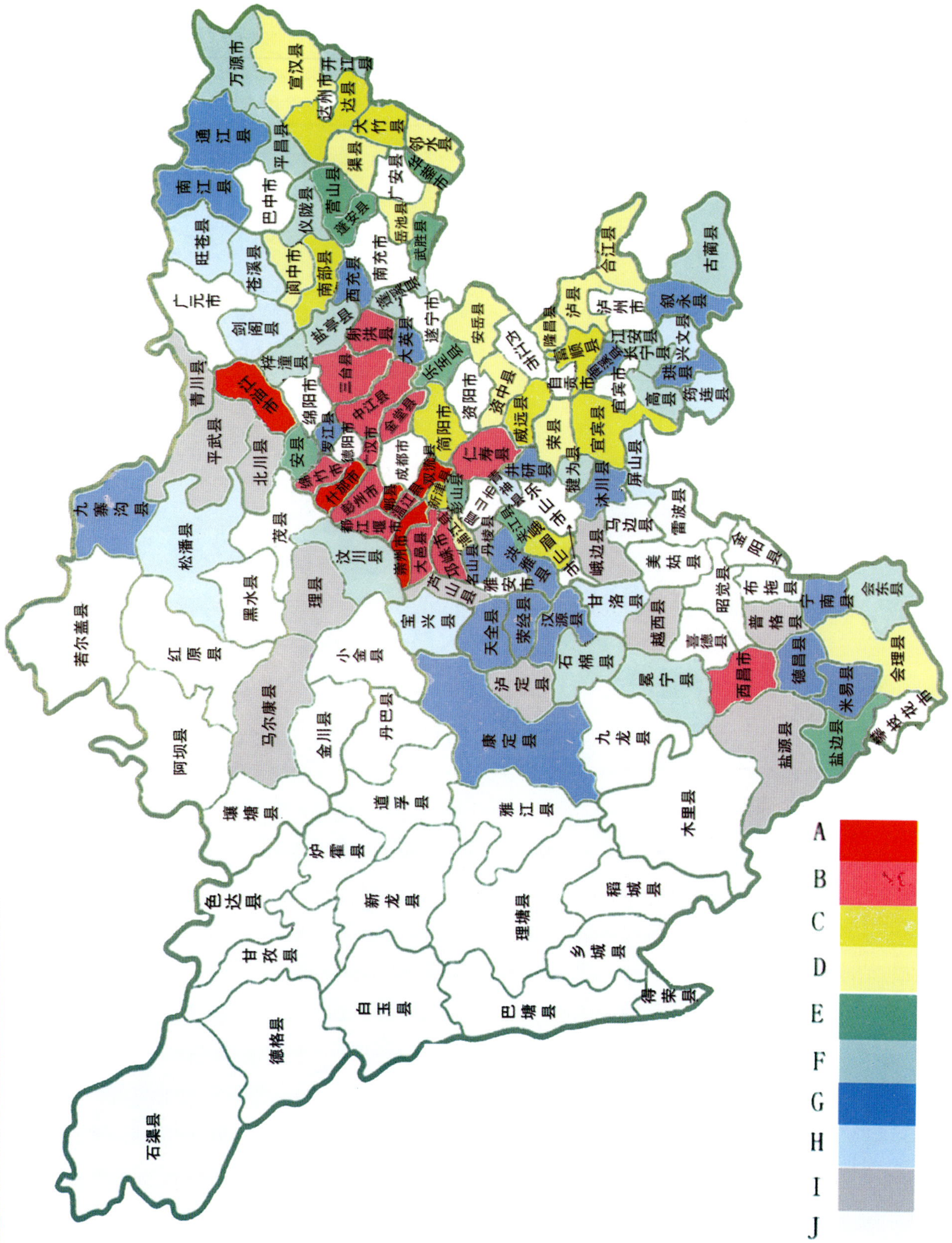

西藏自治区县域经济基本竞争力地图

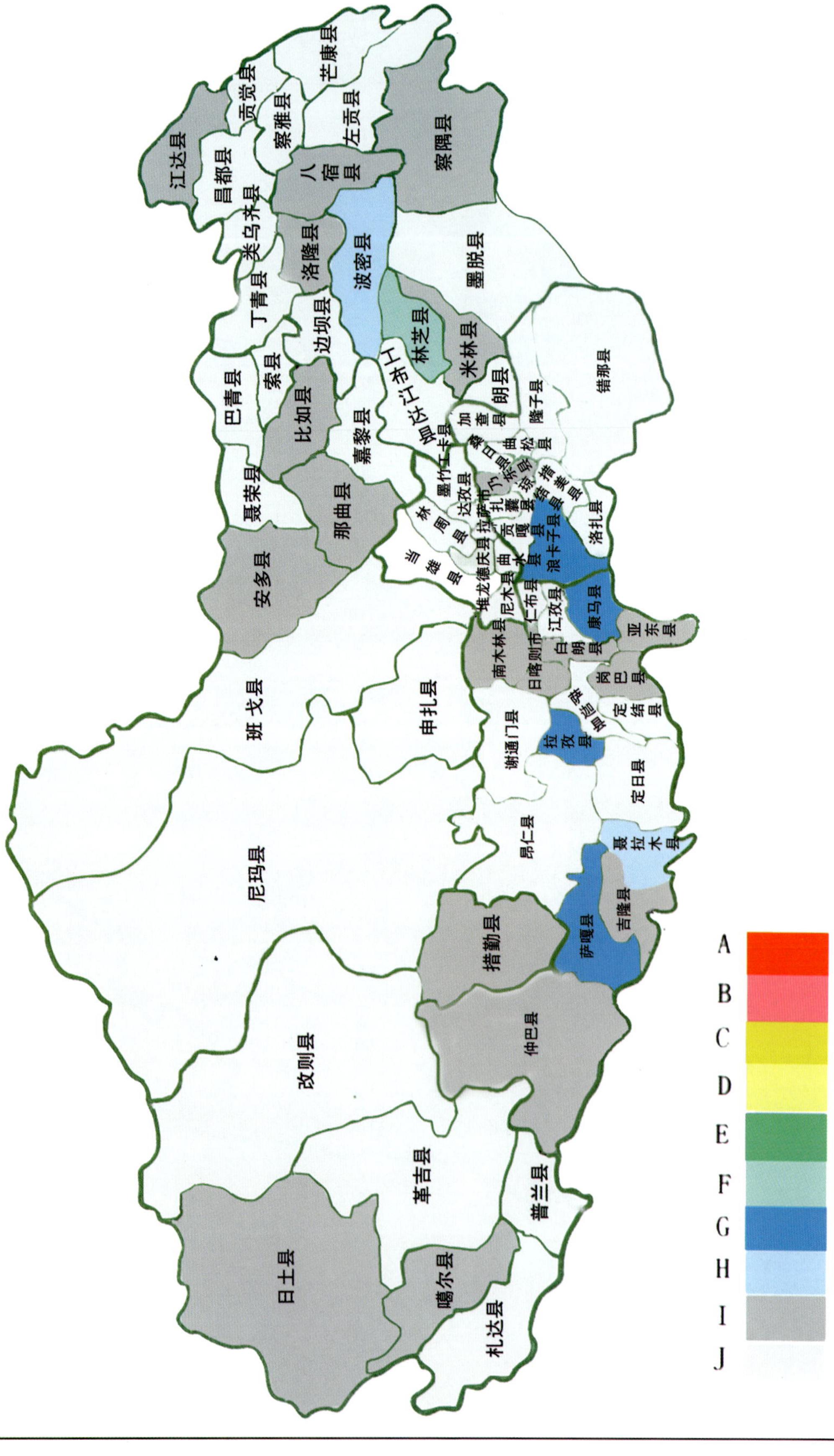

新疆维吾尔自治区县域经济基本竞争力地图

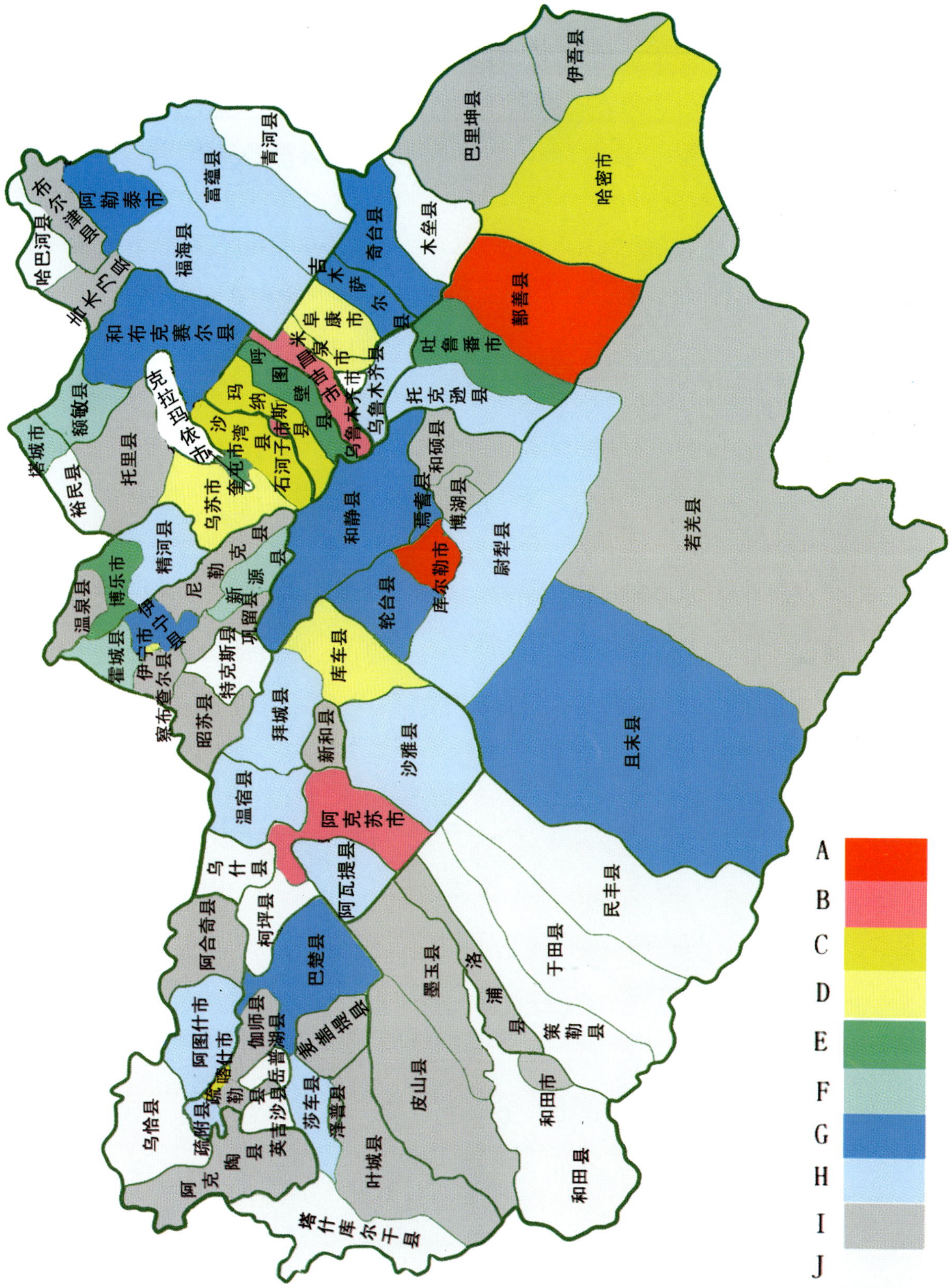

云南省县域经济基本竞争力地图

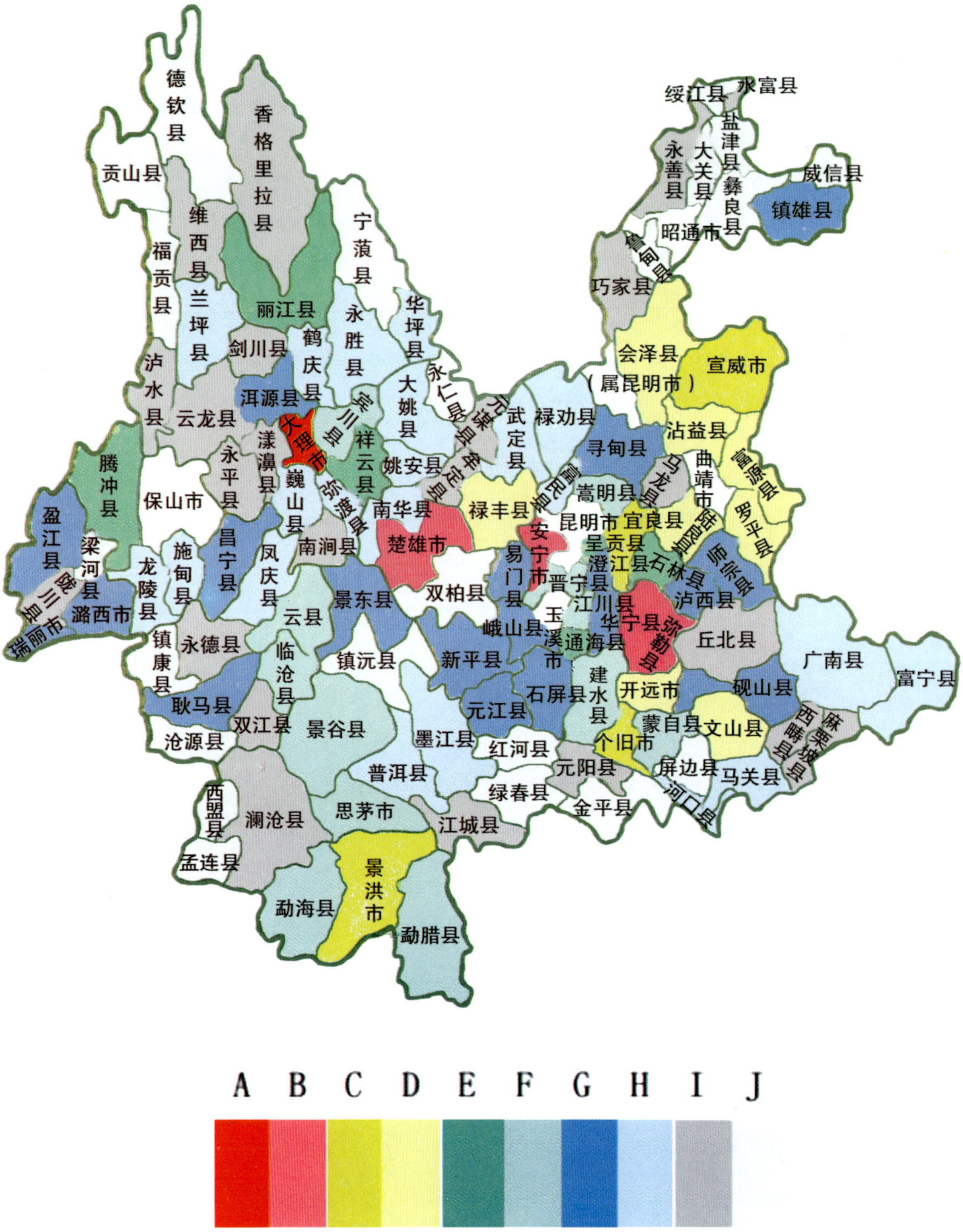

浙江省县域经济基本竞争力地图

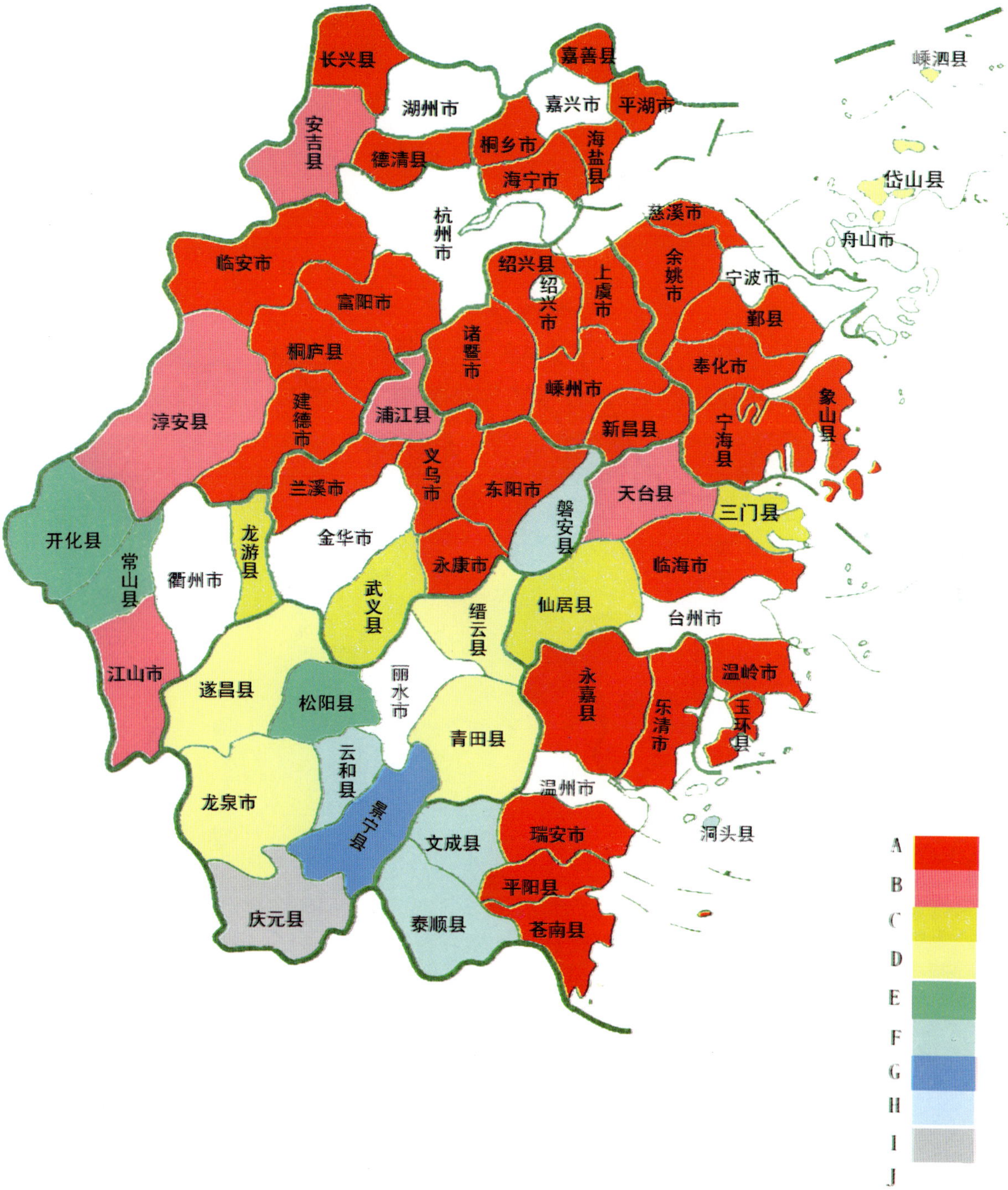

重庆市县域经济基本竞争力地图

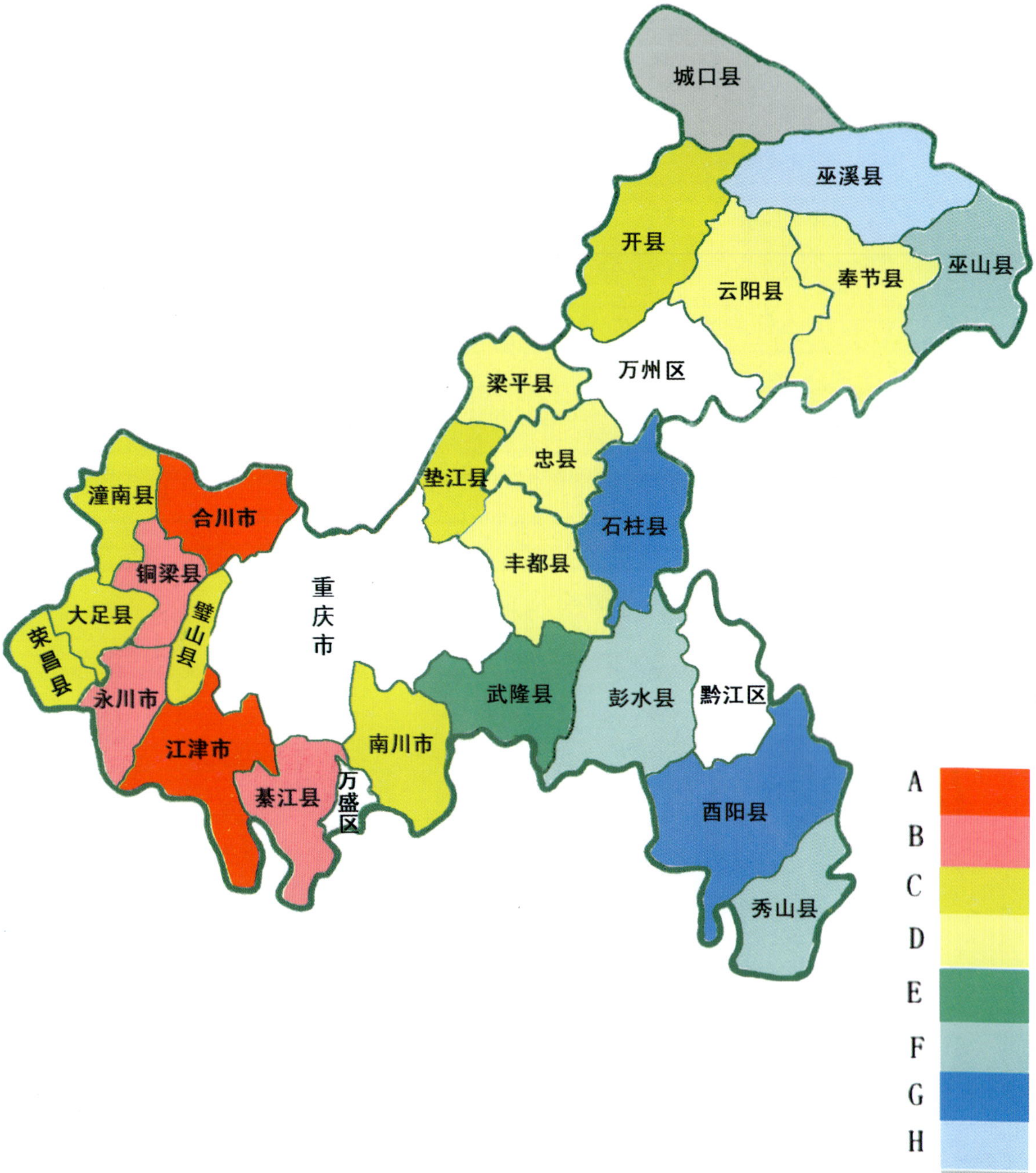

《经济日报》县域经济周刊专题报道

经济日报 2002年12月10日 星期二 9版

县域经济 周刊

农村经济新闻中心主办 （每周二刊出）

19%——竞争力提升速度最快百县之GDP

本报讯 第二届全国县域经济基本竞争力提升速度最快的百县（市）GDP增长率平均达19.23%，地方财政收入增长率平均达24.56%，都大大超过全国县域经济的平均数。

在全国县域经济基本竞争力评价中，评价中心将竞争力提升速度最快的前百个县（市）单列出来，作为县域经济发展的“亮点”。

在第二届全国县域经济基本竞争力提升速度最快的百县（市）中，西部地区占多数，达41个；中部地区有38个；东部地区有21个。

由于全国县域经济基本竞争力提升速度最快的百县（市）规模偏小，项目的嵌入和开工能非常大地膨胀经济总量和改善财政状况。

□ 刘福刚 向清凯

独家报道

第二届全国县域经济基本竞争力评价结果揭晓

●全国百强县GDP占全国县域的1/4强 ●西部县域经济竞争力提升速度最快

●西部百强占西部县域经济总量的38% ●各省市区县域实力大格局基本未变

本报讯 全国县域经济基本竞争力评价中心在中郡县域经济研究所（www.china—county.org）、经济日报《县域经济》周刊、中国区域经济学会等部门和有关专家学者的支持下，在各县、市、旗的积极配合下，依照国家统计部门提供的资料，经资料核实、甄别、整理，在完成“第一届全国县域经济基本竞争力评价”、2001年度“西部县域经济竞争力百强”工作基础上，完成了第二届全国县域经济基本竞争力评价工作，评价出第二届中国县域经济基本竞争力百强县（市）、第二届中国西部县域经济基本竞争力百强县（市）、第二届中国县域经济基本竞争力提升速度最快的百县（市），相关名单将于下两周在本周刊公布。

县域经济是国民经济的基本单元，是充满活力和蕴含潜力的经济。发展县域经济是解决“三农”问题的新的切入点，是稳定基层政权的物质基础，将为国民经济的发展提供广阔的发展空间。

全面推进小康建设，重点在县域，关键是农村。发展县域经济是学习“十六大”，贯彻“三个代表”重要思想、全面推进小康建设的具体体现。

全国县域经济基本竞争力评价是在社会主义市场经济体制下对全国县域经济的大展示和大检阅，为全国各省市区、各县、市、旗提供一个相对的、动态的参照坐标，为探索县域经济发展规律，为认识、引导、驾驭、发展县域经济提供有益的帮助。

全国百强县领军县域经济

●GDP增长率高出全国县域经济1.7个百分点

●地方财政收入增长比全国县域经济高20%

本报讯 第二届全国县域经济基本竞争力百强县（市）是市场经济体制下的经济上百强，是发展县域经济的领军力量。

在第二届全国县域经济基本竞争力百强县（市）中，河北3个，辽宁省5个，上海市1个，江苏省17个，浙江省24个，福建省8个，山东省20个，河南省2个，湖北省2个，湖南省1个，广东省15个，四川省1个，新疆维吾尔自治区1个。主要分布在东部地区，东部地区有93个，中部地区有5个，西部地区有2个。

新进入全国百强的县（市）有10个：河北遵化市，辽宁庄河市，大石桥市，浙江象山县、嘉善县、平阳县，广东高州市、博罗县、从化市，福建安溪县；退出全国百强县（市）有（除行政区划调整的6个外）4个：浙江嵊州市，山东安丘市，湖北天门市、潜江市。

全国县域经济基本竞争力百强县（市）经济实力雄厚，其数量不足全国县（市）总数的5%，人口不到全国县域总人口的10%，而创造的国内生产总值超过全国县域经济的25%。

全国县域经济基本竞争力百强县（市）的平均规模和人均GDP：人口89.8万人，GDP135.8亿元，地方财政收入5.6亿元，人均GDP16400元；分别是全国平均数的2.0倍、5.2倍、5.6倍、3.0倍。

全国县域经济基本竞争力百强县（市）经济增长强劲，GDP增长率平均有10.49%，高于全国县域经济的8.75%；经济基础好，工业园区大，地方财政收入大幅度增加，增长率达30.48%，大大高于全国县域经济的10.26%。

大连大杨企业集团现代化的服装生产线

背景链接

我国县域经济如今什么样

截止到2001年12月31日，全国县级行政区划有2861个（香港特别行政区、澳门特别行政区、台湾省除外），其中：市辖区808个，县级市393个，县1489个，自治县116个，旗49个，自治旗3个，特区2个，林区1个。参加第二届县域经济基本竞争力评价的不包括市辖区和福建省金门县，共计2052个。

全国县域内国土面积有896多万平方公里，超过全国国土总面积的93%，人口总数达到9.35亿，占全国的56%，比上年有所提高，河北省和贵州省的县域经济GDP比例分别达到75%和74%。

全国县域经济的平均规模：县域人口，平均45.6万人；县域经济GDP，平均26.2亿元；地方财政收入，平均1.0亿元。

全国县域经济GDP超过50亿的共有262个，比上年同比增加18个。其中，东部地区191个，中部地区52个，西部地区19个，最多的江苏省，有42个。

全国县域内人均GDP平均值达到5430元。从2001年全国县域经济人均GDP分布曲线来看，曲线的峰值在2500元左右，也就是说大部分县市的人均GDP水平在2500元范围；人均GDP在平均值以下的县市有65%，在6500元（约800美元）以下的有74%，因此，壮大县域经济，全面推进小康建设的任务还很艰巨。

在第二届全国县域经济基本竞争力评价中，我们将全国县域经济基本竞争力由强到弱划分十个等级，即从A级到J级。在最强的A级中，东部地区有160个，占总数的80.0%；中部地区有30个，占15.0%；西部地区有10个，占5.0%；比例结构与上年一致。在最弱的J级中，东部地区有10个

西部百强县在西部

中国西部12个省市区（内蒙古、广西、重庆、四川、贵州、云南、西藏、陕西、甘肃、青海、宁夏、新疆）共有县域经济单位（县、自治县、县级市、旗、自治旗、特区）897个，占全国31个省市区（台湾、香港、澳门除外）的43.7%。

为了促进西部大开发，评价中心将西部

第二届中国西部……省市区中，除西藏外……布，具体是：内蒙古……个、四川30个、贵州……甘肃3个、青海1个、……

新进入西部百强……

第二届全国县域经济基本竞争力评价

全国县域经济基本竞争力评价中心在中郡县域经济研究所、《经济日报》县域经济周刊、中国区域经济学会等部门和有关专家学者的支持下,在各县、市、旗的积极配合下,以统计部门的资料为基础资料,经资料的核实、对比、甄别,在第一届全国县域经济基本竞争力评价工作的基础上,完成了第二届全国县域经济基本竞争力评价工作。

第二届中国县域经济基本竞争力百强县(市)

第二届全国县域经济基本竞争力百强县(市)是市场经济体制下的经济上百强,是发展县域经济的领军力量。

在第二届全国县域经济基本竞争力百强县(市)中,河北3个,辽宁省5个,上海市1个,江苏省17个,浙江省24个,福建省8个,山东省20个,河南省2个,湖北省2个,湖南省1个,广东省15个,四川省1个,新疆维吾尔自治区1个。主要分布在东部地区,东部地区有93个,中部地区有5个,西部地区有2个。

新进入全国百强的县(市)有十个:河北遵化市,辽宁庄河市、大石桥市,浙江象山县、嘉善县、平阳县,广东高州市、博罗县、从化市,福建安溪县。

全国县域经济基本竞争力百强县(市)经济实力雄厚,其数量不足全国县(市)总数的5%,人口不到全国县域总人口的10%,而创造的国内生产总值超过全国县域经济的25%。

全国县域经济基本竞争力百强县(市)的平均规模和人均GDP:人口89.8万人,GDP135.8亿元,地方财政收入5.6亿元,人均GDP16400元;分别是全国平均数的2.0倍、5.2倍、5.6倍、3.0倍。

全国县域经济基本竞争力百强县(市)经济增长强劲,GDP增长率平均有10.49%,高于全国县域经济的8.75%;经济基础好,工业园区大,地方财政收入大幅度增加,增长率达30.48%,大大高于全国县域经济的10.26%。

第二届中国县域经济基本竞争力提升速度最快的百县(市)

在全国县域经济基本竞争力评价中,评价中心将竞争力提升速度最快的前百个县(市)单列出来,作为县域经济发展的"亮点",供大家关注。

在第二届全国县域经济基本竞争力提升速度最快的百县(市)中,西部地区占多数,达41个;中部地区有38个;东部地区有21个。

全国县域经济基本竞争力提升速度最快的百县(市)规模偏小,项目的嵌入和开工能非常大地膨胀经济总量和改善财政状况。第二届全国县域经济基本竞争力提升速度最快的百县(市)GDP增长率达19.23%,地方财政收入增长率达24.56%,都大大超过全国县域经济的平均数。

第二届中国西部百强县(市)

中国西部12个省市区(内蒙古、广西、重庆、四川、贵州、云南、西藏、陕西、甘肃、青海、宁夏、新疆)共有县域经济单位(县、自治县、县级市、旗、自治旗、特区)897个,占全国31个省市区(台湾、香港、澳门除外)的43.7%。

为了促进西部大开发,评价中心将西部十二个省市区的县域经济单列出来,对县域经济基本竞争力进行排列,评价出中国西部县域经济基本竞争力百强县(市)。中国西部百强县(市)为西部大开发带来巨大的无形资产。

第二届中国西部百强县(市)在西部12个省市区中,除西藏外,在每个省市区都有分布,具体是:内蒙古5个、广西19个、重庆12个、四川30个、贵州6个、云南9个、陕西3个、甘肃3个、青海1个、宁夏1个、新疆11个。

新进入西部百强县(市)的有12个:广西崇左县、宾阳县、藤县,陕西长安县、靖边县,四川宜宾县、泸县,重庆垫江县,甘肃平凉市,贵州仁怀市,新疆阜康市、伊宁市。

第二届中国西部百强县(市)在西部地区处于领先地位,国内生产总值增长率(现价比)达11.81%,高于西部县域经济平均数10.32%,更高于全国县域经济的8.75%。

中国西部百强县(市)是西部县域经济的中坚力量,其个数占西部总数的11.1%,人口占西部县域总人口的25.2%,创造的国内生产总值(GDP)占西部县域经济总 GDP 的 38.3%强。

第二届全国各省市区的县域经济基本竞争力评价

在进行全国县域经济基本竞争力评价时，评价中心将全国各省市区所属的所有县(市)的经济基本竞争力排位的平均数的互补数作为各省市区的县域经济基本竞争力数，进行全国各省市区的县域经济基本竞争力评价排序。

在第二届全国各省市区的县域经济基本竞争力评价中，五大等级集团基本上没有变化，各等级集团内有局部调整。

在第一等级集团，除北京、天津、上海三个直辖市外，江苏省领先其他各省市区，稳进第一等级。江苏省县域经济的最大特点是 58 个县域经济的平均值大，人口平均 91.7 万，GDP 平均 92.8 亿，都高居全国首位；各县市间差距小，在十个县域经济基本竞争力等级中，江苏省只有在 A 级到 E 级中分布，并且只有 6 个分在 C、D、E 级，大部分分布在 A、B 级中，其他省市区是没有的。

北京市由于区划调整，大兴县、平谷县、怀柔县先后县改区，只剩下密云和延庆两个县，县域经济基本竞争力下降一位，与江苏省对调。

在第二等级集团，还是山东省和浙江省，没有变化。

在第三等级集团，排位稍微变动。吉林省率先在全国范围内实施“县域突破”战略，县域经济基本竞争力有所提升。

在第四、第五等级集团，基本没有变化。西藏自治区的县域经济基本竞争力得到大幅度地壮大。

全国各省市区的县域经济基本竞争力五个等级集团基本上与全国大的区域经济强弱分布一致。

县域经济是国民经济的基本单元，是充满活力和蕴涵潜力的经济。发展县域经济是解决“三农”问题的新的切入点，是稳定基层政权的物质基础，将为国民经济的发展提供广阔的发展空间。

全面建设小康社会，重点在县域，难点在县域。发展县域经济是学习“十六大”，贯彻“三个代表”重要思想、全面建设小康社会的具体体现。

全国县域经济基本竞争力评价是在社会主义市场经济体制下对全国县域经济的大展示和大检阅，为全国各省市区、各县市旗提供一个相对的、动态的参照坐标，为探索县域经济发展规律，为认识、引导、驾驭、发展县域经济提供非常有益的帮助。

(参阅 2002 年 12 月 10 日《经济日报》县域经济周刊)

为何开展全国县域经济基本竞争力评价

20世纪末，我国初步建立起社会主义市场经济体制,各地方经济的发展呈现出“八仙过海、各显神通”的局面。2001年,我国又加入WTO,经济全球化浪潮扑面而来，各地经济要参与到世界经济中去,必须要提高竞争力。作为国民经济基本单元的县域经济在外界压力下尤显得重要和紧迫。

县域经济竞争力也一直是我们关注的重要课题之一。2000年开始,在各级各地统计部门、《经济日报》农村经济新闻中心、中国区域经济学会以及有关专家学者的支持下,全国县域经济基本竞争力评价中心开始收集整理有关县域经济数据,并筹备全国县域经济竞争力评价工作，于2001年底完成了第一届全国县域经济基本竞争力评价工作。此次进行的是第二届全国县域经济基本竞争力评价。

一、评价的特点是什么

全国县域经济基本竞争力评价的特点,我们概括为六个字“全面、客观、可比”。

我们对全国2000多个县市都进行评价，为每个县市提供参照坐标。我们在评价时,采用具有可比性的经济类综合指标,并对数据进行不同形式的核实,使评价结果尽量接近客观。

二、评价是如何做到客观性的

1. 对县域经济数据的收集整理,不局限于统计部门的数据，我们还从不同方面来收集整理,如年鉴、报刊、网站、县市两会报告以及对外宣传、招商的公告,并进行对比、甄别。

2.进行不同形式的核实和调查,有电话核实,有传真核实,有委托调查,有实地调研等。

3. 在核实工作中,得到各县市政府以及统计部门的积极协助。绝大部分县市在接到我们的“关于核实统计数据的函”后,县市非常重视,及时核实数据,并加以说明给予回复。

所有这些工作,我们就是要努力做到评价数据比较客观,更接近现实。

三、评价中采用哪些指标,为什么取名“县域经济基本竞争力”

全国县域经济差异性非常大：有比较富裕的,有刚刚解决温饱的,有贫困的;有沿海、沿江、沿河的,有边远山区的;有工业化程度高的,有农业经济比重非常大的;等等。

县域经济的数据指标也非常多,但相当多的物化指标在全国范围内没有可比性，如县域面积、农作物播种面积、粮食产量等;有许多数据收集后没有办法和渠道进行客观核实;有些数据在全国范围内按统一标准获取非常困难,甚至是不可行。

为了使评价具有全面性、可比性,数据的真伪能够核实,做到客观,并且评价工作能够常年进行,为每个县市提供一个动态坐标,我们采取了以下三类具有综合性、可比性的经济上基本指标:经济总量类,如人口、国内生产总值(GDP)、地方财政收入等;经济平均量类,如人均国内生产总值、人均财政、农民人均纯收入、城镇居民人均收入等;经济增长速度类,如国内生产总值增长率等。通过对这三类经济上的基本指标数据进行收集、整理、核实、测算、评价。

评价结果基本上反映了县域经济的竞争力。这也是我们取名“全国县域经济基本竞争力评价”的原因。

四、全国县市竞争力评价工作分三个阶段逐渐展开

“全国县市竞争力”评价工作可分三个阶段进行,这是时间上的安排,也是客观情况决定的。

1. 第一阶段是全国县域经济的基本竞争力评价。这是全国各县市在经济上的基本竞争力评价,采用经济上的基本数据进行评价,评价数据的获取和客观性的核实可以进行，评价结果比较客观,基本上反映出全国各县市在经济上的竞争力。现在,我们正在进行的就是县市经济的基本竞争力评价工作。

2. 第二阶段是全国县域经济的综合竞争力评价。这是全国各县市在经济上的综合竞争力评价,指标不仅有经济上的基本指标，还将涉及到资源性、区位性、结构性等经济指标。现在,我们有一个包含8大类33小类的指标体系,并正在完善。现阶段,这种评价仅在某一个省或者某一个地级市可以使用,在全国范围内还需要若干年。因为在一个省或地级市,大量的数据收集才具有可行性,定性指标在一定程度上才可以进行定量化分析。现在有些省、市正在参考这个指标体系。

3. 第三阶段是全国县市经济社会综合竞争力

评价。这是全国各县市在经济上和社会上的综合竞争力评价。这个评价将不仅涉及到经济类指标，更多的将会涉及到社会性指标，如医疗卫生、道德法律、社会治安、福利就业等等，指标体系繁大，指标众多。现在这个评价还没有可行性。如果称县市竞争力或县市经济社会竞争力，那也是片面的、不完整的、客观准确性不高的。首先，指标数量要求尽量多，甚至上百个指标，多的指标才能够真正全面反映各县市经济上的和社会上的竞争力；其次，指标要真实，不能有“水份”，数据的客观性能够核实；再者，竞争力的规律有待研究探索，定性指标要能够科学地定量化分析；再者，现实的需求还没有那么强烈和紧迫，各县市当前的重心任务是经济发展，怎样招商引资，怎样“联大靠强”，怎样调整产业结构，怎么能够迅速“壮大县域经济”，经济上实现跨越式发展。

随着经济的发展，科学技术水平的提高，客观真实统计数据的索取，评价工作的重视，我们的评价将会更深入，更高级，更科学，更客观。

五、全国县域经济基本竞争力评价有那些意义

全国县域经济基本竞争力评价是在社会主义市场经济体制下对全国县域经济的大展示和大检阅。全国县域经济基本竞争力评价至少有以下三个方面的意义：

1. 全国县域经济基本竞争力评价工作能够引起全社会对县域经济的重视。以前大家对县域经济了解不多，现在县域经济越来越受到政府领导和社会各界的关注。2002 年党的“十六大”也第一次非常明确地提出了“壮大县域经济”的号召。

发展县域经济是贯彻学习“三个代表”重要思想、全面建设小康社会的具体体现，是解决“三农”问题的新的切入点，是稳定基层政权的物质基础。县域经济是具有潜力和充满活力的经济，为国民经济的发展提供了广阔的发展空间。

2.为全国各县市提供一个动态的参照坐标，为全国县域经济发展创造一个良好的氛围。

3.探索县域经济发展规律，促进县域经济大发展。县域经济是一个实证性非常强的经济，我们要对竞争力强的、竞争力提升速度快的、具有特色的、不同发展模式的县域经济进行不同形式的调研，总结发展经验，供全国交流学习，为县域经济发展提供思想库。

（参阅 2002 年 12 月 17 日《经济日报》县域经济周刊）

中国县域经济基本竞争力评价(全国)

第二届中国县域经济基本竞争力评价(A级名单)

2nd CHINA COUNTY-LEVEL ECONOMY BASIC COMPETITIVENESS EVALUATION

县域	UNIT	中郡指数	竞争力动态	竞争力等级
广东顺德市	GD—Shunde City	R1T2052	相对稳定	A
广东南海市	GD—Nanhai City	R2T2052	相对稳定	A
江苏江阴市	JS—Jiangyin City	R3T2052	相对稳定	A
江苏张家港市	JS—Zhangjiagang City	R4T2052	相对稳定	A
江苏常熟市	JS—Changshu City	R5T2052	相对稳定	A
福建晋江市	FJ—Jinjiang City	R6T2052	相对稳定	A
江苏武进市	JS—Wujin City	R7T2052	相对稳定	A
江苏昆山市	JS—Kunshan City	R8T2052	相对稳定	A
浙江绍兴县	ZJ—Shaoxing County	R9T2052	相对稳定	A
江苏吴江市	JS—Wujiang City	R10T2052	相对稳定	A
浙江慈溪市	ZJ—Cixi City	R11T2052	相对稳定	A
山东荣成市	SD—Rongcheng City	R12T2052	相对稳定	A
江苏宜兴市	JS—Yixing City	R13T2052	相对稳定	A
浙江鄞县	ZJ—Yinxian County	R14T2052	相对稳定	A
浙江温岭市	ZJ—Wenling City	R15T2052	相对稳定	A
福建福清市	FJ—Fuqing City	R16T2052	相对稳定	A
浙江余姚市	ZJ—Yuyao City	R17T2052	相对稳定	A
山东文登市	SD—Wendeng City	R18T2052	相对稳定	A
浙江乐清市	ZJ—Leqing City	R19T2052	相对稳定	A
浙江诸暨市	ZJ—Zhuji City	R20T2052	相对稳定	A
江苏太仓市	JS—Taicang City	R21T2052	相对稳定	A
辽宁海城市	LN—Haicheng City	R22T2052	相对稳定	A
浙江义乌市	ZJ—Yiwu City	R23T2052	相对稳定	A
浙江瑞安市	ZJ—Rui'an City	R24T2052	相对稳定	A
广东增城市	GD—Zengcheng City	R25T2052	相对稳定	A
福建南安市	FJ—Nan'an City	R26T2052	相对稳定	A
江苏丹阳市	JS—Danyang City	R27T2052	相对稳定	A
浙江海宁市	ZJ—Haining City	R28T2052	相对稳定	A
山东龙口市	SD—Longkou City	R29T2052	相对稳定	A
山东邹城市	SD—Zoucheng City	R30T2052	相对稳定	A
浙江桐乡市	ZJ—Tongxiang City	R31T2052	相对稳定	A
福建惠安县	FJ—Hui'an County	R32T2052	相对稳定	A
浙江上虞市	ZJ—Shangyu City	R33T2052	相对稳定	A
广东新会市	GD—Xinhui City	R34T2052	相对稳定	A
山东胶南市	SD—Jiaonan City	R35T2052	相对稳定	A

第二届中国县域经济基本竞争力评价(A级名单 续)

2nd CHINA COUNTY-LEVEL ECONOMY BASIC COMPETITIVENESS EVALUATION

县域	UNIT	中郡指数	竞争力动态	竞争力等级
山东即墨市	SD—Jimo City	R36T2052	相对稳定	A
浙江富阳市	ZJ—Fuyang City	R37T2052	相对稳定	A
广东普宁市	GD—Puning City	R38T2052	相对稳定	A
山东胶州市	SD—Jiaozhou City	R39T2052	相对稳定	A
江苏通州市	JS—Tongzhou City	R40T2052	相对稳定	A
山东平度市	SD—Pingdu City	R41T2052	相对稳定	A
山东寿光市	SD—Shouguang City	R42T2052	相对稳定	A
江苏海门市	JS—Haimen City	R43T2052	相对稳定	A
山东章丘市	SD—Zhangqiu City	R44T2052	相对稳定	A
广东惠阳市	GD—Huiyang City	R45T2052	相对稳定	A
山东莱州市	SD—Laizhou City	R46T2052	相对稳定	A
江苏启东市	JS—Qidong City	R47T2052	相对稳定	A
新疆库尔勒市	XJ—Ku'erle City	R48T2052	相对稳定	A
福建石狮市	FJ—Shishi City	R49T2052	相对稳定	A
山东滕州市	SD—Tengzhou City	R50T2052	相对稳定	A
广东潮阳市	GD—Chaoyang City	R51T2052	相对稳定	A
广东台山市	GD—Taishan City	R52T2052	相对稳定	A
四川双流县	SC—Shuangliu County	R53T2052	相对稳定	A
山东诸城市	SD—Zhucheng City	R54T2052	相对稳定	A
河南巩义市	HEN—Gongyi City	R55T2052	相对稳定	A
江苏江都市	JS—Jiangdu City	R56T2052	相对稳定	A
广东开平市	GD—Kaiping City	R57T2052	相对稳定	A
浙江东阳市	ZJ—Dongyang City	R58T2052	相对稳定	A
山东新泰市	SD—Xintai City	R59T2052	相对稳定	A
浙江玉环县	ZJ—Yuhuan County	R60T2052	相对稳定	A
广东三水市	GD—Sanshui City	R61T2052	相对稳定	A
山东乳山市	SD—Rushan City	R62T2052	相对稳定	A
湖南长沙县	HN—Changsha County	R63T2052	相对稳定	A
河北丰南市	HEB—Fengnan City	R64T2052	相对稳定	A
湖北仙桃市	HB—Xiantao City	R65T2052	相对稳定	A
山东兖州市	SD—Yanzhou City	R66T2052	相对稳定	A
浙江临海市	ZJ—Linhai City	R67T2052	相对稳定	A
广东高要市	GD—Gaoyao City	R68T2052	相对稳定	A
浙江平湖市	ZJ—Pinghu City	R69T2052	相对稳定	A
福建龙海市	FJ—Longhai City	R70T2052	相对稳定	A

第二届中国县域经济基本竞争力评价(A级名单 续)

2nd CHINA COUNTY-LEVEL ECONOMY BASIC COMPETITIVENESS EVALUATION

县域	UNIT	中郡指数	竞争力动态	竞争力等级
山东肥城市	SD—Feicheng City	R71T2052	相对稳定	A
山东招远市	SD—Zhaoyuan City	R72T2052	相对稳定	A
江苏东台市	JS—Dongtai City	R73T2052	相对稳定	A
江苏铜山县	JS—Tongshan County	R74T2052	相对稳定	A
江苏泰兴市	JS—Taixing City	R75T2052	相对稳定	A
浙江永康市	ZJ—Yongkang City	R76T2052	相对稳定	A
河北遵化市	HEB—Zunhua City	R77T2052	相对稳定	A
辽宁普兰店市	LN—Pulandian City	R78T2052	相对稳定	A
江苏溧阳市	JS—Liyang City	R79T2052	相对稳定	A
河北迁安市	HEB—Qian'an City	R80T2052	相对稳定	A
浙江苍南县	ZJ—Cangnan County	R81T2052	相对稳定	A
浙江象山县	ZJ—Xiangshan County	R82T2052	相对稳定	A
上海崇明县	SH—Chongming County	R83T2052	相对稳定	A
湖北枣阳市	HB—Zaoyang City	R84T2052	相对稳定	A
辽宁瓦房店市	LN—Wafangdian City	R85T2052	相对稳定	A
山东蓬莱市	SD—Penglai City	R86T2052	相对稳定	A
辽宁庄河市	LN—Zhuanghe City	R87T2052	相对稳定	A
山东莱西市	SD—Laixi City	R88T2052	相对稳定	A
广东高州市	GD—Gaozhou City	R89T2052	相对稳定	A
浙江临安市	ZJ—Lin'an City	R90T2052	相对稳定	A
河南新郑市	HEN—Xinzheng City	R91T2052	相对稳定	A
广东揭东县	GD—Jiedong County	R92T2052	相对稳定	A
浙江嘉善县	ZJ—Jiashan County	R93T2052	相对稳定	A
广东博罗县	GD—Boluo County	R94T2052	相对稳定	A
广东从化市	GD—Conghua City	R95T2052	相对稳定	A
福建长乐市	FJ-Changle City	R96T2052	相对稳定	A
浙江长兴县	ZJ—Changxing County	R97T2052	相对稳定	A
浙江平阳县	ZJ—Pingyang County	R98T2052	相对稳定	A
福建安溪县	FJ—Anxi County	R99T2052	相对稳定	A
辽宁大石桥市	LN—Dashiqiao City	R100T2052	相对稳定	A
湖北天门市	HB—Tianmen City	R101T2052	相对稳定	A
广东惠东县	GD—Huidong County	R102T2052	相对稳定	A
江苏大丰市	JS—Dafeng City	R103T2052	相对稳定	A
江苏金坛市	JS—Jintan City	R104T2052	相对稳定	A
浙江宁海县	ZJ—Ninghai County	R105T2052	相对稳定	A

第二届中国县域经济基本竞争力评价(A级名单 续)

2nd CHINA COUNTY-LEVEL ECONOMY BASIC COMPETITIVENESS EVALUATION

县域	UNIT	中郡指数	竞争力动态	竞争力等级
江苏如东县	JS—Rudong County	R106T2052	相对稳定	A
广东澄海市	GD—Chenghai City	R107T2052	相对稳定	A
浙江嵊州市	ZJ—Shengzhou City	R108T2052	相对稳定	A
山东莱阳市	SD—Laiyang City	R109T2052	相对稳定	A
河北藁城市	HEB—Gaocheng City	R110T2052	相对稳定	A
江苏靖江市	JS—Jingjiang City	R111T2052	相对稳定	A
重庆江津市	CQ—Jiangjin City	R112T2052	相对稳定	A
黑龙江阿城市	HL—Acheng City	R113T2052	相对稳定	A
山东曲阜市	SD—Qufu City	R114T2052	相对稳定	A
浙江永嘉县	ZJ—Yongjia County	R115T2052	相对稳定	A
山东邹平县	SD—Zouping County	R116T2052	相对稳定	A
山东青州市	SD—Qingzhou City	R117T2052	相对稳定	A
重庆合川市	CQ—Hechuan City	R118T2052	相对稳定	A
湖北潜江市	HB—Qianjiang City	R119T2052	相对稳定	A
河南偃师市	HEN—Yanshi City	R120T2052	相对稳定	A
山东安丘市	SD—Anqiu City	R121T2052	相对稳定	A
河北任丘市	HEB—Renqiu City	R122T2052	相对稳定	A
浙江建德市	ZJ—Jiande City	R123T2052	相对稳定	A
云南大理市	YN—Dali City	R124T2052	相对稳定	A
河北三河市	HEB—Sanhe City	R125T2052	相对稳定	A
浙江德清县	ZJ—Deqing County	R126T2052	相对稳定	A
福建闽候县	FJ—Minhou County	R127T2052	相对稳定	A
湖南浏阳市	HN—Liuyang City	R128T2052	相对稳定	A
江苏如皋市	JS—Rugao City	R129T2052	相对稳定	A
辽宁东港市	LN—Donggang City	R130T2052	相对稳定	A
江苏兴化市	JS—Xinghua City	R131T2052	相对稳定	A
浙江海盐县	ZJ—Haiyan County	R132T2052	相对稳定	A
浙江兰溪市	ZJ—Lanxi City	R133T2052	相对稳定	A
浙江奉化市	ZJ—Fenghua City	R134T2052	相对稳定	A
河南新密市	HEN—Xinmi City	R135T2052	相对稳定	A
河北鹿泉市	HEB—Luquan City	R136T2052	相对稳定	A
广东化州市	GD—Huazhou City	R137T2052	相对稳定	A
广东高明市	GD—Gaoming City	R138T2052	相对稳定	A
浙江新昌县	ZJ—Xinchang County	R139T2052	相对稳定	A
广东潮安县	GD—Chao'an County	R140T2052	相对稳定	A

第二届中国县域经济基本竞争力评价(A级名单 续)

2nd CHINA COUNTY-LEVEL ECONOMY BASIC COMPETITIVENESS EVALUATION

县域	UNIT	中郡指数	竞争力动态	竞争力等级
江苏射阳县	JS—Sheyang County	R141T2052	相对稳定	A
湖北汉川市	HB—Hanchuan City	R142T2052	相对稳定	A
广东鹤山市	GD—heshan City	R143T2052	相对稳定	A
江苏扬中市	JS—Yangzhong City	R144T2052	相对稳定	A
江苏海安县	JS—Hai'an County	R145T2052	相对稳定	A
山东桓台县	SD—Huantai County	R146T2052	相对稳定	A
福建莆田县	FJ—Putian County	R147T2052	相对稳定	A
河北武安市	HEB—Wu'an City	R148T2052	相对稳定	A
山东高密市	SD—Gaomi City	R149T2052	相对稳定	A
四川江油市	SC—Jiangyou City	R150T2052	相对稳定	A
河南济源市	HEN—Jiyuan City	R151T2052	相对稳定	A
福建漳浦县	FJ—Zhangpu County	R152T2052	相对稳定	A
河南禹州市	HEN—Yuzhou City	R153T2052	相对稳定	A
湖北钟祥市	HB—Zhongxiang City	R154T2052	相对稳定	A
四川郫县	SC—Pixian County	R155T2052	相对稳定	A
黑龙江双城市	HL—Shuangcheng City	R156T2052	相对稳定	A
河南荥阳市	HEN—Xingyang City	R157T2052	相对稳定	A
山东沂水县	SD—Yishui County	R158T2052	相对稳定	A
福建连江县	FJ—Lianjiang County	R159T2052	相对稳定	A
河北辛集市	HEB—Xinji City	R160T2052	相对稳定	A
江苏邳州市	JS—Pizhou City	R161T2052	相对稳定	A
湖北当阳市	HB—Dangyang City	R162T2052	相对稳定	A
辽宁新民市	LN—Xinmin City	R163T2052	相对稳定	A
江苏姜堰市	JS—Jiangyan City	R164T2052	相对稳定	A
天津蓟县	TJ—Jixian County	R165T2052	相对稳定	A
四川什邡市	SC—Shifang City	R166T2052	相对稳定	A
浙江桐庐县	ZJ—Tonglu County	R167T2052	相对稳定	A
天津静海县	TJ—Jinghai County	R168T2052	相对稳定	A
四川崇州市	SC—Chongzhou City	R169T2052	相对稳定	A
黑龙江肇东市	HL—Zhaodong City	R170T2052	相对稳定	A
河南长葛市	HEN—Changge City	R171T2052	相对稳定	A
河北滦南县	HEB—Luannan County	R172T2052	相对稳定	A
河南灵宝市	HEN—Lingbao City	R173T2052	相对稳定	A
福建永春县	FJ—Yongchun County	R174T2052	相对稳定	A
江苏句容市	JS—Jurong City	R175T2052	相对稳定	A

第二届中国县域经济基本竞争力评价(A 级名单 续)

2nd CHINA COUNTY-LEVEL ECONOMY BASIC COMPETITIVENESS EVALUATION

县域	UNIT	中郡指数	竞争力动态	竞争力等级
江苏沛县	JS—Peixian County	R176T2052	相对稳定	A
福建永安市	FJ—Yong'an City	R177T2052	相对稳定	A
吉林农安县	JL—Nong'an County	R178T2052	相对稳定	A
江苏盐都县	JS—Yandu County	R179T2052	相对稳定	A
湖北应城市	HB—Yingcheng City	R180T2052	相对稳定	A
广东电白县	GD—Dianbai County	R181T2052	相对稳定	A
湖北老河口市	HB—Laohekou City	R182T2052	相对稳定	A
山东昌邑市	SD—Changyi City	R183T2052	相对稳定	A
湖北大冶市	HB—Daye City	R184T2052	相对稳定	A
广东信宜市	GD—Xinyi City	R185T2052	相对稳定	A
山东莒县	SD—Juxian County	R186T2052	相对稳定	A
河南项城市	HEN—Xiangcheng City	R187T2052	相对稳定	A
江苏沭阳县	JS—Shuyang County	R188T2052	相对稳定	A
天津宁河县	TJ—Ninghe County	R189T2052	相对稳定	A
河南邓州市	HEN—Dengzhou City	R190T2052	相对稳定	A
新疆鄯善县	XJ—Shanshan County	R191T2052	相对稳定	A
广东海丰县	GD—Haifeng County	R192T2052	相对稳定	A
北京密云县	BJ—Miyun County	R193T2052	相对稳定	A
河北玉田县	HEB—Yutian County	R194T2052	相对稳定	A
吉林德惠市	JL—Dehui City	R195T2052	相对稳定	A
江苏仪征市	JS—Yizheng City	R196T2052	相对稳定	A
吉林榆树市	JL—Yushu City	R197T2052	相对稳定	A
江苏建湖县	JS—Jianhu County	R198T2052	相对稳定	A
湖南宁乡县	HN—Ningxiang County	R199T2052	相对稳定	A
山东广饶县	SD—Guangrao County	R200T2052	相对稳定	A

第二届中国县域经济基本竞争力评价(B 级名单)

2nd CHINA COUNTY-LEVEL ECONOMY BASIC COMPETITIVENESS EVALUATION

县域	UNIT	中郡指数	竞争力动态	竞争力等级
黑龙江尚志市	HL—Shangzhi City	R201T2052	相对稳定	B
江苏江浦县	JS—Jiangpu County	R202T2052	相对稳定	B
河北霸州市	HEB—Bazhou City	R203T2052	相对稳定	B
河北丰润县	HEB—Fengrun County	R204T2052	相对稳定	B
四川都江堰市	SC—Dujiangyan City	R205T2052	相对稳定	B
广东罗定市	GD—Luoding City	R206T2052	相对稳定	B
黑龙江呼兰县	HL—Hulan County	R207T2052	相对稳定	B
四川绵竹市	SC—Mianzhu City	R208T2052	相对稳定	B
河北定州市	HEB—Dingzhou City	R209T2052	相对稳定	B
河北乐亭县	HEB—Leting County	R210T2052	相对稳定	B
江苏丹徒县	JS—Dantu County	R211T2052	相对稳定	B
重庆永川市	CQ—Yongchuan City	R212T2052	相对稳定	B
广东四会市	GD—Sihui City	R213T2052	相对稳定	B
江西南昌县	JX—Nanchang County	R214T2052	相对稳定	B
河北涿州市	HEB—Zhuozhou City	R215T2052	相对稳定	B
广西来宾县	GX—Laibin County	R216T2052	相对稳定	B
湖南邵东县	HN—Shaodong County	R217T2052	相对稳定	B
四川邛崃市	SC—Qionglai City	R218T2052	相对稳定	B
河南镇平县	HEN—Zhenping County	R219T2052	相对稳定	B
湖南醴陵市	HN—Liling City	R220T2052	相对稳定	B
江苏赣榆县	JS—Ganyu County	R221T2052	相对稳定	B
山东郯城县	SD—Tancheng County	R222T2052	相对稳定	B
云南安宁市	YN—Anning City	R223T2052	相对稳定	B
湖北麻城市	HB—Macheng City	R224T2052	相对稳定	B
四川西昌市	SC—Xichang City	R225T2052	相对稳定	B
山东高唐县	SD—Gaotang County	R226T2052	相对稳定	B
云南弥勒县	YN—Mile County	R227T2052	上升	B
河南登封市	HEN—Dengfeng City	R228T2052	相对稳定	B
江苏东海县	JS—Donghai County	R229T2052	相对稳定	B
四川金堂县	SC—Jintang County	R230T2052	相对稳定	B
江苏六合县	JS—Liuhe County	R231T2052	相对稳定	B
河北河间市	HEB—Hejian City	R232T2052	相对稳定	B
湖南望城县	HN—Wangcheng County	R233T2052	相对稳定	B
浙江安吉县	ZJ—Anji County	R234T2052	相对稳定	B
海南琼山市	HAN—Qiongshan City	R235T2052	相对稳定	B

第二届中国县域经济基本竞争力评价(B级名单 续)

2nd CHINA COUNTY-LEVEL ECONOMY BASIC COMPETITIVENESS EVALUATION

县域	UNIT	中郡指数	竞争力动态	竞争力等级
河南郾城县	HEN—Yancheng County	R236T2052	相对稳定	B
江苏高淳县	JS—Gaochun County	R237T2052	相对稳定	B
贵州遵义县	GZ—Zunyi County	R238T2052	相对稳定	B
海南儋州市	HAN—Danzhou City	R239T2052	相对稳定	B
河北沧县	HEB—Cangxian County	R240T2052	相对稳定	B
山东平邑县	SD—Pingyi County	R241T2052	相对稳定	B
四川大邑县	SC—Dayi County	R242T2052	相对稳定	B
湖北洪湖市	HB—Honghu City	R243T2052	相对稳定	B
河南永城市	HEN—Yongcheng City	R244T2052	相对稳定	B
吉林公主岭市	JL—Gongzhuling City	R245T2052	相对稳定	B
江苏阜宁县	JS—Funing County	R246T2052	相对稳定	B
江苏高邮市	JS—Gaoyou City	R247T2052	相对稳定	B
江苏溧水县	JS—Lishui County	R248T2052	相对稳定	B
云南楚雄市	YN—Chuxiong City	R249T2052	相对稳定	B
吉林延吉市	JL—Yanji City	R250T2052	相对稳定	B
河北晋州市	HEB—Jinzhou City	R251T2052	相对稳定	B
山东栖霞市	SD—Qixia City	R252T2052	相对稳定	B
湖南桃源县	HN—Taoyuan County	R253T2052	相对稳定	B
河南汝州市	HEN—Ruzhou City	R254T2052	相对稳定	B
江苏宝应县	JS—Baoying County	R255T2052	相对稳定	B
山东海阳市	SD—Haiyang City	R256T2052	相对稳定	B
江苏新沂市	JS—Xinyi City	R257T2052	相对稳定	B
湖北石首市	HB—Shishou City	R258T2052	相对稳定	B
湖北武穴市	HB—Wuxue City	R259T2052	相对稳定	B
四川广汉市	SC—Guanghan City	R260T2052	相对稳定	B
福建德化县	FJ—Dehua County	R261T2052	相对稳定	B
广东廉江市	GD—Lianjiang City	R262T2052	相对稳定	B
广东饶平县	GD—Raoping County	R263T2052	相对稳定	B
福建福安市	FJ—Fu'an City	R264T2052	相对稳定	B
山东平阴县	SD—Pingyin County	R265T2052	相对稳定	B
山东宁阳县	SD—Ningyang County	R266T2052	相对稳定	B
湖北赤壁市	HB—Chibi City	R267T2052	相对稳定	B
山东济阳县	SD—Jiyang County	R268T2052	相对稳定	B
河北高碑店市	HEB—Gaobeidian City	R269T2052	相对稳定	B
山东临朐县	SD—Linqu County	R270T2052	相对稳定	B

第二届中国县域经济基本竞争力评价(B级名单 续)

2nd CHINA COUNTY-LEVEL ECONOMY BASIC COMPETITIVENESS EVALUATION

县域	UNIT	中郡指数	竞争力动态	竞争力等级
山东临清市	SD—Linqing City	R271T2052	相对稳定	B
河南唐河县	HEN—Tanghe County	R272T2052	相对稳定	B
黑龙江五常市	HL—Wuchang City	R273T2052	相对稳定	B
河北正定县	HEB—Zhengding County	R274T2052	相对稳定	B
山东费县	SD—Feixian County	R275T2052	相对稳定	B
湖北松滋市	HB—Songzi City	R276T2052	相对稳定	B
辽宁凤城市	LN—Fengcheng City	R277T2052	相对稳定	B
河北黄骅市	HEB—Huanghua City	R278T2052	相对稳定	B
山东苍山县	SD—Cangshan County	R279T2052	相对稳定	B
福建仙游县	FJ—Xianyou County	R280T2052	相对稳定	B
湖北公安县	HB—Gong'an County	R281T2052	相对稳定	B
新疆阿克苏市	XJ—Akesu City	R282T2052	相对稳定	B
广西合浦县	GX—Hepu County	R283T2052	相对稳定	B
安徽无为县	AH—Wuwei County	R284T2052	相对稳定	B
山东莒南县	SD—Junan County	R285T2052	相对稳定	B
江苏泗洪县	JS—Sihong County	R286T2052	相对稳定	B
湖北红安县	HB—Hong'an County	R287T2052	相对稳定	B
山东博兴县	SD—Boxing County	R288T2052	相对稳定	B
河南沁阳市	HEN—Qinyang City	R289T2052	相对稳定	B
河北滦县	HEB—Luanxian County	R290T2052	相对稳定	B
广西宜州市	GX—Yizhou City	R291T2052	相对稳定	B
山东微山县	SD—Weishan County	R292T2052	相对稳定	B
广西邕宁县	GX—Yongning County	R293T2052	相对稳定	B
湖北黄梅县	HB—Huangmei County	R294T2052	相对稳定	B
江苏盱眙县	JS—Xuyi County	R295T2052	相对稳定	B
湖北京山县	HB—Jingshan County	R296T2052	相对稳定	B
河南许昌县	HEN—Xuchang County	R297T2052	相对稳定	B
河南林州市	HEN—Linzhou City	R298T2052	相对稳定	B
四川温江县	SC—Wenjiang County	R299T2052	相对稳定	B
广西贺州市	GX—Hezhou City	R300T2052	相对稳定	B
黑龙江巴彦县	HL—Bayan County	R301T2052	相对稳定	B
吉林桦甸市	JL—Huadian City	R302T2052	相对稳定	B
广东恩平市	GD—Enping City	R303T2052	相对稳定	B
湖南湘潭县	HN—Xiangtan County	R304T2052	相对稳定	B
河北香河县	HEB—Xianghe County	R305T2052	相对稳定	B

第二届中国县域经济基本竞争力评价(B级名单 续)

2nd CHINA COUNTY-LEVEL ECONOMY BASIC COMPETITIVENESS EVALUATION

县域	UNIT	中郡指数	竞争力动态	竞争力等级
山东禹城市	SD—Yucheng City	R306T2052	相对稳定	B
四川射洪县	SC—Shehong County	R307T2052	相对稳定	B
内蒙古准格尔旗	NM—Zhunge'er Banner	R308T2052	相对稳定	B
辽宁辽中县	LN—Liaozhong County	R309T2052	相对稳定	B
福建南靖县	FJ—Nanjing County	R310T2052	相对稳定	B
重庆铜梁县	CQ—Tongliang County	R311T2052	相对稳定	B
辽宁灯塔市	LN—Dengta City	R312T2052	相对稳定	B
江西丰城市	JX—Fengcheng City	R313T2052	相对稳定	B
河南辉县市	HEN—Huixian City	R314T2052	相对稳定	B
新疆昌吉市	XJ—Changji City	R315T2052	相对稳定	B
广东梅县	GD—Meixian County	R316T2052	相对稳定	B
湖北蕲春县	HB—Qichun County	R317T2052	相对稳定	B
辽宁盖州市	LN—Gaizhou City	R318T2052	相对稳定	B
湖南衡南县	HN—Hengnan County	R319T2052	相对稳定	B
福建闽清县	FJ—Minqing County	R320T2052	相对稳定	B
浙江江山市	ZJ—Jiangshan City	R321T2052	相对稳定	B
海南琼海市	HAN—Qionghai City	R322T2052	相对稳定	B
山东昌乐县	SD—Changle County	R323T2052	相对稳定	B
吉林前郭县	JL—Qianguo County	R324T2052	相对稳定	B
河北新乐市	HEB—Xinle City	R325T2052	相对稳定	B
湖南湘乡市	HN—Xiangxiang City	R326T2052	相对稳定	B
山东乐陵市	SD—Leling City	R327T2052	相对稳定	B
湖北浠水县	HB—Xishui County	R328T2052	相对稳定	B
吉林磐石市	JL—Panshi City	R329T2052	相对稳定	B
湖北枝江市	HB—Zhijiang City	R330T2052	相对稳定	B
河南新安县	HEN—Xin'an County	R331T2052	相对稳定	B
湖北阳新县	HB—Yangxin County	R332T2052	相对稳定	B
河北永年县	HEB—Yongnian County	R333T2052	相对稳定	B
山东五莲县	SD—Wulian County	R334T2052	相对稳定	B
河北蠡县	HEB—Lixian County	R335T2052	相对稳定	B
浙江淳安县	ZJ—Chun'an County	R336T2052	相对稳定	B
山西泽州县	SX—Zezhou County	R337T2052	相对稳定	B
山东金乡县	SD—Jinxiang County	R338T2052	相对稳定	B
河南新野县	HEN—Xinye County	R339T2052	相对稳定	B
江苏丰县	JS—Fengxian County	R340T2052	相对稳定	B

第二届中国县域经济基本竞争力评价(B 级名单 续)

2nd CHINA COUNTY-LEVEL ECONOMY BASIC COMPETITIVENESS EVALUATION

县域	UNIT	中郡指数	竞争力动态	竞争力等级
江西广丰县	JX—Guangfeng County	R341T2052	相对稳定	B
吉林梅河口市	JL—Meihekou City	R342T2052	相对稳定	B
湖南耒阳市	HN—Leiyang City	R343T2052	相对稳定	B
福建东山县	FJ—Dongshan County	R344T2052	相对稳定	B
山东东平县	SD—Dongping County	R345T2052	相对稳定	B
江苏泗阳县	JS—Siyang County	R346T2052	相对稳定	B
湖北监利县	HB—Jianli County	R347T2052	相对稳定	B
安徽天长市	AH—Tianchang City	R348T2052	相对稳定	B
山东宁津县	SD—Ningjin County	R349T2052	相对稳定	B
广西北流市	GX—Beiliu City	R350T2052	相对稳定	B
福建诏安县	FJ—Zhao'an County	R351T2052	相对稳定	B
内蒙古达拉特旗	NM—Dalate Banner	R352T2052	相对稳定	B
四川中江县	SC—Zhongjiang County	R353T2052	相对稳定	B
河北文安县	HEB—Wen'an County	R354T2052	相对稳定	B
山东齐河县	SD—Qihe County	R355T2052	相对稳定	B
湖南澧县	HN—Lixian County	R356T2052	相对稳定	B
山西河津市	SX—Hejin City	R357T2052	相对稳定	B
湖南衡阳县	HN—Hengyang County	R358T2052	相对稳定	B
福建福鼎市	FJ—Fuding City	R359T2052	相对稳定	B
河南安阳县	HEN—Anyang County	R360T2052	相对稳定	B
吉林舒兰市	JL—Shulan City	R361T2052	相对稳定	B
河北清河县	HEB—Qinghe County	R362T2052	相对稳定	B
江苏涟水县	JS—Lianshui County	R363T2052	相对稳定	B
四川三台县	SC—Santai County	R364T2052	相对稳定	B
黑龙江安达市	HL—Anda City	R365T2052	相对稳定	B
河南临颍县	HEN—Linying County	R366T2052	相对稳定	B
广东雷州市	GD—Leizhou City	R367T2052	相对稳定	B
江苏灌云县	JS—Guanyun County	R368T2052	相对稳定	B
青海格尔木市	QH—Ge'ermu City	R369T2052	相对稳定	B
辽宁岫岩县	LN—Xiuyan County	R370T2052	相对稳定	B
山东泗水县	SD—Sishui County	R371T2052	相对稳定	B
黑龙江讷河市	HL—Nehe City	R372T2052	相对稳定	B
辽宁台安县	LN—Taian County	R373T2052	相对稳定	B
广东阳春市	GD—Yangchun City	R374T2052	相对稳定	B
山东莘县	SD—Shenxian County	R375T2052	相对稳定	B

第二届中国县域经济基本竞争力评价(B级名单 续)

2nd CHINA COUNTY-LEVEL ECONOMY BASIC COMPETITIVENESS EVALUATION

县域	UNIT	中郡指数	竞争力动态	竞争力等级
四川彭州市	SC—Pengzhou City	R376T2052	相对稳定	B
广西武鸣县	GX—Wuming County	R377T2052	相对稳定	B
浙江浦江县	ZJ—Pujiang County	R378T2052	相对稳定	B
山东沂南县	SD—Yinan County	R379T2052	相对稳定	B
湖南桂阳县	HN—Guiyang County	R380T2052	相对稳定	B
河北栾城县	HEB—Luancheng County	R381T2052	相对稳定	B
河南杞县	HEN—Qixian County	R382T2052	相对稳定	B
山东商河县	SD—Shanghe County	R383T2052	相对稳定	B
安徽宁国市	AH—Ningguo City	R384T2052	相对稳定	B
浙江天台县	ZJ—Tiantai County	R385T2052	相对稳定	B
新疆石河子市	XJ—Shihezi City	R386T2052	相对稳定	B
福建邵武市	FJ—Shaowu City	R387T2052	相对稳定	B
山东临邑县	SD—Linyi County	R388T2052	相对稳定	B
河北沙河市	HEB—Shahe City	R389T2052	相对稳定	B
河北迁西县	HEB—Qianxi County	R390T2052	相对稳定	B
辽宁凌海市	LN—Linghai City	R391T2052	相对稳定	B
四川仁寿县	SC—Renshou County	R392T2052	相对稳定	B
重庆綦江县	CQ—Qijiang County	R393T2052	相对稳定	B
河北徐水县	HEB—Xushui County	R394T2052	相对稳定	B
安徽桐城市	AH—Tongcheng City	R395T2052	相对稳定	B
河南中牟县	HEN—Zhongmou County	R396T2052	相对稳定	B
广东怀集县	GD—Huaiji County	R397T2052	相对稳定	B
广西博白县	GX—Bobai County	R398T2052	相对稳定	B
江苏睢宁县	JS—Suining County	R399T2052	相对稳定	B
贵州毕节市	GZ—Bijie City	R400T2052	相对稳定	B

第二届中国县域经济基本竞争力评价(C级名单)

2nd CHINA COUNTY-LEVEL ECONOMY BASIC COMPETITIVENESS EVALUATION

县域	UNIT	中郡指数	竞争力动态	竞争力等级
四川简阳市	SC—Jianyang City	R401T2052	相对稳定	C
河南固始县	HEN—Gushi County	R402T2052	相对稳定	C
江苏宿豫县	JS—Suyu County	R403T2052	相对稳定	C
河北邯郸县	HEB—Handan County	R404T2052	相对稳定	C
重庆大足县	CQ—Dazu County	R405T2052	相对稳定	C
辽宁辽阳县	LN—Liaoyang County	R406T2052	相对稳定	C
山东阳谷县	SD—Yanggu County	R407T2052	相对稳定	C
山东无棣县	SD—Wudi County	R408T2052	相对稳定	C
河南新乡县	HEN—Xinxiang County	R409T2052	相对稳定	C
重庆开县	CQ—Kaixian County	R410T2052	相对稳定	C
辽宁北宁市	LN—Beining City	R411T2052	上升	C
湖北广水市	HB—Guangshui City	R412T2052	相对稳定	C
江西贵溪市	JX—Guixi City	R413T2052	相对稳定	C
湖南祁东县	HN—Qidong County	R414T2052	相对稳定	C
湖南攸县	HN—Youxian County	R415T2052	相对稳定	C
重庆璧山县	CQ—Bishan County	R416T2052	相对稳定	C
吉林九台市	JL—Jiutai City	R417T2052	相对稳定	C
河南西平县	HEN—Xiping County	R418T2052	相对稳定	C
湖南汨罗市	HN—Miluo City	R419T2052	相对稳定	C
海南文昌市	HAN—Wenchang City	R420T2052	相对稳定	C
河南尉氏县	HEN—Weishi County	R421T2052	相对稳定	C
福建平和县	FJ—Pinghe County	R422T2052	相对稳定	C
内蒙古临河市	NM—Linhe City	R423T2052	相对稳定	C
贵州兴义市	GZ—Xingyi City	R424T2052	相对稳定	C
四川大竹县	SC—Dazhu County	R425T2052	相对稳定	C
山东陵县	SD—Lingxian County	R426T2052	相对稳定	C
浙江武义县	ZJ—Wuyi County	R427T2052	相对稳定	C
吉林敦化市	JL—Dunhua City	R428T2052	相对稳定	C
甘肃玉门市	GS—Yumen City	R429T2052	相对稳定	C
广西全州县	GX—Quanzhou County	R430T2052	相对稳定	C
河北磁县	HEB—Cixian County	R431T2052	相对稳定	C
广东遂溪县	GD—Suixi County	R432T2052	相对稳定	C
辽宁兴城市	LN—Xingcheng City	R433T2052	相对稳定	C
河北抚宁县	HEB—Funing County	R434T2052	相对稳定	C
湖北丹江口市	HB—Danjiangkou City	R435T2052	相对稳定	C

第二届中国县域经济基本竞争力评价(C级名单 续)

2nd CHINA COUNTY-LEVEL ECONOMY BASIC COMPETITIVENESS EVALUATION

县域	UNIT	中郡指数	竞争力动态	竞争力等级
湖北云梦县	HB—Yunmeng County	R436T2052	相对稳定	C
河北宁晋县	HEB—Ningjin County	R437T2052	相对稳定	C
广东陆丰市	GD—Lufeng City	R438T2052	相对稳定	C
山东平原县	SD—Pingyuan County	R439T2052	相对稳定	C
安徽怀远县	AH—Huaiyuan County	R440T2052	相对稳定	C
北京延庆县	BJ—Yanqing County	R441T2052	相对稳定	C
广东兴宁市	GD—Xingning City	R442T2052	相对稳定	C
云南宣威市	YN—Xuanwei City	R443T2052	相对稳定	C
辽宁黑山县	LN—Heishan County	R444T2052	相对稳定	C
福建云霄县	FJ—Yunxiao County	R445T2052	相对稳定	C
河北深州市	HEB—Shenzhou City	R446T2052	相对稳定	C
河北昌黎县	HEB—Changli County	R447T2052	相对稳定	C
湖南冷水江市	HN—Lengshuijiang City	R448T2052	相对稳定	C
江苏滨海县	JS—Binhai County	R449T2052	相对稳定	C
河北冀州市	HEB—Jizhou City	R450T2052	相对稳定	C
安徽涡阳县	AH—Guoyang County	R451T2052	相对稳定	C
陕西长安县	SN—Chang'an County	R452T2052	上升	C
广西南丹县	GX—Nandan County	R453T2052	相对稳定	C
新疆哈密市	XJ—Hami City	R454T2052	相对稳定	C
山东临沭县	SD—Linshu County	R455T2052	相对稳定	C
山东茌平县	SD—Chiping County	R456T2052	相对稳定	C
河南鹿邑县	HEN—Luyi County	R457T2052	相对稳定	C
广东惠来县	GD—Huilai County	R458T2052	相对稳定	C
广西百色市	GX—Baise City	R459T2052	相对稳定	C
山东惠民县	SD—Huimin County	R460T2052	相对稳定	C
吉林蛟河市	JL—Jiaohe City	R461T2052	相对稳定	C
浙江仙居县	ZJ—Xianju County	R462T2052	相对稳定	C
广西桂平市	GX—Guiping City	R463T2052	相对稳定	C
江西乐平市	JX—Leping City	R464T2052	相对稳定	C
贵州盘县	GZ—Panxian County	R465T2052	相对稳定	C
云南个旧市	YN—Gejiu City	R466T2052	相对稳定	C
安徽蒙城县	AH—Mengcheng County	R467T2052	相对稳定	C
福建建瓯市	FJ—Jian'ou City	R468T2052	相对稳定	C
河南西华县	HEN—Xihua County	R469T2052	相对稳定	C
江苏金湖县	JS—Jinhu County	R470T2052	相对稳定	C

第二届中国县域经济基本竞争力评价(C 级名单 续)

2nd CHINA COUNTY-LEVEL ECONOMY BASIC COMPETITIVENESS EVALUATION

县域	UNIT	中郡指数	竞争力动态	竞争力等级
安徽濉溪县	AH—Suixi County	R471T2052	相对稳定	C
广西河池市	GX—Hechi City	R472T2052	相对稳定	C
福建霞浦县	FJ—Xiapu County	R473T2052	相对稳定	C
安徽明光市	AH—Mingguang City	R474T2052	相对稳定	C
山东沾化县	SD—Zhanhua County	R475T2052	相对稳定	C
福建罗源县	FJ—Luoyuan County	R476T2052	相对稳定	C
广东揭西县	GD—Jiexi County	R477T2052	相对稳定	C
湖北宜都市	HB—Yidu City	R478T2052	相对稳定	C
安徽肥东县	AH—Feidong County	R479T2052	相对稳定	C
陕西神木县	SN—Shenmu County	R480T2052	相对稳定	C
湖南湘阴县	HN—Xiangyin County	R481T2052	相对稳定	C
重庆南川市	CQ—Nanchuan City	R482T2052	相对稳定	C
河南太康县	HEN—Taikang County	R483T2052	相对稳定	C
山东蒙阴县	SD—Mengyin County	R484T2052	相对稳定	C
河南伊川县	HEN—Yichuan County	R485T2052	相对稳定	C
安徽萧县	AH—Suxian County	R486T2052	相对稳定	C
湖南常宁市	HN—Changning City	R487T2052	相对稳定	C
河南渑池县	HEN—Mianchi County	R488T2052	相对稳定	C
福建沙县	FJ—Shaxian County	R489T2052	相对稳定	C
四川南部县	SC—Nanbu Countty	R490T2052	相对稳定	C
四川达县	SC—Daxian County	R491T2052	相对稳定	C
山东武城县	SD—Wucheng County	R492T2052	相对稳定	C
河南上蔡县	HEN—Shangcai County	R493T2052	相对稳定	C
河北青县	HEB—Qingxian County	R494T2052	相对稳定	C
河南濮阳县	HEN—Puyang County	R495T2052	相对稳定	C
四川富顺县	SC—Fushun County	R496T2052	相对稳定	C
湖南华容县	HN—Huarong County	R497T2052	相对稳定	C
山东沂源县	SD—Yiyuan County	R498T2052	相对稳定	C
山东梁山县	SD—Liangshan County	R499T2052	相对稳定	C
广东阳东县	GD—Yangdong County	R500T2052	相对稳定	C
云南宜良县	YN—Yiliang County	R501T2052	相对稳定	C
吉林梨树县	JL—Lishu County	R502T2052	相对稳定	C
湖北沙洋县	HB—Shayang County	R503T2052	相对稳定	C
广西横县	GX—Hengxian County	R504T2052	相对稳定	C
辽宁宽甸县	LN—Kuandian County	R505T2052	相对稳定	C

第二届中国县域经济基本竞争力评价(C级名单 续)

2nd CHINA COUNTY-LEVEL ECONOMY BASIC COMPETITIVENESS EVALUATION

县域	UNIT	中郡指数	竞争力动态	竞争力等级
江西新建县	JX—Xinjian County	R506T2052	相对稳定	C
安徽怀宁县	AH—Huaining County	R507T2052	相对稳定	C
广西崇左县	GX—Chongzuo County	R508T2052	上升	C
安徽灵璧县	AH—Lingbi County	R509T2052	相对稳定	C
河南博爱县	HEN—Bo'ai County	R510T2052	相对稳定	C
新疆沙湾县	XJ—Shawan County	R511T2052	相对稳定	C
四川新津县	SC—Xinjin County	R512T2052	相对稳定	C
湖南岳阳县	HN—Yueyang County	R513T2052	相对稳定	C
辽宁绥中县	LN—Suizhong County	R514T2052	相对稳定	C
福建永定县	FJ—Yongding County	R515T2052	相对稳定	C
河北无极县	HEB—Wuji County	R516T2052	相对稳定	C
山西阳城县	SX—Yangcheng County	R517T2052	相对稳定	C
四川威远县	SC—Weiyuan County	R518T2052	相对稳定	C
河北赵县	HEB—Zhaoxian County	R519T2052	相对稳定	C
河北平山县	HEB—Pingshan County	R520T2052	相对稳定	C
安徽太和县	AH—Taihe County	R521T2052	相对稳定	C
黑龙江庆安县	HL—Qing'an County	R522T2052	相对稳定	C
安徽全椒县	AH—Quanjiao County	R523T2052	相对稳定	C
湖北宜城市	HB—Yicheng City	R524T2052	相对稳定	C
安徽庐江县	AH—Lujiang County	R525T2052	相对稳定	C
安徽定远县	AH—Dingyuan County	R526T2052	注意	C
福建尤溪县	FJ—Youxi County	R527T2052	相对稳定	C
宁夏青铜峡市	NX—Qingtongxia City	R528T2052	相对稳定	C
广西浦北县	GX—Pubei County	R529T2052	相对稳定	C
内蒙古满州里市	NM—Manzhouli City	R530T2052	相对稳定	C
重庆潼南县	CQ—Tongnan County	R531T2052	相对稳定	C
湖南双峰县	HN—Shuangfeng County	R532T2052	相对稳定	C
河南方城县	HEN—Fangcheng County	R533T2052	相对稳定	C
湖南平江县	HN—Pingjiang County	R534T2052	相对稳定	C
甘肃张掖市	GS—Zhangye City	R535T2052	相对稳定	C
河北定兴县	HEB—Dingxing County	R536T2052	相对稳定	C
黑龙江宾县	HL—Binxian County	R537T2052	相对稳定	C
河南内乡县	HEN—Neixiang County	R538T2052	相对稳定	C
河北隆尧县	HEB—Longyao County	R539T2052	相对稳定	C
山东嘉祥县	SD—Jiaxiang County	R540T2052	相对稳定	C

第二届中国县域经济基本竞争力评价(C级名单 续)

2nd CHINA COUNTY-LEVEL ECONOMY BASIC COMPETITIVENESS EVALUATION

县域	UNIT	中郡指数	竞争力动态	竞争力等级
云南景洪市	YN—Jinghong City	R541T2052	相对稳定	C
河北元氏县	HEB—Yuanshi County	R542T2052	相对稳定	C
广东新兴县	GD—Xinxing County	R543T2052	相对稳定	C
湖南石门县	HN—Shimen County	R544T2052	相对稳定	C
安徽霍邱县	AH—Huoqiu County	R545T2052	相对稳定	C
陕西靖边县	SN—Jingbian County	R546T2052	上升	C
黑龙江密山市	HL—Mishan City	R547T2052	相对稳定	C
贵州清镇市	GZ—Qingzhen City	R548T2052	相对稳定	C
浙江三门县	ZJ—Sanmen County	R549T2052	相对稳定	C
辽宁本溪县	LN—Benxi County	R550T2052	相对稳定	C
山东汶上县	SD—Wenshang County	R551T2052	相对稳定	C
辽宁大洼县	LN—Dawa County	R552T2052	相对稳定	C
辽宁盘山县	LN—Panshan County	R553T2052	相对稳定	C
四川宜宾县	SC—Yibin County	R554T2052	相对稳定	C
重庆荣昌县	CQ—Rongchang County	R555T2052	相对稳定	C
河北枣强县	HEB—Zaoqiang County	R556T2052	相对稳定	C
安徽凤台县	AH—Fengtai County	R557T2052	相对稳定	C
河南虞城县	HEN—Yucheng County	R558T2052	相对稳定	C
黑龙江虎林市	HL—Hulin City	R559T2052	相对稳定	C
新疆玛纳斯县	XJ—Manasi County	R560T2052	相对稳定	C
甘肃平凉市	GS—Pingliang City	R561T2052	上升	C
重庆垫江县	CQ—Dianjiang County	R562T2052	相对稳定	C
广东德庆县	GD—Deqing County	R563T2052	相对稳定	C
河南鄢陵县	HEN—Yanling County	R564T2052	相对稳定	C
山西洪洞县	SX—Hongtong County	R565T2052	相对稳定	C
贵州仁怀市	GZ—Renhuai City	R566T2052	相对稳定	C
湖南资兴市	HN—Zixing City	R567T2052	相对稳定	C
河南淅川县	HEN—Xichuan County	R568T2052	相对稳定	C
河北泊头市	HEB—Botou City	R569T2052	相对稳定	C
江西进贤县	JX—Jinxian County	R570T2052	相对稳定	C
海南澄迈县	HAN—Chengmai County	R571T2052	相对稳定	C
湖北恩施市	HB—Enshi City	R572T2052	相对稳定	C
湖南永兴县	HN—Yongxing County	R573T2052	相对稳定	C
湖南祁阳县	HN—Qiyang County	R574T2052	相对稳定	C
广西平果县	GX—Pingguo County	R575T2052	相对稳定	C

第二届中国县域经济基本竞争力评价(C 级名单 续)

2nd CHINA COUNTY-LEVEL ECONOMY BASIC COMPETITIVENESS EVALUATION

县域	UNIT	中郡指数	竞争力动态	竞争力等级
山西介休市	SX—Jiexiu County	R576T2052	相对稳定	C
河北井陉县	HEB—Jingxing County	R577T2052	相对稳定	C
广东英德市	GD—Yingde City	R578T2052	相对稳定	C
湖北安陆市	HB—Anlu City	R579T2052	相对稳定	C
湖南汉寿县	HN—Hanshou County	R580T2052	相对稳定	C
广东广宁县	GD—Guangning County	R581T2052	相对稳定	C
河南淮阳县	HEN—Huaiyang County	R582T2052	相对稳定	C
山东利津县	SD—Lijin County	R583T2052	相对稳定	C
河北安国市	HEB—Anguo City	R584T2052	相对稳定	C
河南开封县	HEN—Kaifeng County	R585T2052	相对稳定	C
湖北大悟县	HB—Dawu County	R586T2052	相对稳定	C
黑龙江穆棱市	HL—Muling City	R587T2052	相对稳定	C
福建漳平市	FJ—Zhangping City	R588T2052	相对稳定	C
黑龙江鸡东县	HL—Jidong County	R589T2052	相对稳定	C
安徽临泉县	AH—Linquan County	R590T2052	相对稳定	C
辽宁抚顺县	LN—Fushun County	R591T2052	相对稳定	C
四川峨眉山市	SC—Emeishan City	R592T2052	相对稳定	C
河南夏邑县	HEN—Xiayi County	R593T2052	相对稳定	C
山东曹县	SD—Caoxian County	R594T2052	相对稳定	C
河北固安县	HEB—Gu'an County	R595T2052	相对稳定	C
广西宾阳县	GX—Binyang County	R596T2052	相对稳定	C
山东冠县	SD—Guanxian County	R597T2052	上升	C
浙江龙游县	ZJ—Longyou County	R598T2052	相对稳定	C
辽宁昌图县	LN—Changtu County	R599T2052	上升	C
河南南召县	HEN—Nanzhao County	R600T2052	相对稳定	C

第二届中国县域经济基本竞争力评价(D 级名单)

2nd CHINA COUNTY-LEVEL ECONOMY BASIC COMPETITIVENESS EVALUATION

县域	UNIT	中郡指数	竞争力动态	竞争力等级
浙江缙云县	ZJ—Jinyun County	R601T2052	相对稳定	D
山东垦利县	SD—Kenli County	R602T2052	相对稳定	D
四川泸县	SC—Luxian County	R603T2052	相对稳定	D
海南万宁市	HAN—Wanning City	R604T2052	相对稳定	D
云南开远市	YN—Kaiyuan City	R605T2052	相对稳定	D
山西清徐县	SX—Qingxu County	R606T2052	相对稳定	D
安徽歙县	AH—Shexian County	R607T2052	相对稳定	D
安徽砀山县	AH—Dangshan County	R608T2052	相对稳定	D
广东封开县	GD—Fengkai County	R609T2052	相对稳定	D
黑龙江海伦市	HL—Hailun City	R610T2052	相对稳定	D
河南滑县	HEN—Huaxian County	R611T2052	相对稳定	D
福建长泰县	FJ—Changtai County	R612T2052	相对稳定	D
山东鱼台县	SD—Yutai County	R613T2052	相对稳定	D
浙江岱山县	ZJ—Daishan County	R614T2052	相对稳定	D
黑龙江绥棱县	HL—Suiling County	R615T2052	相对稳定	D
湖南新化县	HN—Xinhua County	R616T2052	相对稳定	D
广西藤县	GX—Tengxian County	R617T2052	相对稳定	D
广东曲江县	GD—Qujiang County	R618T2052	相对稳定	D
黑龙江宁安市	HL—Ning'an City	R619T2052	相对稳定	D
内蒙古伊金霍洛旗	NM—Yijinhuoluo Banner	R620T2052	相对稳定	D
四川安岳县	SC—Anyue County	R621T2052	相对稳定	D
安徽舒城县	AH—Shucheng County	R622T2052	相对稳定	D
河南孟州市	HEN—Mengzhou City	R623T2052	相对稳定	D
山东单县	SD—Shanxian County	R624T2052	相对稳定	D
新疆阜康市	XJ—Fukang City	R625T2052	相对稳定	D
新疆乌苏市	XJ—Wusu City	R626T2052	相对稳定	D
四川资中县	SC—Zizhong County	R627T2052	相对稳定	D
河南武陟县	HEN—Wuzhi County	R628T2052	相对稳定	D
新疆伊宁市	XJ—Yining City	R629T2052	相对稳定	D
河北邢台县	HEB—Xingtai County	R630T2052	相对稳定	D
甘肃酒泉市	GS—Jiuquan City	R631T2052	相对稳定	D
河北景县	HEB—Jingxian County	R632T2052	相对稳定	D
黑龙江富锦市	HL—Fujin City	R633T2052	相对稳定	D
江西德兴市	JX—Dexing City	R634T2052	相对稳定	D
内蒙古二连浩特市	NM—Erlianhaote City	R635T2052	上升	D

第二届中国县域经济基本竞争力评价(D级名单 续)

2nd CHINA COUNTY-LEVEL ECONOMY BASIC COMPETITIVENESS EVALUATION

县域	UNIT	中郡指数	竞争力动态	竞争力等级
江西高安市	JX—Gao'an City	R636T2052	相对稳定	D
内蒙古锡林浩特市	NM—Xilinhaote City	R637T2052	注意	D
陕西户县	SN—Huxian County	R638T2052	上升	D
黑龙江海林市	HL—Hailin City	R639T2052	相对稳定	D
河北涉县	HEB—Shexian County	R640T2052	相对稳定	D
河南泌阳县	HEN—Biyang County	R641T2052	相对稳定	D
安徽当涂县	AH—Dangtu County	R642T2052	相对稳定	D
广西灵山县	GX—Lingshan County	R643T2052	注意	D
福建古田县	FJ—Gutian County	R644T2052	相对稳定	D
四川隆昌县	SC—Longchang County	R645T2052	相对稳定	D
吉林双辽市	JL—Shuangliao City	R646T2052	相对稳定	D
四川宣汉县	SC—Xuanhan County	R647T2052	相对稳定	D
湖南衡东县	HN—Hengdong County	R648T2052	相对稳定	D
重庆梁平县	CQ—Liangping County	R649T2052	相对稳定	D
贵州凯里市	GZ—Kaili City	R650T2052	相对稳定	D
内蒙古集宁市	NM—Jining City	R651T2052	相对稳定	D
广西柳江县	GX—Liujiang County	R652T2052	相对稳定	D
河南兰考县	HEN—Lankao County	R653T2052	相对稳定	D
福建上杭县	FJ—Shanghang County	R654T2052	相对稳定	D
河南遂平县	HEN—Suiping County	R655T2052	相对稳定	D
山东郓城县	SD—Yuncheng County	R656T2052	相对稳定	D
广西陆川县	GX—Luchuan County	R657T2052	相对稳定	D
山东夏津县	SD—Xiajin County	R658T2052	相对稳定	D
河南襄城县	HEN—Xiangcheng County	R659T2052	相对稳定	D
安徽凤阳县	AH—Fengyang County	R660T2052	相对稳定	D
湖南隆回县	HN—Longhui County	R661T2052	相对稳定	D
湖南沅江市	HN—Yuanjiang City	R662T2052	相对稳定	D
河南宝丰县	HEN—Baofeng County	R663T2052	相对稳定	D
安徽肥西县	AH—Feixi County	R664T2052	相对稳定	D
河南潢川县	HEN—Huangchuan County	R665T2052	相对稳定	D
河北故城县	HEB—Gucheng County	R666T2052	相对稳定	D
安徽繁昌县	AH—Fanchang County	R667T2052	上升	D
河南温县	HEN—Wenxian County	R668T2052	相对稳定	D
湖北嘉鱼县	HB—Jiayu County	R669T2052	相对稳定	D
四川荣县	SC—Rongxian County	R670T2052	相对稳定	D

第二届中国县域经济基本竞争力评价(D级名单 续)

2nd CHINA COUNTY-LEVEL ECONOMY BASIC COMPETITIVENESS EVALUATION

县域	UNIT	中郡指数	竞争力动态	竞争力等级
安徽来安县	AH—Lai'an County	R671T2052	相对稳定	D
河北安平县	HEB—Anping County	R672T2052	相对稳定	D
江西樟树市	JX—Zhangshu City	R673T2052	相对稳定	D
云南会泽县	YN—Huize County	R674T2052	相对稳定	D
河南郸城县	HEN—Dancheng County	R675T2052	相对稳定	D
广东吴川市	GD—Wuchuan City	R676T2052	相对稳定	D
内蒙古乌拉特前旗	NM—Wulateqian Banner	R677T2052	相对稳定	D
云南文山县	YN—Wenshan County	R678T2052	相对稳定	D
安徽枞阳县	AH—Zongyang County	R679T2052	相对稳定	D
河北满城县	HEB—Mancheng County	R680T2052	相对稳定	D
河南沈丘县	HEN—Shenqiu County	R681T2052	相对稳定	D
浙江青田县	ZJ—Qingtian County	R682T2052	相对稳定	D
湖南沅陵县	HN—Yuanling County	R683T2052	相对稳定	D
安徽寿县	AH—Shouxian County	R684T2052	注意	D
湖南临湘市	HN—Linxiang City	R685T2052	相对稳定	D
河南陕县	HEN—Shanxian County	R686T2052	相对稳定	D
内蒙古土默特左旗	NM—Tumotezuo Banner	R687T2052	相对稳定	D
安徽广德县	AH—Guangde County	R688T2052	相对稳定	D
四川渠县	SC—Quxian County	R689T2052	相对稳定	D
陕西延川县	SN—Yanchuan County	R690T2052	相对稳定	D
山西古交市	SX—Gujiao City	R691T2052	上升	D
河南通许县	HEN—Tongxu County	R692T2052	相对稳定	D
安徽五河县	AH—Wuhe County	R693T2052	相对稳定	D
湖南洞口县	HN—Dongkou County	R694T2052	相对稳定	D
云南罗平县	YN—Luoping County	R695T2052	相对稳定	D
湖南涟源市	HN—Lianyuan City	R696T2052	相对稳定	D
河南汝南县	HEN—Runan County	R697T2052	相对稳定	D
广西平南县	GX—Pingnan County	R698T2052	相对稳定	D
广西容县	GX—Rongxian County	R699T2052	相对稳定	D
四川岳池县	SC—Yuechi County	R700T2052	相对稳定	D
安徽固镇县	AH—Guzhen County	R701T2052	相对稳定	D
河南睢县	HEN—Suixian County	R702T2052	相对稳定	D
黑龙江嫩江县	HL—Nenjiang County	R703T2052	相对稳定	D
河南西峡县	HEN—Xixia County	R704T2052	相对稳定	D
安徽阜南县	AH—Funan County	R705T2052	相对稳定	D

第二届中国县域经济基本竞争力评价(D级名单 续)

2nd CHINA COUNTY-LEVEL ECONOMY BASIC COMPETITIVENESS EVALUATION

县域	UNIT	中郡指数	竞争力动态	竞争力等级
云南禄丰县	YN—Lufeng County	R706T2052	相对稳定	D
湖南安乡县	HN—Anxiang County	R707T2052	相对稳定	D
河南叶县	HEN—Yexian County	R708T2052	相对稳定	D
重庆忠县	CQ—Zhongxian County	R709T2052	相对稳定	D
吉林扶余县	JL—Fuyu County	R710T2052	相对稳定	D
广东徐闻县	GD—Xuwen County	R711T2052	相对稳定	D
河南新蔡县	HEN—Xincai County	R712T2052	相对稳定	D
河北魏县	HEB—Weixian County	R713T2052	相对稳定	D
黑龙江绥芬河市	HL—Suifenhe City	R714T2052	相对稳定	D
陕西蒲城县	SN—Pucheng County	R715T2052	相对稳定	D
山西闻喜县	SX—Wenxi County	R716T2052	相对稳定	D
安徽颍上县	AH—Yingshang County	R717T2052	相对稳定	D
河南长垣县	HEN—Changyuan County	R718T2052	相对稳定	D
重庆丰都县	CQ—Fengdu County	R719T2052	相对稳定	D
广西鹿寨县	GX—Luzhai County	R720T2052	相对稳定	D
浙江嵊泗县	ZJ—Shengsi County	R721T2052	相对稳定	D
湖南宜章县	HN—Yizhang County	R722T2052	相对稳定	D
重庆奉节县	CQ—Fengjie County	R723T2052	相对稳定	D
安徽利辛县	AH—Lixin County	R724T2052	相对稳定	D
河南民权县	HEN—Minquan County	R725T2052	相对稳定	D
安徽界首市	AH—Jieshou City	R726T2052	相对稳定	D
辽宁长海县	LN—Changhai County	R727T2052	相对稳定	D
吉林临江市	JL—Linjiang City	R728T2052	相对稳定	D
云南陆良县	YN—Luliang County	R729T2052	相对稳定	D
江西泰和县	JX—Taihe County	R730T2052	相对稳定	D
四川合江县	SC—Hejiang County	R731T2052	相对稳定	D
福建永泰县	FJ—Yongtai County	R732T2052	相对稳定	D
河北清苑县	HEB—Qingyuan County	R733T2052	相对稳定	D
福建建阳市	FJ—Jianyang City	R734T2052	相对稳定	D
广西柳城县	GX—Liucheng County	R735T2052	相对稳定	D
江苏响水县	JS—Xiangshui County	R736T2052	上升	D
四川蒲江县	SC—Pujiang County	R737T2052	相对稳定	D
河北大城县	HEB—Dacheng County	R738T2052	相对稳定	D
重庆云阳县	CQ—Yunyang County	R739T2052	相对稳定	D
海南东方市	HAN—Dongfang City	R740T2052	相对稳定	D

第二届中国县域经济基本竞争力评价(D级名单 续)

2nd CHINA COUNTY-LEVEL ECONOMY BASIC COMPETITIVENESS EVALUATION

县域	UNIT	中郡指数	竞争力动态	竞争力等级
河南舞钢市	HEN—Wugang City	R741T2052	上升	D
河北大名县	HEB—Daming County	R742T2052	相对稳定	D
浙江遂昌县	ZJ—Suichang County	R743T2052	相对稳定	D
河北大厂县	HEB—Dachang County	R744T2052	相对稳定	D
广西兴安县	GX—Xing'an County	R745T2052	相对稳定	D
江苏洪泽县	JS—Hongze County	R746T2052	相对稳定	D
河南商水县	HEN—Shangshui County	R747T2052	相对稳定	D
广东阳西县	GD—Yangxi County	R748T2052	相对稳定	D
云南富源县	YN—Fuyuan County	R749T2052	相对稳定	D
四川邻水县	SC—Linshui County	R750T2052	相对稳定	D
河南淇县	HEN—Qixian County	R751T2052	相对稳定	D
河南内黄县	HEN—Neihuang County	R752T2052	相对稳定	D
新疆库车县	XJ—Kuche County	R753T2052	相对稳定	D
内蒙古鄂托克旗	NM—Etuoke Banner	R754T2052	相对稳定	D
内蒙古杭锦后旗	NM—Hangjinhou Banner	R755T2052	相对稳定	D
山东东阿县	SD—Dong'e County	R756T2052	相对稳定	D
安徽泗县	AH—Sixian County	R757T2052	相对稳定	D
甘肃永登县	GS—Yongdeng County	R758T2052	相对稳定	D
广西苍梧县	GX—Cangwu County	R759T2052	相对稳定	D
广西扶绥县	GX—Fusui County	R760T2052	相对稳定	D
辽宁开原市	LN—Kaiyuan City	R761T2052	相对稳定	D
河北行唐县	HEB—Xingtang County	R762T2052	相对稳定	D
吉林江源县	JL—Jiangyuan County	R763T2052	相对稳定	D
广西钟山县	GX—Zhongshan County	R764T2052	相对稳定	D
山西襄汾县	SX—Xiangfen County	R765T2052	上升	D
山东高青县	SD—Gaoqing County	R766T2052	相对稳定	D
山西孝义市	SX—Xiaoyi City	R767T2052	相对稳定	D
安徽和县	AH—Hexian County	R768T2052	相对稳定	D
湖北长阳县	HB—Changyang County	R769T2052	相对稳定	D
河北献县	HEB—Xianxian County	R770T2052	相对稳定	D
河南平舆县	HEN—Pingyu County	R771T2052	相对稳定	D
江西南康市	JX—Nankang City	R772T2052	相对稳定	D
辽宁桓仁县	LN—Huanren County	R773T2052	相对稳定	D
河北安新县	HEB—Anxin County	R774T2052	相对稳定	D
云南沾益县	YN—Zhanyi County	R775T2052	相对稳定	D

第二届中国县域经济基本竞争力评价(D级名单 续)

2nd CHINA COUNTY-LEVEL ECONOMY BASIC COMPETITIVENESS EVALUATION

县域	UNIT	中郡指数	竞争力动态	竞争力等级
四川会理县	SC—Huili County	R776T2052	相对稳定	D
广东龙川县	GD—Longchuan County	R777T2052	相对稳定	D
贵州都匀市	GZ—Duyun City	R778T2052	相对稳定	D
新疆喀什市	XJ—Kashi City	R779T2052	相对稳定	D
河北怀来县	HEB—Huailai County	R780T2052	相对稳定	D
浙江龙泉市	ZJ—Longquan City	R781T2052	相对稳定	D
广西荔浦县	GX—Lipu County	R782T2052	相对稳定	D
福建武夷山市	FJ—Wuyishan City	R783T2052	相对稳定	D
吉林柳河县	JL—Liuhe County	R784T2052	相对稳定	D
湖北谷城县	HB—Gucheng County	R785T2052	相对稳定	D
陕西兴平市	SN—Xingping City	R786T2052	相对稳定	D
河北卢龙县	HEB—Lulong County	R787T2052	相对稳定	D
广西岑溪市	GX—Cenxi City	R788T2052	相对稳定	D
河南确山县	HEN—Queshan County	R789T2052	相对稳定	D
新疆米泉市	XJ—Miquan City	R790T2052	相对稳定	D
安徽宿松县	AH—Susong County	R791T2052	相对稳定	D
湖南东安县	HN—Dong'an County	R792T2052	相对稳定	D
陕西韩城市	SN—Hancheng City	R793T2052	相对稳定	D
四川阆中市	SC—langzhong City	R794T2052	相对稳定	D
河北东光县	HEB—Dongguang County	R795T2052	相对稳定	D
内蒙古鄂温克旗	NM—Ewenke Banner	R796T2052	相对稳定	D
安徽长丰县	AH—Changfeng County	R797T2052	相对稳定	D
广西灵川县	GX—Lingchuan County	R798T2052	相对稳定	D
江西波阳县	JX—Boyang County	R799T2052	相对稳定	D
山西高平市	SX—Gaoping City	R800T2052	相对稳定	D

第二届中国县域经济基本竞争力评价(E 级名单)

2nd CHINA COUNTY-LEVEL ECONOMY BASIC COMPETITIVENESS EVALUATION

县域	UNIT	中郡指数	竞争力动态	竞争力等级
福建平潭县	FJ—Pingtan County	R801T2052	注意	E
山西怀仁县	SX—Huairen County	R802T2052	相对稳定	E
辽宁新宾县	LN—Xinbin County	R803T2052	相对稳定	E
甘肃庆阳县	GS—Qingyang County	R804T2052	相对稳定	E
湖北罗田县	HB—Luotian County	R805T2052	相对稳定	E
四川武胜县	SC—Wusheng County	R806T2052	相对稳定	E
湖南株洲县	HN—Zhuzhou County	R807T2052	相对稳定	E
江苏灌南县	JS—Guannan County	R808T2052	相对稳定	E
内蒙古科尔沁左翼后旗	NM—Keerqinzuoyihou Banner	R809T2052	相对稳定	E
江西宁都县	JX—Ningdu County	R810T2052	相对稳定	E
广东南雄市	GD—Nanxiong City	R811T2052	相对稳定	E
湖北利川市	HB—Lichuan city	R812T2052	相对稳定	E
广西宁明县	GX—Ningming County	R813T2052	相对稳定	E
湖南茶陵县	HN—Chaling County	R814T2052	相对稳定	E
河北雄县	HEB—Xiongxian County	R815T2052	相对稳定	E
湖南临澧县	HN—Linli County	R816T2052	相对稳定	E
河北南宫市	HEB—Nangong City	R817T2052	相对稳定	E
湖北南漳县	HB—Nanzhang County	R818T2052	相对稳定	E
内蒙古乌兰浩特市	NM—Wulanhaote City	R819T2052	相对稳定	E
吉林大安市	JL—Da'an City	R820T2052	相对稳定	E
江西信丰县	JX—Xinfeng County	R821T2052	相对稳定	E
海南临高县	HAN—Lingao County	R822T2052	相对稳定	E
吉林永吉县	JL—Yongji County	R823T2052	上升	E
河南浚县	HEN—Xunxian County	R824T2052	相对稳定	E
湖南吉首市	HN—Jishou City	R825T2052	相对稳定	E
山西侯马市	SX—Houma City	R826T2052	相对稳定	E
宁夏中卫县	NX—Zhongwei County	R827T2052	上升	E
河北高阳县	HEB—Gaoyang County	R828T2052	相对稳定	E
黑龙江林口县	HL—Linkou County	R829T2052	相对稳定	E
广东郁南县	GD—Yunan County	R830T2052	相对稳定	E
安徽芜湖县	AH—Wuhu County	R831T2052	相对稳定	E
陕西南郑县	SN—Nanzheng County	R832T2052	相对稳定	E
河南柘城县	HEN—Zhecheng County	R833T2052	相对稳定	E
吉林抚松县	JL—Fusong County	R834T2052	相对稳定	E
山东东明县	SD—Dongming County	R835T2052	相对稳定	E

第二届中国县域经济基本竞争力评价(E级名单 续)

2nd CHINA COUNTY-LEVEL ECONOMY BASIC COMPETITIVENESS EVALUATION

县域	UNIT	中郡指数	竞争力动态	竞争力等级
山东成武县	SD—Chengwu County	R836T2052	相对稳定	E
内蒙古和林格尔县	NM—Helingeer County	R837T2052	上升	E
内蒙古托克托县	NM—Tuoketuo County	R838T2052	上升	E
河南舞阳县	HEN—Wuyang County	R839T2052	相对稳定	E
河南桐柏县	HEN—Tongbo County	R840T2052	相对稳定	E
内蒙古开鲁县	NM—Kailu County	R841T2052	相对稳定	E
四川安县	SC—Anxian County	R842T2052	相对稳定	E
湖南溆浦县	HN—Xupu County	R843T2052	相对稳定	E
浙江常山县	ZJ—Changshan County	R844T2052	相对稳定	E
陕西城固县	SN—Chenggu County	R845T2052	相对稳定	E
青海大通县	QH—Datong County	R846T2052	相对稳定	E
黑龙江萝北县	HL—Luobei County	R847T2052	相对稳定	E
福建大田县	FJ—Datian County	R848T2052	相对稳定	E
吉林长岭县	JL—Changling County	R849T2052	上升	E
湖南道县	HN—Daoxian County	R850T2052	注意	E
吉林伊通县	JL—Yitong County	R851T2052	相对稳定	E
安徽潜山县	AH—Qianshan County	R852T2052	相对稳定	E
辽宁法库县	LN—Faku County	R853T2052	上升	E
浙江开化县	ZJ—Kaihua County	R854T2052	相对稳定	E
湖北孝昌县	HB—Xiaochang County	R855T2052	相对稳定	E
贵州开阳县	GZ—Kaiyang County	R856T2052	相对稳定	E
山东长岛县	SD—Changdao County	R857T2052	相对稳定	E
湖南武冈市	HN—Wugang City	R858T2052	相对稳定	E
福建顺昌县	FJ—Shunchang County	R859T2052	相对稳定	E
山西潞城市	SX—Lucheng City	R860T2052	相对稳定	E
江西于都县	JX—Yudu County	R861T2052	相对稳定	E
河北易县	HEB—Yixian County	R862T2052	相对稳定	E
安徽含山县	AH—Hanshan County	R863T2052	相对稳定	E
山西临猗县	SX—Linyi County	R864T2052	相对稳定	E
广东连州市	GD—Lianzhou City	R865T2052	相对稳定	E
四川华蓥市	SC—Huaying City	R866T2052	相对稳定	E
云南腾冲县	YN—Tengchong County	R867T2052	相对稳定	E
广西平乐县	GX—Pingle County	R868T2052	相对稳定	E
广东五华县	GD—Wuhua County	R869T2052	相对稳定	E
河南扶沟县	HEN—Fugou County	R870T2052	相对稳定	E

第二届中国县域经济基本竞争力评价(E 级名单 续)

2nd CHINA COUNTY-LEVEL ECONOMY BASIC COMPETITIVENESS EVALUATION

县域	UNIT	中郡指数	竞争力动态	竞争力等级
辽宁清原县	LN—Qingyuan County	R871T2052	相对稳定	E
黑龙江东宁县	HL—Dongning County	R872T2052	相对稳定	E
广西田东县	GX—Tiandong County	R873T2052	相对稳定	E
江西修水县	JX—Xiushui County	R874T2052	相对稳定	E
云南呈贡县	YN—Chenggong County	R875T2052	相对稳定	E
内蒙古宁城县	NM—Ningcheng County	R876T2052	相对稳定	E
广西东兴市	GX—Dongxing City	R877T2052	相对稳定	E
山西永济市	SX—Yongji City	R878T2052	相对稳定	E
河南清丰县	HEN—Qingfeng County	R879T2052	相对稳定	E
山西襄垣县	SX—Xiangyuan County	R880T2052	相对稳定	E
广西田阳县	GX—Tianyang County	R881T2052	相对稳定	E
新疆奎屯市	XJ—Kuitun City	R882T2052	相对稳定	E
广东清新县	GD—Qingxin County	R883T2052	相对稳定	E
安徽霍山县	AH—Huoshan County	R884T2052	相对稳定	E
福建武平县	FJ—Wuping County	R885T2052	相对稳定	E
新疆吐鲁番市	XJ—Tulufan City	R886T2052	相对稳定	E
安徽南陵县	AH—Nanling County	R887T2052	相对稳定	E
陕西乾县	SN—Qianxian County	R888T2052	相对稳定	E
湖北秭归县	HB—Zigui County	R889T2052	相对稳定	E
江西瑞金市	JX—Ruijin City	R890T2052	相对稳定	E
山东巨野县	SD—Juye County	R891T2052	相对稳定	E
四川乐至县	SC—Lezhi County	R892T2052	相对稳定	E
河南郏县	HEN—Jiaxian County	R893T2052	相对稳定	E
辽宁铁法市	LN—Tiefa City	R894T2052	上升	E
江西东乡县	JX—Dongxiang County	R895T2052	相对稳定	E
河北内丘县	HEB—Neiqiu County	R896T2052	相对稳定	E
湖南南县	HN—Nanxian County	R897T2052	相对稳定	E
湖南嘉禾县	HN—Jiahe County	R898T2052	相对稳定	E
湖南临武县	HN—Linwu County	R899T2052	相对稳定	E
安徽太湖县	AH—Taihu County	R900T2052	相对稳定	E
江西龙南县	JX—Longnan County	R901T2052	相对稳定	E
陕西志丹县	SN—Zhidan County	R902T2052	相对稳定	E
湖北崇阳县	HB—Chongyang County	R903T2052	相对稳定	E
广西临桂县	GX—Lingui County	R904T2052	相对稳定	E
河南汤阴县	HEN—Tangyin County	R905T2052	相对稳定	E

第二届中国县域经济基本竞争力评价(E级名单 续)

2nd CHINA COUNTY-LEVEL ECONOMY BASIC COMPETITIVENESS EVALUATION

县域	UNIT	中郡指数	竞争力动态	竞争力等级
河北永清县	HEB—Yongqing County	R906T2052	相对稳定	E
河北高邑县	HEB—Gaoyi County	R907T2052	相对稳定	E
黑龙江拜泉县	HL—Baiquan County	R908T2052	相对稳定	E
陕西泾阳县	SN—Jingyang County	R909T2052	相对稳定	E
安徽东至市	AH—Dongzhi City	R910T2052	相对稳定	E
福建连城县	FJ—Liancheng County	R911T2052	相对稳定	E
河南孟津县	HEN—Mengjin County	R912T2052	相对稳定	E
河北承德县	HEB—Chengde County	R913T2052	相对稳定	E
云南丽江县	YN—Lijiang County	R914T2052	相对稳定	E
江西上高县	JX—Shanggao County	R915T2052	相对稳定	E
陕西大荔县	SN—Dali County	R916T2052	相对稳定	E
云南通海县	YN—Tonghai County	R917T2052	相对稳定	E
河北曲周县	HEB—Quzhou County	R918T2052	相对稳定	E
内蒙古土默特右旗	NM—Tumoteyou Banner	R919T2052	相对稳定	E
重庆武隆县	CQ—Wulong County	R920T2052	相对稳定	E
福建将乐县	FJ—Jiangle County	R921T2052	相对稳定	E
吉林通化县	JL—Tonghua County	R922T2052	相对稳定	E
广西兴业县	GX—Xingye County	R923T2052	相对稳定	E
辽宁义县	LN—Yixian County	R924T2052	相对稳定	E
四川盐边县	SC—Yanbian County	R925T2052	上升	E
山西灵石县	SX—Lingshi County	R926T2052	相对稳定	E
河南原阳县	HEN—Yuanyang County	R927T2052	相对稳定	E
陕西礼泉县	SN—Liquan County	R928T2052	相对稳定	E
山西汾阳市	SX—Fenyang City	R929T2052	注意	E
河南获嘉县	HEN—Huojia County	R930T2052	相对稳定	E
广东紫金县	GD—Zijin County	R931T2052	相对稳定	E
黑龙江铁力市	HL—Tieli City	R932T2052	相对稳定	E
福建长汀县	FJ—ChangTing County	R933T2052	相对稳定	E
广东乐昌市	GD—Lechang City	R934T2052	相对稳定	E
辽宁凌源市	LN—Lingyuan City	R935T2052	相对稳定	E
河南义马市	HEN—Yima City	R936T2052	上升	E
陕西洛川县	SN—Luochuan County	R937T2052	相对稳定	E
河南商城县	HEN—Shangcheng County	R938T2052	相对稳定	E
陕西富平县	SN—Fuping County	R939T2052	相对稳定	E
福建泰宁县	FJ—Taining County	R940T2052	相对稳定	E

第二届中国县域经济基本竞争力评价(E 级名单 续)

2nd CHINA COUNTY-LEVEL ECONOMY BASIC COMPETITIVENESS EVALUATION

县域	UNIT	中郡指数	竞争力动态	竞争力等级
四川夹江县	SC—Jiajiang County	R941T2052	相对稳定	E
内蒙古奈曼旗	NM—Naiman Banner	R942T2052	相对稳定	E
湖南桃江县	HN—Taojiang County	R943T2052	相对稳定	E
贵州金沙县	GZ—Jinsha County	R944T2052	相对稳定	E
新疆博乐市	XJ—Bole City	R945T2052	相对稳定	E
内蒙古五原县	NM—Wuyuan County	R946T2052	相对稳定	E
河北容城县	HEB—Rongcheng County	R947T2052	相对稳定	E
山西霍州市	SX—Huozhou City	R948T2052	相对稳定	E
河北平泉县	HEB—Pingquan County	R949T2052	上升	E
吉林乾安县	JL—Qian'an County	R950T2052	上升	E
河南卫辉市	HEN—Weihui City	R951T2052	相对稳定	E
山东阳信县	SD—Yangxin County	R952T2052	相对稳定	E
河北临漳县	HEB—Linzhang County	R953T2052	相对稳定	E
湖北巴东县	HB—Badong County	R954T2052	相对稳定	E
河北深泽县	HEB—Shenze County	R955T2052	相对稳定	E
湖北通城县	HB—Tongcheng County	R956T2052	相对稳定	E
安徽望江县	AH—Wangjiang County	R957T2052	相对稳定	E
河北临西县	HEB—Linxi County	R958T2052	相对稳定	E
广西凭祥市	GX—Pingxiang City	R959T2052	相对稳定	E
江西安福县	JX—Anfu County	R960T2052	相对稳定	E
湖北远安县	HB—Yuan'an County	R961T2052	相对稳定	E
江西兴国县	JX—Xingguo County	R962T2052	相对稳定	E
辽宁建昌县	LN—Jianchang County	R963T2052	上升	E
陕西三原县	SN—Sanyuan County	R964T2052	相对稳定	E
河北灵寿县	HEB—Lingshou County	R965T2052	相对稳定	E
四川彭山县	SC—Pengshan County	R966T2052	相对稳定	E
陕西安塞县	SN—Ansai County	R967T2052	相对稳定	E
云南祥云县	YN—Xiangyun County	R968T2052	相对稳定	E
内蒙古丰镇市	NM—Fengzhen City	R969T2052	相对稳定	E
河北肃宁县	HEB—Suning County	R970T2052	相对稳定	E
四川营山县	SC—Yingshan County	R971T2052	相对稳定	E
甘肃敦煌市	GS—Dunhuang City	R972T2052	相对稳定	E
广西昭平县	GX—Zhaoping County	R973T2052	相对稳定	E
黑龙江宝清县	HL—Baoqing County	R974T2052	相对稳定	E
安徽泾县	AH—Jingxian County	R975T2052	相对稳定	E

第二届中国县域经济基本竞争力评价(E 级名单 续)

2nd CHINA COUNTY-LEVEL ECONOMY BASIC COMPETITIVENESS EVALUATION

县域	UNIT	中郡指数	竞争力动态	竞争力等级
湖南慈利县	HN—Cili County	R976T2052	相对稳定	E
新疆呼图壁县	XJ—Hutubi County	R977T2052	相对稳定	E
浙江松阳县	ZJ—Songyang County	R978T2052	上升	E
内蒙古牙克石市	NM—Yakeshi City	R979T2052	相对稳定	E
山东定陶县	SD—Dingtao County	R980T2052	相对稳定	E
河南宁陵县	HEN—Ningling County	R981T2052	相对稳定	E
内蒙古乌审旗	NM—Wushen Banner	R982T2052	相对稳定	E
广东蕉岭县	GD—Jiaoling County	R983T2052	相对稳定	E
内蒙古扎鲁特旗	NM—Zhalute Banner	R984T2052	相对稳定	E
河北曲阳县	HEB—Quyang County	R985T2052	相对稳定	E
黑龙江依安县	HL—Yi'an County	R986T2052	相对稳定	E
吉林东丰县	JL—Dongfeng County	R987T2052	相对稳定	E
江西上饶县	JX—Shangrao County	R988T2052	相对稳定	E
四川蓬安县	SC—Peng'an County	R989T2052	相对稳定	E
湖南衡山县	HN—Hengshan County	R990T2052	相对稳定	E
江西大余县	JX—Dayu County	R991T2052	相对稳定	E
广东龙门县	GD—Longmen County	R992T2052	相对稳定	E
河北成安县	HEB—Cheng'an County	R993T2052	相对稳定	E
广东阳山县	GD—Yangshan County	R994T2052	相对稳定	E
海南昌江县	HAN—Changjiang County	R995T2052	相对稳定	E
黑龙江北安市	HL—Bei'an City	R996T2052	相对稳定	E
河南社旗县	HEN—Sheqi County	R997T2052	上升	E
宁夏灵武市	NX—Lingwu City	R998T2052	相对稳定	E
湖南津市市	HN—Jinshi City	R999T2052	相对稳定	E
云南石林县	YN—Shilin County	R1000T2052	相对稳定	E

第二届中国县域经济基本竞争力评价(F 级名单)

2nd CHINA COUNTY-LEVEL ECONOMY BASIC COMPETITIVENESS EVALUATION

县域	UNIT	中郡指数	竞争力动态	竞争力等级
河北阜城县	HEB—Fucheng County	R1001T2052	相对稳定	F
黑龙江肇州县	HL—Zhaozhou County	R1002T2052	上升	F
河北宣化县	HEB—Xuanhua County	R1003T2052	相对稳定	F
云南建水县	YN—Jianshui County	R1004T2052	相对稳定	F
湖北兴山县	HB—Xingshan County	R1005T2052	相对稳定	F
云南思茅市	YN—Simao City	R1006T2052	相对稳定	F
四川会东县	SC—Huidong County	R1007T2052	相对稳定	F
黑龙江肇源县	HL—Zhaoyuan County	R1008T2052	上升	F
河北南皮县	HEB—Nanpi County	R1009T2052	相对稳定	F
内蒙古莫力达瓦旗	NM—Molidawa Banner	R1010T2052	上升	F
河北吴桥县	HEB—Wuqiao County	R1011T2052	相对稳定	F
云南晋宁县	YN—Jinning County	R1012T2052	相对稳定	F
广西大化县	GX—Dahua County	R1013T2052	相对稳定	F
河南罗山县	HEN—Luoshan County	R1014T2052	注意	F
河南封丘县	HEN—Fengqiu County	R1015T2052	相对稳定	F
河南鲁山县	HEN—Lushan County	R1016T2052	相对稳定	F
河南修武县	HEN—Xiuwu County	R1017T2052	相对稳定	F
山西平遥县	SX—Pingyao County	R1018T2052	相对稳定	F
安徽金寨县	AH—Jinzhai County	R1019T2052	相对稳定	F
云南宾川县	YN—Binchuan County	R1020T2052	相对稳定	F
江西分宜县	JX—Fenyi County	R1021T2052	相对稳定	F
湖南汝城县	HN—Rucheng County	R1022T2052	相对稳定	F
四川仪陇县	SC—Yilong County	R1023T2052	相对稳定	F
辽宁铁岭县	LN—Tieling County	R1024T2052	相对稳定	F
黑龙江依兰县	HL—Yilan County	R1025T2052	相对稳定	F
内蒙古科尔沁左翼中旗	NM—Keerqinzuoyizhong Banner	R1026T2052	上升	F
安徽铜陵县	AH—Tongling County	R1027T2052	相对稳定	F
福建浦城县	FJ—Pucheng County	R1028T2052	相对稳定	F
内蒙古根河市	NM—Genhe City	R1029T2052	上升	F
黑龙江桦南县	HL—Huanan County	R1030T2052	上升	F
吉林珲春市	JL—Huichun City	R1031T2052	相对稳定	F
云南云县	YN—Yunxian County	R1032T2052	相对稳定	F
四川犍为县	SC—Jianwei County	R1033T2052	相对稳定	F
贵州湄潭县	GZ—Meitan County	R1034T2052	相对稳定	F
浙江洞头县	ZJ—Dongtou County	R1035T2052	相对稳定	F

第二届中国县域经济基本竞争力评价(F级名单 续)

2nd CHINA COUNTY-LEVEL ECONOMY BASIC COMPETITIVENESS EVALUATION

县域	UNIT	中郡指数	竞争力动态	竞争力等级
河南南乐县	HEN—Nanle County	R1036T2052	相对稳定	F
陕西周至县	SN—Zhouzhi County	R1037T2052	上升	F
浙江磐安县	ZJ—Pan'an County	R1038T2052	相对稳定	F
广东仁化县	GD—Renhua County	R1039T2052	相对稳定	F
广西象州县	GX—Xiangzhou County	R1040T2052	相对稳定	F
河北兴隆县	HEB—Xinglong County	R1041T2052	相对稳定	F
河北邱县	HEB—Qiuxian County	R1042T2052	相对稳定	F
河北武邑县	HEB—Wuyi County	R1043T2052	相对稳定	F
江西永修县	JX—Yongxiu County	R1044T2052	相对稳定	F
山西平定县	SX—Pingding County	R1045T2052	相对稳定	F
广东丰顺县	GD—Fengshun County	R1046T2052	相对稳定	F
江西吉安县	JX—Ji'an County	R1047T2052	注意	F
福建华安县	FJ—Hua'an County	R1048T2052	相对稳定	F
山西柳林县	SX—Liulin County	R1049T2052	相对稳定	F
内蒙古阿拉善左旗	NM—Alashanzuo Banner	R1050T2052	相对稳定	F
新疆塔城市	XJ—Tacheng City	R1051T2052	相对稳定	F
吉林集安市	JL—Ji'an City	R1052T2052	相对稳定	F
湖南新邵县	HN—Xinshao County	R1053T2052	相对稳定	F
江西瑞昌市	JX—Ruichang City	R1054T2052	相对稳定	F
山西翼城县	SX—Yicheng County	R1055T2052	上升	F
内蒙古阿荣旗	NM—Arong Banner	R1056T2052	相对稳定	F
河北盐山县	HEB—Yanshan County	R1057T2052	相对稳定	F
黑龙江克山县	HL—Keshan County	R1058T2052	相对稳定	F
海南乐东县	HAN—Ledong County	R1059T2052	注意	F
福建宁化县	FJ—Ninghua County	R1060T2052	相对稳定	F
宁夏盐池县	NX—Yanchi County	R1061T2052	相对稳定	F
广东大埔县	GD—Dapu County	R1062T2052	相对稳定	F
内蒙古霍林郭勒市	NM—Huolinguole City	R1063T2052	相对稳定	F
湖南安化县	HN—Anhua County	R1064T2052	注意	F
贵州大方县	GZ—Dafang County	R1065T2052	相对稳定	F
黑龙江同江市	HL—Tongjiang City	R1066T2052	相对稳定	F
贵州织金县	GZ—Zhijin County	R1067T2052	相对稳定	F
云南江川县	YN—Jiangchuan County	R1068T2052	相对稳定	F
浙江文成县	ZJ—Wencheng County	R1069T2052	相对稳定	F
河南息县	HEN—Xixian County	R1070T2052	注意	F

第二届中国县域经济基本竞争力评价(F级名单 续)

2nd CHINA COUNTY-LEVEL ECONOMY BASIC COMPETITIVENESS EVALUATION

县域	UNIT	中郡指数	竞争力动态	竞争力等级
四川汶川县	SC—Wenchuan County	R1071T2052	相对稳定	F
浙江泰顺县	ZJ—Taishun County	R1072T2052	相对稳定	F
陕西宝鸡县	SN—Baoji County	R1073T2052	注意	F
吉林镇赉县	JL—Zhenlai County	R1074T2052	上升	F
四川盐亭县	SC—Yanting County	R1075T2052	相对稳定	F
河南光山县	HEN—Guangshan County	R1076T2052	注意	F
云南嵩明县	YN—Songming County	R1077T2052	相对稳定	F
四川长宁县	SC—Changning County	R1078T2052	相对稳定	F
河北广平县	HEB—Guangping County	R1079T2052	相对稳定	F
内蒙古扎兰屯市	NM—Zhalantun City	R1080T2052	相对稳定	F
河北青龙县	HEB—Qinglong County	R1081T2052	相对稳定	F
河北馆陶县	HEB—Guantao County	R1082T2052	相对稳定	F
贵州黔西县	GZ—Qianxi County	R1083T2052	相对稳定	F
新疆新源县	XJ—Xinyuan County	R1084T2052	相对稳定	F
宁夏平罗县	NX—Pingluo County	R1085T2052	相对稳定	F
广西龙州县	GX—Longzhou County	R1086T2052	相对稳定	F
陕西凤翔县	SN—Fengxiang County	R1087T2052	相对稳定	F
江西崇仁县	JX—Chongren County	R1088T2052	相对稳定	F
江西万载县	JX—Wanzai County	R1089T2052	相对稳定	F
贵州纳雍县	GZ—Nayong County	R1090T2052	上升	F
广东佛冈县	GD—Fogang County	R1091T2052	相对稳定	F
黑龙江勃利县	HL—Boli County	R1092T2052	上升	F
河北宽城县	HEB—Kuancheng County	R1093T2052	上升	F
河南延津县	HEN—Yanjin County	R1094T2052	相对稳定	F
河北肥乡县	HEB—Feixiang County	R1095T2052	相对稳定	F
贵州威宁县	GZ—Weining County	R1096T2052	相对稳定	F
宁夏永宁县	NX—Yongning County	R1097T2052	相对稳定	F
贵州福泉市	GZ—Fuquan City	R1098T2052	相对稳定	F
湖北保康县	HB—Baokang County	R1099T2052	相对稳定	F
湖南邵阳县	HN—Shaoyang County	R1100T2052	相对稳定	F
四川冕宁县	SC—Mianning County	R1101T2052	相对稳定	F
河北饶阳县	HEB—Raoyang County	R1102T2052	相对稳定	F
山西长治县	SX—Changzhi County	R1103T2052	上升	F
辽宁北票市	LN—Beipiao City	R1104T2052	上升	F
广东陆河县	GD—Luhe County	R1105T2052	相对稳定	F

第二届中国县域经济基本竞争力评价(F级名单 续)

2nd CHINA COUNTY-LEVEL ECONOMY BASIC COMPETITIVENESS EVALUATION

县域	UNIT	中郡指数	竞争力动态	竞争力等级
山东鄄城县	SD—Juancheng County	R1106T2052	相对稳定	F
云南临沧县	YN—Lincang County	R1107T2052	相对稳定	F
山西太谷县	SX—Taigu County	R1108T2052	相对稳定	F
安徽休宁县	AH—Xiuning County	R1109T2052	相对稳定	F
贵州铜仁市	GZ—Tongren City	R1110T2052	相对稳定	F
山西祁县	SX—Qixian County	R1111T2052	相对稳定	F
辽宁建平县	LN—Jianping County	R1112T2052	上升	F
河南范县	HEN—Fanxian County	R1113T2052	相对稳定	F
广西靖西县	GX—Jingxi County	R1114T2052	相对稳定	F
四川古蔺县	SC—Gulin County	R1115T2052	相对稳定	F
四川开江县	SC—Kaijiang County	R1116T2052	相对稳定	F
河南宜阳县	HEN—Yiyang County	R1117T2052	相对稳定	F
湖南蓝山县	HN—Lanshan County	R1118T2052	相对稳定	F
江西奉新县	JX—Fengxin County	R1119T2052	相对稳定	F
四川蓬溪县	SC—Pengxi County	R1120T2052	相对稳定	F
河北巨鹿县	HEB—Julu County	R1121T2052	相对稳定	F
辽宁康平县	LN—Kangping County	R1122T2052	上升	F
湖北郧县	HB—Yunxian County	R1123T2052	相对稳定	F
重庆秀山县	CQ—Xiushan County	R1124T2052	上升	F
四川平昌县	SC—Pingchang County	R1125T2052	相对稳定	F
山西原平市	SX—Yuanping City	R1126T2052	相对稳定	F
云南蒙自县	YN—Mengzi County	R1127T2052	相对稳定	F
云南景谷县	YN—Jinggu County	R1128T2052	相对稳定	F
广西恭城县	GX—Gongcheng County	R1129T2052	相对稳定	F
广东连平县	GD—Lianping County	R1130T2052	相对稳定	F
湖南洪江市	HN—Hongjiang City	R1131T2052	注意	F
陕西武功县	SN—Wugong County	R1132T2052	上升	F
广西天峨县	GX—Tian'e County	R1133T2052	上升	F
云南勐腊县	YN—Mengla County	R1134T2052	相对稳定	F
山西乡宁县	SX—Xiangning County	R1135T2052	上升	F
江西赣县	JX—Ganxian County	R1136T2052	相对稳定	F
广东乳源县	GD—Ruyuan County	R1137T2052	相对稳定	F
宁夏中宁县	NX—Zhongning County	R1138T2052	相对稳定	F
河北围场县	HEB—Weichang County	R1139T2052	相对稳定	F
甘肃西峰市	GS—Xifeng City	R1140T2052	相对稳定	F

第二届中国县域经济基本竞争力评价(F级名单 续)

2nd CHINA COUNTY-LEVEL ECONOMY BASIC COMPETITIVENESS EVALUATION

县域	UNIT	中郡指数	竞争力动态	竞争力等级
河北蔚县	HEB—Yuxian County	R1141T2052	注意	F
广东云安县	GD—Yun'an County	R1142T2052	相对稳定	F
重庆彭水县	CQ—Pengshui County	R1143T2052	相对稳定	F
广西永福县	GX—Yongfu County	R1144T2052	相对稳定	F
江西铅山县	JX—Qianshan County	R1145T2052	相对稳定	F
江西永丰县	JX—Yongfeng County	R1146T2052	相对稳定	F
黑龙江绥滨县	HL—Suibin County	R1147T2052	相对稳定	F
江西宜丰县	JX—Yifeng County	R1148T2052	相对稳定	F
新疆额敏县	XJ—Emin County	R1149T2052	相对稳定	F
吉林安图县	JL—Antu County	R1150T2052	相对稳定	F
甘肃永昌县	GS—Yongchang County	R1151T2052	相对稳定	F
湖南绥宁县	HN—Suining County	R1152T2052	注意	F
广西融安县	GX—Rong'an County	R1153T2052	相对稳定	F
江西婺源县	JX—Wuyuan County	R1154T2052	相对稳定	F
黑龙江杜尔伯特县	HL—Du'erbote County	R1155T2052	上升	F
四川高县	SC—Gaoxian County	R1156T2052	相对稳定	F
河北唐县	HEB—Tangxian County	R1157T2052	相对稳定	F
贵州修文县	GZ—Xiuwen County	R1158T2052	上升	F
新疆霍城县	XJ—Houcheng County	R1159T2052	相对稳定	F
西藏林芝县	XZ—Linzhi County	R1160T2052	上升	F
河南嵩县	HEN—Songxian County	R1161T2052	相对稳定	F
青海杂多县	QH—Zaduo County	R1162T2052	上升	F
江西余干县	JX—Yugan County	R1163T2052	相对稳定	F
内蒙古敖汉旗	NM—Aohan Banner	R1164T2052	上升	F
广东东源县	GD—Dongyuan County	R1165T2052	上升	F
江西南丰县	JX—Nanfeng County	R1166T2052	相对稳定	F
江西玉山县	JX—Yushan County	R1167T2052	相对稳定	F
浙江云和县	ZJ—Yunhe County	R1168T2052	相对稳定	F
山东庆云县	SD—Qingyun County	R1169T2052	相对稳定	F
山西离石市	SX—Lishi City	R1170T2052	相对稳定	F
江西浮梁县	JX—Fuliang County	R1171T2052	相对稳定	F
重庆巫山县	CQ—Wushan County	R1172T2052	相对稳定	F
四川梓潼县	SC—Zitong County	R1173T2052	相对稳定	F
河南正阳县	HEN—Zhengyang County	R1174T2052	注意	F
江西安义县	JX—Anyi County	R1175T2052	相对稳定	F

第二届中国县域经济基本竞争力评价(F 级名单 续)

2nd CHINA COUNTY-LEVEL ECONOMY BASIC COMPETITIVENESS EVALUATION

县域	UNIT	中郡指数	竞争力动态	竞争力等级
吉林长白县	JL—Changbai County	R1176T2052	相对稳定	F
江西武宁县	JX—Wuning County	R1177T2052	相对稳定	F
河南新县	HEN—Xinxian County	R1178T2052	相对稳定	F
内蒙古翁牛特旗	NM—Wengniute Banner	R1179T2052	相对稳定	F
湖南江华县	HN—Jianghua County	R1180T2052	相对稳定	F
广西隆林县	GX—Longlin County	R1181T2052	相对稳定	F
黑龙江漠河县	HL—Mohe County	R1182T2052	上升	F
广西大新县	GX—Daxin County	R1183T2052	相对稳定	F
陕西岐山县	SN—Qishan County	R1184T2052	相对稳定	F
海南屯昌县	HAN—Tunchang County	R1185T2052	相对稳定	F
河北唐海县	HEB—Tanghai County	R1186T2052	注意	F
河北丰宁县	HEB—Fengning County	R1187T2052	上升	F
云南勐海县	YN—Menghai County	R1188T2052	相对稳定	F
陕西子长县	SN—Zizhang County	R1189T2052	相对稳定	F
江西南城县	JX—Nancheng County	R1190T2052	相对稳定	F
湖北建始县	HB—Jianshi County	R1191T2052	注意	F
四川万源市	SC—Wanyuan City	R1192T2052	相对稳定	F
河北鸡泽县	HEB—Jize County	R1193T2052	相对稳定	F
河北威县	HEB—Weixian County	R1194T2052	注意	F
江西新干县	JX—Xingan County	R1195T2052	相对稳定	F
吉林辉南县	JL—Huinan County	R1196T2052	注意	F
广西上思县	GX—Shangsi County	R1197T2052	相对稳定	F
四川江安县	SC—Jiang'an County	R1198T2052	相对稳定	F
四川石棉县	SC—Shimian County	R1199T2052	相对稳定	F
河北武强县	HEB—Wuqiang County	R1200T2052	相对稳定	F

第二届中国县域经济基本竞争力评价(G级名单)

2nd CHINA COUNTY-LEVEL ECONOMY BASIC COMPETITIVENESS EVALUATION

县域	UNIT	中郡指数	竞争力动态	竞争力等级
山西曲沃县	SX—Quwo County	R1201T2052	上升	G
江西上栗县	JX—Shangli County	R1202T2052	相对稳定	G
云南师宗县	YN—Shizong County	R1203T2052	相对稳定	G
江西芦溪县	JX—Luxi County	R1204T2052	相对稳定	G
浙江景宁县	ZJ—Jingning County	R1205T2052	相对稳定	G
四川康定县	SC—Kangding County	R1206T2052	注意	G
安徽祁门县	AH—Qimen County	R1207T2052	相对稳定	G
广西隆安县	GX—Long'an County	R1208T2052	相对稳定	G
云南潞西市	YN—Luxi City	R1209T2052	相对稳定	G
四川南溪县	SC—Nanxi County	R1210T2052	相对稳定	G
四川罗江县	SC—Luojiang County	R1211T2052	相对稳定	G
云南泸西县	YN—Luxi County	R1212T2052	相对稳定	G
内蒙古杭锦旗	NM—Hangjin Banner	R1213T2052	注意	G
辽宁朝阳县	LN—Chaoyang County	R1214T2052	上升	G
内蒙古巴林左旗	NM—Balinzuo Banner	R1215T2052	上升	G
陕西定边县	SN—Dingbian County	R1216T2052	上升	G
湖南新宁县	HN—Xinning County	R1217T2052	相对稳定	G
湖南江永县	HN—Jiangyong County	R1218T2052	相对稳定	G
四川南江县	SC—Nanjiang County	R1219T2052	相对稳定	G
黑龙江汤原县	HL—Tangyuan County	R1220T2052	相对稳定	G
新疆巴楚县	XJ—Bachu County	R1221T2052	相对稳定	G
西藏浪卡子县	XZ—Langkazi County	R1222T2052	上升	G
山西盂县	SX—Yuxian County	R1223T2052	相对稳定	G
江西崇义县	JX—Chongyi County	R1224T2052	相对稳定	G
云南瑞丽市	YN—Ruili City	R1225T2052	相对稳定	G
贵州平坝县	GZ—Pingba County	R1226T2052	相对稳定	G
四川叙永县	SC—Xuyong County	R1227T2052	相对稳定	G
贵州息烽县	GZ—Xifeng County	R1228T2052	相对稳定	G
山西黎城县	SX—Licheng County	R1229T2052	相对稳定	G
湖北咸丰县	HB—Xianfeng County	R1230T2052	相对稳定	G
新疆伊宁县	XJ—Yining County	R1231T2052	相对稳定	G
河南汝阳县	HEN—Ruyang County	R1232T2052	相对稳定	G
吉林通榆县	JL—Tongyu County	R1233T2052	上升	G
四川米易县	SC—Miyi County	R1234T2052	相对稳定	G
贵州绥阳县	GZ—Suiyang County	R1235T2052	相对稳定	G

第二届中国县域经济基本竞争力评价(G级名单 续)

2nd CHINA COUNTY-LEVEL ECONOMY BASIC COMPETITIVENESS EVALUATION

县域	UNIT	中郡指数	竞争力动态	竞争力等级
内蒙古鄂托克前旗	NM—Etuokeqian Banner	R1236T2052	相对稳定	G
湖南宁远县	HN—Ningyuan County	R1237T2052	注意	G
河南洛宁县	HEN—Luoning County	R1238T2052	相对稳定	G
新疆轮台县	XJ—Luntai County	R1239T2052	注意	G
吉林图们市	JL—Tumen City	R1240T2052	相对稳定	G
广东翁源县	GD—Wengyuan County	R1241T2052	相对稳定	G
河北涞源县	HEB—Laiyuan County	R1242T2052	相对稳定	G
陕西旬阳县	SN—Xunyang County	R1243T2052	相对稳定	G
河北赞皇县	HEB—Zanhuang County	R1244T2052	相对稳定	G
福建建宁县	FJ—Jianning County	R1245T2052	相对稳定	G
河北隆化县	HEB—Longhua County	R1246T2052	上升	G
甘肃华亭县	GS—Huating County	R1247T2052	相对稳定	G
安徽郎溪县	AH—Langxi County	R1248T2052	相对稳定	G
重庆石柱县	CQ—Shizhu County	R1249T2052	相对稳定	G
新疆阿勒泰市	XJ—Aletai City	R1250T2052	相对稳定	G
青海互助县	QH—Huzhu County	R1251T2052	相对稳定	G
河南栾川县	HEN—Luanchuan County	R1252T2052	相对稳定	G
广西武宣县	GX—Wuxuan County	R1253T2052	相对稳定	G
贵州六枝特区	GZ—Liuzhi Special Region	R1254T2052	相对稳定	G
湖北通山县	HB—Tongshan County	R1255T2052	相对稳定	G
广西阳朔县	GX—Yangshuo County	R1256T2052	相对稳定	G
四川西充县	SC—Xichong County	R1257T2052	相对稳定	G
云南易门县	YN—Yimen County	R1258T2052	相对稳定	G
贵州桐梓县	GZ—Tongzi County	R1259T2052	相对稳定	G
内蒙古东乌珠穆沁旗	NM—Dongwuzhumuqin Banner	R1260T2052	相对稳定	G
宁夏贺兰县	NX—Helan County	R1261T2052	相对稳定	G
湖北英山县	HB—Yingshan County	R1262T2052	注意	G
海南定安县	HAN—Ding'an County	R1263T2052	相对稳定	G
四川荥经县	SC—Yingjing County	R1264T2052	相对稳定	G
甘肃定西县	GS—Dingxi County	R1265T2052	相对稳定	G
河南淮滨县	HEN—Huaibin County	R1266T2052	注意	G
四川大英县	SC—Daying County	R1267T2052	相对稳定	G
陕西勉县	SN—Mianxian County	R1268T2052	相对稳定	G
新疆且末县	XJ—Qiemo County	R1269T2052	相对稳定	G
河北滦平县	HEB—Luanping County	R1270T2052	相对稳定	G

第二届中国县域经济基本竞争力评价(G 级名单 续)

2nd CHINA COUNTY-LEVEL ECONOMY BASIC COMPETITIVENESS EVALUATION

县域	UNIT	中郡指数	竞争力动态	竞争力等级
新疆奇台县	XJ—Qitai County	R1271T2052	相对稳定	G
江西吉水县	JX—Jishui County	R1272T2052	相对稳定	G
山西文水县	SX—Wenshui County	R1273T2052	上升	G
新疆和布克赛尔县	XJ—Hebukesai'er County	R1274T2052	上升	G
海南陵水县	HAN—Lingshui County	R1275T2052	相对稳定	G
云南华宁县	YN—Huaning County	R1276T2052	相对稳定	G
山西沁水县	SX—Qinshui County	R1277T2052	上升	G
陕西高陵县	SN—Gaoling County	R1278T2052	相对稳定	G
山西芮城县	SX—Ruicheng County	R1279T2052	相对稳定	G
内蒙古鄂伦春旗	NM—Elunchun Banner	R1280T2052	相对稳定	G
山西山阴县	SX—Shanyin County	R1281T2052	相对稳定	G
云南耿马县	YN—Gengma County	R1282T2052	相对稳定	G
广西富川县	GX—Fuchuan County	R1283T2052	相对稳定	G
河北临城县	HEB—Lincheng County	R1284T2052	相对稳定	G
陕西吴旗县	SN—Wuqi County	R1285T2052	相对稳定	G
江西会昌县	JX—Huichang County	R1286T2052	相对稳定	G
云南洱源县	YN—Eryuan County	R1287T2052	相对稳定	G
黑龙江望奎县	HL—Wangkui County	R1288T2052	注意	G
贵州习水县	GZ—Xishui County	R1289T2052	相对稳定	G
湖南芷江县	HN—Zhijiang County	R1290T2052	相对稳定	G
福建明溪县	FJ—Mingxi County	R1291T2052	相对稳定	G
湖北宣恩县	HB—Xuan'en County	R1292T2052	相对稳定	G
江西全南县	JX—Quannan County	R1293T2052	相对稳定	G
甘肃陇西县	GS—Longxi County	R1294T2052	相对稳定	G
四川九寨沟县	SC—Jiuzhaigou County	R1295T2052	相对稳定	G
云南镇雄县	YN—Zhenxiong County	R1296T2052	相对稳定	G
云南寻甸县	YN—Xundian County	R1297T2052	相对稳定	G
甘肃肃北县	GS—Subei County	R1298T2052	上升	G
贵州安龙县	GZ—Anlong County	R1299T2052	相对稳定	G
内蒙古察哈尔右翼前旗	NM—Chaha'eryouyiqian Banner	R1300T2052	相对稳定	G
湖南靖州县	HN—Jingzhou County	R1301T2052	注意	G
广东始兴县	GD—Shixing County	R1302T2052	相对稳定	G
湖南辰溪县	HN—Chenxi County	R1303T2052	相对稳定	G
甘肃山丹县	GS—Shandan County	R1304T2052	相对稳定	G
云南峨山县	YN—Eshan County	R1305T2052	相对稳定	G

第二届中国县域经济基本竞争力评价(G级名单 续)
2nd CHINA COUNTY-LEVEL ECONOMY BASIC COMPETITIVENESS EVALUATION

县域	UNIT	中郡指数	竞争力动态	竞争力等级
吉林汪清县	JL—Wangqing County	R1306T2052	相对稳定	G
重庆酉阳县	CQ—Youyang County	R1307T2052	相对稳定	G
河北柏乡县	HEB—Boxiang County	R1308T2052	相对稳定	G
湖北五峰县	HB—Wufeng County	R1309T2052	相对稳定	G
山西左云县	SX—Zuoyun County	R1310T2052	相对稳定	G
西藏萨嘎县	XZ—Saga County	R1311T2052	上升	G
陕西澄城县	SN—Chengcheng County	R1312T2052	相对稳定	G
云南昌宁县	YN—Changning County	R1313T2052	相对稳定	G
贵州赤水市	GZ—Chishui City	R1314T2052	相对稳定	G
云南澄江县	YN—Chengjiang County	R1315T2052	相对稳定	G
福建屏南县	FJ—Pingnan County	R1316T2052	相对稳定	G
广西忻城县	GX—Xincheng County	R1317T2052	相对稳定	G
新疆和静县	XJ—Hejing County	R1318T2052	相对稳定	G
新疆焉耆县	XJ—Yanqi County	R1319T2052	相对稳定	G
西藏达孜县	XZ—Dazi County	R1320T2052	上升	G
广西环江县	GX—Huanjiang County	R1321T2052	注意	G
四川井研县	SC—Jingyan County	R1322T2052	相对稳定	G
青海湟中县	QH—Huangzhong County	R1323T2052	上升	G
甘肃安西县	GS—Anxi County	R1324T2052	相对稳定	G
甘肃临泽县	GS—Linze County	R1325T2052	相对稳定	G
四川珙县	SC—Gongxian County	R1326T2052	上升	G
辽宁阜新县	LN—Fuxin County	R1327T2052	上升	G
四川天全县	SC—Tianquan County	R1328T2052	相对稳定	G
江西遂川县	JX—Suichuan County	R1329T2052	相对稳定	G
甘肃阿克塞县	GS—Akesai County	R1330T2052	相对稳定	G
陕西潼关县	SN—tongguan County	R1331T2052	相对稳定	G
福建松溪县	FJ—Songxi County	R1332T2052	相对稳定	G
云南元江县	YN—Yuanjiang County	R1333T2052	相对稳定	G
陕西华阴市	SN—Huayin City	R1334T2052	相对稳定	G
内蒙古林西县	NM—Linxi County	R1335T2052	相对稳定	G
广东平远县	GD—Pingyuan County	R1336T2052	相对稳定	G
陕西合阳县	SN—Heyang County	R1337T2052	相对稳定	G
湖南安仁县	HN—Anren County	R1338T2052	相对稳定	G
安徽青阳县	AH—Qingyang County	R1339T2052	相对稳定	G
广东和平县	GD—Heping County	R1340T2052	上升	G

第二届中国县域经济基本竞争力评价(G级名单 续)

2nd CHINA COUNTY-LEVEL ECONOMY BASIC COMPETITIVENESS EVALUATION

县域	UNIT	中郡指数	竞争力动态	竞争力等级
陕西扶风县	SN—Fufeng County	R1341T2052	相对稳定	G
江西永新县	JX—Yongxin County	R1342T2052	上升	G
甘肃榆中县	GS—Yuzhong County	R1343T2052	相对稳定	G
湖南龙山县	HN—Longshan County	R1344T2052	相对稳定	G
云南砚山县	YN—Yanshan County	R1345T2052	相对稳定	G
福建光泽县	FJ—Guangze County	R1346T2052	相对稳定	G
陕西洋县	SN—Yangxian County	R1347T2052	上升	G
吉林和龙市	JL—Helong City	R1348T2052	相对稳定	G
福建清流县	FJ—Qingliu County	R1349T2052	相对稳定	G
安徽岳西县	AH—Yuexi County	R1350T2052	注意	G
四川德昌县	SC—Dechang County	R1351T2052	相对稳定	G
内蒙古磴口县	NM—Dengkou County	R1352T2052	相对稳定	G
甘肃临洮县	GS—Lintao County	R1353T2052	相对稳定	G
四川洪雅县	SC—Hongya County	R1354T2052	相对稳定	G
陕西府谷县	SN—Fugu County	R1355T2052	相对稳定	G
山西绛县	SX—Jiangxian County	R1356T2052	相对稳定	G
福建寿宁县	FJ—Shouning County	R1357T2052	相对稳定	G
安徽绩溪县	AH—Jixi County	R1358T2052	相对稳定	G
广西罗城县	GX—Luocheng County	R1359T2052	相对稳定	G
广西龙胜县	GX—Longsheng County	R1360T2052	相对稳定	G
陕西略阳县	SN—Lueyang County	R1361T2052	相对稳定	G
四川汉源县	SC—Hanyuan County	R1362T2052	相对稳定	G
河北涿鹿县	HEB—Zhuolu County	R1363T2052	相对稳定	G
贵州水城县	GZ—Shuicheng County	R1364T2052	相对稳定	G
黑龙江延寿县	HL—Yanshou County	R1365T2052	相对稳定	G
云南景东县	YN—Jingdong County	R1366T2052	相对稳定	G
四川通江县	SC—Tongjiang County	R1367T2052	注意	G
黑龙江富裕县	HL—Fuyu County	R1368T2052	相对稳定	G
湖南炎陵县	HN—Yanling County	R1369T2052	相对稳定	G
四川沐川县	SC—Muchuan County	R1370T2052	相对稳定	G
西藏康马县	XZ—Kangma County	R1371T2052	上升	G
新疆吉木萨尔县	XJ—Jimusa'er County	R1372T2052	相对稳定	G
山西寿阳县	SX—Shouyang County	R1373T2052	上升	G
河南台前县	HEN—Taiqian County	R1374T2052	上升	G
云南新平县	YN—Xinping County	R1375T2052	相对稳定	G

第二届中国县域经济基本竞争力评价(G级名单 续)

2nd CHINA COUNTY-LEVEL ECONOMY BASIC COMPETITIVENESS EVALUATION

县域	UNIT	中郡指数	竞争力动态	竞争力等级
云南石屏县	YN—Shiping County	R1376T2052	相对稳定	G
黑龙江青冈县	HL—Qinggang County	R1377T2052	上升	G
广西天等县	GX—Tiandeng County	R1378T2052	相对稳定	G
贵州玉屏县	GZ—Yuping County	R1379T2052	上升	G
黑龙江通河县	HL—Tonghe County	R1380T2052	相对稳定	G
江西井岗山市	JX—Jinggangshan City	R1381T2052	相对稳定	G
江西都昌县	JX—Duchang County	R1382T2052	相对稳定	G
山西定襄县	SX—Dingxiang County	R1383T2052	相对稳定	G
湖北鹤峰县	HB—Hefeng County	R1384T2052	相对稳定	G
广东新丰县	GD—Xinfeng County	R1385T2052	相对稳定	G
贵州龙里县	GZ—Longli County	R1386T2052	相对稳定	G
陕西蓝田县	SN—Lantian County	R1387T2052	注意	G
四川名山县	SC—Mingshan County	R1388T2052	相对稳定	G
黑龙江塔河县	HL—Tahe County	R1389T2052	相对稳定	G
云南盈江县	YN—Yingjiang County	R1390T2052	相对稳定	G
广西上林县	GX—Shanglin County	R1391T2052	相对稳定	G
甘肃靖远县	GS—Jingyuan County	R1392T2052	相对稳定	G
甘肃高台县	GS—Gaotai County	R1393T2052	相对稳定	G
陕西黄陵县	SN—Huangling County	R1394T2052	相对稳定	G
四川宁南县	SC—Ningnan County	R1395T2052	相对稳定	G
湖北房县	HB—Fangxian County	R1396T2052	相对稳定	G
山西新绛县	SX—Xinjiang County	R1397T2052	上升	G
甘肃泾川县	GS—Jingchuan County	R1398T2052	相对稳定	G
黑龙江集贤县	HL—Jixian County	R1399T2052	相对稳定	G
青海德令哈市	QH—Delingha City	R1400T2052	相对稳定	G

第二届中国县域经济基本竞争力评价(H 级名单)

2nd CHINA COUNTY-LEVEL ECONOMY BASIC COMPETITIVENESS EVALUATION

县域	UNIT	中郡指数	竞争力动态	竞争力等级
甘肃金塔县	GS—Jinta County	R1401T2052	相对稳定	H
山西长子县	SX—Zhangzi County	R1402T2052	上升	H
福建柘荣县	FJ—Zherong County	R1403T2052	相对稳定	H
四川苍溪县	SC—Cangxi County	R1404T2052	注意	H
广西都安县	GX—Du'an County	R1405T2052	相对稳定	H
四川兴文县	SC—Xingwen County	R1406T2052	相对稳定	H
湖北郧西县	HB—Yunxi County	R1407T2052	相对稳定	H
福建周宁县	FJ—Zhouning County	R1408T2052	相对稳定	H
吉林龙井市	JL—Longjing City	R1409T2052	相对稳定	H
四川松潘县	SC—Songpan County	R1410T2052	上升	H
四川剑阁县	SC—Jian'ge County	R1411T2052	注意	H
内蒙古乌拉特中旗	NM—Wulatezhong Banner	R1412T2052	相对稳定	H
山西蒲县	SX—Puxian County	R1413T2052	上升	H
新疆乌鲁木齐县	XJ—Wulumuqi County	R1414T2052	相对稳定	H
贵州松桃县	GZ—Songtao County	R1415T2052	上升	H
江西弋阳县	JX—Yiyang County	R1416T2052	相对稳定	H
甘肃成县	GS—Chengxian County	R1417T2052	相对稳定	H
黑龙江抚远县	HL—Fuyuan County	R1418T2052	相对稳定	H
云南大姚县	YN—Dayao County	R1419T2052	相对稳定	H
新疆尉犁县	XJ—Yuli County	R1420T2052	相对稳定	H
广西融水县	GX—Rongshui County	R1421T2052	相对稳定	H
河北涞水县	HEB—Laishui County	R1422T2052	上升	H
贵州余庆县	GZ—Yuqing County	R1423T2052	相对稳定	H
内蒙古四子王旗	NM—Siziwang Banner	R1424T2052	相对稳定	H
甘肃玛曲县	GS—Maqu County	R1425T2052	相对稳定	H
贵州正安县	GZ—Zheng'an County	R1426T2052	相对稳定	H
湖南新田县	HN—Xintian County	R1427T2052	相对稳定	H
江西余江县	JX—Yujiang County	R1428T2052	相对稳定	H
河北望都县	HEB—Wangdu County	R1429T2052	相对稳定	H
吉林洮南市	JL—Taonan City	R1430T2052	上升	H
新疆富蕴县	XJ—Fuyun County	R1431T2052	上升	H
吉林东辽县	JL—Dongliao County	R1432T2052	相对稳定	H
山西浮山县	SX—Fushan County	R1433T2052	上升	H
甘肃民勤县	GS—Minqin County	R1434T2052	相对稳定	H
青海乐都县	QH—Ledu County	R1435T2052	相对稳定	H

第二届中国县域经济基本竞争力评价(H级名单 续)

2nd CHINA COUNTY-LEVEL ECONOMY BASIC COMPETITIVENESS EVALUATION

县域	UNIT	中郡指数	竞争力动态	竞争力等级
黑龙江五大连池市	HL—Wudalianchi City	R1436T2052	相对稳定	H
贵州贵定县	GZ—Guiding County	R1437T2052	注意	H
陕西耀县	SN—Yaoxian County	R1438T2052	相对稳定	H
广西灌阳县	GX—Guanyang County	R1439T2052	相对稳定	H
湖北竹山县	HB—Zhushan County	R1440T2052	相对稳定	H
陕西眉县	SN—Meixian County	R1441T2052	相对稳定	H
云南广南县	YN—Guangnan County	R1442T2052	相对稳定	H
江西寻乌县	JX—Xunwu County	R1443T2052	相对稳定	H
江西金溪县	JX—Jinxi County	R1444T2052	相对稳定	H
甘肃宁县	GS—Ningxian County	R1445T2052	相对稳定	H
陕西华县	SN—Huaxian County	R1446T2052	相对稳定	H
四川筠连县	SC—Junlian County	R1447T2052	相对稳定	H
四川甘洛县	SC—Ganluo County	R1448T2052	相对稳定	H
贵州普定县	GZ—Puding County	R1449T2052	相对稳定	H
江西上犹县	JX—Shangyou County	R1450T2052	相对稳定	H
四川青神县	SC—Qingshen County	R1451T2052	相对稳定	H
贵州思南县	GZ—Sinan County	R1452T2052	相对稳定	H
广西合山市	GX—Heshan City	R1453T2052	相对稳定	H
山西稷山县	SX—Jishan County	R1454T2052	相对稳定	H
甘肃景泰县	GS—Jingtai County	R1455T2052	相对稳定	H
贵州兴仁县	GZ—Xingren County	R1456T2052	相对稳定	H
广西蒙山县	GX—Mengshan County	R1457T2052	相对稳定	H
辽宁彰武县	LN—Zhangwu County	R1458T2052	上升	H
新疆福海县	XJ—Fuhai County	R1459T2052	相对稳定	H
贵州镇宁县	GZ—Zhenning County	R1460T2052	相对稳定	H
河北阳原县	HEB—Yangyuan County	R1461T2052	相对稳定	H
江西彭泽县	JX—Pengze County	R1462T2052	相对稳定	H
内蒙古阿鲁科尔沁旗	NM—Aluke'erqin Banner	R1463T2052	相对稳定	H
新疆莎车县	XJ—Shache County	R1464T2052	相对稳定	H
黑龙江呼玛县	HL—Huma County	R1465T2052	上升	H
青海尖扎县	QH—Jianzha County	R1466T2052	相对稳定	H
湖北团风县	HB—Tuanfeng County	R1467T2052	注意	H
江西九江县	JX—Jiujiang County	R1468T2052	注意	H
山西中阳县	SX—Zhongyang County	R1469T2052	相对稳定	H
黑龙江嘉荫县	HL—Jiayin County	R1470T2052	相对稳定	H

第二届中国县域经济基本竞争力评价(H级名单 续)

2nd CHINA COUNTY-LEVEL ECONOMY BASIC COMPETITIVENESS EVALUATION

县域	UNIT	中郡指数	竞争力动态	竞争力等级
陕西洛南县	SN—Luonan County	R1471T2052	相对稳定	H
新疆托克逊县	XJ—Tuokexun County	R1472T2052	相对稳定	H
青海海晏县	QH—Haiyan County	R1473T2052	相对稳定	H
新疆阿瓦堤县	XJ—Awati County	R1474T2052	相对稳定	H
新疆温宿县	XJ—Wensu County	R1475T2052	相对稳定	H
重庆巫溪县	CQ—Wuxi County	R1476T2052	相对稳定	H
江西定南县	JX—Dingnan County	R1477T2052	相对稳定	H
内蒙古新巴尔虎右旗	NM—Xinba'erhuyou Banner	R1478T2052	相对稳定	H
江西湖口县	JX—Hukou County	R1479T2052	相对稳定	H
云南禄劝县	YN—Luquan County	R1480T2052	相对稳定	H
内蒙古新巴尔虎左旗	NM—Xinba'erhuzuo Banner	R1481T2052	相对稳定	H
陕西佳县	SN—Jiaxian County	R1482T2052	上升	H
山西古县	SX—Guxian County	R1483T2052	上升	H
内蒙古兴和县	NM—Xinghe County	R1484T2052	相对稳定	H
河北博野县	HEB—Boye County	R1485T2052	上升	H
内蒙古苏尼特右旗	NM—Suniteyou Banner	R1486T2052	相对稳定	H
山西屯留县	SX—Tunliu County	R1487T2052	相对稳定	H
江西万年县	JX—Wannian County	R1488T2052	注意	H
青海共和县	QH—Gonghe County	R1489T2052	注意	H
湖北江陵县	HB—jiangling County	R1490T2052	注意	H
云南墨江县	YN—Mojiang County	R1491T2052	相对稳定	H
陕西山阳县	SN—Shanyang County	R1492T2052	相对稳定	H
云南凤庆县	YN—Fengqing County	R1493T2052	相对稳定	H
江西安远县	JX—Anyuan County	R1494T2052	相对稳定	H
湖南会同县	HN—Huitong County	R1495T2052	注意	H
内蒙古达茂联合旗	NM—Da'erhan maoming'an Union Banner	R1496T2052	注意	H
湖北来凤县	HB—Laifeng County	R1497T2052	注意	H
吉林靖宇县	JL—Jingyu County	R1498T2052	相对稳定	H
海南白沙县	HAN—Baisha County	R1499T2052	相对稳定	H
江西德安县	JX—Dean County	R1500T2052	相对稳定	H
内蒙古察哈尔右翼中旗	NM—Chaha'eryouyizhong Banner	R1501T2052	相对稳定	H
云南巍山县	YN—Weishan County	R1502T2052	相对稳定	H
山西壶关县	SX—Huguan County	R1503T2052	相对稳定	H
湖南城步县	HN—Chengbu County	R1504T2052	相对稳定	H
新疆沙雅县	XJ—Shaya County	R1505T2052	相对稳定	H

第二届中国县域经济基本竞争力评价(H级名单 续)

2nd CHINA COUNTY-LEVEL ECONOMY BASIC COMPETITIVENESS EVALUATION

县域	UNIT	中郡指数	竞争力动态	竞争力等级
广西资源县	GX—Ziyuan County	R1506T2052	相对稳定	H
陕西镇安县	SN—Zhen'an County	R1507T2052	相对稳定	H
内蒙古库伦旗	NM—Kulun Banner	R1508T2052	相对稳定	H
甘肃灵台县	GS—Lingtai County	R1509T2052	相对稳定	H
云南施甸县	YN—Shidian County	R1510T2052	相对稳定	H
湖南桑植县	HN—Sangzhi County	R1511T2052	相对稳定	H
陕西彬县	SN—Binxian County	R1512T2052	相对稳定	H
河北阜平县	HEB—Fuping County	R1513T2052	相对稳定	H
内蒙古察哈尔右翼后旗	NM—Chaha'eryouyihou Banner	R1514T2052	相对稳定	H
广东南澳县	GD—Nan'ao County	R1515T2052	相对稳定	H
甘肃环县	GS—Huanxian County	R1516T2052	上升	H
甘肃临夏市	GS—Linxia City	R1517T2052	相对稳定	H
山西垣曲县	SX—Yuanqu County	R1518T2052	相对稳定	H
云南普洱县	YN—Pu'er County	R1519T2052	相对稳定	H
新疆阿图什市	XJ—Atushi City	R1520T2052	上升	H
青海民和县	QH—Minhe County	R1521T2052	相对稳定	H
云南龙陵县	YN—Longling County	R1522T2052	相对稳定	H
云南马关县	YN—Maguan County	R1523T2052	相对稳定	H
广西马山县	GX—Mashan County	R1524T2052	相对稳定	H
内蒙古额济纳旗	NM—Ejina Banner	R1525T2052	相对稳定	H
山西交城县	SX—Jiaocheng County	R1526T2052	上升	H
新疆精河县	XJ—Jinghe County	R1527T2052	相对稳定	H
云南富民县	YN—Fumin County	R1528T2052	相对稳定	H
黑龙江木兰县	HL—Mulan County	R1529T2052	注意	H
云南弥渡县	YN—Midu County	R1530T2052	相对稳定	H
云南永胜县	YN—Yongsheng County	R1531T2052	相对稳定	H
青海平安县	QH—Ping'an County	R1532T2052	注意	H
辽宁西丰县	LN—Xifeng County	R1533T2052	相对稳定	H
海南五指山市	HAN—Wuzhishan City	R1534T2052	相对稳定	H
四川旺苍县	SC—Wangcang County	R1535T2052	注意	H
广西德保县	GX—Debao County	R1536T2052	相对稳定	H
云南南华县	YN—Nanhua County	R1537T2052	相对稳定	H
四川宝兴县	SC—Baoxing County	R1538T2052	相对稳定	H
甘肃镇原县	GS—Zhenyuan County	R1539T2052	上升	H
内蒙古卓资县	NM—Zhuozi County	R1540T2052	相对稳定	H

第二届中国县域经济基本竞争力评价(H级名单 续)

2nd CHINA COUNTY-LEVEL ECONOMY BASIC COMPETITIVENESS EVALUATION

县域	UNIT	中郡指数	竞争力动态	竞争力等级
甘肃静宁县	GS—Jingning County	R1541T2052	相对稳定	H
甘肃皋兰县	GS—Gaolan County	R1542T2052	相对稳定	H
新疆拜城县	XJ—Baicheng County	R1543T2052	相对稳定	H
山西万荣县	SX—Wanrong County	R1544T2052	相对稳定	H
西藏波密县	XZ—Bomi County	R1545T2052	上升	H
贵州施秉县	GZ—Shibing County	R1546T2052	相对稳定	H
江西万安县	JX—Wan'an County	R1547T2052	相对稳定	H
湖南韶山市	HN—Shaoshan City	R1548T2052	相对稳定	H
湖南花垣县	HN—Huayuan County	R1549T2052	相对稳定	H
云南富宁县	YN—Funing County	R1550T2052	相对稳定	H
黑龙江友谊县	HL—Youyi County	R1551T2052	相对稳定	H
湖南永顺县	HN—Yongshun County	R1552T2052	相对稳定	H
广西田林县	GX—Tianlin County	R1553T2052	相对稳定	H
云南华坪县	YN—Huaping County	R1554T2052	相对稳定	H
江西莲花县	JX—Lianhua County	R1555T2052	相对稳定	H
湖南凤凰县	HN—Fenghuang County	R1556T2052	相对稳定	H
江西峡江县	JX—Xiajiang County	R1557T2052	相对稳定	H
四川屏山县	SC—Pingshan County	R1558T2052	相对稳定	H
海南琼中县	HAN—Qiongzhong County	R1559T2052	注意	H
内蒙古克什克腾旗	NM—Keshiketeng Banner	R1560T2052	相对稳定	H
陕西甘泉县	SN—Ganquan County	R1561T2052	相对稳定	H
云南姚安县	YN—Yaoan County	R1562T2052	相对稳定	H
内蒙古乌拉特后旗	NM—Wulatehou Banner	R1563T2052	相对稳定	H
甘肃民乐县	GS—Minle County	R1564T2052	注意	H
江西宜黄县	JX—Yihuang County	R1565T2052	相对稳定	H
辽宁喀喇沁左翼县	LN—Kalaqinzuoyi County	R1566T2052	相对稳定	H
陕西西乡县	SN—Xixiang County	R1567T2052	上升	H
河北平乡县	HEB—Pingxiang County	R1568T2052	注意	H
江西乐安县	JX—Le'an County	R1569T2052	相对稳定	H
山西昔阳县	SX—Xiyang County	R1570T2052	相对稳定	H
黑龙江明水县	HL—Mingshui County	R1571T2052	注意	H
内蒙古突泉县	NM—Tuquan County	R1572T2052	注意	H
山西陵川县	SX—Lingchuan County	R1573T2052	相对稳定	H
广西三江县	GX—Sanjiang County	R1574T2052	相对稳定	H
黑龙江方正县	HL—Fangzheng County	R1575T2052	注意	H

第二届中国县域经济基本竞争力评价(H级名单 续)

2nd CHINA COUNTY-LEVEL ECONOMY BASIC COMPETITIVENESS EVALUATION

县域	UNIT	中郡指数	竞争力动态	竞争力等级
内蒙古武川县	NM—Wuchuan County	R1576T2052	相对稳定	H
陕西宁强县	SN—Ningqiang County	R1577T2052	相对稳定	H
内蒙古喀喇沁旗	NM—Kalaqin Banner	R1578T2052	相对稳定	H
江西黎川县	JX—Lichuan County	R1579T2052	相对稳定	H
西藏聂拉木县	XZ—Nielamu County	R1580T2052	上升	H
云南武定县	YN—Wuding County	R1581T2052	相对稳定	H
云南鹤庆县	YN—Heqing County	R1582T2052	相对稳定	H
福建政和县	FJ—Zhenghe County	R1583T2052	相对稳定	H
宁夏惠农县	NX—Huinong County	R1584T2052	相对稳定	H
云南河口县	YN—Hekou County	R1585T2052	相对稳定	H
江西靖安县	JX—Jing'an County	R1586T2052	相对稳定	H
内蒙古固阳县	NM—Guyang County	R1587T2052	注意	H
甘肃肃南县	GS—Sunan County	R1588T2052	相对稳定	H
新疆疏附县	XJ—Shufu County	R1589T2052	上升	H
甘肃秦安县	GS—Qin'an County	R1590T2052	相对稳定	H
河北赤城县	HEB—Chicheng County	R1591T2052	相对稳定	H
云南兰坪县	YN—Lanping County	R1592T2052	相对稳定	H
安徽旌德县	AH—Jingde County	R1593T2052	上升	H
青海湟源县	QH—Huangyuan County	R1594T2052	上升	H
黑龙江兰西县	HL—Lanxi County	R1595T2052	注意	H
河北张北县	HEB—Zhangbei County	R1596T2052	相对稳定	H
黑龙江甘南县	HL—Gannan County	R1597T2052	注意	H
陕西丹凤县	SN—Danfeng County	R1598T2052	相对稳定	H
甘肃徽县	GS—Huixian County	R1599T2052	相对稳定	H
湖北竹溪县	HB—Zhuxi County	R1600T2052	相对稳定	H

第二届中国县域经济基本竞争力评价(I 级名单)

2nd CHINA COUNTY-LEVEL ECONOMY BASIC COMPETITIVENESS EVALUATION

县域	UNIT	中郡指数	竞争力动态	竞争力等级
新疆麦盖提县	XJ—Maigaiti County	R1601T2052	相对稳定	I
西藏比如县	XZ—biru County	R1602T2052	上升	I
新疆和田市	XJ—Hetian City	R1603T2052	相对稳定	I
贵州赫章县	GZ—Hezhang County	R1604T2052	相对稳定	I
西藏乃东县	XZ—Naidong County	R1605T2052	上升	I
云南水富县	YN—Shuifu County	R1606T2052	相对稳定	I
云南南涧县	YN—Nanjian County	R1607T2052	相对稳定	I
山西五台县	SX—Wutai County	R1608T2052	相对稳定	I
贵州道真县	GZ—Daozhen County	R1609T2052	相对稳定	I
内蒙古西乌珠穆沁旗	NM—Xiwuzhumuqin Banner	R1610T2052	注意	I
西藏仲巴县	XZ—Zhongba County	R1611T2052	上升	I
新疆泽普县	XJ—Zepu County	R1612T2052	相对稳定	I
浙江庆元县	ZJ—Qingyuan County	R1613T2052	注意	I
江西星子县	JX—Xingzi County	R1614T2052	相对稳定	I
山西榆社县	SX—Yushe County	R1615T2052	相对稳定	I
西藏噶尔县	XZ—Ga'er County	R1616T2052	上升	I
陕西淳化县	SN—Chunhua County	R1617T2052	相对稳定	I
贵州德江县	GZ—Dejiang County	R1618T2052	相对稳定	I
西藏江达县	XZ—Jiangda County	R1619T2052	上升	I
青海天峻县	QH—Tianjun County	R1620T2052	上升	I
青海玛沁县	QH—Maqin County	R1621T2052	相对稳定	I
内蒙古商都县	NM—Shangdu County	R1622T2052	相对稳定	I
安徽黟县	AH—Yixian County	R1623T2052	相对稳定	I
内蒙古陈巴尔虎旗	NM—Chenba'erhu Banner	R1624T2052	注意	I
新疆博湖县	XJ—Bohu County	R1625T2052	相对稳定	I
西藏日土县	XZ—Ritu County	R1626T2052	上升	I
贵州瓮安县	GZ—Weng'an County	R1627T2052	注意	I
云南澜沧县	YN—Lancang County	R1628T2052	相对稳定	I
甘肃天祝县	GS—Tianzhu County	R1629T2052	相对稳定	I
贵州镇远县	GZ—Zhenyuan County	R1630T2052	相对稳定	I
山西和顺县	SX—Heshun County	R1631T2052	上升	I
云南永平县	YN—Yongping County	R1632T2052	相对稳定	I
四川盐源县	SC—Yanyuan County	R1633T2052	相对稳定	I
陕西白水县	SN—Baishui County	R1634T2052	相对稳定	I
江西铜鼓县	JX—Tonggu County	R1635T2052	注意	I

第二届中国县域经济基本竞争力评价(I级名单 续)

2nd CHINA COUNTY-LEVEL ECONOMY BASIC COMPETITIVENESS EVALUATION

县域	UNIT	中郡指数	竞争力动态	竞争力等级
新疆皮山县	XJ—Pishan County	R1636T2052	上升	I
西藏白朗县	XZ—Bailang County	R1637T2052	上升	I
云南麻栗坡县	YN—Malipo County	R1638T2052	相对稳定	I
山西阳曲县	SX—Yangqu County	R1639T2052	相对稳定	I
内蒙古凉城县	NM—Liangcheng County	R1640T2052	相对稳定	I
河南卢氏县	HEN—Lushi County	R1641T2052	注意	I
海南保亭县	HAN—Baoting County	R1642T2052	相对稳定	I
河北海兴县	HEB—Haixing County	R1643T2052	相对稳定	I
云南香格里拉县	YN—Xianggelila County	R1644T2052	相对稳定	I
贵州荔波县	GZ—Libo County	R1645T2052	相对稳定	I
新疆布尔津县	XJ—Buerjin County	R1646T2052	相对稳定	I
陕西陇县	SN—Longxian County	R1647T2052	相对稳定	I
山西左权县	SX—Zuoquan County	R1648T2052	相对稳定	I
湖南保靖县	HN—Baojing County	R1649T2052	相对稳定	I
贵州普安县	GZ—Pu'an County	R1650T2052	上升	I
西藏察隅县	XZ—Chayu County	R1651T2052	上升	I
云南巧家县	YN—Qiaojia County	R1652T2052	相对稳定	I
甘肃甘谷县	GS—Gangu County	R1653T2052	相对稳定	I
云南牟定县	YN—Mouding County	R1654T2052	相对稳定	I
云南丘北县	YN—Qiubei County	R1655T2052	相对稳定	I
四川峨边县	SC—Ebian County	R1656T2052	相对稳定	I
内蒙古阿巴嘎旗	NM—Abaga Banner	R1657T2052	相对稳定	I
青海贵德县	QH—Guide County	R1658T2052	上升	I
甘肃华池县	GS—Huachi County	R1659T2052	相对稳定	I
云南马龙县	YN—Malong County	R1660T2052	相对稳定	I
新疆伽师县	XJ—Jiashi County	R1661T2052	相对稳定	I
山西交口县	SX—Jiaokou County	R1662T2052	上升	I
甘肃岷县	GS—Minxian County	R1663T2052	相对稳定	I
新疆温泉县	XJ—Wenquan County	R1664T2052	相对稳定	I
甘肃庄浪县	GS—Zhuanglang County	R1665T2052	相对稳定	I
黑龙江逊克县	HL—Xunke County	R1666T2052	相对稳定	I
云南西畴县	YN—Xichou County	R1667T2052	相对稳定	I
内蒙古科尔沁右翼中旗	NM—Keerqinyouyizhong Banner	R1668T2052	相对稳定	I
贵州独山县	GZ—Dushan County	R1669T2052	相对稳定	I
新疆叶城县	XJ—Yecheng County	R1670T2052	相对稳定	I

第二届中国县域经济基本竞争力评价(I级名单 续)
2nd CHINA COUNTY-LEVEL ECONOMY BASIC COMPETITIVENESS EVALUATION

县域	UNIT	中郡指数	竞争力动态	竞争力等级
广西巴马县	GX—Bama County	R1671T2052	相对稳定	I
河北孟村县	HEB—Mengcun County	R1672T2052	注意	I
内蒙古科尔沁右翼前旗	NM—Keerqinyouyiqian Banner	R1673T2052	注意	I
西藏安多县	XZ—Anduo County	R1674T2052	上升	I
甘肃古浪县	GS—Gulang County	R1675T2052	相对稳定	I
江西石城县	JX—Shicheng County	R1676T2052	注意	I
内蒙古巴林右旗	NM—Balinyou Banner	R1677T2052	相对稳定	I
甘肃会宁县	GS—Huining County	R1678T2052	相对稳定	I
新疆和硕县	XJ—Heshuo County	R1679T2052	相对稳定	I
山西保德县	SX—Baode County	R1680T2052	上升	I
西藏那曲县	XZ—Naqu County	R1681T2052	上升	I
湖南麻阳县	HN—Mayang County	R1682T2052	相对稳定	I
江西横峰县	JX—Hengfeng County	R1683T2052	上升	I
贵州沿河县	GZ—Yanhe County	R1684T2052	相对稳定	I
四川丹棱县	SC—Danling County	R1685T2052	相对稳定	I
甘肃通渭县	GS—Tongwei County	R1686T2052	相对稳定	I
青海祁连县	QH—Qilian County	R1687T2052	上升	I
四川马尔康县	SC—Maerkang County	R1688T2052	相对稳定	I
重庆城口县	CQ—Chengkou County	R1689T2052	相对稳定	I
青海门源县	QH—Menyuan County	R1690T2052	相对稳定	I
陕西商南县	SN—Shangnan County	R1691T2052	相对稳定	I
山西繁峙县	SX—Fanshi County	R1692T2052	相对稳定	I
四川平武县	SC—Pingwu County	R1693T2052	相对稳定	I
湖南新晃县	HN—Xinhuang County	R1694T2052	相对稳定	I
甘肃武山县	GS—Wushan County	R1695T2052	相对稳定	I
四川北川县	SC—Beichuan County	R1696T2052	相对稳定	I
四川越西县	SC—Yuexi County	R1697T2052	相对稳定	I
甘肃正宁县	GS—Zhengning County	R1698T2052	上升	I
云南云龙县	YN—Yunlong County	R1699T2052	相对稳定	I
山西沁源县	SX—Qinyuan County	R1700T2052	上升	I
西藏八宿县	XZ—Basu County	R1701T2052	上升	I
山西汾西县	SX—Fenxi County	R1702T2052	上升	I
西藏日喀则市	XZ—Rikaze City	R1703T2052	上升	I
云南陇川县	YN—Longchuan County	R1704T2052	相对稳定	I
黑龙江孙吴县	HL—Sunwu County	R1705T2052	相对稳定	I

第二届中国县域经济基本竞争力评价(Ⅰ级名单 续)

2nd CHINA COUNTY-LEVEL ECONOMY BASIC COMPETITIVENESS EVALUATION

县域	UNIT	中郡指数	竞争力动态	竞争力等级
内蒙古化德县	NM—Huade County	R1706T2052	相对稳定	Ⅰ
新疆巩留县	XJ—Gongliu County	R1707T2052	相对稳定	Ⅰ
内蒙古多伦县	NM—Duolun County	R1708T2052	相对稳定	Ⅰ
贵州凤冈县	GZ—Fenggang County	R1709T2052	相对稳定	Ⅰ
四川泸定县	SC—Luding County	R1710T2052	上升	Ⅰ
贵州黎平县	GZ—Liping County	R1711T2052	注意	Ⅰ
四川青川县	SC—Qingchuan County	R1712T2052	相对稳定	Ⅰ
四川芦山县	SC—Lushan County	R1713T2052	相对稳定	Ⅰ
宁夏彭阳县	NX—Pengyang County	R1714T2052	上升	Ⅰ
青海刚察县	QH—Gangcha County	R1715T2052	相对稳定	Ⅰ
江西资溪县	JX—Zixi County	R1716T2052	相对稳定	Ⅰ
湖南桂东县	HN—Guidong County	R1717T2052	相对稳定	Ⅰ
甘肃武都县	GS—Wudu County	R1718T2052	相对稳定	Ⅰ
西藏米林县	XZ—Milin County	R1719T2052	上升	Ⅰ
陕西柞水县	SN—Zhashui County	R1720T2052	相对稳定	Ⅰ
甘肃崇信县	GS—Chongxin County	R1721T2052	相对稳定	Ⅰ
云南永德县	YN—Yongde County	R1722T2052	相对稳定	Ⅰ
新疆洛浦县	XJ—Luopu County	R1723T2052	相对稳定	Ⅰ
黑龙江林甸县	HL—Lindian County	R1724T2052	相对稳定	Ⅰ
新疆阿合奇县	XJ—Aheqi County	R1725T2052	上升	Ⅰ
河北南和县	HEB—Nanhe County	R1726T2052	注意	Ⅰ
陕西汉阴县	SN—Hanyin County	R1727T2052	相对稳定	Ⅰ
新疆托里县	XJ—Tuoli County	R1728T2052	相对稳定	Ⅰ
西藏措勤县	XZ—Cuoqin County	R1729T2052	上升	Ⅰ
云南泸水县	YN—Lushui County	R1730T2052	相对稳定	Ⅰ
内蒙古苏尼特左旗	NM—Sunitezuo Banner	R1731T2052	相对稳定	Ⅰ
西藏岗巴县	XZ—Gangba County	R1732T2052	上升	Ⅰ
贵州长顺县	GZ—Changshun County	R1733T2052	相对稳定	Ⅰ
甘肃永靖县	GS—Yongjing County	R1734T2052	相对稳定	Ⅰ
广东连南县	GD—Liannan County	R1735T2052	相对稳定	Ⅰ
新疆墨玉县	XJ—Moyu County	R1736T2052	相对稳定	Ⅰ
山西沁县	SX—Qinxian County	R1737T2052	相对稳定	Ⅰ
宁夏隆德县	NX—Longde County	R1738T2052	相对稳定	Ⅰ
云南剑川县	YN—Jianchuan County	R1739T2052	相对稳定	Ⅰ
甘肃渭源县	GS—Weiyuan County	R1740T2052	相对稳定	Ⅰ

第二届中国县域经济基本竞争力评价(Ⅰ级名单 续)

2nd CHINA COUNTY-LEVEL ECONOMY BASIC COMPETITIVENESS EVALUATION

县域	UNIT	中郡指数	竞争力动态	竞争力等级
青海化隆县	QH—Hualong County	R1741T2052	相对稳定	I
青海都兰县	QH—Dulan County	R1742T2052	相对稳定	I
贵州务川县	GZ—Wuchuan County	R1743T2052	相对稳定	I
湖北神农架林区	HB—Shennongjia Forest Region	R1744T2052	相对稳定	I
新疆新和县	XJ—Xinhe County	R1745T2052	相对稳定	I
新疆伊吾县	XJ—Yiwu County	R1746T2052	上升	I
云南元阳县	YN—Yuanyang County	R1747T2052	相对稳定	I
贵州印江县	GZ—Yinjiang County	R1748T2052	相对稳定	I
贵州关岭县	GZ—Guanling County	R1749T2052	相对稳定	I
山西武乡县	SX—Wuxiang County	R1750T2052	相对稳定	I
青海河南县	QH—Henan County	R1751T2052	相对稳定	I
黑龙江泰来县	HL—Tailai County	R1752T2052	注意	I
新疆吉木乃县	XJ—Jimunai County	R1753T2052	相对稳定	I
湖南泸溪县	HN—Luxi County	R1754T2052	相对稳定	I
新疆阿克陶县	XJ—Aketao County	R1755T2052	相对稳定	I
宁夏海原县	NX—Haiyuan County	R1756T2052	上升	I
宁夏西吉县	NX—Xiji County	R1757T2052	上升	I
内蒙古阿拉善右旗	NM—Alashanyou Banner	R1758T2052	注意	I
四川理县	SC—Lixian County	R1759T2052	相对稳定	I
陕西镇巴县	SN—Zhenba County	R1760T2052	相对稳定	I
新疆昭苏县	XJ—Zhaosu County	R1761T2052	相对稳定	I
广西金秀县	GX—Jinxiu County	R1762T2052	相对稳定	I
湖南双牌县	HN—Shuangpai County	R1763T2052	注意	I
陕西岚皋县	SN—Langao County	R1764T2052	相对稳定	I
贵州贞丰县	GZ—Zhenfeng County	R1765T2052	相对稳定	I
新疆察布查尔县	XJ—Chabucha'er County	R1766T2052	相对稳定	I
广东连山县	GD—Lianshan County	R1767T2052	相对稳定	I
新疆巴里坤县	XJ—Balikun County	R1768T2052	相对稳定	I
内蒙古正镶白旗	NM—Zhengxiangbai Banner	R1769T2052	相对稳定	I
江西广昌县	JX—Guangchang County	R1770T2052	相对稳定	I
贵州天柱县	GZ—Tianzhu County	R1771T2052	相对稳定	I
西藏亚东县	XZ—Yadong County	R1772T2052	上升	I
新疆疏勒县	XJ—Shule County	R1773T2052	相对稳定	I
新疆尼勒克县	XJ—Nileke County	R1774T2052	相对稳定	I
甘肃合作市	GS—Hezuo City	R1775T2052	相对稳定	I

第二届中国县域经济基本竞争力评价(Ⅰ级名单 续)

2nd CHINA COUNTY-LEVEL ECONOMY BASIC COMPETITIVENESS EVALUATION

县域	UNIT	中郡指数	竞争力动态	竞争力等级
贵州麻江县	GZ—Majiang County	R1776T2052	相对稳定	Ⅰ
甘肃西和县	GS—Xihe County	R1777T2052	相对稳定	Ⅰ
内蒙古太仆寺旗	NM—Taipusi Banner	R1778T2052	相对稳定	Ⅰ
贵州台江县	GZ—Taijiang County	R1779T2052	相对稳定	Ⅰ
山西安泽县	SX—Anze County	R1780T2052	相对稳定	Ⅰ
青海治多县	QH—Zhiduo County	R1781T2052	相对稳定	Ⅰ
黑龙江饶河县	HL—Raohe County	R1782T2052	上升	Ⅰ
西藏吉隆县	XZ—Jilong County	R1783T2052	上升	Ⅰ
云南元谋县	YN—Yuanmou County	R1784T2052	相对稳定	Ⅰ
云南维西县	YN—Weixi County	R1785T2052	相对稳定	Ⅰ
贵州晴隆县	GZ—Qinglong County	R1786T2052	相对稳定	Ⅰ
新疆若羌县	XJ—Ruoqiang County	R1787T2052	相对稳定	Ⅰ
西藏洛隆县	XZ—Luolong County	R1788T2052	相对稳定	Ⅰ
贵州江口县	GZ—Jiangkou County	R1789T2052	相对稳定	Ⅰ
云南双江县	YN—Shuangjiang County	R1790T2052	相对稳定	Ⅰ
西藏南木林县	XZ—Nanmulin County	R1791T2052	上升	Ⅰ
陕西长武县	SN—Changwu County	R1792T2052	相对稳定	Ⅰ
云南漾濞县	YN—Yangbi County	R1793T2052	相对稳定	Ⅰ
广西东兰县	GX—Donglan County	R1794T2052	相对稳定	Ⅰ
四川普格县	SC—Puge County	R1795T2052	相对稳定	Ⅰ
广西西林县	GX—Xilin County	R1796T2052	相对稳定	Ⅰ
云南江城县	YN—Jiangcheng County	R1797T2052	相对稳定	Ⅰ
甘肃临夏县	GS—Linxia County	R1798T2052	相对稳定	Ⅰ
广西凌云县	GX—Lingyun County	R1799T2052	相对稳定	Ⅰ
云南永善县	YN—Yongshan County	R1800T2052	相对稳定	Ⅰ

第二届中国县域经济基本竞争力评价(J级名单)

2nd CHINA COUNTY-LEVEL ECONOMY BASIC COMPETITIVENESS EVALUATION

县域	UNIT	中郡指数	竞争力动态	竞争力等级
贵州罗甸县	GZ—Luodian County	R1801T2052	注意	J
新疆木垒县	XJ—Mulei County	R1802T2052	相对稳定	J
西藏革吉县	XZ—Geji County	R1803T2052	上升	J
四川茂县	SC—Maoxian County	R1804T2052	注意	J
山西宁武县	SX—Ningwu County	R1805T2052	相对稳定	J
贵州石阡县	GZ—Shiqian County	R1806T2052	相对稳定	J
青海循化县	QH—Xunhua County	R1807T2052	注意	J
贵州惠水县	GZ—Huishui County	R1808T2052	注意	J
西藏定日县	XZ—dingri County	R1809T2052	上升	J
山西夏县	SX—Xiaxian County	R1810T2052	相对稳定	J
新疆乌恰县	XJ—Wuqia County	R1811T2052	相对稳定	J
甘肃康乐县	GS—Kangle County	R1812T2052	相对稳定	J
云南镇康县	YN—Zhenkang County	R1813T2052	相对稳定	J
云南双柏县	YN—Shuangbo County	R1814T2052	相对稳定	J
内蒙古阿尔山市	NM—Aershan City	R1815T2052	相对稳定	J
西藏札达县	XZ—Zhada County	R1816T2052	相对稳定	J
云南孟连县	YN—Menglian County	R1817T2052	相对稳定	J
新疆哈巴河县	XJ—Habahe County	R1818T2052	相对稳定	J
内蒙古额尔古纳市	NM—Eerguna City	R1819T2052	注意	J
贵州榕江县	GZ—Rongjiang County	R1820T2052	相对稳定	J
贵州望谟县	GZ—Wangmo County	R1821T2052	相对稳定	J
西藏工布江达县	XZ—Gongbujiangda County	R1822T2052	上升	J
陕西旬邑县	SN—Xunyi County	R1823T2052	相对稳定	J
河北任县	HEB—Renxian County	R1824T2052	注意	J
云南永仁县	YN—Yongren County	R1825T2052	相对稳定	J
河北崇礼县	HEB—Chongli County	R1826T2052	相对稳定	J
河北万全县	HEB—Wanquan County	R1827T2052	相对稳定	J
陕西绥德县	SN—Suide County	R1828T2052	相对稳定	J
新疆特克斯县	XJ—Tekesi County	R1829T2052	相对稳定	J
四川炉霍县	SC—Luhuo County	R1830T2052	相对稳定	J
西藏江孜县	XZ—Jiangzi County	R1831T2052	相对稳定	J
四川喜德县	SC—Xide County	R1832T2052	相对稳定	J
西藏申扎县	XZ—Shenzha County	R1833T2052	相对稳定	J
云南沧源县	YN—Cangyuan County	R1834T2052	相对稳定	J
新疆乌什县	XJ—Wushi County	R1835T2052	相对稳定	J

第二届中国县域经济基本竞争力评价(J级名单 续)

2nd CHINA COUNTY-LEVEL ECONOMY BASIC COMPETITIVENESS EVALUATION

县域	UNIT	中郡指数	竞争力动态	竞争力等级
西藏左贡县	XZ—Zuogong County	R1836T2052	相对稳定	J
云南鲁甸县	YN—Ludian County	R1837T2052	相对稳定	J
河北康保县	HEB—Kangbao County	R1838T2052	相对稳定	J
云南金平县	YN—Jinping County	R1839T2052	相对稳定	J
新疆裕民县	XJ—Yumin County	R1840T2052	相对稳定	J
青海曲麻莱县	QH—Qumalai County	R1841T2052	相对稳定	J
陕西永寿县	SN—Yongshou County	R1842T2052	相对稳定	J
贵州从江县	GZ—Congjiang County	R1843T2052	相对稳定	J
西藏定结县	XZ—Dingjie County	R1844T2052	相对稳定	J
新疆英吉沙县	XJ—Yingjisha County	R1845T2052	相对稳定	J
山西隰县	SX—Xixian County	R1846T2052	相对稳定	J
云南镇沅县	YN—Zhenyuan County	R1847T2052	相对稳定	J
甘肃东乡族县	GS—Dongxiangzu County	R1848T2052	相对稳定	J
山西大同县	SX—Datong County	R1849T2052	注意	J
山西浑源县	SX—Hunyuan County	R1850T2052	注意	J
青海囊谦县	QH—Nangqian County	R1851T2052	相对稳定	J
湖南中方县	HN—Zhongfang County	R1852T2052	注意	J
青海同德县	QH—Tongde County	R1853T2052	相对稳定	J
新疆青河县	XJ—Qinghe County	R1854T2052	相对稳定	J
新疆和田县	XJ—Hetian County	R1855T2052	相对稳定	J
西藏班戈县	XZ—Bange County	R1856T2052	相对稳定	J
山西方山县	SX—Fangshan County	R1857T2052	相对稳定	J
云南屏边县	YN—Pingbian County	R1858T2052	相对稳定	J
青海兴海县	QH—Xinghai County	R1859T2052	相对稳定	J
四川昭觉县	SC—Zhaojue County	R1860T2052	相对稳定	J
四川九龙县	SC—Jiulong County	R1861T2052	相对稳定	J
四川马边县	SC—Mabian County	R1862T2052	相对稳定	J
云南彝良县	YN—Yiliang County	R1863T2052	相对稳定	J
四川雷波县	SC—Leibo County	R1864T2052	相对稳定	J
宁夏同心县	NX—Tongxin County	R1865T2052	相对稳定	J
陕西横山县	SN—Hengshan County	R1866T2052	注意	J
内蒙古正蓝旗	NM—Zhenglan Banner	R1867T2052	相对稳定	J
山西平顺县	SX—Pingshun County	R1868T2052	相对稳定	J
贵州三穗县	GZ—Sansui County	R1869T2052	相对稳定	J
西藏聂荣县	XZ—Nierong County	R1870T2052	相对稳定	J

第二届中国县域经济基本竞争力评价(J级名单 续)

2nd CHINA COUNTY-LEVEL ECONOMY BASIC COMPETITIVENESS EVALUATION

县域	UNIT	中郡指数	竞争力动态	竞争力等级
云南梁河县	YN—Lianghe County	R1871T2052	相对稳定	J
贵州黄平县	GZ—Huangping County	R1872T2052	相对稳定	J
四川甘孜县	SC—Ganzi County	R1873T2052	相对稳定	J
山西河曲县	SX—Hequ County	R1874T2052	相对稳定	J
西藏加查县	XZ—Jiacha County	R1875T2052	相对稳定	J
甘肃广河县	GS—Guanghe County	R1876T2052	相对稳定	J
黑龙江桦川县	HL—Huachuan County	R1877T2052	注意	J
黑龙江克东县	HL—Kedong County	R1878T2052	注意	J
四川得荣县	SC—Derong County	R1879T2052	相对稳定	J
贵州三都县	GZ—Sandu County	R1880T2052	相对稳定	J
甘肃礼县	GS—Lixian County	R1881T2052	相对稳定	J
内蒙古扎赉特旗	NM—Zhalaite Banner	R1882T2052	注意	J
新疆岳普湖县	XJ—Yuepuhu County	R1883T2052	相对稳定	J
山西神池县	SX—Shenchi County	R1884T2052	相对稳定	J
陕西太白县	SN—Taibai County	R1885T2052	相对稳定	J
河北新河县	HEB—Xinhe County	R1886T2052	注意	J
陕西石泉县	SN—Shiquan County	R1887T2052	注意	J
广西那坡县	GX—Napo County	R1888T2052	相对稳定	J
西藏昂仁县	XZ—Angren County	R1889T2052	相对稳定	J
青海称多县	QH—Chengduo County	R1890T2052	相对稳定	J
内蒙古清水河县	NM—Qingshuihe County	R1891T2052	注意	J
陕西麟游县	SN—Linyou County	R1892T2052	相对稳定	J
西藏萨迦县	XZ—Sajia County	R1893T2052	相对稳定	J
四川石渠县	SC—Shiqu County	R1894T2052	相对稳定	J
西藏曲松县	XZ—Qusong County	R1895T2052	相对稳定	J
山西灵丘县	SX—Lingqiu County	R1896T2052	注意	J
贵州紫云县	GZ—Ziyun County	R1897T2052	相对稳定	J
西藏拉孜县	XZ—Lazi County	R1898T2052	相对稳定	J
四川稻城县	SC—Daocheng County	R1899T2052	相对稳定	J
甘肃漳县	GS—Zhangxian County	R1900T2052	相对稳定	J
河北广宗县	HEB—Guangzong County	R1901T2052	注意	J
甘肃和政县	GS—Hezheng County	R1902T2052	注意	J
宁夏陶乐县	NX—Taole County	R1903T2052	相对稳定	J
四川红原县	SC—Hongyuan County	R1904T2052	相对稳定	J
甘肃合水县	GS—Heshui County	R1905T2052	相对稳定	J

第二届中国县域经济基本竞争力评价(J级名单 续)

2nd CHINA COUNTY-LEVEL ECONOMY BASIC COMPETITIVENESS EVALUATION

县域	UNIT	中郡指数	竞争力动态	竞争力等级
云南红河县	YN—Honghe County	R1906T2052	相对稳定	J
云南威信县	YN—Weixin County	R1907T2052	相对稳定	J
西藏墨脱县	XZ—Motuo County	R1908T2052	相对稳定	J
西藏嘉黎县	XZ—Jiali County	R1909T2052	相对稳定	J
西藏朗县	XZ—Langxian County	R1910T2052	相对稳定	J
陕西千阳县	SN—Qianyang County	R1911T2052	相对稳定	J
西藏当雄县	XZ—Dangxiong County	R1912T2052	相对稳定	J
西藏普兰县	XZ—Pulan County	R1913T2052	相对稳定	J
西藏曲水县	XZ—Qushui County	R1914T2052	相对稳定	J
青海泽库县	QH—Zeku County	R1915T2052	相对稳定	J
湖南古丈县	HN—Guzhang County	R1916T2052	相对稳定	J
贵州岑巩县	GZ—Cengong County	R1917T2052	相对稳定	J
新疆于田县	XJ—Yutian County	R1918T2052	相对稳定	J
广西凤山县	GX—Fengshan County	R1919T2052	相对稳定	J
甘肃夏河县	GS—Xiahe County	R1920T2052	相对稳定	J
四川布拖县	SC—Butuo County	R1921T2052	相对稳定	J
陕西紫阳县	SN—Ziyang County	R1922T2052	相对稳定	J
陕西延长县	SN—Yanchang County	R1923T2052	相对稳定	J
青海玉树县	QH—Yushu County	R1924T2052	相对稳定	J
甘肃文县	GS—Wenxian County	R1925T2052	相对稳定	J
广西乐业县	GX—Leye County	R1926T2052	相对稳定	J
河北顺平县	HEB—Shunping County	R1927T2052	注意	J
四川美姑县	SC—Meigu County	R1928T2052	相对稳定	J
山西平陆县	SX—Pinglu County	R1929T2052	注意	J
安徽石台县	AH—Shitai County	R1930T2052	相对稳定	J
山西吉县	SX—Jixian County	R1931T2052	相对稳定	J
云南宁蒗县	YN—Ninglang County	R1932T2052	相对稳定	J
四川壤塘县	SC—Rangtang County	R1933T2052	相对稳定	J
贵州平塘县	GZ—Pingtang County	R1934T2052	相对稳定	J
四川黑水县	SC—Heishui County	R1935T2052	相对稳定	J
陕西富县	SN—Fuxian County	R1936T2052	相对稳定	J
青海久治县	QH—Jiuzhi County	R1937T2052	相对稳定	J
四川金川县	SC—Jinchuan County	R1938T2052	相对稳定	J
贵州万山特区	GZ—Wanshan Special Region	R1939T2052	相对稳定	J
河北沽源县	HEB—Guyuan County	R1940T2052	相对稳定	J

第二届中国县域经济基本竞争力评价(J级名单 续)

2nd CHINA COUNTY-LEVEL ECONOMY BASIC COMPETITIVENESS EVALUATION

县域	UNIT	中郡指数	竞争力动态	竞争力等级
四川金阳县	SC—Jinyang County	R1941T2052	相对稳定	J
西藏堆龙德庆县	XZ—Duilongdeqing County	R1942T2052	相对稳定	J
新疆柯坪县	XJ—Keping County	R1943T2052	相对稳定	J
湖南通道县	HN—Tongdao County	R1944T2052	注意	J
甘肃清水县	GS—Qingshui County	R1945T2052	相对稳定	J
贵州册亨县	GZ—Ceheng County	R1946T2052	相对稳定	J
甘肃碌曲县	GS—Luqu County	R1947T2052	相对稳定	J
西藏隆子县	XZ—Longzi County	R1948T2052	相对稳定	J
贵州锦屏县	GZ—Jinping County	R1949T2052	相对稳定	J
西藏措美县	XZ—Cuomei County	R1950T2052	相对稳定	J
四川理塘县	SC—Litang County	R1951T2052	相对稳定	J
甘肃积石山县	GS—Jishishan County	R1952T2052	相对稳定	J
甘肃临潭县	GS—Lintan County	R1953T2052	相对稳定	J
宁夏泾源县	NX—Jingyuan County	R1954T2052	相对稳定	J
四川若尔盖县	SC—Ruo'ergai County	R1955T2052	相对稳定	J
陕西宜川县	SN—Yichuan County	R1956T2052	相对稳定	J
贵州剑河县	GZ—Jianhe County	R1957T2052	相对稳定	J
西藏洛扎县	XZ—Luozha County	R1958T2052	相对稳定	J
甘肃张家川县	GS—Zhangjiachuan County	R1959T2052	相对稳定	J
青海乌兰县	QH—Wulan County	R1960T2052	相对稳定	J
甘肃宕昌县	GS—Dangchang County	R1961T2052	相对稳定	J
山西代县	SX—Daixian Conty	R1962T2052	注意	J
青海玛多县	QH—Maduo County	R1963T2052	相对稳定	J
四川木里县	SC—Muli County	R1964T2052	相对稳定	J
贵州雷山县	GZ—Leishan County	R1965T2052	注意	J
云南绿春县	YN—Luchun County	R1966T2052	相对稳定	J
西藏错那县	XZ—Cuona County	R1967T2052	相对稳定	J
云南德钦县	YN—Deqin County	R1968T2052	相对稳定	J
四川丹巴县	SC—Danba County	R1969T2052	相对稳定	J
西藏谢通门县	XZ—Xietongmen County	R1970T2052	相对稳定	J
甘肃康县	GS—Kangxian County	R1971T2052	相对稳定	J
四川道孚县	SC—Daofu County	R1972T2052	相对稳定	J
四川白玉县	SC—Baiyu County	R1973T2052	相对稳定	J
甘肃舟曲县	GS—Zhouqu County	R1974T2052	相对稳定	J
山西应县	SX—Yingxian County	R1975T2052	注意	J

第二届中国县域经济基本竞争力评价(J级名单 续)

2nd CHINA COUNTY-LEVEL ECONOMY BASIC COMPETITIVENESS EVALUATION

县域	UNIT	中郡指数	竞争力动态	竞争力等级
四川色达县	SC—Seda County	R1976T2052	相对稳定	J
甘肃卓尼县	GS—Zuoni County	R1977T2052	相对稳定	J
甘肃迭部县	GS—Diebu County	R1978T2052	相对稳定	J
甘肃两当县	GS—Liangdang County	R1979T2052	相对稳定	J
山西岚县	SX—Lanxian County	R1980T2052	相对稳定	J
云南盐津县	YN—Yanjin County	R1981T2052	相对稳定	J
四川阿坝县	SC—Aba County	R1982T2052	相对稳定	J
四川小金县	SC—Xiaojin County	R1983T2052	相对稳定	J
陕西白河县	SN—Baihe County	R1984T2052	注意	J
贵州丹寨县	GZ—Danzhai County	R1985T2052	相对稳定	J
西藏索县	XZ—Suoxian County	R1986T2052	相对稳定	J
青海贵南县	QH—Guinan County	R1987T2052	相对稳定	J
河北尚义县	HEB—Shangyi County	R1988T2052	相对稳定	J
山西阳高县	SX—Yanggao County	R1989T2052	相对稳定	J
陕西子洲县	SN—Zizhou County	R1990T2052	注意	J
新疆民丰县	XJ—Minfeng County	R1991T2052	相对稳定	J
四川巴塘县	SC—Batang County	R1992T2052	相对稳定	J
四川乡城县	SC—Xiangcheng County	R1993T2052	相对稳定	J
西藏扎囊县	XZ—Zhanang County	R1994T2052	相对稳定	J
河北怀安县	HEB—Huai'an County	R1995T2052	注意	J
陕西佛坪县	SN—Foping County	R1996T2052	相对稳定	J
陕西平利县	SN—Pingli County	R1997T2052	注意	J
云南绥江县	YN—Suijiang County	R1998T2052	相对稳定	J
西藏墨竹工卡县	XZ—Mozhugongka County	R1999T2052	相对稳定	J
山西娄烦县	SX—Loufan County	R2000T2052	相对稳定	J
陕西镇坪县	SN—Zhenping County	R2001T2052	相对稳定	J
西藏仁布县	XZ—Renbu County	R2002T2052	相对稳定	J
山西偏关县	SX—Pianguan County	R2003T2052	注意	J
云南西盟县	YN—Ximeng County	R2004T2052	相对稳定	J
西藏昌都县	XZ—Changdu County	R2005T2052	相对稳定	J
四川德格县	SC—Dege County	R2006T2052	相对稳定	J
云南福贡县	YN—Fugong County	R2007T2052	相对稳定	J
四川新龙县	SC—Xinlong County	R2008T2052	相对稳定	J
陕西留坝县	SN—Liuba County	R2009T2052	相对稳定	J
西藏贡嘎县	XZ—Gongga County	R2010T2052	相对稳定	J

第二届中国县域经济基本竞争力评价(J级名单 续)

2nd CHINA COUNTY-LEVEL ECONOMY BASIC COMPETITIVENESS EVALUATION

县域	UNIT	中郡指数	竞争力动态	竞争力等级
青海班玛县	QH—Banma County	R2011T2052	相对稳定	J
山西大宁县	SX—Daning County	R2012T2052	相对稳定	J
陕西凤县	SN—Fengxian County	R2013T2052	相对稳定	J
青海同仁县	QH—Tongren County	R2014T2052	注意	J
新疆策勒县	XJ—Cele County	R2015T2052	相对稳定	J
云南贡山县	YN—Gongshan County	R2016T2052	相对稳定	J
山西永和县	SX—Yonghe County	R2017T2052	相对稳定	J
陕西黄龙县	SN—Huanglong County	R2018T2052	相对稳定	J
西藏贡觉县	XZ—Gongjue County	R2019T2052	相对稳定	J
西藏改则县	XZ—Gaize County	R2020T2052	相对稳定	J
陕西宜君县	SN—Yijun County	R2021T2052	相对稳定	J
内蒙古镶黄旗	NM—Xianghuang Banner	R2022T2052	相对稳定	J
黑龙江龙江县	HL—Longjiang County	R2023T2052	注意	J
青海达日县	QH—Dari County	R2024T2052	相对稳定	J
山西岢岚县	SX—Kelan County	R2025T2052	注意	J
西藏察雅县	XZ—Chaya County	R2026T2052	相对稳定	J
青海甘德县	QH—Gande County	R2027T2052	相对稳定	J
山西右玉县	SX—Youyu County	R2028T2052	注意	J
四川雅江县	SC—Yajiang County	R2029T2052	相对稳定	J
云南大关县	YN—Daguan County	R2030T2052	相对稳定	J
陕西宁陕县	SN—Ningshan County	R2031T2052	注意	J
新疆塔什库尔干县	XJ—Tashiku'ergan County	R2032T2052	相对稳定	J
西藏琼结县	XZ—Qiongjie County	R2033T2052	相对稳定	J
陕西米脂县	SN—Mizhi County	R2034T2052	注意	J
陕西清涧县	SN—Qingjian County	R2035T2052	注意	J
山西临县	SX—Linxian County	R2036T2052	注意	J
山西静乐县	SX—Jingle County	R2037T2052	注意	J
陕西吴堡县	SN—Wubu County	R2038T2052	相对稳定	J
山西广灵县	SX—Guangling County	R2039T2052	注意	J
山西五寨县	SX—Wuzhai County	R2040T2052	注意	J
山西天镇县	SX—Tianzhen County	R2041T2052	注意	J
西藏芒康县	XZ—Mangkang County	R2042T2052	注意	J
西藏丁青县	XZ—Dingqing County	R2043T2052	相对稳定	J
西藏尼木县	XZ—Nimu County	R2044T2052	相对稳定	J
山西石楼县	SX—Shilou County	R2045T2052	相对稳定	J

第二届中国县域经济基本竞争力评价(J级名单 续)

2nd CHINA COUNTY-LEVEL ECONOMY BASIC COMPETITIVENESS EVALUATION

县域	UNIT	中郡指数	竞争力动态	竞争力等级
西藏巴青县	XZ—Baqing County	R2046T2052	相对稳定	J
西藏边坝县	XZ—Bianba County	R2047T2052	相对稳定	J
山西兴县	SX—Xingxian County	R2048T2052	注意	J
西藏尼玛县	XZ—Nima County	R2049T2052	相对稳定	J
西藏林周县	XZ—Linzhou County	R2050T2052	相对稳定	J
西藏类乌齐县	XZ—Leiwuqi County	R2051T2052	相对稳定	J
西藏桑日县	XZ—Sangri County	R2052T2052	相对稳定	J

注：

1、中郡指数，即县经指数，是指县域经济发展水平及县域经济基本竞争力指数。“R”后的数字为县域经济基本竞争力排位数；“T” 后的数字为该评价年度中参加评价的全国县域单位数。参加第二届全国县域经济基本竞争力评价的县域单位数为2052个。

2、竞争力动态，是指县域经济基本竞争力的排位在本届和上届评价中的动态变化情况。竞争力动态分上升、相对稳定、注意等三种情况。

3、竞争力等级，是指县域经济基本竞争力的强弱等级。全国县域经济基本竞争力等级由强到弱划分十个等级，即由A级到J级。

4、全国县域经济基本竞争力评价结果按照强弱顺序排列；各省市区县域经济基本竞争力评价结果按照汉语拼音顺序排列，以便于查阅。

5、全国县域经济基本竞争力评价工作为全国各省市区、各县市旗的县域经济基本竞争力动态变化提供参照坐标，为对比、分析、驾驭、发展县域经济提供非常有益的帮助。

中国县域经济基本竞争力评价(分省市区)

第二届中国县域经济基本竞争力评价(安徽)

2nd CHINA COUNTY-LEVEL ECONOMY BASIC COMPETITIVENESS EVALUATION(ANHUI)

县域单位	UNIT	中郡指数	竞争力动态	竞争力等级
安徽长丰县	AH—Changfeng County	R797T2052	相对稳定	D
安徽枞阳县	AH—Zongyang County	R679T2052	相对稳定	D
安徽当涂县	AH—Dangtu County	R642T2052	相对稳定	D
安徽砀山县	AH—Dangshan County	R608T2052	相对稳定	D
安徽定远县	AH—Dingyuan County	R526T2052	注意	C
安徽东至市	AH—Dongzhi City	R910T2052	相对稳定	E
安徽繁昌县	AH—Fanchang County	R667T2052	上升	D
安徽肥东县	AH—Feidong County	R479T2052	相对稳定	C
安徽肥西县	AH—Feixi County	R664T2052	相对稳定	D
安徽凤台县	AH—Fengtai County	R557T2052	相对稳定	C
安徽凤阳县	AH—Fengyang County	R660T2052	相对稳定	D
安徽阜南县	AH—Funan County	R705T2052	相对稳定	D
安徽固镇县	AH—Guzhen County	R701T2052	相对稳定	D
安徽广德县	AH—Guangde County	R688T2052	相对稳定	D
安徽含山县	AH—Hanshan County	R863T2052	相对稳定	E
安徽和县	AH—Hexian County	R768T2052	相对稳定	D
安徽怀宁县	AH—Huaining County	R507T2052	相对稳定	C
安徽怀远县	AH—Huaiyuan County	R440T2052	相对稳定	C
安徽霍邱县	AH—Huoqiu County	R545T2052	相对稳定	C
安徽霍山县	AH—Huoshan County	R884T2052	相对稳定	E
安徽绩溪县	AH—Jixi County	R1358T2052	相对稳定	G
安徽界首市	AH—Jieshou City	R726T2052	相对稳定	D
安徽金寨县	AH—Jinzhai County	R1019T2052	相对稳定	F
安徽泾县	AH—Jingxian County	R975T2052	相对稳定	E
安徽旌德县	AH—Jingde County	R1593T2052	上升	H
安徽来安县	AH—Lai'an County	R671T2052	相对稳定	D
安徽郎溪县	AH—Langxi County	R1248T2052	相对稳定	G
安徽利辛县	AH—Lixin County	R724T2052	相对稳定	D
安徽临泉县	AH—Linquan County	R590T2052	相对稳定	C
安徽灵璧县	AH—Lingbi County	R509T2052	相对稳定	C
安徽庐江县	AH—Lujiang County	R525T2052	相对稳定	C

第二届中国县域经济基本竞争力评价(安徽 续)

2nd CHINA COUNTY-LEVEL ECONOMY BASIC COMPETITIVENESS EVALUATION(ANHUI)

县域单位	UNIT	中郡指数	竞争力动态	竞争力等级
安徽蒙城县	AH—Mengcheng County	R467T2052	相对稳定	C
安徽明光市	AH—Mingguang City	R474T2052	相对稳定	C
安徽南陵县	AH—Nanling County	R887T2052	相对稳定	E
安徽宁国市	AH—Ningguo City	R384T2052	相对稳定	B
安徽祁门县	AH—Qimen County	R1207T2052	相对稳定	G
安徽潜山县	AH—Qianshan County	R852T2052	相对稳定	E
安徽青阳县	AH—Qingyang County	R1339T2052	相对稳定	G
安徽全椒县	AH—Quanjiao County	R523T2052	相对稳定	C
安徽石台县	AH—Shitai County	R1930T2052	相对稳定	J
安徽寿县	AH—Shouxian County	R684T2052	注意	D
安徽舒城县	AH—Shucheng County	R622T2052	相对稳定	D
安徽泗县	AH—Sixian County	R757T2052	相对稳定	D
安徽宿松县	AH—Susong County	R791T2052	相对稳定	D
安徽濉溪县	AH—Suixi County	R471T2052	相对稳定	C
安徽太和县	AH—Taihe County	R521T2052	相对稳定	C
安徽太湖县	AH—Taihu County	R900T2052	相对稳定	E
安徽天长市	AH—Tianchang City	R348T2052	相对稳定	B
安徽桐城市	AH—Tongcheng City	R395T2052	相对稳定	B
安徽铜陵县	AH—Tongling County	R1027T2052	相对稳定	F
安徽望江县	AH—Wangjiang County	R957T2052	相对稳定	E
安徽涡阳县	AH—Guoyang County	R451T2052	相对稳定	C
安徽无为县	AH—Wuwei County	R284T2052	相对稳定	B
安徽芜湖县	AH—Wuhu County	R831T2052	相对稳定	E
安徽五河县	AH—Wuhe County	R693T2052	相对稳定	D
安徽歙县	AH—Shexian County	R607T2052	相对稳定	D
安徽萧县	AH—Suxian County	R486T2052	相对稳定	C
安徽休宁县	AH—Xiuning County	R1109T2052	相对稳定	F
安徽黟县	AH—Yixian County	R1623T2052	相对稳定	I
安徽颍上县	AH—Yingshang County	R717T2052	相对稳定	D
安徽岳西县	AH—Yuexi County	R1350T2052	注意	G

第二届中国县域经济基本竞争力评价(北京)

2nd CHINA COUNTY-LEVEL ECONOMY BASIC COMPETITIVENESS EVALUATION(BEIJING)

县域单位	UNIT	中郡指数	竞争力动态	竞争力等级
北京密云县	BJ—Miyun County	R193T2052	相对稳定	A
北京延庆县	BJ—Yanqing County	R441T2052	相对稳定	C

第二届中国县域经济基本竞争力评价中心(福建)

2nd CHINA COUNTY-LEVEL ECONOMY BASIC COMPETITIVENESS EVALUATION(FUJIAN)

县域单位	UNIT	中郡指数	竞争力动态	竞争力等级
福建安溪县	FJ—Anxi County	R99T2052	相对稳定	A
福建长乐市	FJ—Changle City	R96T2052	相对稳定	A
福建长泰县	FJ—Changtai County	R612T2052	相对稳定	D
福建长汀县	FJ—Changting County	R933T2052	相对稳定	E
福建大田县	FJ—Datian County	R848T2052	相对稳定	E
福建德化县	FJ—Dehua County	R261T2052	相对稳定	B
福建东山县	FJ—Dongshan County	R344T2052	相对稳定	B
福建福安市	FJ—Fu'an City	R264T2052	相对稳定	B
福建福鼎市	FJ—Fuding City	R359T2052	相对稳定	B
福建福清市	FJ—Fuqing City	R16T2052	相对稳定	A
福建古田县	FJ—Gutian County	R644T2052	相对稳定	D
福建光泽县	FJ—Guangze County	R1346T2052	相对稳定	G
福建华安县	FJ—Hua'an County	R1048T2052	相对稳定	F
福建惠安县	FJ—Hui'an County	R32T2052	相对稳定	A
福建建宁县	FJ—Jianning County	R1245T2052	相对稳定	G
福建建瓯市	FJ—Jian'ou City	R468T2052	相对稳定	C
福建建阳市	FJ—Jianyang City	R734T2052	相对稳定	D
福建将乐县	FJ—Jiangle County	R921T2052	相对稳定	E
福建晋江市	FJ—Jinjiang City	R6T2052	相对稳定	A
福建连城县	FJ—Liancheng County	R911T2052	相对稳定	E
福建连江县	FJ—Lianjiang County	R159T2052	相对稳定	A
福建龙海市	FJ—Longhai City	R70T2052	相对稳定	A
福建罗源县	FJ—Luoyuan County	R476T2052	相对稳定	C
福建闽候县	FJ—Minhou County	R127T2052	相对稳定	A
福建闽清县	FJ—Minqing County	R320T2052	相对稳定	B
福建明溪县	FJ—Mingxi County	R1291T2052	相对稳定	G
福建南安市	FJ—Nan'an City	R26T2052	相对稳定	A
福建南靖县	FJ—Nanjing County	R310T2052	相对稳定	B
福建宁化县	FJ—Ninghua County	R1060T2052	相对稳定	F
福建平和县	FJ—Pinghe County	R422T2052	相对稳定	C
福建平潭县	FJ—Pingtan County	R801T2052	注意	E
福建屏南县	FJ—Pingnan County	R1316T2052	相对稳定	G
福建莆田县	FJ—Putian County	R147T2052	相对稳定	A
福建浦城县	FJ—Pucheng County	R1028T2052	相对稳定	F
福建清流县	FJ—Qingliu County	R1349T2052	相对稳定	G

第二届中国县域经济基本竞争力评价中心(福建 续)

2nd CHINA COUNTY-LEVEL ECONOMY BASIC COMPETITIVENESS EVALUATION(FUJIAN)

县域单位	UNIT	中郡指数	竞争力动态	竞争力等级
福建沙县	FJ—Shaxian County	R489T2052	相对稳定	C
福建上杭县	FJ—Shanghang County	R654T2052	相对稳定	D
福建邵武市	FJ—Shaowu City	R387T2052	相对稳定	B
福建石狮市	FJ—Shishi City	R49T2052	相对稳定	A
福建寿宁县	FJ—Shouning County	R1357T2052	相对稳定	G
福建顺昌县	FJ—Shunchang County	R859T2052	相对稳定	E
福建松溪县	FJ—Songxi County	R1332T2052	相对稳定	G
福建泰宁县	FJ—Taining County	R940T2052	相对稳定	E
福建武平县	FJ—Wuping County	R885T2052	相对稳定	E
福建武夷山市	FJ—Wuyishan City	R783T2052	相对稳定	D
福建霞浦县	FJ—Xiapu County	R473T2052	相对稳定	C
福建仙游县	FJ—Xianyou County	R280T2052	相对稳定	B
福建永安市	FJ—Yong'an City	R177T2052	相对稳定	A
福建永春县	FJ—Yongchun County	R174T2052	相对稳定	A
福建永定县	FJ—Yongding County	R515T2052	相对稳定	C
福建永泰县	FJ—Yongtai County	R732T2052	相对稳定	D
福建尤溪县	FJ—Youxi County	R527T2052	相对稳定	C
福建云霄县	FJ—Yunxiao County	R445T2052	相对稳定	C
福建漳平市	FJ—Zhangping City	R588T2052	相对稳定	C
福建漳浦县	FJ—Zhangpu County	R152T2052	相对稳定	A
福建诏安县	FJ—Zhao'an County	R351T2052	相对稳定	B
福建柘荣县	FJ—Zherong County	R1403T2052	相对稳定	H
福建政和县	FJ—Zhenghe County	R1583T2052	相对稳定	H
福建周宁县	FJ—Zhouning County	R1408T2052	相对稳定	H

第二届中国县域经济基本竞争力评价(甘肃)

2nd CHINA COUNTY-LEVEL ECONOMY BASIC COMPETITIVENESS EVALUATION(GANSU)

县域单位	UNIT	中郡指数	竞争力动态	竞争力等级
甘肃阿克塞县	GS—Akesai County	R1330T2052	相对稳定	G
甘肃安西县	GS—Anxi County	R1324T2052	相对稳定	G
甘肃成县	GS—Chengxian County	R1417T2052	相对稳定	H
甘肃崇信县	GS—Chongxin County	R1721T2052	相对稳定	I
甘肃宕昌县	GS—Dangchang County	R1961T2052	相对稳定	J
甘肃迭部县	GS—Diebu County	R1978T2052	相对稳定	J
甘肃定西县	GS—Dingxi County	R1265T2052	相对稳定	G
甘肃东乡族县	GS—Dongxiangzu County	R1848T2052	相对稳定	J
甘肃敦煌市	GS—Dunhuang City	R972T2052	相对稳定	E
甘肃甘谷县	GS—Gangu County	R1653T2052	相对稳定	I
甘肃皋兰县	GS—Gaolan County	R1542T2052	相对稳定	H
甘肃高台县	GS—Gaotai County	R1393T2052	相对稳定	G
甘肃古浪县	GS—Gulang County	R1675T2052	相对稳定	I
甘肃广河县	GS—Guanghe County	R1876T2052	相对稳定	J
甘肃合水县	GS—Heshui County	R1905T2052	相对稳定	J
甘肃合作市	GS—Hezuo City	R1775T2052	相对稳定	I
甘肃和政县	GS—Hezheng County	R1902T2052	注意	J
甘肃华池县	GS—Huachi County	R1659T2052	相对稳定	I
甘肃华亭县	GS—Huating County	R1247T2052	相对稳定	G
甘肃环县	GS—Huanxian County	R1516T2052	上升	H
甘肃徽县	GS—Huixian County	R1599T2052	相对稳定	H
甘肃会宁县	GS—Huining County	R1678T2052	相对稳定	I
甘肃积石山县	GS—Jishishan County	R1952T2052	相对稳定	J
甘肃金塔县	GS—Jinta County	R1401T2052	相对稳定	H
甘肃泾川县	GS—Jingchuan County	R1398T2052	相对稳定	G
甘肃景泰县	GS—Jingtai County	R1455T2052	相对稳定	H
甘肃靖远县	GS—Jingyuan County	R1392T2052	相对稳定	G
甘肃静宁县	GS—Jingning County	R1541T2052	相对稳定	H
甘肃酒泉市	GS—Jiuquan City	R631T2052	相对稳定	D
甘肃康乐县	GS—Kangle County	R1812T2052	相对稳定	J
甘肃康县	GS—Kangxian County	R1971T2052	相对稳定	J
甘肃礼县	GS—Lixian County	R1881T2052	相对稳定	J
甘肃两当县	GS—Liangdang County	R1979T2052	相对稳定	J
甘肃临潭县	GS—Lintan County	R1953T2052	相对稳定	J
甘肃临洮县	GS—Lintao County	R1353T2052	相对稳定	G

第二届中国县域经济基本竞争力评价(甘肃 续)

2nd CHINA COUNTY-LEVEL ECONOMY BASIC COMPETITIVENESS EVALUATION(GANSU)

县域单位	UNIT	中郡指数	竞争力动态	竞争力等级
甘肃临夏市	GS—Linxia City	R1517T2052	相对稳定	H
甘肃临夏县	GS—Linxia County	R1798T2052	相对稳定	I
甘肃临泽县	GS—Linze County	R1325T2052	相对稳定	G
甘肃灵台县	GS—Lingtai County	R1509T2052	相对稳定	H
甘肃陇西县	GS—Longxi County	R1294T2052	相对稳定	G
甘肃碌曲县	GS—Luqu County	R1947T2052	相对稳定	J
甘肃玛曲县	GS—Maqu County	R1425T2052	相对稳定	H
甘肃民乐县	GS—Minle County	R1564T2052	注意	H
甘肃民勤县	GS—Minqin County	R1434T2052	相对稳定	H
甘肃岷县	GS—Minxian County	R1663T2052	相对稳定	I
甘肃宁县	GS—Ningxian County	R1445T2052	相对稳定	H
甘肃平凉市	GS—Pingliang City	R561T2052	上升	C
甘肃秦安县	GS—Qin'an County	R1590T2052	相对稳定	H
甘肃清水县	GS—Qingshui County	R1945T2052	相对稳定	J
甘肃庆阳县	GS—Qingyang County	R804T2052	相对稳定	E
甘肃山丹县	GS—Shandan County	R1304T2052	相对稳定	G
甘肃肃北县	GS—Subei County	R1298T2052	上升	G
甘肃肃南县	GS—Sunan County	R1588T2052	相对稳定	H
甘肃天祝县	GS—Tianzhu County	R1629T2052	相对稳定	I
甘肃通渭县	GS—Tongwei County	R1686T2052	相对稳定	I
甘肃渭源县	GS—Weiyuan County	R1740T2052	相对稳定	I
甘肃文县	GS—Wenxian County	R1925T2052	相对稳定	J
甘肃武都县	GS—Wudu County	R1718T2052	相对稳定	I
甘肃武山县	GS—Wushan County	R1695T2052	相对稳定	I
甘肃西峰市	GS—Xifeng City	R1140T2052	相对稳定	F
甘肃西和县	GS—Xihe County	R1777T2052	相对稳定	I
甘肃夏河县	GS—Xiahe County	R1920T2052	相对稳定	J
甘肃永昌县	GS—Yongchang County	R1151T2052	相对稳定	F
甘肃永登县	GS—Yongdeng County	R758T2052	相对稳定	D
甘肃永靖县	GS—Yongjing County	R1734T2052	相对稳定	I
甘肃榆中县	GS—Yuzhong County	R1343T2052	相对稳定	G
甘肃玉门市	GS—Yumen City	R429T2052	相对稳定	C
甘肃张家川县	GS—Zhangjiachuan County	R1959T2052	相对稳定	J
甘肃张掖市	GS—Zhangye City	R535T2052	相对稳定	C
甘肃漳县	GS—Zhangxian County	R1900T2052	相对稳定	J

第二届中国县域经济基本竞争力评价(甘肃 续)

2nd CHINA COUNTY-LEVEL ECONOMY BASIC COMPETITIVENESS EVALUATION(GANSU)

县域单位	UNIT	中郡指数	竞争力动态	竞争力等级
甘肃镇原县	GS—Zhenyuan County	R1539T2052	上升	H
甘肃正宁县	GS—Zhengning County	R1698T2052	上升	I
甘肃舟曲县	GS—Zhouqu County	R1974T2052	相对稳定	J
甘肃庄浪县	GS—Zhuanglang County	R1665T2052	相对稳定	I
甘肃卓尼县	GS—Zhuoni County	R1977T2052	相对稳定	J

第二届中国县域经济基本竞争力评价(广东)

2nd CHINA COUNTY-LEVEL ECONOMY BASIC COMPETITIVENESS EVALUATION(GUANGDONG)

县域单位	UNIT	中郡指数	竞争力动态	竞争力等级
广东博罗县	GD—Boluo County	R94T2052	相对稳定	A
广东潮安县	GD—Chao'an County	R140T2052	相对稳定	A
广东潮阳市	GD—Chaoyang City	R51T2052	相对稳定	A
广东澄海市	GD—Chenghai City	R107T2052	相对稳定	A
广东从化市	GD—Conghua City	R95T2052	相对稳定	A
广东大埔县	GD—Dapu County	R1062T2052	相对稳定	F
广东德庆县	GD—Deqing County	R563T2052	相对稳定	C
广东电白县	GD—Dianbai County	R181T2052	相对稳定	A
广东东源县	GD—Dongyuan County	R1165T2052	上升	F
广东恩平市	GD—Enping City	R303T2052	相对稳定	B
广东丰顺县	GD—Fengshun County	R1046T2052	相对稳定	F
广东封开县	GD—Fengkai County	R609T2052	相对稳定	D
广东佛冈县	GD—Fogang County	R1091T2052	相对稳定	F
广东高明市	GD—Gaoming City	R138T2052	相对稳定	A
广东高要市	GD—Gaoyao City	R68T2052	相对稳定	A
广东高州市	GD—Gaozhou City	R89T2052	相对稳定	A
广东广宁县	GD—Guangning County	R581T2052	相对稳定	C
广东海丰县	GD—Haifeng County	R192T2052	相对稳定	A
广东和平县	GD—Heping County	R1340T2052	上升	G
广东鹤山市	GD—Heshan City	R143T2052	相对稳定	A
广东化州市	GD—Huazhou City	R137T2052	相对稳定	A
广东怀集县	GD—Huaiji County	R397T2052	相对稳定	B
广东惠东县	GD—Huidong County	R102T2052	相对稳定	A
广东惠来县	GD—Huilai County	R458T2052	相对稳定	C
广东惠阳市	GD—Huiyang City	R45T2052	相对稳定	A
广东蕉岭县	GD—Jiaoling County	R983T2052	相对稳定	E
广东揭东县	GD—Jiedong County	R92T2052	相对稳定	A
广东揭西县	GD—Jiexi County	R477T2052	相对稳定	C
广东开平市	GD—Kaiping City	R57T2052	相对稳定	A
广东乐昌市	GD—Lechang City	R934T2052	相对稳定	E
广东雷州市	GD—Leizhou City	R367T2052	相对稳定	B
广东连南县	GD—Liannan County	R1735T2052	相对稳定	I
广东连平县	GD—Lianping County	R1130T2052	相对稳定	F
广东连山县	GD—Lianshan County	R1767T2052	相对稳定	I
广东连州市	GD—Lianzhou City	R865T2052	相对稳定	E

第二届中国县域经济基本竞争力评价(广东 续)

2nd CHINA COUNTY-LEVEL ECONOMY BASIC COMPETITIVENESS EVALUATION(GUANGDONG)

县域单位	UNIT	中郡指数	竞争力动态	竞争力等级
广东廉江市	GD—Lianjiang City	R262T2052	相对稳定	B
广东龙川县	GD—Longchuan County	R777T2052	相对稳定	D
广东龙门县	GD—Longmen County	R992T2052	相对稳定	E
广东陆丰市	GD—Lufeng City	R438T2052	相对稳定	C
广东陆河县	GD—Luhe County	R1105T2052	相对稳定	F
广东罗定市	GD—Luoding City	R206T2052	相对稳定	B
广东梅县	GD—Meixian County	R316T2052	相对稳定	B
广东南澳县	GD—Nan'ao County	R1515T2052	相对稳定	H
广东南海市	GD—Nanhai City	R2T2052	相对稳定	A
广东南雄市	GD—Nanxiong City	R811T2052	相对稳定	E
广东平远县	GD—Pingyuan County	R1336T2052	相对稳定	G
广东普宁市	GD—Puning City	R38T2052	相对稳定	A
广东清新县	GD—Qingxin County	R883T2052	相对稳定	E
广东曲江县	GD—Qujiang County	R618T2052	相对稳定	D
广东饶平县	GD—Raoping County	R263T2052	相对稳定	B
广东仁化县	GD—Renhua County	R1039T2052	相对稳定	F
广东乳源县	GD—Ruyuan County	R1137T2052	相对稳定	F
广东三水市	GD—Sanshui City	R61T2052	相对稳定	A
广东始兴县	GD—Shixing County	R1302T2052	相对稳定	G
广东顺德市	GD—Shunde City	R1T2052	相对稳定	A
广东四会市	GD—Sihui City	R213T2052	相对稳定	B
广东遂溪县	GD—Suixi County	R432T2052	相对稳定	C
广东台山市	GD—Taishan City	R52T2052	相对稳定	A
广东翁源县	GD—Wengyuan County	R1241T2052	相对稳定	G
广东吴川市	GD—Wuchuan City	R676T2052	相对稳定	D
广东五华县	GD—Wuhua County	R869T2052	相对稳定	E
广东新丰县	GD—Xinfeng County	R1385T2052	相对稳定	G
广东新会市	GD—Xinhui City	R34T2052	相对稳定	A
广东新兴县	GD—Xinxing County	R543T2052	相对稳定	C
广东信宜市	GD—Xinyi City	R185T2052	相对稳定	A
广东兴宁市	GD—Xingning City	R442T2052	相对稳定	C
广东徐闻县	GD—Xuwen County	R711T2052	相对稳定	D
广东阳春市	GD—Yangchun City	R374T2052	相对稳定	B
广东阳东县	GD—Yangdong County	R500T2052	相对稳定	C
广东阳山县	GD—Yangshan County	R994T2052	相对稳定	E

第二届中国县域经济基本竞争力评价(广东 续)

2nd CHINA COUNTY-LEVEL ECONOMY BASIC COMPETITIVENESS EVALUATION(GUANGDONG)

县域单位	UNIT	中郡指数	竞争力动态	竞争力等级
广东阳西县	GD—Yangxi County	R748T2052	相对稳定	D
广东英德市	GD—Yingde City	R578T2052	相对稳定	C
广东郁南县	GD—Yunan County	R830T2052	相对稳定	E
广东云安县	GD—Yun'an County	R1142T2052	相对稳定	F
广东增城市	GD—Zengcheng City	R25T2052	相对稳定	A
广东紫金县	GD—Zijin County	R931T2052	相对稳定	E

第二届中国县域经济基本竞争力评价(广西)

2nd CHINA COUNTY-LEVEL ECONOMY BASIC COMPETITIVENESS EVALUATION(GUANGXI)

县域单位	UNIT	中郡指数	竞争力动态	竞争力等级
广西巴马县	GX—Bama County	R1671T2052	相对稳定	I
广西百色市	GX—Baise City	R459T2052	相对稳定	C
广西北流市	GX—Beiliu City	R350T2052	相对稳定	B
广西宾阳县	GX—Binyang County	R596T2052	相对稳定	C
广西博白县	GX—Bobai County	R398T2052	相对稳定	B
广西苍梧县	GX—Cangwu County	R759T2052	相对稳定	D
广西岑溪市	GX—Cenxi City	R788T2052	相对稳定	D
广西崇左县	GX—Chongzuo County	R508T2052	上升	C
广西大化县	GX—Dahua County	R1013T2052	相对稳定	F
广西大新县	GX—Daxin County	R1183T2052	相对稳定	F
广西德保县	GX—Debao County	R1536T2052	相对稳定	H
广西东兰县	GX—Donglan County	R1794T2052	相对稳定	I
广西东兴市	GX—Dongxing City	R877T2052	相对稳定	E
广西都安县	GX—Du'an County	R1405T2052	相对稳定	H
广西凤山县	GX—Fengshan County	R1919T2052	相对稳定	J
广西扶绥县	GX—Fusui County	R760T2052	相对稳定	D
广西富川县	GX—Fuchuan County	R1283T2052	相对稳定	G
广西恭城县	GX—Gongcheng County	R1129T2052	相对稳定	F
广西灌阳县	GX—Guanyang County	R1439T2052	相对稳定	H
广西桂平市	GX—Guiping City	R463T2052	相对稳定	C
广西合浦县	GX—Hepu County	R283T2052	相对稳定	B
广西合山市	GX—Heshan City	R1453T2052	相对稳定	H
广西河池市	GX—Hechi City	R472T2052	相对稳定	C
广西贺州市	GX—Hezhou City	R300T2052	相对稳定	B
广西横县	GX—Hengxian County	R504T2052	相对稳定	C
广西环江县	GX—Huanjiang County	R1321T2052	注意	G
广西金秀县	GX—Jinxiu County	R1762T2052	相对稳定	I
广西靖西县	GX—Jingxi County	R1114T2052	相对稳定	F
广西来宾县	GX—Laibin County	R216T2052	相对稳定	B
广西乐业县	GX—Leye County	R1926T2052	相对稳定	J
广西荔浦县	GX—Lipu County	R782T2052	相对稳定	D
广西临桂县	GX—Lingui County	R904T2052	相对稳定	E
广西灵川县	GX—Lingchuan County	R798T2052	相对稳定	D
广西灵山县	GX—Lingshan County	R643T2052	注意	D
广西凌云县	GX—Lingyun County	R1799T2052	相对稳定	I

第二届中国县域经济基本竞争力评价(广西 续)

2nd CHINA COUNTY-LEVEL ECONOMY BASIC COMPETITIVENESS EVALUATION(GUANGXI)

县域单位	UNIT	中郡指数	竞争力动态	竞争力等级
广西柳城县	GX—Liucheng County	R735T2052	相对稳定	D
广西柳江县	GX—Liujiang County	R652T2052	相对稳定	D
广西龙胜县	GX—Longsheng County	R1360T2052	相对稳定	G
广西龙州县	GX—Longzhou County	R1086T2052	相对稳定	F
广西隆安县	GX—Long'an County	R1208T2052	相对稳定	G
广西隆林县	GX—Longlin County	R1181T2052	相对稳定	F
广西陆川县	GX—Luchuan County	R657T2052	相对稳定	D
广西鹿寨县	GX—Luzhai County	R720T2052	相对稳定	D
广西罗城县	GX—Luocheng County	R1359T2052	相对稳定	G
广西马山县	GX—Mashan County	R1524T2052	相对稳定	H
广西蒙山县	GX—Mengshan County	R1457T2052	相对稳定	H
广西那坡县	GX—Napo County	R1888T2052	相对稳定	J
广西南丹县	GX—Nandan County	R453T2052	相对稳定	C
广西宁明县	GX—Ningming County	R813T2052	相对稳定	E
广西平果县	GX—Pingguo County	R575T2052	相对稳定	C
广西平乐县	GX—Pingle County	R868T2052	相对稳定	E
广西平南县	GX—Pingnan County	R698T2052	相对稳定	D
广西凭祥市	GX—Pingxiang City	R959T2052	相对稳定	E
广西浦北县	GX—Pubei County	R529T2052	相对稳定	C
广西全州县	GX—Quanzhou County	R430T2052	相对稳定	C
广西容县	GX—Rongxian County	R699T2052	相对稳定	D
广西融安县	GX—Rong'an County	R1153T2052	相对稳定	F
广西融水县	GX—Rongshui County	R1421T2052	相对稳定	H
广西三江县	GX—Sanjiang County	R1574T2052	相对稳定	H
广西上林县	GX—Shanglin County	R1391T2052	相对稳定	G
广西上思县	GX—Shangsi County	R1197T2052	相对稳定	F
广西藤县	GX—Tengxian County	R617T2052	相对稳定	D
广西天等县	GX—Tiandeng County	R1378T2052	相对稳定	G
广西天峨县	GX—Tian'e County	R1133T2052	上升	F
广西田东县	GX—Tiandong County	R873T2052	相对稳定	E
广西田林县	GX—Tianlin County	R1553T2052	相对稳定	H
广西田阳县	GX—Tianyang County	R881T2052	相对稳定	E
广西武鸣县	GX—Wuming County	R377T2052	相对稳定	B
广西武宣县	GX—Wuxuan County	R1253T2052	相对稳定	G
广西西林县	GX—Xilin County	R1796T2052	相对稳定	I

第二届中国县域经济基本竞争力评价(广西 续)

2nd CHINA COUNTY-LEVEL ECONOMY BASIC COMPETITIVENESS EVALUATION(GUANGXI)

县域单位	UNIT	中郡指数	竞争力动态	竞争力等级
广西象州县	GX—Xiangzhou County	R1040T2052	相对稳定	F
广西忻城县	GX—Xincheng County	R1317T2052	相对稳定	G
广西兴安县	GX—Xing'an County	R745T2052	相对稳定	D
广西兴业县	GX—Xingye County	R923T2052	相对稳定	E
广西阳朔县	GX—Yangshuo County	R1256T2052	相对稳定	G
广西宜州市	GX—Yizhou City	R291T2052	相对稳定	B
广西邕宁县	GX—Yongning County	R293T2052	相对稳定	B
广西永福县	GX—Yongfu County	R1144T2052	相对稳定	F
广西昭平县	GX—Zhaoping County	R973T2052	相对稳定	E
广西钟山县	GX—Zhongshan County	R764T2052	相对稳定	D
广西资源县	GX—Ziyuan County	R1506T2052	相对稳定	H

第二届中国县域经济基本竞争力评价(贵州)

2nd CHINA COUNTY-LEVEL ECONOMY BASIC COMPETITIVENESS EVALUATION(GUIZHOU)

县域单位	UNIT	中郡指数	竞争力动态	竞争力等级
贵州安龙县	GZ—Anlong County	R1299T2052	相对稳定	G
贵州毕节市	GZ—Bijie City	R400T2052	相对稳定	B
贵州册亨县	GZ—Ceheng County	R1946T2052	相对稳定	J
贵州岑巩县	GZ—Cengong County	R1917T2052	相对稳定	J
贵州长顺县	GZ—Changshun County	R1733T2052	相对稳定	I
贵州赤水市	GZ—Chishui City	R1314T2052	相对稳定	G
贵州从江县	GZ—Congjiang County	R1843T2052	相对稳定	J
贵州大方县	GZ—Dafang County	R1065T2052	相对稳定	F
贵州丹寨县	GZ—Danzhai County	R1985T2052	相对稳定	J
贵州道真县	GZ—Daozhen County	R1609T2052	相对稳定	I
贵州德江县	GZ—Dejiang County	R1618T2052	相对稳定	I
贵州都匀市	GZ—Duyun City	R778T2052	相对稳定	D
贵州独山县	GZ—Dushan County	R1669T2052	相对稳定	I
贵州凤冈县	GZ—Fenggang County	R1709T2052	相对稳定	I
贵州福泉市	GZ—Fuquan City	R1098T2052	相对稳定	F
贵州关岭县	GZ—Guanling County	R1749T2052	相对稳定	I
贵州贵定县	GZ—Guiding County	R1437T2052	注意	H
贵州赫章县	GZ—Hezhang County	R1604T2052	相对稳定	I
贵州黄平县	GZ—Huangping County	R1872T2052	相对稳定	J
贵州惠水县	GZ—Huishui County	R1808T2052	注意	J
贵州剑河县	GZ—Jianhe County	R1957T2052	相对稳定	J
贵州江口县	GZ—Jiangkou County	R1789T2052	相对稳定	I
贵州金沙县	GZ—Jinsha County	R944T2052	相对稳定	E
贵州锦屏县	GZ—Jinping County	R1949T2052	相对稳定	J
贵州开阳县	GZ—Kaiyang County	R856T2052	相对稳定	E
贵州凯里市	GZ—Kaili City	R650T2052	相对稳定	D
贵州雷山县	GZ—Leishan County	R1965T2052	注意	J
贵州黎平县	GZ—Liping County	R1711T2052	注意	I
贵州荔波县	GZ—Libo County	R1645T2052	相对稳定	I
贵州六枝特区	GZ—Liuzhi Special Region	R1254T2052	相对稳定	G
贵州龙里县	GZ—Longli County	R1386T2052	相对稳定	G
贵州罗甸县	GZ—Luodian County	R1801T2052	注意	J
贵州麻江县	GZ—Majiang County	R1776T2052	相对稳定	I
贵州湄潭县	GZ—Meitan County	R1034T2052	相对稳定	F
贵州纳雍县	GZ—Nayong County	R1090T2052	上升	F

第二届中国县域经济基本竞争力评价(贵州 续)

2nd CHINA COUNTY-LEVEL ECONOMY BASIC COMPETITIVENESS EVALUATION(GUIZHOU)

县域单位	UNIT	中郡指数	竞争力动态	竞争力等级
贵州盘县	GZ—Panxian County	R465T2052	相对稳定	C
贵州平坝县	GZ—Pingba County	R1226T2052	相对稳定	G
贵州平塘县	GZ—Pingtang County	R1934T2052	相对稳定	J
贵州普安县	GZ—Pu'an County	R1650T2052	上升	I
贵州普定县	GZ—Puding County	R1449T2052	相对稳定	H
贵州黔西县	GZ—Qianxi County	R1083T2052	相对稳定	F
贵州清镇市	GZ—Qingzhen City	R548T2052	相对稳定	C
贵州晴隆县	GZ—Qinglong County	R1786T2052	相对稳定	I
贵州仁怀市	GZ—Renhuai City	R566T2052	相对稳定	C
贵州榕江县	GZ—Rongjiang County	R1820T2052	相对稳定	J
贵州三都县	GZ—Sandu County	R1880T2052	相对稳定	J
贵州三穗县	GZ—Sansui County	R1869T2052	相对稳定	J
贵州施秉县	GZ—Shibing County	R1546T2052	相对稳定	H
贵州石阡县	GZ—Shiqian County	R1806T2052	相对稳定	J
贵州水城县	GZ—Shuicheng County	R1364T2052	相对稳定	G
贵州思南县	GZ—Sinan County	R1452T2052	相对稳定	H
贵州松桃县	GZ—Songtao County	R1415T2052	上升	H
贵州绥阳县	GZ—Suiyang County	R1235T2052	相对稳定	G
贵州台江县	GZ—Taijiang County	R1779T2052	相对稳定	I
贵州天柱县	GZ—Tianzhu County	R1771T2052	相对稳定	I
贵州桐梓县	GZ—Tongzi County	R1259T2052	相对稳定	G
贵州铜仁市	GZ—Tongren City	R1110T2052	相对稳定	F
贵州万山特区	GZ—Wanshan Special Regior	R1939T2052	相对稳定	J
贵州望谟县	GZ—Wangmo County	R1821T2052	相对稳定	J
贵州威宁县	GZ—Weining County	R1096T2052	相对稳定	F
贵州瓮安县	GZ—Weng'an County	R1627T2052	注意	I
贵州务川县	GZ—Wuchuan County	R1743T2052	相对稳定	I
贵州息烽县	GZ—Xifeng County	R1228T2052	相对稳定	G
贵州习水县	GZ—Xishui County	R1289T2052	相对稳定	G
贵州兴仁县	GZ—Xingren County	R1456T2052	相对稳定	H
贵州兴义市	GZ—Xingyi City	R424T2052	相对稳定	C
贵州修文县	GZ—Xiuwen County	R1158T2052	上升	F
贵州沿河县	GZ—Yanhe County	R1684T2052	相对稳定	I
贵州印江县	GZ—Yinjiang County	R1748T2052	相对稳定	I
贵州余庆县	GZ—Yuqing County	R1423T2052	相对稳定	H

第二届中国县域经济基本竞争力评价(贵州 续)

2nd CHINA COUNTY-LEVEL ECONOMY BASIC COMPETITIVENESS EVALUATION(GUIZHOU)

县域单位	UNIT	中郡指数	竞争力动态	竞争力等级
贵州玉屏县	GZ—Yuping County	R1379T2052	上升	G
贵州贞丰县	GZ—Zhenfeng County	R1765T2052	相对稳定	I
贵州镇宁县	GZ—Zhenning County	R1460T2052	相对稳定	H
贵州镇远县	GZ—Zhenyuan County	R1630T2052	相对稳定	I
贵州正安县	GZ—Zheng'an County	R1426T2052	相对稳定	H
贵州织金县	GZ—Zhijin County	R1067T2052	相对稳定	F
贵州紫云县	GZ—Ziyun County	R1897T2052	相对稳定	J
贵州遵义县	GZ—Zunyi County	R238T2052	相对稳定	B

第二届中国县域经济基本竞争力评价(海南)

2nd CHINA COUNTY-LEVEL ECONOMY BASIC COMPETITIVENESS EVALUATION(HAINAN)

县域单位	UNIT	中郡指数	竞争力动态	竞争力等级
海南白沙县	HAN—Baisha County	R1499T2052	相对稳定	H
海南保亭县	HAN—Baoting County	R1642T2052	相对稳定	I
海南昌江县	HAN—Changjiang County	R995T2052	相对稳定	E
海南澄迈县	HAN—Chengmai County	R571T2052	相对稳定	C
海南儋州市	HAN—Danzhou City	R239T2052	相对稳定	B
海南定安县	HAN—Ding'an County	R1263T2052	相对稳定	G
海南东方市	HAN—Dongfang City	R740T2052	相对稳定	D
海南乐东县	HAN—Ledong County	R1059T2052	注意	F
海南临高县	HAN—Lingao County	R822T2052	相对稳定	E
海南陵水县	HAN—Lingshui County	R1275T2052	相对稳定	G
海南琼海市	HAN—Qionghai City	R322T2052	相对稳定	B
海南琼山市	HAN—Qiongshan City	R235T2052	相对稳定	B
海南琼中县	HAN—Qiongzhong County	R1559T2052	注意	H
海南屯昌县	HAN—Tunchang County	R1185T2052	相对稳定	F
海南万宁市	HAN—Wanning City	R604T2052	相对稳定	D
海南文昌市	HAN—Wenchang City	R420T2052	相对稳定	C
海南五指山市	HAN—Wuzhishan City	R1534T2052	相对稳定	H

第二届中国县域经济基本竞争力评价(河北)

2nd CHINA COUNTY-LEVEL ECONOMY BASIC COMPETITIVENESS EVALUATION(HEBEI)

县域单位	UNIT	中郡指数	竞争力动态	竞争力等级
河北安国市	HEB—Anguo City	R584T2052	相对稳定	C
河北安平县	HEB—Anping County	R672T2052	相对稳定	D
河北安新县	HEB—Anxin County	R774T2052	相对稳定	D
河北霸州市	HEB—Bazhou City	R203T2052	相对稳定	B
河北柏乡县	HEB—Boxiang County	R1308T2052	相对稳定	G
河北泊头市	HEB—Botou City	R569T2052	相对稳定	C
河北博野县	HEB—Boye County	R1485T2052	上升	H
河北沧县	HEB—Cangxian County	R240T2052	相对稳定	B
河北昌黎县	HEB—Changli County	R447T2052	相对稳定	C
河北成安县	HEB—Cheng'an County	R993T2052	相对稳定	E
河北承德县	HEB—Chengde County	R913T2052	相对稳定	E
河北赤城县	HEB—Chicheng County	R1591T2052	相对稳定	H
河北崇礼县	HEB—Chongli County	R1826T2052	相对稳定	J
河北磁县	HEB—Cixian County	R431T2052	相对稳定	C
河北大厂县	HEB—Dachang County	R744T2052	相对稳定	D
河北大城县	HEB—Dacheng County	R738T2052	相对稳定	D
河北大名县	HEB—Daming County	R742T2052	相对稳定	D
河北定兴县	HEB—Dingxing County	R536T2052	相对稳定	C
河北定州市	HEB—Dingzhou City	R209T2052	相对稳定	B
河北东光县	HEB—Dongguang County	R795T2052	相对稳定	D
河北肥乡县	HEB—Feixiang County	R1095T2052	相对稳定	F
河北丰南市	HEB—Fengnan City	R64T2052	相对稳定	A
河北丰宁县	HEB—Fengning County	R1187T2052	上升	F
河北丰润县	HEB—Fengrun County	R204T2052	相对稳定	B
河北抚宁县	HEB—Funing County	R434T2052	相对稳定	C
河北阜城县	HEB—Fucheng County	R1001T2052	相对稳定	F
河北阜平县	HEB—Fuping County	R1513T2052	相对稳定	H
河北高碑店市	HEB—Gaobeidian City	R269T2052	相对稳定	B
河北高阳县	HEB—Gaoyang County	R828T2052	相对稳定	E
河北高邑县	HEB—Gaoyi County	R907T2052	相对稳定	E
河北藁城市	HEB—Gaocheng City	R110T2052	相对稳定	A
河北沽源县	HEB—Guyuan County	R1940T2052	相对稳定	J
河北固安县	HEB—Gu'an County	R595T2052	相对稳定	C
河北故城县	HEB—Gucheng County	R666T2052	相对稳定	D
河北馆陶县	HEB—Guantao County	R1082T2052	相对稳定	F

第二届中国县域经济基本竞争力评价(河北 续)

2nd CHINA COUNTY-LEVEL ECONOMY BASIC COMPETITIVENESS EVALUATION(HEBEI)

县域单位	UNIT	中郡指数	竞争力动态	竞争力等级
河北广平县	HEB—Guangping County	R1079T2052	相对稳定	F
河北广宗县	HEB—Guangzong County	R1901T2052	注意	J
河北海兴县	HEB—Haixing County	R1643T2052	相对稳定	I
河北邯郸县	HEB—Handan County	R404T2052	相对稳定	C
河北河间市	HEB—Hejian City	R232T2052	相对稳定	B
河北怀安县	HEB—Huai'an County	R1995T2052	注意	J
河北怀来县	HEB—Huailai County	R780T2052	相对稳定	D
河北黄骅市	HEB—Huanghua City	R278T2052	相对稳定	B
河北鸡泽县	HEB—Jize County	R1193T2052	相对稳定	F
河北冀州市	HEB—Jizhou City	R450T2052	相对稳定	C
河北晋州市	HEB—Jinzhou City	R251T2052	相对稳定	B
河北井陉县	HEB—Jingxing County	R577T2052	相对稳定	C
河北景县	HEB—Jingxian County	R632T2052	相对稳定	D
河北巨鹿县	HEB—Julu County	R1121T2052	相对稳定	F
河北康保县	HEB—Kangbao County	R1838T2052	相对稳定	J
河北宽城县	HEB—Kuancheng County	R1093T2052	上升	F
河北涞水县	HEB—Laishui County	R1422T2052	上升	H
河北涞源县	HEB—Laiyuan County	R1242T2052	相对稳定	G
河北乐亭县	HEB—Leting County	R210T2052	相对稳定	B
河北蠡县	HEB—Lixian County	R335T2052	相对稳定	B
河北临城县	HEB—Lincheng County	R1284T2052	相对稳定	G
河北临西县	HEB—Linxi County	R958T2052	相对稳定	E
河北临漳县	HEB—Linzhang County	R953T2052	相对稳定	E
河北灵寿县	HEB—Lingshou County	R965T2052	相对稳定	E
河北隆化县	HEB—Longhua County	R1246T2052	上升	G
河北隆尧县	HEB—Longyao County	R539T2052	相对稳定	C
河北卢龙县	HEB—Lulong County	R787T2052	相对稳定	D
河北鹿泉市	HEB—Luquan City	R136T2052	相对稳定	A
河北栾城县	HEB—Luancheng County	R381T2052	相对稳定	B
河北滦南县	HEB—Luannan County	R172T2052	相对稳定	A
河北滦平县	HEB—Luanping County	R1270T2052	相对稳定	G
河北滦县	HEB—Luanxian County	R290T2052	相对稳定	B
河北满城县	HEB—Mancheng County	R680T2052	相对稳定	D
河北孟村县	HEB—Mengcun County	R1672T2052	注意	I
河北内丘县	HEB—Neiqiu County	R896T2052	相对稳定	E

第二届中国县域经济基本竞争力评价(河北 续)

2nd CHINA COUNTY-LEVEL ECONOMY BASIC COMPETITIVENESS EVALUATION(HEBEI)

县域单位	UNIT	中郡指数	竞争力动态	竞争力等级
河北南宫市	HEB—Nangong City	R817T2052	相对稳定	E
河北南和县	HEB—Nanhe County	R1726T2052	注意	I
河北南皮县	HEB—Nanpi County	R1009T2052	相对稳定	F
河北宁晋县	HEB—Ningjin County	R437T2052	相对稳定	C
河北平泉县	HEB—Pingquan County	R949T2052	上升	E
河北平山县	HEB—Pingshan County	R520T2052	相对稳定	C
河北平乡县	HEB—Pingxiang County	R1568T2052	注意	H
河北迁安市	HEB—Qian'an City	R80T2052	相对稳定	A
河北迁西县	HEB—Qianxi County	R390T2052	相对稳定	B
河北青龙县	HEB—Qinglong County	R1081T2052	相对稳定	F
河北青县	HEB—Qingxian County	R494T2052	相对稳定	C
河北清河县	HEB—Qinghe County	R362T2052	相对稳定	B
河北清苑县	HEB—Qingyuan County	R733T2052	相对稳定	D
河北邱县	HEB—Qiuxian County	R1042T2052	相对稳定	F
河北曲阳县	HEB—Quyang County	R985T2052	相对稳定	E
河北曲周县	HEB—Quzhou County	R918T2052	相对稳定	E
河北饶阳县	HEB—Raoyang County	R1102T2052	相对稳定	F
河北任丘市	HEB—Renqiu City	R122T2052	相对稳定	A
河北任县	HEB—Renxian County	R1824T2052	注意	J
河北容城县	HEB—Rongcheng County	R947T2052	相对稳定	E
河北三河市	HEB—Sanhe City	R125T2052	相对稳定	A
河北沙河市	HEB—Shahe City	R389T2052	相对稳定	B
河北尚义县	HEB—Shangyi County	R1988T2052	相对稳定	J
河北涉县	HEB—Shexian County	R640T2052	相对稳定	D
河北深泽县	HEB—Shenze County	R955T2052	相对稳定	E
河北深州市	HEB—Shenzhou City	R446T2052	相对稳定	C
河北顺平县	HEB—Shunping County	R1927T2052	注意	J
河北肃宁县	HEB—Suning County	R970T2052	相对稳定	E
河北唐海县	HEB—Tanghai County	R1186T2052	注意	F
河北唐县	HEB—Tangxian County	R1157T2052	相对稳定	F
河北万全县	HEB—Wanquan County	R1827T2052	相对稳定	J
河北望都县	HEB—Wangdu County	R1429T2052	相对稳定	H
河北威县	HEB—Weixian County	R1194T2052	注意	F
河北围场县	HEB—Weichang County	R1139T2052	相对稳定	F
河北蔚县	HEB—Yuxian County	R1141T2052	注意	F

第二届中国县域经济基本竞争力评价(河北 续)

2nd CHINA COUNTY-LEVEL ECONOMY BASIC COMPETITIVENESS EVALUATION(HEBEI)

县域单位	UNIT	中郡指数	竞争力动态	竞争力等级
河北魏县	HEB—Weixian County	R713T2052	相对稳定	D
河北文安县	HEB—Wen'an County	R354T2052	相对稳定	B
河北无极县	HEB—Wuji County	R516T2052	相对稳定	C
河北吴桥县	HEB—Wuqiao County	R1011T2052	相对稳定	F
河北武安市	HEB—Wu'an City	R148T2052	相对稳定	A
河北武强县	HEB—Wuqiang County	R1200T2052	相对稳定	F
河北武邑县	HEB—Wuyi County	R1043T2052	相对稳定	F
河北献县	HEB—Xianxian County	R770T2052	相对稳定	D
河北香河县	HEB—Xianghe County	R305T2052	相对稳定	B
河北辛集市	HEB—Xinji City	R160T2052	相对稳定	A
河北新河县	HEB—Xinhe County	R1886T2052	注意	J
河北新乐市	HEB—Xinle City	R325T2052	相对稳定	B
河北兴隆县	HEB—Xinglong County	R1041T2052	相对稳定	F
河北行唐县	HEB—Xingtang County	R762T2052	相对稳定	D
河北邢台县	HEB—Xingtai County	R630T2052	相对稳定	D
河北雄县	HEB—Xiongxian County	R815T2052	相对稳定	E
河北徐水县	HEB—Xushui County	R394T2052	相对稳定	B
河北宣化县	HEB—Xuanhua County	R1003T2052	相对稳定	F
河北盐山县	HEB—Yanshan County	R1057T2052	相对稳定	F
河北阳原县	HEB—Yangyuan County	R1461T2052	相对稳定	H
河北易县	HEB—Yixian County	R862T2052	相对稳定	E
河北永年县	HEB—Yongnian County	R333T2052	相对稳定	B
河北永清县	HEB—Yongqing County	R906T2052	相对稳定	E
河北玉田县	HEB—Yutian County	R194T2052	相对稳定	A
河北元氏县	HEB—Yuanshi County	R542T2052	相对稳定	C
河北赞皇县	HEB—Zanhuang County	R1244T2052	相对稳定	G
河北枣强县	HEB—Zaoqiang County	R556T2052	相对稳定	C
河北张北县	HEB—Zhangbei County	R1596T2052	相对稳定	H
河北赵县	HEB—Zhaoxian County	R519T2052	相对稳定	C
河北正定县	HEB—Zhengding County	R274T2052	相对稳定	B
河北涿鹿县	HEB—Zhuolu County	R1363T2052	相对稳定	G
河北涿州市	HEB—Zhuozhou City	R215T2052	相对稳定	B
河北遵化市	HEB—Zunhua City	R77T2052	相对稳定	A

第二届中国县域经济基本竞争力评价(河南)

2nd CHINA COUNTY-LEVEL ECONOMY BASIC COMPETITIVENESS EVALUATION(HENAN)

县域单位	UNIT	中郡指数	竞争力动态	竞争力等级
河南安阳县	HEN—Anyang County	R360T2052	相对稳定	B
河南宝丰县	HEN—Baofeng County	R663T2052	相对稳定	D
河南博爱县	HEN—Bo'ai County	R510T2052	相对稳定	C
河南长葛市	HEN—Changge City	R171T2052	相对稳定	A
河南长垣县	HEN—Changyuan County	R718T2052	相对稳定	D
河南郸城县	HEN—Dancheng County	R675T2052	相对稳定	D
河南登封市	HEN—Dengfeng City	R228T2052	相对稳定	B
河南邓州市	HEN—Dengzhou City	R190T2052	相对稳定	A
河南范县	HEN—Fanxian County	R1113T2052	相对稳定	F
河南方城县	HEN—Fangcheng County	R533T2052	相对稳定	C
河南封丘县	HEN—Fengqiu County	R1015T2052	相对稳定	F
河南扶沟县	HEN—Fugou County	R870T2052	相对稳定	E
河南巩义市	HEN—Gongyi City	R55T2052	相对稳定	A
河南固始县	HEN—Gushi County	R402T2052	相对稳定	C
河南光山县	HEN—Guangshan County	R1076T2052	注意	F
河南滑县	HEN—Huaxian County	R611T2052	相对稳定	D
河南淮滨县	HEN—Huaibin County	R1266T2052	注意	G
河南淮阳县	HEN—Huaiyang County	R582T2052	相对稳定	C
河南潢川县	HEN—Huangchuan County	R665T2052	相对稳定	D
河南辉县市	HEN—Huixian City	R314T2052	相对稳定	B
河南获嘉县	HEN—Huojia County	R930T2052	相对稳定	E
河南济源市	HEN—Jiyuan City	R151T2052	相对稳定	A
河南郏县	HEN—Jiaxian County	R893T2052	相对稳定	E
河南浚县	HEN—Xunxian County	R824T2052	相对稳定	E
河南开封县	HEN—Kaifeng County	R585T2052	相对稳定	C
河南兰考县	HEN—Lankao County	R653T2052	相对稳定	D
河南林州市	HEN—Linzhou City	R298T2052	相对稳定	B
河南临颍县	HEN—Linying County	R366T2052	相对稳定	B
河南灵宝市	HEN—Lingbao City	R173T2052	相对稳定	A
河南卢氏县	HEN—Lushi County	R1641T2052	注意	I
河南鲁山县	HEN—Lushan County	R1016T2052	相对稳定	F
河南鹿邑县	HEN—Luyi County	R457T2052	相对稳定	C
河南栾川县	HEN—Luanchuan County	R1252T2052	相对稳定	G
河南罗山县	HEN—Luoshan County	R1014T2052	注意	F
河南洛宁县	HEN—Luoning County	R1238T2052	相对稳定	G

第二届中国县域经济基本竞争力评价(河南 续)

2nd CHINA COUNTY-LEVEL ECONOMY BASIC COMPETITIVENESS EVALUATION(HENAN)

县域单位	UNIT	中郡指数	竞争力动态	竞争力等级
河南孟津县	HEN—Mengjin County	R912T2052	相对稳定	E
河南孟州市	HEN—Mengzhou City	R623T2052	相对稳定	D
河南泌阳县	HEN—Biyang County	R641T2052	相对稳定	D
河南民权县	HEN—Minquan County	R725T2052	相对稳定	D
河南内黄县	HEN—Neihuang County	R752T2052	相对稳定	D
河南内乡县	HEN—Neixiang County	R538T2052	相对稳定	C
河南南乐县	HEN—Nanle County	R1036T2052	相对稳定	F
河南南召县	HEN—Nanzhao County	R600T2052	相对稳定	C
河南宁陵县	HEN—Ningling County	R981T2052	相对稳定	E
河南平舆县	HEN—Pingyu County	R771T2052	相对稳定	D
河南濮阳县	HEN—Puyang County	R495T2052	相对稳定	C
河南淇县	HEN—Qixian County	R751T2052	相对稳定	D
河南杞县	HEN—Qixian County	R382T2052	相对稳定	B
河南沁阳市	HEN—Qinyang City	R289T2052	相对稳定	B
河南清丰县	HEN—Qingfeng County	R879T2052	相对稳定	E
河南确山县	HEN—Queshan County	R789T2052	相对稳定	D
河南汝南县	HEN—Runan County	R697T2052	相对稳定	D
河南汝阳县	HEN—Ruyang County	R1232T2052	相对稳定	G
河南汝州市	HEN—Ruzhou City	R254T2052	相对稳定	B
河南陕县	HEN—Shanxian County	R686T2052	相对稳定	D
河南商城县	HEN—Shangcheng County	R938T2052	相对稳定	E
河南商水县	HEN—Shangshui County	R747T2052	相对稳定	D
河南上蔡县	HEN—Shangcai County	R493T2052	相对稳定	C
河南社旗县	HEN—Sheqi County	R997T2052	上升	E
河南沈丘县	HEN—Shenqiu County	R681T2052	相对稳定	D
河南渑池县	HEN—Mianchi County	R488T2052	相对稳定	C
河南嵩县	HEN—Songxian County	R1161T2052	相对稳定	F
河南睢县	HEN—Suixian County	R702T2052	相对稳定	D
河南遂平县	HEN—Suiping County	R655T2052	相对稳定	D
河南台前县	HEN—Taiqian County	R1374T2052	上升	G
河南太康县	HEN—Taikang County	R483T2052	相对稳定	C
河南汤阴县	HEN—Tangyin County	R905T2052	相对稳定	E
河南唐河县	HEN—Tanghe County	R272T2052	相对稳定	B
河南通许县	HEN—Tongxu County	R692T2052	相对稳定	D
河南桐柏县	HEN—Tongbo County	R840T2052	相对稳定	E

第二届中国县域经济基本竞争力评价(河南 续)

2nd CHINA COUNTY-LEVEL ECONOMY BASIC COMPETITIVENESS EVALUATION(HENAN)

县域单位	UNIT	中郡指数	竞争力动态	竞争力等级
河南卫辉市	HEN—Weihui City	R951T2052	相对稳定	E
河南尉氏县	HEN—Weishi County	R421T2052	相对稳定	C
河南温县	HEN—Wenxian County	R668T2052	相对稳定	D
河南武陟县	HEN—Wuzhi County	R628T2052	相对稳定	D
河南舞钢市	HEN—Wugang City	R741T2052	上升	D
河南舞阳县	HEN—Wuyang County	R839T2052	相对稳定	E
河南西华县	HEN—Xihua County	R469T2052	相对稳定	C
河南西平县	HEN—Xiping County	R418T2052	相对稳定	C
河南西峡县	HEN—Xixia County	R704T2052	相对稳定	D
河南息县	HEN—Xixian County	R1070T2052	注意	F
河南淅川县	HEN—Xichuan County	R568T2052	相对稳定	C
河南夏邑县	HEN—Xiayi County	R593T2052	相对稳定	C
河南襄城县	HEN—Xiangcheng County	R659T2052	相对稳定	D
河南项城市	HEN—Xiangcheng City	R187T2052	相对稳定	A
河南新安县	HEN—Xin'an County	R331T2052	相对稳定	B
河南新蔡县	HEN—Xincai County	R712T2052	相对稳定	D
河南新密市	HEN—Xinmi City	R135T2052	相对稳定	A
河南新县	HEN—Xinxian County	R1178T2052	相对稳定	F
河南新乡县	HEN—Xinxiang County	R409T2052	相对稳定	C
河南新野县	HEN—Xinye County	R339T2052	相对稳定	B
河南新郑市	HEN—Xinzheng City	R91T2052	相对稳定	A
河南修武县	HEN—Xiuwu County	R1017T2052	相对稳定	F
河南许昌县	HEN—Xuchang County	R297T2052	相对稳定	B
河南鄢陵县	HEN—Yanling County	R564T2052	相对稳定	C
河南延津县	HEN—Yanjin County	R1094T2052	相对稳定	F
河南偃师市	HEN—Yanshi City	R120T2052	相对稳定	A
河南郾城县	HEN—Yancheng County	R236T2052	相对稳定	B
河南叶县	HEN—Yexian County	R708T2052	相对稳定	D
河南伊川县	HEN—Yichuan County	R485T2052	相对稳定	C
河南宜阳县	HEN—Yiyang County	R1117T2052	相对稳定	F
河南义马市	HEN—Yima City	R936T2052	上升	E
河南荥阳市	HEN—Xingyang City	R157T2052	相对稳定	A
河南永城市	HEN—Yongcheng City	R244T2052	相对稳定	B
河南虞城县	HEN—Yucheng County	R558T2052	相对稳定	C
河南禹州市	HEN—Yuzhou City	R153T2052	相对稳定	A

第二届中国县域经济基本竞争力评价(河南 续)

2nd CHINA COUNTY-LEVEL ECONOMY BASIC COMPETITIVENESS EVALUATION(HENAN)

县域单位	UNIT	中郡指数	竞争力动态	竞争力等级
河南原阳县	HEN—Yuanyang County	R927T2052	相对稳定	E
河南柘城县	HEN—Zhecheng County	R833T2052	相对稳定	E
河南镇平县	HEN—Zhenping County	R219T2052	相对稳定	B
河南正阳县	HEN—Zhengyang County	R1174T2052	注意	F
河南中牟县	HEN—Zhongmou County	R396T2052	相对稳定	B

第二届中国县域经济基本竞争力评价(黑龙江)

2nd CHINA COUNTY-LEVEL ECONOMY BASIC COMPETITIVENESS EVALUATION(HEILONGJIANG)

县域单位	UNIT	中郡指数	竞争力动态	竞争力等级
黑龙江阿城市	HL—Acheng City	R113T2052	相对稳定	A
黑龙江安达市	HL—Anda City	R365T2052	相对稳定	B
黑龙江巴彦县	HL—Bayan County	R301T2052	相对稳定	B
黑龙江拜泉县	HL—Baiquan County	R908T2052	相对稳定	E
黑龙江宝清县	HL—Baoqing County	R974T2052	相对稳定	E
黑龙江北安市	HL—Bei'an City	R996T2052	相对稳定	E
黑龙江宾县	HL—Binxian County	R537T2052	相对稳定	C
黑龙江勃利县	HL—Boli County	R1092T2052	上升	F
黑龙江东宁县	HL—Dongning County	R872T2052	相对稳定	E
黑龙江杜尔伯特县	HL—Du'erbete County	R1155T2052	上升	F
黑龙江方正县	HL—Fangzheng County	R1575T2052	注意	H
黑龙江抚远县	HL—Fuyuan County	R1418T2052	相对稳定	H
黑龙江富锦市	HL—Fujin City	R633T2052	相对稳定	D
黑龙江富裕县	HL—Fuyu County	R1368T2052	相对稳定	G
黑龙江甘南县	HL—Gannan County	R1597T2052	注意	H
黑龙江海林市	HL—Hailin City	R639T2052	相对稳定	D
黑龙江海伦市	HL—Hailun City	R610T2052	相对稳定	D
黑龙江呼兰县	HL—Hulan County	R207T2052	相对稳定	B
黑龙江呼玛县	HL—Huma County	R1465T2052	上升	H
黑龙江虎林市	HL—Hulin City	R559T2052	相对稳定	C
黑龙江桦川县	HL—Huachuan County	R1877T2052	注意	J
黑龙江桦南县	HL—Huanan County	R1030T2052	上升	F
黑龙江鸡东县	HL—Jidong County	R589T2052	相对稳定	C
黑龙江集贤县	HL—Jixian County	R1399T2052	相对稳定	G
黑龙江嘉荫县	HL—Jiayin County	R1470T2052	相对稳定	H
黑龙江克东县	HL—Kedong County	R1878T2052	注意	J
黑龙江克山县	HL—Keshan County	R1058T2052	相对稳定	F
黑龙江兰西县	HL—Lanxi County	R1595T2052	注意	H
黑龙江林甸县	HL—Lindian County	R1724T2052	相对稳定	I
黑龙江林口县	HL—Linkou County	R829T2052	相对稳定	E
黑龙江龙江县	HL—Longjiang County	R2023T2052	注意	J
黑龙江萝北县	HL—Luobei County	R847T2052	相对稳定	E
黑龙江密山市	HL—Mishan City	R547T2052	相对稳定	C
黑龙江明水县	HL—Mingshui County	R1571T2052	注意	H
黑龙江漠河县	HL—Mohe County	R1182T2052	上升	F

第二届中国县域经济基本竞争力评价(黑龙江 续)

2nd CHINA COUNTY-LEVEL ECONOMY BASIC COMPETITIVENESS EVALUATION(HEILONGJIANG)

县域单位	UNIT	中郡指数	竞争力动态	竞争力等级
黑龙江木兰县	HL—Mulan County	R1529T2052	注意	H
黑龙江穆棱市	HL—Muling City	R587T2052	相对稳定	C
黑龙江讷河市	HL—Nehe City	R372T2052	相对稳定	B
黑龙江嫩江县	HL—Nenjiang County	R703T2052	相对稳定	D
黑龙江宁安市	HL—Ning'an City	R619T2052	相对稳定	D
黑龙江青冈县	HL—Qinggang County	R1377T2052	上升	G
黑龙江庆安县	HL—Qing'an County	R522T2052	相对稳定	C
黑龙江饶河县	HL—Raohe County	R1782T2052	上升	I
黑龙江尚志市	HL—Shangzhi City	R201T2052	相对稳定	B
黑龙江双城市	HL—Shuangcheng City	R156T2052	相对稳定	A
黑龙江绥滨县	HL—Suibin County	R1147T2052	相对稳定	F
黑龙江绥芬河市	HL—Suifenhe City	R714T2052	相对稳定	D
黑龙江绥棱县	HL—Suiling County	R615T2052	相对稳定	D
黑龙江孙吴县	HL—Sunwu County	R1705T2052	相对稳定	I
黑龙江塔河县	HL—Tahe County	R1389T2052	相对稳定	G
黑龙江泰来县	HL—Tailai County	R1752T2052	注意	I
黑龙江汤原县	HL—Tangyuan County	R1220T2052	相对稳定	G
黑龙江铁力市	HL—Tieli City	R932T2052	相对稳定	E
黑龙江通河县	HL—Tonghe County	R1380T2052	相对稳定	G
黑龙江同江市	HL—Tongjiang City	R1066T2052	相对稳定	F
黑龙江望奎县	HL—Wangkui County	R1288T2052	注意	G
黑龙江五常市	HL—Wuchang City	R273T2052	相对稳定	B
黑龙江五大连池市	HL—Wudalianchi City	R1436T2052	相对稳定	H
黑龙江逊克县	HL—Xunke County	R1666T2052	相对稳定	I
黑龙江延寿县	HL—Yanshou County	R1365T2052	相对稳定	G
黑龙江依安县	HL—Yi'an County	R986T2052	相对稳定	E
黑龙江依兰县	HL—Yilan County	R1025T2052	相对稳定	F
黑龙江友谊县	HL—Youyi County	R1551T2052	相对稳定	H
黑龙江肇东市	HL—Zhaodong City	R170T2052	相对稳定	A
黑龙江肇源县	HL—Zhaoyuan County	R1008T2052	上升	F
黑龙江肇州县	HL—Zhaozhou County	R1002T2052	上升	F

第二届中国县域经济基本竞争力评价(湖北)

2nd CHINA COUNTY-LEVEL ECONOMY BASIC COMPETITIVENESS EVALUATION(HUBEI)

县域单位	UNIT	中郡指数	竞争力动态	竞争力等级
湖北安陆市	HB—Anlu City	R579T2052	相对稳定	C
湖北巴东县	HB—Badong County	R954T2052	相对稳定	E
湖北保康县	HB—Baokang County	R1099T2052	相对稳定	F
湖北长阳县	HB—Changyang County	R769T2052	相对稳定	D
湖北赤壁市	HB—Chibi City	R267T2052	相对稳定	B
湖北崇阳县	HB—Chongyang County	R903T2052	相对稳定	E
湖北大悟县	HB—Dawu County	R586T2052	相对稳定	C
湖北大冶市	HB—Daye City	R184T2052	相对稳定	A
湖北丹江口市	HB—Danjiangkou City	R435T2052	相对稳定	C
湖北当阳市	HB—Dangyang City	R162T2052	相对稳定	A
湖北恩施市	HB—Enshi City	R572T2052	相对稳定	C
湖北房县	HB—Fangxian County	R1396T2052	相对稳定	G
湖北公安县	HB—Gong'an County	R281T2052	相对稳定	B
湖北谷城县	HB—Gucheng County	R785T2052	相对稳定	D
湖北广水市	HB—Guangshui City	R412T2052	相对稳定	C
湖北汉川市	HB—Hanchuan City	R142T2052	相对稳定	A
湖北鹤峰县	HB—Hefeng County	R1384T2052	相对稳定	G
湖北红安县	HB—Hong'an County	R287T2052	相对稳定	B
湖北洪湖市	HB—Honghu City	R243T2052	相对稳定	B
湖北黄梅县	HB—Huangmei County	R294T2052	相对稳定	B
湖北嘉鱼县	HB—Jiayu County	R669T2052	相对稳定	D
湖北监利县	HB—Jianli County	R347T2052	相对稳定	B
湖北建始县	HB—Jianshi County	R1191T2052	注意	F
湖北江陵县	HB—jiangling County	R1490T2052	注意	H
湖北京山县	HB—Jingshan County	R296T2052	相对稳定	B
湖北来凤县	HB—Laifeng County	R1497T2052	注意	H
湖北老河口市	HB—Laohekou City	R182T2052	相对稳定	A
湖北利川市	HB—Lichuan city	R812T2052	相对稳定	E
湖北罗田县	HB—Luotian County	R805T2052	相对稳定	E
湖北麻城市	HB—Macheng City	R224T2052	相对稳定	B
湖北南漳县	HB—Nanzhang County	R818T2052	相对稳定	E
湖北蕲春县	HB—Qichun County	R317T2052	相对稳定	B
湖北潜江市	HB—Qianjiang City	R119T2052	相对稳定	A
湖北沙洋县	HB—Shayang County	R503T2052	相对稳定	C
湖北神农架林区	HB—Shennongjia Forest Reg	R1744T2052	相对稳定	I

第二届中国县域经济基本竞争力评价(湖北 续)

2nd CHINA COUNTY-LEVEL ECONOMY BASIC COMPETITIVENESS EVALUATION(HUBEI)

县域单位	UNIT	中郡指数	竞争力动态	竞争力等级
湖北石首市	HB—Shishou City	R258T2052	相对稳定	B
湖北松滋市	HB—Songzi City	R276T2052	相对稳定	B
湖北天门市	HB—Tianmen City	R101T2052	相对稳定	A
湖北通城县	HB—Tongcheng County	R956T2052	相对稳定	E
湖北通山县	HB—Tongshan County	R1255T2052	相对稳定	G
湖北团风县	HB—Tuanfeng County	R1467T2052	注意	H
湖北五峰县	HB—Wufeng County	R1309T2052	相对稳定	G
湖北武穴市	HB—Wuxue City	R259T2052	相对稳定	B
湖北浠水县	HB—Xishui County	R328T2052	相对稳定	B
湖北仙桃市	HB—Xiantao City	R65T2052	相对稳定	A
湖北咸丰县	HB—Xianfeng County	R1230T2052	相对稳定	G
湖北孝昌县	HB—Xiaochang County	R855T2052	相对稳定	E
湖北兴山县	HB—Xingshan County	R1005T2052	相对稳定	F
湖北宣恩县	HB—Xuan'en County	R1292T2052	相对稳定	G
湖北阳新县	HB—Yangxin County	R332T2052	相对稳定	B
湖北宜城市	HB—Yicheng City	R524T2052	相对稳定	C
湖北宜都市	HB—Yidu City	R478T2052	相对稳定	C
湖北应城市	HB—Yingcheng City	R180T2052	相对稳定	A
湖北英山县	HB—Yingshan County	R1262T2052	注意	G
湖北远安县	HB—Yuan'an County	R961T2052	相对稳定	E
湖北云梦县	HB—Yunmeng County	R436T2052	相对稳定	C
湖北郧西县	HB—Yunxi County	R1407T2052	相对稳定	H
湖北郧县	HB—Yunxian County	R1123T2052	相对稳定	F
湖北枣阳市	HB—Zaoyang City	R84T2052	相对稳定	A
湖北枝江市	HB—Zhijiang City	R330T2052	相对稳定	B
湖北钟祥市	HB—Zhongxiang City	R154T2052	相对稳定	A
湖北竹山县	HB—Zhushan County	R1440T2052	相对稳定	H
湖北竹溪县	HB—Zhuxi County	R1600T2052	相对稳定	H
湖北秭归县	HB—Zigui County	R889T2052	相对稳定	E

第二届中国县域经济基本竞争力评价(湖南)

2nd CHINA COUNTY-LEVEL ECONOMY BASIC COMPETITIVENESS EVALUATION(HUNAN)

县域单位	UNIT	中郡指数	竞争力动态	竞争力等级
湖南安化县	HN—Anhua County	R1064T2052	注意	F
湖南安仁县	HN—Anren County	R1338T2052	相对稳定	G
湖南安乡县	HN—Anxiang County	R707T2052	相对稳定	D
湖南保靖县	HN—Baojing County	R1649T2052	相对稳定	I
湖南茶陵县	HN—Chaling County	R814T2052	相对稳定	E
湖南长沙县	HN—Changsha County	R63T2052	相对稳定	A
湖南常宁市	HN—Changning City	R487T2052	相对稳定	C
湖南辰溪县	HN—Chenxi County	R1303T2052	相对稳定	G
湖南城步县	HN—Chengbu County	R1504T2052	相对稳定	H
湖南慈利县	HN—Cili County	R976T2052	相对稳定	E
湖南道县	HN—Daoxian County	R850T2052	注意	E
湖南东安县	HN—Dong'an County	R792T2052	相对稳定	D
湖南洞口县	HN—Dongkou County	R694T2052	相对稳定	D
湖南凤凰县	HN—Fenghuang County	R1556T2052	相对稳定	H
湖南古丈县	HN—Guzhang County	R1916T2052	相对稳定	J
湖南汨罗市	HN—Miluo City	R419T2052	相对稳定	C
湖南桂东县	HN—Guidong County	R1717T2052	相对稳定	I
湖南桂阳县	HN—Guiyang County	R380T2052	相对稳定	B
湖南汉寿县	HN—Hanshou County	R580T2052	相对稳定	C
湖南衡东县	HN—Hengdong County	R648T2052	相对稳定	D
湖南衡南县	HN—Hengnan County	R319T2052	相对稳定	B
湖南衡山县	HN—Hengshan County	R990T2052	相对稳定	E
湖南衡阳县	HN—Hengyang County	R358T2052	相对稳定	B
湖南洪江市	HN—Hongjiang City	R1131T2052	注意	F
湖南花垣县	HN—Huayuan County	R1549T2052	相对稳定	H
湖南华容县	HN—Huarong County	R497T2052	相对稳定	C
湖南会同县	HN—Huitong County	R1495T2052	注意	H
湖南吉首市	HN—Jishou City	R825T2052	相对稳定	E
湖南嘉禾县	HN—Jiahe County	R898T2052	相对稳定	E
湖南江华县	HN—Jianghua County	R1180T2052	相对稳定	F
湖南江永县	HN—Jiangyong County	R1218T2052	相对稳定	G
湖南津市市	HN—Jinshi City	R999T2052	相对稳定	E
湖南靖州县	HN—Jingzhou County	R1301T2052	注意	G
湖南蓝山县	HN—Lanshan County	R1118T2052	相对稳定	F
湖南耒阳市	HN—Leiyang City	R343T2052	相对稳定	B

第二届中国县域经济基本竞争力评价(湖南 续)

2nd CHINA COUNTY-LEVEL ECONOMY BASIC COMPETITIVENESS EVALUATION(HUNAN)

县域单位	UNIT	中郡指数	竞争力动态	竞争力等级
湖南冷水江市	HN—Lengshuijiang City	R448T2052	相对稳定	C
湖南澧县	HN—Lixian County	R356T2052	相对稳定	B
湖南醴陵市	HN—Liling City	R220T2052	相对稳定	B
湖南涟源市	HN—Lianyuan City	R696T2052	相对稳定	D
湖南临澧县	HN—Linli County	R816T2052	相对稳定	E
湖南临武县	HN—Linwu County	R899T2052	相对稳定	E
湖南临湘市	HN—Linxiang City	R685T2052	相对稳定	D
湖南浏阳市	HN—Liuyang City	R128T2052	相对稳定	A
湖南龙山县	HN—Longshan County	R1344T2052	相对稳定	G
湖南隆回县	HN—Longhui County	R661T2052	相对稳定	D
湖南泸溪县	HN—Luxi County	R1754T2052	相对稳定	I
湖南麻阳县	HN—Mayang County	R1682T2052	相对稳定	I
湖南南县	HN—Nanxian County	R897T2052	相对稳定	E
湖南宁乡县	HN—Ningxiang County	R199T2052	相对稳定	A
湖南宁远县	HN—Ningyuan County	R1237T2052	注意	G
湖南平江县	HN—Pingjiang County	R534T2052	相对稳定	C
湖南祁东县	HN—Qidong County	R414T2052	相对稳定	C
湖南祁阳县	HN—Qiyang County	R574T2052	相对稳定	C
湖南汝城县	HN—Rucheng County	R1022T2052	相对稳定	F
湖南桑植县	HN—Sangzhi County	R1511T2052	相对稳定	H
湖南韶山市	HN—Shaoshan City	R1548T2052	相对稳定	H
湖南邵东县	HN—Shaodong County	R217T2052	相对稳定	B
湖南邵阳县	HN—Shaoyang County	R1100T2052	相对稳定	F
湖南石门县	HN—Shimen County	R544T2052	相对稳定	C
湖南双峰县	HN—Shuangfeng County	R532T2052	相对稳定	C
湖南双牌县	HN—Shuangpai County	R1763T2052	注意	I
湖南绥宁县	HN—Suining County	R1152T2052	注意	F
湖南桃江县	HN—Taojiang County	R943T2052	相对稳定	E
湖南桃源县	HN—Taoyuan County	R253T2052	相对稳定	B
湖南通道县	HN—Tongdao County	R1944T2052	注意	J
湖南望城县	HN—Wangcheng County	R233T2052	相对稳定	B
湖南武冈市	HN—Wugang City	R858T2052	相对稳定	E
湖南湘潭县	HN—Xiangtan County	R304T2052	相对稳定	B
湖南湘乡市	HN—Xiangxiang City	R326T2052	相对稳定	B
湖南湘阴县	HN—Xiangyin County	R481T2052	相对稳定	C

第二届中国县域经济基本竞争力评价(湖南 续)

2nd CHINA COUNTY-LEVEL ECONOMY BASIC COMPETITIVENESS EVALUATION(HUNAN)

县域单位	UNIT	中郡指数	竞争力动态	竞争力等级
湖南新化县	HN—Xinhua County	R616T2052	相对稳定	D
湖南新晃县	HN—Xinhuang County	R1694T2052	相对稳定	I
湖南新宁县	HN—Xinning County	R1217T2052	相对稳定	G
湖南新邵县	HN—Xinshao County	R1053T2052	相对稳定	F
湖南新田县	HN—Xintian County	R1427T2052	相对稳定	H
湖南溆浦县	HN—Xupu County	R843T2052	相对稳定	E
湖南炎陵县	HN—Yanling County	R1369T2052	相对稳定	G
湖南宜章县	HN—Yizhang County	R722T2052	相对稳定	D
湖南永顺县	HN—Yongshun County	R1552T2052	相对稳定	H
湖南永兴县	HN—Yongxing County	R573T2052	相对稳定	C
湖南攸县	HN—Youxian County	R415T2052	相对稳定	C
湖南沅江市	HN—Yuanjiang City	R662T2052	相对稳定	D
湖南沅陵县	HN—Yuanling County	R683T2052	相对稳定	D
湖南岳阳县	HN—Yueyang County	R513T2052	相对稳定	C
湖南芷江县	HN—Zhijiang County	R1290T2052	相对稳定	G
湖南中方县	HN—Zhongfang County	R1852T2052	注意	J
湖南株洲县	HN—Zhuzhou County	R807T2052	相对稳定	E
湖南资兴市	HN—Zixing City	R567T2052	相对稳定	C

第二届中国县域经济基本竞争力评价(吉林)

2nd CHINA COUNTY-LEVEL ECONOMY BASIC COMPETITIVENESS EVALUATION(JILIN)

县域单位	UNIT	中郡指数	竞争力动态	竞争力等级
吉林安图县	JL—Antu County	R1150T2052	相对稳定	F
吉林长白县	JL—Changbai County	R1176T2052	相对稳定	F
吉林长岭县	JL—Changling County	R849T2052	上升	E
吉林大安市	JL—Da'an City	R820T2052	相对稳定	E
吉林德惠市	JL—Dehui City	R195T2052	相对稳定	A
吉林东丰县	JL—Dongfeng County	R987T2052	相对稳定	E
吉林东辽县	JL—Dongliao County	R1432T2052	相对稳定	H
吉林敦化市	JL—Dunhua City	R428T2052	相对稳定	C
吉林扶余县	JL—Fuyu County	R710T2052	相对稳定	D
吉林抚松县	JL—Fusong County	R834T2052	相对稳定	E
吉林公主岭市	JL—Gongzhuling City	R245T2052	相对稳定	B
吉林和龙市	JL—Helong City	R1348T2052	相对稳定	G
吉林桦甸市	JL—Huadian City	R302T2052	相对稳定	B
吉林珲春市	JL—Huichun City	R1031T2052	相对稳定	F
吉林辉南县	JL—Huinan County	R1196T2052	注意	F
吉林集安市	JL—Ji'an City	R1052T2052	相对稳定	F
吉林江源县	JL—Jiangyuan County	R763T2052	相对稳定	D
吉林蛟河市	JL—Jiaohe City	R461T2052	相对稳定	C
吉林靖宇县	JL—Jingyu County	R1498T2052	相对稳定	H
吉林九台市	JL—Jiutai City	R417T2052	相对稳定	C
吉林梨树县	JL—Lishu County	R502T2052	相对稳定	C
吉林临江市	JL—Linjiang City	R728T2052	相对稳定	D
吉林柳河县	JL—Liuhe County	R784T2052	相对稳定	D
吉林龙井市	JL—Longjing City	R1409T2052	相对稳定	H
吉林梅河口市	JL—Meihekou City	R342T2052	相对稳定	B
吉林农安县	JL—Nong'an County	R178T2052	相对稳定	A
吉林磐石市	JL—Panshi City	R329T2052	相对稳定	B
吉林前郭县	JL—Qianguo County	R324T2052	相对稳定	B
吉林乾安县	JL—Qian'an County	R950T2052	上升	E
吉林舒兰市	JL—Shulan City	R361T2052	相对稳定	B
吉林双辽市	JL—Shuangliao City	R646T2052	相对稳定	D
吉林洮南市	JL—Taonan City	R1430T2052	上升	H
吉林通化县	JL—Tonghua County	R922T2052	相对稳定	E
吉林通榆县	JL—Tongyu County	R1233T2052	上升	G
吉林图们市	JL—Tumen City	R1240T2052	相对稳定	G

第二届中国县域经济基本竞争力评价(吉林 续)

2nd CHINA COUNTY-LEVEL ECONOMY BASIC COMPETITIVENESS EVALUATION(JILIN)

县域单位	UNIT	中郡指数	竞争力动态	竞争力等级
吉林汪清县	JL—Wangqing County	R1306T2052	相对稳定	G
吉林延吉市	JL—Yanji City	R250T2052	相对稳定	B
吉林伊通县	JL—Yitong County	R851T2052	相对稳定	E
吉林永吉县	JL—Yongji County	R823T2052	上升	E
吉林榆树市	JL—Yushu City	R197T2052	相对稳定	A
吉林镇赉县	JL—Zhenlai County	R1074T2052	上升	F

第二届中国县域经济基本竞争力评价(江苏)

2nd CHINA COUNTY-LEVEL ECONOMY BASIC COMPETITIVENESS EVALUATION(JIANGSU)

县域单位	UNIT	中郡指数	竞争力动态	竞争力等级
江苏宝应县	JS—Baoying County	R255T2052	相对稳定	B
江苏滨海县	JS—Binhai County	R449T2052	相对稳定	C
江苏常熟市	JS—Changshu City	R5T2052	相对稳定	A
江苏大丰市	JS—Dafeng City	R103T2052	相对稳定	A
江苏丹徒县	JS—Dantu County	R211T2052	相对稳定	B
江苏丹阳市	JS—Danyang City	R27T2052	相对稳定	A
江苏东海县	JS—Donghai County	R229T2052	相对稳定	B
江苏东台市	JS—Dongtai City	R73T2052	相对稳定	A
江苏丰县	JS—Fengxian County	R340T2052	相对稳定	B
江苏阜宁县	JS—Funing County	R246T2052	相对稳定	B
江苏赣榆县	JS—Ganyu County	R221T2052	相对稳定	B
江苏高淳县	JS—Gaochun County	R237T2052	相对稳定	B
江苏高邮市	JS—Gaoyou City	R247T2052	相对稳定	B
江苏灌南县	JS—Guannan County	R808T2052	相对稳定	E
江苏灌云县	JS—Guanyun County	R368T2052	相对稳定	B
江苏海安县	JS—Hai'an County	R145T2052	相对稳定	A
江苏海门市	JS—Haimen City	R43T2052	相对稳定	A
江苏洪泽县	JS—Hongze County	R746T2052	相对稳定	D
江苏建湖县	JS—Jianhu County	R198T2052	相对稳定	A
江苏江都市	JS—Jiangdu City	R56T2052	相对稳定	A
江苏江浦县	JS—Jiangpu County	R202T2052	相对稳定	B
江苏江阴市	JS—Jiangyin City	R3T2052	相对稳定	A
江苏姜堰市	JS—Jiangyan City	R164T2052	相对稳定	A
江苏金湖县	JS—Jinhu County	R470T2052	相对稳定	C
江苏金坛市	JS—Jintan City	R104T2052	相对稳定	A
江苏靖江市	JS—Jingjiang City	R111T2052	相对稳定	A
江苏睢宁县	JS—Suining County	R399T2052	相对稳定	B
江苏句容市	JS—Jurong City	R175T2052	相对稳定	A
江苏昆山市	JS—Kunshan City	R8T2052	相对稳定	A
江苏溧水县	JS—Lishui County	R248T2052	相对稳定	B
江苏溧阳市	JS—Liyang City	R79T2052	相对稳定	A
江苏涟水县	JS—Lianshui County	R363T2052	相对稳定	B
江苏六合县	JS—Liuhe County	R231T2052	相对稳定	B
江苏沛县	JS—Peixian County	R176T2052	相对稳定	A
江苏邳州市	JS—Pizhou City	R161T2052	相对稳定	A

第二届中国县域经济基本竞争力评价(江苏 续)

2nd CHINA COUNTY-LEVEL ECONOMY BASIC COMPETITIVENESS EVALUATION(JIANGSU)

县域单位	UNIT	中郡指数	竞争力动态	竞争力等级
江苏启东市	JS—Qidong City	R47T2052	相对稳定	A
江苏如东县	JS—Rudong County	R106T2052	相对稳定	A
江苏如皋市	JS—Rugao City	R129T2052	相对稳定	A
江苏射阳县	JS—Sheyang County	R141T2052	相对稳定	A
江苏沭阳县	JS—Shuyang County	R188T2052	相对稳定	A
江苏泗洪县	JS—Sihong County	R286T2052	相对稳定	B
江苏泗阳县	JS—Siyang County	R346T2052	相对稳定	B
江苏宿豫县	JS—Suyu County	R403T2052	相对稳定	C
江苏太仓市	JS—Taicang City	R21T2052	相对稳定	A
江苏泰兴市	JS—Taixing City	R75T2052	相对稳定	A
江苏通州市	JS—Tongzhou City	R40T2052	相对稳定	A
江苏铜山县	JS—Tongshan County	R74T2052	相对稳定	A
江苏吴江市	JS—Wujiang City	R10T2052	相对稳定	A
江苏武进市	JS—Wujin City	R7T2052	相对稳定	A
江苏响水县	JS—Xiangshui County	R736T2052	上升	D
江苏新沂市	JS—Xinyi City	R257T2052	相对稳定	B
江苏兴化市	JS—Xinghua City	R131T2052	相对稳定	A
江苏盱眙县	JS—Xuyi County	R295T2052	相对稳定	B
江苏盐都县	JS—Yandu County	R179T2052	相对稳定	A
江苏扬中市	JS—Yangzhong City	R144T2052	相对稳定	A
江苏仪征市	JS—Yizheng City	R196T2052	相对稳定	A
江苏宜兴市	JS—Yixing City	R13T2052	相对稳定	A
江苏张家港市	JS—Zhangjiagang City	R4T2052	相对稳定	A

第二届中国县域经济基本竞争力评价(江西)

2nd CHINA COUNTY-LEVEL ECONOMY BASIC COMPETITIVENESS EVALUATION(JIANGXI)

县域单位	UNIT	中郡指数	竞争力动态	竞争力等级
江西安福县	JX—Anfu County	R960T2052	相对稳定	E
江西安义县	JX—Anyi County	R1175T2052	相对稳定	F
江西安远县	JX—Anyuan County	R1494T2052	相对稳定	H
江西波阳县	JX—Boyang County	R799T2052	相对稳定	D
江西崇仁县	JX—Chongren County	R1088T2052	相对稳定	F
江西崇义县	JX—Chongyi County	R1224T2052	相对稳定	G
江西大余县	JX—Dayu County	R991T2052	相对稳定	E
江西德安县	JX—De'an County	R1500T2052	相对稳定	H
江西德兴市	JX—Dexing City	R634T2052	相对稳定	D
江西定南县	JX—Dingnan County	R1477T2052	相对稳定	H
江西东乡县	JX—Dongxiang County	R895T2052	相对稳定	E
江西都昌县	JX—Duchang County	R1382T2052	相对稳定	G
江西分宜县	JX—Fenyi County	R1021T2052	相对稳定	F
江西丰城市	JX—Fengcheng City	R313T2052	相对稳定	B
江西奉新县	JX—Fengxin County	R1119T2052	相对稳定	F
江西浮梁县	JX—Fuliang County	R1171T2052	相对稳定	F
江西赣县	JX—Ganxian County	R1136T2052	相对稳定	F
江西高安市	JX—Gao'an City	R636T2052	相对稳定	D
江西广昌县	JX—Guangchang County	R1770T2052	相对稳定	I
江西广丰县	JX—Guangfeng County	R341T2052	相对稳定	B
江西贵溪市	JX—Guixi City	R413T2052	相对稳定	C
江西横峰县	JX—Hengfeng County	R1683T2052	上升	I
江西湖口县	JX—Hukou County	R1479T2052	相对稳定	H
江西会昌县	JX—Huichang County	R1286T2052	相对稳定	G
江西吉安县	JX—Ji'an County	R1047T2052	注意	F
江西吉水县	JX—Jishui County	R1272T2052	相对稳定	G
江西金溪县	JX—Jinxi County	R1444T2052	相对稳定	H
江西进贤县	JX—Jinxian County	R570T2052	相对稳定	C
江西井岗山市	JX—Jinggangshan City	R1381T2052	相对稳定	G
江西靖安县	JX—Jing'an County	R1586T2052	相对稳定	H
江西九江县	JX—Jiujiang County	R1468T2052	注意	H
江西乐安县	JX—Le'an County	R1569T2052	相对稳定	H
江西乐平市	JX—Leping City	R464T2052	相对稳定	C
江西黎川县	JX—Lichuan County	R1579T2052	相对稳定	H
江西莲花县	JX—Lianhua County	R1555T2052	相对稳定	H

第二届中国县域经济基本竞争力评价(江西 续)

2nd CHINA COUNTY-LEVEL ECONOMY BASIC COMPETITIVENESS EVALUATION(JIANGXI)

县域单位	UNIT	中郡指数	竞争力动态	竞争力等级
江西龙南县	JX—Longnan County	R901T2052	相对稳定	E
江西芦溪县	JX—Luxi County	R1204T2052	相对稳定	G
江西南昌县	JX—Nanchang County	R214T2052	相对稳定	B
江西南城县	JX—Nancheng County	R1190T2052	相对稳定	F
江西南丰县	JX—Nanfeng County	R1166T2052	相对稳定	F
江西南康市	JX—Nankang City	R772T2052	相对稳定	D
江西宁都县	JX—Ningdu County	R810T2052	相对稳定	E
江西彭泽县	JX—Pengze County	R1462T2052	相对稳定	H
江西铅山县	JX—Qianshan County	R1145T2052	相对稳定	F
江西全南县	JX—Quannan County	R1293T2052	相对稳定	G
江西瑞昌市	JX—Ruichang City	R1054T2052	相对稳定	F
江西瑞金市	JX—Ruijin City	R890T2052	相对稳定	E
江西上高县	JX—Shanggao County	R915T2052	相对稳定	E
江西上栗县	JX—Shangli County	R1202T2052	相对稳定	G
江西上饶县	JX—Shangrao County	R988T2052	相对稳定	E
江西上犹县	JX—Shangyou County	R1450T2052	相对稳定	H
江西石城县	JX—Shicheng County	R1676T2052	注意	I
江西遂川县	JX—Suichuan County	R1329T2052	相对稳定	G
江西泰和县	JX—Taihe County	R730T2052	相对稳定	D
江西铜鼓县	JX—Tonggu County	R1635T2052	注意	I
江西万安县	JX—Wan'an County	R1547T2052	相对稳定	H
江西万年县	JX—Wannian County	R1488T2052	注意	H
江西万载县	JX—Wanzai County	R1089T2052	相对稳定	F
江西武宁县	JX—Wuning County	R1177T2052	相对稳定	F
江西婺源县	JX—Wuyuan County	R1154T2052	相对稳定	F
江西峡江县	JX—Xiajiang County	R1557T2052	相对稳定	H
江西新干县	JX—Xingan County	R1195T2052	相对稳定	F
江西新建县	JX—Xinjian County	R506T2052	相对稳定	C
江西信丰县	JX—Xinfeng County	R821T2052	相对稳定	E
江西兴国县	JX—Xingguo County	R962T2052	相对稳定	E
江西星子县	JX—Xingzi County	R1614T2052	相对稳定	I
江西修水县	JX—Xiushui County	R874T2052	相对稳定	E
江西寻乌县	JX—Xunwu County	R1443T2052	相对稳定	H
江西宜丰县	JX—Yifeng County	R1148T2052	相对稳定	F
江西宜黄县	JX—Yihuang County	R1565T2052	相对稳定	H

第二届中国县域经济基本竞争力评价(江西 续)

2nd CHINA COUNTY-LEVEL ECONOMY BASIC COMPETITIVENESS EVALUATION(JIANGXI)

县域单位	UNIT	中郡指数	竞争力动态	竞争力等级
江西弋阳县	JX—Yiyang County	R1416T2052	相对稳定	H
江西永丰县	JX—Yongfeng County	R1146T2052	相对稳定	F
江西永新县	JX—Yongxin County	R1342T2052	上升	G
江西永修县	JX—Yongxiu County	R1044T2052	相对稳定	F
江西于都县	JX—Yudu County	R861T2052	相对稳定	E
江西余干县	JX—Yugan County	R1163T2052	相对稳定	F
江西余江县	JX—Yujiang County	R1428T2052	相对稳定	H
江西玉山县	JX—Yushan County	R1167T2052	相对稳定	F
江西樟树市	JX—Zhangshu City	R673T2052	相对稳定	D
江西资溪县	JX—Zixi County	R1716T2052	相对稳定	I

第二届中国县域经济基本竞争力评价(辽宁)

2nd CHINA COUNTY-LEVEL ECONOMY BASIC COMPETITIVENESS EVALUATION(LIAONING)

县域单位	UNIT	中郡指数	竞争力动态	竞争力等级
辽宁北宁市	LN—Beining City	R411T2052	上升	C
辽宁北票市	LN—Beipiao City	R1104T2052	上升	F
辽宁本溪县	LN—Benxi County	R550T2052	相对稳定	C
辽宁昌图县	LN—Changtu County	R599T2052	上升	C
辽宁长海县	LN—Changhai County	R727T2052	相对稳定	D
辽宁朝阳县	LN—Chaoyang County	R1214T2052	上升	G
辽宁大石桥市	LN—Dashiqiao City	R100T2052	相对稳定	A
辽宁大洼县	LN—Dawa County	R552T2052	相对稳定	C
辽宁灯塔市	LN—Dengta City	R312T2052	相对稳定	B
辽宁东港市	LN—Donggang City	R130T2052	相对稳定	A
辽宁法库县	LN—Faku County	R853T2052	上升	E
辽宁凤城市	LN—Fengcheng City	R277T2052	相对稳定	B
辽宁抚顺县	LN—Fushun County	R591T2052	相对稳定	C
辽宁阜新县	LN—Fuxin County	R1327T2052	上升	G
辽宁盖州市	LN—Gaizhou City	R318T2052	相对稳定	B
辽宁海城市	LN—Haicheng City	R22T2052	相对稳定	A
辽宁黑山县	LN—Heishan County	R444T2052	相对稳定	C
辽宁桓仁县	LN—Huanren County	R773T2052	相对稳定	D
辽宁建昌县	LN—Jianchang County	R963T2052	上升	E
辽宁建平县	LN—Jianping County	R1112T2052	上升	F
辽宁喀喇沁左翼县	LN—Kalaqinzuoyi County	R1566T2052	相对稳定	H
辽宁开原市	LN—Kaiyuan City	R761T2052	相对稳定	D
辽宁康平县	LN—Kangping County	R1122T2052	上升	F
辽宁宽甸县	LN—Kuandian County	R505T2052	相对稳定	C
辽宁辽阳县	LN—Liaoyang County	R406T2052	相对稳定	C
辽宁辽中县	LN—Liaozhong County	R309T2052	相对稳定	B
辽宁凌海市	LN—Linghai City	R391T2052	相对稳定	B
辽宁凌源市	LN—Lingyuan City	R935T2052	相对稳定	E
辽宁盘山县	LN—Panshan County	R553T2052	相对稳定	C
辽宁普兰店市	LN—Pulandian City	R78T2052	相对稳定	A
辽宁清原县	LN—Qingyuan County	R871T2052	相对稳定	E
辽宁绥中县	LN—Suizhong County	R514T2052	相对稳定	C
辽宁台安县	LN—Tai'an County	R373T2052	相对稳定	B
辽宁铁法市	LN—Tiefa City	R894T2052	上升	E
辽宁铁岭县	LN—Tieling County	R1024T2052	相对稳定	F

第二届中国县域经济基本竞争力评价(辽宁 续)

2nd CHINA COUNTY-LEVEL ECONOMY BASIC COMPETITIVENESS EVALUATION(LIAONING)

县域单位	UNIT	中郡指数	竞争力动态	竞争力等级
辽宁瓦房店市	LN—Wafangdian City	R85T2052	相对稳定	A
辽宁西丰县	LN—Xifeng County	R1533T2052	相对稳定	H
辽宁新宾县	LN—Xinbin County	R803T2052	相对稳定	E
辽宁新民市	LN—Xinmin City	R163T2052	相对稳定	A
辽宁兴城市	LN—Xingcheng City	R433T2052	相对稳定	C
辽宁岫岩县	LN—Xiuyan County	R370T2052	相对稳定	B
辽宁义县	LN—Yixian County	R924T2052	相对稳定	E
辽宁彰武县	LN—Zhangwu County	R1458T2052	上升	H
辽宁庄河市	LN—Zhuanghe City	R87T2052	相对稳定	A

第二届中国县域经济基本竞争力评价(内蒙古)

2nd CHINA COUNTY-LEVEL ECONOMY BASIC COMPETITIVENESS EVALUATION(NEIMENGGU)

县域单位	UNIT	中郡指数	竞争力动态	竞争力等级
内蒙古阿巴嘎旗	NM—Abaga Banner	R1657T2052	相对稳定	I
内蒙古阿尔山市	NM—Aershan City	R1815T2052	相对稳定	J
内蒙古阿拉善右旗	NM—Alashanyou Banner	R1758T2052	注意	I
内蒙古阿拉善左旗	NM—Alashanzuo Banner	R1050T2052	相对稳定	F
内蒙古阿鲁科尔沁旗	NM—Aluke'erqin Banner	R1463T2052	相对稳定	H
内蒙古阿荣旗	NM—Arong Banner	R1056T2052	相对稳定	F
内蒙古敖汉旗	NM—Aohan Banner	R1164T2052	上升	F
内蒙古巴林右旗	NM—Balinyou Banner	R1677T2052	相对稳定	I
内蒙古巴林左旗	NM—Balinzuo Banner	R1215T2052	上升	G
内蒙古察哈尔右翼后旗	NM—Chaha'eryouyihou Banner	R1514T2052	相对稳定	H
内蒙古察哈尔右翼前旗	NM—Chaha'eryouyiqian Banner	R1300T2052	相对稳定	G
内蒙古察哈尔右翼中旗	NM—Chaha'eryouyizhong Banner	R1501T2052	相对稳定	H
内蒙古陈巴尔虎旗	NM—Chenba'erhu Banner	R1624T2052	注意	I
内蒙古达拉特旗	NM—Dalate Banner	R352T2052	相对稳定	B
内蒙古达茂联合旗	NM—Da'erhan maoming'an Union Banne	R1496T2052	注意	H
内蒙古磴口县	NM—Dengkou County	R1352T2052	相对稳定	G
内蒙古东乌珠穆沁旗	NM—Dongwuzhumuqin Banner	R1260T2052	相对稳定	G
内蒙古多伦县	NM—Duolun County	R1708T2052	相对稳定	I
内蒙古额尔古纳市	NM—E'erguna City	R1819T2052	注意	J
内蒙古额济纳旗	NM—Ejina Banner	R1525T2052	相对稳定	H
内蒙古鄂伦春旗	NM—Elunchun Banner	R1280T2052	相对稳定	G
内蒙古鄂托克旗	NM—Etuoke Banner	R754T2052	相对稳定	D
内蒙古鄂托克前旗	NM—Etuokeqian Banner	R1236T2052	相对稳定	G
内蒙古鄂温克旗	NM—Ewenke Banner	R796T2052	相对稳定	D
内蒙古二连浩特市	NM—Erlianhaote City	R635T2052	上升	D
内蒙古丰镇市	NM—Fengzhen City	R969T2052	相对稳定	E
内蒙古根河市	NM—Genhe City	R1029T2052	上升	F
内蒙古固阳县	NM—Guyang County	R1587T2052	注意	H
内蒙古杭锦后旗	NM—Hangjinhou Banner	R755T2052	相对稳定	D
内蒙古杭锦旗	NM—Hangjin Banner	R1213T2052	注意	G
内蒙古和林格尔县	NM—Helinge'er County	R837T2052	上升	E
内蒙古化德县	NM—Huade County	R1706T2052	相对稳定	I
内蒙古霍林郭勒市	NM—Huolinguole City	R1063T2052	相对稳定	F
内蒙古集宁市	NM—Jining City	R651T2052	相对稳定	D
内蒙古喀喇沁旗	NM—Kalaqin Banner	R1578T2052	相对稳定	H

第二届中国县域经济基本竞争力评价(内蒙古 续)

2nd CHINA COUNTY-LEVEL ECONOMY BASIC COMPETITIVENESS EVALUATION(NEIMENGGU)

县域单位	UNIT	中郡指数	竞争力动态	竞争力等级
内蒙古开鲁县	NM—Kailu County	R841T2052	相对稳定	E
内蒙古科尔沁右翼前旗	NM—Ke'erqinyouyiqian Banner	R1673T2052	注意	I
内蒙古科尔沁右翼中旗	NM—Ke'erqinyouyizhong Banner	R1668T2052	相对稳定	I
内蒙古科尔沁左翼后旗	NM—Ke'erqinzuoyihou Banner	R809T2052	相对稳定	E
内蒙古科尔沁左翼中旗	NM—Ke'erqinzuoyizhong Banner	R1026T2052	上升	F
内蒙古克什克腾旗	NM—Keshiketeng Banner	R1560T2052	相对稳定	H
内蒙古库伦旗	NM—Kulun Banner	R1508T2052	相对稳定	H
内蒙古凉城县	NM—Liangcheng County	R1640T2052	相对稳定	I
内蒙古林西县	NM—Linxi County	R1335T2052	相对稳定	G
内蒙古临河市	NM—Linhe City	R423T2052	相对稳定	C
内蒙古满州里市	NM—Manzhouli City	R530T2052	相对稳定	C
内蒙古莫力达瓦旗	NM—Molidawa Banner	R1010T2052	上升	F
内蒙古奈曼旗	NM—Naiman Banner	R942T2052	相对稳定	E
内蒙古宁城县	NM—Ningcheng County	R876T2052	相对稳定	E
内蒙古清水河县	NM—Qingshuihe County	R1891T2052	注意	J
内蒙古商都县	NM—Shangdu County	R1622T2052	相对稳定	I
内蒙古四子王旗	NM—Siziwang Banner	R1424T2052	相对稳定	H
内蒙古苏尼特右旗	NM—Suniteyou Banner	R1486T2052	相对稳定	H
内蒙古苏尼特左旗	NM—Sunitezuo Banner	R1731T2052	相对稳定	I
内蒙古太仆寺旗	NM—Taipusi Banner	R1778T2052	相对稳定	I
内蒙古突泉县	NM—Tuquan County	R1572T2052	注意	H
内蒙古土默特右旗	NM—Tumoteyou Banner	R919T2052	相对稳定	E
内蒙古土默特左旗	NM—Tumotezuo Banner	R687T2052	相对稳定	D
内蒙古托克托县	NM—Tuoketuo County	R838T2052	上升	E
内蒙古翁牛特旗	NM—Wengniute Banner	R1179T2052	相对稳定	F
内蒙古乌拉特后旗	NM—Wulatehou Banner	R1563T2052	相对稳定	H
内蒙古乌拉特前旗	NM—Wulateqian Banner	R677T2052	相对稳定	D
内蒙古乌拉特中旗	NM—Wulatezhong Banner	R1412T2052	相对稳定	H
内蒙古乌兰浩特市	NM—Wulanhaote City	R819T2052	相对稳定	E
内蒙古乌审旗	NM—Wushen Banner	R982T2052	相对稳定	E
内蒙古五原县	NM—Wuyuan County	R946T2052	相对稳定	E
内蒙古武川县	NM—Wuchuan County	R1576T2052	相对稳定	H
内蒙古西乌珠穆沁旗	NM—Xiwuzhumuqin Banner	R1610T2052	注意	I
内蒙古锡林浩特市	NM—Xilinhaote City	R637T2052	注意	D
内蒙古镶黄旗	NM—Xianghuang Banner	R2022T2052	相对稳定	J

第二届中国县域经济基本竞争力评价(内蒙古 续)

2nd CHINA COUNTY-LEVEL ECONOMY BASIC COMPETITIVENESS EVALUATION(NEIMENGGU)

县域单位	UNIT	中郡指数	竞争力动态	竞争力等级
内蒙古新巴尔虎右旗	NM—Xinba'erhuyou Banner	R1478T2052	相对稳定	H
内蒙古新巴尔虎左旗	NM—Xinba'erhuzuo Banner	R1481T2052	相对稳定	H
内蒙古兴和县	NM—Xinghe County	R1484T2052	相对稳定	H
内蒙古牙克石市	NM—Yakeshi City	R979T2052	相对稳定	E
内蒙古伊金霍洛旗	NM—Yijinhuoluo Banner	R620T2052	相对稳定	D
内蒙古扎赉特旗	NM—Zhalaite Banner	R1882T2052	注意	J
内蒙古扎兰屯市	NM—Zhalantun City	R1080T2052	相对稳定	F
内蒙古扎鲁特旗	NM—Zhalute Banner	R984T2052	相对稳定	E
内蒙古正蓝旗	NM—Zhenglan Banner	R1867T2052	相对稳定	J
内蒙古正镶白旗	NM—Zhengxiangbai Banner	R1769T2052	相对稳定	I
内蒙古准格尔旗	NM—Zhunge'er Banner	R308T2052	相对稳定	B
内蒙古卓资县	NM—Zhuozi County	R1540T2052	相对稳定	H

第二届中国县域经济基本竞争力评价(宁夏)

2nd CHINA COUNTY-LEVEL ECONOMY BASIC COMPETITIVENESS EVALUATION(NINGXIA)

县域单位	UNIT	中郡指数	竞争力动态	竞争力等级
宁夏海原县	NX—Haiyuan County	R1756T2052	上升	I
宁夏贺兰县	NX—Helan County	R1261T2052	相对稳定	G
宁夏惠农县	NX—Huinong County	R1584T2052	相对稳定	H
宁夏泾源县	NX—Jingyuan County	R1954T2052	相对稳定	J
宁夏灵武市	NX—Lingwu City	R998T2052	相对稳定	E
宁夏隆德县	NX—Longde County	R1738T2052	相对稳定	I
宁夏彭阳县	NX—Pengyang County	R1714T2052	上升	I
宁夏平罗县	NX—Pingluo County	R1085T2052	相对稳定	F
宁夏青铜峡市	NX—Qingtongxia City	R528T2052	相对稳定	C
宁夏陶乐县	NX—Taole County	R1903T2052	相对稳定	J
宁夏同心县	NX—Tongxin County	R1865T2052	相对稳定	J
宁夏西吉县	NX—Xiji County	R1757T2052	上升	I
宁夏盐池县	NX—Yanchi County	R1061T2052	相对稳定	F
宁夏永宁县	NX—Yongning County	R1097T2052	相对稳定	F
宁夏中宁县	NX—Zhongning County	R1138T2052	相对稳定	F
宁夏中卫县	NX—Zhongwei County	R827T2052	上升	E

第二届中国县域经济基本竞争力评价(青海)

2nd CHINA COUNTY-LEVEL ECONOMY BASIC COMPETITIVENESS EVALUATION(QINGHAI)

县域单位	UNIT	中郡指数	竞争力动态	竞争力等级
青海班玛县	QH—Banma County	R2011T2052	相对稳定	J
青海称多县	QH—Chengduo County	R1890T2052	相对稳定	J
青海达日县	QH—Dari County	R2024T2052	相对稳定	J
青海大通县	QH—Datong County	R846T2052	相对稳定	E
青海德令哈市	QH—Delingha City	R1400T2052	相对稳定	G
青海都兰县	QH—Dulan County	R1742T2052	相对稳定	I
青海甘德县	QH—Gande County	R2027T2052	相对稳定	J
青海刚察县	QH—Gangcha County	R1715T2052	相对稳定	I
青海格尔木市	QH—Ge'ermu City	R369T2052	相对稳定	B
青海共和县	QH—Gonghe County	R1489T2052	注意	H
青海贵德县	QH—Guide County	R1658T2052	上升	I
青海贵南县	QH—Guinan County	R1987T2052	相对稳定	J
青海海晏县	QH—Haiyan County	R1473T2052	相对稳定	H
青海河南县	QH—Henan County	R1751T2052	相对稳定	I
青海互助县	QH—Huzhu County	R1251T2052	相对稳定	G
青海化隆县	QH—Hualong County	R1741T2052	相对稳定	I
青海湟源县	QH—Huangyuan County	R1594T2052	上升	H
青海湟中县	QH—Huangzhong County	R1323T2052	上升	G
青海尖扎县	QH—Jianzha County	R1466T2052	相对稳定	H
青海久治县	QH—Jiuzhi County	R1937T2052	相对稳定	J
青海乐都县	QH—Ledu County	R1435T2052	相对稳定	H
青海玛多县	QH—Maduo County	R1963T2052	相对稳定	J
青海玛沁县	QH—Maqin County	R1621T2052	相对稳定	I
青海门源县	QH—Menyuan County	R1690T2052	相对稳定	I
青海民和县	QH—Minhe County	R1521T2052	相对稳定	H
青海囊谦县	QH—Nangqian County	R1851T2052	相对稳定	J
青海平安县	QH—Ping'an County	R1532T2052	注意	H
青海祁连县	QH—Qilian County	R1687T2052	上升	I
青海曲麻莱县	QH—Qumalai County	R1841T2052	相对稳定	J
青海天峻县	QH—Tianjun County	R1620T2052	上升	I
青海同德县	QH—Tongde County	R1853T2052	相对稳定	J
青海同仁县	QH—Tongren County	R2014T2052	注意	J
青海乌兰县	QH—Wulan County	R1960T2052	相对稳定	J
青海兴海县	QH—Xinghai County	R1859T2052	相对稳定	J
青海循化县	QH—Xunhua County	R1807T2052	注意	J

第二届中国县域经济基本竞争力评价(青海 续)

2nd CHINA COUNTY-LEVEL ECONOMY BASIC COMPETITIVENESS EVALUATION(QINGHAI)

县域单位	UNIT	中郡指数	竞争力动态	竞争力等级
青海玉树县	QH—Yushu County	R1924T2052	相对稳定	J
青海杂多县	QH—Zaduo County	R1162T2052	上升	F
青海泽库县	QH—Zeku County	R1915T2052	相对稳定	J
青海治多县	QH—Zhiduo County	R1781T2052	相对稳定	I

第二届中国县域经济基本竞争力评价(山东)

2nd CHINA COUNTY-LEVEL ECONOMY BASIC COMPETITIVENESS EVALUATION(SHANDONG)

县域单位	UNIT	中郡指数	竞争力动态	竞争力等级
山东安丘市	SD—Anqiu City	R121T2052	相对稳定	A
山东博兴县	SD—Boxing County	R288T2052	相对稳定	B
山东苍山县	SD—Cangshan County	R279T2052	相对稳定	B
山东曹县	SD—Caoxian County	R594T2052	相对稳定	C
山东昌乐县	SD—Changle County	R323T2052	相对稳定	B
山东昌邑市	SD—Changyi City	R183T2052	相对稳定	A
山东长岛县	SD—Changdao County	R857T2052	相对稳定	E
山东成武县	SD—Chengwu County	R836T2052	相对稳定	E
山东茌平县	SD—Chiping County	R456T2052	相对稳定	C
山东单县	SD—Shanxian County	R624T2052	相对稳定	D
山东定陶县	SD—Dingtao County	R980T2052	相对稳定	E
山东东阿县	SD—Dong'e County	R756T2052	相对稳定	D
山东东明县	SD—Dongming County	R835T2052	相对稳定	E
山东东平县	SD—Dongping County	R345T2052	相对稳定	B
山东肥城市	SD—Feicheng City	R71T2052	相对稳定	A
山东费县	SD—Feixian County	R275T2052	相对稳定	B
山东高密市	SD—Gaomi City	R149T2052	相对稳定	A
山东高青县	SD—Gaoqing County	R766T2052	相对稳定	D
山东高唐县	SD—Gaotang County	R226T2052	相对稳定	B
山东冠县	SD—Guanxian County	R597T2052	上升	C
山东广饶县	SD—Guangrao County	R200T2052	相对稳定	A
山东海阳市	SD—Haiyang City	R256T2052	相对稳定	B
山东桓台县	SD—Huantai County	R146T2052	相对稳定	A
山东惠民县	SD—Huimin County	R460T2052	相对稳定	C
山东即墨市	SD—Jimo City	R36T2052	相对稳定	A
山东济阳县	SD—Jiyang County	R268T2052	相对稳定	B
山东嘉祥县	SD—Jiaxiang County	R540T2052	相对稳定	C
山东胶南市	SD—Jiaonan City	R35T2052	相对稳定	A
山东胶州市	SD—Jiaozhou City	R39T2052	相对稳定	A
山东金乡县	SD—Jinxiang County	R338T2052	相对稳定	B
山东莒南县	SD—Junan County	R285T2052	相对稳定	B
山东莒县	SD—Juxian County	R186T2052	相对稳定	A
山东巨野县	SD—Juye County	R891T2052	相对稳定	E
山东鄄城县	SD—Juancheng County	R1106T2052	相对稳定	F
山东垦利县	SD—Kenli County	R602T2052	相对稳定	D

第二届中国县域经济基本竞争力评价(山东 续)

2nd CHINA COUNTY-LEVEL ECONOMY BASIC COMPETITIVENESS EVALUATION(SHANDONG)

县域单位	UNIT	中郡指数	竞争力动态	竞争力等级
山东莱西市	SD—Laixi City	R88T2052	相对稳定	A
山东莱阳市	SD—Laiyang City	R109T2052	相对稳定	A
山东莱州市	SD—Laizhou City	R46T2052	相对稳定	A
山东乐陵市	SD—Leling City	R327T2052	相对稳定	B
山东利津县	SD—Lijin County	R583T2052	相对稳定	C
山东梁山县	SD—Liangshan County	R499T2052	相对稳定	C
山东临清市	SD—Linqing City	R271T2052	相对稳定	B
山东临朐县	SD—Linqu County	R270T2052	相对稳定	B
山东临沭县	SD—Linshu County	R455T2052	相对稳定	C
山东临邑县	SD—Linyi County	R388T2052	相对稳定	B
山东陵县	SD—Lingxian County	R426T2052	相对稳定	C
山东龙口市	SD—Longkou City	R29T2052	相对稳定	A
山东蒙阴县	SD—Mengyin County	R484T2052	相对稳定	C
山东宁津县	SD—Ningjin County	R349T2052	相对稳定	B
山东宁阳县	SD—Ningyang County	R266T2052	相对稳定	B
山东蓬莱市	SD—Penglai City	R86T2052	相对稳定	A
山东平度市	SD—Pingdu City	R41T2052	相对稳定	A
山东平邑县	SD—Pingyi County	R241T2052	相对稳定	B
山东平阴县	SD—Pingyin County	R265T2052	相对稳定	B
山东平原县	SD—Pingyuan County	R439T2052	相对稳定	C
山东栖霞市	SD—Qixia City	R252T2052	相对稳定	B
山东齐河县	SD—Qihe County	R355T2052	相对稳定	B
山东青州市	SD—Qingzhou City	R117T2052	相对稳定	A
山东庆云县	SD—Qingyun County	R1169T2052	相对稳定	F
山东曲阜市	SD—Qufu City	R114T2052	相对稳定	A
山东荣成市	SD—Rongcheng City	R12T2052	相对稳定	A
山东乳山市	SD—Rushan City	R62T2052	相对稳定	A
山东商河县	SD—Shanghe County	R383T2052	相对稳定	B
山东寿光市	SD—Shouguang City	R42T2052	相对稳定	A
山东泗水县	SD—Sishui County	R371T2052	相对稳定	B
山东郯城县	SD—Tancheng County	R222T2052	相对稳定	B
山东滕州市	SD—Tengzhou City	R50T2052	相对稳定	A
山东微山县	SD—Weishan County	R292T2052	相对稳定	B
山东文登市	SD—Wendeng City	R18T2052	相对稳定	A
山东汶上县	SD—Wenshang County	R551T2052	相对稳定	C

第二届中国县域经济基本竞争力评价(山东 续)

2nd CHINA COUNTY-LEVEL ECONOMY BASIC COMPETITIVENESS EVALUATION(SHANDONG)

县域单位	UNIT	中郡指数	竞争力动态	竞争力等级
山东无棣县	SD—Wudi County	R408T2052	相对稳定	C
山东五莲县	SD—Wulian County	R334T2052	相对稳定	B
山东武城县	SD—Wucheng County	R492T2052	相对稳定	C
山东夏津县	SD—Xiajin County	R658T2052	相对稳定	D
山东莘县	SD—Shenxian County	R375T2052	相对稳定	B
山东新泰市	SD—Xintai City	R59T2052	相对稳定	A
山东兖州市	SD—Yanzhou City	R66T2052	相对稳定	A
山东阳谷县	SD—Yanggu County	R407T2052	相对稳定	C
山东阳信县	SD—Yangxin County	R952T2052	相对稳定	E
山东沂南县	SD—Yinan County	R379T2052	相对稳定	B
山东沂水县	SD—Yishui County	R158T2052	相对稳定	A
山东沂源县	SD—Yiyuan County	R498T2052	相对稳定	C
山东鱼台县	SD—Yutai County	R613T2052	相对稳定	D
山东禹城市	SD—Yucheng City	R306T2052	相对稳定	B
山东郓城县	SD—Yuncheng County	R656T2052	相对稳定	D
山东沾化县	SD—Zhanhua County	R475T2052	相对稳定	C
山东章丘市	SD—Zhangqiu City	R44T2052	相对稳定	A
山东招远市	SD—Zhaoyuan City	R72T2052	相对稳定	A
山东诸城市	SD—Zhucheng City	R54T2052	相对稳定	A
山东邹城市	SD—Zoucheng City	R30T2052	相对稳定	A
山东邹平县	SD—Zouping County	R116T2052	相对稳定	A

第二届中国县域经济基本竞争力评价(山西)

2nd CHINA COUNTY-LEVEL ECONOMY BASIC COMPETITIVENESS EVALUATION(SHANXI)

县域单位	UNIT	中郡指数	竞争力动态	竞争力等级
山西安泽县	SX—Anze County	R1780T2052	相对稳定	I
山西保德县	SX—Baode County	R1680T2052	上升	I
山西长治县	SX—Changzhi County	R1103T2052	上升	F
山西长子县	SX—Zhangzi County	R1402T2052	上升	H
山西大宁县	SX—Daning County	R2012T2052	相对稳定	J
山西大同县	SX—Datong County	R1849T2052	注意	J
山西代县	SX—Daixian Conty	R1962T2052	注意	J
山西定襄县	SX—Dingxiang County	R1383T2052	相对稳定	G
山西繁峙县	SX—Fanshi County	R1692T2052	相对稳定	I
山西方山县	SX—Fangshan County	R1857T2052	相对稳定	J
山西汾西县	SX—Fenxi County	R1702T2052	上升	I
山西汾阳市	SX—Fenyang City	R929T2052	注意	E
山西浮山县	SX—Fushan County	R1433T2052	上升	H
山西高平市	SX—Gaoping City	R800T2052	相对稳定	D
山西古交市	SX—Gujiao City	R691T2052	上升	D
山西古县	SX—Guxian County	R1483T2052	上升	H
山西广灵县	SX—Guangling County	R2039T2052	注意	J
山西和顺县	SX—Heshun County	R1631T2052	上升	I
山西河津市	SX—Hejin City	R357T2052	相对稳定	B
山西河曲县	SX—Hequ County	R1874T2052	相对稳定	J
山西洪洞县	SX—Hongtong County	R565T2052	相对稳定	C
山西侯马市	SX—Houma City	R826T2052	相对稳定	E
山西壶关县	SX—Huguan County	R1503T2052	相对稳定	H
山西怀仁县	SX—Huairen County	R802T2052	相对稳定	E
山西浑源县	SX—Hunyuan County	R1850T2052	注意	J
山西霍州市	SX—Huozhou City	R948T2052	相对稳定	E
山西吉县	SX—Jixian County	R1931T2052	相对稳定	J
山西稷山县	SX—Jishan County	R1454T2052	相对稳定	H
山西绛县	SX—Jiangxian County	R1356T2052	相对稳定	G
山西交城县	SX—Jiaocheng County	R1526T2052	上升	H
山西交口县	SX—Jiaokou County	R1662T2052	上升	I
山西介休市	SX—Jiexiu County	R576T2052	相对稳定	C
山西静乐县	SX—Jingle County	R2037T2052	注意	J
山西岢岚县	SX—Kelan County	R2025T2052	注意	J
山西岚县	SX—Lanxian County	R1980T2052	相对稳定	J

第二届中国县域经济基本竞争力评价(山西 续)

2nd CHINA COUNTY-LEVEL ECONOMY BASIC COMPETITIVENESS EVALUATION(SHANXI)

县域单位	UNIT	中郡指数	竞争力动态	竞争力等级
山西离石市	SX—Lishi City	R1170T2052	相对稳定	F
山西黎城县	SX—Licheng County	R1229T2052	相对稳定	G
山西临县	SX—Linxian County	R2036T2052	注意	J
山西临猗县	SX—Linyi County	R864T2052	相对稳定	E
山西灵丘县	SX—Lingqiu County	R1896T2052	注意	J
山西灵石县	SX—Lingshi County	R926T2052	相对稳定	E
山西陵川县	SX—Lingchuan County	R1573T2052	相对稳定	H
山西柳林县	SX—Liulin County	R1049T2052	相对稳定	F
山西娄烦县	SX—Loufan County	R2000T2052	相对稳定	J
山西潞城市	SX—Lucheng City	R860T2052	相对稳定	E
山西宁武县	SX—Ningwu County	R1805T2052	相对稳定	J
山西偏关县	SX—Pianguan County	R2003T2052	注意	J
山西平定县	SX—Pingding County	R1045T2052	相对稳定	F
山西平陆县	SX—Pinglu County	R1929T2052	注意	J
山西平顺县	SX—Pingshun County	R1868T2052	相对稳定	J
山西平遥县	SX—Pingyao County	R1018T2052	相对稳定	F
山西蒲县	SX—Puxian County	R1413T2052	上升	H
山西祁县	SX—Qixian County	R1111T2052	相对稳定	F
山西沁水县	SX—Qinshui County	R1277T2052	上升	G
山西沁县	SX—Qinxian County	R1737T2052	相对稳定	I
山西沁源县	SX—Qinyuan County	R1700T2052	上升	I
山西清徐县	SX—Qingxu County	R606T2052	相对稳定	D
山西曲沃县	SX—Quwo County	R1201T2052	上升	G
山西芮城县	SX—Ruicheng County	R1279T2052	相对稳定	G
山西山阴县	SX—Shanyin County	R1281T2052	相对稳定	G
山西神池县	SX—Shenchi County	R1884T2052	相对稳定	J
山西石楼县	SX—Shilou County	R2045T2052	相对稳定	J
山西寿阳县	SX—Shouyang County	R1373T2052	上升	G
山西太谷县	SX—Taigu County	R1108T2052	相对稳定	F
山西天镇县	SX—Tianzhen County	R2041T2052	注意	J
山西屯留县	SX—Tunliu County	R1487T2052	相对稳定	H
山西万荣县	SX—Wanrong County	R1544T2052	相对稳定	H
山西文水县	SX—Wenshui County	R1273T2052	上升	G
山西闻喜县	SX—Wenxi County	R716T2052	相对稳定	D
山西五台县	SX—Wutai County	R1608T2052	相对稳定	I

第二届中国县域经济基本竞争力评价(山西 续)

2nd CHINA COUNTY-LEVEL ECONOMY BASIC COMPETITIVENESS EVALUATION(SHANXI)

县域单位	UNIT	中郡指数	竞争力动态	竞争力等级
山西五寨县	SX—Wuzhai County	R2040T2052	注意	J
山西武乡县	SX—Wuxiang County	R1750T2052	相对稳定	I
山西昔阳县	SX—Xiyang County	R1570T2052	相对稳定	H
山西隰县	SX—Xixian County	R1846T2052	相对稳定	J
山西夏县	SX—Xiaxian County	R1810T2052	相对稳定	J
山西乡宁县	SX—Xiangning County	R1135T2052	上升	F
山西襄汾县	SX—Xiangfen County	R765T2052	上升	D
山西襄垣县	SX—Xiangyuan County	R880T2052	相对稳定	E
山西孝义市	SX—Xiaoyi City	R767T2052	相对稳定	D
山西新绛县	SX—Xinjiang County	R1397T2052	上升	G
山西兴县	SX—Xingxian County	R2048T2052	注意	J
山西阳城县	SX—Yangcheng County	R517T2052	相对稳定	C
山西阳高县	SX—Yanggao County	R1989T2052	相对稳定	J
山西阳曲县	SX—Yangqu County	R1639T2052	相对稳定	I
山西翼城县	SX—Yicheng County	R1055T2052	上升	F
山西应县	SX—Yingxian County	R1975T2052	注意	J
山西永和县	SX—Yonghe County	R2017T2052	相对稳定	J
山西永济市	SX—Yongji City	R878T2052	相对稳定	E
山西右玉县	SX—Youyu County	R2028T2052	注意	J
山西盂县	SX—Yuxian County	R1223T2052	相对稳定	G
山西榆社县	SX—Yushe County	R1615T2052	相对稳定	I
山西垣曲县	SX—Yuanqu County	R1518T2052	相对稳定	H
山西原平市	SX—Yuanping City	R1126T2052	相对稳定	F
山西泽州县	SX—Zezhou County	R337T2052	相对稳定	B
山西中阳县	SX—Zhongyang County	R1469T2052	相对稳定	H
山西左权县	SX—Zuoquan County	R1648T2052	相对稳定	I
山西左云县	SX—Zuoyun County	R1310T2052	相对稳定	G

第二届中国县域经济基本竞争力评价(陕西)

2nd CHINA COUNTY-LEVEL ECONOMY BASIC COMPETITIVENESS EVALUATION(SHANXI)

县域单位	UNIT	中郡指数	竞争力动态	竞争力等级
陕西安塞县	SN—Ansai County	R967T2052	相对稳定	E
陕西白河县	SN—Baihe County	R1984T2052	注意	J
陕西白水县	SN—Baishui County	R1634T2052	相对稳定	I
陕西宝鸡县	SN—Baoji County	R1073T2052	注意	F
陕西彬县	SN—Binxian County	R1512T2052	相对稳定	H
陕西长安县	SN—Chang'an County	R452T2052	上升	C
陕西长武县	SN—Changwu County	R1792T2052	相对稳定	I
陕西城固县	SN—Chenggu County	R845T2052	相对稳定	E
陕西澄城县	SN—Chengcheng County	R1312T2052	相对稳定	G
陕西淳化县	SN—Chunhua County	R1617T2052	相对稳定	I
陕西大荔县	SN—Dali County	R916T2052	相对稳定	E
陕西丹凤县	SN—Danfeng County	R1598T2052	相对稳定	H
陕西定边县	SN—Dingbian County	R1216T2052	上升	G
陕西凤县	SN—Fengxian County	R2013T2052	相对稳定	J
陕西凤翔县	SN—Fengxiang County	R1087T2052	相对稳定	F
陕西佛坪县	SN—Foping County	R1996T2052	相对稳定	J
陕西扶风县	SN—Fufeng County	R1341T2052	相对稳定	G
陕西府谷县	SN—Fugu County	R1355T2052	相对稳定	G
陕西富平县	SN—Fuping County	R939T2052	相对稳定	E
陕西富县	SN—Fuxian County	R1936T2052	相对稳定	J
陕西甘泉县	SN—Ganquan County	R1561T2052	相对稳定	H
陕西高陵县	SN—Gaoling County	R1278T2052	相对稳定	G
陕西韩城市	SN—Hancheng City	R793T2052	相对稳定	D
陕西汉阴县	SN—Hanyin County	R1727T2052	相对稳定	I
陕西合阳县	SN—Heyang County	R1337T2052	相对稳定	G
陕西横山县	SN—Hengshan County	R1866T2052	注意	J
陕西户县	SN—Huxian County	R638T2052	上升	D
陕西华县	SN—Huaxian County	R1446T2052	相对稳定	H
陕西华阴市	SN—Huayin City	R1334T2052	相对稳定	G
陕西黄陵县	SN—Huangling County	R1394T2052	相对稳定	G
陕西黄龙县	SN—Huanglong County	R2018T2052	相对稳定	J
陕西佳县	SN—Jiaxian County	R1482T2052	上升	H
陕西泾阳县	SN—Jingyang County	R909T2052	相对稳定	E
陕西靖边县	SN—Jingbian County	R546T2052	上升	C
陕西岚皋县	SN—Langao County	R1764T2052	相对稳定	I

第二届中国县域经济基本竞争力评价(陕西 续)

2nd CHINA COUNTY-LEVEL ECONOMY BASIC COMPETITIVENESS EVALUATION(SHANXI)

县域单位	UNIT	中郡指数	竞争力动态	竞争力等级
陕西蓝田县	SN—Lantian County	R1387T2052	注意	G
陕西礼泉县	SN—Liquan County	R928T2052	相对稳定	E
陕西麟游县	SN—Linyou County	R1892T2052	相对稳定	J
陕西留坝县	SN—Liuba County	R2009T2052	相对稳定	J
陕西陇县	SN—Longxian County	R1647T2052	相对稳定	I
陕西略阳县	SN—Lueyang County	R1361T2052	相对稳定	G
陕西洛川县	SN—Luochuan County	R937T2052	相对稳定	E
陕西洛南县	SN—Luonan County	R1471T2052	相对稳定	H
陕西眉县	SN—Meixian County	R1441T2052	相对稳定	H
陕西米脂县	SN—Mizhi County	R2034T2052	注意	J
陕西勉县	SN—Mianxian County	R1268T2052	相对稳定	G
陕西南郑县	SN—Nanzheng County	R832T2052	相对稳定	E
陕西宁强县	SN—Ningqiang County	R1577T2052	相对稳定	H
陕西宁陕县	SN—Ningshan County	R2031T2052	注意	J
陕西平利县	SN—Pingli County	R1997T2052	注意	J
陕西蒲城县	SN—Pucheng County	R715T2052	相对稳定	D
陕西岐山县	SN—Qishan County	R1184T2052	相对稳定	F
陕西千阳县	SN—Qianyang County	R1911T2052	相对稳定	J
陕西乾县	SN—Qianxian County	R888T2052	相对稳定	E
陕西清涧县	SN—Qingjian County	R2035T2052	注意	J
陕西三原县	SN—Sanyuan County	R964T2052	相对稳定	E
陕西山阳县	SN—Shanyang County	R1492T2052	相对稳定	H
陕西商南县	SN—Shangnan County	R1691T2052	相对稳定	I
陕西神木县	SN—Shenmu County	R480T2052	相对稳定	C
陕西石泉县	SN—Shiquan County	R1887T2052	注意	J
陕西绥德县	SN—Suide County	R1828T2052	相对稳定	J
陕西太白县	SN—Taibai County	R1885T2052	相对稳定	J
陕西潼关县	SN—tongguan County	R1331T2052	相对稳定	G
陕西吴堡县	SN—Wubu County	R2038T2052	相对稳定	J
陕西吴旗县	SN—Wuqi County	R1285T2052	相对稳定	G
陕西武功县	SN—Wugong County	R1132T2052	上升	F
陕西西乡县	SN—Xixiang County	R1567T2052	上升	H
陕西兴平市	SN—Xingping City	R786T2052	相对稳定	D
陕西旬阳县	SN—Xunyang County	R1243T2052	相对稳定	G
陕西旬邑县	SN—Xunyi County	R1823T2052	相对稳定	J

第二届中国县域经济基本竞争力评价(陕西 续)

2nd CHINA COUNTY-LEVEL ECONOMY BASIC COMPETITIVENESS EVALUATION(SHANXI)

县域单位	UNIT	中郡指数	竞争力动态	竞争力等级
陕西延长县	SN—Yanchang County	R1923T2052	相对稳定	J
陕西延川县	SN—Yanchuan County	R690T2052	相对稳定	D
陕西洋县	SN—Yangxian County	R1347T2052	上升	G
陕西耀县	SN—Yaoxian County	R1438T2052	相对稳定	H
陕西宜川县	SN—Yichuan County	R1956T2052	相对稳定	J
陕西宜君县	SN—Yijun County	R2021T2052	相对稳定	J
陕西永寿县	SN—Yongshou County	R1842T2052	相对稳定	J
陕西镇安县	SN—Zhen'an County	R1507T2052	相对稳定	H
陕西镇巴县	SN—Zhenba County	R1760T2052	相对稳定	I
陕西镇坪县	SN—Zhenping County	R2001T2052	相对稳定	J
陕西志丹县	SN—Zhidan County	R902T2052	相对稳定	E
陕西周至县	SN—Zhouzhi County	R1037T2052	上升	F
陕西子长县	SN—Zizhang County	R1189T2052	相对稳定	F
陕西子洲县	SN—Zizhou County	R1990T2052	注意	J
陕西紫阳县	SN—Ziyang County	R1922T2052	相对稳定	J
陕西柞水县	SN—Zhashui County	R1720T2052	相对稳定	I

第二届中国县域经济基本竞争力评价(上海)

2nd CHINA COUNTY-LEVEL ECONOMY BASIC COMPETITIVENESS EVALUATION(SHANGHAI)

县域单位	UNIT	中郡指数	竞争力动态	竞争力等级
上海崇明县	SH—Chongming County	R83T2052	相对稳定	A

第二届中国县域经济基本竞争力评价(四川)

2nd CHINA COUNTY-LEVEL ECONOMY BASIC COMPETITIVENESS EVALUATION(SICHUAN)

县域单位	UNIT	中郡指数	竞争力动态	竞争力等级
四川阿坝县	SC—Aba County	R1982T2052	相对稳定	J
四川安县	SC—Anxian County	R842T2052	相对稳定	E
四川安岳县	SC—Anyue County	R621T2052	相对稳定	D
四川巴塘县	SC—Batang County	R1992T2052	相对稳定	J
四川白玉县	SC—Baiyu County	R1973T2052	相对稳定	J
四川宝兴县	SC—Baoxing County	R1538T2052	相对稳定	H
四川北川县	SC—Beichuan County	R1696T2052	相对稳定	I
四川布拖县	SC—Butuo County	R1921T2052	相对稳定	J
四川苍溪县	SC—Cangxi County	R1404T2052	注意	H
四川长宁县	SC—Changning County	R1078T2052	相对稳定	F
四川崇州市	SC—Chongzhou City	R169T2052	相对稳定	A
四川达县	SC—Daxian County	R491T2052	相对稳定	C
四川大邑县	SC—Dayi County	R242T2052	相对稳定	B
四川大英县	SC—Daying County	R1267T2052	相对稳定	G
四川大竹县	SC—Dazhu County	R425T2052	相对稳定	C
四川丹巴县	SC—Danba County	R1969T2052	相对稳定	J
四川丹棱县	SC—Danling County	R1685T2052	相对稳定	I
四川道孚县	SC—Daofu County	R1972T2052	相对稳定	J
四川稻城县	SC—Daocheng County	R1899T2052	相对稳定	J
四川得荣县	SC—Derong County	R1879T2052	相对稳定	J
四川德昌县	SC—Dechang County	R1351T2052	相对稳定	G
四川德格县	SC—Dege County	R2006T2052	相对稳定	J
四川都江堰市	SC—Dujiangyan City	R205T2052	相对稳定	B
四川峨边县	SC—Ebian County	R1656T2052	相对稳定	I
四川峨眉山市	SC—Emeishan City	R592T2052	相对稳定	C
四川富顺县	SC—Fushun County	R496T2052	相对稳定	C
四川甘洛县	SC—Ganluo County	R1448T2052	相对稳定	H
四川甘孜县	SC—Ganzi County	R1873T2052	相对稳定	J
四川高县	SC—Gaoxian County	R1156T2052	相对稳定	F
四川珙县	SC—Gongxian County	R1326T2052	上升	G
四川古蔺县	SC—Gulin County	R1115T2052	相对稳定	F
四川广汉市	SC—Guanghan City	R260T2052	相对稳定	B
四川汉源县	SC—Hanyuan County	R1362T2052	相对稳定	G
四川合江县	SC—Hejiang County	R731T2052	相对稳定	D
四川黑水县	SC—Heishui County	R1935T2052	相对稳定	J

第二届中国县域经济基本竞争力评价(四川 续)

2nd CHINA COUNTY-LEVEL ECONOMY BASIC COMPETITIVENESS EVALUATION(SICHUAN)

县域单位	UNIT	中郡指数	竞争力动态	竞争力等级
四川红原县	SC—Hongyuan County	R1904T2052	相对稳定	J
四川洪雅县	SC—Hongya County	R1354T2052	相对稳定	G
四川华蓥市	SC—Huaying City	R866T2052	相对稳定	E
四川会东县	SC—Huidong County	R1007T2052	相对稳定	F
四川会理县	SC—Huili County	R776T2052	相对稳定	D
四川夹江县	SC—Jiajiang County	R941T2052	相对稳定	E
四川犍为县	SC—Jianwei County	R1033T2052	相对稳定	F
四川简阳市	SC—Jianyang City	R401T2052	相对稳定	C
四川剑阁县	SC—Jian'ge County	R1411T2052	注意	H
四川江安县	SC—Jiang'an County	R1198T2052	相对稳定	F
四川江油市	SC—Jiangyou City	R150T2052	相对稳定	A
四川金川县	SC—Jinchuan County	R1938T2052	相对稳定	J
四川金堂县	SC—Jintang County	R230T2052	相对稳定	B
四川金阳县	SC—Jinyang County	R1941T2052	相对稳定	J
四川井研县	SC—Jingyan County	R1322T2052	相对稳定	G
四川九龙县	SC—Jiulong County	R1861T2052	相对稳定	J
四川九寨沟县	SC—Jiuzhaigou County	R1295T2052	相对稳定	G
四川筠连县	SC—Junlian County	R1447T2052	相对稳定	H
四川开江县	SC—Kaijiang County	R1116T2052	相对稳定	F
四川康定县	SC—Kangding County	R1206T2052	注意	G
四川阆中市	SC—Langzhong City	R794T2052	相对稳定	D
四川乐至县	SC—Lezhi County	R892T2052	相对稳定	E
四川雷波县	SC—Leibo County	R1864T2052	相对稳定	J
四川理塘县	SC—Litang County	R1951T2052	相对稳定	J
四川理县	SC—Lixian County	R1759T2052	相对稳定	I
四川邻水县	SC—Linshui County	R750T2052	相对稳定	D
四川隆昌县	SC—Longchang County	R645T2052	相对稳定	D
四川芦山县	SC—Lushan County	R1713T2052	相对稳定	I
四川泸定县	SC—Luding County	R1710T2052	上升	I
四川泸县	SC—Luxian County	R603T2052	相对稳定	D
四川炉霍县	SC—Luhuo County	R1830T2052	相对稳定	J
四川罗江县	SC—Luojiang County	R1211T2052	相对稳定	G
四川马边县	SC—Mabian County	R1862T2052	相对稳定	J
四川马尔康县	SC—Ma'erkang County	R1688T2052	相对稳定	I
四川茂县	SC—Maoxian County	R1804T2052	注意	J

第二届中国县域经济基本竞争力评价(四川 续)

2nd CHINA COUNTY-LEVEL ECONOMY BASIC COMPETITIVENESS EVALUATION(SICHUAN)

县域单位	UNIT	中郡指数	竞争力动态	竞争力等级
四川美姑县	SC—Meigu County	R1928T2052	相对稳定	J
四川米易县	SC—Miyi County	R1234T2052	相对稳定	G
四川绵竹市	SC—Mianzhu City	R208T2052	相对稳定	B
四川冕宁县	SC—Mianning County	R1101T2052	相对稳定	F
四川名山县	SC—Mingshan County	R1388T2052	相对稳定	G
四川木里县	SC—Muli County	R1964T2052	相对稳定	J
四川沐川县	SC—Muchuan County	R1370T2052	相对稳定	G
四川南部县	SC—Nanbu Countty	R490T2052	相对稳定	C
四川南江县	SC—Nanjiang County	R1219T2052	相对稳定	G
四川南溪县	SC—Nanxi County	R1210T2052	相对稳定	G
四川宁南县	SC—Ningnan County	R1395T2052	相对稳定	G
四川彭山县	SC—Pengshan County	R966T2052	相对稳定	E
四川彭州市	SC—Pengzhou City	R376T2052	相对稳定	B
四川蓬安县	SC—Peng'an County	R989T2052	相对稳定	E
四川蓬溪县	SC—Pengxi County	R1120T2052	相对稳定	F
四川郫县	SC—Pixian County	R155T2052	相对稳定	A
四川平昌县	SC—Pingchang County	R1125T2052	相对稳定	F
四川平武县	SC—Pingwu County	R1693T2052	相对稳定	I
四川屏山县	SC—Pingshan County	R1558T2052	相对稳定	H
四川蒲江县	SC—Pujiang County	R737T2052	相对稳定	D
四川普格县	SC—Puge County	R1795T2052	相对稳定	I
四川青川县	SC—Qingchuan County	R1712T2052	相对稳定	I
四川青神县	SC—Qingshen County	R1451T2052	相对稳定	H
四川邛崃市	SC—Qionglai City	R218T2052	相对稳定	B
四川渠县	SC—Quxian County	R689T2052	相对稳定	D
四川壤塘县	SC—Rangtang County	R1933T2052	相对稳定	J
四川仁寿县	SC—Renshou County	R392T2052	相对稳定	B
四川荣县	SC—Rongxian County	R670T2052	相对稳定	D
四川若尔盖县	SC—Ruo'ergai County	R1955T2052	相对稳定	J
四川三台县	SC—Santai County	R364T2052	相对稳定	B
四川色达县	SC—Seda County	R1976T2052	相对稳定	J
四川射洪县	SC—Shehong County	R307T2052	相对稳定	B
四川什邡市	SC—Shifang City	R166T2052	相对稳定	A
四川石棉县	SC—Shimian County	R1199T2052	相对稳定	F
四川石渠县	SC—Shiqu County	R1894T2052	相对稳定	J

第二届中国县域经济基本竞争力评价(四川 续)

2nd CHINA COUNTY-LEVEL ECONOMY BASIC COMPETITIVENESS EVALUATION(SICHUAN)

县域单位	UNIT	中郡指数	竞争力动态	竞争力等级
四川双流县	SC—Shuangliu County	R53T2052	相对稳定	A
四川松潘县	SC—Songpan County	R1410T2052	上升	H
四川天全县	SC—Tianquan County	R1328T2052	相对稳定	G
四川通江县	SC—Tongjiang County	R1367T2052	注意	G
四川万源市	SC—Wanyuan City	R1192T2052	相对稳定	F
四川旺苍县	SC—Wangcang County	R1535T2052	注意	H
四川威远县	SC—Weiyuan County	R518T2052	相对稳定	C
四川温江县	SC—Wenjiang County	R299T2052	相对稳定	B
四川汶川县	SC—Wenchuan County	R1071T2052	相对稳定	F
四川武胜县	SC—Wusheng County	R806T2052	相对稳定	E
四川西昌市	SC—Xichang City	R225T2052	相对稳定	B
四川西充县	SC—Xichong County	R1257T2052	相对稳定	G
四川喜德县	SC—Xide County	R1832T2052	相对稳定	J
四川乡城县	SC—Xiangcheng County	R1993T2052	相对稳定	J
四川小金县	SC—Xiaojin County	R1983T2052	相对稳定	J
四川新津县	SC—Xinjin County	R512T2052	相对稳定	C
四川新龙县	SC—Xinlong County	R2008T2052	相对稳定	J
四川兴文县	SC—Xingwen County	R1406T2052	相对稳定	H
四川叙永县	SC—Xuyong County	R1227T2052	相对稳定	G
四川宣汉县	SC—Xuanhan County	R647T2052	相对稳定	D
四川雅江县	SC—Yajiang County	R2029T2052	相对稳定	J
四川盐边县	SC—Yanbian County	R925T2052	上升	E
四川盐亭县	SC—Yanting County	R1075T2052	相对稳定	F
四川盐源县	SC—Yanyuan County	R1633T2052	相对稳定	I
四川仪陇县	SC—Yilong County	R1023T2052	相对稳定	F
四川宜宾县	SC—Yibin County	R554T2052	相对稳定	C
四川荥经县	SC—Yingjing County	R1264T2052	相对稳定	G
四川营山县	SC—Yingshan County	R971T2052	相对稳定	E
四川岳池县	SC—Yuechi County	R700T2052	相对稳定	D
四川越西县	SC—Yuexi County	R1697T2052	相对稳定	I
四川昭觉县	SC—Zhaojue County	R1860T2052	相对稳定	J
四川中江县	SC—Zhongjiang County	R353T2052	相对稳定	B
四川资中县	SC—Zizhong County	R627T2052	相对稳定	D
四川梓潼县	SC—Zitong County	R1173T2052	相对稳定	F

第二届中国县域经济基本竞争力评价(天津)

2nd CHINA COUNTY-LEVEL ECONOMY BASIC COMPETITIVENESS EVALUATION(TIANJIN)

县域单位	UNIT	中郡指数	竞争力动态	竞争力等级
天津蓟县	TJ—Jixian County	R165T2052	相对稳定	A
天津静海县	TJ—Jinghai County	R168T2052	相对稳定	A
天津宁河县	TJ—Ninghe County	R189T2052	相对稳定	A

第二届中国县域经济基本竞争力评价(西藏)

2nd CHINA COUNTY-LEVEL ECONOMY BASIC COMPETITIVENESS EVALUATION(XIZANG)

县域单位	UNIT	中郡指数	竞争力动态	竞争力等级
西藏安多县	XZ—Anduo County	R1674T2052	上升	I
西藏昂仁县	XZ—Angren County	R1889T2052	相对稳定	J
西藏八宿县	XZ—Basu County	R1701T2052	上升	I
西藏巴青县	XZ—Baqing County	R2046T2052	相对稳定	J
西藏白朗县	XZ—Bailang County	R1637T2052	上升	I
西藏班戈县	XZ—Bange County	R1856T2052	相对稳定	J
西藏比如县	XZ—Biru County	R1602T2052	上升	I
西藏边坝县	XZ—Bianba County	R2047T2052	相对稳定	J
西藏波密县	XZ—Bomi County	R1545T2052	上升	H
西藏察雅县	XZ—Chaya County	R2026T2052	相对稳定	J
西藏察隅县	XZ—Chayu County	R1651T2052	上升	I
西藏昌都县	XZ—Changdu County	R2005T2052	相对稳定	J
西藏措美县	XZ—Cuomei County	R1950T2052	相对稳定	J
西藏措勤县	XZ—Cuoqin County	R1729T2052	上升	I
西藏错那县	XZ—Cuona County	R1967T2052	相对稳定	J
西藏达孜县	XZ—Dazi County	R1320T2052	上升	G
西藏当雄县	XZ—Dangxiong County	R1912T2052	相对稳定	J
西藏丁青县	XZ—Dingqing County	R2043T2052	相对稳定	J
西藏定结县	XZ—Dingjie County	R1844T2052	相对稳定	J
西藏定日县	XZ—Dingri County	R1809T2052	上升	J
西藏堆龙德庆县	XZ—Duilongdeqing County	R1942T2052	相对稳定	J
西藏噶尔县	XZ—Ga'er County	R1616T2052	上升	I
西藏改则县	XZ—Gaize County	R2020T2052	相对稳定	J
西藏岗巴县	XZ—Gangba County	R1732T2052	上升	I
西藏革吉县	XZ—Geji County	R1803T2052	上升	J
西藏工布江达县	XZ—Gongbujiangda County	R1822T2052	上升	J
西藏贡嘎县	XZ—Gongga County	R2010T2052	相对稳定	J
西藏贡觉县	XZ—Gongjue County	R2019T2052	相对稳定	J
西藏吉隆县	XZ—Jilong County	R1783T2052	上升	I
西藏加查县	XZ—Jiacha County	R1875T2052	相对稳定	J
西藏嘉黎县	XZ—Jiali County	R1909T2052	相对稳定	J
西藏江达县	XZ—Jiangda County	R1619T2052	上升	I
西藏江孜县	XZ—Jiangzi County	R1831T2052	相对稳定	J
西藏康马县	XZ—Kangma County	R1371T2052	上升	G
西藏拉孜县	XZ—Lazi County	R1898T2052	相对稳定	J

第二届中国县域经济基本竞争力评价(西藏 续)

2nd CHINA COUNTY-LEVEL ECONOMY BASIC COMPETITIVENESS EVALUATION(XIZANG)

县域单位	UNIT	中郡指数	竞争力动态	竞争力等级
西藏朗县	XZ—Langxian County	R1910T2052	相对稳定	J
西藏浪卡子县	XZ—Langkazi County	R1222T2052	上升	G
西藏类乌齐县	XZ—Leiwuqi County	R2051T2052	相对稳定	J
西藏林芝县	XZ—Linzhi County	R1160T2052	上升	F
西藏林周县	XZ—Linzhou County	R2050T2052	相对稳定	J
西藏隆子县	XZ—Longzi County	R1948T2052	相对稳定	J
西藏洛隆县	XZ—Luolong County	R1788T2052	相对稳定	I
西藏洛扎县	XZ—Luozha County	R1958T2052	相对稳定	J
西藏芒康县	XZ—Mangkang County	R2042T2052	注意	J
西藏米林县	XZ—Milin County	R1719T2052	上升	I
西藏墨脱县	XZ—Motuo County	R1908T2052	相对稳定	J
西藏墨竹工卡县	XZ—Mozhugongka County	R1999T2052	相对稳定	J
西藏那曲县	XZ—Naqu County	R1681T2052	上升	I
西藏乃东县	XZ—Naidong County	R1605T2052	上升	I
西藏南木林县	XZ—Nanmulin County	R1791T2052	上升	I
西藏尼玛县	XZ—Nima County	R2049T2052	相对稳定	J
西藏尼木县	XZ—Nimu County	R2044T2052	相对稳定	J
西藏聂拉木县	XZ—Nielamu County	R1580T2052	上升	H
西藏聂荣县	XZ—Nierong County	R1870T2052	相对稳定	J
西藏普兰县	XZ—Pulan County	R1913T2052	相对稳定	J
西藏琼结县	XZ—Qiongjie County	R2033T2052	相对稳定	J
西藏曲水县	XZ—Qushui County	R1914T2052	相对稳定	J
西藏曲松县	XZ—Qusong County	R1895T2052	相对稳定	J
西藏仁布县	XZ—Renbu County	R2002T2052	相对稳定	J
西藏日喀则市	XZ—Rikaze City	R1703T2052	上升	I
西藏日土县	XZ—Ritu County	R1626T2052	上升	I
西藏萨嘎县	XZ—Saga County	R1311T2052	上升	G
西藏萨迦县	XZ—Sajia County	R1893T2052	相对稳定	J
西藏桑日县	XZ—Sangri County	R2052T2052	相对稳定	J
西藏申扎县	XZ—Shenzha County	R1833T2052	相对稳定	J
西藏索县	XZ—Suoxian County	R1986T2052	相对稳定	J
西藏谢通门县	XZ—Xietongmen County	R1970T2052	相对稳定	J
西藏亚东县	XZ—Yadong County	R1772T2052	上升	I
西藏扎囊县	XZ—Zhanang County	R1994T2052	相对稳定	J
西藏札达县	XZ—Zhada County	R1816T2052	相对稳定	J

第二届中国县域经济基本竞争力评价(西藏 续)

2nd CHINA COUNTY-LEVEL ECONOMY BASIC COMPETITIVENESS EVALUATION(XIZANG)

县域单位	UNIT	中郡指数	竞争力动态	竞争力等级
西藏仲巴县	XZ—Zhongba County	R1611T2052	上升	I
西藏左贡县	XZ—Zuogong County	R1836T2052	相对稳定	J

第二届中国县域经济基本竞争力评价(新疆)

2nd CHINA COUNTY-LEVEL ECONOMY BASIC COMPETITIVENESS EVALUATION(XINJIANG)

县域单位	UNIT	中郡指数	竞争力动态	竞争力等级
新疆阿合奇县	XJ—Aheqi County	R1725T2052	上升	I
新疆阿克苏市	XJ—Akesu City	R282T2052	相对稳定	B
新疆阿克陶县	XJ—Aketao County	R1755T2052	相对稳定	I
新疆阿勒泰市	XJ—Aletai City	R1250T2052	相对稳定	G
新疆阿图什市	XJ—Atushi City	R1520T2052	上升	H
新疆阿瓦堤县	XJ—Awati County	R1474T2052	相对稳定	H
新疆巴楚县	XJ—Bachu County	R1221T2052	相对稳定	G
新疆巴里坤县	XJ—Balikun County	R1768T2052	相对稳定	I
新疆拜城县	XJ—Baicheng County	R1543T2052	相对稳定	H
新疆博湖县	XJ—Bohu County	R1625T2052	相对稳定	I
新疆博乐市	XJ—Bole City	R945T2052	相对稳定	E
新疆布尔津县	XJ—Bu'erjin County	R1646T2052	相对稳定	I
新疆策勒县	XJ—Cele County	R2015T2052	相对稳定	J
新疆察布查尔县	XJ—Chabucha'er County	R1766T2052	相对稳定	I
新疆昌吉市	XJ—Changji City	R315T2052	相对稳定	B
新疆额敏县	XJ—Emin County	R1149T2052	相对稳定	F
新疆福海县	XJ—Fuhai County	R1459T2052	相对稳定	H
新疆阜康市	XJ—Fukang City	R625T2052	相对稳定	D
新疆富蕴县	XJ—Fuyun County	R1431T2052	上升	H
新疆伽师县	XJ—Jiashi County	R1661T2052	相对稳定	I
新疆巩留县	XJ—Gongliu County	R1707T2052	相对稳定	I
新疆哈巴河县	XJ—Habahe County	R1818T2052	相对稳定	J
新疆哈密市	XJ—Hami City	R454T2052	相对稳定	C
新疆和布克赛尔县	XJ—Hebukesai'er County	R1274T2052	上升	G
新疆和静县	XJ—Hejing County	R1318T2052	相对稳定	G
新疆和硕县	XJ—Heshuo County	R1679T2052	相对稳定	I
新疆和田市	XJ—Hetian City	R1603T2052	相对稳定	I
新疆和田县	XJ—Hetian County	R1855T2052	相对稳定	J
新疆呼图壁县	XJ—Hutubi County	R977T2052	相对稳定	E
新疆霍城县	XJ—Huocheng County	R1159T2052	相对稳定	F
新疆吉木乃县	XJ—Jimunai County	R1753T2052	相对稳定	I
新疆吉木萨尔县	XJ—Jimusa'er County	R1372T2052	相对稳定	G
新疆精河县	XJ—Jinghe County	R1527T2052	相对稳定	H
新疆喀什市	XJ—Kashi City	R779T2052	相对稳定	D
新疆柯坪县	XJ—Keping County	R1943T2052	相对稳定	J

第二届中国县域经济基本竞争力评价(新疆 续)

2nd CHINA COUNTY-LEVEL ECONOMY BASIC COMPETITIVENESS EVALUATION(XINJIANG)

县域单位	UNIT	中郡指数	竞争力动态	竞争力等级
新疆库车县	XJ—Kuche County	R753T2052	相对稳定	D
新疆库尔勒市	XJ—Ku'erle City	R48T2052	相对稳定	A
新疆奎屯市	XJ—Kuitun City	R882T2052	相对稳定	E
新疆轮台县	XJ—Luntai County	R1239T2052	注意	G
新疆洛浦县	XJ—Luopu County	R1723T2052	相对稳定	I
新疆玛纳斯县	XJ—Ma'nasi County	R560T2052	相对稳定	C
新疆麦盖提县	XJ—Maigaiti County	R1601T2052	相对稳定	I
新疆米泉市	XJ—Miquan City	R790T2052	相对稳定	D
新疆民丰县	XJ—Minfeng County	R1991T2052	相对稳定	J
新疆墨玉县	XJ—Moyu County	R1736T2052	相对稳定	I
新疆木垒县	XJ—Mulei County	R1802T2052	相对稳定	J
新疆尼勒克县	XJ—Nileke County	R1774T2052	相对稳定	I
新疆皮山县	XJ—Pishan County	R1636T2052	上升	I
新疆奇台县	XJ—Qitai County	R1271T2052	相对稳定	G
新疆且末县	XJ—Qiemo County	R1269T2052	相对稳定	G
新疆青河县	XJ—Qinghe County	R1854T2052	相对稳定	J
新疆若羌县	XJ—Ruoqiang County	R1787T2052	相对稳定	I
新疆沙湾县	XJ—Shawan County	R511T2052	相对稳定	C
新疆沙雅县	XJ—Shaya County	R1505T2052	相对稳定	H
新疆莎车县	XJ—Shache County	R1464T2052	相对稳定	H
新疆鄯善县	XJ—Shanshan County	R191T2052	相对稳定	A
新疆石河子市	XJ—Shihezi City	R386T2052	相对稳定	B
新疆疏附县	XJ—Shufu County	R1589T2052	上升	H
新疆疏勒县	XJ—Shule County	R1773T2052	相对稳定	I
新疆塔城市	XJ—Tacheng City	R1051T2052	相对稳定	F
新疆塔什库尔干县	XJ—Tashiku'ergan County	R2032T2052	相对稳定	J
新疆特克斯县	XJ—Tekesi County	R1829T2052	相对稳定	J
新疆吐鲁番市	XJ—tulufan City	R886T2052	相对稳定	E
新疆托克逊县	XJ—Tuokexun County	R1472T2052	相对稳定	H
新疆托里县	XJ—Tuoli County	R1728T2052	相对稳定	I
新疆尉犁县	XJ—Yuli County	R1420T2052	相对稳定	H
新疆温泉县	XJ—Wenquan County	R1664T2052	相对稳定	I
新疆温宿县	XJ—Wensu County	R1475T2052	相对稳定	H
新疆乌鲁木齐县	XJ—Wulumuqi County	R1414T2052	相对稳定	H
新疆乌恰县	XJ—Wuqia County	R1811T2052	相对稳定	J

第二届中国县域经济基本竞争力评价(新疆 续)

2nd CHINA COUNTY-LEVEL ECONOMY BASIC COMPETITIVENESS EVALUATION(XINJIANG)

县域单位	UNIT	中郡指数	竞争力动态	竞争力等级
新疆乌什县	XJ—Wushi County	R1835T2052	相对稳定	J
新疆乌苏市	XJ—Wusu City	R626T2052	相对稳定	D
新疆新和县	XJ—Xinhe County	R1745T2052	相对稳定	I
新疆新源县	XJ—Xinyuan County	R1084T2052	相对稳定	F
新疆焉耆县	XJ—Yanqi County	R1319T2052	相对稳定	G
新疆叶城县	XJ—Yecheng County	R1670T2052	相对稳定	I
新疆伊宁市	XJ—Yining City	R629T2052	相对稳定	D
新疆伊宁县	XJ—Yining County	R1231T2052	相对稳定	G
新疆伊吾县	XJ—Yiwu County	R1746T2052	上升	I
新疆英吉沙县	XJ—Yingjisha County	R1845T2052	相对稳定	J
新疆于田县	XJ—Yutian County	R1918T2052	相对稳定	J
新疆裕民县	XJ—Yumin County	R1840T2052	相对稳定	J
新疆岳普湖县	XJ—Yuepuhu County	R1883T2052	相对稳定	J
新疆泽普县	XJ—Zepu County	R1612T2052	相对稳定	I
新疆昭苏县	XJ—Zhaosu County	R1761T2052	相对稳定	I

第二届中国县域经济基本竞争力评价(云南)

2nd CHINA COUNTY-LEVEL ECONOMY BASIC COMPETITIVENESS EVALUATION(YUNNAN)

县域单位	UNIT	中郡指数	竞争力动态	竞争力等级
云南安宁市	YN—Anning City	R223T2052	相对稳定	B
云南宾川县	YN—Binchuan County	R1020T2052	相对稳定	F
云南沧源县	YN—Cangyuan County	R1834T2052	相对稳定	J
云南昌宁县	YN—Changning County	R1313T2052	相对稳定	G
云南呈贡县	YN—Chenggong County	R875T2052	相对稳定	E
云南澄江县	YN—Chengjiang County	R1315T2052	相对稳定	G
云南楚雄市	YN—Chuxiong City	R249T2052	相对稳定	B
云南大关县	YN—Daguan County	R2030T2052	相对稳定	J
云南大理市	YN—Dali City	R124T2052	相对稳定	A
云南大姚县	YN—Dayao County	R1419T2052	相对稳定	H
云南德钦县	YN—Deqin County	R1968T2052	相对稳定	J
云南峨山县	YN—Eshan County	R1305T2052	相对稳定	G
云南洱源县	YN—Eryuan County	R1287T2052	相对稳定	G
云南凤庆县	YN—Fengqing County	R1493T2052	相对稳定	H
云南福贡县	YN—Fugong County	R2007T2052	相对稳定	J
云南富民县	YN—Fumin County	R1528T2052	相对稳定	H
云南富宁县	YN—Funing County	R1550T2052	相对稳定	H
云南富源县	YN—Fuyuan County	R749T2052	相对稳定	D
云南个旧市	YN—Gejiu City	R466T2052	相对稳定	C
云南耿马县	YN—Gengma County	R1282T2052	相对稳定	G
云南贡山县	YN—Gongshan County	R2016T2052	相对稳定	J
云南广南县	YN—Guangnan County	R1442T2052	相对稳定	H
云南河口县	YN—Hekou County	R1585T2052	相对稳定	H
云南鹤庆县	YN—Heqing County	R1582T2052	相对稳定	H
云南红河县	YN—Honghe County	R1906T2052	相对稳定	J
云南华宁县	YN—Huaning County	R1276T2052	相对稳定	G
云南华坪县	YN—Huaping County	R1554T2052	相对稳定	H
云南会泽县	YN—Huize County	R674T2052	相对稳定	D
云南建水县	YN—Jianshui County	R1004T2052	相对稳定	F
云南剑川县	YN—Jianchuan County	R1739T2052	相对稳定	I
云南江城县	YN—Jiangcheng County	R1797T2052	相对稳定	I
云南江川县	YN—Jiangchuan County	R1068T2052	相对稳定	F
云南金平县	YN—Jinping County	R1839T2052	相对稳定	J
云南晋宁县	YN—Jinning County	R1012T2052	相对稳定	F
云南景东县	YN—Jingdong County	R1366T2052	相对稳定	G

第二届中国县域经济基本竞争力评价(云南 续)

2nd CHINA COUNTY-LEVEL ECONOMY BASIC COMPETITIVENESS EVALUATION(YUNNAN)

县域单位	UNIT	中郡指数	竞争力动态	竞争力等级
云南景谷县	YN—Jinggu County	R1128T2052	相对稳定	F
云南景洪市	YN—Jinghong City	R541T2052	相对稳定	C
云南开远市	YN—Kaiyuan City	R605T2052	相对稳定	D
云南兰坪县	YN—Lanping County	R1592T2052	相对稳定	H
云南澜沧县	YN—Lancang County	R1628T2052	相对稳定	I
云南丽江县	YN—Lijiang County	R914T2052	相对稳定	E
云南梁河县	YN—Lianghe County	R1871T2052	相对稳定	J
云南临沧县	YN—Lincang County	R1107T2052	相对稳定	F
云南龙陵县	YN—Longling County	R1522T2052	相对稳定	H
云南陇川县	YN—Longchuan County	R1704T2052	相对稳定	I
云南泸水县	YN—Lushui County	R1730T2052	相对稳定	I
云南泸西县	YN—Luxi County	R1212T2052	相对稳定	G
云南鲁甸县	YN—Ludian County	R1837T2052	相对稳定	J
云南陆良县	YN—Luliang County	R729T2052	相对稳定	D
云南禄丰县	YN—Lufeng County	R706T2052	相对稳定	D
云南禄劝县	YN—Luquan County	R1480T2052	相对稳定	H
云南潞西市	YN—Luxi City	R1209T2052	相对稳定	G
云南绿春县	YN—Luchun County	R1966T2052	相对稳定	J
云南罗平县	YN—Luoping County	R695T2052	相对稳定	D
云南麻栗坡县	YN—Malipo County	R1638T2052	相对稳定	I
云南马关县	YN—Maguan County	R1523T2052	相对稳定	H
云南马龙县	YN—Malong County	R1660T2052	相对稳定	I
云南勐海县	YN—Menghai County	R1188T2052	相对稳定	F
云南勐腊县	YN—Mengla County	R1134T2052	相对稳定	F
云南蒙自县	YN—Mengzi County	R1127T2052	相对稳定	F
云南孟连县	YN—Menglian County	R1817T2052	相对稳定	J
云南弥渡县	YN—Midu County	R1530T2052	相对稳定	H
云南弥勒县	YN—Mile County	R227T2052	上升	B
云南墨江县	YN—Mojiang County	R1491T2052	相对稳定	H
云南牟定县	YN—Mouding County	R1654T2052	相对稳定	I
云南南华县	YN—Nanhua County	R1537T2052	相对稳定	H
云南南涧县	YN—Nanjian County	R1607T2052	相对稳定	I
云南宁蒗县	YN—Ninglang County	R1932T2052	相对稳定	J
云南屏边县	YN—Pingbian County	R1858T2052	相对稳定	J
云南普洱县	YN—Pu'er County	R1519T2052	相对稳定	H

第二届中国县域经济基本竞争力评价(云南 续)

2nd CHINA COUNTY-LEVEL ECONOMY BASIC COMPETITIVENESS EVALUATION(YUNNAN)

县域单位	UNIT	中郡指数	竞争力动态	竞争力等级
云南巧家县	YN—Qiaojia County	R1652T2052	相对稳定	I
云南丘北县	YN—Qiubei County	R1655T2052	相对稳定	I
云南瑞丽市	YN—Ruili City	R1225T2052	相对稳定	G
云南师宗县	YN—Shizong County	R1203T2052	相对稳定	G
云南施甸县	YN—Shidian County	R1510T2052	相对稳定	H
云南石林县	YN—Shilin County	R1000T2052	相对稳定	E
云南石屏县	YN—Shiping County	R1376T2052	相对稳定	G
云南双柏县	YN—Shuangbo County	R1814T2052	相对稳定	J
云南双江县	YN—Shuangjiang County	R1790T2052	相对稳定	I
云南水富县	YN—Shuifu County	R1606T2052	相对稳定	I
云南思茅市	YN—Simao City	R1006T2052	相对稳定	F
云南嵩明县	YN—Songming County	R1077T2052	相对稳定	F
云南绥江县	YN—Suijiang County	R1998T2052	相对稳定	J
云南腾冲县	YN—Tengchong County	R867T2052	相对稳定	E
云南通海县	YN—Tonghai County	R917T2052	相对稳定	E
云南威信县	YN—Weixin County	R1907T2052	相对稳定	J
云南巍山县	YN—Weishan County	R1502T2052	相对稳定	H
云南维西县	YN—Weixi County	R1785T2052	相对稳定	I
云南文山县	YN—Wenshan County	R678T2052	相对稳定	D
云南武定县	YN—Wuding County	R1581T2052	相对稳定	H
云南西畴县	YN—Xichou County	R1667T2052	相对稳定	I
云南西盟县	YN—Ximeng County	R2004T2052	相对稳定	J
云南香格里拉县	YN—Xianggelila County	R1644T2052	相对稳定	I
云南祥云县	YN—Xiangyun County	R968T2052	相对稳定	E
云南新平县	YN—Xinping County	R1375T2052	相对稳定	G
云南宣威市	YN—Xuanwei City	R443T2052	相对稳定	C
云南寻甸县	YN—Xundian County	R1297T2052	相对稳定	G
云南盐津县	YN—Yanjin County	R1981T2052	相对稳定	J
云南砚山县	YN—Yanshan County	R1345T2052	相对稳定	G
云南漾濞县	YN—Yangbi County	R1793T2052	相对稳定	I
云南姚安县	YN—Yao'an County	R1562T2052	相对稳定	H
云南宜良县	YN—Yiliang County	R501T2052	相对稳定	C
云南彝良县	YN—Yiliang County	R1863T2052	相对稳定	J
云南易门县	YN—Yimen County	R1258T2052	相对稳定	G
云南盈江县	YN—Yingjiang County	R1390T2052	相对稳定	G

第二届中国县域经济基本竞争力评价(云南 续)

2nd CHINA COUNTY-LEVEL ECONOMY BASIC COMPETITIVENESS EVALUATION(YUNNAN)

县域单位	UNIT	中郡指数	竞争力动态	竞争力等级
云南永德县	YN—Yongde County	R1722T2052	相对稳定	I
云南永平县	YN—Yongping County	R1632T2052	相对稳定	I
云南永仁县	YN—Yongren County	R1825T2052	相对稳定	J
云南永善县	YN—Yongshan County	R1800T2052	相对稳定	I
云南永胜县	YN—Yongsheng County	R1531T2052	相对稳定	H
云南元江县	YN—Yuanjiang County	R1333T2052	相对稳定	G
云南元谋县	YN—Yuanmou County	R1784T2052	相对稳定	I
云南元阳县	YN—Yuanyang County	R1747T2052	相对稳定	I
云南云龙县	YN—Yunlong County	R1699T2052	相对稳定	I
云南云县	YN—Yunxian County	R1032T2052	相对稳定	F
云南沾益县	YN—Zhanyi County	R775T2052	相对稳定	D
云南镇康县	YN—Zhenkang County	R1813T2052	相对稳定	J
云南镇雄县	YN—Zhenxiong County	R1296T2052	相对稳定	G
云南镇沅县	YN—Zhenyuan County	R1847T2052	相对稳定	J

第二届中国县域经济基本竞争力评价(浙江)

2nd CHINA COUNTY-LEVEL ECONOMY BASIC COMPETITIVENESS EVALUATION(ZHEJIANG)

县域单位	UNIT	中郡指数	竞争力动态	竞争力等级
浙江安吉县	ZJ—Anji County	R234T2052	相对稳定	B
浙江苍南县	ZJ—Cangnan County	R81T2052	相对稳定	A
浙江长兴县	ZJ—Changxing County	R97T2052	相对稳定	A
浙江常山县	ZJ—Changshan County	R844T2052	相对稳定	E
浙江淳安县	ZJ—Chun'an County	R336T2052	相对稳定	B
浙江慈溪市	ZJ—Cixi City	R11T2052	相对稳定	A
浙江岱山县	ZJ—Daishan County	R614T2052	相对稳定	D
浙江德清县	ZJ—Deqing County	R126T2052	相对稳定	A
浙江东阳市	ZJ—Dongyang City	R58T2052	相对稳定	A
浙江洞头县	ZJ—Dongtou County	R1035T2052	相对稳定	F
浙江奉化市	ZJ—Fenghua City	R134T2052	相对稳定	A
浙江富阳市	ZJ—Fuyang City	R37T2052	相对稳定	A
浙江海宁市	ZJ—Haining City	R28T2052	相对稳定	A
浙江海盐县	ZJ—Haiyan County	R132T2052	相对稳定	A
浙江嘉善县	ZJ—Jiashan County	R93T2052	相对稳定	A
浙江建德市	ZJ—Jiande City	R123T2052	相对稳定	A
浙江江山市	ZJ—Jiangshan City	R321T2052	相对稳定	B
浙江缙云县	ZJ—Jinyun County	R601T2052	相对稳定	D
浙江景宁县	ZJ—Jingning County	R1205T2052	相对稳定	G
浙江开化县	ZJ—Kaihua County	R854T2052	相对稳定	E
浙江兰溪市	ZJ—Lanxi City	R133T2052	相对稳定	A
浙江乐清市	ZJ—Leqing City	R19T2052	相对稳定	A
浙江临安市	ZJ—Lin'an City	R90T2052	相对稳定	A
浙江临海市	ZJ—Linhai City	R67T2052	相对稳定	A
浙江龙泉市	ZJ—Longquan City	R781T2052	相对稳定	D
浙江龙游县	ZJ—Longyou County	R598T2052	相对稳定	C
浙江宁海县	ZJ—Ninghai County	R105T2052	相对稳定	A
浙江磐安县	ZJ—Pan'an County	R1038T2052	相对稳定	F
浙江平湖市	ZJ—Pinghu City	R69T2052	相对稳定	A
浙江平阳县	ZJ—Pingyang County	R98T2052	相对稳定	A
浙江浦江县	ZJ—Pujiang County	R378T2052	相对稳定	B
浙江青田县	ZJ—Qingtian County	R682T2052	相对稳定	D
浙江庆元县	ZJ—Qingyuan County	R1613T2052	注意	I
浙江瑞安市	ZJ—Rui'an City	R24T2052	相对稳定	A
浙江三门县	ZJ—Sanmen County	R549T2052	相对稳定	C

第二届中国县域经济基本竞争力评价(浙江 续)

2nd CHINA COUNTY-LEVEL ECONOMY BASIC COMPETITIVENESS EVALUATION(ZHEJIANG)

县域单位	UNIT	中郡指数	竞争力动态	竞争力等级
浙江上虞市	ZJ—Shangyu City	R33T2052	相对稳定	A
浙江绍兴县	ZJ—Shaoxing County	R9T2052	相对稳定	A
浙江嵊泗县	ZJ—Shengsi County	R721T2052	相对稳定	D
浙江嵊州市	ZJ—Shengzhou City	R108T2052	相对稳定	A
浙江松阳县	ZJ—Songyang County	R978T2052	上升	E
浙江遂昌县	ZJ—Suichang County	R743T2052	相对稳定	D
浙江泰顺县	ZJ—Taishun County	R1072T2052	相对稳定	F
浙江天台县	ZJ—Tiantai County	R385T2052	相对稳定	B
浙江桐庐县	ZJ—Tonglu County	R167T2052	相对稳定	A
浙江桐乡市	ZJ—Tongxiang City	R31T2052	相对稳定	A
浙江温岭市	ZJ—Wenling City	R15T2052	相对稳定	A
浙江文成县	ZJ—Wencheng County	R1069T2052	相对稳定	F
浙江武义县	ZJ—Wuyi County	R427T2052	相对稳定	C
浙江仙居县	ZJ—Xianju County	R462T2052	相对稳定	C
浙江象山县	ZJ—Xiangshan County	R82T2052	相对稳定	A
浙江新昌县	ZJ—Xinchang County	R139T2052	相对稳定	A
浙江义乌市	ZJ—Yiwu City	R23T2052	相对稳定	A
浙江鄞县	ZJ—Yinxian County	R14T2052	相对稳定	A
浙江永嘉县	ZJ—Yongjia County	R115T2052	相对稳定	A
浙江永康市	ZJ—Yongkang City	R76T2052	相对稳定	A
浙江余姚市	ZJ—Yuyao City	R17T2052	相对稳定	A
浙江玉环县	ZJ—Yuhuan County	R60T2052	相对稳定	A
浙江云和县	ZJ—Yunhe County	R1168T2052	相对稳定	F
浙江诸暨市	ZJ—Zhuji City	R20T2052	相对稳定	A

第二届中国县域经济基本竞争力评价(重庆)

2nd CHINA COUNTY-LEVEL ECONOMY BASIC COMPETITIVENESS EVALUATION(CHONGQING)

县域单位	UNIT	中郡指数	竞争力动态	竞争力等级
重庆璧山县	CQ—Bishan County	R416T2052	相对稳定	C
重庆城口县	CQ—Chengkou County	R1689T2052	相对稳定	I
重庆大足县	CQ—Dazu County	R405T2052	相对稳定	C
重庆垫江县	CQ—Dianjiang County	R562T2052	相对稳定	C
重庆丰都县	CQ—Fengdu County	R719T2052	相对稳定	D
重庆奉节县	CQ—Fengjie County	R723T2052	相对稳定	D
重庆合川市	CQ—Hechuan City	R118T2052	相对稳定	A
重庆江津市	CQ—Jiangjin City	R112T2052	相对稳定	A
重庆开县	CQ—Kaixian County	R410T2052	相对稳定	C
重庆梁平县	CQ—Liangping County	R649T2052	相对稳定	D
重庆南川市	CQ—Nanchuan City	R482T2052	相对稳定	C
重庆彭水县	CQ—Pengshui County	R1143T2052	相对稳定	F
重庆綦江县	CQ—Qijiang County	R393T2052	相对稳定	B
重庆荣昌县	CQ—Rongchang County	R555T2052	相对稳定	C
重庆石柱县	CQ—Shizhu County	R1249T2052	相对稳定	G
重庆铜梁县	CQ—Tongliang County	R311T2052	相对稳定	B
重庆潼南县	CQ—Tongnan County	R531T2052	相对稳定	C
重庆巫山县	CQ—Wushan County	R1172T2052	相对稳定	F
重庆巫溪县	CQ—Wuxi County	R1476T2052	相对稳定	H
重庆武隆县	CQ—Wulong County	R920T2052	相对稳定	E
重庆秀山县	CQ—Xiushan County	R1124T2052	上升	F
重庆永川市	CQ—Yongchuan City	R212T2052	相对稳定	B
重庆酉阳县	CQ—Youyang County	R1307T2052	相对稳定	G
重庆云阳县	CQ—Yunyang County	R739T2052	相对稳定	D
重庆忠县	CQ—Zhongxian County	R709T2052	相对稳定	D

■第二届中国县域经济基本竞争力百强

■中国县域经济总览

■中国县域经济基本竞争力评价

■中国县域经济论坛

■中国县域经济推荐

■附 第一届中国县域经济基本竞争力百强

正确认识县域经济的内涵

《中国县域经济》工作部

党的十六大提出"壮大县域经济"的号召。发展县域经济是全面建设小康社会的重要任务。

什么是县域经济呢?县域经济是实证性非常强的经济,我们要正确认识县域经济的内涵,做好壮大县域经济的工作。

县域经济是以县级行政区划为地理空间,以县级政权为调控主体,以市场为导向,优化配置资源,具有地域特色和功能完备的区域经济。

1.县域经济属于区域经济范畴。县域经济是一种行政区划型区域经济,是以县城为中心、乡镇为纽带、农村为腹地的区域经济。但是,区域经济学的不少理论、方法在运用时尚需结合我国县域经济的具体情况,有关县域经济的发展规律还需要我们努力探索。

2.县域经济具有一个特定的地理空间,是以县级行政区划为地理空间,区域界线明确。

3.县域经济有一个县级政权作为市场调控主体,有一个县级财政,因此,县域经济有一定的相对独立性,并有一定的能动性。温家宝同志指出"农村的发展,县委、政府是关键。

4.县域经济具有地域特色,这种地域特色与其地理区位、历史人文、特定资源相关联。

5.县域经济是以市场为导向。县域经济不是封闭的"诸侯经济",具有开放性。县域经济虽然是在县级行政区划上形成的,但它又不同于县级行政区划,随着市场经济的发展,县域经济要突破县级行政区划的约束,在更大的区域内进行资源配置,获取竞争优势。县域经济还要接受国家宏观经济政策的指导。

6.县域经济是国民经济的基本单元。县域经济是功能完备的综合性经济体系,县域经济活动涉及到生产、流通、消费、分配各环节及三次产业。但是,县域经济又不同于全国的国民经济,县域经济不能"小而全",要"宜农则农"、"宜工则工"、"宜商则商""宜游则(旅)游",注重发挥比较优势,突出重点产业。

7.县域经济是以农业和农村经济为主体,工业化、城镇化、现代化是县域经济的发展主题和方向。发展县域经济是解决"三农"问题的新的切入点,是全面建设小康社会的重要任务。

壮大县域经济 全面建设小康社会的重要一环

中国区域经济学会常务副会长、中国社科院博导 陈栋生

区域经济是经济发展中的空间单元,一国的国民经济正是由多种类型的区域经济耦合而成。区域经济按其形成的直接缘由可粗分为两类:一类是跨行政区域的经济区域,如长江三角洲、珠江三角洲和环渤海地区等等;另一类是“行政区域经济”,如省域、市域、县域,省、市、县既是行政管理层次,而其行政辖区内的经济活动,即构成省域经济、市域经济、县域经济。

郡县制在我国历史悠久,萌芽于周、发轫于春秋、发展于战国、定制于秦。县作为行政管理和行政区划的基层层次,处于安民、富民的第一线,“郡县治、天下安”这一古训至今仍然适用。如果说城市特别是大中城市经济是国家经济的支柱,那么县域经济则是国民经济的基石。

我国现有县和县级市2000多个,县域国土占全国国土总面积的94%,县域人口占全国总人口的73%,县和县级市人均GDP只相当于全国平均值的70%左右,其中有2/3的县和县级市的人均GDP只相当于全国平均值的1/3或不足1/3,以致县域人口占全国总人口七成多,而县域消费品零售总额仅占全国消费品零售总额的四成。在新世纪头20年要实现全面建设小康社会的战略目标,壮大县域经济,自然成为重要的一环。建设惠及十几亿人口的更高水平的小康社会,重点和难点都在农村,可以说是举国上下的共识,而除了正在快速城镇化的城市郊区农村以外,绝大部分的农村都在县域经济范围之内,要扭转城乡二元经济结构,缩小工农差别、城乡差别、把县域经济作为重要环节亦就理所当然、势所必然。

受自然地理、历史基础和社会人文诸多条件的影响,我国县域经济的发展很不平衡,既有大尺度的地带性差异(如东部沿海地带的江苏、浙江、山东、广东、福建5省多数县域经济的规模与水平远高于中、西部地区,在“第二届全国县域经济基本竞争力百强县”中,5省占74个;而西部12个省市自治区仅占两个)亦有中、小尺度的中心——边缘差异,中心指大、中城市、交通枢纽、交通干线等,与中心距离近或有便捷联系的县域经济一般较发达,反之则欠发达。按人均GDP等人均指标比较,发达的和不发达的县域之间,差距在十几倍甚至几十倍;这表明县域之间不仅经济指标上有量的差异,亦表明他们的经济社会发展处于不同的发展阶段。各县域今后发展的目标是共同的(全面建设小康社会),而由于足下的始点不一,今后“千里之行”的谋划,自然有别。全国县域经济基本竞争力评价中心,按竞争力将全国2000多个县(含县级市)分为10档;我从结构特征和发展阶段,将其粗分为4种类型。

第1类是第二、三次产业已占主导地位的县域。主导地位不仅指二、三产业增加值在该类县域GDP中占大头,亦指二、三产业的就业者,在县域就业岗位中占大头;这类县还有一个共同特点是;不仅本县劳动力就业相当充分,往往还吸纳了大量县外的流动劳动力。他们中有的已是国内、省内某类制造业或某类工业制品的生产基地;有的是国内、省内某类商品流通的大市场;在世纪之交,特别是我国加入WTO以后,加快了融入全球经济的步伐,这不仅表现在进出口贸易规模的快速扩张,更重要的是县域内越来越多的企业进入了大型跨国公司的价值链之中,这对今后县域内高新技术产业的发展和以高新技术改造传统产业具有深远的影响。

第2类是农业强县。这里讲的强县,不是按传统眼光以粮食总产量多、单产高来衡量,而是指市场农业的发育程度,主要表现在:一是面向市场农业结构有重大调整,畜牧水产养殖瓜果蔬菜等在农业结构中已占大头,有的培育出具有地方特色的名优特新农产品;二是农副产品等进入市场前已在县域内初步加工或深加工,提高了农产品的附加值;三是县域农产品已突破地方市场进入到大中城市市场和国际市场。农业产业化和农产品产加销产业链的发展,推进了传统农业向现代农业的转化,农业生产的科技含量提高,采用标准化生产、市场化营销、实施品牌战略,使农业由弱势低效转变为强势高效产业。

第3类即通常所说的农业大县、工业小县、财政穷县。这类县不仅第二、三产业发展缓慢,比重低,而且农业内部的结构调整不理想,粮食生产仍占大头,经济作物、多种养殖业等发展缓慢;属于粮

食主产区内的县,优质专用的粮食品种结构调整步伐不快,以致农民收入增长慢,地方财政拮据;中、西部地区相当一部分县都处于这种状态。

第4类为为农业弱县。这类县不仅第二、三产业发展薄弱,农业生产水平亦很低,有的自然条件恶劣,生态系统脆弱、灾害频繁;有的地处偏僻山区,与外部联系困难,增加了对外交流的交易成本,农民增收困难,有的年份收入不升反降,县内至今还有数以万计的贫困人口,地方财政常年靠补贴,恶性循环使其长期走不出贫困的泥潭。

上述4类县域中的前两类,特别是第1类县域,在过去20多年,基本完成了群众性原始积累,并在多年的商海实战中涌现出一批优秀企业家;在政—企互动中,地方政府基本完成了向服务型高效率的转变,这些构成了推进县域经济持续快速发展的内源推动力。今后只要坚持制度、技术双创新,坚持走新型工业化道路,就不仅可以提前实现全面小康,而且可以率先基本实现现代化。

困难的是后两类县域,在今后日趋激烈的市场竞争大背景下,如何跨出走向全面小康的步子。我以为从大思路上需注意以下四方面:

一、统筹城乡经济社会发展,规划县域经济,构建城乡联动网络

规划县域经济时,对十六大提出的"统筹城乡经济社会发展"需从两方面贯彻,一是必须把县域放在所在区域中,特别是与区域中心城市和邻近的大中城市的关联中,对县域发展进行定位。"九五"以来,我国大中城市经济快速发展,在经济总量快速扩张的同时,都伴随着产业结构的优化升级和城区扩大、主城区"腾笼换鸟"、"退二进三",这些为邻近县的发展提供了众多机遇;更全面的看,城市每年千百亿元的投资规模,人口集聚,收入提高,都为邻近县提供了众多的"市场";而县域发展中短缺的资本、人才等要素,亦不难从城市中寻得。二是在县域经济发展中,要把县城(城关)、建制镇这些"点"和广大农村"面"上的发展统筹考虑规划。如果说大中城市是增长源、创新源,作为城乡交汇点的县城城关和建制镇等则是中继站。城市带动农村、城乡联动发展正是通过各项基础设施之上的多种网络(信息网、流通网络等)功能实现的。

二、工业发展最好从农产品加工,尤其是本县有特色农畜瓜果和土特产品的加工起步

如果群众掌握某种传统工艺,亦可以发展制造业,但不能"小而全",尽可能要与大中城市的优强企业联手,从为他们提供零部件、元器件或初步加工,当配角起步。在布局上,从一开始就要绕过"村村点火,处处冒烟"的阶段,采取工业园区簇群布局。有矿产资源,可发展采掘业,但要坚持"宁可少些,但要好些",坚持有一定的技术起点,决不能再走小煤窑浪费资源、污染环境、工伤事故不断的血迹斑斑之路。

三、把劳务输出作为战略产业

加上"战略"两字,意在突出劳务输出不仅仅能增加当年农民的现金收入,还有更深远的意义。欠发达和贫困县要走上工业化、现代化之路,有两项"基础工程",一是各项"硬基础设施",如铁路、公路广播电视通信网络等,这几年西部大开发、加快中西部发展,在中央政府支持下,已取得明显进展。还有一项"软基础设施",这包括县域文化、市场经济意识、工业文明、信用文明、企业家队伍的培育等等;这些主要靠自力更生,而劳务输出正是推进县域软基础设施建设的有效途径。我强调战略产业还有第二层的涵义,即地方政府要为劳务输出进行多方面的服务,包括劳务需求信息的收集、发布,劳务供求的对接,有针对性的技能培训,维护农民工的合法权益等等,以降低外出务工的成本与风险,提高收效。

四、服务型的县、乡(镇)政府

在壮大县域经济中,地方政府有重要作用,而其实效又在于政府是否完成了职能转换,在多大程度上告别了"衙门"习气,实现了向廉洁、务实、高效的服务型政府转变。例如为了适应城市和出口对优质安全农产品的市场需求,亟需建立健全农产品质量保证体系、监督检测检验体系、认证体系、执法体系、技术支撑和市场信息体系,这些是一家一户农民无能为力的,只能靠政府组织实现。再如中央政府已经出台并将继续出台财政支农的相关政策,加大国家财政对农业基本建设、农村基础设施以及义务教育、卫生防疫保健等社会发展项目的投入,和对农民收入的直接补贴,其贯彻落实,无不通过基层政府,政府是否廉洁、务实、高效决定了上述政策的效应和农民从中得到多少实惠。

工业化　城镇化　市场化
是新阶段县域经济发展的主题

国家发展和改革委员会宏观经济研究院副院长、研究员 王一鸣

对县域经济发展来讲,进入新世纪,也预示着一个新阶段的开始。经过20多年的经济持续快速发展,人民生活总体上达到小康水平,进入全面建设小康社会和加快推进社会主义现代化的新的发展阶段。同样,在市场供求关系发生重大变化的背景下,农业和农村经济发展进入农产品供给由长期短缺转向总量基本平衡、丰年有余的新阶段。加入世贸组织,预示着中国对外开放进入新的阶段,将在更大范围、更深程度上参与经济全球化进程。党的十六大召开,标志着中国将开始迈向完善社会主义市场经济体制的新阶段。所有这些都标志着县域经济的发展环境已经发生了深刻变化,需要从"新阶段"的战略高度来把握县域经济发展方向。

一、发展县域经济要以工业化为导向

从总体上,我国县域经济还是以农业和农村经济为主体的经济,准确地说还是传统的农业和农村经济。增加农民收入是新阶段发展农业和农村经济的主题。如果说在进入新阶段以前,影响农民收入增长的主要因素还在农业和农村内部,那么进入新阶段后,制约农民收入增长的因素更多地来自农业和农村外部。目前非农收入已经占农民收入的50%左右,农民收入来源逐步多元化。增加农民收入,已经越来越取决于工业和农业、城乡经济的相互关系。因此,发展农业和农村经济,要统筹城乡经济发展,把着力点放在农业和农村经济之外。

从本质上讲,县域经济发展过程就是工业化过程,就是从城乡二元结构向现代经济结构转换的过程。大力推进工业化,使农业和农村剩余劳动力较大规模地转入工业部门和城镇就业,是发展农业和农村经济的重要前提和根本出路。推进县域经济工业化,不仅要发展农产品加工、流通等工业和服务业部门,提高工业、服务业部门对县域经济的贡献份额,而且要用企业化管理、产业化经营的现代生产经营方式改造传统的农业生产经营方式,发展现代农业。

我国传统农业生产经营方式的基本特点是分散的小规模农户为单位的生产经营。这种生产经营方式难以延长农产品加工链条,培育农产品品牌,提高附加值和市场竞争力;难以应对市场的千变万化,回避农业交易成本高的问题,还会增加农业和农户的市场风险。传统的农业生产经营方式是制约农业经济发展、农民增收,从而也是最终制约县域经济发展的根本原因。因此,进入新阶段,要发展现代农业,改造传统农业生产经济方式,在家庭经营基础上,积极发展农业产业化经营和企业化管理,鼓励农民建立新型的经济合作组织,提高农户的组织化程度,通过农户之间的相互联合,降低生产交易成本,发展农产品加工和销售,分享规模经济效益和农产品加工增值效益。

发展县域经济最重要和最迫切的还是要大力发展工业和服务业。从全国来看,经济大县强县,无不都是工业或服务业发达的县市。进入新阶段,推进工业化要改变乡镇工业与城市工业两张皮的状况。要看到,农村"离土不离乡"的工业化和城市工业化并行发展和过度竞争,在市场供求格局发生变化,发展空间已受到明显制约。特别是在入世后,迫于激烈市场竞争的压力,乡镇工业也强化了资本替代劳动的机制,减少了对劳动力的需求。因此,发展乡镇工业要按照比较优势原则,调整与城市工业的分工关系,如大力发展具有比较优势的农产品加工业和农产品运输业等;积极促进城乡产业有机整合,形成紧密的产业链和配套关系;打破现有的阻碍城乡产业整合的管理模式,在规划、政策制订和实施上对城乡企业一视同仁,鼓励和引导城乡企业按照市场经济原则进行重组和合作。需要指出的是,进入新阶段后,我国农产品供给由长期短缺变为相对过剩,为县域经济工业化既创造了有利条件,也增大了农业剩余劳动力转移的压力,只有继续推进工业化,才能为县域经济发展开辟新的空间。

二、发展县域经济要以城镇化为支撑

工业化是城镇化的基础,而城镇化又能进一步推进县域经济工业化。城镇化有利于农村工业的产业集聚,有利于服务业的成长,有利于促进农村劳动力转移。城镇化进程的快慢,直接影响着县域经济的发展。因此,在推进县域经济工业化的同时加快城镇化进程,也应成为县域经济的重头戏。相对

于城市已较大程度地实现了与工业文明相适应的现代生活方式而言,农村很大程度上还延续着传统生活方式。积极推进城镇化,也有利于从根本上改造农村传统的生活方式,加快农村全面建设小康社会进程。

小城镇是城乡经济的结合部和交汇点,因而也是统筹城乡经济发展的重要环节。应该看到,发展县域经济,小城镇这个层次具有无可替代的优势。打破城乡二元结构,培育城乡统一的商品和要素市场,整合城乡各种资源,实现优化配置,小城镇有十分重要的作用。加快小城镇发展,是新阶段发展县域经济的重要支撑。

进入新阶段,积极推进小城镇发展,要改变以前盲目追求"硬化、亮化、绿化"的脱离农村实际的倾向,改变政府主导圈地造城搞建设的机制,实行务实有效的城镇化战略,使小城镇建设真正给农民带来实惠,使农民分享城镇化的成果和效益,切实防止抽取农业和农村资源超前建设小城镇,这不仅从根本上不利于城镇化,还会导致农业和农村发展条件的恶化。要充分利用市场力量和市场机制,广辟投融资渠道,鼓励乡镇企业向小城镇集聚,带动小城镇建设。要分别轻重缓急,分阶段有重点地推进小城镇建设。以现有的县城和有条件的中心镇为重点,使之尽快完善功能,繁荣经济,发挥城乡经济结合部的作用,培育完善市场体系,发展社会化服务体系,调整已经不合时宜的政策,降低农民进城门槛,吸引农民进入小城镇安居乐业。我国各县市的经济发展水平和市场发育程度差异很大,要从各地实际情况出发,因地制宜地推进城镇化。东部地区可适应大都市圈和城镇体系发展的需要,推进城镇网络发展,中西部地区要重点发展中心镇和发展重点小城镇。经济不发达的县市,小城镇建设更不能急于求成,贪大求洋。

三、发展县域经济要以改革和制度创新为动力

进入新阶段以前,县域经济较快发展很大程度上得益于制度创新的推动。上世纪80年代初期实行的家庭联产承包责任制的制度创新,极大地提高了解放了农业生产潜力,促进了农业和农村经济大发展。90年代初中期,县域经济的较快发展,主要是乡镇企业崛起,有了农村办工业的制度创新,农村剩余劳动力以"离土不离乡"的方式向农村内部非农产业转移,使农民从"多元化"经营中得到了单一农业经营模式难以得到的收益。

进入新阶段,发展县域经济同样需要制度创新。制度创新来源于思想解放,来源于社会实践。当前,县域经济制度创新又进入活跃期,包括农村土地流转、农业产业化、定单农业、农民户籍制度改革和乡镇企业产权制度改革等等,这些领域的制度创新,必将带来生产力的新的解放。因此,尊重群众的首创精神,为制度创新创造宽松的环境,必将促进新阶段县域经济的新发展。

县域经济的制度创新,必然要更加符合完善社会主义市场经济体制的要求,以市场化为改革取向,以市场配置资源为基础。改革和制度创新的目标,应是通过对农业生产制度、土地制度、产权制度和社会组织制度的调整和完善,清除阻隔城乡经济一体化的体制障碍,加快推进城乡商品和劳动力、资本、技术等生产要素在市场机制基础上的自由流动,逐步建立城乡统一开放的市场体系;促进城乡产业整合和城乡企业在市场机制基础上的重组,建立一套适应社会主义市场经济体制要求的县域经济发展新体制和新机制。

可喜的是,一些经济发达地区已经在制度创新方面迈出了新的步伐,如培育农村土地使用权市场,促进农户之间的土地流转;在稳定农户土地承包关系的基础上,通过农户的土地使用权入股,以"反租倒包"等形式,将农户土地集中起来,实现农业规模经营;进行企业产权制度的改革,增强内部激励机制;积极培育中间性商业组织,充分发挥在农民与市场之间的纽带作用;改革户籍制度,取消城乡户籍差别;促进最低生活保障体系向农村延伸等等,这些有益的实践将为建立新体制和新机制探索经验和路子。

县级政府在发展县域经济中扮演着重要角色,要合理定位,转变职能,从直接参与生产经营活动,代行企业和市场职能,转向提供"公共产品"和"公共服务",建立和维护市场秩序,为微观经济主体创造良好的发展环境上来。当前,这种转变要从多方面入手,包括推进县乡行政管理体制改革,精减县乡政府人员,稳妥推进撤乡并镇工作,提高工作效率和服务质量;积极推进农村税费改革,减轻农民负担;塑造良好的投资环境,充分利用区外生产要素来发展县域经济;重视和加强市场体系建设,积极培育农村流通组织和经纪人队伍等等。总之,要通过转变政府职能,把政府角色真正转换到规划、协调、服务、监督和为经济发展创造良好环境上来。

新形势下县域经济发展战略规划的编制思路

中国科学院地理科学与资源研究所副研究员 张文忠

一、编制县域经济发展战略规划的重要性

县是一级最基本和最完善的行政区域,县域经济在国民经济中处于十分重要的地位。从经济总量看,整个国家的GDP有相当大的比重是由县和县以下的经济活动创造的,绝大多数的人口也是居住在县和县以下地域之内,因此,发展县域经济不仅对国民经济的整体发展具有重要的作用,而且关系到地方的稳定和人民生活的改善。推动县域经济的发展必须要有一个合理的、科学的经济发展战略规划,或者好的发展思路,才能从总体和长远把握县域经济发展的重点、发展次序和相应的政府措施。

1.区域竞争的要求。目前,全国有2052(2001年底)个县级行政单位,每个县都存在着生存和发展的问题,而面临的市场、资金、资源等又是有限的,特别是随着国际和国内两个市场的整合,县与县之间的经济竞争必然会加强,这就要求各个县必须要制定相应的发展战略研究,确定适合自身发展特点的竞争战略。一个科学和合理的县域经济发展规划对确定发展战略,形成特色经济,增强竞争力具有重要的意义。

2.长远发展的要求。目前很多县域经济的发展缺乏长远的、明确的发展规划,主导或者优势产业的确定没能抓住自己的特色,要么简单地模仿其他县的发展,要么闭门造车,没能将县域经济的发展,立足于国际和国内大市场中,寻找发展机遇。基本是一届领导一个发展思路,整个县域经济发展具有极大的盲目性。

3.市场经济发展的要求。在市场经济条件下,县域经济的发展会受到诸多不确定性的因素的影响,比如,前几年东南亚金融危机,对一些以出口为导向的县域经济的发展,带来了致命的打击。面对可能出现的各种不确定因素的影响,只有制订明确的发展目标、发展战略,才能够在激烈的市场竞争中,排除或避免各种风险对县域经济发展的扰动。

4.政府职能转变的要求。从计划经济向市场经济转变过程中,政府将由全能政府角色中退出来,凡是市场机制能发挥作用的地方,政府就不参与;凡是企业能办的事,政府就不干预;凡是中介机构能办的事,政府就不包揽。政府的工作应该主要是从战略层面进行科学规划,制定县域经济的发展方向,指导各个层面的经济活动。因此,县域经济发展规划和实施应该是政府的一项重要工作,在规划基础上,重点搞好重大基础设施建设,营造一个良好的投资环境,引导和扶持特色经济的发展。

二、县域经济发展战略规划编制的程序

县尽管是一级最基本的行政区域,但县域经济的发展涉及经济和社会发展、人口和就业问题、城市发展以及生态保护和环境治理等各个方面。因此,编制县域经济发展战略,必须建立在系统性、综合性、前瞻性和科学性的规划理念基础上,设计规划程序和规划蓝图。

编制县域经济发展战略规划的基本程序包括以下几个基本步骤:一是分析县域经济发展战略规划的现状;二是确定县域经济发展战略规划的目标;三是县域经济发展战略规划的具体内容的编制;四是监控和跟踪县域经济发展战略规划的实施效果,并且及时调整有关内容。

1.现状分析阶段。在对县域经济发展的历史与现状调研的基础上,要系统和综合分析县域经济发展的状态与趋势、实力与潜力、优势与劣势、挑战与机遇等各方面,为编制县域经济发展战略规划的详细提纲和具体内容做好准备。县域经济发展现状分析包括以下几个方面。

(1)本县在全国或省域范围内的经济地位和作用判断;

(2)本县的人口、资源与环境状况分析;

(3)本县发展的优劣势、有利条件与制约因素及潜力剖析;

(4) 本县经济和社会发展水平与发展实力评估;

(5)本县经济结构的现状和变化趋势分析;

(6)本县发展所面临的机遇与挑战分析。

2.目标确定阶段。在对本县经济发展现状了解基础上,立足于"现实"和"未来",按照动态和发展的观点,确定县域经济发展的战略目标和战略重点等。

战略目标的确定是县域经济发展战略规划的核心,其准确或者合理与否,直接影响县域经济的

中长期发展。因此,战略目标的确定要广泛征求内外专家、公众以及地方各级官员的意见,在定性和定量分析基础上,可以提出多种方案,供规划领导小组和研究小组选择和决策。

3.具体内容编制阶段。按照县域经济发展的战略目标和战略重点,确定县域经济发展的主导产业,构建适合本县经济长远发展目标的产业结构体系,做好各行业发展规划和重大问题专题论证,并确定合理的空间布局思路。最终完成县域经济发展战略总报告、各行业发展战略分报告、县域重大问题专题论证报告等。

4.监控和调整阶段。县域经济发展战略规划最终是实现所规划的战略目标。因此,要使战略目标变为现实,必须要求总体战略部门、各行业制订出相应的战略实施方案,把战略的基本思路、内容和主要指标体系分解成年度计划或5年计划,并确保各方面年度计划和规划相协调。在发展战略实施过程中,当地实施部门、专家和领导要及时发现和反馈规划存在的问题,并能够及时调整和解决问题,以保证发展战略在动态中提高和完善。

三、县域经济发展战略编制的内容

县域经济发展战略的编制内容涉及多方面,但大致包括以下几个内容:战略定位、战略优势、机遇与挑战、战略指导思想、战略原则、战略目标、战略重点、战略产业、战略布局、战略方向、战略措施、战略决策等。

1.县域经济发展定位。定位是准确确定该县在全国、省、地区中所占据的地位、发挥的作用、承担的功能等。县域经济发展定位要体现以下几个方面:一是要有层次性,由大而小层层定位;二是要以市场为导向,不拘泥于当地的资源情况,即跳出本县来看县域经济的发展;三是要进行分类定位,即经济性质定位、社会功能定位、科技文化定位、发展阶段定位等;四是要准确、精炼、全面、通俗。

如笔者对河北省黄骅港开发区产业发展的基本定位:(1)东北亚乃至世界知名的能源输出大港;(2)中国东部地区节水型临海产业体系建设示范基地;(3)立足河北,依托京津,服务晋陕蒙等中西部地区的重要的现代物流中心;(4)河北省区域经济发展的新增长点和“两环”开放带动战略的重点实施区域。

2.县域经济发展的战略优势。对县域经济发展的区位优势、资源优势、经济基础优势、科教优势、交通优势、人才优势等进行全新审视,分析哪些是绝对优势、哪些是比较优势、哪些具有巨大潜在优势、哪些优势正在丧失或者已经变成了劣势(如表1)。战略优势分析要以动态的、相对的观点来分析,在明确优势的同时也要分析清楚制约因素。

3.县域经济发展的机遇与挑战。机遇对县域经济的发展至关重要,分析一个县发展的机遇,要立足于该县发展所面临的宏观和微观背景,从国家或大的区域政策、产业政策、投融资政策、大型基础设施的建设、周边地区的发展态势等各个方面来发现和把握机遇,寻找经济发展的突破口。挑战与机遇相伴而生,机遇越大,挑战也越大。分析挑战重点在于了解竞争对手的情况,以及可能对本县发展带来的压力,如环境问题、三农问题、农村工业化和城市化问题等等。如我国的许多县城还处在半工业化阶段和现代化的边缘,这应该说是一种压力和挑战,但同时也说明,这些县经济发展具有广阔的空间,仍有较大的可塑性。

4.县域经济发展的战略原则和指导思想。县域经济发展的战略原则是制订县域发展战略时所必须遵循的宏观原则,战略指导思想是制订战略规划必须遵循的各项宏观方针政策等。如我们可以把某县的战略指导思想按照下列思路来确定:即“以对外开放为动力,以民营经济为主体,以特色经济为依托,以县城为发展中心,推动县域经济的全面发展”。

5.县域经济发展的战略目标。县域经济的发展目标包括三大部分:一是经济发展目标,包括经济总量、经济增长目标、经济结构目标、经济运行质量目标等;二是社会发展目标,包括基础设施发展目标、人口发展目标、科技教育发展目标、生活质量目标、社会保障目标等;三是资源环境发展目标,包括资源开发利用目标、环境保护目标等。按照时间尺度,每一项具体战略目标又可分为近期目标、中期目标和远期目标。

6.支柱产业的选择与特色经济的培育。支柱产业是指对县域经济发展起到带动和主导作用的产业,一般具有技术水平高、规模大、创汇能力和竞争力强、产业关联度大等特征。支柱产业的选择一般采取定性和定量相结合的方法来确定。

支柱产业的选择不仅要立足自身的资源优势和现有产业基础,而且还要从全国乃至国际产业分工体系中寻找自己的定位;支柱产业的选择要避免与其他县域产业出现同构现象,要实施错位竞争发展战略,构筑起分工明确和联系密切的特色产业群。

如笔者针对河北京唐港特征,提出了京唐港开发区的产业发展方向为:一是打造临港工贸型产业结构。充分发挥港口优势,制定各项优惠政策,积极鼓励发展非国有经济,重点培植石油化工、机械、建材、海洋生物和海产品加工为主的综合发展的偏重型加工业;通过河北省唐山市北方中心渔港的建设,带动旅游、商贸、信息咨询等第三产业的发展,打造临港工贸型的产业结构,实现开发区经济的跨越式发展。二是构建外向型经济格局。充分利用加入 WTO 后将有利于我国引进外资,扩大对外贸易的契机,积极发挥京唐港腹地广阔的优势,采取有效的招商方式,加大招商引资力度,积极与跨国公司和大型企业集团进行嫁接,推进海港开发区外向型经济的发展进程。三是建设一流的现代化港口。通过完善港口功能,提高港口管理和服务的现代化水平,增强港口的辐射功能,把京唐港建设成为一流的现代化港口,真正实现"以港促区"的基本思路。

7.县域经济发展的战略重点。在县域经济发展规划编制中,一定要明确县域经济发展的战略重点,进行集中投入,集中建设,以点带面,全面推进。如有的县制订了"工业强县"战略,而有的县则制订了"旅游富县"战略,我们可以把县域经济发展的重点放在以下几个方面:农业产业化、农村工业化和城镇化、经济民营化等"四化"战略作为县域经济发展的重点,加以落实。笔者针对黄骅港开发区提出了四大发展战略:即港口牵动战略、大项目拉动战略、物流中心促动战略、外向型带动战略。

8.县域经济发展的战略布局和发展模式。战略布局是将战略产业和战略重点在空间上的具体落实,实施资源优化配置和产业优化配置,通过空间结构的合理化提高区域竞争力。战略布局要根据县的发展布局现状,结合增长极理论和点轴开发理论,确定能够带动县域经济发展的极核和增长轴线或经济区,形成点、线、面有机结合的空间发展结构体系。

空间发展模式可分为:按照空间组合格局可分为据点开发模式、点轴开发模式和网络开发模式;按照县域主导优势又可分为资源开发模式、区位发展模式、市场发展模式以及相互间的组合模式,一般根据每个县的发展阶段、经济特征、资源情况、区位优势等选择和确定不同的开发模式。

9.县域经济发展的政策措施。政策保障是县域经济发展目标、战略产业和战略重点得以顺利实施的重要保障,涉及法律、经济、行政、社会等方面的措施和手段。(1)法律手段。通过立法程序,使县域发展规划具有法定效力,即通过立法形式来实施县域发展规划。应及时将县域发展规划纳入国民经济和社会发展计划体系,并及时制定相关实施条例,并且以立法的形式固定下来,将县域发展规划纳入法制轨道。(2)经济手段。即指运用一系列经济手段,来组织、调节和影响县域经济活动,促进县域发展规划的实施,包括运用政府投入、设立基金、财政补贴、税收优惠、奖励与罚款等经济杠杆、价值工具、经济责任制与经济合同等方式。(3)行政手段。即指依靠行政组织,运用行政方式来实施县域发展规划,依靠各级行政管理部门的权威,采用行政命令与指令、规定和下达任务指标等方式,按照行政系统、行政层次、行政区划来促进县域发展规划的实施。(4)公众参与。公众参与是实施规划的关键,除在编制阶段广泛征求公众意见外,通过媒体等大众传播手段广泛向公众宣传,使公众熟悉规划意图,将其实施变为公众自觉行动。

表 1　优势产业(部门、行业、产品)分析

优势产业	第一产业	第二产业	第三产业
优势部门(行业)	花卉、烤烟、中草药	食品、制药、采掘、有色金属、家具、机械	旅游业、商贸
优势产品	热带花卉、天麻	卷烟、磷矿、硫酸、农药、肥皂、冶炼设备、小型拖拉机、变压器	
相对优势部门(行业)	蔬菜	化学与医药、黑色金属	交通运输
相对优势产品	反季节蔬菜、油料	火电、糖、合成氨、氮肥、磷肥、合成涤济剂、成品钢材	
比较优势部门(行业)	林产品	重工业	商贸
比较优势产品	竹产品	以非农产品为原料的轻工业、食品、木材加工、普通机械制造	

加快发展工业 壮大县域经济

中共高州市委书记 卢方圆

党的十六大描绘了全面建设小康社会的宏伟蓝图，吹响了全面建设小康社会的进军号角，令人欣喜，催人奋进。我市是江泽民同志亲自动员开展“三讲”教育、与“三个代表”重要思想的提出有直接联系的地方。我们学习贯彻十六大精神，必须增强政治意识、责任意识、大局意识，结合我市的实际，重点是坚持以“三个代表”重要思想为指导，以发展工业为核心，掀起新一轮发展潮，加快发展工业，壮大县域经济，推动全市经济社会实现跨越式发展，提前完成全面建设小康社会的目标。

一、大力发展工业是壮大县域经济，实现全面小康的必由之路

实现全面建设小康社会目标关键在农村。江泽民同志在十六大报告中指出，统筹城乡经济社会发展，建设现代农业，发展农村经济，增加农民收入，是全面建设小康社会的重大任务。全面建设小康社会，最根本的是坚持以经济建设为中心，不断解放和发展社会生产力。中央政治局委员、省委书记张德江同志在省委九届二次全会讲话中指出：要注重在欠发达地区大力推进城镇化和工业化，发挥资源优势，促进生产要素聚集，优化资源配置，千方百计壮大县域经济，加快发展步伐。就我市而言，解放和发展生产力，加快发展的根本出路就是要大力发展工业。没有工业的发展，就没有宽裕的经济，就没有宽裕的小康，也就没有宽裕的财政。没有工业化就没有现代化。我们要实现全面建设小康社会的奋斗目标，就必须在巩固提高农业的基础上，大力发展工业，加速工业化进程。

首先是只有加快工业发展，才能提高农业产业化经营水平，增加农民收入、改革开放以来，我市积极实施“农业起步，工业立市，以农促工，以工带农，全面发展”的战略，大力调整农业结构，积极发展以果菜业为龙头的“三高”农业，取得很大的成效，成为广东的农业大市。最近，我市还被评为“第二届全国县域经济基本竞争力百强县(市)”，已基本实现了“农业起步”的目标。但是，农产品保鲜、包装、加工相对滞后，农产品附加值低，严重制约着农业的发展和农民增收。尤其是近年来农产品逐步由卖方市场转变为买方市场，靠发展以土地为资源的农业生产来增加农民收入困难越来越大，因此加快发展工业，特别是走产、加、销和“公司+农户”的农业产业化的路子，发展农产品加工业，延长农业产业链，提高农产品附加值，增加农民收入，使农村成为全面小康社会。

其次是只有加快工业发展，才能促进第三产业全面发展。目前，我市工业在整个国民经济中所占的比重还较低。2001年，我市三大产业结构的比例为34.1:32.5:33.4，与全省三大产业结构的比例9.6:50.2:40.2相比，我市第二产业所占比重比全省低17.7个百分点，与工业经济发达的地区相比则显得更低。工业发展缓慢，工业经济落后，第三产业发展也就相对滞后，因而无法提供更多的就业岗位，无法聚集人流、物流、资金流和带动其他服务业的发展。只有加快工业发展，才能促进第三产业协调发展，增强全市经济综合实力。

再次是只有加快发展工业，才能打破城乡二元结构，提高城镇化水平。城镇化水平是衡量全面小康社会、现代化水平的一项重要指标。2001年我市总人口中，非农业人口仅占13.4%，在全社会劳动者中，职工人数仅占8.9%。可见，不加快发展工业，就不可能实现城镇化。不加快城镇化进程，就不能打破城乡二元结构，就不能从根本上解决农民向城镇聚集和农业增效、农民增收、农村繁荣问题。

二、走新型工业化道路，积极发展特色工业

江泽民同志在十六大报告中指出，实现工业化仍然是我国现代化进程中艰巨的历史性任务。并提出坚持以信息化带动工业化，以工业化促进信息化，走出一条科技含量高、经济效益好、资源消耗低、环境污染少、人力资源优势得到充分发挥的新型工业化路子。要加快工业发展，必须从我市的实际出发，按照新型工业化路子的要求，建园区、办民营、引外资、兴科技、舞龙头、创特色，充分发挥自然资源、人力资源的优势和规模产业优势，大力发展特色工业，做大做强工业经济。

(一)加大力度建设工业园区，为加快发展工业提供载体。在园区内办工业企业，有利于降低资源消耗，治理污染，提高企业效益。我们坚持高起点规划、高标准建设的原则，采取“统一规划、统一政策、分级开发”的办法推进工业园区建设。在重点办好金山工业园区的同时,采取“谁投资,谁收益”的办法,多方筹措资金搞好金墩工业园区的基础设施建设,以更加优惠的政策措施吸引投资者,尽快把它建设成为第二个市级工业园区。市区和四个中心镇要充分利用优惠政策,搞好基础设施建设,力争尽快各建成一个具有一定规模的工业园区。靠近国道、省道的镇也要充分利用便利的地理条件,抓紧规划各建设一个工业园区,吸引工业企业集中连片发展。

(二)掀起新一轮招商引资热潮。一要本着“你发财、我发展,你获利、我得税”的宗旨制订和实施更加优惠的招商引资政策,以最大的让利吸引投资者,努力营造一个招商引资发展工业的“洼地”。二要加强领导,把招商引资工作置于发展经济的突出位置来抓。三要建立招商引资的激励机制和责任制,重奖在招商引资中有突出贡献的先进单位和个人。四要创新招商引资方式,采取小分队常驻招商、网上招商、组会招商、以商引商等形式,形成多角度招商引资态势。

(三)采取措施刺激民间投资发展工业。加快发展工业,希望在民间,活力在民营。对发展非公经济,要“思想上放心放胆,工作上放手放开,政策上放宽放活”。一是积极引导那些发展种养业先富起来的群众投资发展工业,特别是农产品加工业。二是继续抓好“回归工程”,通过多种渠道和形式向当地外出务工经商的能人介绍家乡的发展情况和鼓励投资的优惠政策,吸引他们回乡投资办实业。三是积极引导和鼓励个体私营工商业主把发展生产和经营积累的资金投入发展工业,扩大再生产,把“蛋糕”做大。四是采取激励措施鼓励行政机关和事业单位有能力、有活力的干部职工辞职“下海”投资办工业企业。

(四)大力发展特色工业。充分发挥我市农产品资源丰富,劳动力资源丰富以及具有皮革加工、铸铁件等传统产业基础的潜在优势,下大力气发展特色工业,并做大做强。一是建设全国劳保用品生产基地。积极引导群众大力发展劳保用品企业,在继续做大皮制劳保手套的同时,大力开发系列劳保用品,提高产品的质量和档次,鼓励企业组建企业集团,增强竞争力。实现每年新发展劳保用品企业20家以上,3年内全市拥有10家年出口额超亿元企业,全市年出口总额达4亿美元以上。二是做大铸铁件加工基地。组织引导扶持有技术专长的原国有企业技术骨干和职工兴办铸铁件加工企业,大力扶持这些企业做大做强,实现每年新办铸铁件企业5家以上。发展1家年产值超亿元的龙头企业,全市铸铁件年产值增幅达20%以上,3年内年产值达3亿元以上。三是大力推进农产品加工。广泛发动生产基地的群众大力发展农产品初加工。积极招商引资,兴办一批农产品加工企业;发展农产品深加工;开发新产品,努力实现年新办农产品加工企业20家以上,发展3家年产值超亿元的农产品加工企业。3年内全市农产品加工率达30%以上,年产值超10亿元。

(五)培育龙头企业,打造高州工业品牌。认真落实扶持龙头企业发展的各项政策措施,实施市领导挂钩龙头企业责任制,扶持“十八宝”公司组建企业集团并成为年产值超10亿元的上市公司,扶持市食品企业集团成为年营业额超8亿元的农业龙头企业集团,并争取成为上市公司。力争3年内全市培育10家工业龙头企业、10家农业龙头企业。并打造“生命一号”等10个在省内,甚至国内具有一定知名度的工业品牌,努力增强我市工业发展的实力和竞争力。

三、为工业发展营造良好的环境

要加快工业发展步伐,就要营造良好的发展工业的环境。一要大力营造发展工业的舆论环境。要在广大群众中宣传只有大力发展工业,才能加快发展的思想。全市上下营造一个“兴工强市”的舆论氛围,为加快发展工业出谋献策的良好环境。二要大力营造发展工业的政策环境,对新办工业企业在用水、用电、用地和税费等方面,尽最大可能给予优惠,扶持企业发展。三要营造良好的经营环境,政府和各职能部门认真转变职能,简化办事程序和手续,为企业提供优质服务,努力创造一切条件为企业发展开“绿灯”。四要营造良好的信用环境,政府要带头讲信用,严格执行各项政策和兑现各项承诺。大力宣传诚实守信的先进企业和个人,形成良好的信用风气。五要形成一个有利于工业企业家队伍成长的环境,对在发展工业中做出突出成绩的企业家,要采取相应的有力措施给予支持和保护。

争先进位　加快发展　打造县域综合竞争力

中共迁安市委书记 姚自敏　迁安市人民政府市长 刘桂东

县域经济是国民经济的基本单元，是充满活力和蕴含潜力的经济。在新的历史时期，加快振兴县域经济，增强县域综合竞争力，对于促进我国全面建设小康社会，加快农业农村的发展，都有着极其重要的现实意义。近年来，迁安着眼于提高县域经济竞争力，进行了积极的探索与实践。

一、客观分析优势，理清经济发展思路和定位

加快发展县域经济，必须善于创造区域优势，而优势的创造离不开在对市情市力准确把握基础上所做出的准确定位。迁安市地处河北省东北部，属半山区县(市)，1996年10月撤县设市。自1990年以来，一直跻身河北省十强县(市)的行列。进入新世纪，迁安面临的市情是：经济总量较大，但经济结构有待优化；经济发展速度较快，但综合竞争优势不够明显；已实现了从农业大市到工业大市的转变，但尚处于工业化的初级阶段；具备了城镇化的产业基础，但城镇化水平与整体经济水平还不适应。加快县域经济发展，必须从以上情况出发。市委、市政府班子紧紧抓住北京承办奥运、首钢把原料基地建在迁安的历史性机遇，审时度势，引导全市干部群众重新审视迁安，进一步理清了“十五”期间以及未来迁安的经济发展思路，明确提出要大力实施工业化、城镇化战略，力争用5年左右时间，使工业增加值占GDP的65%以上；用10年左右时间，使城镇化水平达到50%，实现经济总量和综合经济实力的跨越、从资源大市到工业强市的跨越、从普通城镇到中等城市的跨越，在全省率先建成全面小康社会。从实践看，这一思路符合迁安实际，迁安经济也驶入了快车道。2002年全市国内生产总值达到116.2亿元，全部财政收入达到6.5亿元，地方财政收入达到3.3亿元，分别比上年增长15.8%、47.1%和37.6%。

二、紧紧抓住工业化这个县域经济的核心，加速推进工业化进程

实施工业化战略，是推进县域经济跨越式发展的必然选择，必须把大力实施工业化战略摆在经济工作的首位，突出重点，强力推进。一是抓改革，创造机制优势。改革中，我们牢牢抓住企业产权这个核心，努力促进资本向优势企业、优势行业和优秀企业经营者集中，在不到3年的时间完成了原有564家乡村集体企业和105家市属企业改革任务，置换资金23.8亿元，盘活存量19.5亿元，2002年全市完成工业生产总值90.69亿元，实现利税10.8亿元，比改革前的1998年同期分别增长46.37%和69.29%。二是抓项目，上规模，壮大主导产业。2002年，实施重点生产性项目51个，总投资136.3亿元，当年完成投资21亿元。投资27.6亿元的首钢200万吨钢联和100万吨焦化项目正式落户迁安，与首钢合作的200万吨氧化球团项目、合作开发涝洼矿体项目也已开工。上述工程完工后，年可增加销售收入56.6亿元，税收7.1亿元。全市已经形成180万吨水泥、13万吨纸及纸制品、600万平方英尺地毯、300万件服装的生产能力，使迁安的主导产业得到壮大。2003年，全市将实施重点工业项目66个，总投资77.4亿元，当年计划完成投资44.4亿元。三是抓技改，上水平，突出经济特色。传统产业是迁安的优势，也是迁安再上台阶的基础。我们主要是采用先进技术对这些产业改造升级，以培育名优产品，突出经济特色。华丰纸业6万吨废纸脱墨项目、大壮纸业公司高档文化纸项目、引进北爱尔兰彩印包装生产线和瑞士、西班牙先进数字通信电缆生产线、弘业地毯公司204万平方英尺地毯技改项目、48条服装生产线、医药业国家GMP认证和9家水泥企业技改项目等总投资8亿元的七大支柱产业18个技改项目相继竣工投产，使迁安传统工业走向了新生，努力建设全国最大的地毯服装出口加工基地，力争把我市建成北方最大的造纸生产基地和彩印包装生产基地，以改制接收原唐山市属国有大二型企业——迁安化工有限责任公司为契机，争取建成北方最大的尿素生产基地。迁安已经形成了冶金铸造、水泥建材、地毯服装、造纸包装、医药化工、食品加工、电线电缆七大特色主导产业，这七大特色主导产业占GDP总量的37.7%。四是抓载体，建园区，为工业化提供平台。重点建设重工业园区、轻工业园区、高科技园区三个工业园区，将之建成重点项目的聚集区、体制创新的实验区、科技创新的示范区、管理创新的样板区和城镇化建设的功能区。

三、加快城镇化进程,建强发展载体,提升经济和社会发展水平

城市具有创新能力强、经济效益好、带动效应强等优势,要想加快发展县域经济,就必须大力实施城镇化战略,加紧建设中等城市,更好地提升人气,提增财气,提高品位。一是科学定位,构筑城镇发展框架。按照建设"中等城市—小城市—建制镇"的体系,计划利用8—10年时间,按照园林城市、旅游城市的定位和"一河两区"的发展格局,把现有市区建成人口30万以上、建成区面积40平方公里的中等城市;把5个重点建制镇建成小城市,其他镇乡建成建制镇,形成布局合理、各具特色、良性互促的现代城镇发展体系。二是加强基础设施建设。在高标准规划设计的基础上,加大对基础设施建设的投入力度。2002年,开工重点项目32个,总投资11.6亿元,当年完成投资8亿元。主要是抓好"六路、四区、三个超市、七个标志性建筑"建设。总投资2亿元的市区南二环、南三环、北二环等六条道路总长12公里,使市区面积由原来的7平方公里扩大到12.9平方公里;总投资3900万元的市区利用电厂余热集中供热工程75万平方米已经竣工,取消74台小锅炉,取得了很好的经济效益、环境效益和社会效益;总投资8650万元的迁安一中迁建工程、总投资1.13亿元的污水处理厂、投资4400万元的野兴公路改造二期工程、投资1127万元的长城旅游路一期工程,竣工投入使用。总投资5509万元的第二水厂已经开工,进展顺利。五个小城市和其他建制镇2003年基础设施建设投资超过2亿元。2003年全市计划实施城建重点项目32个,总投资20亿元,当年完成投资12.4亿元。举全市之力,实施投资2.19亿元的滦河特大桥及连接线工程、投资5亿元的滦河迁安市区段生态防洪工程的开工建设,建设行政办公中心、会议接待中心、行政审批中心、民营高级商务区、人民广场等八个标志性工程,形成标志性建筑群。三是科学经营城市,以经营促发展。我们牢固树立了把城市作为最大的国有资产和以经营促发展的理念,首先抓住城市经营的关键,垄断土地一级市场。在全省率先建立土地储备中心,累计储备土地1714.8亩,出让729.4亩,成交额2.42亿元,收益1.18亿元。其次大力吸引域外资金和社会投资,实现城市建设投资主体多元化。唐山诚信房地产开发公司、唐山兴盛房地产开发公司等市外建筑企业纷纷涌入迁安。四是制定政策,吸引人口和生产要素向城镇集中。制定了《推进城乡一体化战略实施意见》,在城镇建设投资、用地管理等方面制定了一系列优惠政策,吸引人口向城镇集中、企业向园区集中。

四、靠环境建设构造第一竞争点,努力营造双向开放的活跃局面

随着区域竞争的日趋激烈,环境已经成为县域形象的品牌,成为决定县域发展空间的最直接因素。可以这样说,抓环境就是抓生产力,就是抓经济中心,抓要素集聚,就是营造县域竞争新优势。市委、市政府切实培育和树立"站起来是一把伞,为企业遮风挡雨;俯下身是一头牛,为发展鞠躬尽瘁"的思想,采取有力的措施治理和优化经济环境,设立了经济110、建立了经济环境建设委员会,建立行政审批服务中心,简化行政审批程序。观念的转变和服务意识的确立释放出巨大的现实生产力,迁安成了一块到处是商机、行行都繁荣的热土,来迁安的考察者、洽谈者、投资者络绎不绝,合作伙伴已遍及世界五大洲18个国家和地区以及30多个大中城市。以与英国戴尔特印刷包装有限公司合作彩印包装项目为标志,对外开放日趋活跃,累计引进外资3921万美元。以与首钢合作实现历史性突破为契机,对内开放成绩斐然,引进内资60多亿元,全国最大的民营企业希望集团、湖州市金洲集团、余姚增州管业公司、天津家乐超市、保定大威集团纷纷落户迁安。来自北京、天津、保定、唐山、秦皇岛、福州、深圳等20多个城市的新投资者正在参与"中等城市"建设。

和着十六大的东风,迁安又开始了新的航程,市委、市政府提出,要当好唐山、全省的先锋,加快"中等城市"建设,努力在全省率先全面建成小康社会,尽快跨入全国百强县市50强行列。到2007年,全市国内生产总值将达到300亿元,全部财政收入达到32亿元。

抓住第一要务 提升发展实力

湖北省仙桃市委书记、市长 马清明

近几年来，仙桃市坚持把发展作为第一要务，按照“经济外向型、产业轻结构、城市高品位”的发展定位，大力推进工业化、城市化、市场化进程，市域经济整体实力快速提升，发展活力和后劲显著增强，连续多年保持湖北省县市综合经济实力首强地位。2002年，全市实现国内生产总值110.01亿元；财政收入5.02亿元；外贸出口创汇4419万美元；全社会固定资产投资达到32.3亿元。

一、大力推进工业化，加快产业结构优化升级

发展不够主要是工业化发展不够，加快发展落脚点是加快工业化发展。仙桃是典型的“小城市、大农村”，破解“三农”问题的根本出路在于加速推进工业化。我们坚持产业结构以轻为主的取向，围绕纺织服装、医药化工、食品加工等主导产业，抓大项目、育大龙头、建大基地、创大品牌，大力度推进资源整合和资产重组，现代轻纺工业城的格局初步显现。纺织服装行业以迈亚集团、湖北银丰、联亮公司、深圳裕波等骨干企业为支撑，2—3年内可望形成20万纺锭、10万精纺的规模，在全省乃至全国的整体竞争力迅速提升。医药行业以丝宝药业、凯亚药业、盛通药业、诺得胜制药等骨干企业为支撑，建成全国重要的医药化工生产基地。食品加工依托台湾旺旺、福建亲亲、香港宏发等品牌企业高点突破，有望成为我市新的支柱产业。着力实施“1011”企业扩张计划，确保每年新增10家左右销售过亿元、利税过千万的企业，经过3-5年的努力，全市“双一”企业可由现在12家增加到50家，从而构筑起仙桃工业化的基本框架。通过狠抓技术创新和招商引进，形成了以迈亚集团、丝宝集团、亚通塑胶、仙隆化工、北大四方、康讯科技为代表的高新技术企业群。一批配套设施完善、集约化程度较高的工业园区相继建成，使产业集中度明显提高。中心城区以仙桃工业园、经济技术开发区、高新技术产业园三大园区为支撑，实施连片开发，发展规模不断扩大。仙桃工业园成立两年多时间，累计投资近亿元改善基础设施，兴建工业厂房，先后引进工业项目12个，引进资金7.5亿元，由一个陷入困境的“老大难”企业发展成为一片现代化工业新区。目前，全市已建和在建的工业园区达18个，落户项目200多个。工业化的加速推进，促进了全市产业结构优化升级和城市化进程，带动了农业产业化经营和农村经济发展。全市一、二、三次产业比重由1978年的65.0:26.4:8.6演变为2002年的22.4:39.9:37.7，改变了过去以农业经济为主体的格局。城市化水平不断提高，城镇经济占经济总量的比重达到60%，农民人均纯收入中来自非农收入的比重达到33.2%。

二、大力推进民营经济二次创业，增强经济发展活力

体制优势是最大的发展优势，体制活力是城市最大的发展活力。1999年下半年以来，我们根据党的十五届四中全会精神，按照“1+X”的改革设计，在集中力量办好一家国有控股上市公司——迈亚股份有限公司的同时，其他国有和集体企业采取多种形式全部转为民有民营。目前，全市近600多家国有和集体企业全部改制到位，使经济运行转到以民营经济为主的格局上来。民营经济已成为我市的投资主体、就业主体、税收主体，全市70%的工商税收、70%的就业岗位、90%的新增投入，都来自于民营经济。通过体制创新、资产重组、技术改造、布局优化和产业升级，民营经济二次创业步伐加快。丝宝集团、仙隆化工、天轮机械、新发塑料、东荣钢瓶、仙光日化等一批重点企业不断扩张裂变，成为带动和支撑我市经济发展的骨干企业群。丝宝集团收购市三制药厂，由过去年销售收入100多万元的小企业发展成年销售收入20亿元、税收过亿元的大型企业集团。杨林尾东荣压力容器厂先后收购了市内3家国有集体企业，年产钢瓶 400万只，成为全国同行业的龙头老大。引导民营企业实施品牌经营，全市涌现出了“丝宝”护肤用品、“舒蕾”洗发水、“仙光”鞋油、“九珠”蛋品、“仙桃”农药、“仙滢”钢瓶等一批代表仙桃新世纪形象的精品名牌。大力发展民营科技型和出口创汇型企业，提升民营经济整体素质。全市民营科技企业达到11家，通过ISO9000质量认证的企业达24家。32家民营企业拥有外贸出口经营权，出口份额超过全市的85%。彭场镇无纺布生产企业达40多家，年出口交货值过7亿元，

成为全国无纺布加工制品出口第一镇。坚持以企业为本,实施优惠的创业政策,提供一流的创业服务,构筑更大的创业平台,全力打造服务型政府,切实改善民营企业的创业环境,在全市上下形成了“纳税光荣、创业光荣”、“保护企业家、争当创业者”的浓厚创业和发展氛围。

三、大力推进招商引资,以大投入支撑大发展

大发展需要大投入。我们通过广辟渠道,全方位地融通资金,使全市固定资产投资连续几年在高基数上保持较高增幅。坚持大招商、招大商,强化招商责任,创新招商方式,巧借招商平台,扩大招商战果,使招商引资成为我市最大的亮点。2000年以来,我们连续三次成功举办全市企业产权交易暨招商引资大会,先后组团参加海南国际椰子节、中国(厦门)投资贸易洽谈会、深圳高交会及香港招商会等重大活动,招商引资成果丰硕。近3年,全市协议引资92.55亿元。实际到资42.7亿元;实际到资超过改制前全市国有企业固定资产总和。台湾旺旺、福建亲亲、香港宏发、福建亚通、湖北银丰、武汉中百、南方路机、中包富思特等一批国内外知名大企业落户仙桃。与此同时,抢抓国家实施积极财政政策和稳健的货币政策机遇,加大“跑部”、“跑省”力度,积极主动地向上争取资金。近年来,我市交通、水利、电力、通讯和城建等部门争项目、争投入力度空前,五大板块集中投入近30亿元,使城市基础设施全面改善,整体升级。迈亚集团借助上市公司平台,连续争取三期国债资金共6亿多元,投资新上露赛尔纤维面料、精棉纺面料、凯亚药业、高档西服五大项目,企业总资产达到12亿元。进一步放开投资领域,激活民间资本,引导社会投入,培育经济良性发展的自主增长机制。丝宝集团全方位进入仙桃,新建天怡大酒店,购并和改造花源酒店,开发建设文化步行街,实现了多元化发展。湖北仁和物业整体收购市城市开发总公司和三建公司,以大资本进入城建领域。近几年来,我市民间投资增幅均在20%以上。

今后几年,我们将抓住重要战略机遇期,按照“5年翻一番,10年工业化”的总体目标,全面建设小康社会,使仙桃经济实现跨越式发展。力争到2007年,全市GDP和财政收入对比2002年分别翻一番;经过10年的努力,使仙桃工业化发展实现由中期阶段向成熟工业化的转变,城镇人口比重提高到60%以上,人均GDP达到3000美元,在湖北省率先进入全面小康社会。

推进城市化　建设新双流　实现新跨越

中共双流县委书记 冷刚　　双流县人民政府县长 牛敏

城市化是社会文明进步的标准，是经济和社会发展规律的客观要求，是实现现代化的有效途径。双流县在连续6年雄居全省县域经济综合实力评价“十强县”榜首的大好形式下，如何进一步认清形势，抓住机遇，与时俱进，乘势而上，率先“建成西部经济强县，基本实现现代化”，是摆在我们面前的重大历史课题。我们将按照省第八次党代会周永康书记对成都市提出的“实力做强、功能做优、形象做美、品位做高”的要求，以“推进城市化，建设新双流，实现新跨越”为目标，“以城市化为统揽，以城市建设为载体，以发展产业为支撑，以加强城市文化建设为基础”，加速双流城市化进程，提升城市综合竞争力，奋力实现新跨越，努力为全省、全市跨越式发展多作贡献。

一、以城市化为统揽，大力实施城市化战略

以城市化为统揽，按照发展城市经济和县域特色经济的要求，科学制定和大力实施城乡一体化规划。依托川藏线和人民南路南延线“两线”、立足东升镇和华阳镇“两点”、开发双流国际机场航空港经济片和人民南路南延线经济片“两片”，高水平实施以东升卫星城市为中心的“1+8”(东升镇与白家、文星、彭镇、九江、金桥、黄水、黄甲、胜利等8个乡镇，和牧马山两个经济开发区)和以副中心城市华阳为核心的“121”城市发展战略(一路：人民南路南延线；二河：府南河、江安河；一片浅丘台地：万安、正兴、新兴东山浅丘带)，建设环境优美、特色鲜明、功能齐备的成都南缘新城。

同时，认真做好国家、省、市小城镇试点镇规划修编及全县重点区域的规划。当前要做好府河沿线通航设施规划，人民南路南延线、新老川藏路、双崇路、成仁路、双黄路、华龙路、东升镇环城路等骨干道路的沿线开发建设规划。要立足充分发挥不同地区的优势，实现资源的科学整合和优势互补，对各试点镇的城镇功能科学定位，以建设现代化新城的标准，高标准地实施建设，加速城郊型经济向城市经济的转变。

二、以城市建设为载体，不断增强城市吸引力

城市形象和城市功能是城市发展取之不尽用之不竭的动力。城市形象的塑造为城市的发展提供了物资基础，城市基础设施和城市人的素质则是一个良好的城市形象的综合体现。作为成都近郊大县，我们将加快出境通道建设，县域区间道路建设和城市骨干道路建设，加强水、电、气、通讯等基础设施建设，进一步完善城市功能，丰富城市内涵，改善城市环境，把城市作为一个超企业的经营实体进行经营管理，采取市场化的方式，把城市本身作为一种资源去经营。逐步建立城乡一体化的行政管理机制，形成城乡利益互补的良性发展模式：以综合开发和集中成片建设为手段，促进土地的等级化使用；加快县城基础设施建设，增强卫星城市与中心城市、周边县(市)城间及县内各城镇之间的联系；加强城建用土管理，严格保护耕地，提高城市土地资源利用率；进一步拓宽城市建设融资渠道，建立多元化投融资机制；切实加强对规划施工工作的管理，不断完善城镇体系发展规划。用改革的方式，加大东升、华阳两镇的改造建设力度。强化城市卫生、交通、店铺、设施、治安、绿化、亮化、净化、美化等管理，增强市民城市管理意识，使城市面貌达到平面净化、立体亮化、整体美化，不断增强城市的吸引力。

三、以发展产业为支撑，加快推进城市化进程

我们将以成功举办“2002·中国成都·城市竞争力论坛”为契机，学习先进思想，消化前沿理论，整合要素资源，发挥综合优势，吸纳成都强辐射，以发展产业为支撑，加快推进城市化进程。一是整合经济资源，增强城市竞争力，充分发挥双流县良好的区位条件、富裕的经济社会资源、较好的投资环境、可靠的社会信誉等市场经济要素的优势，对全县的资源进行整合，形成对外开放的良好形象、招商引资的强大吸引力，不断增强城市竞争力，力求在激烈的竞争中抢占先机，赢得主动，谋求双流的先发效应。二是调整工业结构，发展城市经济。充分发挥双流工业经济基础较好的优势，大力实施“工业强县”战略，切实抓好以东升为中心的轻工业园区，以九江为中心的服装、绿色食品工业园区，以黄水为中心的新型建材工业园区，以白家为中心的医药工业园区和以文星为中心的中科院成都高科技产业园区的建设，充分吸纳中心城市的辐射，大力引进

高科技项目,重点发展IT产业和生物工程,不断壮大医药、电子信息、新型材料、绿色食品加工等支柱产业,进一步加快工业经济发展步伐,提速增效,扩张总量,争取成为“团体冠军”;突出优势,扶优扩强,努力培育更多的“单打冠军”。三是改进招商引资方式,增强招商引资实效。以“城市竞争力论坛”为契机,进一步完善招商引资激励机制,拓展招商渠道,优化招商方式,加大对国内外大公司、大财团、大商社和高科技项目的招商力度,广泛吸纳国内外资金、技术和人才,加快发展外向型经济,进一步增强县域经济竞争力。四是大力发展现代服务业,增强城市活力。充分利用和发挥成都城市南延带的人气和商机,加快“信息高速公路”建设,提高社会信息化水平,积极发展金融保险业,推动经济快速增长;积极发展社区服务业,进一步改造提升传统商贸业;努力发展旅游、房地产业,不断提高产业的质量和效益,从而增强城市活力。五是加快科技创新,不断提高双流科技竞争力。坚持以“技术创新和产业化”为科技进步的主题,加大政策创新力度,建立科技成果转化机制;以技术研发项目为载体,广泛聚集人才、技术、资金等要素,实现科技资源的优化配置;以科技成果孵化资金为杠杆,引导企业加大科技投入;以科技服务创新为依托,构筑技术跨越和科技信息平台。进一步加强校县高新产业合作,积极引进国内外加工中心和先进生产线,用高新技术改造和提升传统产业,提升工业的整体技术水平。

四、以加强城市文化建设为基础,努力提升城市形象和品位

城市建设是一个历史延续的过程,历史沉淀越深厚,文化发展越成熟,一个城市的品位就越高。双流县是开发最早的古县邑之一,迄今已有2300多年的历史,提升双流城市品位,就要积极挖掘历史内涵和文化渊源,在城市整体氛围、文化情调、具体建筑风格等方面体现双流城市的个性和特色,设计、建造能代表双流形象和双流人民精神风貌的城市雕塑,建设代表双流形象的城市建筑,实施体现双流形象的城市管理,努力提高城市品位和档次。要始终坚持“百年双流,以人为本,教育第一”的思想。积极协助做好四川大学、西南民族学院、川音美术学院等高等院校的建设工作,加速创建西部教育强县;加快发展文化事业,培育和发展具有地方特色的现代气息的双流特色文化,提高全县人民的精神文化生活水平。

新的世纪,新的希望。新机遇赋予了我们新的责任,新任务向我们提出了新的挑战。机不可失,时不待我。只要我们发扬“与时俱进,只争朝夕”的精神,务实奋进,开拓创新,在推进城市化进程中,就一定能够抢得先机,赢的主动,建设新双流,实现新跨越。

不断壮大县域经济 全面建设小康社会

长沙县人民政府县长 黎勇

党的十六大在深入分析国内外形势的基础上,描绘了21世纪前20年我国现代化建设的宏伟蓝图,这就是全面建设小康社会。全面建设小康社会内涵丰富,意义重大,催人奋进。

一、总揽全局,深刻领会全面建设小康社会的科学内涵

全面建设小康社会是我县新时期新阶段的庄严使命。按照邓小平同志"三步走"的战略,到1997年,我县已提前实现了第二步战略目标,省委、省政府对我县小康进行监测,有16个乡镇,445个村达到小康水平。全县总体上达到小康。2002年全县完成GDP106.6亿元,农村居民人均可支配收入3702元,恩格尔系数46%,初中毕业生升学率75%,农村人口平均预期寿命72岁。从主要经济指标看,我县与全省同级县(市)相比,处于领先地位。但与全面建设小康社会的奋斗目标及全国先进县(市)相比,我县仍存在较大的差距。根据全面建设小康社会的监测指标,目前我县还处于小康的初级阶段,是低水平、不全面、不平衡的小康。因此,我们要正视现实,一心一意谋发展,真抓实干建小康,不断壮大县域经济,率先在全市乃至全省全面建设小康社会。

全面建设小康社会的关键在于壮大县域经济。党的十六大报告首次鲜明地提出"壮大县域经济"。县域经济是一种以县辖行政为单元的区域经济,一般以县城为中心,以乡镇为纽带,以农村为基础,属于国家最基础的财政单元。要实现全面建设小康社会的奋斗目标,则离不开县域经济的快速发展。县域是重点,也是关键,更是难点。

二、与时俱进,明确我县全面建设小康社会的奋斗目标

确定我县从现在起到2020年的工作总体思路是:高举邓小平理论伟大旗帜,认真贯彻十六大精神,全面贯彻"三个代表"重要思想,始终坚持以经济建设为中心,紧紧把握发展第一要务,加大经济结构调整力度,加快推进工业化、城镇化和农业产业化进程,继续深化改革开放,壮大县域经济,促进经济社会协调发展,大力推进党的建设新的伟大工程,力争在2012年率先实现全面建设小康社会的奋斗目标。

我县全面建设小康社会的奋斗目标是:

力争2012年国内生产总值达350亿元,人均6000美元,实现国内生产总值比2000年翻两番,提前8年在全省率先建成全面小康社会;2020年国内生产总值达660亿元,争取达到700亿元,人均10000美元以上,实现国内生产总值比2000年翻三番,基本实现现代化。

按照以上要求,我们把全面建设小康社会量化为5大指标体系,28项具体指标。其重点是:

经济更发展。国民经济保持持续快速发展势头,国内生产总值前10年年均增长13%,后10年年均增长12%。

社会更进步。社会结构不断改善,社会事业全面发展,城市化水平2012年达60%,2020年达70%。

生活更殷实。城乡居民收入水平大幅提高,贫富差距进一步缩小,城镇居民人均可支配收入2012年达到27000元,2020年达40000元;农村居民人均可支配收入2012年达到7800元,2020年达15000元。

人口素质更高。全县人民思想道德素质、科学文化素质和健康素质明显提高,基本普及高中阶段教育,适龄青年接受高等教育的机会显著增加,初中毕业生升学率2012年达96%,2020年过98%;高等教育毛入学率2012年达80%,2020年达83%。人均预期寿命2012年达75岁,2020年达76岁以上。

生态环境更美。生态建设和环境保护取得明显成效,城镇逐步实现生态化、园林化,生活环境显著改善。人口自然增长率控制在4‰以内。森林覆盖率2012年达50%。城镇人均拥有公共绿地面积2012年达27.5平方米,2020年达30平方米。城镇空气质量达标率、集中式生活饮用水水源达标率、城镇污水处理率均保证100%达标。

应该看到,我们已经具备了率先在全省建成小康社会的诸多有利条件。

良好的基础优势。改革开放20多年来,我县经济始终保持快速增长,GDP从1980年的2.78亿元,增长到2002年的106.6亿元,年均增长18%,经济总量增长了37倍多;财政收入从1980年的1983万元,增长到2002年的7.54亿元,年均增长17.9%;1997年,我县从整体上已经达到小康。这为我们加快发展奠定了良好的基础和条件。从我县目前的发展势头看,这种速度还会保持相当一段时期。据此测算,主要经济指标到2007年前完全可以达到全面小康水平。考虑到随着基数增大,发展速度可能降低,而且政治文明、精神文明的全面进步还有一个较长的过程等因素,我们提出力争在2012年实现全面建设小康社会,是非常客观的,也是留有余地的。

独特的区位优势。我县地处省会近郊和长株潭三市融城的核心地带,区位优良,交通便利,国家级开发区和6个工业园为我们加速发展提供了强大的动力。

雄厚的产业优势。我县有电子、机械、汽车、食品(饮料)、建材等为主体的支柱产业,规模工业产值超过长沙市其他三县(市)之和,高新技术产值占全县规模工业产值的61%。我县已培育了一批骨干企业,高科技工业基础优势占主导,先进制造业蔚然崛起,综合经济实力明显增强。

较好的人文优势。我县自古为三湘首善之区,仁人志士辈出。全县国民平均受教育程度(劳动力)达8.2年,高于全国平均水平。全县上下形成了重视人才、广纳贤才的良好氛围,全县人民开拓进取,敢为人先,有良好的创业意识。

三、突出重点,营造全面建设小康社会的良好环境

实现全面建设小康社会目标,必须突出工作重点,创新工作思路,狠抓工作落实,全力营造全面建设小康社会的良好环境。

1.培育新增长点,营造竞争开放的产业环境。壮大县域经济,要走新型工业化之路,大力发展第三产业,培育龙头企业,突出招商引资,加强财源建设,着力培育新的经济增长点。

2.加大投资拉动,营造全省一流的设施环境。投资拉动是扩大内需、加快经济发展的基本方略。要建立多渠道、多元化的投资格局,进一步加大基础设施建设投入力度,用有限的财政资金投入,带动上级资金、民间资金、社会资金、金融资金和乡镇资金的投入。要创新思路,以土地经营为突破口,高效益经营城市。提升和改善区域优势,全力营造全省一流的设施环境。

3.促进协调发展,营造秀美舒适的人居环境。加强生态环境建设和保护。

4.倡导先进文化,营造健康活泼的人文环境。切实加强精神文明建设。要大力弘扬和培育民族精神,使人民群众始终保持昂扬向上的精神状态。要坚持以德治国,贯彻落实《公民道德建设纲要》,提高全社会道德水平。要深入开展村镇、社区、行业文明创建活动,巩固全国文明城镇创建成果。积极创建全国双拥模范县。

5.优化经济秩序,营造催人奋进的创业环境。要切实转变政府职能,认真解决好各级政府职能错位、越位和不到位的问题,把政府职能切实转到经济调节、市场监管、社会管理和公共事务上来,放在搞好服务、优化环境上来。

6.加强法制建设,营造团结安定的政治环境。建设社会主义政治文明,是全面建设小康社会的重要内容。要扩大和完善社会主义民主。继续推进政治体制改革,健全基层自治组织和民主管理制度,完善村民自治,要坚持依法治县,全面推进依法行政,要加大行政审批制度改革的力度,坚决取消不必要的行政审批,减少办事环节;对于确需保留的行政审批事项,要严格规定审批内容、条件、程序,提高审批效率。要淡化权力意识,强化服务观念,要推行政务公开制度和环境治理部门主要领导责任追究制度,提升服务质量,让投资者满意,让人民群众满意。

全面建设小康社会　率先基本实现现代化

胶州市人民政府市长　李皓

党的十六大报告指出，有条件的地方可以发展得更快一些，在全面建设小康社会的基础上，率先基本实现现代化，为较发达地区在新世纪新阶段指明了继续前进的方向。作为山东省首批沿海开放城市之一，胶州市决心紧紧抓住这段重要战略机遇期，坚持与时俱进，开拓创新，研究发展新思路，推动改革新突破，开创开放新局面，制定工作新举措，全力推进经济社会协调发展，力争到2007年，经济发展和人民生活水平提前13年超过全国2020年规划水平；到2010年，社会主义文化建设、民主政治建设和人的全面进步取得长足进展，可持续发展能力不断增强，实现全面建设小康社会目标；到2020年率先基本实现现代化。

一、突出发展工业，加快构筑新型工业体系

牢固树立工业强市思想，以国际化、民营化、信息化为导向，坚持技术、资本、劳动密集型项目齐抓并举，加快培植一批产业名牌、企业名牌和产品名牌，走出一条科技含量高、经济效益好、资源消耗低、环境污染少、人力资源优势得到充分发挥的新型工业化路子。高起点实施国际化战略，创新招商引资方式，扩大利用外资规模。高起点实施民营化战略，引导民资投资工业，加快膨胀工业企业数量。高起点实施信息化战略，推进财务、营销、采购等领域的管理信息化。坚持集中建设与分散建设相结合，充分发挥区位和产业特色优势，加快发展现代物流业，为工业体系提高强力支撑。坚持辟设新园与整合建设相结合，加快提升工业园区档次，优化工业布局。坚持培育与引进相结合，加快推进品牌创建工作。突出抓好重点项目建设，大力培育优强企业，拉长金属结构、皮革制鞋、电子制造、食品加工四大主导产业链条，推动生物制药、电子信息、节能环保、新材料等高新产业迅速崛起，加快构筑加工制造业基地。

二、大力推进城市化，有效带动服务业发展

以建设园林化、环保型、开放式城市为目标，加大经营城市力度，提高规划建设管理水平，加快构建功能完善的城镇支撑体系。坚持基础设施适度超前、优先发展，积极构筑以路、水、电、热、气为主的基础设施网，提高城镇承载能力，膨胀城镇人口，有效带动服务业快速发展。大力调整和优化服务业结构，做大做强胶州湾综合市场，加快构筑“大市场、大流通”格局。积极推进仓储式商场、加盟店、代理制、电子商务等组织形式和服务方式发展，改组改造流通、餐饮、运输等传统服务业。大力发展信息、咨询、法律等现代服务行业，突出发展房地产、金融保险、文化传媒等高附加值服务业，不断拓宽服务领域，提高服务水平。

三、积极调整农业，不断增创农业比较优势

以农民增收和村集体增收为目标，坚持面向市场，依靠科技，推进农业产业化、标准化、国际化进程，膨胀发展畜牧、蔬菜、花卉苗木、水产、林果5大主导产业。按照自愿、依法、有偿的原则，推进土地承包经营权流转，发展规模经营。大力发展高效农业、创汇农业、生态农业、观光农业和设施农业，建设形成一批现代高效农业园区。以培植农业龙头企业、批发市场、中介组织为重点，推进农业产业化经营。建立健全农业社会化服务体系，引导和鼓励农业生产向产前、产后延伸。加大科技兴农力度，全面实施标准化工程，加快先进适用技术的推广应用，不断提高科技对农业的贡献率。加快农村劳动力向非农产业转移，进一步拓宽农民增收渠道。

四、高度重视人与自然和谐发展，稳步提升可持续发展水平

坚持人口与资源、环境协调发展，控制人口增长，提高人口质量。认真贯彻环境保护基本国策，巩固创建“国家环保模范城市”成果，加快建设国家级生态示范市。严格控制机动车尾气排放，大力发展公交车、适度调控私家车、逐步取消摩托车。集中处理城市生活污水和工业废水，综合整治垃圾污染、噪音污染。继续实施山丘区综合开发，提高森林覆盖率。合理开发、利用和保护资源，开创资源永续利用、良性循环的发展模式。坚持开源节流并重，加快水源地建设，改进水资源利用方式，建立节水型发展模式。严格执行基本农田保护，积极推进土地整理和复垦，实现全市耕地总量的动态平衡；严格建设用地审批管理，提高集约化利用水平。

五、深入创建“四型机关”,扎实推动社会文明进步

深入持久开展创建“学习型、创新型、竞争型、服务型”机关活动,切实抓好领导班子、基层组织、机关干部、党员队伍,以党风、政风带动民风。发展社会主义民主政治,建设社会主义政治文明。改革和完善决策机制,深入了解民情、充分反映民意、广泛集中民智、切实珍惜民力,推进决策的科学化和民主化。深化干部人事制度改革,加强对权力的制约和监督。加强社会主义文化建设,推动社会主义文化发展繁荣。把以爱国主义为核心的民族精神纳入国民教育全过程、纳入精神文明建设全过程,着力培育既有中华民族共性、又有地域特色的胶州优秀文化。

增强基本竞争力 推动福清大发展

中共福清市委 福清市人民政府

福清位于福建东南沿海，与台湾省仅一水之隔，1990年12月撤县建市，辖20镇1街，总面积2430平方公里，人口120万，是一座伴随着改革开放春风而发展起来的新兴城市，2000年社会经济综合发展指数位居全国百强第32位，2001年国内生产总值和财政总收入分别达207.07亿元和10.28亿元，县域经济基本竞争力位居全国百强第13位。

改革开放特别是撤县建市以来，福清充分运用中央赋予的特殊政策和灵活措施，以提高国民经济整体素质和运行效益为中心，不断夯实经济基础，培育发展后劲，着力增强产业、企业和环境三大竞争力，创造了令人瞩目的"福清速度"和"福清效益"，成为海峡西岸经济繁荣带最具发展活力的地区之一。

一、调整优化产业结构，提升产业发展竞争力

福清历来把优化产业结构，提升产业水平作为经济工作的重中之重，充分依托近台、多侨、山海资源丰富优势，以农业和外向型经济为两翼，推动福清经济全面起飞。一是着力推进农业产业化和现代化步伐。加强融台农业合作与交流，加快海峡两岸农业合作实验区洪宽、渔溪示范园区、福建省现代农业示范片和新厝、江镜等国家立项现代农业综合开发示范园区建设，培育壮大农业产业化龙头企业，构筑"龙头带基地、基地连农户"的生产格局，初步形成鳗鱼贝藻、粮油食品、生猪禽蛋、水果蔬菜、花卉苗木等五大产业链，2000年农业增加值位居全国百强第8位。二是大力发展外向型经济。成功实践"以侨引台、以台促侨、侨台联合引外"的独特发展模式，形成以国家级融侨经济技术开发区为龙头，辐射全市24个乡镇工业小区的全方位对外开放格局，使外向型经济成为福清发展的生命线。三是培育壮大港口工业。福清充分发挥海岸线漫长、可供开发深水泊位众多的优势，大力实施"以港兴市"战略，初具一座现代化港口工业城市的雏形。元洪投资区以3万吨级通用码头为依托，着力建设粮油饲料加工、中转和储运基地。江阴工业区以一号泊位5万吨级集装箱码头即将通航为契机，大力发展钢铁、化工等临海重化工业和储运业，提升全市产业发展水平。

二、坚持推进两个创新，提高企业发展竞争力

福清从推动经济发展全局出发，着力强化服务措施，加大扶持力度，促进企业健康快速发展。一是推动企业体制创新。目前，全市已组建了16家股份有限公司、8家企业集团，有10家企业股票在境内外证券市场成功上市，有3家企业处于上市辅导期，有5家企业正在开展股份制改造。二是推进企业技术创新。深入开展产学研合作活动，加大企业技术改造力度，加强新技术引进和新产品开发，确立企业在技术创新中的主体地位。目前，全市已有15家企业被认定为省级高新技术企业，有10家企业获得国家、省科技创新基金支持，形成电子、塑胶、汽车玻璃等高新技术产业链，2001年全市实现高新技术产值113.26亿元。三是强化企业内部管理。大力推行ISO9000系列质量体系认证，积极实施名牌战略，有85家企业通过ISO9000体系认证，5家企业商标被评为福建省著名商标，"福耀"被评为中国驰名商标。

三、着力优化投资软硬环境，增强综合环境竞争力

对一个地区而言，投资环境就是品牌，就是竞争力；投资环境就是效益，就是生产力；投资环境就是形象，就是发展后劲。福清历届政府都把改善投资环境，为投资者提供优质高效服务作为一条始终不渝的工作方针，通过开展"转变作风年"建设，努力打造"信用政府"，建设开明守信的政策环境、优质高效的服务环境、安定稳定的法治环境、文明祥和的人文环境和积极向上的舆论环境，荣获全国投资环境百强县(市)称号。"八五"至今，全市累计投入近30亿元用于基础设施建设，新扩建公路506.4公里，城区日供水能力达20万吨并逐步扩容，拥有2座22万伏变电站、6座11万伏变电站，程控电话总容量达33.12万门。与此同时，福清大力加强机关效能建设，深入推进行政审批制度改革，认真实施服务企业例会、投资项目申报全程代办制等一系列服务制度，广泛开展民主评议窗口单位活动，大力推行政务公开，加强社会诚信制度建设，树立廉洁、勤政、务实、高效、公开的政府形象。

打造"中国皮塑礼品之都"　全面建设小康社会

中共平阳县委书记 戴祝水　　平阳县人民政府县长 仇杨均

党的十六大指出:"我们要在本世纪头二十年,集中力量,全面建设惠及十几亿人口的更高水平的小康社会"。根据中央以及省、市的战略部署,从平阳的发展现状和潜力出发,今后5—10年,平阳要以打造"中国皮塑礼品之都"为载体,全面建设小康社会,提前基本实现现代化。

一、打造"中国皮塑礼品之都"的总体构想

打造"中国皮塑礼品之都",就是要通过建设全国乃至国际性的皮革制革、塑料包装、商务礼品重要生产基地和集散中心,推进经济结构的战略性调整和城市化进程,提高产业层次和城市化水平,推动整个经济社会的快速发展,全面建设小康社会、提前基本实现现代化。

打造"中国皮塑礼品之都",要坚持三条方针,实施五大战略。三条方针是:"三业(皮革制革、塑料包装、商务礼品)并举带多业共荣,三地(昆阳、鳌江、水头)齐兴促城市发展,三农(农业、农村、农民)俱进奔全面小康"。五大战略是:一要实施特色发展战略,发挥平阳的特色优势,努力建成特色鲜明的经济强县、内涵丰富的文化名县、风格独特的旅游大县。二要实施开放发展战略,跳出平阳看平阳,走出平阳为平阳,大幅度提高经济外向度,拓展发展空间。三要实施城市化发展战略,推进城镇化,发展小城市,加快形成鳌江流域中等城市基本框架。四要实施协调发展战略,同步建设"三大文明",实现可持续发展。五要实施环境优化战略,创造团结、鼓劲的工作环境,诚信、宽松的投资环境,优美、和谐的生态环境。

打造"中国皮塑礼品之都"的具体工作目标是,今后5年,国内生产总值年均递增12%以上,财政总收入年均递增13%以上,三次产业结构进一步优化,皮革制革、塑料包装、商务礼品三大产业总产值达到300亿元左右;城市化水平达到60%,各项社会事业全面发展,民主法制健全,城乡居民综合素质和文明程度明显提高。

经过5年奋斗,基本形成竞争能力强、科技含量高、市场份额大、就业领域宽的特色产业发展格局,皮革制革、塑料包装、商务礼品三大支柱产业优势愈发凸显,现代农业和新兴服务业全面发展,努力建成特色鲜明的经济强县。

经过5年奋斗,基本形成山水游、生态游、人文游、"红色游"等"四游"并进的旅游业发展格局,"名山、名岛、名屋、名人"品牌效应日益显现,旅游服务体系更加完善,努力建成风格独特的旅游大县。

经过5年奋斗,基本形成机制灵活、精品迭出、产业兴旺、市场繁荣的先进文化发展格局,深厚的历史文化底蕴充分挖掘,现代文化设施不断完善,努力建成内涵丰富的文化名县。

经过5年奋斗,基本形成以城带乡、城乡互动,功能互补、资源共享的城镇发展格局,中心城镇集聚、辐射、带动能力显著增强,城市化进程明显加快,努力构筑起鳌江流域中等城市框架。

二、"打造中国皮塑礼品之都"的战略举措

今后5年,是平阳全力打造"中国皮塑礼品之都"的重要时期,必须重点抓好六个方面工作。

第一,做大做强工业产业。工业是全力打造"中国皮塑礼品之都"的重中之重。突出"八大园区"。以加快三大特色支柱产业集聚、完善产业链为重点,大力加强水头皮件制革工业园区、萧江塑料包装工业园区、平阳轻工礼品园区等"八大园区"建设,理顺关系,整合提升,加强服务,政策倾斜,引导鼓励优势产业、强势企业向园区集聚发展。建设"三大经济圈"。遵循产业布局和发展规律,打破行政区划限制,努力形成以昆阳、郑楼、宋桥为主要基地的商务礼品、服饰、"三证"产业群体,以鳌江、萧江、麻步为主要基地的塑包、机械、皮鞋、花边产业群体,以水头、腾蛟、南雁为主要基地的皮革、皮件、印刷、宠物用品产业群体。把握"三个导向":一是扶优扶强扶大。加大政策激励和政府服务力度,引导面广量大的中小企业向优势产品、优势企业和优秀企业家集中;引导企业走品牌兴业之路,培育一批国家级名牌和驰名商标;引导产业关联度大的相关企业组合产业"航空母舰"。二是科技信息推动。大力培育发展新兴产业,积极推广电子信息技术在特色支柱产业各个层次上的应用。运用先进适用技术改造提升传统产业,促使皮革制革向深加工、精加工、低污染方向发展,促使塑料包装向高新产品开发、出口创汇方向发展,促使商务礼品向规模化、专业化、名牌

化方向发展。三是生产、环保并重。推行清洁生产，坚决整治生产污染，实现可持续发展。

第二，大力建设现代农业。农业是打造“中国皮塑礼品之都”的基础保障。推进区域化品种布局。围绕马蹄笋、早香茶、优质大米、海珍品等特色农产品，更加大胆地调整农业生产布局，形成一批“百亩户”、“千亩场”、“万亩乡”。继续实施种子种苗工程，抓好土地整理、标准农田建设，提高农业综合生产能力。扶强农产品加工企业。鼓励引导工商企业反哺农业，提高农业龙头企业装备水平和精深加工能力，带动基地发展，带动农民增收。积极引导企业培育品牌、提升品牌，发挥品牌效应。培育专业合作组织。按照“谁有能力谁牵头”的原则，积极鼓励农技部门、供销社、农业龙头企业、种养大户，领办创办农村专业合作组织，与批发市场、农户建立长期的合作关系，形成稳定的农产品产销渠道。推行绿色安全生产。建立健全农产品质量卫生检验检测体系和管理体系，大力引导农业龙头企业建立无公害农产品、绿色食品、有机食品生产基地。大力实施欠发达乡镇奔小康工程。实施“百人百万扶百村”工程、“3105”下山脱贫工程，加大帮扶开发力度，尽快改变欠发达地区的落后面貌。

第三，加快发展第三产业。第三产业占国内生产总值的比重，反映打造“中国皮塑礼品之都”的进度和成效。大力发展现代物流业。举办中国皮塑礼品博览会，建设皮塑礼品市场、特色农产品市场，发展连锁、代理、经销、配送等现代流通方式，实现有形市场与无形市场共同发展。加快发展旅游业。结合特色产业，发展特色旅游，做好名岛、名山、名屋、名人和“红色旅游”等文章。科学规划、合理开发南麂列岛、南雁荡山、国家级森林公园等重点景区，丰富“山海奇观”旅游内涵，打响旅游品牌。积极发展服务业。依托城市发展，建设便民利民的社区和农村商贸服务网络，鼓励和扶持发展房地产、金融、保险、物业管理等新兴服务业，不断拓展新的服务消费市场。

第四，全面推进改革开放。改革开放是打造“中国皮塑礼品之都”的动力源泉。加快改革步伐。以转变政府职能为重点，深化行政管理体制和机构改革，推进事业单位改革，完善社会保障体系，拓宽就业渠道。探索有效的国有资产经营体制和方式，推进国有集体企业改制改革，引导和推动个体私营企业加快现代企业制度建设，引导企业上市。推进对外开放。培育壮大出口主体，建立反倾销、技术壁垒和环保壁垒等预警应对机制。树立“县外即外”思想，采取一切可以采取的办法招商引资。鼓励和支持企业“走出去”，兴办境外企业，参与西部大开发，接轨长江三角洲经济圈。

第五，加快城市化进程。城市化是打造“中国皮塑礼品之都”的重要手段。着力构筑城市发展框架。结合“三大经济圈”发展，勾划新的昆鳌组合城市总体规划和县域城镇体系发展规划，建设好平阳段温福铁路、高速公路、水头制革基地改造工程等与“中国皮塑礼品之都”相匹配、与鳌江流域中等城市建设相适应的现代化城市基础设施，提高城市承载能力。努力提升城市品位。加强城市资源的开发、整合和利用，建设一批城市建筑精品。深化城市管理体制改革，实施“蓝天、碧水、绿色、清净”工程，创建文明城市和文明城镇。加快推进城乡一体化。完善村镇规划，加强重点镇建设，探索“城中村”改造、旧村改造新路子，促进农村人口向中心村、中心镇集聚。

第六，协调建设“三大文明”。打造“中国皮塑礼品之都”，必须大力发展先进文化，加强政治文明和精神文明建设，促进文化与经济的有机融合。加强思想道德教育。深入开展党的十六大精神和“三个代表”重要思想学习宣传教育活动，认真贯彻《公民道德建设实施纲要》，为打造“中国皮塑礼品之都”提供有力的思想保证和精神动力。促进文化事业繁荣。优先发展科技教育和开发人力资源，不断完善科技创新体系、现代教育体系和人才支撑体系。鼓励社会力量投资文化产业。健全农村卫生服务网络。推进民主法制建设。坚持和完善人民代表大会制度和中国共产党领导的多党合作和政治协商制度。进一步推进依法治县，扩大基层民主，确保社会稳定。

三、打造“中国皮塑礼品之都”的组织保证

全力打造“中国皮塑礼品之都”，全面建设小康社会、提前基本实现现代化，必须按照“三个代表”要求，围绕提高党的领导水平和执政水平、提高拒腐防变和抵御风险能力这两大历史性课题，切实加强和改进党的建设。着眼于与时俱进、坚定信念，进一步加强思想政治建设。把学习党的十六大精神作为一项长期的政治任务，用“三个代表”重要思想武装广大党员干部，使全县上下更加坚定中国特色社会主义的理想信念，更加自觉把“三个代表”重要思想贯彻落实到打造“中国皮塑礼品之都”的各项工

作之中。着眼于提高素质、增强能力，进一步加强领导班子和干部队伍建设。认真执行民主集中制的各项制度，深化人事制度改革，形成朝气蓬勃、奋发有为、合力合拍的领导层。按照党管人才的要求，抓好党政领导人才、企业经营管理人才和专业技术人才三支队伍建设。着眼于固本强基、发挥作用，进一步加强党的基层组织建设。积极实施“素质提升”、“纵深推进”、“组织拓展”、“双培双带”等计划，整体推进党的基层组织建设，让干部经常受教育、使群众长期得实惠。着眼于立党为公、执政为民，进一步加强党风廉政建设。按照“四个牢记”和“两个务必”要求，大力弘扬艰苦奋斗的优良传统，大兴调查研究之风，一切从实际出发，把对上负责与对下负责统一起来，全心全意为人民服务。加强效能监察，提高行政绩效。坚持德治与法治双管齐下，从源头上预防和解决腐败问题。

创优发展环境 重点项目带动 全面推进产业结构优化升级

中共保德县委 保德县人民政府

保德地处晋陕蒙三省交界处，矿产资源非常丰富，有优质的动力煤，高品位的铝钒土，裸露地表的石灰石，纯天然优质矿泉水等，但长期以来由于结构不优，经济发展严重滞后。全省运城调产会后，我们紧紧围绕如何进一步加快经济结构调整这一主题，进行了大胆的实践和探索，全面实施了“优化环境，开放引进”战略，全面推进了产业结构的优化升级。

一、“五力”聚合，优化经济发展环境

1.成立收费管理局，规范收费管理，创优税赋环境。企业是市场的主体，优良的外部环境是企业健康发展的重要保证。为了从源头上治理“三乱”，优化企业税赋环境，2000年我县成立了收费管理局，出台了《规范行政事业单位收费的实施意见》和《规范罚没款管理的实施意见》等一系列规定。明确要求，除安全检查外，任何执收执法部门不得随意到企业乱收费、乱罚款、乱摊派，进企业检查必须事先请示分管副县长同意签字后方可进入，否则企业有权拒绝检查。所有由各执收执法部门收取的费用都集中到收费管理局统一收缴，集中管理，年初收费管理局就向各企业核定任务，填发“收费明白卡”，企业按季度直接缴到收费局指定专柜。在短时间内，就理顺了收费渠道，也规范了收费秩序和各项收费检查制度，从源头上根治了行业“三乱”，减轻了企业负担，维护了企业的合法权益。

2.强化领导，简化程序，创优政策环境和服务环境。一是成立了保德县优化环境领导组，由县人大常委会颁布实施了《保德县优化经济发展环境若干规定》，并开通了举报投诉电话，24小时专人值班。二是各职能部门向社会做出转变作风，改善环境，优质服务的承诺公示，开展公示承诺优质服务竞赛活动。县委出台了《关于加强和改进领导干部作风建设的意见》，县领导干部带头做表率，每人包点联系一个重点项目和重点企业，积极帮助和协调解决遇到的困难和问题。三是设立经济监督110，对干扰破坏企业正常经营，未经批准擅自到企业吃拿卡要、乱罚款、乱收费现象，及时进行处理。四是定期召开企业家评职能部门座谈会。每季开展一次，对服务质量好的公开表扬，对服务差的及时曝光批评。五是围绕建设一个高效、廉洁、勤政、务实的政府，改革审批制度，精简办事程序，提高工作效率。成立了保德县政务公开大厅，对所有审批项目都集中到大厅审批，实行“一个窗口对外，一站式办理，一条龙服务”的运行机制，统一协调，一事一议，特事特办，急事急办。在招商引资关键环节实行目标控制，限时完成，对重点项目实行重点管理，专人服务，从咨询、洽谈开始，直到竣工投产，专人负责跟踪服务。如2002年为了确保神华集团康家滩煤矿顺利施工，如期投产，县里专门成立了神保合作办矿协调领导组，县长任组长，并在工程施工地专门成立了协调领导组办公室，分管副县长兼任办公室主任，吸收有关部门参加，抽调专人驻地办公，跟踪服务，随时解决发生的一切矛盾和纠纷。

3.开展严打整治斗争，创优社会治安环境。一是公安部门与企业普遍建立了治安责任制，结合“严打整治”斗争，有力地打击了挡工、偷盗等影响、妨碍甚至破坏企业正常生产的一切违法犯罪活动。去年韩府公路施工期间我们对20多个无理闹事挡工人员拘押审查，保证了韩府公路正常施工，圆满通车。二是对神华等重点企业、重点工程项目进行挂牌保护，公安机关派专人驻厂协助工作，建立治安重点保护区。

4.全党动员，全民动手，创优政治人文环境。一是把创优环境纳入年度工作计划和长远规划，形成统一的对外舆论，通过新闻媒体、文化刊物、文艺演出等方式及时宣传先进，鞭策后进。形成“人人是环境，人人是形象”的浓厚氛围。二是通过引深文明创建活动，倡导形成良好的社会风尚，提高整体文明形象。精心营造一种讲正气，顾全局，重情谊，看长远的人文环境，使保德真正以“德”取胜，靠良好的形象和优质的服务迎来四方宾朋，汇集八方财力，兴保富民。

5.加强监督，严肃查处，创优法制环境。一方面我们加强了执法监督力度。县政府与各有关部门签订优化环境责任状，实行“一票否决制”，要求各单位、各部门拿出具体的实施方案，报县政府备案。同

时切实加大对违规、违纪案件的查处力度,仅2002年一年时间,对十几名违纪、违规人员进行了严肃处理,全社会引起了很大的震动。

二、开放引进,实施大项带动战略

优化环境是为了开放引进。正当我们全力营造发展环境,大力实施开放引进战略之时,全国大型独资企业神华集团在陕西省府谷县考察,欲上一座大型现代化煤矿。县委、政府获悉这一信息后,高度重视,认为这是一次保德煤炭产业复兴的大好机遇,必须死死盯住,尽快抓住。为此,组织专门人员,带着详细的书面资料和具体的煤炭样品,走进神华公司的门,主动进行资源宣传、环境宣传,同时积极邀请神华的同志来保德考察,考察时县委、政府见缝插针,大力宣传保德丰富的资源优势,优良的投资环境,技术人员车上讲,管理人员矿上讲,领导干部会上讲,使保德资源优势和环境优势深深地刻在了神华考察人员的头脑中,为神华来保德办矿奠定了坚实的基础。在神华已有来保办矿的初步意向后,县委、政府解放思想,转变观念,主动出击,县长、书记亲自挂帅,人大主任具体联络,过大柳塔,上北京,几去几返,争取落实投资项目。煤管局和矿管局的同志们也一切围绕神华,一切为了神华,从查阅资料到现场勘察,再到办煤矿许可证,全程服务,全面协作,跑忻州,去太原,十几次往返于三地之间。领导和部门同志诚挚的心情,滚烫的激情,尽职尽责的精神和优良的工作作风,深深地打动了神华。精诚所至,金石为开。1999年11月6日,神华公司终于落户保德,和我们签订了上120万吨的大型煤矿合同。此时,我们没有一点松懈,而是按照保德优化环境的一切既定政策,竭诚为神华集团搞好一切服务。2001年1月19日,神华集团叶青董事长视察保德后,由衷地称赞我县的投资环境好,并当场表态,大力支持保德的经济发展,如符合条件再上一个500万吨以上的大型矿井,并把保德作为神华集团的配煤基地。优良的环境,终于引来了大项目。于2002年10月1日,神华集团康家滩煤矿800万吨现代化矿井在保德正式建成投产。该项目的上马建设,既激活了我县煤炭产业,又带动了保德地方经济建设的发展,地方原煤产量大幅上升,由1999年的19万吨一跃增至2002年的300万吨,同时对全县建材业、运输业、饮食服务业等其他行业都起到了极大的拉动作用,相关产业收入不算,仅税费收入一项,神华煤矿就为我县上缴税费过亿元。

三、全面发展,向三晋经济强县冲刺

神华集团的引进,带动了全县整体工作的发展。2002年,我县经济实现了大跨跃,大飞跃,各项综合经济指标考核名列全市前茅,被全国县域经济基本竞争力评价中心评为"第二届全国县域经济基本竞争力提升最快的百县(市)之一"。综合经济实力明显增强,各项事业齐头并进健康发展。

1.经济总量膨胀性增长。1999年全县国内生产总值完成2.79亿元,到2002年达到5.86亿元,是1999年的2.1倍,年均递增20.39%;工业总产值1999年完成1.26亿元,2002年达到3.302亿元,是1999年的2.62倍,年均递增27.2%;财政总收入1999年实现2586万元,2002年实现6348万元,是1999年的2.45倍,年均递增25.2%,净增3762万元。

2. 民营经济飞速发展。全县民营企业从1999年167户增至2002年的432户,乡镇企业现价总产值从1999年的32510万元增至2002年的71302万元,增长了1.59倍,年均递增21.69%。

3.引资上项一路领先。从1999年到2002年全县共完成引资10.1亿元,新上项目11个,达产达效9个,除从神华集团引资9.4亿元外,还从山东、内蒙、河北、太原、阳泉等地引进资金0.7亿元,陆续建成了一批营业收入在500万元以上的优势骨干企业,2002年引资上项工作在全市排名第一。

4.居民收入稳步提高。城镇居民人均可支配收入从1999年的2297元增至2002年的4545元,年均增长562元,年递增18.6%;农民人均纯收入从1999年的291元增至2002年的1268元,年均递增44.48%。

5.城市建设日新月异。从1999年到2002年全县完成固定资产投资13.3亿元,其中以城建为主的基础设施建设投资完成5.4亿元,城市建设规模进一步扩大,档次进一步提升,一个初具现代化气息的小县城在黄河岸边正在兴起。

县委、政府向全县承诺,争取再用3—5年时间跨入全省经济强县行列。

学习十六大精神 一心一意抓发展

兴义市人民政府市长 夏开益

学习十六大精神,要总体把握“三个代表”重要思想的科学体系和精神实质,深入研究和领会全面建设小康社会的内涵和实质,学习实践邓小平关于“发展才是硬道理”和江泽民关于“发展是执政兴国的第一要务”的思想,以经济建设为中心,集中精力抓发展,以较快的速度加快发展,把兴义市的发展推向新的台阶,努力开创经济工作新局面,为实现中华民族的伟大复兴而努力奋斗。

一、解放思想谋发展

改革开放以来,我们坚定不移地以建设中国特色社会主义理论为指导,全面贯彻执行党的基本路线和各项方针政策,始终抓住经济建设这个中心不放,集中精力抓发展,使兴义市经济社会发展取得了令人瞩目的成就。兴义市国内生产总值从1978年的6905万元,增加到2001年的314685万元,年均增长12.34%;人均国内生产总值从1978年的147元,增加到2001年的4332元,增加了4185元;财政收入从1978年的720万元,增加到2001年的30158万元,年均增长17.63%;人均财政收入从1978年的15.3元,增加到2001年的413.6元,增加了398.3元;农民人均纯收入从1978年的60元,增加到2001年的1992元,增加了1932元;到2001年城镇居民人均可支配收入达到5785元;三次产业结构从1978年的50:25:25发展到2001年的21:48:31;城市建成区规模从1978年的2.3平方公里,发展到2001年的19.6平方公里。

回顾兴义市20多年的发展历程,我们对邓小平关于“发展才是硬道理”和江泽民关于“发展是执政兴国的第一要务”的思想有了更深刻的理解。发展,关键是发展经济,这是解决所有社会问题的基础。我们必须把发展作为考虑一切问题的出发点,必须把加快发展作为解决所有问题的关键,必须把“三个有利于”作为检验一切工作的根本标准。

要加快发展,必须解放思想,就是要认真学习十六大精神,用“三个代表”重要思想武装全市各级干部和人民群众的思想,积极投身全面建设小康社会的伟大实践中去,与时俱进,开拓创新,发展要有新思路,改革要有新突破,开放要有新局面,工作要有新举措。当前,解放思想的关键是实现“五破五立”,即:一是破除小进则满、小富即安的满足感,树立不进则退、不以较快速度发展则被赶超的危机感和紧迫感;二是破除在困难面前无所作为、不思进取的思想,树立在困难中抢抓机遇、开拓进取的创业精神;三是破除怕这怕那、因循守旧的思想障碍,树立敢为人先、勇于探索的改革精神;四是破除讲享受、讲个人利益的思想,树立讲奉献、讲全局利益的大局意识;五是破除只说不干、说得多干得少的空谈思想,树立求真务实、真抓实干的实干精神。

二、改革开放促发展

抓改革,以建立现代企业制度为目标,“抓大放小”,搞好国有企业改革,创新公有制实现形式,加快非公有制经济发展,进一步调整完善所有制结构。同时加快培育市场体系、健全社会保障体系、完善宏观经济调控体系等方面的改革步伐,基本建立起社会主义市场经济体制,依靠改革解决发展中存在的深层次问题,增强发展活力,向改革要发展。

抓开放,实施“外向带动”战略,抢抓加入WTO的机遇,扩大对外开放,大力招商引资,积极利用外资,借助于外力加快发展。同时积极发展外向型经济,发展出口贸易,推进国际经济技术合作与交流,努力提高经济国际化水平。

三、突出重点抓发展

抓发展,必须一手抓促强,一手抓扶贫。促强就是抓经济强市建设,扶贫就是抓新一轮扶贫开发。我市不是县,而是市,必须重点抓城市工作,发展城市经济,主要抓“三化一业”,即城市化、工业化、产业化和旅游业。

城市化,就是加快推进城市化进程,把兴义市建设成为布局合理、设施先进、特色鲜明、环境优美、文明富裕的现代化内陆开放城市和黔、滇、桂三省区结合部的交通中心、商贸中心、金融中心、科技中心、信息中心、教育中心、文化中心、旅游中心。一方面,大力培育支柱产业,进一步增强辐射力和影响力,更好地发挥城市的龙头带动作用和示范带头作用;另一方面,加强城市的规划、建设和管理,加快发展第三产业,进一步增强集聚力和吸引力,更好地发挥城市的综合服务作用和吸纳创新作用,拉动全市经济快速发展。

工业化,就是加大工业发展力度,走新型工业化道路,加快工业化步伐,把兴义市建设成为中国西部工业城市。重点建设南昆铁路经济走廊。

产业化,就是以市场为导向,以资源为基础,发展支柱产业,创办龙头企业,建设商品基地,辐射带动农户,形成产加销有机结合、贸工农一体化的产业经营体系,推进农业的两个根本转变,实现富民兴市。

旅游业,就是实施名牌战略,发展特色旅游,重点打好国家级风景名胜区--马岭河峡谷这张牌,把兴义市建设成为中国西部的重点旅游城市。

四、真抓实干求发展

思路和目标明确以后,关键在于真抓实干。真抓实干,重在落实。一是在发展上下功夫。要立足发展第一要务,牢固树立“为官一任,造福一方”的思想,紧扣富民兴市宏伟大业,从本市、本乡镇、本部门实际出发,坚持“三个有利于”标准不动摇,把主要精力放在抓大事、议大事、办大事上,抓主要矛盾,着力研究事关全局的大政方针、决定全局的对策措施、推动全局的重要工作、影响全局的重大事件、拉动发展的重点项目,多谋事、少谋人,聚精会神搞建设,一心一意谋发展,脚踏实地作奉献。二是在措施上下功夫。要紧紧围绕年度工作目标和任务,切实加强领导,建立健全组织机构,确保组织领导到位;要全面掌握上级指示精神,结合实际用足用活用好各项政策特别是国家西部大开发、加入世贸组织、实施新阶段扶贫开发、进行国民经济结构战略性调整、农村税费改革、第三轮农村改革等各项政策,确保政策到位;要采取多条腿走路的办法,多渠道筹措资金推动各项建设与发展,尤其是要抢抓时代机遇,争取国家更多、更大、更好的项目投入建设,广泛开展招商引资,有效解决发展资金“瓶颈”问题,确保建设资金到位,加快发展步伐;要大力推进科教兴市,创新科技体制,建立健全科技培训体系和科技推广体系,加速科技成果转化,提高科技成果贡献率,确保技术到位。三是在为民办事上下功夫。要按照“八个坚持、八个反对”的要求,切实转变工作作风,牢固党的全心全意为人民服务的宗旨,把广大人民群众“拥护不拥护、赞成不赞成、高兴不高兴、答应不答应”作为工作的出发点和归宿,坚持“一切为了群众,一切依靠群众,从群众中来,到群众中去”的群众路线,真正做到知晓民心、尊重民意、珍惜民力、维护民利,大兴调查研究之风,及时解决人民群众社会生活中的热点难点问题,努力为广大人民群众办实事、办好事,以实际行动强化同人民群众的血肉联系,更好地实现好、维护好、发展好最广大人民的根本利益。四是在督促检查上下功夫。对每一项工作,要有安排、有部署、有检查、有落实,凡研究决定的事项,要跟踪问效、跟踪问果;要敢于打破平均主义,铲除干多干少一个样、干和不干一个样,全面推行任期目标责任制,落实奖惩措施,实行奖优罚劣、奖勤罚懒,最大限度地调动广大干部的工作积极性、主动性和创造性,推动工作上档次、上台阶、上水平。

五、维护稳定保发展

改革是动力,发展是目标,稳定是前提。我们一定要从实践“三个代表”重要思想的高度,正确处理改革、发展、稳定的关系,把改革的力度、发展的速度和社会可以承受的程度协调统一起来,在社会稳定中推进改革、发展,在改革、发展中实现社会的长治久安。

要正确处理人民内部矛盾。当前,在影响社会稳定的诸多因素中,人民内部矛盾是主要方面。对人民内部矛盾,要坚持“教育、说服、化解、疏导”的原则,动之以情,晓之以理,以理服人,以法服人;坚持“宜疏不宜堵,宜解不宜结,宜劝不宜激”的方法,防止矛盾激化,事态扩大。要认真处理群众来信来访,扎实做好调解工作。加强对影响社会稳定的矛盾的排查调处,努力把问题解决在基层,把不稳定的因素消除在萌芽状态,积极探索解决新时期人民内部矛盾的有效方法。

要强化人民民主专政。对于敌我矛盾,态度要坚决,行动要果断,要及时给予彻底的打击。始终强化社会治安综合治理,坚持“打防并举,标本兼治,重在治本”的方针,保持对各类严重刑事犯导和多发性犯罪采取主动进攻的高压态势,有针对性地开展集中打击、专项斗争和重点整治相结合的行动,扫除“黄赌毒”等社会丑恶现象,重点打击杀人、抢劫等严重暴力犯罪、团伙犯罪和严重经济犯罪。坚持打击“法轮功”等邪教组织和宗教领域的违法活动,认真贯彻党的民族宗教政策和对台政策。

总之,要树立“稳定压倒一切”的思想,采取有效措施,切实维护社会稳定,为改革和发展,为经济建设保驾护航。

再造新优势　跨越奔小康

中共沁源县委书记 王玉圣

进入新世纪，伴着中华民族伟大复兴的步伐，沁源作为一个国家级贫困县，在短短两年时间，县域经济有了快速发展，不仅摘掉了贫困落后的“穷帽子”，两年迈出两大步，提前三年实现了“十五”目标，而且跻身全国县域经济基本竞争力提升速度最快的百县(市)行列。2002年，全县国内生产总值达到4.9亿元，较上年增长14.2%；财政总收入7060万元，增长21.49%；农民人均纯收入1803元，增长13.1%；全县职工平均工资6946元，增长7.8%；规模以上工业销售收入2.52亿元，增长61.3%；社会商品零售总额1.65亿元，增长18.4%；城乡居民储蓄余额3.5亿元，增长23%。全县GDP、农民人均收入、财政总收入连续两年都保持了较高的增长幅度，特别是财政收入，两年实现两次飞跃，由2000年的3000余万元，增长到2002年的7060万元，翻了一番还多，沁源的财政实现了由“吃饭型”转向“建设型”的历史转变，为全面建设小康社会奠定了坚实的基础。

一、立足实际，面向小康，准确定位了长远的发展“战略”

上个世纪的沁源是一个发展极为缓慢，经济极其贫困的县区。2000年，全市人均GDP达到5480元，而沁源仅4317元；全市农民人均纯收入达到2202元，而沁源仅达到1492元，全县城乡职工月工资较全市平均水平低166元；农村虽越过了温饱线，但大量贫困人口还没有走上稳定脱贫的渠道，农业抵御自然灾害的能力还很低；传统工业中耗能型、污染型、畸重型的“笨大粗黑”依然存在，产品初级化、附加值低的问题严重；尤其是部分县营企业一度处于停产半停产状态；地处高山、深谷带来的通讯、电力、交通等方面的基础设施欠帐较多，“村村通”在各个方面还较滞后，瓶颈制约明显；卫生、文化、科技、体育等社会事业受经济发展的制约，仍处于低层次、低水平的徘徊和重复。相对来说，可谓第一产业基础不实，第二产业效益不高，第三产业发展不足，社会事业进步迟缓。

2000年12月，我调到沁源工作，通过一个多月的深入调研，发现沁源有地域大、资源多、人口少、生存空间大等诸多优势，尤以煤、林、牧三大产业优势独特，发展潜力巨大，改革开放20多年了，如果摆不脱贫困发展怪圈，实在无颜沁源父老乡亲。尤其是在加入WTO后，更是面临着新的挑战与新的机遇。我们依照人民心愿，请进专家科学分析了沁源的优势和劣势，准确定位了今后一个时期强县富民的“六色战略”。即弘扬本色，打好底色，提升黑色，发展绿色，创造特色，改变羞色。其中，弘扬本色，就是要发扬老区人民艰苦创业的光荣革命传统，把这一特有的政治优势转化为扭转经济劣势的推动力；打好底色，意在改善基础设施，为绘制最美的图画奠基铺底；提升黑色，就是要把以煤为主的传统产业做大做强，实现从小到大的发展规模，从低到高的质量升级，从粗到精的技术含量，从短到长的加工链延伸；发展绿色，就是要积极开发丰富的绿色生态资源，生产无公害无污染的绿色系列产品，拓展自然生态旅游业；创造特色，重在培育壮大你无我有，唯我独具的产品和产业；改变羞色，就是要彻底改变抱着金碗讨饭吃的被动状况，改变我县资源富有经济贫穷的落后局面。两年来，我们坚定不移地坚持了“六色”兴县战略，实现了财政翻番的目标，以公路、县城、电力、通讯为标志的基础设施建设取得了突破性发展。

二、捣毁黑矿，整顿市场，打造了煤焦营销“大盘”

沁源是全省煤炭资源大县，总储量达到128亿吨，可采量90亿吨，然而由于历史的原因，全县煤炭市场漏洞百出：一是私挖滥采触目惊心。全县9个有煤乡镇，非法开采的黑矿就有229座，产量达40多万吨，资源生态遭到严重破坏；二是税费流失相当严重。黑矿、黑煤、黑车造成了大量的税费流失，现金交易，不开票据，不缴税费，每年直接的税费流失就高达1200多万元；三是营销秩序极为混乱。竞相降价、无序竞争、自相残杀的现象时有发生，每吨120元主焦煤，黑窑主竟以每吨50—60元的低价倾销，严重扰乱了煤炭营销，由此造成了严重的货款拖欠。针对沁源“遍地是黄金、遍地是漏斗、端着金碗讨饭吃”的境况，我们从影响全县经济发展的煤炭产销秩序入手，从沁源16万人民的根本利益出发，审时度势，果断决策，下猛药治顽症，抓管理、堵漏洞,旗帜鲜明地向黑窑主开战,一举端掉黑矿229座,批捕严重违法矿主14人,用炸药包炸不掉的黑矿得到彻底取缔。随之治本规范,在全省首家推行了"双向全同,统一结算,全面经销,保价增效"煤炭运销十六字方针,煤运、财政、国税、地税等职能部门集体办公一条龙作业,公开、公平、公正,打造煤焦营销"大盘",彻底堵住了税费流失"黑洞"。实施仅8个月,取得了预算内增税、预算外增费的突出成效。至此,拉开了我县"改制、发展、堵漏"工作序幕,使占据沁源最大优势的煤炭资源,实现了由无章乱采到有序开发、由恶性循环到良性运行、由数量型向质量型、由粗放型,向效益型的突破性转变,仅此一项,年增加税费突破2000万元,取得了牵一发而动全身的社会效应,开辟了沁源经济发展的新天地。

三、改革产权,创新机制,激活了企业发展"动力源"

建立产权清晰,启动现代企业管理机制是企业生存和发展的必由之路。我们紧密结合沁源实际,因地制宜地实施了"小卖、中股、大集团"的改制发展思路,通过大小挂靠,强强联合,采取广泛吸收社会资本、合资合作、租赁承包、整体出售、公开拍卖等多种形式,首先从企业拍卖起步,乡镇、二轻、商贸企业拍卖相继推进。全县共拍卖"五小"企业193个,盘活资产2000余万元;乡镇企业股份制改革100余个,占到改制面的90%。尤其是沁新公司,首开全县国有企业彻底改制之先河,国有资产由职工出资全部买断,新上90万吨洗煤项目,兼并了扭亏无望的沁源发电厂,初步形成了资源合理配置、产业拓展延伸的集团化企业框架。改制仅两年时间,固定资产总值由起初的500万元猛增到1.8亿元,上交利税首次突破千万元大关达到1300万元。已经完成改制的企业中,动力煤骨干企业黄土坡公司,进一步完善法人治理结构,实行国有股产权置换,二次改制成功,成为了真正股份制企业。主焦煤骨干企业留神峪煤矿,在职工入股买断国有股的基础上,通洲公司参股组建有限责任公司。裕源牧工商公司、康伟公司也相继改制运行。企业改制为企业的高效快速运作注入了生机,展现出新的市场、新的活力,展示了"入世接轨"的发展前景。

四、发展龙头,再造优势,培养了振兴县域经济"排头兵"

在县域经济发展中,我们十分注重龙头企业对经济发展的带动作用,紧紧抓住我省"产业结构战略性调整"和我市"百强调产"的机遇期,逐步拓宽调产的思路,黑色、绿色同时调,尽快使资源优势迅速转变为经济优势。绿色方面,由小向大调,由种养向种养加调;黑色方面,由粗向精调,由分散向集团化调。在调整中发展,创新中提高,全面推动工、农业结构,由低向高,由小到大的优化升级,着重培养一批初具规模,市场前景好,发展潜力大的龙头企业,使其成为振兴县域经济的"排头兵",以带动全县经济的快速发展。通过两年的努力,初步形成工农两大产业体系,全县共确定调产工农业项目147项,又进一步筛选出龙头性项目14项,其中农业上5项:一是青龙山庄18条沟农业综合开发项目,二是裕源公司6520吨红烧牛肉技改项目,三是太岳食用菌场400万袋杏鲍菇加工项目,四是灵空山公司250吨小杂粮加工项目,五是6000万公斤脱毒马铃薯开发项目。工业上主要扶持当年产值就可上亿元、利税超千万元的3个项目:一是沁新公司150万吨煤、120万吨洗煤、2.5万千瓦发电项目,总投资2.2亿元;二是通洲公司150万吨煤、100万吨机焦、10万吨甲醇、4000万度发电项目,总投资6.5亿元;三是康伟公司45万吨主焦煤技改项目。此外,还有一些后续项目,有王陶10万千瓦发电厂、县焦化厂60万吨技改、太岳煤矿150万吨项目,我们所确定的这些项目,符合国家的产业政策和环保政策,并且规模大、潜力大、前景好,必将有力地改变过去"有焦无化"的历史。目前项目推进已显示出很好的效果,沁新、通洲产值已超亿元,利税均超千万。我们举龙头促调产,总的一个要求,就是"优势项目出优势,翻番企业再翻番",力争有更多的企业进入全市、全省乃至全国的强列。

五、整合资源,创建园区,构筑了经济腾飞"平台"

我县工业属于以煤为主的能源工业,作为一种不可再生资源,近期离不了,长期靠不住。在坚持"多予、少取、放活"方针,自觉加强农业基础地位,加快农村经济战略性调整,推进农业产业化的同时,我们继续强化煤焦工业的主导地位,坚持在转型中发展,发展中转型,着眼于资源优势向经济优势转化,着眼于构建区域特色经济体系,着眼于参与国际、国内和区域经济竞争,坚持把提升黑色的文章做的更好一些,把经济运行的质量和效益提的更高一些,以迎接入世后经济形势变化带给沁源资源型经济冲击的影响。根据我县煤铁资源的分布情况和工业基础，整合资源，优化布局，建立了四个工业相对集中、技术相对密集、政策相对倾斜、资金相对增加的工业园区。一是郭道工业园区。依托通洲煤焦有限公司、五矿焦化厂、天沁铁业有限公司，整合郭道镇、聪子峪乡、韩洪三地资源和人才，集聚八一矿、黄土坡公司、马军峪公司、晋阳焦化等40余家企业。二是李元工业园区。以沁新煤焦公司为龙头，依托李元煤矿、发电厂等兼并企业和150万吨洗煤厂、60万吨焦化厂建设，形成资源合理配置、产业链条延伸的"煤、焦、化、电"企业集团，带动和辐射李元镇众多小企业的发展。三是灵空山工业园区。要以灵空山镇所辖区域为范围，以太岳煤矿和康伟公司为依托，对辖区办的煤铁资源进行整合。四是王和工业园区。以王和镇、王阳乡两地为依托，以实行强强联合的煤焦企业集团和贸工农企业集团为龙头，带动两乡星罗棋布的50余家乡镇企业和个体私营企业，规范运作，总体跟进，规模发展。在工业园区内，我们不断壮大龙头企业，形成集团规模，膨涨城镇经济，拉动第三产业。通过一年的努力，四大工业园区已明显成型，总体呈现良性发展，去年一年全县工商企业经济指标均超过年初发展计划要求，上交利税3300万元，比同期增长43.1%。

六、创优环境，栽下梧桐，引来"凤凰筑巢"

环境也是生产力。在我县财政结构由吃饭型转向建设型以后，从我县的长远发展着眼，我们树立经营环境理念，高起点规划，高标准建设，大手笔发展，取得了令人鼓舞的成果。县城建设方面，以创建"山水园林文化城"为目标，总投资3400万元，新建和改造了人民路、齐泉街、桥西街、东门街四条主要街道，硬化小巷16条，新建游园7个，安装健身器材30台(件)，完成了城东滨水公园建设规划编制和200米筑坝工程。公路建设方面，总投资9500余万元，完成了县乡路沁柏线、西景线54.4公里铺油工程全线贯通；拓宽改造汾屯线4公里；完成"村村通"里程454.64公里，通村总数占到全县行政村总数的86.5%，修路里程是建国50年来的2倍。生态建设方面，总投资450多万元，绿化干线公路250公里，进一步巩固了林业大县的地位。与此同时，电力投资7000万元，完成了第二次农网改造，新建和改造变电站3座。通讯投资1300万元，新建接入网点16个，新增光缆140公里，新增电缆97公里，14个乡镇全部开通了程控电话。兴建大小水利工程47处，解决了40000人的饮水困难。这些有选择性的"穿衣戴帽"工程，使基础设施达到全面改善，为跨越发展奠定了良好基础。我们在软环境的建设上"敢"字当头，动真碰硬，向不符合"三个代表"的人和事进行坚决的斗争；在全县范围开展了机关作风整顿，反腐倡廉，刹风整纪；坚持依法行政，强化执法监督；充分发挥工业园区的载体功能，基础设施的窗口作用，积极引进资金、人才、技术，借梯上楼，借力发展，不断开创沁源政务环境、市场环境、法制环境、人文环境和生态环境的新优势，筑巢引凤，低门槛招商，高水平发展。通过"实行优惠政策、创造优良条件、提供优质服务"，努力为落户我县的外资企业创造良好的发展环境，使引进来的企业办得起、留得住、赚大钱，达到你发财，我发展。通过创优环境，两年时间共引进资金7亿多元，引进各类科技人才300多人，其中享受国务院特殊津贴的高级工程师1人，有中级技术职称的技术工人68名，有30多户外来民营企业落户沁源，不仅提升了沁源的民营经济总量，而且为沁源的经济快速发展注入了强劲的新鲜血液，工业经济逐步向科技含量高、经济效益高、环境污染少、资源消耗低、人力资源充分发挥的现代化轨道迈进，沁源经济建设日新月异向着更广阔的空间拓展。

坚持以辩证法为指导 努力实现县域经济跨越式发展

中共寿阳县委　寿阳县人民政府

县域经济的基础条件千差万别,发展模式各不相同作为县域经济的决策者,要在市场经济新形势下实现跨越式发展目标,须臾也离不开唯物辩证法的指导。

一、辩证地看待政府和市场的关系

作为县域经济的决策和管理者,直接担负着组织、决策、指挥、协调、控制等职能,强有力的领导班子和行政指挥系统及其必要的行政手段,是推动县域经济发展的重要保障。但行政手段不能代替市场机制的作用,特别是在我国社会主义市场经济体制已基本确立的情况下,市场机制在社会经济生活中已经并正在发挥着越来越大的作用,如果我们仍固守计划经济条件下一切依赖行政手段的习惯,甚至以行政手段干预本该由市场机制运行的作法,则会给县域经济的发展带来不利影响。当然,市场经济并不是要政府无所作为,搞无为而治,而是要按照市场经济规律,把工作重点转移到政策引导、典型带动、服务扶持、优化环境上来。近几年,全县农业产业结构调整起步上路,成效明显,最根本的还是我们坚持市场化运作,创造性地开展了大量的典型引路、信息引导、培训服务的结果。因此,辩证地看待政府和市场的关系,要充分发挥市场机制的作用,凡是由市场说了算的,政府要放手放权,凡不能交由市场处理的,特别是当前市场经济体制尚不完善,政府要切实承担领导责任。

二、要跳出县域看县域

县域经济是以县域为单位进行资源配置的经济,但并不是说县域经济的资源配置只能局限于县域这个狭小的范围之内。市场是没有边界的,市场机制配置资源的范围也没有边界,这就要求我们必须跳出县域看县域,在以县域为单位进行资源配置的过程中,随时都要面对内外两个资源、两个生产要素、两个市场,这既需要立足县域经济,促进内部资源、生产要素和市场的优化配置,又要眼光向外,充分利用县域外部的各种资源、生产要素和市场,促进县域经济的发展。特别是在县域经济发展经过了一定阶段达到某种“平衡状态”而缺少发展动力的情况下,外部因素的进入能够有效打破县域经济发展因“平衡”而“胶着”的状态,给县域经济的发展注入新的生机。近两年来,我们始终把“开放兴县”作为全县经济发展的重要方略,大手笔促大引进、大引进促大发展,特别是继阳煤集团成功兼并黄丹沟煤矿之后,我们又引进投资16亿元,年产原煤600万吨的新元公司矿井建设项目,这两个项目的实施对县域经济跨越式发展必然发挥重要的拉动作用。同时,段王型焦、奥星矿泉水、太阳能热水器等项目上马形成了一批经济亮点,增强了县域经济发展后劲。今后,我们依然要一以贯之、不遗余力地把“开放兴县”战略作为重要的工作着力点抓实抓好。

三、辨证看待经济结构

大力推动县域经济结构的调整,不断优化产业结构、产品结构、所有制结构、城乡结构,是加速县域经济发展的重要手段,也是经济调整的重要内容。辨证地看待经济结构首先要辩证地看待产业结构。一、二、三产业的发展,其比例关系随着经济发展水平的不断提高而呈现出规律性的变化,即越是经济发展落后的地区,其第一产业占国内生产总值的比重往往越大。实现产业结构的优化,要始终坚持把加快二、三产业发展放在优先地位,努力提升二、三产业的档次、规模和水平,不断优化三次产业之间的结构。发展二、三产业并不是说可以动摇农业的基础地位,相反,它要求在农业稳定发展的基础上,立足农副产品深加工优势资源的开发利用等方面发展二、三产业。其次,要辨证看待所有制结构。在所有制结构上,相对而言,个体私营经济由于自身的特点,可能更适合在县域经济发展的舞台上一展身手。实践表明,大凡经济比较发达的县域,必然是个体私营经济获得长足发展的县域。发展个体私营经济并不是说要放弃发展甚至消灭公有制经济,而是要在保持公有制经济稳定的基础上,启动民间投资,发展民营企业,增加县域经济的总量和规模。在这一点上,我们一方面要继续坚持民营化取向,不断深化国有集体企业改革,真正实现企业“四自”;另一方面,对于现有民营企业,要更新观念,给足政策,全力扶持,促其尽快成长壮大。

发挥资源优势 建设经济强市

中共大石桥市委书记 杨枢

“中国镁都”——大石桥市位于辽东半岛渤海岸畔，是一座新兴的现代化城市。改革开放以来，特别是撤县设市以来，全市人民以经济建设为中心，解放思想，抢抓机遇，奋力拼搏，全市经济和社会各项事业实现了超常规、跨越式发展，成为全国科技实力百强县(市)，并跻身第二届全国县域经济基本竞争力百强县(市)行列。2002年，全市GDP实现93亿元，同比增长15.4%，全口径财政收入实现53663万元，同比增长13.7%，一般预算收入实现33264万元，同比增长15%，农村人均收入实现3740元，同比增长6.8%；全社会固定资产投资完成30亿元，同比增长30.4%。

一、树立“工业立市”观念，狠抓“项目工程”

强大工业的支撑是推动经济高速发展的重要因素。大石桥市有丰富的矿产资源，现已探明菱镁石、硼石、滑石等各类非金属和金属矿藏34种，其中菱镁石储量达25亿吨，为全国之最，是世界四大镁矿之一，硼石、滑石储量居全国第二位。为把资源优势变成经济优势、竞争优势和发展优势，我们确立了“工业立市”的指导思想，进一步强化“工业先导，项目强市”观念，牢固树立“一切围绕项目转，一切围绕项目干，一切围绕项目算”的思想观念，举全市之力推进项目工程建设，以此迅速壮大企业规模，增强工业实力。我们将充分发挥资源和技术等优势，积极推进镁资源的深度开发，提升传统产业的技术水平，利用国家给予的政策，着力建设好国家镁质材料产业化基地，把“中国镁都”的名声叫得更响、牌子做得更大。同时，进一步膨胀精细化工、机械制造、生物制药、新型建材、食品和服装等新兴产业。目前全市涌现出了盼盼、青花、华晨、永壮等一批国内外有影响力的骨干企业。为做大做强工业经济，我们坚持以项目为核心，全力实施项目工程，促进了产业结构的优化升级，工业经济实力进一步壮大。2001和2002年两年，全市共上项目328个，总投资31.9亿元，其中投资超千万元的项目103个。为“筑巢引凤”，我们加快了“三园三区”建设，即南楼工业园、环城工业园、盼盼工业园，金桥和永安全国乡镇企业科技园区、虎庄工贸小区，并努力营造有利于企业发展的良好环境，切实把“三园三区”建设成为政策好、服务优的“小特区”。2003年计划在“三园三区”内新上的项目达138个，总投资达29亿元。

二、以农民增收为核心，突出抓好特色农业

我们把促进农业增效和农民增收作为根本出发点，突出特色产业，大力推进农业生产结构调整，向绿色农业和现代农业方向发展。大石桥市农业资源丰富，是国家高效农业示范区、商品粮生产基地县和优质米生产基地县，我们在强化优质米、蔬菜、水果、水产和畜牧五大主导产业建设的同时，还围绕食用菌、柞蚕、中草药材、山野菜和蔬菜制种培育特色产业，现已初步形成了优质粳米生产基地、反季水果生产基地、反季蔬菜生产基地、淡水养殖基地。2002年，全市共投资2.4亿元，新建、续建农业产业化项目65个，通过大力发展农村工业，走上了一条“公司+协会+农户”的双赢发展之路，提高了农民进入市场的组织化程度和农业的综合效益。在此基础上，我们还着力加强了农业新技术、新品种的研发、引进和应用，在种植、养殖等业方面引进推广100个名、特、优、新品种，从而增加了农业的科技含量，提高了农产品的附加值。2002年农业总产值达到14.4亿元，同比增长7.6%。

三、加快发展第三产业，积极培育新的经济增长点

市场是经济发展的主战场，活商兴市的关键在市场。我们以搞活流通为重点，积极培育第三产业，进一步促进我市经济总量的增加。通过商街、商厦、商城的建设，搞活大流通，营造了区域性商贸物流中心。在抓好各大综合批发市场建设的同时，重点培育中晨装饰、城中城小商品批发等一批具有一定规模的专业批发市场，扩大专业市场的吞吐量和覆盖面。目前，全市有各类批发市场和专业市场75个，钢都、博洛铺两个果菜批发市场被国家农业部确定为全国定点蔬菜批发市场。2002年全市第三产业增加值实现33.3亿元，同比增长17.4%。

四、实施“外向牵动”战略，实行全方位对外开放

无论是全面建设小康社会，加快推进社会主义现代化，还是继续保持经济发展的良好势头，发展

县域经济,都必须坚定不移地抓好对外开放。多年来,我们坚持“引进来”和“走出去”的方针,实行以企招商,以商招商,网上招商,力求在更大的范围、更宽的领域和更高的层次上实施对外开放,积极参与国内外经济技术的合作与竞争,引进了一批科技含量高、市场前景好、发展后劲足的大、高、外项目,推进了我市的产业产品结构的调整,使招商引资工作再上新台阶。同时积极扩大外贸出口,大力开辟国际市场,在巩固传统产业产品出口的同时,积极开拓鞋业、印染、服装、纺织和化工等新兴产品的出口市场。近两年,共实现招商引资62.9亿元,实际利用外资4300万美元,全市“三资”企业达128家,产品出口自营权企业达52家,全市外贸出口交货值累计完成31.7亿元。

五、优化发展环境,促进经济快速发展

环境建设 事关经济发展大局,好环境能产生吸引力和凝聚力。多年来,我们围绕经济发展,以全面改善服务环境、法制环境、信用环境和城市环境为重点,开展了“优质环境建设年”活动,为经济发展创造了更加宽松的良好环境。在硬环境的建设上,我们坚持高标准规划、高标准建设、高标准管理,以建设园林化城市、提升城市档次为目标,抓好城市基础设施改造和美化、绿化、亮化工程,使镁都的城市功能不断完善,城市形象不断提高。在软环境建设上,坚持开展了“优化发展环境年”和“规范服务年”等活动,通过“评优评差”、政务公开等一系列措施,建立服务规范、办事高效、作风廉洁、文明热情的行政管理和社会服务的运行机制,营造了“富商、安商、亲商、敬商”的良好氛围,为经济发展开辟了“绿色通道”。

为实现党的十六大提出的全面建设小康社会的宏伟目标,市委、市政府确定了“重农、强工、活商、兴城、富民强市”的发展思路和“五年再造一个大石桥”,建设经济强市的奋斗目标,力争GDP五年翻一番,即由“九五”期末70亿元增加到“十五”期末140亿元,5年年均增幅为15%。目前,全市人民正凝心聚力,为实现宏伟目标而努力拼搏。

创新发展思路
实现庄河经济社会全面发展

中共庄河市委

庄河市位于辽东半岛东南部，陆地面积4034平方公里，人口89万，行政区划为20个乡镇、4个街道。几年来，庄河人从实际出发，坚持不断创新，确立了“靠工业强市，靠农业富民，靠城市牵动，靠体制创新”的发展思路，实行重点突破、狠抓落实的工作方法，使庄河经济进入持续快速发展时期。

一、坚持观念创新，形成全市上下齐心协力求发展的局面

要振兴庄河经济，必须首先振奋精神，要形成加快发展的合力，必须首先形成旺盛的人气。因此，庄河人始终把促进全市上下进一步解放思想、转变观念作为加快发展的前提，特别是在大连市委作出建设学习型城市的决策之后，庄河在全市连续开展解放思想大讨论和学习先进地区活动，引导干部群众冲破计划经济体制的束缚，把认识统一到发展是硬道理、发展才有道理上来，自觉地进行观念、工作和体制创新。一些过去庄河人所不认同的新观念，已经逐步变成为大家的共识。同时，积极加强各级领导班子的自身建设，保持了各级班子的坚强团结，在全市形成了坚强领导核心和良好的榜样示范作用。在此基础上，下气力解决各种深层次矛盾，深入开展“双我”教育(即我就是投资环境，我就是庄河形象)，积极优化行政环境、政策环境和治安环境。由于全市上下精神振奋，协调一致，有效地形成了加快发展的共同意志和强大合力，发展局势越来越好。到2001年，我们用4年时间完成了原定用5至7年赶超周边地区的奋斗目标。实践使我们体验到，只要坚持观念创新，上下齐协力，团结奋斗，就没有克服不了的困难，没有干不成的事情。

二、坚持体制创新，激活经济发展的内在动力

庄河原有的经济总量比较小，经济发展一度比较滞后，为了迅速扩大经济总量，首先从体制创新入手。1998年以来，我们按照党的十五大精神，积极进行体制创新，遵循市场经济规律，用市场方式运作。一方面，从1998年起，集中抓了企业体制创新，到2002年，全市企业都实行了体制创新。体制创新后的企业已经逐步显示出新的活力，进入良性发展轨道。另一方面，进行投融资体制创新，通过市场化运作解决发展资金问题。比如，在城市建设中，2000年到2002年共开工100项重点工程，总投资22.7亿元，主要靠市场化运作运用社会资金，使城市规模迅速扩大一倍，城市形象和档次快速提升。对城市规划区内土地市场实行政府一级垄断，城市经营收入每年在四五千万元上下。2002年全市公开出让土地12宗，成交价9977万元，用这些收入进行城市道路、广场、公共排水设施建设以及搞路灯、路树等。对城市的重要工程项目和公用设施，也进行市场化运作。现在市区开通4条公交线路，共60公里，有公交车95台，都是采用公开招标方式，吸纳社会资金，不仅解决了城市交通问题，政府每年还可以收取线路使用费58万元。为了减少财政支出，减轻农民负担，于1999年合并了11个乡镇，每年可减少非工资性支出近千万元。我们还在市财政建立了会计结算中心和采购中心，有效地控制了不必要支出。实践使庄河人体会到，没有体制的大创新，就没有经济的大发展。庄河的事业要办好，必须不断进行体制创新，才会使经济发展获得不竭的源泉和动力。

三、坚持工作方法创新，进行重点突破

正确的发展思路就是出路。对符合实际的发展思路，庄河人坚持不动摇，不改变，少提新提法，多研究抓落实的新办法，困难少时大步走，困难多时小步走，积蓄力量再快步走，有效地克服和防止了浮躁情绪，保持了工作的连续性和发展的持续性。为实施好确定的发展思路，庄河人在工作方法上，始终坚持有所为有所不为的原则，坚持摒弃了企望各项工作齐头并进的不现实的理想模式，不搞平面推进，对全市发展的关键问题，只要看准了的，就义无反顾，勇往直前，坚韧不拔，一抓到底，不达目的决不罢休。几年来，紧紧抓住工业发展、农业结构调整、城市和基础设施建设、林业发展等重点工作，举全市之力进行突破，收到良好效果。如，工业发展，在基本完成了工业企业体制创新后，就毫不动摇抓招商引资上新项目，扩大工业总量，仅2002年，全市就新建投资额百万元以上的项目160项，其中超千万元的项目34项，超亿元的项目2项，固定资产总投资20.2亿元。其中大连华丰美国家具工业园区,占地10平方公里,建设投资40亿元,达产后年销售额可达130亿元,一期工程正式启动,已投入资金10亿元。再如,在农业发展中,以龙头企业为突破口,牵动农业经济结构调整,全市已形成农业龙头企业46家,水产品深加工企业70余家,产业化经营收入达到30多亿元。对蔬菜保护地,坚持不懈地连续抓了4年,已经由原来的不足1万亩发展到近8万亩,成为农民增收的最主要产业。同时,多年抓林业发展的突破,每年封山育林在10万亩以上,全市140万亩山林,到去年底已封山育林116万亩,2003年将余下的24万亩全部封上。由于重点工作取得了突破,不仅有效地牵动了整体发展,也在实践中统一了各方面的思想认识,在干事业中取得了社会各界的理解和支持,形成了干一件事团结一批人,再干一件事又团结一批人的局面,使全市求发展的合力越来越强大。

四、坚持激励机制创新,调动各级干部的工作积极性

1997年以前,有部分乡镇不能保证正常工资,市财政每年要对乡镇财政补贴,因而有的乡镇干部不安心,要求进城,影响了乡镇发展。从1998年起,市建立了"保财税、保工资,保投入、保稳定"的"四保"目标责任制,并规定,干部乡进城以及评选先进,必须以"四保"完成情况作为硬杠杠,必须靠硬政绩。在市直机关干部中,也存在出工不出力的问题,1998年起,市建立了"创文明机关,做最佳公务员"等激励机制。这两项激励机制,使每个班子,每个干部的工作都有明确的责任,都有一种压力,促进了干部真抓实干、狠抓落实作风的较好形成。在实施这两项机制中,市委始终坚持正确的用人导向,用能干活的人去干重要的活,允许干部工作中有失误,但不允许不干工作。坚持用发展的、全面的眼光评价干部,既看干部在任职期内作出的成绩,又要看前任留下的基础和起点,既看干部取得的眼前看得见的工作实绩,又要看干部抓基础性、长远性工作的力度,引导干部把心思都用在干活上。经过几年的努力,全市乡镇经济有了重大发展,1999年起,乡镇财政增长速度开始高于市本级增长速度,目前全市所有乡镇都不拖欠教师工资。过去乡镇干部普遍要求乡进城的现象,现在已经没有了。全市干部队伍的结构有了新的优化,现有乡局级领导干部358名,平均年龄45岁,大专以上学历占68%;比1998年减少101名,平均年龄降低4岁,大专以上学历的提高了6个百分点。干部队伍的作风有了新的变化,比较好地形成和巩固了"比学习、比工作、比政绩、比贡献"的健康向上的风气。实践使庄河人感到,有效的激励机制和正确的用人导向是推进工作的关键环节,只有坚持有效的激励机制和正确的用人导向,才能有效的调动和保护干部的工作积极性和创造性,有力地保证全市发展。

庄河人决心,在新的发展时期,要深入贯彻党的十六大精神,牢记"两个务必"的教导,切实防止和克服小进即满的情绪,不断创新思维,创新工作,创新机制,再用5年时间,力争国内生产总值和财政收入再翻一番,实现经济社会全面快速发展。

发展龙型经济　壮大特色产业
增创县域经济发展新优势

遵化市人民政府市长　崔长征

近年来，遵化市立足资源优势和产业基础，把发展龙型经济作为推进县域经济跨越式发展的重要举措，全力构筑龙型经济发展模式，形成了以蔬菜、林果、畜牧、冶金矿山、旅游五条龙型经济为特色的县域经济发展格局。2002年全市国内生产总值可达110.29亿元，同比增长11.5%，财政收入可达5.1亿元，同比增长24.4%。

一、兴龙企，壮龙头，增强企业辐射带动功能

一是农业龙型经济重点培育龙头企业群体。蔬菜龙型经济重点培育了广野、万全等龙头企业，年加工转化蔬菜能力达5万多吨；林果龙型经济重点培育了栗源、蓝猫、马兰峪板栗合作社等龙头企业，年加工转化干、鲜果品能力达3.5万吨；畜牧龙型经济重点培育了商贸肉联厂、华洋公司、长城科贸公司等龙头企业，年加工生猪3万头、肉鸡300万只。其中广野、栗源、万全、马兰峪板栗合作社今年被评为省级龙头企业。目前全市农产品加工企业已达到3167家，其中龙头企业达54家，农产品精深加工转化率达20%，农业产业化经营率达48%。二是冶金矿山龙型经济重点培育壮大建龙、恒威两大钢铁龙头企业。建龙实业公司改制后，两年以来投入资金7亿多元进行两期技术改造，使一个年产钢不足10万吨的小型国有企业迅速达到了年产铁、钢、材近200万吨的生产能力，一跃进入中国钢铁行业50强、民营钢铁企业第6强、河北省民营企业纳税第一大户，全年可完成工业总产值10.4亿元，拉动全市规模以上工业产值增长11.8个百分点，可实现税金2.3亿元，恒威钢铁公司去年投入技改资金1亿多元，已达到年产铁50万吨的生产能力，现正在筹建120万吨PC钢棒特种钢项目。今年冶金矿山业增加值将达18.08亿元，占工业增加值的40%，实现税收2.66亿元，有力带动了全市经济增长和财税增收。三是旅游龙型经济重点唱好以清东陵为龙头满族文化“戏”。围绕世界文化遗产清东陵，不断加大投入上项目，深度挖掘清代满族文化内涵。2002年，全市投入旅游开发资金1.9亿元，实施了清东陵环境基础设施建设、清东陵旅游服务中心、清东陵博物馆、曙光满族文化山庄等旅游项目和设施的开发建设。同时加大宣传促销力度，将全市景区、景点统打清东陵品牌，面向全国乃至世界进行宣传，广泛开拓国内外客源市场。清东陵全年接待游客将达80万人次，创旅游综合收入1.92亿元，分别占游客和旅游收入总额的69.6%和50.5%。2002年全市接待游客可达115万人次，实现旅游综合收入3.8亿元。

二、抓规范，扩规模，推进产业化基地建设

一是合理规划农业产业化基地布局。按照“南部石灰岩山区优质果、北部片麻岩山区板栗带、两川畜牧和蔬菜”的总体布局，以“订单”为主要形式，引导农户向规模化、集约化生产发展。全市蔬菜种植面积达到15万亩，年产量56.6万吨；林果种植面积达到113万亩，其中经济林面积达56万亩，干鲜果品产量达2.2亿公斤；牛存栏12.8万头(30头以上规模的大户51户)，猪出栏69.7万头(千头以上规模的大户22户，百头以上的236户)，羊存栏15.4万只，家禽饲养量1521万只(万只以上规模的大户79户)。全市已建成了14万亩优质菜、1300万棒食用菌、30万亩板栗、26万亩优质鲜果、5万亩优质苗木、35万头瘦肉型猪、600万只优质肉鸡、20万头奶、肉牛等八大农产品特色基地。基地农产品总量占全市总量的25%，联结农户10万多户，占农户总数的58%。二是规范冶金矿山基地生产。围绕发展冶金矿山龙型经济，我市制定了矿山企业管理办法，规范矿山企业采、选、销行为，引导矿山企业与建龙、恒威两家钢铁企业建立稳定的供销关系，促进矿山资源合理开发利用和钢铁企业的发展，使冶金矿山龙型经济呈现出良好的发展势头。目前，我市矿山企业年产铁矿石600多万吨、铁精粉280万吨，基本满足了钢铁龙头企业的生产需求。三是打造旅游精品线路。围绕“一线(百里长城黄金旅游线)、三区(以清东陵为主的古文化区、以汤泉为主的休闲度假区、以鹫峰山为主的自然风景区)、两园(国家森林公园、世界古大洋遗迹地质公园)”的旅游基地基本框架，突出满族文化旅游特色深度开发满族文化内涵，打造旅游精品线路。依托清东陵、汤泉温泉洗浴中心、长城狩猎场、古长城等

景区、景点，重点推出北京—遵化—承德—秦皇岛—北戴河的长线观光旅游和以清东陵、汤泉、上关湖、古长城、鹫峰山为重心的2—3日休闲度假旅游两条精品旅游线，初步构建了遵化大旅游格局。

三、强服务，拓市场，构建销售体系

围绕龙型经济发展，建立和完善配套销售服务体系。一是围绕基地建市场。本着因地制宜、因商制宜的原则，建设各类专业市场，构筑产品交易平台。全市已建成以东坝蔬菜批发市场、党峪水果批发市场、燕山一集综合市场、贸易城钢材批发市场、西环路五金批发市场等7个综合市场为龙头，以农业机械、建筑建材、粮油、蔬菜、果品、服装等10个专业市场为依托，以36个乡镇综合集贸市场为基础的市场体系框架，辐射周边及北京、天津、承德等地区30多个县市，成为京东地区重要的商品集散地。二是依托龙头抓订单。依托市内龙头企业发展订单农业20万亩，依托北京西南郊冷冻厂、天津王朝酒厂、北京正大集团等市外龙头企业签订了年销售5万头瘦肉型猪、8000亩酿酒葡萄、300万只正大鸡的订单，订单销售占全市农产品销售总量的25%以上。三是中介组织拓市场。已发展蔬菜、苗木、林果、食用菌、畜牧等专业中介服务组织65个，经纪人队伍发展到2500多人，将我市产品打入了北京、天津、上海、广州、深圳及东北、西北等地30多个大中城市，帮助农民销售20%以上农产副品。四是优化结构抢市场。建龙、恒威两大钢铁企业在扩大生产规模的基础上，新开发了中宽带钢、PC特钢、冷轧薄板、镀锌彩涂等市场热销产品，抢占钢材市场制高点，扩大市场覆盖面。五是开拓国际市场。栗源、广野两个骨干企业，产品出口日本、韩国、新加坡、美国等十几个国家和地区。六是构建网络赢市场。建立6家旅行社，与北京、天津、秦皇岛、承德等20多个城市旅游服务单位构建了旅游服务协作网，并在南非设立1家旅游办事处，扩大了国内外客源市场。

走新型工业化道路　全面提升宜兴经济竞争力

中共宜兴市委书记　史祖能

江泽民同志在党的十六大报告中，提出了“走新型工业化道路”这一发展新要求，为我市加快工业化进程指明了前进方向。近年来，宜兴工业经济保持了持续快速健康发展的良好态势，已形成了机电、化工、轻工、冶金、建材和纺织等门类齐全、结构合理的工业体系，环保设备、电线电缆、精细化工、陶瓷工业是宜兴四大特色优势产业。全市现有工业企业7000多家，2002年实现工业产值568亿元，工业销售收入484亿元，工业利税34亿元。按有关指标测算，宜兴正处于工业化中期，走新型工业化道路，正是加快实现工业现代化的正确选择。我们将按照这一要求，切实加快工业结构调整，不断增强工业经济的整体素质，努力推动我市经济的跨越式发展。

一、以信息化为重点，加快推进工业化进程

信息化是加快实现工业化和现代化的必然选择，是新型工业化的重要特征。今后一段时间，宜兴将坚持以信息化带动工业化，以工业化促进信息化。从加快企业信息化入手，加强电子信息及网络技术在企业产品研制、生产、营销和管理等环节的应用。通过运用信息技术，改造纺织、建材、陶瓷等传统产业，提升精细化工、环保、电线电缆等支柱产业，使传统产业获得新的发展空间和市场空间，使支柱产业进一步增加竞争实力和贡献份额。重点是引导企业加快开发应用以生产自动化信息技术为核心的先进制造技术，特别是引导重点制造企业广泛应用数控系统、计算机辅助设计、辅助制造、辅助测试、辅助工程和计算机集成制造系统以及电子商务等信息技术，使信息技术与现代管理技术和制造技术相结合，逐步实现企业在产品生命周期各阶段的数字化、网络化、智能化、集成化和绿色化。支持企业的内部联网建设，鼓励企业开展电子商务活动。

二、以技术创新为重点，着力提升企业的竞争力

宜兴企业一贯重视技术创造。全市仅民营科研机构就有300多家，从业人员3000多人。今后，我们将进一步鼓励、引导企业加强技术创新体系建设，鼓励更多的企业继续创办研发中心，通过技术入股、发明入股等形式，鼓励科研人员加快技术更新和产品开发，切实增强企业自主开发、自我创新能力，努力培育一批具有自主知识产权、填补国内空白、替代进口、技术领先的高新技术产品群，进一步提高科技进步对工业经济增长的贡献率。加强技术创新，人才是根本。我们将充分发挥宜兴的人才教育培养优势，大力营造有利于人才创新创业、施展才华的良好环境，广纳各类有用人才，迅速把“教授之乡”的科教和人才优势转化为现实的发展优势。

三、以园区建设为重点，努力提高经济的集约化程度

加快园区建设既有利于降低企业运作成本、提高经济效益，又有利于集聚产业、节约资源、减少环境污染，是改变过去那种“村村点火，处处冒烟”的老路、“走新型工业化道路”的重要举措。今后我们将坚持突出重点、分层培育的思路，重点扶持国家级环保科技工业园的开发建设，突出抓好诸桥工业区、市化学工业园、官林台湾工业城等重点工业园区建设。注重产业特色，高起点搞好园区规划。加快推进基础设施建设，尽快完善园区功能。引进市场机制，推进园区的经营机制创新。按照现代化、规模化、特色化、外向化的要求，坚持环境建设和项目开发并重，使园区尽快成为我市的外资集中区、产业集聚区和经济高增长区。

四、以培育大企业、大集团为重点，尽快提高规模企业的支撑作用

培优育强是提高经济效益、增强经济竞争力的重要手段。我们将大力实施资产重组战略，引导企业充分利用自身优势，通过购并弱小企业、控股同类企业、联合优势企业等途径，实现低成本扩张；大力实施资本经营战略，在充分发挥“中国稀土”、“亚洲锆业”等上市公司及无锡远东集团控股的“三普药业”的再融资功能的同时，加快“鹏鹞阳光”、“乐祺印染”等企业的上市进程；大力实施品牌战略，重点抓好“远东”、“灵谷”等10只创省级以上名牌产品的培育工作，以品牌优势增强企业的竞争力和影响力。到“十五”期末，争取形成年销售超50亿元的企业2家，年销售超20亿元的企业5家，进一步增强规模企业对全市经济的支撑作用。

五、以扩大开放为重点，努力提高工业经济的国际化水平

入世以后，加快工业经济的国际化进程是走新型工业化道路的必然选择。我们将紧紧抓住本世纪初20年难得的战略发展机遇期，充分利用国际资本和产业看好中国尤其是向长江三角洲集聚、苏浙沪区域经济一体化步伐加快的有利时机，抓住新长铁路开通，锡宜、宁杭高速公路即将建成，宜兴大交通局面发生根本改观的重要契机，进一步扩大对外开放。加强招商引资攻势，把招商引资作为经济工作的头等大事，坚持利用外资“一把手”工程不动摇，按照主攻台港、突破日韩、拓展欧美的招商思路，主攻重点客商、重点项目，着力引进一批超千万美元的大项目，着力引进先进的技术、装备和管理经验。进一步优化投资环境，加快筹建海关直通点、二类口岸和国际物流中心，改善进出口物流通关环境。我们将在抓好利用外资的同时，鼓励企业按照国际通行规则，积极开展对外经贸活动，重点扶持一批出口超千万美元的外贸大户，努力新增一批自营进出口企业，争取更多的国际市场份额；鼓励和引导具备条件的企业跨出国门，开展境外投资，承包涉外工程，提高对外经济技术合作的层次。

六、以保护环境为重点，提高工业经济的可持续发展能力

我们将以创建国家生态示范区和环境保护模范城市为动力，坚持建、管、治三管齐下，促进环境和经济协调发展。重点抓好水环境综合整治，加快污水处理厂建设，提高入湖河流水质，进一步巩固和扩大“治太”成果。继续抓紧对工业窑炉的烟尘治理，积极推广使用清洁能源，加大对矿山企业和轧石企业的粉尘治理力度，探索和推广轧石企业的工厂化生产、封闭式运输。进一步强化企业环境行为管理，全面实行企业环境行为信息公开化制度，不断提高全社会的环保意识。同时，我们还将严格禁止新上“十五小”项目，加大对土地、矿山等资源的保护力度，努力走出一条科技含量高、经济效益好、资源消耗低、环境污染少、人力资源优势得到充分发挥的可持续发展道路。

突出四抓　努力推进仁寿发展新跨越

中共仁寿县委书记 王荣木

面对西部大开发带来的历史机遇，立足仁寿实际，我们将坚持“强化农业，突破工业，大力发展第三产业，协调发展社会事业，全面加强党的建设，努力促进仁寿经济社会发展新跨越”作为县委的指导思想，紧紧围绕“抓发展，强队伍，促稳定”工作重点，突出“四抓”，努力推进仁寿发展新跨越。

一、抓创新，实现三个突破

一是在观念上实现突破。县委号召全县各级干部和群众大力破除“穷、怨、僵、推、捞”的思想，树立“干、搏、进、勤、帮”的意识；敢于制定出优于其他地方的政策，敢于视投资者为“上帝”，敢于冲破“有多少钱办多少事”的传统观念，敢于向部门利益和小团体利益开刀；树立“项目支撑经济”观念，县项目办围绕“融入成都，错位发展”收集、论证、储备发展项目。二是在目标上实现突破。强化“高目标、强举措、快发展”意识，县委提出“保二进三”的发展目标，即GDP年均增幅确保两位数增长，达到全市平均水平；GDP、人均GDP、工业增加值、农民人均纯收入等四项主要经济指标在全省19个百万人口大县中排位进三位，财政一般预算收入达1.77亿元，确保在百万人口大县中排名第四名。三是在思路上实现突破。县委立足自身实际提出全县经济发展思路：“西进北上”，县域经济布局重心向西向北转移；开发“前沿”，将毗邻成都的清水、龙正、黑龙滩开发区作为经济发展前沿；壮大“三点”，以发展壮大视高农业产业化示范片，文林镇工业、商贸经济区和汪洋骨干工业企业，培植财源增强县域经济实力；发展“两线”，依托国道“213”线和省道“106”线，建设特色农业经济走廊，“努力把仁寿建成四川丘陵经济强县”。

二、抓调整，巧做三篇文章

一是做好农业结构调整大文章。全县农业结构调整的具体思路是：建好“一园”，即抓好仁寿万亩农业高科技示范园区建设，真正把园区建设成为集农工贸、产供销为一体的农业产业化示范园区；开发“两山”，即变山为宝，在龙泉山脉、荣威山脉兴林建屏障，扶贫建新村，种草养畜调结构；发展“三线”，即沿国道“213”线、省道“106”线和黑龙滩东南干渠发展优质农产品；抓好“四片”，即抓好慈航DLY优质商品猪、禾加石盘清见优质柑桔、龙马休稻养鱼和文宫、曹家观光农业示范片；实现“五优”，即用三年时间构筑起优质枇杷、优质梨子、优质粮食、优质猪羊、优质蔬菜的“五优”现代特色农业框架。二是做好工业结构调整大文章，破除“农业大县办不好工业”思想，狠抓工业科技园区建设，围绕食品、纺织、建材、轻化、能源等五大支柱产业，“深化改革盘活一批，技改扶持壮大一批，招商引资发展一批”，不断实现工业发展新跨越，力争到“十五”末，县域工业经济占全县GDP比重超过40%。三是做好第三产业结构调整大文章。鼓励房地产消费，激活房地产市场；全面推进商贸企业改革，活跃城乡市场；深化教育改革，打响仁寿教育品牌，促进仁寿教育产业发展。

三、抓融入，打好三大硬仗

一是打好交通建设硬仗。融入成都，错位发展，连接成都是基础。着力打通成都到仁寿的黄金通道，在全面完成国道“213”线仁寿段路面改造工程，加快完善配套建设，充分发挥其功能的基础上，配合市上完成省道106线仁寿段路面改建工程；积极筹备省道106线仁寿至资阳界公路建设，尽快形成全县“十字型”交通主骨架，彻底改善交通基础环境；积极争取，多方融资，力争用3—5年时间硬化完与其他县相连的通县油路。实现仁寿交通的根本性转变，让成都的人流、物流、信息流、资金流“流进”仁寿，让我县的名特优新农副产品和工业精品“流入”成都并通过成都流出去。二是打好对外开放硬仗。加强电力、邮电、通讯等基础设施建设；削门槛，拆围墙，畅通道，建“洼地”，大力优化招商引资环境，形成人人亲商爱商护商敬商，吸引更多的企业来仁寿求发展。三是打好黑龙滩旅游开发硬仗。高标准、高品位抓好县内省级风景名胜区黑龙滩的规划与建设，积极兴办新的旅游项目，搞好“四园一海”建设，绿化美化黑龙滩及环湖西线，真正把黑龙滩建设成为名副其实的“成都后花园”；强化宣传，吸引一切有志之士前来开发黑龙滩，吸引更多的成都人到黑龙滩观光旅游、休闲度假，力争3年内把黑龙滩旅游融入四川旅游黄金网络。

四、抓队伍，突出三个落实

一是目标任务落实。层层签订跨越式发展目标责任书，促使各级干部以争分夺秒、刻不容缓的精神干好工作。二是转变作风落实。层层开展作表率活动，继续推行和完善“为民办实事”承诺制和县级各单位重点工作项目考核制，真正把跨越式发展目标任务落实好。三是激励措施落实。坚持在第一线选拔干部，选在推进仁寿跨越式发展事业过程中“勇”现出来的干部；关心爱护干部，千方百计确保基层干部工资按时兑现且逐步实行银行代发制度，努力营造人人思发展、个个干跨越的竞争氛围和发展态势。

合力兴工强市　发展县域经济

中共东阳市委书记、市人大常委会主任 汤勇

县域经济是整个国民经济的重要基础。根据“潜力在工业、优势在工业、希望在工业”的县域经济发展特点,我们东阳不失时机地明确提出并全面实施“兴工强市”发展战略,取得了明显成效。经过几年来的努力,全市经济呈现“大引进、大投入、大提高、大发展”的良好发展态势。2002年,全市实现国内生产总值122.8亿元,财政总收入8.8亿元,其中地方财政收入3.9亿元,农民人均纯收入5350元,5年之内分别增长了69.7%、219%、200%和30.3%。2002年,成为浙江省17个经济强市之一。

一、在开放兴市中壮大发展基础

根据经济理论和发达地区成功实践,实现跨越式发展的重要途径是以大规模的资本投入加快经济的外延式扩张,扩大经济总量。而促进资本投入的最直接、最有效的办法就是眼睛向外,大力引进。从上世纪90年代末开始,东阳采取一系列引进举措:结合东阳人经济创业阶层广、人才群体优、资金实力厚等资源优势,先后组织实施三大“回归工程”、“四引回归”工程,组织“百名博士教授故乡行”,“百名东阳籍实业家故乡行”活动,把“东阳人经济”转化为东阳本土经济;每年举办各种形式的节庆活动,如工业科技博览会、中国农民旅游节、中国(东阳)国际木雕节等,以节促引;特别是2002年,市委、市政府把它确定为“招商引资年”,制定政策、分解任务,全面发动、层层参与,成效显著。2002年,全市引进企业442家,总投资35.2亿元,其中已开工310家,投资额20.7亿元。已签定意向企业966家,总投资31.5亿元。近3年,每年引进人才都在1000名以上。在坚持开放兴市过程中,东阳非常重视发展环境的建设。在全市上下组织开展了“双实双建”思想解放大讨论活动;开展了“转职能、优环境、促发展”学习教育活动;连续几年开展“工业经济服务月”活动;建立了行政服务中心和经济发展环境投诉中心;推行了投资审批全程代办员制度;先后实施了二轮行政审批制度改革,等等,通过这些措施,大大优化了投资环境,促进了东阳县域经济发展。在引进来的同时,更注重“走出去”,引导企业去开拓国际市场。全市现拥有自营进出口企业144家。2002年,全市外贸出口达2.4亿美元。

二、在加快工业园区建设中构造新的发展平台

在市场经济和全球一体化条件下,一个县域内形成了各具特色的产业集群。这些产业集群具有较强的生命力,是县域经济的有生力量。但这些发展到一定阶段的产业集群的提升,迫切需要一个好的平台。工业园区建设并应运而生。从东阳区域特色经济点多量广的特点出发,全市规划建设了横店高科工业园区、经济开发区与江北新区等“三区”,规划建设了服装、小商品、磁性、电子、汽车、高科技、缝配、皮具、木线、西城等10个集规模企业、特色产业、专业市场、信息中心、技术中心、展销中心等六位一体的十大工业特色园区。已初步形成了市、镇乡(街道)、村三级联动发展新格局。近五年,全市工业园区共开发面积1.87万亩,基础设施投入15.2亿元,为工业经济的发展提供了良好的条件。至2002年底,入园企业434家,园区内企业完成销售产值35亿,实现税收1.5亿元,成为东阳经济持续快速发展的新生力量。

三、在优化结构上提升竞争实力

当前,全球经济正处在产业大转移、结构大调整时期。在这一过程中,作为县域经济也必须要主动出击,抓好战略性和适应性调整,以大力度的结构调整来加速经济的内涵式扩张,提高经济运行质量。东阳结构调整的重点戏在于工业。重点培植机械电子、医药化工、针织服装、工艺美术等四大主导行业。按照产权买断到位、土地出让到位、社保运行到位、民营机制到位、股份集中到位“五到位”原则,基本完成国有集体企业改制。动态扶持行业龙头企业、小型巨人企业和朝阳企业。通过每年拿出300万元技改贴息等政策措施,大力推进企业技术创新。近五年共实施重点技改项目150个,完成投资35.8亿元。实施“兴工强市”战略,大力提升工业化,必然要求优化一二三产业结构,近年来,东阳加快调整农业经济结构,大力发展木线席草、香榧、火腿等效益农业;加快发展旅游业和现代服务业,2002年,全市共接待国内外游客180多万人次,旅游业总收入11亿元,获得“中国优秀旅游城市”称号。通过结构性的大调整,东阳经济焕发新的活力。

四、在推进城市化中提高发展承载力

城市化是工业化的助动器。在实践中,我们坚持工业化与城市化两轮齐动,以城市化带动工业化,以工业化反哺城市化,加快东阳经济发展。根据浙江省城镇体系规划,结合我市实际,我们提出东阳城市化发展思路是“强化中心,突出重点,两线拓展,城乡一体”:即强化东阳市区这一中心,重点发展巍山等5个重点镇。以东永线、东嵊线为主轴,着力向各个方面拓展,以交通网络和通信网络为纽带,形成交通便捷、信息畅通、资源共享、共同发展的城乡一体化格局。东阳城区发展,提出了“两镇合一城,两江和一山”的新构想,实现“北进西延南连东扩”发展战略。北跨东阳江,建设江北新区;西延义乌,继续加快开发区建设;南连横店,将横店融入城区,实现吴宁与横店的优势叠加;东扩也已提上议事日程。城市建设坚持“以人为本,以水为源,以山为景,以绿为重,以园为美”的原则,充分利用东阳江两岸资源,形成“城在园中,江在城中,楼在绿中,人在景中”的城市建设格局,把东阳建设成现代化的园林山水生态城市。如今,中等城市已基本建成,建成区面积由1997年的8平方公里扩展到36平方公里,城区人口由1997年的8万增至26.5万,为东阳经济快速发展注入强大的动力。

创新发展思路 提高运行质量
全面推进县域经济持续快速发展

中共蒲县县委书记 仇振刚 蒲县人民政府县长 杨治平

蒲县位于山西省西南部，交通便利，素有晋西锁钥之称。境内资源十分丰富，地下矿藏有煤、铁、铝钒土、油母页岩、石膏、镁等20余种，以煤为最，地质储量达170亿吨，地上土地广阔，森林面积90万亩，牧草丰富，气候适宜，发展小杂粮种植和畜牧业具有得天独厚的条件。目前全县有各类企业220个，非煤企业及农产品加工企业80个，各项事业都取得很大发展。

近几年来，县委、县政府立足县情，抢抓机遇，自加压力，全县经济呈现出快速发展的好势头，连续几年经济发展保持在两位数以上的增长速度。2002年，全县国内生产总值完成7.2亿元，增长16.3%；规模以上工业增加值1.7亿元，增长31.68%；财政总收入8792万元，增长25%。全县产业结构调整顺利推进，特色农业格局进一步呈现，传统产业的提升改造力度不断加大，非煤产业开发初见成效，经济发展的后劲明显增强，整个县域经济发展的速度和质量都得到了明显提高。2002年，被评为全国县域经济基本竞争力提升最快的100个县之一。

2003年，是全面贯彻落实十六大精神的第一年，如何发挥优势，争先发展，迈出全面建设小康社会的新步伐，县委、政府结合实际，提出了全县经济社会工作的指导思想：以邓小平理论和“三个代表”重要思想为指导，认真贯彻十六大精神，以党建为龙头，以发展为主题，以结构调整为主线，发展非煤产业，推进城镇建设，加快科教兴县和依法治县进程，关心群众生活，维护社会稳定，全面建设小康社会。总体工作思路为“五抓五上一突破，双轮驱动建小康”。“五抓五上”即：抓观念，提高全民创新能力，思想认识上层次；抓调产，提高龙头带动效应，优化布局上档次；抓项目，提高企业科技含量，规模效益上台阶；抓城建，提高城乡环境质量，群众生活上品味；抓党建，提高干部综合素质，整体工作上水平。一突破即：财政收入突破亿元大关，比2000年翻一番。双轮驱动即：科教兴县与依法治县同时驱动。按照这一工作思路，2003年我们要重点抓好“三个基地”建设，把我县建成周边地区重要的煤焦供应基地，先进的非煤产业基地和辐射周边县市有影响的旅游商贸基地。力争通过实施三个基地建设，把蒲县建成经济发展的高地、投资兴业的洼地、旅游休闲的胜地。我们已初步拟定了蒲县加快新型工业化发展的意见，对全县新型工业化战略的实施提出了具体的目标任务、优惠政策和落实措施，确定了2003年要重点建设的30个工程项目，这些项目涉及全县工农业调产、基础设施建设、旅游开发、商贸流通等方面，总投资4亿元，将对我县经济和社会的发展起到有力的推动作用。

一、充分发挥龙头带动效应，大力发展特色农业

全面建设小康社会，重点在农村。我们大力扶持发展种养加龙头企业。按照“公司+农户”的模式，积极培育“农”字号龙头企业。相继兴办了益生源杂粮方便面、瑞泽香精品食用油、正茂核桃加工厂、龙泉千头猪场、绿原牛业公司等一批规模种养大户和农副产品加工项目，辐射、带动了全县以牛、羊、猪为主的畜牧业，以荞麦、油料、土豆等为主的小杂粮种植业发展和特色农业的形成。今年，我们采取“龙头带基地，基地连农户”的模式，除突出抓好牛、小尾寒羊、绒山羊、猪、烤烟、土豆、食用油、方便面、核桃等十大龙头以外，还将建成气调冷库、万吨苜蓿生产线、土豆系列开发等项目，推进农业产业化进程。

二、加快煤焦改造升级，形成县域经济发展的骨干稳定力量

我县以煤、焦为主的工业经济的特点，决定了我们处于工业链条的最上一环。今年，围绕把我县建成周边地区重要的煤焦供应基地，将新上符合国家产业政策的60万吨示范矿井4座，30万吨的样板矿井5座，21万吨向30万吨过渡的骨干矿井15座，用大矿保产量、保效益、保安全、保煤矿工业走新型工业化的路子。要新建两座60万吨洗煤厂，使全县洗煤总能力达到500万吨，基本能够入洗全县原煤。要合理规划，有序发展几座45万吨以上机焦企业，力争用两年时间，使全县机焦产量达到200万吨以上。以优质焦产量的提高，拉动精煤生产，控

制原煤出境,提高煤炭产业开发效益。要及早筹划开发刁口煤田,我们已进行了钻孔勘探,查明该煤田面积为36平方公里,属优质主焦煤,地质储量7373万吨,尽快办成4座30万吨以上矿井,形成煤炭经济稳定增长的接续力量。

三、大力开发非煤项目,重构我县工业格局

我们把发展非煤工业作为带动经济结构调整、实现可持续发展的一个主攻方向。兴办了恒基煅烧高岭土、凯隆铝酸盐系发光粉体材料、康佳活化碳酸钙、电厂金属镁冶炼、免烧空心砖等非煤工业项目,特别是高岭土和发光粉体两个项目,开创了山区县兴办高新技术产业的先河,受到省市领导的充分肯定。2003年,围绕把我县建成周边先进的非煤工业基地,要以获得ISO9002国际质量体系认证的S_{11}燕兴变压器为龙头,适当发展机械工业、铸造工业和煤化工业;以发光粉体材料和高岭土锻烧项目的达产达效为重点,再上2—3个具有较高技术含量的非煤工业项目,形成工业结构调整的亮点;以益生源杂粮方便面扩大营销,达产达政为重点,带动农副产品加工业的发展。我们将采取更加切实可行的优惠办法,积极鼓励和引导广大投资者在硫磺、石膏、型砂加工、净水剂、耐火材料等非煤领域,办项目、搞开发,大力扶持新上符合国家产业政策和环保要求、科技含量高、市场前景好、产品附加值高的非煤新型工业项目,构筑蒲县工业新框架。同时,围绕把我县建成周边有影响的旅游商贸基地,我们加快旅游开发步伐,已着手制订全县的旅游开发整体规划,发挥东岳庙"国保"品牌效益,涵盖段云书艺馆、五鹿山、峡村峡谷等景区、景点,深度发掘文化内涵,分步付诸实施,把旅游业真正办成我县的无烟工业。我们注重发挥区位优势,2003年要新上一个大型购物超市,新建集贸市场和建材市场,带动商贸流通,促进第三产业整体提高。

四、积极改善投资环境,实行全方位对外开放

近年来,我们坚持把基础设施建设作为改善投资环境的重要一环,先后实施完成了柏山循环路和通乡公路工程;完成了农网、城网改造和4个变电站新建工程,新建移动通讯基站15个,城乡基础设施有了明显改观。2003年要千方百计建设罗南路改造工程和黑龙关至河底出境公路拓宽工程,完成蒲伊广场和二中建设工程,完成增容改造110千伏变电站工程,新建一座110千伏变电站,为经济发展提供必要的条件。为加大招商引资力度,全面扩大对外开放,县项目工作办公室与武汉理工大学联合,成立了蒲县非煤资源研究所,初步筛选出石膏、铝钒土、硫磺、型砂、金属镁、耐火材料等18种可供开采利用的非煤资源,建立了项目库、信息库,以相对成熟的项目,吸引资金,提供切实的服务。为了进一步营造良好的发展环境,打造信用蒲县,吸引外地客商到蒲县投资开发,县上专门成立环境优化办公室,建立经济环境监测系统,加强对执法部门和职能部门工作情况和督促检查,加强综合协调,努力使我县成为携手发展的平台,开放搞活的窗口,蒲县将按照党中央的政策,在十六大精神指引下,大开山门,为各方有识之士,提供良好的发展环境,为共同发展,实现全面小康而努力。

发展特色产业 繁荣县域经济

中共普宁市委书记、市长 吴紫骊

几年来,我市从实际出发,以加快发展为主题,以市场为导向,以环境、体制、科技创新为动力,大抓特色产业,大抓扩大内需,全市经济持续快速健康发展。2000年至2002年,全市国内生产总值、财政收入、居民储蓄存款余额分别年均递增8.1%、4.2%和12.3%,在第二届全国县域经济基本竞争力评价中,列百强县(市)中第38位。我们的主要做法是:

一、大办工业,加快经济发展

工业是我市的经济支柱,加快工业发展是推动普宁经济发展进入快车道的途径。近年来,我们围绕"工业立市"战略,抓主导产业,抓骨干企业,抓名牌产品,促进了工业经济的蓬勃发展。2000年以来,全市工业总产值年均增长10.4%。

着力培植支柱产业。纺织服装和医药是我市较具优势的两大产业。为做强做大两大支柱产业,我们制订专项扶持政策,支持企业依靠科技进步,提高经营层次;加强专业化生产、产业化协作的指导和协调,形成产业配套优势;举办一年一度的国际衬衣节暨纺织服装交易会、中国中药交易大会,推介企业品牌,提高产品知名度和市场占有率。目前全市拥有纺织服装企业1452家,年产值逾100亿元;尤其是衬衣生产在国内外服装界久负盛名,全市年衬衣生产能力3亿件,成为我国衬衣主要的生产基地。医药产业对全市经济的支撑作用也得到日益增强。

大力发展民营经济。民营经济是我市经济发展的主力军,抓住了民营经济,就抓住了普宁经济发展的关键。我们积极实施名牌战略,引导企业实施股份制改造,大力发展高新技术企业,使民营经济的整体素质和市场竞争力有了较大提高。目前,全市拥有股份制企业4家,其中2家已上市;省级民营科技企业21家,省级以上高新技术企业7家;被评为广东著名商标4件、名牌产品2个,揭阳知名商标22件;一批企业通过国际质量和环保认证。2002年全市个体私营企业实现工业总产值177.4亿元,占全市工业产值66%。

加大招商引资力度。招商引资是加快区域经济发展,促进产业产品结构调整的助推器。我们致力改善投资环境,加强招商引资机制建设,"走出去、请进来"。组团到外地召开招商会,主动承接发达地区产业转移。3年来,全市共创办工业企业196家,投资总额25.6亿元,其中投资或增资额超1000万元的52家,超亿元9家。

努力降低企业投资成本。在日益激烈的国内外市场竞争中,企业要提高市场竞争力,求得生存和发展,关键是降低生产成本。我市从2000年开始,按照"蓄水养鱼"的指导思想,想方设法降低企业的生产成本、交易成本、行政成本和社会成本。先后出台了支持鼓励工业发展暂行规定、扶持企业创品牌的决定、扶持企业股份制改造若干措施等十几个规范性文件,在企业用地、用电、用水等方面给予优惠,直接降低企业生产成本。如实行工业用地统征,以成本价出让给企业;降低工业电价,电价水平在周边县(市)是最低的,并对用电大户实行财政补贴;对科技工业园实行特殊优惠政策,电价每千瓦时比园区以外低0.06元、水价每立方米低0.1元。园区基础设施和服务设施由财政投入,行政事业性收费实行"零收费",并对企业实行无干扰保护。推进行政审批制度改革,取消部分行政审批、审核项目,还权于企业、社会。简化审批程序,减少审批环节,提高了办事效率。2002年7月,我市在粤东地区率先设立县级市行政服务中心,把涉工涉企的20多个市直行政审批部门纳入中心管理,实行"一门式办证、一条龙服务、一个窗口收费",深受企业欢迎。此外还组织企业和基层评议机关作风,加强执法检查,健全监督机制,创造良好的政务环境。与此同时,深入开展社会治安和市场经济秩序"两大整治",创造稳定的社会环境和有序的市场环境。

发展壮大族群经济。创办工业园,发展专业镇、专业村,是实现资源优化配置,形成产业族群,促进行业、产业、产品之间优势互补和集约经营的好路子,同时也是推进城镇化进程的有效举措。经过科学规划和建设,目前我市已有各类工业园(小区)18个,规划占地面积近万亩;进园企业280多家,其中上千亩工业园有4个。特别是2000年11月决策上马的市科技工业园,以其优越的区位优势、政策优势和配套完善的管理服务,短短时间引进制药、纺织服装、彩印等投资项目8个,投资总额达6.12亿元。工业园区的成功创办和发展,对全市工业生产发挥了良好的示范带动作用。与此同时,我市按照区域差异和资源禀赋,鼓励发展各具特色的“一镇一业”、“一村一品”,引导各地立足资源优势,突出发展特色,形成了一批专业镇和专业村。

二、优化结构,提高农业经营效益

我市农业资源丰富,尤其是水果生产有得天独厚的条件,是中国青梅、蕉柑、青榄之乡。围绕资源开发和利用,发展产业化经营,是我市推进现代农业进程的根本取向。近年来,我市一是以培育特色农产品为重点,引导农民适应市场需求变化,扩大有比较优势、有特色的优质高值经济作物的种植,形成了水果、蔬菜、花卉苗木、中草药等一批规模较大的特色农产品基地。二是以培育龙头企业为重点,大力发展产业化经营,提高农业经济效益。制订出台了一系列的政策措施,在资金、技术、信息等方面给予扶持和帮助,鼓励创办科技含量高的果蔬加工企业,对农副产品进行深加工、精加工,实现多层次增值。目前全市有果蔬加工企业250多家,其中省级农业龙头企业2家,年加工水果15万吨。三是以开拓市场为重点,依托水果、蔬菜、粮食、药材、茶叶等专业市场,拓展农产品销售渠道,提高农业的市场化程度。目前全市特产果业年创值近10亿元,其中出口4000多万美元。此外,重视推广良种良法和标准化生产,不断增强农业抵御市场风险的能力。

三、激活市场,增创商贸优势

我市培育市场先行一步,早在20世纪90年代初期,布料、服装、水产等十大专业市场就闻名海内外。但随着全国大开放格局的形成,以及资金流、物流、信息流的加速,近几年来商贸优势有所弱化。为保持和增创商贸优势,我们坚持发展与整顿并举,积极培育市场体系,解决流通梗阻问题。新建、改建了洪阳水果、里湖茶叶、流沙服装等一批市场,健全市场功能,提高集散能力;在市场规费收取上给予优惠,并实行“一个窗口”收费;成立纺织服装协会、医药商会以及各专业市场商会,努力提高为商户服务的水平;加强对市场秩序的整顿和规范;特别是按照市场经济要求,打破货运垄断经营局面,使市场交易成本日趋下降;从2001年开始每年举办一次衬衣节,2002年成功举办了首届药交会,提高了市场的知名度和影响力。2002年,全市集贸成交额150亿元,比1999年增长3.4%。

四、经营城市,推进城市化建设

优化城市环境,特别是创造优美、舒适的人居环境,是吸引外商投资创业的一个重要因素。近年来,我们按照市场经济的要求,树立经营城市的理念,多渠道筹集资金,加快了基础设施和市政建设。3年来全市固定资产投资72亿元,完成省道1941线改建、农村电网改造、程控电话扩容等一批基础设施项目建设,辟建邮电广场、体育馆东广场、怡薰园等一批绿化广场和公园,建成锦绣园等一批高标准住宅小区,以及城东中学等一批学校,使城市设施配套完善,吸引和凝聚力日益增强。同时,抓好占陇等三个中心镇的规划和建设;形成以市区为中心,辐射各卫星镇的组团式城市群。

全面建设“四型”城市 创造一流发展环境

中共兖州市委书记 李卫国

党的十六大确立了全面建设小康社会的目标，规划了21世纪头20年我国现代化建设的一幅宏伟蓝图，为全党和全国人民指明了在新世纪新的发展阶段继续前进的方向。面对新形势，我们兖州市委、市政府以创新的姿态，制定了“三步走”的发展战略，确立了建设“文化型城市、人才型城市、服务型城市、生态型城市”的“四型城市”的发展目标。

一、建设“文化型城市”，为发展注入强大的精神动力

大力弘扬优秀传统文化，积极倡树时代精神，用反映先进生产力发展的先进文化和时代精神，促进先进生产力更快更好地发展。把“文化型城市”建设与建立“学习型社会”结合起来，与富民兴市的战略目标结合起来，与创建城市品牌、扩大兖州知名度结合起来，用先进文化塑造时代精神，用时代精神激励创业发展。充分发挥兖州良好的文化资源优势，有机整合历史文化和现代文化，创造兖州文化品牌，提高城市品位，树立城市形象，增强城市综合竞争力。坚持传统美德与时代精神相交融，以建设“端信兖州”为契机，加强对历史文化的研究、开发和利用。大力弘扬“端信、尚贤、兼容、乐善”的人文传统，在全社会倡导行为端正、诚实守信，尊重知识、尊重人才，兼收并蓄、广招博引，团结亲善、共同富裕的社会风尚，把兖州建设成为对区域发展具有重要影响力的“文化型城市”。

二、建设“人才型城市”，为发展广聚人力资源

党要管党，也要管人才。牢固树立“人才资源是第一资源，人才是一个城市的最大资本，人才是推动城市发展的最大动力”的理念，大力实施人才战略，加快建设“人才型城市”。建立人才培育机制，发展国民教育，培养基础人才；发展技术教育，培养专业人才；强化职业教育，提高劳动者素质；注重继续教育，培育高层次复合型人才。建立人才引进机制，创造良好环境，吸引各类人才来兖州创业，推动人才市场向信息化、网络化、国际化发展，在更大范围内配置人才资源。建立人才激励机制，完善科技风险投资保障体制，为科研人员转化科技成果，提供政策扶持，鼓励各类人才以知识、技术参与分配，鼓励更多的人才争当国家、省、市级的科学研究、技术创新带头人。5年内，全市专业技术人员要超过600人/万人，科技对经济的贡献率要达到60%。

三、建设“服务型城市”，为发展创造一流的软环境

牢固树立“富民先兴商、服务创一流”的服务意识，转变政府职能，健全服务体系，提高全社会服务水平。要以建设“服务型政府”为先导，强化服务意识，提高行政效率，为投资经营者提供全程、优质、高效服务。健全行政审批、统一收费、信用担保、公共服务、监督查处、安全保障机制，创造安全稳定的创业服务环境。全面推行政务公开、服务评议和过错追究制，建立服务管理的长效机制。理顺政企、政社、政事关系，准确把握职能定位，更好地发挥宏观调控、市场监督、社会管理和公共服务职能。大力推进服务信息化，加快数字化、网络化服务体系建设。以建设“端信兖州”为主线，建立健全信用机制，在全社会倡导诚实守信的价值观和行为规范。运用现代经营方式、服务技术和管理手段，改造提高传统服务业；大力发展信息咨询、金融保险、社区服务等新兴服务业，构建适应市场经济要求的现代服务体系，全面提高现代化服务水平。

四、建设“生态型城市”，实现可持续发展

“既要生活小康，又要人民健康；既要金山银山，又要绿水青山；既要快速发展，又要可持续发展”。“农业无公害，工业无污染，城市绿亮清”是我们建设“生态型城市”必须坚持的目标原则。加快退耕造林步伐，继续实施20万亩毛白杨的造林规划。扩大绿地面积，建设绿色通道，发展生态景观，提高绿化质量。高度重视镇驻地和干道两侧村庄的园林化建设，力争达到“四季常青、三季有花”。大力发展生态旅游业，规划建设“名树植物园”，引进世界名优植物，建成高标准的城市园林。大力发展生态农业，实施“沃土工程”，优化土壤生态环境；积极探索农牧业资源的综合利用，变废为宝，形成良性循环生态链。加大城市环境综合整治和管理力度，强化城市污染监控，加强全民生态环境教育，形成全社会齐抓共建“生态型城市”的大格局。

致力构建潮阳品牌

中共潮阳市委书记 罗仰鹏　潮阳市人民政府市长 郑喜宣

潮阳市地处广东省南部,濒临南海,人多地少,是全国著名侨乡。改革开放以来,我市坚持以邓小平理论和“三个代表”重要思想为指导,以经济建设为中心,充分发挥沿海、侨乡、民力三大优势,从实际出发,大胆学习借鉴“温州模式”,实行工业“多轮驱动,多轨运行”策略,把兴办乡镇企业,发展民营经济作为振兴潮阳经济的关键来抓,采取各种扶持鼓励措施,积极稳妥地发展个体、私营经济,民营经济出现了历史性的大跳跃,使潮阳由一个农业县(市)向着工业市(县)跨越,工业正不断向着规模化、集约化发展。全市已组建企业集团37家,其中10家经国家农业部批准为全国乡镇企业集团;年产值超1亿元企业14家;农业龙头企业7家。创造了一大批品牌和名牌,拥有“中国名牌产品”2件,全国驰名商标1件,省著名商标12件。全市累计专利授权量1220件,产品注册商标9409件,名列全国县(市)前茅。我市还大胆实施多元化投资兴建基础设施项目新策略,固定资产投资额累计220亿元,年均递增26%。基础设施建设日臻完善,投资环境不断优化。

2002年以来,我市结合区域经济的特点,提出了推动“潮阳制造”,促进民营经济上水平;打造“潮阳品牌”,有效地提高潮阳产品的知名度和美誉度;创建“品牌潮阳”,千方百计增强区域经济实力的三大战略步骤。下大力气做深“潮阳制造”的实体、做大“潮阳制造”的规模。认真规划品牌发展战略,继续实施指导、帮助、扶持、奖励名优企业和著名品牌的系列性措施,提高具有现代管理观念的品牌管理力度。帮助现有的名牌企业做强做大,扶持一批名优产品成为名牌产品,把企业和品牌的优势转化为行业优势和地方优势,切实增强潮阳区域经济竞争力。2002年完成国内生产总值140.04亿元,工业产值276.2亿元,财政收入6.389亿元。全市现有工商企业6000多家,其中工业企业3600家。纺织服装、精细化工、音像制品三大优势行业2002年创产值161.06亿元,占全市工业产值58.3%。

在构建潮阳品牌工作中,我们紧紧抓住以下几个着力点:

1. 树立强烈的品牌意识。按照市场经济的要求,强化品牌对资源的优化配置作用,重点打造一批名牌企业、名牌产品,充分发挥名牌带动效应,加强对名牌企业和产品特别是品牌的保护,提高我市的竞争力。

2.政府营造良好的社会环境。切实转变管理经济社会的思路,重点扶持本地域在国内外有相对优势的产业,把优势产业做为培育品牌,催生名牌的土壤,大力实施“名牌战略”,不断提高产业的技术水平和产业的集中度。同时,规范和整顿市场经济秩序,保护、扶持企业的品牌。坚持打击不守信用,不讲信誉的经营行为,坚决打击假冒伪劣,创造有利于品牌成长的公开、公正的竞争环境。

3.提高企业的研发力。积极引导企业在打造品牌中,既注意技术研究,又注意战略研究、管理研究、市场研究,提高企业的研究开发能力,创新能力。同时,积极引导企业努力借鉴国外先进的技术成果,大胆进行技术创新,不断提高产品的技术水平、质量档次和服务水平,不断降低成本。

4.加强企业的服务力。我们在观念上改变以往计划经济条件下的企业不问销售、不问服务的落后理念,把服务力的提高当作一种现代企业精神,致力于引导企业在服务水平、服务质量和服务品种上的提高。真正做到顾客至上,把服务送到千家万户。

实现县域创新　加快经济发展

中共重庆市秀山县委书记　向涛

在全面建设小康社会的今天，如何保持县域经济持续快速健康发展？怎么体现发展要有新思路，改革要有新突破，开放要有新局面，各项工作要有新的举措？这是我们随时都在思考的一个重要问题。

一、抓观念更新，实现县域创新

新的观念是动力，没有新的观念就没有新的发展。市委、市政府为秀山发展出台的文件，涉及到体制、制度、政策的创新，如下放5项权力、扩大秀山自治县的经济管理权限、实行10项特殊的优惠政策等。

贯彻落实市委、市政府文件精神，对全县各级、各部门以及广大干部特别是领导干部而言，是一个解放思想、更新观念的过程。不少同志反映，市委、市政府的文件精神还有一些没有完全落实，问题就是出在少数同志的思想观念还被旧的条条款款约束着，放不开手脚。下一步，要以贯彻落实市委、市政府文件精神为突破口，抓好各级领导层观念的转变。就全县而言，我县建设和发展虽然取得了一定成绩，但横向比差距还大，往后看任务更艰巨。我们没有任何理由盲目乐观，固步自封，必须创新工作思路，增添新的工作措施。全县上下要继续开展"西部大开发，重庆大发展，我们怎么办？"为主要内容的大讨论，在全县形成上下思改革、人人谋发展、个个图振兴的良好社会氛围。

二、抓战略选择，实现县域创新

我们把"立足农业稳县、突破工业强县、发展边贸活县"作为经济发展战略，把建设城镇、培育支柱、狠抓基础、发展产业作为战略重点。

秀山农业要在"转移、调整、基础、科技"上做文章。把发展小城镇，发展乡镇企业，组织劳务输出，加快工业化、城市化进程，作为促进农民增收的重要举措；要优化农业产业结构，形成产业化市场；要加快农村基础设施建设，争取项目，加大投入；要依靠科技，增加产量，改进品种，提高质量。农业战略结构调整最明显的就是农业区域化，抓不住区域化，也就抓不住产业化。

秀山工业要立足资源优势，在速度上下功夫。依托自然资源，发展劳动密集型产业，是秀山工业发展的最佳选择。要确立"资源开发、电矿结合"的路子，力争在"十五"期间将秀山建成全国最大的锰工业基地县和渝东南建材大县，力争实现"三个一"目标（即产值10亿元、税金1亿元、利润1亿元）。必须争取区域市场竞争的主动性，在实施战略上立足抢先，在"快"字上做文章，在"速度"上下功夫。一年多来，我们抢占先机，建成了30万吨水泥干法生产线，一跃成为武陵山区最大的水泥生产县。清溪场镇万吨电解金属锰厂的建设仅用了116天，效益非常好，这在锰业发展史上是罕见的。目前，全县锰工业正以高速发展，一个年产4万吨电解金属锰、4万吨铁合金、60万吨锰矿石、26万吨焙烧锰、45万吨锰粉加工的电锰系列开发支柱产业在我县已经形成。实践证明，走资源开发，发展劳动密集型产业的路子，是符合秀山客观实际的正确选择。

三、抓发展思路，实现县域创新

思路决定出路。秀山有着相对丰富的自然资源，边邻集镇贸易相当活跃，但商品贸易的档次低、数额小。我们不能仅仅把边贸经济局限在简单的商品交换上，而是要打造省际区域性的大流通、大商贸为特征的商贸中心。因此，农业要突出抓好畜禽、林果、中药材、烤烟和绿色食品五大产业化基地建设。工业要培育三大支柱，组建以锰产品开发为主的锰工业集团、以水泥为主的建材工业集团、以绿色食品为主的食品加工业集团。在市场建设上，要以县城为中心，市级小城镇和边贸集镇为重点，国道319、326线、省道304线和渝怀铁路沿线为纽带，培育既有整体性优势，又有区域特色和商业分工的市场体系，促进各类市场朝规模化、专业化方向发展和不断上档升级。

四、抓发展方向，实现县域创新

当前和今后一个时期，我县应以盘活存量、扩充增量为发展方向。2001年以来，我们以争取和实施项目为切入点，有效吸引和集聚多渠道的资本注入，实现工业经济项目协议引资、投资达3亿多元，全县固定资产投资达101094万元。同时，将长期亏损、倒闭形成的闲置资产以增量激活存量。如国秀瓷厂以买断使用权的方式，引进老板办起了万吨电解金属锰厂，产值8000万元，税收600多万元，解决就业人员350多人。这条路子是正确的,还要坚定不移走下去。

另外,招商引资进行小城镇开发和生产性建设时,要在科学论证、科学规划、方案可行的基础上实行市场运行,要大刀阔斧,强力推进。在盘活存量的基础上,把经济发展的重点放在外延的扩大和增量的扩充上,每年上几个大项目,形成新建、在建、前期储备项目梯次推进的格局,通过加大投入力度,扩充经济规模,加快发展速度。

五、抓建设方针,实现县域创新

欠发达县既要依靠资本积累,更要依靠劳动积累,才能实现富民强县的目标,这是我县应确立的建设方针。与发达区县相比,我县的经济基础脆弱,资金匮乏,资本积累处于劣势,必须充分发挥劳动力充裕、价格低廉和自然资源丰富的优势,大力发扬自力更生、艰苦奋斗的精神。搞农业产业化项目,要建立政府引导、自愿联合、利益共享、风险共担的机制。在基地建设上,要坚持龙头带动、市场拉动、科技推动、政策驱动的原则,政府服务,干部带头,典型示范,成片推开。我县在"三个代表"学习教育活动中,组织群众投工投劳,解决了不少农村实际问题,为群众办了多年想办而没有办成的事,用较少的钱办了较多的实事,群众相当满意。县上要依靠争取资本,引进资本办大事;乡镇要依靠劳动积累办老百姓关心的平常事。要用活这一成功经验,逐步走上一条依靠劳动积累增加资本积累,最终推进经济发展的路子。

六、抓所有制结构调整,实现县域创新

由于受自然环境、历史文化、人员素质等因素的制约,秀山在相当一段时期将难以造就国有经济的企业家,但有加快个体私营经济和多种所有制经济发展的优势和条件。我们要力争用3至5年时间,把中和、平凯、清溪场镇三个大镇建成规模较大的个体私营经济示范区,把洪安、兰桥、隘口、妙泉等10个边区乡镇建成初具规模的个体私营经济试验小区。对现有国有企业要采取卖一批、租一批、破一批等办法和通过股份、租赁、买断等方式,使长期倒闭的企业焕发出新的生机。

七、抓环境综合整治,实现县域创新

环境是一种特殊的资源,环境建设是集聚生产要素的重要基础。我县在下决心创造良好的基础设施硬环境的同时,要加大政务环境、生态环境、人文环境、信用环境的建设力度。既要加大宣传,提高我县的知名度,又要加强政务作风建设,搞好县内和边邻社会治安工作,提高我县的美誉度。一类乡镇每年要规划一个小康示范村,二、三类乡镇每年要规划一个文明示范村。2003年11月要举行自治县成立20周年庆祝大会,要借此机会搞好秀山的"一会一节"(招商边贸洽谈会暨首届秀山花灯艺术节)。要围绕"一会一节"提升人气,把各级领导干部的注意力集中到抓生产力的发展、抓先进文化的建设、抓体现老百姓根本利益的实事上来。要把环境整治作为发展的第一要务。搞好"三个结合":内外结合,采取更大的优惠政策大量吸引外商到秀山投资;上下结合,充分利用市委、市政府支持秀山边贸经济发展的文件,争取市上的大力支持;软硬结合,在建设好硬环境的同时,大力加强软环境建设。

高点定位　强势推进
实现县域经济发展新跨越

中共临邑县委书记 杨军

实现党的十六大提出的全面建设小康社会的宏伟目标，关键在于发展经济。临邑县把贯彻落实十六大精神与自身实际结合起来，提出了高点定位，强势推动，与时俱进，兴县为民，争创全市第一经济强县，为全面建设小康社会打好基础的全县经济工作总的指导思想。围绕这一指导思想，制定了2003年及今后5年全县经济和社会发展的总体思路和目标任务。

2003年及今后5年的主要经济指标是：2003年国内生产总值比上年增长17.8%，达到53亿元，到2007年达到90亿元，年均增长14.9%；财政总收入2003年达到3.15亿元，增长31.25%，到2007年达到6.5亿元，年均递增22%；地方财政收入2003年达到2.15亿元，增长39.66%，到2007年达到4亿元，年均递增21%；农民人均纯收入2003年达到3230元，增长11.5%，到2007年达到4509元，年均递增9.3%。

一、大上工业，努力建设工业强县

我们始终把发展工业放在首位，突出抓了以下四点。一是加大投入。近年来，我们每年的工业投入都在10亿元以上，每年都上一批投资超千万元的大项目。不断加大对企业的技术改造力度，几年来，全县共实施工业技改项目437个，总投资26.7亿元，累计完成投资23.6亿元。二是壮大工业经济总量。坚持国有、集体、民营一起上，大中小项目一起上，高精尖、短平快一起上，城镇、乡村一起上，内资、外资一起上，迅速扩大工业总量，形成铺天盖地发展工业的势头。三是膨胀壮大骨干企业。一方面培植原有骨干企业。我们对恒源石化、昌源纸业、克代尔啤酒等骨干企业，年年增投入、扩规模。恒源石化由20万吨扩大到50万吨，2002年利税1.061亿元，利税首次突破亿元大关，成为全市惟一一家利税过亿元的县属企业。另一方面，新上一批骨干项目。2003年我县确立了实施“百万工程”的工业发展规划，在抓好“百万工程”的同时，确定投资10亿元，开工建设十大重点项目。四是切实抓好招商引资工作。截止到2002年底，开发区内共引进项目95个，总投资24.5亿元，其中引进资金15.6亿元。2003年以来，我县进一步加大招商引资力度，将任务层层分解到县乡领导干部身上。强化了专业队伍建设，面向社会公开选拔10名专职招商人员。在广州、宁波、南京、温州、唐山设立了招商办事处。通过这些措施，招商引资取得了明显成效，出现了良好的势头。

二、做强农业，加快农业产业化进程

调结构。我县是农业大县，农业增效是农民增收的基础。为此，几年来，我们以结构调整总揽农村工作全局，推动农村经济持续快速发展，不断增加农民收入。一是大力调整优化种植结构，扩大优质高效经济作物种植面积、压减粮田面积。到2002年，全县粮经比例已调整到5.1:4.9。蔬菜业已成为农民增收的重要产业，蔬菜面积发展到2.6万亩，蔬菜大棚6万个，临南镇成为全市蔬菜第一镇。二是大力发展水产养殖。培植了临盘、兴隆、临邑、临南等几个重点淡水养殖基地，临盘镇的万亩鱼鸭混养已达到存养南鸭260多万只的规模，成为远近闻名的养殖基地。三是大力发展畜牧养殖。坚持品种改良、规模饲养、科学育肥一齐抓，走一户带多户，多户带全村，一村连多村，多村成基地的路子，山羊、肉鸡、肉兔、黄牛养殖都形成了区域规模。通过几年的结构调整取得了明显效果，由原来的单纯靠粮食生产转到农林牧副渔全面发展，农民增收的20%得益于农业结构的调整。

树龙头。我们重点发展了一批带动力强、辐射力广的龙头企业，通过龙头加工企业，实现农产品增值，增加农民收入。在龙头企业的建设与培育上，我们主要抓了四个方面：一是不拘规模大小上龙头。规模和带动面大、技术含量高的项目上，投资少、见效快的中小项目也要上，从而形成了县、乡、村、户“四轮”驱动办龙头的新格局。二是打破所有制界限办龙头，打破区域、行业、所有制界限，实行跨区域、跨行业的协作和联合。三是鼓励多成分办龙头，实行国家、集体、个体、私营、合资一齐上的原则。四是调整生产经营结构办龙头。对供销、粮食、商业、物资等行业的一些效益不高、前景不好的企业，对原有的厂房通过租赁、参股、联合和转营等方式,调整生产结构,直接参与龙头企业建设,走低成本扩张的路子。

促销售。按照“形成一个基地,建设一处市场”的要求,在抓基地规模膨胀的同时,注重抓市场建设。2002年以来,借鉴临南蔬菜批发市场的经验,又新建设了林子、德平、兴隆三大蔬菜批发市场。为使千变万化的大市场与千家万户的生产者有效互动,按照“民有、民营、民得利”的原则,着重建立了各类专业协会和合作社,开展产前、产中、产后“一条龙”服务。目前,全县各类农村合作经济组织发展到450家,其中工商注册153家,已成为农户与市场连接的纽带和桥梁。

三、兴商活贸,繁荣发展第三产业

我们将把以市场建设为重点的商贸流通放到与大上工业和招商引资同等重要的地位,作为一项富民强县的长期性、战略性举措来抓。

以规模化、专业化、群体化为方向,全力抓好市场建设。我们提出了以建设商贸型城市为目标,以培植大型专业批发市场为重点,进一步加大市场培育力度。到2003年末,全县市场成交额超亿元的发展到6处,超5亿元的3处。在下一步的市场建设上,我们将按照“繁荣与规范并重、建设与管理并举”的总体思路,进一步完善、落实市场建设方面的优惠政策,重点扶持一批大中型专业批发市场,千方百计帮助在建项目加快建设进度,争取早日建成投入使用。同时,积极谋划新的市场项目,积极对外招商,吸引更多的资金投入市场建设。通过几年的建设和培养,所有市场项目建成投入运营后,将形成一个大型的市场群体。

以体制活、触角广、服务优为目标,扶持壮大现有商贸企业。首先,发挥政府职能,加大市场整顿力度,切实抓好食盐、粮棉、生猪等重要商品的经营管理,在维护正常流通秩序的同时增加经营收入,壮大自身实力。其次,加快引进、推广连锁经营、物流配送等现代营销方式,扩大经营服务,细化便民措施,完善服务体系,努力提高服务质量。第三,深化企业体制改革,建立完善法人治理机构,激发企业活力。第四,充分发挥临盘、临邑、德平、临南等城镇集贸市场的载体作用,深入开展以生产、生活资料为主的下乡入户活动,将触角向农村广泛延伸,以点带面,整体推进,形成全方位、多层次的销售网络,开拓农村市场,激活乡村物资流通。

以挖底蕴、抓景点、建区带为思路,加快发展旅游业。丰厚的历史底蕴和悠久的传统文化是我县发展旅游业的基础。为此,我们按照统一规划,适度超前的原则,把旅游业纳入经济发展的总体规划,不断加强红坛寺森林公园、邢侗纪念馆等载体建设,进一步挖掘新的旅游资源,发展生态农业、旅游观光农业。

以强基地、改体制、抓渠道为措施,进一步扩大出口贸易。我县工农业基础比较雄厚,“入世”将为县域企业扩大对外贸易提供良好的机遇。一方面,我们加快建立较大规模的专业化加工基地。我们将重点加强、积极扶持旭光铸造、鲁北炭素、豪斯玻璃等企业,创立自己的品牌,形成强龙头、小规范、大群体的生产格局。另一方面,积极拓宽外贸渠道。县外贸公司作为我县对外出口的龙头,我们将进一步加大帮扶力度,真正使其发挥龙头作用,并积极帮助、扶持县内有实力、有国际业务的公司或企业争取自营出口权。另外,还利用我县劳动力资源丰富的优势,积极发展劳务输出和对外工程承包,实现我县对外出口多元化。

四、四措并举,推进城市化进程

坚持规划、建设、管理、经营四措并举,努力建设现代化城市。一是坚持高起点规划。按照同济大学为我们编制的新的县城总体规划,进行控制性详细规划的编制。二是坚持高标准建设。做到功能齐全、环境优美、人民生活便利。在城市建设上,坚持三条原则,即扩大就业的原则、改善居住环境的原则、方便群众生活的原则;树立三个观念,即“以人为本”的观念、“环境也是生产力”的观念、经营城市的观念。把建设生态城市、卫生城市作为发展方向。三是坚持高效能管理。明确各城市管理职能部门的责任,建立健全城市管理责任追究制度,努力使各城市管理部门的工作做到经常化、制度化,防止时紧时松。认真学习外地城市管理的先进经验,研究制定更加有效的管理方法和措施,把管理提高到一个新水平。四是积极探索经营城市的新机制、新路子和新办法。在财政资金仍比较困难的情况下,走“经营城市”的路子是惟一选择。2003年力争在三个方面实现大的突破:努力实现城市建设招商引资的大突破,努力实现土地资产经营的大突破,努力实现吸引民资参与城市建设的大突破。通过以上四项措施努力把县城建成富有活力、适宜人类居住、具有鲜明特色的现代化城市。

紧抓发展要务 做大做强县域经济

中共舞钢市委书记 盛国民

十六大报告指出“必须把发展作为执政兴国的第一要务，不断开创现代化建设新局面。”同时，明确了我们党在新世纪头20年带领全国人民全面建设小康社会的奋斗目标。我国是一个农业大国，农民是最大的群体，落实全面建设小康社会任务的关键在农村。作为县级基层党委是全面建设小康社会的组织规划者和领导执行者，必须深刻领会、认真贯彻落实十六大精神，以高度的责任感、使命感、紧迫感，紧紧抓住发展这一要务，与时俱进、开拓创新；努力做强做大县域经济。

十六大召开以来，我们认真组织全市党员干部学习宣传十六大精神，把学习贯彻十六大精神作为当前的头等政治任务，按照十六大报告提出的“新世纪、新阶段发展要有新思路，改革要有新突破，开放要有新局面，各项工作要有新举措”的要求，进一步理清完善了工作思路和发展重点，即坚持“工业兴市、畜牧强市、旅游名市、依法治市”的工作思路，抓住新世纪前20年的发展机遇，重点突破，整体推进，把发展地方工业作为兴市之本，把推进农业产业化进程作为强市之基，把搞活第三产业作为富市之路，重工强农兴三产，不断开创县域经济发展的新局面，努力把舞钢市建设成为工业发达、农业强盛、旅游兴旺、环境优美的现代化生态精品旅游城市，提前实现全面建设小康社会的奋斗目标。为此我们将突出抓好以下八项重点工作：即以农业产业化经营为立足点，推进农业工业化进程；以特色旅游开发为主攻方向，强力实施旅游名市战略；以招商引资为主要手段，推动县域工业快速发展；以强化服务为主。进一步做大做强民营企业；以优化产品结构为着眼点，进一步搞好经济结构调.整；以减负治乱、打击地痞地霸为切入点，进一步优化经济环境；以建设精品生态城市为主线，加强城乡基础设施建设。

一、工业方面

继续按照“全党抓经济，重点抓工业”的工作思路，坚持速度、效益、结构协调发展的原则走新型工业化道路，巩固和壮大驻市企业、改制企业和新兴企业三大工业企业群体，形成三足鼎立之势，构建稳固的财源支柱。在全力做好对驻市大企业支持服务的同时，按照“改革、巩固、发展、提高”的原则，继续深化企业产权制度改革，切实抓好改制企业的规范完善工作，巩固改革成果，促使企业达产增效。强力抓好新上、技改、扩建项目建设，强化企业内部管理，帮助引导企业研制开发适销对路、市场前景好、竞争能力强的拳头产品和名牌产品，增强企业活力和市场竞争力，引进和发展科技含量高、含税率高和劳动密集型项目，进一步壮大冶金、食品、纺织、造纸、农副产品深加工等工业体系，为舞钢经济发展备足后劲。

二、农业方面

坚持“调整农业经济结构，发展高效农业，推进产业化进程”的工作思路和创建“畜牧强市”的发展目标，把农业发展的重点放在畜牧业、林果业和灌区农业上，以农养工，以工促农，进一步拉长农业链条，推进农业工业化进程。坚持以创新的思路抓好农业结构调整，把科技贯穿农业生产和农业产业化全过程，不断提高农业生产的科技含量。切实用足用活国家退耕还林政策，大力发展林果业，把林果业培育成为农民增收的主导产业之一。全面推行“公司+农户+基地”体系建设，发挥华懋双汇肉联厂、三农饲料厂等龙头企业的带动作用，形成市场牵龙头、龙头带基地、基地连农户的农业产业化经营格局。加快重点项目建设，突出抓好以田岗水库灌区建设为主的农田水利基本建设，用3到5年的时间把田岗灌区建成以高效农业生产为主的鱼米之乡。进一步落实好党在农村的各项政策，抓好农村政策法纪教育，认真做好税费改革工作，切实把农民生产的积极性引导好、保护好、发挥好。

三、第三产业

以旅游开发和小城镇建设为龙头，大力发展现代服务业，不断提高第三产业在国民经济中的比重。重点围绕两库（石漫滩水库、田岗水库）三路（平桐线、七蚁线、高兰线）四山（二郎山、天池山、九头崖、九龙山）的开发，突出生态休闲特色，以精品景区、景点建设为主题，多层次、全方位开发旅游业，力争建成一批高标准、高档次的旅游娱乐项目和服务接待设施。积极争取国家级以上的水上竞赛项目，并集中精力承办好在石漫滩举办的各类体育赛事。采取各种措施,加大宣传力度,努力提高舞钢的知名度,吸引更多的客商来舞钢观光旅游、投资兴业。科学规划,合理布局,与发展乡镇企业和农村服务业相结合,加快小城镇建设步伐;促使农村富裕劳动力合理有序流动,努力推进农村小城镇城市化进程,使之成为辐射带动农村快速发展的经济、文化中心。

把招商引资作为经济增长的重要途径之一,全面坚持"二分之一"工作法,深入开展"百家千人出舞钢,招商引资上项目"活动,制定更加优惠的政策,不断加大经济环境治理力度,真正把招商引资落到实处,努力培育新的经济增长点,为舞钢经济进一步发展打下坚实基础。

同时,切实加强党的建设、精神文明建设和民主法制建设,为县域经济发展提供坚实的政治保证、组织保证和思想保证。

我们坚信,以学习贯彻十六大精神为动力,坚持把学习贯彻十六大精神落实到实际工作中去,认真实践"三个代表"重要思想,聚精会神搞建设,一心一意谋发展,不断开创改革开放和现代化建设新局面,我市全面建设小康社会的奋斗目标就一定能够早日实现。

狠抓产业建设　推进三化进程

保靖县人民政府代理县长　龙靖波

2003 年是我县启动全面建设小康社会伟大工程的第一年，新一届县委、县政府审时度势，求实创新，将狠抓产业建设、推进三化进程作为全面建设小康社会的基础性工作来抓，力求实现县域经济从存量性、适应性、替补性调整向增量性、发展性、战略性调整转变。

一、坚持走新型工业化道路，加快工业总量扩张和质量效益提升步伐，大力推进工业化进程

要大力调整工业经济结构，在扩大工业经济总量的同时，注重解决好工业可持续发展问题，逐步提高工业经济质量和效益。一是抓好工业园区建设。坚持“科技进园、工业进区”的思路，重点规划和建设“喜阳城”生态工业园，毛沟、复兴、龙溪三大工业小区和碗米坡移民工业开发区等 5 大工业园区，制定优惠政策，统一规划园区交通等基础设施，开展环境污染集中综合治理，实现政策、资金、人才聚焦，吸引工业向园区聚集，整合优势产业，组建集团企业，增强市场竞争能力。“喜阳城”生态工业园要上一批科技含量高、生态效益好、市场份额大的项目；毛沟、复兴、龙溪 3 个工业小区要突出抓好内部潜力的挖掘，通过体制创新和科技创新，提升工业质量，扩张经济总量；碗米坡水电厂库区的昂洞、拔茅等 5 个乡镇，突出开发运输、建材、服务业等产业，利用碗米坡水电厂的电力优势，发展中低能耗工业经济，推进移民工业小区的形成、发展和壮大。二是抓好企业技改工作。充分运用高新技术和先进适用技术，对金石矿冶股份有限公司年产 8000 吨电解锰、锰业有限公司铜镉渣回收利用开发年产 3000 吨锌锭、富宇锰业有限公司年产 3000 吨电解锰、土家人实业公司酒类及饮料开发等具有比较优势的食品、冶金、陶瓷等传统产业进行重点改造，逐步确立县域工业经济的支柱产业、主导产品和优势骨干企业，增强市场竞争能力。食品加工业要依托喜阳食品工业集团，重点开发“喜阳”再制蛋、天然果汁、肉食等绿色食品和酱油等传统食品，带动农产品加工业的发展，推进农业结构调整，增强产业间的联动效应，拉动区域经济整体增长；陶瓷加工业要依托湘酒鬼陶瓷分公司、土家人实业公司等；加强厂校联姻，促进科技成果转化利用，大力开发有市场前景、附加值高的日用陶瓷、工艺陶瓷、镁质瓷产品，提高主业竞争力和企业的核心竞争力；矿产品加工业要依托金石矿冶股份有限公司、锌业开发公司、锰业有限公司等，大力开发科技含量高、附加值大的高纯度电解锰、纳米级氧化锌等中下游产品，引导集约经营，提高产业集中度，抑制低水平重复建设，加强环境保护，促进经济与生态的协调发展。三是抓好国有企业改革改制工作。继续采取行业主管部门分级负责的措施，因势利导，稳步推进，重点抓好机械厂、大米厂、比耳粮贸公司等国有、集体企业的改制和喜阳集团等国企改制扫尾工作，努力盘活存量，创造增量，加快实现产权明晰和企业职工的身份转换，全面实现市场运作。四是抓好扭亏增盈工作。强化扭亏增盈工作责任制，严格考核，奖罚到位，加强工业运行监督和服务，帮助协调解决企业特别是骨干企业生产经营中遇到的困难和问题，维护企业的正常生产秩序，做到多增产、多增效、少亏损。

二、坚持走高效农业化道路，加快农村经济发展和农民收入增长步伐，大力推进农业产业化进程

要继续推进农业和农村经济结构的战略性调整，大力发展高效农业，促进农业农村经济稳定发展。一是着力发展规模农业。以专业村建设为载体，实施“十、百、千”工程，大力发展猪、牛、羊、椪柑、烟叶、蔬菜、猕猴桃、茶叶、药材、生态林业 10 个类型的专业村，办好 100 个专业村示范，培育 1000 户专业和营销大户。加大对专业村建设的投入和领导，制定阶段性目标措施，建立健全土地流转机制，鼓励大户承包或租赁大片土地，鼓励机关干部和科技人员参与农业产业化建设，强化专业化、规模化生产经营，着力建立稳定脱贫、稳定增收、逐步致富的支柱产业，为全面建设小康社会蓄积后劲。二是着力发展订单农业。以市场为导向，围绕提高农产品的商品化和市场化程度，大力开拓农产品市场，积极发展农民协会等市场中介，建立椪柑、牲畜、蔬菜等专业性批发市场，为农业产业结构调整提供有效载体。积极与喜阳集团、老爹公司等企业联姻，狠抓农业产业化龙头企业的基地建设，大力发展湘西改良黄牛、瘦肉型良种猪、蛋鸭、山羊等养殖业和蔬菜、椪柑、猕猴桃、烟叶等种植业，规避市场风险，实现企业与农户“双赢”。三是着力发展科技农业。以科技为先导，大力实施优质种苗工程，发展名特优生态经济林，推行种草养畜，完成象草、黑麦草等优质草料2.2万亩的种植任务，逐步提高林业、畜牧业在农业中的比重。实施好1000亩集雨节水农业示范工程，抓好5万亩优质稻、5000亩反季西瓜、4000亩反季蔬菜的种植和“换金”茶、“湘西椪柑”、橙柚的培管，完成烤烟生产任务，大创名优品牌，推进市场容量大、产出高、经济效益好的大宗优质农产品、地方特色产品向优势地区集中，构建优势农产品产业带，提高市场竞争力。

三、坚持走特色城镇化道路，加快城镇扩容提质和第三产业发展步伐，大力推进城镇化进程

一是强化城镇经营管理。要按照“精心规划，突出特色，完善功能，提高品位”的思路，切实加强城镇规划编制和经营管理。要提高规划水平，严格规划管理，尽快搞好现有的9个小城镇及拔茅、隆头移民新镇的建设规划修编，各项目建设必须严格按规划实施。要树立城镇经营管理的新理念，坚持政府高度垄断土地一级市场，实行土地有偿使用，引导多元主体投资，鼓励举债建设，完善城镇水、电、路、通信、环保等公用设施，构建城镇扩容骨架。大力发展农副产品加工业，引导乡镇企业、农业产业化经营和集贸市场向城镇聚集，实现产业兴镇。推进户籍制度改革，取消一切不利于吸引农村人口向城镇转移的限制性、歧视性政策，促进农村人口进城经商兴业。抓好社区管理，建立健全城镇管理新机制，强化城镇综合执法和管理，搞好城镇中心区和机关庭院绿化、美化，不断提高城镇文明程度。迁陵城区要继续围绕“四纵四横四环圈，一特四区喜阳城；一河三溪十个堡，万亩青山绕迁陵”的构想，着力开发城区段酉水流域旅游资源，鼓励县直单位和城镇居民上迁魏竹新区，盘活城市存量资产，重点加强城镇经营和管理，力争建成环境优美、独具特色的生态园林式文明卫生县城。其他小城镇建设要立足实际，突出个性，弘扬特色，发展特色产业，建设特色民居，不断提高城镇文明程度和品位。二是着力开发旅游资源。坚持旅游开发后发制人思路，进一步探明全县旅游资源和优势，加强开发论证和前期炒作，组织有关专家对清水坪至四方城的酉水流域、夯沙大峰冲等自然和人文景观进行科学的规划，突出规划的超前性和整体性，尽可能规避风险，杜绝方向性错误，减少重复建设。结合民族地域特色，把旅游定位为“神秘的酉水文化”和“土家族”母亲河，利用拍摄酉水沿途风光和土家民俗专题片、举办土家茅古斯节、建立“酉水旅游”网站等方式，宣传酉水线路，打造旅游品牌。通过多渠道融资，分期分批重点开发清水坪战国古城和汉墓群及天然溶洞群、碗米坡高峡平湖、八部大王遗址、酉溪森林公园等风景点，力争通过3—5年的努力，将清水坪至四方城酉水流域风景带建成全省的精品旅游线路。三是努力拓宽第三产业发展领域。要改造提升传统服务业，着力培育现代流通业，积极发展金融、保险、证券、信息、房地产等现代服务业，不断壮大文化产业和教科产业，规范发展会计、审计、律师、公证、咨询、评估等市场中介组织，积极推行物资配送、连锁超市等新型物流形式和服务方式，不断提高第三产业占国民经济的比重。

走开放强市之路　谱海门发展新篇

中共海门市委书记 徐永兵　　海门市人民政府市长 汤仲飞

海门濒江临海，与苏南隔江相望。近年来，全市上下坚持从实际出发，把开放强市作为构筑发展新优势的战略举措来抓，有力地推动了经济和各项社会事业的发展。全市国内生产总值由1995年的67.5亿元增加到2001年的132.9亿元，2002年实现GDP149.5亿元，同比增长12.5%，率先在江苏省长江以北创建成为国家级卫生城市、国家环保模范城市。但我们清醒地看到，海门与江苏苏南相比还存在着较大的差距，这种差距主要表现为开放上的差距。为此，我们海门市始终把加快开放型经济发展作为经济建设的重中之重来抓，以扩大开放促进全市经济的强劲发展。

一、全面营造开放强市的浓厚氛围

随着经济全球化的加速推进和中国加入WTO，加快形成参与国际经济大循环的开放格局已成为一个地区适应新形势、抓住新机遇、谋求新发展的紧迫要求。针对区域之间的竞争日趋激烈，我们深深体会到，要在未来的发展格局中占有一席之地，关键在于全市上下必须统一思想，提高认识，牢固确立开放强市的意识。一是开放强市是最大机遇的意识。当前世界经济特别是港台地区正处在新一轮结构调整和产业转移时期。谁能抓住这一机遇，谁就能赢得主动。二是开放强市是最现实发展途径的意识。从我市的经济总量和资本积累来看，仅仅依靠现有基础上的自然增长，发展速度是不会快的。只有广泛引进国内外各种生产要素，为我所用，才能真正实现跨越式发展。三是开放强市是最根本发展战略的意识。全市各项工作的总体布局、工作重点的选择确定等，都要紧紧围绕开放强市这一主战略展开。我们采取各种形式，调动一切手段，进一步掀起对外开放的新高潮，激励全市广大干部群众不断进取创辉煌，只争朝夕求发展。

二、积极探索符合自身实际的开放强市之路

随着近年来外资迅速向长江三角洲转移的大好契机，我们抢抓机遇，积极策应苏通大桥、海门崇海大桥即将建设和沿海大通道建设，把直接呼应上海的开发开放作为全市发展开放型经济的最大优势，通过接轨上海、服务上海，实现海门的加快发展，努力走出一条符合自身实际的开放强市之路

1.做足大通道文章，超前营造大开放的热点效应。在未来的交通格局中，海门将处于南北过江通道的交汇点上。为此，我们切实加大对外宣传力度，通过打“桥”牌、树形象，着力凸显海门的预期区位优势，不断提高对外知名度。同时，全面部署接轨上海战略，按照把上海作为海门的招商基地、把海门建成上海的配套加工基地、农副产品生产基地和上海的后花园这样一个“三地一园”的思路，大造接轨声势，突出接轨重点，拓展接轨领域，自觉地把海门融入上海经济圈。

2.积极探索以招商引资为重点的开放路子，全面提高开放水平。我们始终把招商引资作为开放强市的着力点，在完善市、乡镇(部门)、企业三个层次协调配套的招商引资工作机制和工作网络，注重以行政推动的方式强化招商引资工作的同时，充分运用市场机制，创新招商引资的方式，着力提高全社会招商引资的主动性和积极性。要积极推进专业化、商业化招商，以招商基地建设为重点，努力形成比较完善的委托代理招商网络。目前我市已分别在上海、北京、台湾、香港等地以及美国、日本等国家建立了招商基地。

3.大力实施“走出去”战略，着力提升对外开放的层次。我们始终坚持“三外”齐上，在突出招商引资重点的同时，大力发展对外贸易和外经合作。逐步构筑起三资企业、外贸企业、自营生产企业和私营个体企业四大出口主体竞相发展的对外贸易新格局，形成“铁军”(建筑外经)、“海军”(远洋捕捞)、“娘子军”(服装加工)“三军齐发”的外经发展新态势。目前全市在国外的劳务人员达3259人，有近300个私营个体大户在10多个国家和地区创办了境外企业，许多产品在激烈的国际市场竞争中赢得了声誉。

三、着力增强开放强市的自身吸聚力

1.调优结构，增强自身经济素质。我们注重把推进经济结构的优化调整和发展开放型经济有机地结合起来，着力促成两者之间的良性互动。一方面，积极借助外资企业雄厚的实力、先进的技术和装备，加快推进经济结构的全面优化。另一方面，注重提高为外资配套的能力，进一步增强对外资的吸

引力。通过大力发展小而精、小而优、小而特的产品，锻炼成熟一批善于为大企业配套的中小企业。通过推进技术创新,加强产学研合作,结识和引进一批具有知名度的教授、企业家,为外资的进入提供人才保障。

2.优化服务,夯实大开放的基础。实践证明,发展开放型经济,优化环境至关重要。多年来,我们坚持在强化服务、营造优良发展环境上下真功夫、苦功夫,先后出台了“优化发展环境”50条政策,在全市范围开展“制定优惠政策、提供优质服务、创造优良环境”为内容的“创三优”活动,成立了审批服务中心,实行“一个窗口对外、一个口子收费、一条龙服务”,增强集聚各种生产要素的能力。以城市创建为契机,不断加大基础设施建设力度,突出做强海门经济技术开发区、海门港、青龙化工园区、乡镇工业(贸)园区四大开放载体,为外资进驻海门提供良好的发展空间。

3.健全机制,激活大开放的内在动力。一方面,通过深化和完善企业改革，为嫁接外资创造条件。另一方面，通过建立有效的招商引资激励机制,充分调动全市各方面的积极性。凡是在“三外”工作中,特别是在招商引资中作出重大贡献的单位和个人,都给予经济重奖。同时,把招商引资的实绩作为晋职晋级、评优评先的重要依据。

4.强化队伍,提高驾驭开放局面的能力。围绕适应大开放这一总体要求,狠抓全民整体素质的提高,努力形成全社会整体联动、全民参与大开放的良好氛围。高度重视专业招商队伍和干部队伍综合素质的提高。通过在职教育、加强培训等多种途径,培养一大批具有专业知识、精通国际贸易、国际金融和国际法律的复合型招商人才,造就一支掌握市场经济知识、拥有较高政策水平、能够驾驭大开放局面的干部队伍。坚持以人为本的战略,不断加大队伍建设的力度,加快构筑适应大开放的人才新高地,为开放强市提供可靠的保证。

破解“三大难题” 推进“四化进程”

中共宁夏彭阳县委书记 叶旭

党的十六大把西部大开发战略作为新世纪头20年我国经济建设和改革发展的重要任务，这无疑给我们今后的发展带来了新的更大机遇。能否抓住这个机遇，加快彭阳经济社会的快速发展，是摆在我们面前一个十分重要的课题。为此，我们将立足彭阳实际，坚持“生态立县、特色富县、科技兴县、工业强县、依法治县”的“20字”建县方针，以解放思想为先导，以增加农民收入为核心，以加快县域经济发展为目标，努力破解“三大难题”，实施“三大工程”，推进“四化进程”。

一、以解放思想为先导，努力破解“三大难题”

一要破解观念更新的难题。要把观念更新作为发展的总开关，教育引导广大干部群众破除以粮为主的传统农业思想，树立走农业产业化之路的新观念；破除山区县办不成工业的悲观思想，树立兴工强农、以工富县的新观念；破除闭关自守、小打小闹的思想，树立大开放、大流通，以城镇化辐射带动二三产业的新观念；破除缩手缩脚、消极依赖的思想，树立敢想敢干、大手笔做文章、大突破求发展的新观念，以思想的大解放、观念的大更新，促进经济社会的大发展。

二要破解农民增收缓慢的难题。坚持走调整结构促增收的路子，打好优势仗，走出特色路，做好“稳粮、扩经、增草、强牧”四篇文章，主攻特色型种植业、致富型畜牧业、生态型林草业、增值型加工业、增收型劳务业、带动型流通业，达到以调促收、以调增收的目的。

三要破解县域经济发展的难题。以非公有制经济为突破口，放手兴办家庭作坊或初级加工户，择优培育特色农副产品精深加工，做大做强资源利用型骨干企业，以产业化推进工业化，以工业化推进城镇化，促进经济持续健康快速发展。

二、以农民增收为核心，认真实施“三大工程”

一要实施退耕还林(草)工程。要着眼建设山绿、水清、草肥、畜多、人富的生态圈，加大退耕还林(草)和荒山绿化力度，集中抓好绿色通道工程、村庄和机关绿化，建立以挂马沟林区为主的自然保护区，力争3年内完成退耕还林91.5万亩，使全县造林面积达到240万亩，森林覆盖率提高到17%以上。全面实行封山禁牧，大力推广林草、林果、林药、林牧结合的新模式，抓好优质曹杏、椒药复合栽培等八个林业示范园区建设，建设生态农业体系，促进良性循环。继续按照以小流域为单元，山水田林草路综合治埋的路子，实施大工程，开发大流域。

二要实施“强村富民”万户增收工程。采取小额信贷、项目覆盖、政策倾斜、技术服务等方式，有重点地培育发展20000户种植养殖示范户，建立特色种养小区，培育种养大户，实现户均5亩特色田、3头牛、5头猪、20只羊的目标，使粮经饲比例由现在的72:16:12调整到45:30:25。积极建设一批科技示范园区，并在每个乡镇选择优势产业，培养和发展一批科技示范典型户，形成“十园百区万户”的科技示范格局。

三要实施百村扶贫开发工程。坚持“抓两头、带中间”的主导思想，突出重点，完善机制，落实到村到户项目，加强对口帮扶协作，抓好生态移民，发展劳务经济，实施“少生快富”工程。同时，在每个乡镇选择1—2个条件相对较好、实力较强的村作为小康村，合理规划，梯度推进，力争部分农户率先接近小康标准。

三、以加快县域经济发展为目标，大力推进“四化进程”

一是大力推进农业产业化进程。首先，要做优特色型种植业。主攻地膜玉米、小秋杂粮、油料作物等优势产业，突出发展菌草、中药材、油葵、烤烟等区域性特色产业。其次，要做大生态型林草业。大力发展“两杏稳步发展花椒、核桃等干鲜果生产，加快封山育草、退耕还草和调整结构种草步伐。第三，要做强致富型畜牧业。全面实行舍饲养殖、暖棚育肥，推广千家万户庭院式养殖模式，着力培育一批专业村、专业户。第四，要做活增值型加工业。以杏、畜、草、小秋杂粮等为重点，大力培育发展以个体私营经济为主的农副产品加工、贮藏、保鲜和运销龙头，拉长产业链条，提高农产品附加值。

二是大力推进城镇化进程。突出“生态、文化、民族”特色，着力提高县城的首位度。全力抓好南门工业园区、商贸中心、文化广场等五个重点小区建设，改善县城形象，提高县城品位，增强综合服务功能。同时,要依托"三横一纵"公路,以线串点,以点带面,完善中心市场,建立边贸市场,启动集贸市场,培育专业市场和批发市场。逐步构建以县城为中心,建制镇为骨干,中心市场为依托,集贸市场为补充的城镇化体系。

三是大力推进工业化进程。坚持以农副产品加工业为主攻方向,走由小到大、由粗到精、由分散到联合的原始积累型初级工业化路子。一抓"四大工业体系"建设。即以果品、矿泉水、酒类等为主的绿色保健食品业,以淀粉、饲料、清真肉食等为主的农副产品加工业,以煤碳、磷肥、硫酸等为主的支农建农业,以石料、水泥制品等为主的建筑建材业,力争使全县工业经济在总量和规模上有一个新的突破。二抓"四大优势产业"开发。在发展壮大宁阳实业集团和县建筑集团公司的基础上,集中精力,做大做强果品加工业、草畜产业、矿泉水产业和小杂粮产业。三抓工业园区建设。以县城南门工业园区和西门三产区建设为载体,创新园区投资开发机制,建立健全引企入园的优惠政策,搭建项目、资金、用地、登记办照等服务平台,吸引更多的投资者到园区投资兴业,带动全县工业经济的大发展。

四是大力推进市场化进程。要切实转变政府职能,简化办事手续,打造"信用工程",创建"诚信彭阳",整治法制环境,净化市场环境,进一步放开放活,提高对外吸引力。要切实破除固本守摊、排外欺客等心理障碍,增强对外开放的信心和魄力,加大对外宣传和项目推介力度,加强闽宁、鲁宁、山川合作交流,多层次引进项目、资金、技术和人才,要以聚集人气,加快物流、资金流、信息流为重点,组建商贸集团,完善市场营销网络,推进第三产业迅速发展。

大力发展特色经济 全面建设小康社会

辽宁省法库县人民政府县长 王凤波

特色能够形成优势,有优势才能有竞争力。因此,在党中央全面建设小康社会的伟大号召指引下,我们法库县把发展特色经济,增加农民收入作为经济工作的重中之重来抓。法库县作为东北中心城市沈阳北部的一个极具发展潜力的县份,想加快县域经济发展,不断提高人民群众的生活水平,只有坚持以结构调整为重点,促进经济结构和产业结构的不断优化;坚持以发展优势资源加工的工业园区建设为突破口,大力培育龙头企业,以工业化带动农业产业化;通过加快城乡基础设施建设,强力推进小城镇开发改造,加大招商引资工作力度,借助外力求发展,才是我们的惟一出路。

突出发展是第一要务,我们将分“三步走、翻三番、推进三化”。第一步,到2005年,主要经济指标比2000年翻一番,使经济结构趋于合理,城乡面貌明显变化,生态环境得到改善,人民生活水平进一步提高;第二步,到2010年,主要经济指标比2000年翻两番,综合经济实力跃上新台阶,赶上省内中等发达县市水平;第三步,到2020年,主要经济指标比2000 年翻三番,使法库成为经济繁荣、人民富裕、社会文明、环境优美的沈阳生态卫星城,基本实现资源工业化、县镇城市化和农业产业化。

一、突出抓好以龙头企业为主体的工业园区建设,以工业化推进农业产业化进程

通过几年来产业结构调整的探索和实践证明,单纯地调整种植业结构和农业内部结构,单纯地依靠农业是完不成农村致富和现代化的,农村只能停留在温饱线上,永远实现不了小康,永远不会有地区的全面富裕。因此,我们决心走工业立县之路,用工业化武装农业产业化,加快工业化进程。

依托法库丰富的非金属矿产资源、农副产品资源和东北中心城市沈阳的区位优势,以沈阳法库经济开发区、沈阳法库陶瓷工业城和辽宁孟家绿色食品加工工业园、柏家木业加工工业园等工业园区为平台,加快扶持、发展、壮大生产加工型龙头企业,带动农业产业化发展。力争到“十五”期末,使工业产值占全县GDP的份额由现在的30%提高到60%。坚持“跳出农业抓农村经济发展”的路子,使资源优势真正转化成产业优势和经济优势。

二、突出抓好以扩大产业规模为重点的县城建设,推进城市化进程

城市是一个地区经济发展的重要载体,是人流、物流、经济流、信息流最为集中的地方。我们将抓住国务院批准法库县城为沈阳市绿色生态卫星城和省政府批准法库为辽宁省首批旅游强县的机遇,进一步扩大县城产业规模,把法库县城做大做强。充分发挥县城南部沈阳法库经济开发区、法库陶瓷工业城,县城内吉祥街、庙东街、法库红街等繁华的商业街区,北部辽宁孟家绿色食品开发区的拉动作用,使县城产业规模不断壮大,产业链条不断拉长,基础设施不断完善,城市功能不断健全。力争到2005年,使县城产业规模占全县GDP的60%以上,县城人口占全县人口的30%以上,县城建设规模达到30平方公里以上,成为沈阳市的后花园。

三、突出抓好以招商引资为中心的全方位对外开放,推进经济社会国际化进程

面对新的发展形势和要求,我们必须以更加积极的姿态,迎接来自国内外的竞争和挑战,以立于不败之地。否则,将会被历史的车轮抛在后面。为了生存和发展,我们将坚持“谁投资、谁经营、谁受益”的原则,城市供水、供气、供热、交通等市政公益设施,文教卫生等社会事业要全面对外开放,广泛吸引外部资金、技术、人才、管理、信息、项目、劳动力等各类生产要素,盘活存量,扩大增量。紧紧抓住沈阳市开展“项目年”活动的契机,牢固树立坚持不懈抓项目的意识,敞开法库的大门,着力引进大项目、实体项目,为域外企业进驻法库创造良好的软硬环境,以开放促进法库的大发展、快发展。

在全面建设小康社会的万里征途上,我们全县的45万人民将万众一心、发奋图强、克难进取、乘势而上,博采天下经验、广纳四海英才,重振东北重要商务中心之一的雄姿,让法库的美好未来早日变成现实!

加快民营企业发展 不断实现县域经济新增长

广西浦北县人民政府县长 李跃飞

发展民营企业是新阶段发展生产力,完善社会主义经济制度,建立社会主义市场经济体制的现实要求;是推进经济结构调整的必然途径;是缓解就业压力、提高国民收入的有效举措;是应对WTO挑战,适应新形势,促进县域经济增长的重要力量。因此,浦北在实施工业化战略中,把民营企业当作支撑县域经济的顶梁柱,农民增收致富的新载体,城镇居民就业的新途径,县镇(乡)财政增收的主渠道,积极加大扶持,全力促其发展。据统计,2002年,全县民营企业实现总产值67.88亿元,增长10.64%,营业收入72.46亿元,增长7.31%,提供税金1.08亿元,增长8.85%,税收约占全县财政收入的56%。目前,全县民营业已发展到12136家,直接从业人数11万,间接就业人数约13万。浦北主攻民营企业的主要举措及其效果是:

一、培优扶强,提升民营企业竞争力

县委、县政府把发展乡镇企业作为实施县域工业化战略的重中之重,精心运筹,狠下功夫,着力培植扶持一批具有发展优势的龙头企业,辐射带动全县乡镇企业的崛起,支撑起全县经济的半壁江山。

1.抓体制机制创新。首先,以产权制度改革为核心,以盘活资产存量、扩大增量为目标,全面地放开,大胆地退,用市场经济的新体制、新机制置换老体制、老机制,使国有资本退而有序,民营资本进而有为,实现企业产权结构多元化,体制灵活化。造纸厂、酒精厂、缫丝厂、水泥厂等国有、集体企业通过改制,焕发出新的生机活力。其次,针对一些有一定规模和较大发展潜力的骨干企业其家族制管理弊端比较明显的实际,引导和帮助这些企业在保留家族制的同时,逐步建立现代企业制度,淡化和提高家族制,按适应市场经济的要求,从管理思想、管理内容、管理方式和管理手段上进行创新,积极学习应用现代企业管理方法和先进管理经验。烟花、炮竹、工艺编织、绸丝、水泥等企业改变管理体制后,增量与质量效益同步提高,不断膨胀壮大。

2.抓技术改造和产品升级。科学技术是第一生产力,质量是企业的生命,而要提高产品质量,进行技术改造尤为重要。针对民营企业由于生产技术相对落后、产品质量不过硬而束缚自身发展的情况,县委、县政府高瞻远瞩,果断决策,以适当让利、协助融筹资等抛砖引玉的方式,鼓励支持企业积极进行技术改造,对产品更新换代,提高产品的质量和品位,同时降低生产成本,最终达到增强产品竞争力目的。药品、食品饮料、丝绸、剑麻、水泥、烟花等产品通过技术创新,产销更上一层楼。工艺编织品在"绿色环保"上做文章,迎合了外商及用户的心理,产品供不应求。此外,注册商标,创立自己的品牌,提升企业的知名度,由原来的产品经营向品牌经营转变,从而促进产品升级。

3.抓布局优化。根据我县实施工业化战略的目标要求,并结合产业优势和发展趋向,从有利于整合资源、扬长避短的原则出发,确立了工艺编织、烟花炮竹、建筑材料、食品饮料、制药五大主导产业,合理地布局于四大工业园区,即南部工业区以发展烟花炮竹为主,中部工业区以发展工艺编织为主,县城工业区以发展制药和食品为主,北部工业区以发展建筑材料为主。这样一来,变民营企业散乱分布为集约经营,使民营企业的布局得到优化,产业优势得到集聚,产业特色得到体现,有利于提高产业化程度,有利于企业提升档次,增强竞争力。

二、大力发展个体、私营企业等非公有制经济

个体、私营等各种形式的非公有制经济是社会主义市场经济的重要组成部分,对充分调动社会各方面的积极性、加强生产力发展、提高地方经济增长质量和速度具有重要作用。所以,发展县域经济,必须毫不动摇、坚持不懈地鼓励、支持和引导非公有制经济发展,让一切创造财富的源泉涌流。具体而言,就是要创造有利条件,让个体、私营经济与其他所有制经济融为一体,在市场竞争中发挥自身优势,不断发展壮大,为县域经济提供有力的支撑。

1.促进思想大解放。对于非公有制经济在国民经济的地位问题,县委、县政府通过会议、媒体进行广泛动员宣传,从思想上消除对非公有制经济的偏见和观念性障碍,强调非公有制经济是社会主义市场经济的重要组成部分,强调非公经济人士也是中国特色社会主义事业的建设者,使广大干部群众尤其是职能部门的干部职工受到教育,深化认识,转变观念,为非公有制经济发展营造一个良好的舆论

氛围;同时,表明县委、县政府支持放手发展非公有制经济的态度和决心,激发和坚定各界人士兴办个体、私营企业的动机和信心。

2.营造开放环境。扩大开放是发展经济的必由之路,为此,我们努力做到:(1)凡是允许外资进入的投资领域,都允许非公有制经济进入;凡明确对外开放的领域,都对非公有制经济开放,不设禁区,不留角落。(2)落实优惠政策。凡是上级制订的优惠政策,坚决执行到位,用足用活;凡是沿海地区及兄弟县市已有的优惠政策,取长补短,大胆地借鉴并参照执行,以他山之石攻自己之玉。(3)提高非公有制企业的国民待遇。取消非公有制企业的不平等待遇,一视同仁,给予非公有制企业享受与乡镇企业、国有企业同等的国民待遇;同时,正确引导,放手发展,使非公有制经济在国民经济中的比重扩大。

三、切实唱好招商引资这台大戏

浦北作为后发地区,推进工业化一个最大的困难就是缺乏资金投入。资金是企业的"血液",没有资金投入,发展工业就是一句空话。对浦北这样一个处于山区的农业大县来说,解决资金投入问题,靠国家投入太少,靠现有家底太薄,靠自身积累太慢,靠银行贷款太难。最现实最有效的途径是,牢固树立"无外不快、无外不强、无外不富"的发展新理念,两眼向外,坚定不移地实施外向带动战略,深化各项改革,扩大对外开放,大力进行广泛的招商引资,借助外力求发展。

1.围绕招商引资工作,掀起新一轮的思想大解放。在全县干部中,树立新的"功过是非观",建立以招商引资论工作好坏、以招商引资论干部政绩、以招商引资论个人能力的考核体系,以"三个有利于"为根本标准,树立新的"利益得失观"。县委、县政府制定了一系列招商引资和发展民营经济的优惠政策,在财政扶持、土地征用、行政收费和中介奖励等政策方面,都作出了明确规定,具有很强的可操作性。全县各级各部门统一了思想认识,理清了工作思路,明确了目标任务,把招商引资、加快民营集体经济发展摆上重要工作位置,做到主要领导亲自抓,分管领导全力抓,工作人员具体抓,出现了八仙过海,各显神通的局面。

2.形成招商引资合力。在招商引资的激烈竞争中,我们排难而上,乘胜追击,各级各部门自觉克服门户之见,打破部门界限、地域界限、行业界限,国有集体民营一起上,大小客商一起引,扩大招商引资渠道,加大招商引资力度。通过亲戚、朋友、同学、老师、同事、老乡、熟人等社会关系广为联络,采取以会招商、以节招商、以商招商、以情招商、以项目招商、以资源招商等手段,全方位、多层次、宽领域地进行招商引资,取得了显著的成效。为了适应新的发展形势,我们不断改进招商引资方式方法,由节、会招商为主转向与分散性、经常性招商并重,由单纯利用外来资金转向与利用县内民间资金并重,由政府招商转向与业主招商并重,由定向招商转向与网上招商并重,由引资引商转向与引进无形资产并重,由中介委托招商转向与上门招商并重;并实行"两个转变",即:由以政府招商的行为为主向全县上下共同招商的市场行为转变;由以优惠政策招商为主向以优势资源、优质服务、优化环境招商转变。由于措施有力,方式创新,有效地达到了招商引资的目的,不断实现新的突破。

3.招商引资常抓不懈。我县从来没有满足于招商引资取得的成绩,坚持把招商引资长期开展下去,做到常抓常新,没有穷期。2003年以来,继续贯彻市委提出的开放带动战略,全力抓好招商引资,大力发展开放型经济。3月份,我县召开了有县、镇(乡)、村干部共1000多人参加的招商引资、项目建设动员大会,要求全县上下必须进一步解放思想,强化"大开放大发展,不开放不发展"的拓展意识,"你图发财,我图发展"的双赢意识,"你来投资,我来服务"的市场意识,再次掀起招商引资的热潮。县委、县政府明确提出:发展是硬道理,招商引资是硬本领,新上项目是硬政绩。县委、县政府对乡镇和县直单位实行目标管理责任制,把招商引资、项目建设作为考核工作成绩和评优的硬指标,对在招商引资中贡献大、成绩突出的干部给予奖励,考核结果作为干部政绩评定、选拔任用的重要依据。目前,我县招商引资工作再度跃上新台阶,有力地促进了全县民营集体企业的竞相发展。

四、加强对民营企业的服务

民营企业能否发展得好,关键要看政府的服务意识、服务水平和服务质量如何。基于此,我们在努力改善优化软硬环境的同时,着眼于为民营企业提供更周密、更周到、更优质、更高效的服务。

1. 引进管理人才。针对民营企业缺乏管理人才、技术人才的实际,每年都从大中专毕业生中招聘一批综合素质较高的人员到民营企业工作,同时,注意从国有企业中挑选一批熟悉企业经营管理的职工充实到民营企业,为民营企业输送新鲜的“血液”,增添了生机活力。此外,我们还认真探索在非公有制民营企业中建立党组织的新路,在有条件的民营企业建立了党支部,既发展培养了一批党员,又为民营企业的发展增加了有利因素。企业主与党支部相互支持,党支部发挥堡垒的作用,党员发挥先锋模范作用,为企业调解劳资纠纷,理顺关系,解决难题付出了辛勤的劳动,赢得了企业主的好评和信任。

2.支持企业搞活金融。通过适当方式放宽对民营企业贷款抵押条件,在评定企业信用等级基础上,允许其以土地、有形资产等作抵押,降低申贷“门槛”,有效地筹融发展资金;组织召开银企座谈会,协调金融部门与企业之间的关系,促使银行信贷资金及时投放,为民营企业解燃眉之急。对新办的规模企业,本级政府的一切收费从低或适当减免,县、镇协助其搞好水、电、路等基础设施建设,县政府设立扶持发展基金,每年年底兑现支付。

3.提高民营企业主社会政治地位。引导人们树立“创造物质财富光荣”、“当民营企业老板光荣”的思想观念,大张旗鼓地表彰和宣传敬业守法、贡献突出的个体、私营企业主,树立民营经济新形象,营造搞民营企业同样有出息的社会氛围。按照纳税规模对民营企业主进行表彰奖励,对民营企业中涌现出的优秀代表,积极推选其担任各级人大代表、政协委员和工商联理事等,提高民营企业主的社会政治地位,增强其荣誉感,从而充分调动广大民营企业主的创业热情和积极性,形成民营企业蓬勃发展的格局。

4.严格执行规定。对龙头企业实行重点保护,只允许为企业服务,为企业排忧解难,禁止任何形式的干扰和阻碍。切实把“你有难我帮助、你投诉我查处、你投资我服务、你经营我保护”的承诺落实好。

5.扎实做好安全服务。对企业生产来说,安全第一,安全就是效益。为此,我们特别关注企业的安全生产问题,构建起多重安全监察网络,严防安全事故发生。除发挥安全监察部门、技术质量监督部门的专职作用外,还赋予县乡镇企业管理局一定的职权,为其配强配足工作人员和必要的交通工具,使其便于履行安全管理的职能,加强对民营企业尤其是烟花炮竹企业的安全管理,确保企业的生产安全,为民营企业实现安全生产、提高经济效益、稳定发展发挥了积极的促进作用。

在大力发展民营企业过程中,我们步步为营,环环相扣,层层抓实,经过不懈努力,使民营企业插上了腾飞的翅膀,一路高歌猛进。今后可持续发展的新思路是:加大“两个力度”,实现“三个提高”,打造“四个基地”,抓好“五项工程”。加大“两个力度”,就是加大深化改革、机制创新的力度,加大民营企业对外开放、出口创汇的力度;实现“三个提高”,就是提高民营企业对增加群众收入的贡献率,提高社会和企业效益,提高县镇(乡)财政收入;打造“四个基地”,就是打造民营企业“航空母舰”基地,打造“知名品牌”生产基地,打造农产品深加工基地,打造外向型经济发展基地;抓好“五项工程”,就是抓好软硬环境优化工程、工业园区和小城镇建设工程、重点项目和重点企业发展工程、名牌战略实施工程、农业产业化龙头企业培植工程。

统筹城乡重点突破 全力推进经济社会跨越式发展

山东省邹城市人民政府市长 李来云

近年来，我市牢固树立"全党抓经济、重点抓调整"和"工业立市、项目强市、调整兴市"的指导思想，坚持用发展的观点解决前进中的问题、用市场经济的手段精心组织经济运行、用创新的精神增创发展新优势，经济建设保持了良好的发展势头，各项社会事业取得了新的进步。2002年，全市国内生产总值完成160亿元，比上年增长15.2%，是1997年的1.77倍；地方财政收入实现7.12亿元，增长27.4%，是1997年的2.5倍。在第二届全国县域经济基本竞争力评价中名列全国百强县（市）第30位、山东省第4位。

一、围绕增强经济发展支撑带动能力，努力把工业经济做大做强

始终把工业的发展壮大放在整个经济工作的首要位置，坚持不懈地狠抓技术改造、联合重组和园区建设，全市工业经济开始进入由量变到质变、由外延扩张到内涵提升的发展阶段。2002年，市属规模以上工业企业完成销售收入28.6亿元，利税2.8亿元，分别是1997年的2.8倍、2.9倍。

1.以技术改造优化提升传统产业。坚持年年增投入、年年搞技改，每年都组织实施一批重点技改项目，着力提高企业的生产装备水平和技术开发能力，优化了增量资产，带动了存量资产的重组。自1998年以来，市属工业技改投入累计达22亿元，先后组织实施了过亿元技改工程5个，过千万元技改工程47个，全市工业企业主要生产设备更新改造率达90%以上。还探索走出了城区老工业"返城进区"加快发展的新路子，现已有4家企业通过土地置换，由城区整体搬迁至市经济开发区，全面实施技术改造和产品换代，生产设备和工艺达到同行业先进水平。

2.以"南合、外扩、联强"优化资源配置。把改革工业经济体制和运行机制当作增强企业内部活力、优化资源配置的重要措施来抓，坚持以兼并联合快速膨胀壮大市属骨干企业；以低成本扩张增创发展优势，拓宽市场空间；以强强联合增强企业综合竞争力，提升产业档次。实现了我市工业由散到聚、由小到大、由大到强的根本性转变。四年多来，以5家骨干企业为依托，先后兼并、租赁市内21家中小企业，盘活优化资产8亿元。3家企业对外实施了跨区域租赁经营，4家企业跨区域实施了强强联合，企业资产重组，加速了弱势不良资产向骨干企业和优秀经营者聚集，促进了工业经济整体运行质量提高。

3.以园区建设打造现代工业新优势。按照"工业发展园区化、园区发展高新化、企业发展规模化"的原则，相继规划建设了八大工业园区。已有36个项目入园建设，总投资达49.8亿元，其中21个项目竣工投产；还有18个项目已完成立项选址，年底前后将入园建设。

二、围绕积蓄经济持续发展动力，着力培植"三大亮点"

我们把大力发展高新技术、外经外贸、民营经济当作促进全市经济升级上档、以外带内、稳城活乡的重点举措来抓，列为全市重点培植的"三大亮点"，取得了明显成效。

1.以培植高新技术项目抢占发展制高点。没有高新技术产业做支撑，经济运行质量就很难有大的飞跃。我们确立了以高新技术统领工业经济的发展思路，在市直工业企业全部建立了科研开发中心，在搞好自我研发的同时，与高等院校科研院所建立了长期技术合作关系。目前，我市已在新材料、医药研制等领域取得较大突破。鸿雁集团是省科技厅认定的高新技术企业，拥有6项中药的自主知识产权。恒泰玻纤公司与山东里能集团联合投资5亿元，新上国家高新技术项目--万吨电子级玻璃纤维池窑拉丝生产线，已点火投运。同时，我们还在经济开发区内规划并开工建设了大学科技园，为高等院校入园建设科技孵化基地提供必要设施。

2. 依靠建设大项目和外经外贸带动经济快速增长。要实现县域经济的超常规发展，必须巧借外力，努力扩大对外开放，切实解决好县域经济发展中自我投入不足的问题。我们坚持以招商引资为突破口，全力培植投入大、起点高的外向型工业项目。在去年以来开工建设的54个招商引资项目中，投资额在30亿元以上的1个，5亿元以上1个，1亿元以上4个，5000万元以上2个，1000万元以上16个，引进建设"三资"项目6个。新开工建设的项目全部竣工达产后，年可实现销售收入32亿元、利税8.4亿元，届时我市地方财政收入将突破10亿元。同时,大力调整优化出口产品结构,积极发展加工贸易,着力培植自营出口企业。2002年,全市完成出口供货值36.2亿元,是1997年的2.7倍。

3.以培植大户带动民营经济。要提高民营经济的运行质量,必须着力培植民营大户,以大带小,辐射发展。我们重点启动实施了大户培植“513”工程,即重点培植5家销售收入过亿元、10家过5000万元、30家过1000万元的民营企业大户，现已初步形成了制药业、农副产品加工业、建材业、精细化工业、铸造业、商贸业等6大民营支柱产业群体,去年,民营经济上交税金2.4亿元,在经济总量中所占比重大幅度提高,并继续呈现快速增长态势。

三、围绕城乡经济协调快速发展,加速推进农业结构战略性调整

我们坚定不移地走产业化农业的发展道路,加快农村产业结构调整步伐，精心构筑品牌农业、生态农业、特色农业的新优势。

1.大力优化种植业结构。以扩大优质高效经济作物总量为重点的种植业结构调整取得明显成效,粮经种植比例达到4:6,全市已建成市、镇、村各级各类农业高科技示范园69处,形成了“万亩蔬菜种植区”、“万亩土豆种植区”和“万亩大葱、黄姜种植区”等十处特色规模种植区。

2. 把畜牧养殖业培植成农民增收的一大支柱产业。把畜牧养殖业当作农民增收最直接、最现实的措施来抓,全市共建成专业养殖小区12个,规模养殖基地30处,千头以上猪场48个,万只以上鸡场290个,规模养殖比重已达65%。畜牧养殖业成为农民增收致富的主导产业,被评为“全国畜牧工作先进市”。

3. 把规模经济林建设培植成农民增收的新产业,把经济林建设当作增加山区群众收入的重要举措来抓。现已基本建成核桃、石榴、大樱桃、梨、杏、大枣等10个万亩规模经济林，总面积已达20万亩,发展成为农民增收的新兴产业,被评为“全国经济林建设先进市”。

4.努力提高农业产业化水平。着力拉长农业生产链条,走“公司+农户”的路子,建立健全了各类专业协会、合作经济组织,全市形成了具有一定规模的“农”字号龙头企业46家,增强了农产品转化增值能力,大大提高了农业生产效益。

全力打造豫东名城

项城市人民政府市长 孟维忠

项城市位于河南省东南部，辖5乡13镇，面积1083平方公里，100万亩耕地，113.6万人，其中农业人口90万人，是典型的平原内陆农区。“八五”以来，项城知难而进，选准发展切入点，把加快城镇化进程纳入全市经济和社会发展总体规划，坚持城镇化、工业化、农业产业化三篇文章一起做，一张蓝图绘到底，走出了一条“总体规划、区域开发、工农联动、示范路、城乡一体、滚动开发”城镇化发展之路，取得了较好的经济和社会效益。市区面积由1985年的2.2平方公里增加到现在的18平方公里，城区人口由1985年的4万人增加到现在的18.9万人，城市化率达27%，成为河南省26个加快城镇化进程试点县市之一。综合经济实力在全省从1990年的第94位上升到13位，县域经济基本竞争力跃居全省第10位。先后获得了全国卫生检查评比先进市、河南省卫生城市、河南省创建文明城市先进市。在加快城镇化发展的道路上，我们的具体做法是：

一、树立现代城市意识

在推进城市化的进程中，我们努力使管理城市的手段与国际接轨，彻底改变过去大包大揽的长官意志，把行政管理职能与深化城市管理市场化运作有机结合起来，走管理、服务、引导之路，实现治理城市与经营城市的双赢。一是以单独地致力于中心城市转变为营造中心城市与小城镇建设并走；二是单纯地由“摊大饼式”建房修路转变为政治、经济、生态、环保、人文等综合性一体化发展；三是建管并重。城市建设规划是龙头，建设是基础，管理是保证。解决好城市管理体制不顺，职能交叉问题，建立经济手段、法律手段、行政手段与宣传教育相结合，集中监控与分级管理相结合，政府监管与部门管理相结合的管理体系。

二、坚持城镇化与工业化整体推进

城镇化和工业化一体两面，工业化是城市发展的重要支撑。80年代以前项城市工业几乎是一片空白，县城则像一个小集镇。后来我们走围绕农业办工业，办好工业促农业这个路子，把做大做强中心城市与培育工业龙头企业统筹考虑，在城市建设中优先安排工业用地，发展工业尽量向城市集中，80年代末90年代初抓住机遇狠上了一批工业项目，先后培育出河南莲花集团、河南纺织有限公司、河南昊宁药业有限公司、河南帅克药业有限公司、河南蓝天制药、莲花皮业有限公司等一批大中型骨干企业，使项城成为工业型主导经济，发展到今天，工业对国民经济的贡献率达到60%以上，对市财政的贡献率达到80%。支柱产业的形成与壮大，反哺了城市，膨胀了城市规模，带动了城市交通、运输、建筑、金融、服务等第三产业的发展，增强了城市的辐射作用和影响力。同时，城市的发展，又为区域经济发展提供了广阔空间和项目、人才、资金、技术、信息等方面支持，使项城这座过去封闭落后的小县，迅速发展成为远近闻名的新兴城市。

三、引入市场机制，在城市经营上有新突破

我们引入经营城市理念，把城市推入市场。政府在推进城市化进程中充分发挥议论导向，规划布局、组织协调、政策扶持的职能，按照市场经济规律，运用市场机制充分尊重广大人民群众的创造精神，调动广大人民群众参与城市建设和管理的积极性。按照“统一规划、分期实施、量力而行、加快发展”的原则，采用“以地建城、以地养城和广聚社会闲聚资金，鼓励企业和先富农民进城”的举措，依靠科技创新、制度创新，改革建设投融资方式，建立市场“经营城市”的新机制。对建设资金实行“流动开发聚一块，企业单位投一块，吸引民间资本增一块，深化改革活一块”。改变了政府包揽一切的做法，通过一些好的建设项目吸引社会资金、私人资金和境外资金参与城市基础建设。对城市市政公用行业引入竞争机制，实现投资多元化，运营市场化、服务社会化、发展产业化。同时，运用好土地级差地租原理，把土地使用权推向市场，使其得到最大限度的增值，走以城养城，以地建城之路。“八五”以来，项城先后融资近10亿元用于城市的开发与建设。

四、加快小城镇建设，完善城镇体系

小城镇建设是城市化建设的重要组成部分，是农村经济发展的迫切需要。为此，我们把小城镇作为大战略，纳入城市发展的总体规划。加快小城镇发展步伐，重点做了四个方面的工作，一是高标准搞好规划，避免重复建设。二是抓好已确立的7个

基础较好的小城镇建设示范乡镇搞好试点,示范带动。三是引入市场机制,建立多元化投入机制,把小城镇的基础设施建设引向市场,按照谁投资、谁所有、谁受益的原则,鼓励社会闲散资金参与基础设施和公共设施建设。四是所在政府对规划区的土地实行有偿出让,要统一规划,统一征地,统一出让,提高土地资源的整体效益。五是改革户籍政策,加快消除体制障碍降低城市门槛,以宽松的环境推动建设步伐。六是突出区域特色和文化特色,追求城市个性。一张蓝图绘到底,实现了可持续发展。

深入实施"四化"战略 加快县域经济发展步伐

中共山东省诸城市委 山东省诸城市人民政府

2002年以来，诸城市委市政府立足县域经济实际，坚持以工业化为重点、以民营化为主体、以国际化为方向、以城镇化为载体，组织带领全市人民深入实施"四化"战略，积极探索县域经济发展新途径，实现了全市经济持续、快速、健康发展。2002年全市完成国内生产总值113.1亿元，比上年增长12.6%；财政总收入8.2亿元，其中地方收入4亿元，分别增长21.4%和31.6%；农民人均纯收入3858元，增加120元。

一、深入实施工业化战略，确立发展重点

坚持"全党抓经济、重点抓工业、关键抓投入、突出抓招商"的工业经济发展思路，把实施工业化战略作为县域经济发展的重中之重、"第一要务"的核心内容，动员全市上下一心一意、聚精会神、全力以赴发展工业经济。工作中，坚持抓大项目建设，培植新的经济增长点。近两年全市每年落实投资过千万元的大项目都在50个以上。2002年共落实投资过千万元的大项目52个，总投资37.9亿元，实际完成投资30.8亿元。抓调整，优化经济结构。培植起了食品加工业、纺织服装业、机械制造业"三大产业群"和外贸城、汽车城、纺织城、食品加工城"四大工业城"。2002年全市限额以上工业增加值达到38亿元，销售收入163.8亿元，利税12亿元，分别比上年增长17%、19.4%和27.7%。抓人才，增强工业经济支撑力量。全面实施"大人才"战略和"科教兴市"战略，重视抓好企业家队伍建设，建立科学有效的选人用人机制和激励约束机制，使更多的优秀人才脱颖而出，人尽其才、才尽其用，在推进工业化进程中建功立业。同时，把推进农村工业化作为实施工业化战略的重要内容，用现代工业理念经营农业，狠抓农业产业化、标准化和国际化，全市各类龙头企业发展到900多家，年加工农副产品300万吨，70%的农产品得到就地加工转化，增值率达50%以上。

二、深入实施民营化战略，壮大发展主体

在率先推行股份合作制改革的基础上，通过改、送、卖等多种形式，将国有资产逐步从现有企业中退出来，把原先的国有、集体经济转化为民营经济，全市共有136家原国有集体企业转为有限责任公司、股份有限公司等民营企业；按照《公司法》的要求和"一化两推"的思路，进一步深化企业改革，用民营经济体制和机制改造现有企业，把企业和职工真正推向市场；坚持放手、放胆、放开、放活"四放"方针，营造发展民营经济的良好氛围和宽松环境，全力发展民营经济；进一步拓宽发展空间，允许和支持民营经济进入垄断行业、基础设施建设等新领域，促进民营经济遍地开花、全面发展。2001年全市个体工商户发展到5.85万户；民营企业1650家，从业人员18.3万人，民营经济提供税收3.6亿元，占地方财政收入的90%。

三、深入实施国际化战略，明确发展方向

一方面，狠抓招商引资，实现资源配置国际化。面对加入世贸组织的新形势，积极采取新对策，不断增强招商引资针对性，进一步扩大利用外资规模。同时，坚持招商引资与招才引智相结合，广泛引进国外先进人才、技术和信息，丰富和扩大招商引资内涵。另一方面，积极发展外向型企业，培植壮大出口主体。充分发挥我市外贸、桑莎、福田、新郎、得利斯等优势骨干企业的资金、技术、人才、产品优势，进一步扩大出口创汇；狠抓标准化生产，优化出口产品结构；创新产品营销方式，大力发展现代物流业，扩大产品销售，抢占国际市场。2002年我市累计引进市外资金2.7亿元，同比增长135.3%；完成出口创汇2.7亿美元，增长14%。

四、深入实施城镇化战略，构筑发展平台

发展壮大县域经济，必须坚持以城镇化为载体，通过推进城镇化，转移农村劳力，聚集生产要素，支撑和带动区域经济发展。为此我们在按照规划搞好旧城改造的同时，抓住中国陆海铁路大通道过境诸城的机遇，在新建火车站附近规划建设了25平方公里的新区，其中经济开发区10平方公里，目前"八通一平"基本结束。经过一年的努力，有38个项目入区建设，总投资3.9亿美元。狠抓小城镇建设，集中力量规划建设了3处中心镇、7个重点镇，使其成为县域经济发展的新的隆起带和辐射源，加快了全市的城镇化进程。目前，全市城镇化水平达到38%，被国务院确立为全国乡村城市化试点市。

为促进“四化”战略实施，着力强化四项保证措施。一是解放思想，更新观念。牢固树立勇于实践、敢为人先、争创一流的新观念，树立与市场经济相适应的全新的发展观、开放观、行政观，树立顺应时代要求的市场意识、竞争意识、风险意识，努力打牢抓“四化”、促发展的思想基础。二是统筹规划，全面推进。紧扣“发展”这个主题，把“四化”扭在一起，统筹兼顾，科学规划，协调推进，全面发展。三是全力以赴，优化环境。按照优惠政策、优良秩序、优美环境、优质服务的“四优”标准，积极推进为民服务联动工程开展，实行部门服务公开承诺制度和“一站式”服务制度，进一步提高了部门工作效率和服务水平。四是转变作风，狠抓落实。市级领导带头发扬艰苦奋斗的优良传统和实事求是的工作作风，说了算、定了干，立说立行，苦干实干；严格兑现奖惩政策，大张旗鼓地支持改革者，鼓励实干者，鞭挞空谈者，营造干事创业的良好氛围，促进了“四化”战略的顺利实施。

发展市域经济 争创全国百强

中共河津市委书记 雷郭堂 河津市人民政府市长 刘振华

河津市位于山西省西南部、运城市西北角，黄汾西河交汇的三角地带，辖两镇三乡两个街道办事处，总国土面积593平方公里，总人口36万人，是一个资源丰富、交通便利、厂矿聚集、经济比较发达的新型工业城市。

2001年初，新的市委、市政府班子立足本地实际，着眼新世纪发展，按照江总书记“三个代表”重要思想和中央、省、市要求，响亮提出了“绘大发展蓝图，做调结构文章，定新世纪战略，摘首富市桂冠”的行动纲领，动员和带领全市人民大力实施特色经济、结构优化、科教兴市、民营经济、城镇扩张、环境整治、共同富裕和“双治”并重“八大战略”，切实加强党的建设、党风廉政建设、精神文明建设和民主法制建设“四个建设”，开创了新世纪、新阶段河津改革和现代化建设事业的崭新局面。2002年全市国内生产总值完成42.4亿元，同比增20.9%；民营企业实现总产值54.1亿元，同比增长31.3%；农民人均纯收入2943元，同比增长7.8%；尤其是财政总收入，在2001年纯增1亿元的基础上，2002年又纯增1.4亿元，达到4.6亿元，总收入和增幅在山西省119个县市中均列第一。市上提出五年创建三晋首富的目标，只用两年时间就完成了。同时通过创优环境，山西铝厂三期、河津电厂二期和王家岭煤矿等一批重特大项目先后在河津落户，三年总投资达150亿元。为了贯彻落实党的十六大精神，全面建设小康社会，目前，市委、市政府经过认真调研论证，制定规划，果断决策，提出了当好“三晋首富市”，三年内跨入“全国经济百强县市”的新的奋斗目标，全市掀起了新一轮经济建设热潮。从河津的实践看，发展市域经济争创“全国百强”，全市经济和社会发展必须坚持“六个三”：

一、支持好“三大航空母舰”

山西铝厂、河津电厂和即将开工兴建的王家岭煤矿是我市境内的三大国有企业，也是支撑和拉动全市经济发展的顶梁柱。今后三年，市委、市政府要把这三项重点工程建设摆到高于一切、重于一切、大于一切的位置，全力以赴支持工程建设，快速高效地解决各种困难和问题，确保各项工程两年建成，三年见效，成为拉动我市经济快速增长的“航空母舰”。届时，山西铝厂将形成年产220万吨氧化铝、28万吨电解铝、60万千瓦自备电厂、80万吨水泥、15万吨阳极糊的规模；河津电厂将形成250万千瓦的发电装机容量；王家岭煤矿将形成800万吨的煤炭开采能力。“三大航空母舰”将新增产值120个亿左右。

二、建好“三大工业园区”

按照产业相近、产品关联、优势互补、综合利用的原则，高标准建好特色园区，形成园区育龙头、龙头兴产业、产业促园区的良好格局，是经济发展的必由之路。从2001年开始，我们把工业园区建设列入重要议事日程，成立了铝工业园区、铸造工业园区、煤焦化工业园区三个管委会，强化政府行为，加大管理力度，对园区建设实行统一布局、统一管理、统一解决土地问题、统一治理环境、统一建设基础设施，促进了园区快速发展。到2005年，以振兴集团为龙头的铝工业园区将达到年产电解铝30万吨、铝材加工15万吨、发电量50万千瓦，形成3000亩园区、百亿元产值、20亿利税的规模；以三联集团为龙头的铸造工业园区生产规模将达到年产冶金焦 60万吨、生铁 50万吨、特种钢 100万吨、高中档铸件32万吨、机械加工100万件、发电装机容量7.2万千瓦，形成千亩园区、50亿产值、6亿利税的规模；以阳光集团为龙头的煤焦化工业园区将达到年洗精煤450万吨、优质冶金焦330万吨、煤焦油深加工30万吨、40万千瓦发电装机容量的能力，形成50亿元产值、10亿利税的规模。随着三大园区的快速膨胀和民营企业的飞速发展，三年内全市将新增产值120—150个亿左右。

三、搞好“三大特色农业工程”

一是大力实施农业结构调整工程，重点发展蔬菜、草食畜、优质小杂粮、干鲜果、芦笋、中药材和花卉苗木，建成一批富有特色和优势的农产品基地，形成区域化、优质化、规模化的特色农业格局。二是大力实施科技兴农工程，以农科示范园区建设为龙头，完善农业科技推广和教育体系，积极推广各种农业新技术、新品种，把科技对农业增长的贡献率提高到40%以上。三是大力实施农业产业化工程，以薯类、肉类、果类、蔬菜、粮食等领域为重点，大力扶持农之龙、森达、鸿田、大悦等农副厂品加工龙头企业,加快农产品市场建设,培育农村经纪人队伍,实现农产品加工增值,带动农民增加收入。同时,要全面落实党在农村的基本政策,加大对农业的投入和支持,加快农业综合开发和农田水利等基础设施建设,建立健全农业社会化服务体系,积极稳妥地推进农村税费改革,减轻农民负担,维护农民利益,繁荣农村经济。

四、打好"三大基础设施建设硬仗"

一是打好城市建设硬仗。坚持高起点规划、高标准建设、高水平管理、高效益经营,重点建好行政中心、世纪广场、会展中心、老年公寓、"双供"工程、龙门大道、体育中心等十大工程,完成津辉国际建材城扩建、东都机械城建设、煤铁铝原材料交易等三大市场建设,进一步完善城市功能,提高城市品位。二是打好公路建设硬仗。坚持合理规划,超前设计,突出市乡道路、乡村道路和园区道路三个重点,多方筹集资金,加快市乡道路、乡村道路和园区道路建设步伐,完成三个一工程(侯禹高速公路、河津至临猗一级公路、河津到稷山二级公路),努力实现我市公路交通现代化。三是打好生态环境建设硬仗。坚持可持续发展战略,正确处理经济建设与生态建设和环境保护的关系,大力抓好退耕还林、平原绿化、环城绿化和三北防护林建设工作,让河津绿起来;严格实行环保一票否决制,加大关井压产、关小上大和污染企业环保改造达标的力度,有效控制污染物的排放,使河津大气环境和水环境质量有一个明显的改观。

五、筑好"三条保障线"

一是完善城镇职工基本养老保险制度,进一步扩大企业基本养老保险制度覆盖面,建立符合机关事业单位和企业特点的多层次养老保险制度。二是建立健全失业保险制度,巩固两个确保成果,进一步加大保险基金的收缴和清欠力度,落实和增加财政配套资金,形成保障基本生活与鼓励再就业相结合的机制。三是全面落实城乡居民最低生活保障制度,使城乡更多的低保对象从政府获得基本的生活物质帮助。与此同时,积极推进农村新型合作医疗制度,千方百计扩大就业,抓好扶贫开发、社会救济和社会福利事业,进一步提高全市人民的生活水平和质量。

六、抓好"三个文明建设"

要全面建设小康社会,力争跨入"全国经济百强县市",就必须坚持三个文明一起抓,做到三个文明协调推进。在加强物质文明建设的同时,大力发展科技教育和文化事业,切实加强思想道德建设,不断扩大基层民主,积极推进依法治市,为全市经济社会发展提供精神动力和政治保证。

加快“三化”进程 实现跨越式发展

茂名市人大常委会副主任、中共电白县委书记 李喜气

电白县位于广东省西南沿海，国道325线贯穿全境，交通便利，区位比较优越。但是，我县仍属欠发达地区，要在本世纪头20年内实现全面建设小康社会的宏伟目标，必须认真贯彻落实党的十六大精神，狠抓发展第一要务，创新发展思路，大力推进工业化、城镇化和农业产业化，“三化”联动，促进全县经济跨越式发展。

一、工业是国民经济的主导，没有工业化就没有现代化

我县经济发展的薄弱环节就在于工业发育不足，工业主导地位不强，工业在三大产业的比例偏低。为此，我们要牢固树立“工业立县”这个战略理念，强化工业主导地位，全力推进工业化，力争用3至5年时间，使工业比重达到45%以上，三次产业比例趋于优化。围绕这个目标，我们的工作思路可以概括为以下四方面：一是以民营企业为主体。充分发挥我县改革开放较早，人们商品意识强，经济能人多的优势，千方百计调动民资民力，加强招商引资，抓好“回归工程”，迅速掀起民营工业新的发展潮。二是以资源加工型特色工业为主攻方向。努力办好香精香料生产、海产品加工、果菜加工、锁类生产、化肥生产、乙烯后续加工、制衣、手套加工等8个民营工业基地。三是以工业园区为载体。采取“政府出地、私人建厂、企业租赁”和农民以土地入股或向农民租赁土地等办法，解决园区用地和企业厂房问题，做大工业园区，吸引更多的民营企业入园发展，形成规模效应。力争到2007年，将县民营科技工业园建成占地1000亩、年产值20亿元的工业园区，以及建设好8个占地200亩左右和12个占地100亩左右的镇级工业园区。四是以优质服务为保证。大力改善投资环境，使各个工业园区做到设施配套化、管理规范化、服务优质化，营造“政策洼地”和“服务高地”，增强招商引资吸引力。

二、实行农业产业化经营，是加快农村经济结构调整，实现农业增效、农民增收的战略举措

我们要把农业产业化经营作为农业和农村工作的重中之重，切实抓紧抓好。一是要做大做强农业龙头企业。近年来，我县扶持创办了一批有良好发展前景的农业龙头企业，正红牌红心鸭蛋开发有限公司、龙海海蜇集团、德兴果品发展有限公司等10多家农业龙头企业，这些龙头企业幅射带动力强，成为我县农村经济发展的助推器。我们要继续采取倾斜政策，巩固和壮大这批农业龙头企业，进一步发挥龙头企业在农村经济发展中的带动作用。二是建设一批特色农业商品基地。在继续抓好花生、优质稻等传统优势产业的同时，按照区域化布局、专业化生产的要求，进一步办好水果、外运菜、香芋、南药、小耳花猪、肉鸽、红心鸭蛋、山地鸡等农业商品基地。三是加快农产品市场体系建设。要认真搞好规划，多方筹资建设一批中高级批发市场，近期重点建设好粤西最大的海产品交易市场，逐步健全农副海产品市场体系。

三、城镇化是工业化的必然结果，也是社会文明进步的重要标志

我们要大力推进城镇化，打破传统体制下形成的城乡二元结构，从根本上解决“三农”问题，同时拓展第三产业发展空间。首先，要树立“经营城市”新理念。依托我县特色工业、特色农业、海洋产业、特色旅游业等产业基础好、知名度较高的有利条件，大力发展城镇特色经济，打造城镇品牌，提高城镇品位，完善城镇功能，提高城镇的影响力和竞争力，把“经营城市”新理念真正融汇到城镇规划、建设和管理各项工作中去，走出一条具有电白特色的城镇化道路。其次，要做大做强美化优化中心城区。与时俱进修编县城水东发展规划，以“把水东建设成为规划科学、功能完善、环境优美的具有亚热带海滨特色的现代化国家二类中等城市”为目标定位，继续按照“一年一小变、三年一大变”的要求，加快拓展县城水东城区面积，加大城市基础设施建设、生态建设、环境建设和管理的力度，继续美化、优化人居环境，搞旺人流、物流，不断展示水东崭新风貌。第三，要努力加快中心镇和小城镇建设。电城、沙琅等中心镇要加快发展步伐，努力建成为一定区域的经济文化中心。其余各镇要坚持从实际出发，因地制宜，量力而行，注重搞好城镇发展规划，注重加强基础设施建设，注重办好工业园区，注重加强市场体系建设，注重发展社区服务业，不断提高城镇化水平。

坚持实施工业立县战略　努力实现县域经济突破

中共吉林省乾安县委书记 赵洪青

乾安县位于吉林省西部，是省级贫困县。怎样使乾安摆脱贫困、实现县域经济突破？这是亟待破解的难题。自2000年以来，县委、县政府就如何加快县域经济发展进行了深入思考和研究，感到县域突破的核心是经济突破，经济突破的关键在于工业突破。为此，我们紧紧扭住工业不放手，加快县域经济发展。2002年，全县完成GDP14.74亿元，全口径工业总产值3.65亿元，工业增加值1.1亿元，全口径财政收入1.24亿元，分别比上年增长12.9%。39.4%、21.9%和36.2%，主要经济指标增幅均达两位数，我县也因此被全国县域经济基本竞争力评价中心评为"全国县域经济基本竞争力提升速度最快的百县(市)"。

今后一个时期，我们要坚持以发展为第一要务，全面组织实施工业立县战略。走新型工业化之路；大力发展效益农业，推进农业产业化进程；加快发展非公有制经济，培育新的增长点，举全县之力推进经济和社会事业的跨越式发展。具体抓好"四个强化"。

一、强化工业的主导地位，在发展工业经济上求突破

乾安经济发展，重点在工业，难点在工业，希望和出路也在工业。没有工业经济的先行突破，就不会有县域经济的整体突破。工业是立县之本、富县之策、强县之源。因此，我们牢牢坚持工业立具战略不动摇，紧紧围绕农业办工业、围绕资源办工业、围绕优势企业办工业、围绕大项目办工业，走强农兴工、兴工促农、城乡一体、全社会办工业的路子。突出抓好项目开发建设，坚持"扶大、上新，活小"的原则，全县建成投产超6亿元项目1个。超3亿元项目1个，超1000万元项目4个，投资总额达11.06亿元；正在建设项目有9个，其中投资超1000万元4个。投资总额达8150万元。力争经过5年的努力，以石油、农产品加工、亚麻纺织、酒业、医药化工和机械加工为基本框架的工业体系基本形成，实现工业立县、工业兴县、工业富县的目标。

二、强化农业的基础地位，在发展农村经济上求突破

实现县城突破，解决"三农问题"是关键，而破解"三农问题"核心在于农民增收。因此，我们按照用工业化思维谋划农业的要求，坚持以农业产业化推动农村的工业化。紧紧依托我县四个农产品加工龙头企业，着力建设六大基地，即专用玉米、杂粮杂豆、蔬菜瓜果、肉牛、肉羊和肉鹅生产基地，形成"公司+基地"的格局，不断提高我县农业的工业化水平。

三、强化小城镇的载体功能，在发展非公有制经济上求突破

小城镇是县域经济发展的重要载体，以产业开发为重点加快小城镇建设，有利于加快农村工业化、城镇化进程，推动城乡经济一体化发展。一方面，加快城乡基础设施建设，不断增强城市的承载功能，为经济打造新的发展平台；另一方面，全力抓好软环境建设，积极营造"洼地效应"和"磁场效应"，逐步构筑城乡联动、二农互补、内外结合、一二三产业协调发展的新格局。

四、强化政府的推动作用，在狠抓落实上求突破

县域经济能否快速发展，关键在于领导。而领导干部能否适应县域经济发展的要求，关键在于领导方式和工作方法的转变。为了推进工作落实，我们建立了全县重点工作和项目开发建设专项推进制度，把全县经济工作划分成六个重点工作领导小组，下设20个重点项目专项推进组，每个小组分别由副县级以上领导任正副组长，实行产业、领导、牵头单位、技术指导、保证措施"五位一体"的产业承包责任制，建立严格的激励约束机制，形成人人有压力、有动力、齐心协力抓落实的工作格局。

拓展优势 突出特色 实现青铜峡县域经济发展新跨越

中共青铜峡市委书记、市长 段振国

加快壮大县域经济，是统筹城乡经济和社会发展，全面建设小康社会的必然要求。青铜峡作为川区县(市)，在发展县域经济中，有着独特的区位优势、丰富的自然资源和雄厚的经济基础，全市国内生产总值连续5年保持了10%以上的增长速度，几项主要经济指标位居全区各县市前列，进入了中国西部百强县(市)行列。目前，全区各县(市)都在全力以赴加快发展速度，提升发展水平，这种态势给我们带来了巨大的发展压力。我们必须以艰苦奋斗、与时俱进的精神状态，以勇于争先、敢于超越的胆略和气魄，以超常规的发展思路干超常规的事业，树立强烈的忧患意识、危机意识和责任意识，坚定大发展、快发展的信心和决心，拓展优势，突出特色，举全市之力，加快县域经济的发展。

今后5至10年，我们的总体奋斗目标是：国内生产总值年均增长11%以上，力争3—4年翻一番，达到50亿元；7—10年翻两番，达到100亿元。地方财政收入3—4年达到2亿元，7—10年达到3亿元。城镇居民人均可支配收入和农民人均纯收入3—4年分别达到7000元和4000元；7—10年分别达到15000元和6000元。实现上述目标，我们将着力抓好六个方面的重点工作：

一、换观念，抢机遇，力求思想认识超前化

加快壮大县域经济，首要的还在于进一步解放思想，转变观念，坚决摒弃一切不利于发展开放型经济的思想观念，牢固树立"大开放大发展，不开放不发展"的拓展意识，"放水养鱼，欲取先予"的战略意识，"你图发财，我图发展"的双赢意识，"你来投资，我来服务"的市场意识。发展县域经济，我们必须进一步树立全市一盘棋思想，打破所有制界限，破除条块分割，强化区域意识，不求所有，但求所在，不分亲疏，为我所用。破除区属、市属、国有、民有界线，强化服务意识，密切协作关系，优化发展环境，调动方方面面的积极性，共同致力于县域经济的发展。坚持找机遇、抓机遇，主动出击，抓落实、谋发展，乘势而上，发挥能动性，富有创造性，把握规律性，在激烈竞争的经济大潮中先人一步、高人一筹、快人一拍，积极主动地跑项目、争资金、捕信息，抢占经济发展的制高点，掌握经济发展的主动权，用机遇加快发展速度，用机遇提升发展层次。

二、建园区，强产业，构筑工业发展新格局

实施"兴工强市"战略，突出工业的主导地位，大力振兴县域工业，是解决县域经济许多深层次矛盾和问题的根本出路。把工业园区建设作为走新型工业化道路的载体来抓，依托大企业，出台优惠政策，强化基础设施，吸引更多商家投资置业。建设吴青工业园区、化工工业园区、建材工业园区、冶金电力工业园区、沿山葡萄酒工业园区、峡口民族工业园区，鼓励乡镇企业离乡进园，个体私营企业连片进园，把工业园区建设成为经济发展的核心区，特色产业的培育区，城市发展的新区。构筑"六区一带"工业发展新格局，逐步形成新型工业经济带，不断提高工业聚集度。

运用先进技术和高新技术，改造提升冶金、电力、建材、酿酒、化工、农产品加工等六大优势特色产业，做大做强行业"排头兵"。冶金行业以青铜峡铝厂为核心，支持铝厂投资27亿元的四期扩建，使铝锭年产量达到60万吨。电力行业以大坝电厂为核心，支持三期扩建，使年发电量达到360万千瓦。建材行业以青铜峡水泥、西夏水泥为核心，扩大规模，提高产品质量，力争五年后水泥生产能力达到600万吨。化工行业以金昱元、峡光纸业公司为核心，不断扩大生产规模，延伸产业链，提高经济效益，力争3年内树脂、烧碱、纸年产量分别达到10万吨。葡萄酒行业以御马酒业公司为核心，建基地、扩规模、增效益、拓市场，葡萄酒年产量达到5万吨。农副产品加工行业以清真食品公司和法福来公司为核心，发展"清真"系列绿色食品，建成全区有影响的"清真"食品加工基地。

三、扩规模，上档次，全面提升城市品位

城市化是现代化的主要标志，是加快壮大县域经济的主要突破口。我们将按照"统筹兼顾、整体规划"的原则，准确把握城市功能定位，适度超前规划，分步推进实施。加快"一市三城"建设，实施小坝城区北扩东进工程，不断扩张城市规模。加快完善城市综合配套功能。搞好城市美化、绿化、亮化，建

设好城市道路、供水、供暖、供电、通信、绿化、环保等公用设施建设，提升城市形象和档次。到2007年，城市自来水普及率达到96%，供热普及率达到80%，燃气普及率达到90%，生活污水处理率达到60%，人均公共绿地面积达到8平方米。不断提高城市经营管理水平。建立和实施土地收购储备制，充分运用土地资源推进城市改造和建设。大力发展现代服务业，搞活商贸流通，加快推进房地产业、旅游业、社区服务、广播电视业和文化娱乐等产业的发展。进一步深化改革，创新发展机制，实施积极的人口迁移政策，鼓励人口向城镇聚集。5年内，将城市规划区内的农业人口全部转为城市人口，城镇人口达到15万以上，城市面积达到15平方公里以上，城市化率提高到50%以上。

四、调结构，促增收，着力提高农业综合效益

坚持以增加农民收入为核心，用工业的理念抓农业，注重农业的投入和产出，着眼于提高农业的综合效益，强化市场意识和效益观念，引导群众转变生产方式和生产习惯，实现从低投入、低产出向高投入、高产出的转变。做大做优粮食、畜牧、蔬菜三大主导产业，提高畜牧业产值在农业总产值中的比重。突出抓好农业龙头企业，巩固壮大各类专业协会，发挥能人经济和各类民间组织的示范带动作用。重点建设10个农业科技示范园区，即：高标准的国家级万亩农业综合五期开发示范区，6万亩的优质水稻规范化旱育稀植示范区，10万亩的优质饲料玉米示范区，千亩无公害农业示范区，5万亩的酿酒葡萄示范区，千头奶牛养殖示范区，2个10万只栈羊养殖示范区，10个千头生猪养殖示范区，10个高标准经果林示范区，20万平方米的食用菌生产示范区。培植壮大一批名牌农产品，不断扩大生产规模，提高经济效益和市场化程度。

五、优环境，拓渠道，催生新的经济增长点

坚持不懈地把创造良好的发展环境作为事关县域经济发展的大事来抓，切实转变政府职能，规范政府行为，简化办事程序，推行服务承诺，加强行风建设。不断提高服务质量和办事效率。制定完善招商引资奖励办法，建设工业园区的优惠政策，合理调整工业化、城市化建设用地价格。充分发挥舆论监督和经济发展环境创新投诉举报中心的作用，对投资人、纳税人和群众投诉的影响经济发展环境的案件，投诉一件、查处一件。努力营造规范透明的政策环境、优质高效的服务环境、依法办事的法制环境、文明诚信的人文环境，为加快县域经济发展提供强大的动力。

毫不动摇地鼓励、支持和引导非公有制经济发展。放宽民间资本市场准入领域，在投融资，土地使用，税收和技术人才等方面采取措施，实现公平竞争、鼓励民营企业从事农副产品加工，开发科技含量高的产品，通过上规模、上档次、上水平，实现双增双赢，即：老板增收、财政增收，业主赢利，政府也赢利。积极推进乡镇企业二次创业，大力发展农村二、三产业和个体私营经济，扩张全市经济总量。大力发展第三产业。使第三产业成为促进县域经济增长的重要力量。

通过多种方式广泛宣传我市良好的投资环境，不断拓宽招商引资的路子。采取外出招商、引入招商、网上招商、委托招商、以商招商等形式吸引国内外的资金、项目、技术、人才和先进的管理经验。围绕产业结构优化升级选择重大项目，建设一批资源型、开发型、造血型项目，为传统产业的改造和提升，高新技术产业的培育和壮大提供有力保障。做到改造一批，新建一批，争取一批，储备一批，依托大项目、大投入，带动我市经济的大发展。

六、抓作风，转机制，形成县域经济发展合力

工作千头万绪，必须以人为本，抓人促事。通过持之以恒地抓好干部作风建设和党风廉政建设，进一步树正青铜峡的风气，把干部队伍建设成为艰苦奋斗、与时俱进、高效廉洁、求真务实的时代先锋，成为县域经济发展的骨干力量。以狠抓工作落实为主线，实行市级领导包项目责任制、重点工作落实责任制、末位淘汰制、干部政绩考核制、窗口行业服务承诺制、党风廉政建设责任制，层层分解目标任务，责任到人，一抓到底。确定重点调研课题，使各级领导干部从事务圈子的缠绕中摆脱出来，到工作和生产第一线，摸情况、解难题、抓典型，找准县域经济发展的抓手，着力解决阻碍经济发展的“梗阻”问题。进一步改进考核办法，加大考核力度，形成奖优罚劣、奖勤罚懒、争先创优的激励机制。千方百计调动方方面面的积极性，人人参与，个个鼓劲，使全市上下形成加快发展县域经济的强大合力。

发挥优势引客商 重点项目汇滕州

中共枣庄市委常委、滕州市委书记 牛启忠 中共滕州市委副书记、市长 杜永光

近年来,滕州市坚定不移地把招商引资作为经济工作的龙头和中心,强化“抓经济主要是抓项目,各级党政主要领导集中精力抓大项目”的思想观念,充分发挥资源、产业、市场、区位、园区等优势,突出招商引资前期工作,集中搞好项目的可研、立项和推介,创新招商方式,注重招商实效,降低招商成本,加快项目引进,实现了重点项目建设的新突破,有力促进了全市经济和社会各项事业的健康快速发展。2002年,共引进各类投资项目388个,实际到位资金26.9亿元,同比增长23.4%。开工建设投资1000万元以上的重点项目88个,计划总投资71亿元,其中投资过亿元的项目18个,5000万元—1亿元的项目9个;当年竣工投产的项目43个,累计完成投资26.2亿元;预计这批项目全部达产后,年利税可达15亿元,安置就业1万余人。

一、发挥资源优势,吸引实施一批资源转化型重大项目

滕州自然资源丰富,境内已探明矿产资源30多种,其中煤炭总储量37亿吨,是全国重点煤炭开发基地;水资源总储量6.5亿立方米。我们利用这一优势,大力发展煤电转化项目,走出了一条资源型城市加快发展的新路子。新源热电工程,总投资10.2亿元,已累计完成投资8亿元,1号机组于2003年3月投产运营,2号机组将于2003年9月份投产。总投资1.6亿元的华闻电厂二期工程、投资2亿元的汇金热电配套工程、投资2.5亿元的大宗热电扩建工程进展顺利。

二、发挥产业优势,利用重大项目改造提升传统产业

滕州工业基础好,门类齐全,拥有煤炭、建材、纺织、机电、化工、造纸、食品等近40个门类。我们充分发挥自身产业优势,坚持以市场为导向,以改革为动力,以效益为中心,引进一批“大、高、外”工业项目。鲁南牧工商公司依托良好的畜牧产业化基础,新上了投资1.8亿元的盈泰食品城,目前已完成投资8500万元。该项目的实施,迅速提升了鲁南牧工商公司的规模和实力,企业总资产达到2.8亿元,被评为全省农业产业化经营先进龙头企业。2002年,公司实现销售收入8亿元,利税1560万元。工业重点项目的实施,大大提高了传统产业的规模档次,工业经济效益又创新高。2002年,全市规模以上工业企业实现增加值19亿元,同比增长21.6%;销售收入72亿元,增长36%;利税8亿元,增长65.1%;利润3.9亿元,增长95.6%。

三、发挥市场优势,依靠市场引力吸引资金和项目

滕州有156万人口,人气旺,商机多,市场发达,辐射面广。我们积极适应经济发展、消费升级的需要,发挥优势,挖掘潜力,提高档次,大力发展现代流通业。时代超市、利万家超市、上海华联、济南人民商场滕州购物中心等一批大型商业网点相继开工运营,保持了较强的竞争优势。与香港、济南客商合作投资2800万元新建了占地280亩的滕州蔬菜批发市场,被农业部列为全国鲜活农产品定点批发市场,日交易蔬菜50多万公斤。荆西商城总投资5.6亿元,已达成意向;2002年,全市投入市场建设资金5000万元以上,竣工营业面积达6.5万平方米,成为新的经济增长点。

四、发挥区位优势,加强城市、交通基础设施建设

滕州地处苏鲁豫皖交界的淮海经济区中心位置,区位优越,交通发达。我们以法律法规和城市规划为依据,强化市场机制和资本运营,加大资金筹措力度,使城乡道路建设呈现出力度大、质量好、进度快的良好局面。2002年,全市共新建、改建、扩建城区道路25公里,总投资7500万元,同比增长97%;总投资1.6亿元的104国道滕州段改造工程和总投资1.2亿元的笃西公路工程,已全线通车;滕州港工程,总投资1.3亿元,一期工程基本结束,完成投资7700万元;全年共铺筑省、县、乡公路总长220公里,总投资4亿元,比上年增长10.2倍,成为滕州的一大亮点。

五、发挥园区和驻地大企业优势,孵化重大项目

按照“经济发展园区化,园区发展集约化”的思路,调整优化政策和运行机制,加大软硬环境建设,努力打造招商引资和重点项目建设的新平台、“小特区”,吸引了大批客商、企业入园经营。目前,全市

已建成各类工业园区 18 个，入园企业达 729 个。占地1万亩的滕州工业园，目前入园企业达 89 家，总投资 11.3 亿元，其中 56 家已建成投产。其中 2002 年 11 月份集中奠基了 18 个项目，总投资达 2.4 亿元。同时，充分发挥我市境内省、市驻滕大企业多的优势，制定积极的引导政策，鼓励支持他们增加投入，扩大规模。总投资 100 亿元、20 平方公里的鲁南高科技化工园区，总投资 4 亿元的鲁南水泥建材工业园，总投资 4 亿元的柴里煤矿 80 万吨捣固焦，总投资 3 亿元的田陈煤矿扩建等一批项目已经或即将实施，增强了对地方经济的拉动，实现了企地双赢互利。

高效发展民营经济有赖于“多轮驱动”

醴陵市人民政府市长 邝邹飞

醴陵是一个传统的轻工业城市，因盛产陶瓷和烟花鞭炮，素有“瓷城”和“烟花之乡”的美称。近年来，我们按照“以加快发展为主题，大力推进工业化”的发展战略，多轮驱动发展民营经济，使民营经济成为了推动县域工业化的主体力量。

一、高效发展民营经济必须以观念转变为先导

民营经济的发展，首先要解决好姓“社”姓“资”、姓“公”姓“私”的观念问题。为此，自上世纪90年代中期起，我们提出了一手抓国有集体企业的改制、一手抓民营经济发展的思路。一方面因企制宜，因厂施策，宜股则股，宜卖则卖，宜租则租，不搞“一刀切”，但都要“切一刀”，对国有集体企业进行全面改制，走民营化之路，使一大批企业焕发出新的生机和活力。另一方面念好“放、帮、促”三字经，放手发展民营经济、千方百计帮助民营企业排忧解难、不断促进民营经济迈上新台阶。观念的转变为民营经济的发展解除了思想桎梏。在我市，1997年以来新办的企业，基本上都是采取股份制、股份合作制、个人独资等方式兴办的。

二、高效发展民营经济必须以环境优化为基础

资本是进行商品生产和经营的第一推动力。民营经济要高效发展，必须有持续的资本投入。为此，我们着力抓好制度、查处、规范、作风和整顿五个环节，优化经济发展环境，以此来吸引社会投资。通过舆论引导，让投资者放心；政策扶持，让投资者舒心；搞好服务，让投资者顺心。环境的优化，不但激活了民间投资，实现了民间投资由以前的“有钱怕投入”到现在的敢于投入和超前投入的转变，而且还吸引了大量的外来投资者。“九五”期间，我市国内引资7亿元，利用外资2194万美元，这些资金80%以上投入到了民营企业。

三、高效发展民营经济必须以体制创新为关键

随着计划经济向市场经济转轨，过去我市的许多国有、集体企业一时难以应对市场的冲击，无法适应市场经济的发展要求，生产经营一度陷入困境，其中体制制约成为企业发展的最大障碍。1996年以来，我们采取股份制或股份合作制、拍卖、租赁等主要形式，在全市大刀阔斧地对国有、集体企业进行了产权制度改革，逐步使国有、集体资本从竞争性领域退出，政府从投资主体的地位中退出，民资充当了投资主角，构建了民营经济为主体的县域经济格局。目前，我市1308家国有、集体企业已有1262家完成了改制，占企业总数的95%以上.

四、高效发展民营经济必须以壮大支柱为重心

我们注重发挥支柱产业有较高水平的生产率和较快的生产率增长速度、对相关产业有较强的外部效应优势，大力发展陶瓷、花炮两大传统支柱产业，使之在我市的经济发展中扮演着越来越重要的角色。2002年，这两大产业为我市提供了1.92亿元的工商税收，占全市工商税收总额的57.32%。为壮大支柱产业，我们采取了系列可行措施。一是通过龙头带动壮大支柱产业。按照“依托产业铸龙头，依靠龙头兴产业”的思路，选择一批基础条件优越、竞争力较强、成长性好的企业，作为县城工业的“标志性工程”，进行重点扶植，引导企业上规模、上档次。这样，不但营造了规模优势，还带动了一大批中小企业的发展，提高了整个产业的竞争力。二是通过科技带动壮大支柱产业。在推进企业的生产工艺、技术、设备更新基础上，我们积极与科研院所联手，寻找 “科技靠山”，开发具有国际、国内领先水平的新产品。近几年开发的炻瓷已风靡国际市场，以大型盆花和升空类产品为主的600多个花炮新产品，深受客户喜爱。

五、高效发展民营经济必须以发展园区经济为途径

近些年，我们因地制宜，采取长藤结瓜、开发小区和南北呼应、依城建园的方式，相继建设了沿106国道十乡百里工业带和城郊南北两个工业园，不断加速了园区建设，使园区逐渐成为了市域经济的重要增长极。一方面，通过在园区内实行最优惠的政策、最优质的服务，降低投资成本，营造“洼地”效应，吸引了一批企业落户园区。另一方面，加大招商引资力度，着力引进一些实力雄厚的企业和财团，使园区成为了招商引资的重要平台，促进了人流、物流、资金流向园区集中。

六、高效发展民营经济必须以拓展外向为方向

在发展民营经济过程中，我们充分利用国内国外两个市场、两种资源，取天下之长，补自己之短，

积极向外拓展，使市域经济成为了一种具有顽强生命力的开放型经济。一方面始终抓住国内市场不放松，积极组织企业到国内大中城市设立销售窗口，举办产品展销会，最大程度地增加市场份额。另一方面通过构建自营出口优势、“借台唱戏”、“借船出海”、网络营销等方式，积极拓展国外市场。目前，全市已有72家企业能够直接进行国际贸易，在全省县市区中处于第一位。2002年，通过企业广泛参与国际国内各种边贸会或交易会，拿回订单6000余万美元，借助因特网完成网上交易5000余万元。

搭好开放"台" 唱响开放"戏"
强力推进县域经济超常规跳跃式发展

中共威海市委常委、乳山市委书记 赵熙殿

党的十六大提出了"发展是执政兴国第一要务"的思想，落实到县域工作中，就是要抓住工作"牛鼻子"，找准发展突破口，千方百计把经济搞上去，让广大群众得到实惠。近年来，乳山市在扩大开放进程中，把优化投资环境作为扩大开放、吸引外资的重要手段，坚持先搭"台"，再唱"戏"，加快了经济外向化进程。1998 年以来乳山市累计实际利用外资是 1997 年以前实际利用外资总量的 2.3 倍，带动地方财政收入在全省的位次由 1997 年的 33 位进入到前 20 位，在第二届全国县域经济基本竞争力 100 强中位居 62 位，为实现区域经济超常规跳跃式发展打下了良好基础。

一、硬环境建设

以建设"生态型花园式滨海旅游城市"为目标，1998 年以来累计投入城市建设资金 10 多亿元，全面实施了"五大工程"：一是以"两区八园"为重点的园区开发工程。围绕"筑巢引凤"与"引凤筑巢"，在全市重点规划开发乳山经济开发区、银滩旅游度假区和城区工业园等"两区八园"。在短短两年时间内，"两区八园"项目开工面积就达到 110 万平方米，引进项目 210 个，形成了招商引资的"洼地"效应。二是以绿城、绿山、绿路、绿滩为重点的"四绿"工程。重点实施了特色街、特色园林、特色草坪连片种植等绿化工程，城区绿地面积比 1998 年翻了一番，达到 600 多万平方米，城市绿化覆盖率达 41%。三是以区城互促、园城共进为重点的"三区对接"工程。按照"以路延伸促城扩张、以路改造促土地增值"的思路，加快了市区与南部省级乳山经济开发区、银滩旅游度假区"三区对接"步伐，初步形成了松散状的滨海旅游新城框架，城市建成区面积由 1998 年的 12.7 平方公里扩大到目前的 24.7 平方公里，单宗土地拍卖创下了 118 万元 / 亩的纪录。四是以拆迁改造、亮化美化为重点的"旧城变新"工程。建设了大型人民广场、停车场、城市污水处理厂、城市垃圾处理厂等重点工程，实施了以 4 条霓虹灯街和 4 大彩灯聚集区为主的光亮工程，城市面貌焕然一新。五是以"治四乱、一规范"为重点的管理升级工程。突出解决乱摆乱停、乱搭乱建、乱贴乱画、乱扔乱倒现象，严格规范广告牌、门头装饰行为，切实提高了市民的文明意识，提高了城市的文明程度。五大工程的实施，进一步提高了城市品位，提升了城市档次，树立了城市形象，2002 年一举成功创建了"国家环境保护模范城市"，银滩旅游度假区荣膺国家 AAAA 级旅游区，岠嵎山晋升"国家森林公园"，成为乳山招商引资、对外开放的金招牌。

二、软环境建设

按照"有限、效能、规范、透明"的原则，着重强化服务职能，为外向型经济发展创造公平有序、快捷高效的发展环境。主要做到了"四重"：一是重"引"更重"在"。在重视项目引进的同时，先后建设了外商投资审批一条龙服务、企业建设全方位服务、开工投产后经常性服务"三大服务体系"，建立了市级领导定期走访外资企业、每月召开部门与外资企业联席会议"两大渠道"，成立了涉外服务大厅、银滩服务大厅和报建项目服务大厅"三个服务大厅"，为在乳投资项目的健康发展提供了优良的服务环境。二是重"大"更重"小"。就是从小处做起，从每个乳山市民抓起，在部门中推行了优政服务承诺，做到马上就见、马上就谈、马上就办"三个马上"；在干部中实行严格的"首问负责制"，每年开展"最不受欢迎单位和个人"评选活动，提高服务质量；在市民中大力培养"人人都是招商环境"意识，为招商引资提供优良的服务氛围。三是重"区"更重"企"。就是既重视区域的整体开放、整体招商，更重视企业招商引资的主体作用。中鲁公司先后与中国国投、日本三菱、韩国尚进等国内外大公司建立了合资合作关系，累计利用外资近亿元，企业经济效益连续 10 年居全国同行业之首，实现利税过亿元。四是重"外"更重"内"。树立"市外以外都是外"的大开放观，对国内外投资企业不论属性论作为、不看大小看贡献，一视同仁，同等对待，同样服务。仅近两年来，全市就引进国内招商项目 400 多个，实际利用市外资金达 11.8 亿元，有效地提高了全市企业的总体水平。

加快发展外向型经济 造就县域经济新活力

文登市人民政府市长 于时文

近年来,文登市坚持把发展外向型经济作为加快县域经济发展的"重头戏",全力实施外向型经济带动战略,构筑经济增长平台,实现了县域经济的持续快速健康发展。2002年,全市国内生产总值达到192亿元,地方财政收入达到6.68亿元,分别比上年增长15%和23%。外资企业达到614家,新批准利用外资项目96个,实际利用外资1.5亿美元,增长150%,外贸进出口总额达到4.3亿美元,增长21.1%,加工贸易进出口总额达到2.73亿美元,增长20.6%。

一、抓园区,培植招商载体

园区化作为经济发展的一种必然趋势,具有政策、资金、人才以及环境等多方面优势,是各种生产要素优化配置的最佳阵地,是带动区域经济发展的重要载体,也是加快发展外向型经济的有效途径。近几年,文登市坚持把园区建设与发展外向型经济紧密结合,一体化推进,走以园区带动外向型经济快速发展,以外向型经济促进园区规模膨胀的路子,集中精力,倾斜财力,引国内外资本,招高层次人才,全力建设布局合理、功能齐全、设施完善的各类经济园区。重点规划建设了文登营工业园、韩国天安工业园、苘山二龙山工业园、米山工业园等加工贸易园区。同时,加大了苘山、汪疃、大水泊、张家产、小观、宋村、泽库、米山等8个镇级经济园区的建设力度。目前,这些园区基础设施日趋完备,项目聚集效应日益突出,外资项目相对集中,经济外向度较高,成为全市对外开放和出口创汇的中坚力量。截止到目前,全市进入各类园区的外资企业达到160多家。

二、抓招商,引进外资项目

重点抓好三个方面:一是坚持招大引大。依托一批优势骨干企业,采取股权转让、合资合作等形式,搞好同上市公司、跨国公司和国内大企业的合作洽谈,积极引进一批有带动力和辐射力的大项目。2002年,全市引进500万美元以上的大项目8个。二是转变招商模式。在继续搞好以会招商、以商招商、以企招商的基础上,积极实施网络招商、委托招商等招商新途径,实现招商形式的多样化。重点是加强与国际大投资咨询机构的联络工作,利用其参与世界跨国公司投资战略规划研究的优势,及时了解跨国公司的投资意向和项目信息,引进一批规模大、科技含量高的外资项目。三是建立招商引资项目库。论证了一批工业、农业、旅游和基础设施招商项目,积极向外推介,增强招商引资的针对性。重点引导外资向农业、旅游和基础设施建设等方面挺进,不断拓展招商领域。

三、抓出口,开拓国外市场

根据国外市场的发展趋势,加快调整出口产品结构,全力以赴抓好机电、服装和农产品三大系列产品的出口。机电产品出口,通过聘请国外销售代理、借助同行业国外销售渠道等途径,积极开拓欧美市场。抽纱产品出口,抓住入世后国际贸易壁垒逐步消除的有利机遇,引导企业直接与海外客户联系,扩大自营出口,提高企业利润率。农副产品出口,加快农业标准化体系建设,重点搞好无规定动物疫病区项目建设,建立起覆盖全市的动物疫病化验监测网。同时,努力开拓出口市场,对韩国、日本、东南亚等传统市场,坚持让利不让市场,全力巩固已建立起来的客户渠道和市场份额,对欧盟、美国、俄罗斯等市场,积极开拓,主动出击,上门推销,建立新的出口基地。继续壮大出口队伍,积极争取企业自营进出口经营权,目前,全市有自营进出口权的企业达到54家。

四、抓服务,优化软硬环境

硬环境建设,近两年,先后投资2亿多元,对城市进行了大规模建设和改造,进一步优化了外商投资环境。软环境建设,建立"三个机制"。一是外商投诉快速反应机制,对外商一般的投诉案件保证在30日内解决完毕,情况复杂的案件,每周向投诉人通报办理情况,在3个月内办结。二是外商投资监督制约机制,定期请外商为涉外部门打分评比,每半年组织一次全面评议,并将评议结果向社会公布。对外资企业的收费和检查项目,一律登记造册,统一向外商公布。三是外商投资服务机制,成立了外商投资服务中心和翻译中心,专门负责为外商服务。坚持定期到外资企业进行走访座谈,对外商反映的问题进行集中协调解决,避免了外商投诉案件的发生,实现了连续3年三资企业的"零投诉"。

加快县域经济发展 实现富民强市目标

中共南安市委书记 陈庆宗

近几年来，南安县域经济发展取得了很大成绩，经济总量快速增长，经济结构逐步优化，人民生活不断改善，各项社会事业全面进步，为加快经济发展做出了重要贡献。与此同时，县域经济发展也遇到了不少困难，积累了一些矛盾和问题。县域经济发展进入了一个既面临困难又充满希望的重要转折阶段，既面临着传统优势弱化、竞争压力增大的严峻挑战，又面临着发挥比较优势、参与产业重组、拓展发展空间的新机遇。面对新的形势，南安市要牢牢抓住县域经济发展的主动权，全面建设小康社会，就必须深入地学习贯彻党的十六大精神和各级经济工作会议精神，按照“发展要有新思路、改革要有新突破、开放要有新局面、各项工作要有新举措”的要求，牢固树立“三种意识”，把握“三个环节”，推进“三个层面”，努力增强自然优势力、政府能动力、产业竞争力、企业竞争力、人力竞争力、外界互动力，实现富民强市目标。

树立“三种意识”，就是要树立发展意识，牢牢把握发展第一要务，聚精会神搞建设，一心一意谋发展，坚持振奋精神勇于拼搏，百折不挠顽强拼搏，发挥优势善于拼搏，在拼搏中取胜，在拼搏中发展；树立创新意识，以创新的思维、创新的方法、创新的机制不断推动制度、科技、文化以及其他方面的创新，以创新谋求新发展，以创新开创新局面；树立务实意识，坚持想问题、办事情、作决策都要从南安实际出发，从可持续发展和保持工作的连续性出发，从符合广大人民群众的意愿和根本利益出发，摸实情、定实策、出实招、求实效。把握“三个环节”，就是要坚持立足现实，顺应潮流，与时俱进，探索加快县域经济发展的新途径、新举措，大力推进工业化与信息化、工业化与城市化、工业化与可持续发展、工业化与扩大农民就业的紧密结合，走新型工业化道路；要坚持深化改革，坚决冲破一切妨碍发展的思想观念，坚决改变一切束缚发展的做法和规定，坚决革除一切影响发展的体制性弊端，进一步清除阻碍经济社会加快发展的思想、环境、体制、政策和结构等方面的障碍，不断优化南安的发展环境，努力提高城市整体形象，将城市作为一个品牌和产业来经营，使南安市的知名度与日俱增；要坚持相信和依靠人民群众的智慧，切实尊重人民群众的主人翁地位和首创精神，进一步整合各种资源，凝聚各方力量，调动方方面面积极性，团结一心干事业。推进“三个层面”，就是要着力打造沿海经济增长极，发挥石井、水头、官桥、丰州、霞美等沿海乡镇港口、海洋、侨台资源优势，主动接受泉州、厦门等城市辐射，突出产业、市场、基地联动发展的特色，加快发展滨海工业和港口经济，推进企业簇群化、市场国际化、基地专业化，使之成为全市现代化建设的先导区和开放型经济的高增长区；要着力构筑城市经济繁荣圈，发展城市经济，做大做强中心市区，辐射带动洪濑、梅山、诗山等次中心城镇，发挥政治、文化、商贸优势，突出文化与经济良性互动特色，把发展社会事业与经济建设结合起来，把城镇建设与繁荣商贸结合起来，把加强基础设施建设与优化环境结合起来，加快城乡一体化进程，形成中部繁荣发展的经济区域；要着力建设山区绿色经济带，发挥东田、翔云、眉山、蓬华、九都、向阳、乐峰、洪梅等山区乡镇气候、旅游、水电等山地资源优势，突出绿色无污染的生态特色，积极发展特色农业和劳动密集型、资源加工型产业，逐步形成“一乡一品”或“一乡多品”的基地化生产，把山区建设成为我市绿色产品生产基地、旅游胜地和生态家园。通过推动三个层面发展，为沿海“锦上添花”，为中部“釜底添薪”，为山区“炉中添炭”，扩大经济腹地，加强山海协作，扬长避短，优势互补，吸引和活跃人流、物流、资金流和信息流，全方位、宽领域、多层次地加快南安市县域经济发展。

创新实干为动力　加快发展为主题

中共合川市委　　合川市人民政府

合川经济结构逐步优化，国民经济较快增长。经济建设取得了明显成绩。到2002年,实现国内生产总值96.3亿元,是1997年的1.4倍;地方预算内财政收入3亿元(同口径),是1997年的2.4倍;固定资产投资总额31.3亿元,是1997年的5.1倍;社会消费品零售总额28.5亿元,是1997年的1.6倍;农民人均纯收入达到2625元，是1997年的1.2倍;全市职工平均工资达到8785元,是1997年的2.3倍;城乡居民储蓄余额63.8亿元,是1997年的2.4倍。三次产业比由1997年的35.9:31.9:32.2调整为23.5:38:38.5。

2003年是全面建设小康社会的第一年，是新一届市委工作的开局之年。2003年的目标是:GDP达到108亿元,增长12%;全社会固定资产投资39亿元，增长25%；地方预算内财政收入3.06亿元(新口径),增长12%;社会消费品零售总额32.2亿元,增长13%;城市居民人均可支配收入增长6%;农民人均纯收入增长3%;人口自然增长率控制在3‰以内。

合川全面建设小康社会,必须坚持以经济建设为中心,以加快发展为主题,以创新实干为动力,着力培育五大农产业特色、能源建材和制药食品特色、仓储网络特色、江城旅游特色等区域经济的四大特色,加速推进农业产业化、新型工业化、流通现代化和农村城镇化进程,促进物质文明、精神文明和政治文明同步发展。

一、以实施农业产业化经营为重点,努力培育五大农产业特色

从我市实际出发,要大力推进五大特色农产业(PIC生猪、蚕桑、葛、蔬菜、水产)的农业产业化经营,促进农业增效、农民增收和农村经济稳步发展。

培育五大农产业特色。加快农业结构调整步伐,以扩大规模、做大总量、提高质量为重点,积极推进规模经营和业主经营,抓好特色专业村和种养大户的发展。按照区域化、专业化、规模化、标准化的要求,使五大农产业由点到线、由线到带、由带到面迅速扩张。到2007年,五大农产业占农业总产值的比重达到70%以上。抓好我市的五个重庆市农业产业化“百万工程”项目,力争发展速度、经营规模和经济效益走在工程实施区县市前列。抓五大农产业,带动荞麦、茉莉花、枇杷、梨的种植和山羊、鸭以及小家禽畜的养殖,使我市农业内部结构进一步优化,五大产业特色更加突出,各类特色种养殖业蓬勃发展。

着力抓好龙头企业。坚持引进和培育相结合,以龙头企业的发展加速农业工业化进程。五大农产业每年要分别发展1—3个龙头企业，力争5年内培育国家级、重庆市级龙头企业10户以上，培植2—3户上市龙头企业,发展20—30户合川市级骨干龙头企业和一大批各具特色的大中小型龙头企业。

大力发展合作经济。精心构筑“一个网络、两个平台”,夯实合作经济发展的基础。加强技物结合,拓展服务领域,不断增强综合服务社功能;在农民自愿的基础上,建立跨区域的专业合作社,组建专业合作社联合社,不断壮大合作经济规模。建立健全管理机制、监督机制和约束机制,规范合作经济组织内部运作。大力吸纳专业大户、科技能人管理合作经济组织,提高办社水平。建立消费合作社和住宅合作社,拓展合作经济的发展空间。

二、以加快新型工业化为核心,努力培育能源建材、制药食品工业特色

未来5年,要按照新型工业化的要求,用新技术改造传统产业，用信息化等现代化手段管理企业,加快培育工业特色。

培育能源建材、制药食品工业特色,积极推进四大园区建设。立足我市水力资源和煤炭资源优势,抓住国家对嘉陵江实施渠化的机遇,加快草街航电水利枢纽、富金坝电站、利泽电站、双槐火力发电站、三汇坑口电站和22万千伏输变电工程建设,努力把合川建成装机规模300万千瓦的重庆能源基地;依托丰富的自然资源,抓住城镇建设和公路、铁路、电站等重点项目建设的机遇,加快发展以水泥生产为重点的建材工业，力争3—5年内水泥年产量达到500万吨;抓好中药材GAP基地建设,加快制药业的发展。5年引进、培育各类制药企业8家以上,扶持企业加速GMP技术改造,努力开发具有自主知识产权的新产品,培植2—3个知名品牌,使制药业成为我市工业的重要支柱；大力发展食品加工业，实现食品工业和特色农业的互动发展。五年内，培育具有一定规模的食品加工企业10—20家。抓好合川工业园区，盐井草街、三汇建材园、清平玻璃园、太和丝绸园 。

三、以建设重庆北部地区商贸中心为目标，努力培育仓储网络商贸特色

合川紧靠重庆主城区，与周边10个区县市和四川3个地区性中心城市邻近，拥有巨大的消费市场。要突出仓储网络特色，着力培育大市场，发展大商贸，促进大流通，增强对周边地区的辐射力，努力把合川建设成为重庆北部地区环境一流、功能齐全、最具活力的商贸中心。

加快培育商业旺区。以购物中心、商务中心、会展中心、物流中心和环江景观商业圈为核心，建设一批特色商贸街区，搞好商贸设施配套建设。推行以大型流通企业带动中小生产企业、以大型生产企业带动分销机构发展的现代经营模式，培育和引进商贸龙头企业，发展多种类型的专业店，提高商业集聚辐射力。

大力发展现代流通业。积极推行物流配送、连锁经营、电子商务等现代营销方式，以快捷方便的交通运输为依托，加快信息网络体系建设和传统批发业的重组改造。做大重庆北部装饰建材仓储批发市场、合作仓储市场，规划兴建主城中心商务区、火车站仓储批发市场，加快建设重庆北部旧货交易市场、农产品专业批发市场和边界市场。不断拓展发展空间，构建以主城中心商务区为核心，骨干专业批发市场为主体，重点集贸市场为支撑，布局合理、功能匹配的流通网络。

加快发展特色餐饮业。立足大众消费，配合旅游业的发展，突出地方文化特色，重点抓好特色餐饮街、名小吃和民俗特色餐饮店的建设，打好饮食文化牌，吸引重庆和周边地区来合消费。

四、以发展精品旅游为突破，努力培育江城旅游特色

充分挖掘我市旅游资源，围绕生态、文化两大主题，发展精品旅游，加速资源优势向经济优势转化。5年内形成江城旅游特色，振兴旅游经济。

打造旅游精品，培育江城旅游特色。努力创造条件，积极开展钓鱼城申报世界文化遗产的工作，抓好以钓鱼城为龙头、双龙湖为龙身、涞滩二佛寺为龙尾的龙型旅游建设，努力打造江城旅游精品；抓住嘉陵江航电水利枢纽建设和实施三江千里绿化工程的机遇，大力发展江上旅游；加快城市旅游景观建设，构建环江城市景观，积极培育城市旅游；加快九峰山森林公园、温泉、度假村、农家乐和农业生态园开发建设，积极发展观光旅游。努力培育“游钓鱼名城、观涞滩古镇、赏江岸风光、享农家休闲、品三江鱼美”的江城旅游特色。

加强旅游宣传，完善服务配套。加快旅游形象设计，积极与重庆和西南地区旅游网对接，多渠道、多层次、全方位开展旅游宣传和营销，加强与周边地区联合与协作，举办有影响、有声势、有特色的各类旅游活动，扩大合川旅游的知名度和影响力，努力拓展客源市场。抓好旅游产品开发，充分发挥旅游对经济的拉动效应。进一步完善旅游服务设施，完善宾馆、饭店和旅游配套设施，强化旅游行业和导游队伍建设，规范市场秩序，提高综合服务水平，不断改善旅游环境。

五、以推进城镇化进程为基础，精心打造绿色江城城市品牌

推进城镇化进程，是统筹城乡经济社会发展，实现城乡共繁荣的重要措施，也是全面建设小康社会的必由之路。要加快江城特色城市建设，力争城镇化率每年提高2.5个百分点，尽快建成重庆北部地区中心城市，并向大城市迈进，使合川成为重庆市一小时经济圈中的重要城市。

高速度推进城镇体系建设。按照重庆市新一轮城市发展布局，高起点修编合川城市总体规划。构筑以主城区和大石、云门、盐井、草街四个外围组团为核心的“一心两翼三极四区”的江城城镇体系，整体推进城镇化进程。力争到2007年，主城区建成面积达到29.3平方公里、人口32万，小城镇面积25.1平方公里、人口32.7万，全市城镇化达到44.3%。

高品位打造绿色江城城市品牌。加大新区开发、旧城改造和标志性建筑的建设力度，加快江南、江北和江东三大组团建设。构建合川历史和时代精神相融合的“江在城中、城在园中、楼在绿中、人在景中”的江城特色。精心打造水城相融、水绿相映的西部绿色江城城市品牌。

六、以创造良好发展环境为保障，不断提高对外开放水平

努力优化政策环境。抓紧制定和实施加快发展的政策措施，进一步清理政策性文件，积极与国际惯例接轨。深入开展环境集中整治活动,营造公开、公正、公平的竞争环境。

努力优化项目建设环境。要树立全新项目观,把重点项目作为拉动经济增长、增强发展后劲的重要措施,以更多、更大、更好的项目,促进我市经济快速发展。继续实施市级领导联系重点项目制和项目建设领导责任制,加大项目实施力度,保证每年完成一批、开工一批、申报一批、储备一批大项目。

努力优化招商引资环境。要树立"人人是招商主体、人人是投资环境"的观念,营造亲商、安商、富商的浓厚氛围和良好环境。建立高规格的招商引资领导机构,落实招商责任,制定优惠政策,健全激励机制,加大政府招商和民间招商的力度,探索网上招商、委托招商、以商招商和"走出去"招商等新方式,推进招商引资取得实质性突破。

努力优化服务环境。加快转变政府职能,切实减少行政审批,简化办事手续,为加快发展创造优越的环境"平台"。加强机关效能建设,严格过错责任追究,推行受损赔偿的社会承诺。实行"一站式"办公和"一条龙"服务,不断提高办事效率和服务质量。

七、以实施科教兴市为动力,积极推进社会事业全面发展

加快建立以企业为主体的技术创新体系,鼓励支持企业和各种经济实体与高等院校、科研院所建立技术合作关系,加速科技成果向生产力转化。建立有利于人才成长和发挥作用的机制,促进优秀人才脱颖而出,为经济发展提供强有力的技术保障和智力支持。到2007年,全市科技贡献率力争达到47.5%。要把教育放在优先发展的地位,合理调整教育结构和学校布局,加大教育投入,支持社会力量办学,加强教师队伍建设,全面提高教育质量,努力促进教育事业发展。着眼于满足人民群众日益增长的精神文化需要,加快通讯事业和广播电视等新闻事业发展,搞好信息服务。抓好文化市场的管理,打造江城文化、钓鱼城文化和龙舟文化三大品牌,发展社区文化和企业文化,创建一批国家、重庆、合川三级先进文体镇街和单位。加快卫生事业发展,加强医疗产权制度改革,提高城乡人民的医疗保健水平。正确处理好人口、资源和环境的关系,加强人口与计划生育工作,搞好资源的保护与合理开发利用,加强生态环境建设,促进经济社会可持续发展。

发挥本地优势 促进县域经济发展

中共嘉祥县委书记 周洪

嘉祥县位于山东省西南部，属济宁市管辖。现辖8镇7乡，714个行政村，总面积960平方公里，耕地92万亩，总人口76万。2002年国内生产总值33.23亿元，地方财政收入1.9亿元。近几年来，我们立足嘉祥资源优势、区位优势、民间资本优势、农业优势，大力培植资源开发项目，突出抓外经外贸、民营经济、农业产业化、重点项目，有力地推进了县域经济的发展。2002年全县国内生产总值完成33.35亿元，比上年增长13.8%；地方财政收入完成1.48亿元，比上年增长26.1%；三次产业比调整为27.5:37.4:35.1。

一、发挥资源优势，突出抓水泥、煤炭、电力、造纸、石材五大资源开发项目

嘉祥地上有山，地下有煤，境内有126座山头，石灰岩储量90亿吨，地下煤储量10亿余吨。我们充分发挥这一优势，按照可持续发展的要求，实施项目带动战略，大力开展招商引资，以项目建设带动经济发展。

对煤炭、电力、水泥、造纸、石材五大产业项目，制定了“一个项目、一名县级领导、一套工作班子、一套工作制度和奖惩办法”的配套措施，规划建设了嘉祥经济开发区、里能新河工业园、梁宝寺工业园、嘉祥石雕艺术园，以最善意的舆论环境，最宽松的法制环境，最完善的设施环境，最优质的服务环境，推动项目建设。先后有山东里能集团、太阳纸业集团、肥城矿业集团、青岛六和集团、青岛万年集团、中国非金属集团、福清高豪集团等大企业落户嘉祥。总投资12亿元的45万吨新河煤矿、240万吨梁宝寺煤矿、60万吨水泥技改，300万吨旋窑水泥、70万千瓦电厂、6万千瓦电厂、30万吨高强度瓦楞纸、洛克石材等项目先后破土动工，并见到效益，全县大煤炭、大水泥、大电力、大造纸、大石材的工业框架初步形成。在上项目的同时，我们正确处理资源开发与保护环境，经济效益与生态效益，眼前利益与长远利益等方面的关系，资源优势开始向经济优势转变。

二、发挥区位优势，突出抓外经外贸

嘉祥地处济宁组群结构大城市的边缘，“水陆空”交通发达，区位优势明显，为我们对外开放、抓好外经外贸提供了得天独厚的条件。我们把对外开放作为全县经济发展的“牛鼻子”，全党重视，全民参与，全神贯注，全力以赴，从解放思想入手，牢固树立“大开放、大经贸、大发展”的观念，做到时时想开放，处处为开放，齐心协力抓开放。围绕优质、安全、绿色目标，集中抓大蒜、蔬菜、花生、无花果、畜禽产品出口基地建设，提高农副产品出口比重，建成了10万亩蔬菜基地，3万亩出口花生基地及鲁西黄牛、小尾寒羊、鹌鹑、肉鸽等畜禽产品出口基地。通过开展挂大靠强联名、合资合作、配套生产或进入国外大企业营销体系，多渠道增加工业制成品出口，使防寒制品、机电产品、单晶硅等产品的出口比重不断增加，2002年完成出口创汇1123万美元。

三、发挥民间资本优势，突出抓民营经济

加快经济发展，活力在民营，潜力在民间，动力在民资(智)。我县每年有千名学生回乡，全县人民通过自己的辛勤劳动，积累了一些资金。2002年各项金融机构存款余额25.51亿元，其中，城乡居民储蓄存款余额22.99亿元。为把蕴藏在民间的民资(智)民力挖掘出来，县里做到“六个支持”，即支持民营企业与国内外大公司、大财团合资合作，扩大出口创汇；支持民营企业参与国有、集体企业改制、改组、改造，盘活存量资源，重组优势资产；支持规模较大的民营企业进行产权改革，建立现代企业制度，通过资本纽带走向联合，从单家独户、各自为战的格局中摆脱出来，实现从量的扩张向质的提高转变；支持民营企业与科研单位和高等院校联系，加快科技进步；支持民营业户把资金投向“五种五养”、农业龙头企业和示范基地，推动农业结构调整和产业化经营；支持民营业户投资园区、市场和城乡基础设施建设，发展教育、卫生、文化等社会公益事业。并放宽经营领域，放开准入限制，优化产业产品结构，促进民营经济总量的增加、个头的增大、规模的膨胀和效益的提高。2002年底，全县民营企业和个体工商户达到1.46万户，民营经济上缴税金占工商各税的比重提高到79.2%，逐步形成“铺天盖地”、“顶天立地”之势。

四、发挥农业优势,突出抓农业产业化

嘉祥是农业大县,红皮大蒜、细毛长山药曾为皇室贡品,鲁西黄牛、小尾寒羊闻名全国,棉花、无花果、鹌鹑是“江北大县”,林果生产势头强劲。我们充分发掘和创造农业优势,围绕增加农民收入,依托粮棉大县,建设畜牧大县、畜牧强县,推进产业化进程。

依靠龙头企业带动产业化。围绕鲁西黄牛、小尾寒羊、油脂、林纸一体化等龙头企业建设,鼓励工商企业、民间资本和外商投资兴办农业产业化项目,以龙头企业的大发展推进产业化进程。目前,已发展各类龙头企业154家,其中,畜牧养殖型龙头企业40个,加工型龙头企业95个。依靠种养基地促进产业化。本着因地制宜、统一规划、发挥优势的原则,合理布局农产品基地,大力发展专业户、专业村,已形成规模农产品基地9个,达62万亩。发展百只羊场28个,千头猪场13个,万只肉蛋鸡场35个,3万只鹌鹑场28个,畜牧养殖小区8个,专业村55个。依靠政策驱动产业化。落实农村集体所有建设用地流转试行办法和农户承包地使用权依法、自愿、有偿流转政策,积极探索新的流转模式、办法,鼓励土地使用权向种养大户、下岗职工、回乡学生、退休人员和外商集中。落实林权、水利设施产权改革政策,打开“乡门、村门”,鼓励农民、下岗职工、退休人员以及外商投资林业和农田水利基本建设。依靠改善生产条件保障产业化。大搞农田水利基本建设,仅2002年冬季,就完成投资1920万元,新修复沟渠241条、253.5公里,实施方田建设3.6万亩,新打机井近1000眼,推广节水灌溉面积4.7万亩。加快了农村道路建设进度,提出3年实现村村通油路、村村通自来水,并建立完善了“坷垃网”等农村经济信息网络和市场监控体系,为农业产业化提供基础保障。

“四化”进程提升安溪县域经济的综合竞争力

中共安溪县委　安溪县人民政府

安溪县地处福建省东南沿海厦(门)、漳(州)、泉(州)金三角结合部,隶属泉州市。全县面积3057.28平方公里,人口106万,辖24个乡镇、458个村(居)。安溪置县已有一千多年历史,自古以来人文荟萃,境内山川秀丽、资源丰富,是中国乌龙茶(名茶)之乡和中国藤铁工艺之乡,也是福建省著名的侨乡和台胞主要祖籍地之一。

安溪县是一个后发展的地区,历史上曾是福建省最大的贫困县。1985年,全县农民人均收入270元,人均财政收入只有18元,各项经济指标大都处于福建省的倒数位置,全县80万人口有近30万人处于温饱线下,县域经济发展十分缓慢。改革开放以来特别是“八五”以来,在中央、省、市的正确领导下,安溪县委、县政府坚持解放思想、实事求是的思想路线,充分发扬“靠自己骨头长肉”的创业精神,围绕“工业化、市场化、产业化、城镇化”进程,坚持“以厦门经济特区和大泉州经济区为依托,以县城建设为龙头,突出建设两大中心城镇、七大卫星集镇,发展五大特色农业基地,培育六大支柱产业,构筑南北中公路三条经济走廊,形成内外安溪两大区域,促进各地优势互补,联动发展,实现整体跨越”的工作思路,努力探索并走出了一条以特色支柱产业为支撑,多业并举的县域经济发展路子,改革开放和现代化建设实现了三次历史性跨越。一是于1996年提前脱掉了贫困县帽子;二是于1997年实现基本小康,1996—2001年连续六年保持在“福建省经济发展十佳县”前列;三是开始向福建省经济实力十强县迈进。2002年,全县实现国内生产总值102.01亿元,工农业总产值151.2亿元,财政总收入4.76亿元,分别比1985增长15.1倍、23.2倍和16.1倍。进入第二届全国县域经济基本竞争力“全国百强县(市)”列第99位。安溪培育壮大县域经济主要依靠推进“四化”进程。

一、工业化

围绕工业强县、工业立县的思路,安溪县以开发、整合工业区、构建工业发展载体为突破口,以招商引资、大办企业为抓手,以提升二产比例、推动产业结构优化为主线,推进工业化进程,大力发展食品加工、矿产资源加工、机械加工、手工加工等各种不同类型的工业企业。一是建引并举,着力增强工业区的载体驱动功能。重点在土地使用、项目立项、规划建设、政策优惠、投资奖励等方面集中力量倾斜支持县城、龙门—官桥、湖头三大工业区,引导乡镇零星分散的企业和家庭作坊式企业向工业园区集中,壮大企业群,延伸产业链,做大做强一批名牌产品和优势企业。二是优化投资环境,创新招商方式。致力在巩固和发展利用外资规模的同时,努力实现外资来源、投资领域、引资渠道多样化。美国海发投资公司、台湾100大企业中的旺旺集团等国际知名企业纷纷落户安溪。至2002年底,全县共引办三资企业323家,总投资约41.6亿元。三是以科技创新和结构优化为重点,推进新型工业化进程。着力建设以茶叶为主的食品加工基地、藤铁工艺基地、以服装鞋帽为主的轻工业基地、建材冶炼工业基地以及高新技术孵化基地、生产要素集散基地等六大基地,努力形成以高新技术为先导,食品加工、藤铁工艺、服装鞋帽、建材冶炼、印刷包装等产业为重点的工业体系。2002年,全县实现工业产值133亿元,占工农业总产值的87.9%,年均增长25.2%。三次产业由1980年的45:27:28调整为2002年的10.9:52.8:36.3,以工业为主导的经济结构初步形成。

二、市场化

根据安溪县域经济特点和优势,在不同时段,用不同题材,从不同侧面,多样式多层面推进市场取向改革,坚持用市场经济的规律和手段来促进经济发展、社会事业、重点建设、资产重组的市场化进程。一是通过市场运作筹措重大工程建设资金。如:首期投资8600万元建设的中国茶都——安溪全国茶叶批发市场,采用“买楼花”和买房银行按揭的房地产运作方式,政府仅拨出3万元作启动资金,10个月内就建成了现代化的中国茶都,改变了以前“有茶无市”和“有市无场”的状况,并通过茶都的辐射作用,带动了我县茶叶种植、茶叶包装、茶叶服务、茶文化旅游业的快速发展,取得了社会效益和经济效益的双丰收。二是强化“经营城市”理念,建设小城镇。运用市场经济手段,对构成城市空间和城市功能载体的自然生成资本(如土地等)和人力生成资本(如路、桥等)及其相关的延伸资本(如路、桥的冠名权等)进行市场运作,逐步改变城市基础设施建设由政府包揽到底的作法,实现投资主体多元化、经营城市市场化。三是出台优惠政策,鼓励民间资金建设工业区。引导民间人士在工业区里兴建大面积的通用标准厂房,然后转让、出租、收益。四是稳妥解决国有企业资产变现、产权转让、人员退出等关键性问题,引导企业职工根据实际工龄一次性支付经济补偿或利用职工身份置换股权参股,建立多元投资主体,盘活国有资产。五是大力发展和培育生产要素市场,在全县建设45个较大规模的专业市场、批发市场、综合性市场的基础上,逐步完善人才、劳动力、信息、技术市场。坚持不懈地整顿和规范市场经济秩序,加快建立社会信用制度,强化市场主体的信用意识,创造诚实守信的社会氛围。

三、产业化

依托安溪茶叶资源、矿产资源、旅游资源、劳动力资源以及山地资源比较丰富的优势,大力实施行业发展战略,培育壮大茶业、藤铁工艺、建材三大支柱产业,服装鞋帽、旅游、包装印刷等三大优势产业。(1)茶业是安溪县的传统特色产业,更是安溪县域经济中重要的支柱产业。安溪人种茶、制茶,以茶为生、以茶为业的历史已有一千多年。近年来,安溪县委、县政府提出了茶产业重点组织实施"创名牌、拓市场"、"保名牌、抓质量"和"建市场、组集团"三步走发展战略,通过举办北京、上海、香港茶王赛,中国茶都茶文化旅游节、海峡两岸茶文化交流会、中华茶产业国际合作高峰会等重大茶事活动,开发建设了"中国茶都"和"网上茶都"两大专业市场。现在,全县有茶叶加工企业500多家,涉茶人口70多万,年创产值7亿元,年创利税4500多万元,占全县财政收入近1/5。(2)藤铁工艺业是安溪县域经济又一重要支柱产业。安溪县委、县政府坚持引导和扶持并重,提高企业产品的质量和市场占有率,拓展行业整体规模,提高全行业的组织层次等多管齐下,拉长产业链,推动藤铁工艺行业向规模化、集约化方向发展。藤铁工艺行业已由过去单一的产品结构,发展到铁、藤、木、金属、陶瓷、树脂等13大系列品种,产品附加值和国际市场占有率大大提高,藤铁工艺业迅速发展壮大。至2002年底,安溪藤铁工艺行业年出口总额1.55亿美元,全行业产值13亿元,拥有各类藤铁工艺加工企业300多家、加工点2500多个,不仅解决了安溪农村大量劳动力出路问题,拓宽了农民增收的渠道,而且为地方财政增加了税源。(3)发展石材、水泥、钢铁为主的建材业是安溪县域经济又一成功实践。安溪花岗岩储量居福建省第一,石灰石和铁矿含量也相当高。近几年,安溪通过整顿规范矿山开采秩序,实行"协商计划、发证生产、限量开采、限载运输、市场导向、税费调控、分类收费和合理利用"的工作导向,鼓励多种形式办厂办矿,重视发挥石材、水泥同业公会的作用,引进高新技术和先进设备,提高企业产品的竞争水平,全行业的整体效益不断提高,生态环境也得到有效保护。目前,全县共有石材加工企业400多家,水泥及熟料生产企业20多家,年创产值12亿元。三安钢铁厂成为闽南规模最大、效益最好的冶炼企业,引进美资扩建后,年生产量将达100万吨。(4)茶叶、藤铁工艺、建材冶炼等支柱产业不断发展壮大,服装鞋帽、食品加工、茶文化旅游等新兴产业也竞相崛起,极大地丰富了安溪县域经济的内涵。

四、城镇化

按照建设"三乡一市"的思路,抓好大县城建设和小城镇发展,"九五"以来,安溪县坚持"高起点规划,分阶段实施"的原则,按照中心城镇、卫星集镇和新村三个层面相互推动的要求,重点抓好大县城和"两大中心城镇"、"七个卫星集镇"的建设,以此推动全县小城镇建设的全面发展,致力把安溪建设成为较有影响的中国乌龙茶(名茶)之乡、中国藤铁工艺之乡、中国茶文化旅游之乡;把安溪县城建设成为布局合理、功能健全、配套完善、环境优美、经济发达、市场繁荣的具有茶乡特色的现代工贸旅游城市。县城主要是建成全县的政治、经济、文化、金融中心和商品集散地,发挥龙头作用,带动全县经济快速发展;湖头、官桥—龙门两大中心城镇主要是建成重要的工业基地,带动周边乡镇发展;感德、剑斗、虎邱、西坪等全县其他七个卫星集镇主要是建成区域性集贸市场,带动周边乡村发展。同时,注意引导人流、物流、信息流、资金流等生产要素向县城和小城镇流动,形成商品集散地,促进第三产业和小城镇特色经济的形成。目前,安溪已有建制镇13个,城市化水平达到24%,城镇化聚集了人流、物流和资金流、信息流,降低了生产和服务成本,吸纳了更多的农业富余劳动力,促进了县域经济的不断发展。

找准加快发展突破口 提升县域经济竞争力

中共沁水县委书记 申会 沁水县人民政府县长 程琳

县域经济是我国整个国民经济的一个基础层次和重要组成部分。加快振兴县域经济，有着十分重要的现实作用和战略意义。近年来，我们立足沁水的实际，积极创新发展思路，全面繁荣县域经济，取得了明显成效。

一、立足自身优势，大力发展特色经济

在现代市场经济中，竞争是最高法则，拥有竞争力是每个市场主体所追求的，而具有特色是竞争力的重要保障，没有特色的竞争力是不存在的。因此，推进县域经济跨越式发展，关键是要找准地方特色与市场对接的着力点，适应形势，放大优势，培植强势，大力发展特色经济，增强县域经济的特色竞争力。沁水农业、煤炭、旅游资源丰富，这为我们大力发展特色经济提供了十分有利的条件。围绕农业特色产业的发展，我们科学制定发展规划，着力壮大中介组织，不断完善投资体系，提高农业市场化程度，使农业产业规模不断扩大，经济效益明显提高，在促进农业增效、农民增收方面发挥了重要的作用。围绕煤炭特色产业的发展，我们坚持"关小改中建大"的调产方针，加快产品结构调整，加快重点骨干矿井建设，加快采煤方法改革，有力地推动了煤炭产业快速发展。2002年全县整个煤炭行业提供财政收入8294万元，占到全县财政总收入的58%。与此同时，我们大力提升旅游产业，突出特色，打造精品，全县旅游产业也呈现出良好的发展势头。实践充分证明，一个地方只有有效地构建自己的特色优势，这个地方才会发展壮大，这个地方才会实现新的跨越。

二、创新机制，大力发展民营经济

从县域经济发展走势看，个体大户唱主角、做主体，势在必然。因此，以民营经济为主体积极构建县域经济的主框架，成为我们加速发展迫切需要解决的一个重要课题。在实践中，我们深深认识到，当前影响民营经济发展的主要因素已经由思想观念演化为政策和管理的滞后，必须创新机制，才能有大的突破。机制的创新，不仅包括政策机制的创新、投入机制的创新，而且包括管理机制的创新。目前，我县民营企业已达到61户，其中投资在200万元以上的民营企业达到14户；年营业收入在100万元以上的民营企业达到18户。2002年，民营经济上缴税金1600万元，占到全县财政总收入的11%。这些数字表明，民营经济正在成为我们发展县域经济的主力军。

三、加快城镇化进程，建强发展载体

城镇是生产要素的聚集点，是经济发展的载体。一个地方城镇化水平是经济发展水平的直接表现。在加快全县城镇化进程中，我们一是积极建立多元化投资机制。建立起了以个人投资为主，政府、企业共同参与建设的投资机制，大胆将一些基础建设、公用事业推向市场。树立大开放思想，以开放促进大开发，加大招商引资力度，做到政府出政策，市场出资金。二是加大户籍改革力度，吸引农村人口进入小城镇招商办企业，增加城镇人口。三是坚持高起点、高质量建设好县城。近几年来，我们围绕建设园林式山城的目标，先后投资7000多万元，对县城进行了大规模的改造，县城面貌发生了根本性的变化。四是加快建制镇建设和移民并庄步伐。引导各建制镇根据自己的产业特点和区位优势，培育发展一批商贸型、旅游型、工业型小城镇，推动了全县城市化及城乡一体化进程。

四、全方位推进改革，清除体制障碍

县域经济的一个重要特点是人口以农村为主，企业以中小为主，财政以"吃饭"为主，调控以自我为主。城乡间的差距、利益上的摩擦、调控上的乏力常常搅拌在一起，集中地、突出地表现为体制上的障碍。改革，作为变革生产关系乃至上层建筑中与生产力发展不适应、不合谐环节的主要手段，是清除这些障碍惟一的、最彻底的手段。发展县域经济必须以改革统揽全局。从这一要求出发，我们全面推进各项改革，企业改革取得重大突破，农村改革不断深入，社会保障体制改革不断完善，党政机构改革圆满完成。改革为县域经济的快速发展注入了强大的动力。

五、创优环境，构建发展"平台"

环境是竞争力，也是生产力。在竞争日益激烈的市场经济条件下，环境就是项目，环境就是资金，环境就是效益，环境就是发展速度。近几年，我们在创优发展环境上做了大量的工作，取得了一定成效,但发展环境的改善和优化,是一项长期的任务,仍然需要我们付出艰苦的努力。要营造开明开放的思想环境。以“三个有利于”作为最大的标准,以“三个代表”作为最高的要求,以思想的大解放促进县域经济的大发展。坚持不懈地实施“走出去”战略。借助外力加速发展。要营造公平公正的政策环境。善于把国家的政策用足用活,最大限度地拓展地区政策空间,在执行到位上下功夫,维护政策的公正与稳定。要营造舒适顺畅的设施环境。加大基础设施建设力度,以满足人居创业需要,为各种资源要素流动的通畅创造条件。要营造严明规范的法制环境。推进依法治县,整顿和规范市场经济秩序,依法打击各种违法犯罪活动,降低投资风险,增强安全感。要营造健康文明的人文环境。重点建设“服务第一”的政府,崇尚文明的社会,诚信为先的市场和创新创业的氛围。同时,要营造人与自然和谐共处的生态环境。

进入新世纪,县域经济的发展既面临难得的机遇,又面临严峻的挑战。发展是硬道理,是解决一切问题的关键。我们要坚持以邓小平理论和“三个代表”重要思想为指导,进一步解放思想,实事求是,与时俱进,不断探索县域经济发展的新思路,努力实现县域经济跨越发展,为全面建设小康社会做出积极的贡献。

崛起的城市北区

共青铜峡市委书记、市长　段振国

“塞上明珠”

——青铜峡

青铜峡市地处宁夏平原中部，总面积 1892 平
公里，辖 6 镇 8 乡 3 个农林场，总人口 24.8 万人。
全国科技先进市，全国林业百强县，全国双拥模范
，全国卫生先进市，全区首批小康达标市，对外开
先进市，宁夏经济核心区重要组成部分。2002 年，
现国内生产总值 27.7 亿元，年递增 15.6%；实现
政收入 1.33 亿元，年递增 10.9%；农民人均纯收
达到 3101 元；社会消费品零售总额
到 3.87 亿元，年递增 5.4%；全社
固定资产投资累计达到 41.1 亿元。
入中国西部百强县（市）行列。

大坝电厂

青铜峡水利枢纽

青铜峡铝厂

城市广场

马葡萄酒厂

万亩酿酒葡萄种植基地

青铜峡旅游区——108 塔

中原明珠

舞钢市

城市广场一角

风光秀丽的石漫滩水库

石漫滩度假村

天池山瀑布

邯钢集团舞钢公司4.2米轧钢机

华懋双汇年分割1500万只的肉鸡生产线

共鄯善县委书记 苏 宇

鄯善县人民政府县长 巴哈德尔·阿不都艾力木

中国·新疆

葡萄·哈密瓜的真正故乡

鄯善

二十一世纪的丝路明珠

JIANG CHINA

MELAND OF THE GRAPES AND HAMI MELONS

HANSHAN

THE BRIGHT PEARL ON THE SILK ROAD OF 21ST CENTURY

中国百强

江苏省海门市

中共海门市委书记 徐永兵

海门市人民政府市长 汤仲飞

江苏省海门市地处黄海之滨，南倚长江，西靠开放城市南通，北连广袤的江海平原，是中西部地区出江入海的要道，素有“江海门户”之称，与国际大都市上海仅一江之隔，处在中国沿江经济带和沿海经济带的交汇点上。全市总面积1001平方公里，人口103.5万，下辖22个乡镇。先后荣获“中国农村综合实力百强县”、“中国明星县”、“全国科技百强县”、“全国创建文明村镇先进县”、“全国县域经济基本竞争力百强县（市）”等20多项国家级殊荣，并在江苏省长江以北率先建成国家卫生城市、国家环境保护模范城市，被誉为“金三角上小浦东”。

高标准的城市道路

海门高等专科学校

海门城区一角

三星叠石桥绣品城

海门市经济技术开发区一角

中共沁水县委书记 申 会

沁水县人民政府县长 程 琳

纯净成熟蜜基地

待开发的宝地 — 沁水

山西省养羊基地

水煤炭集运站

无公害蔬菜基地

水煤业集运专用站

沁水山城鸟瞰

中共仁寿县委书记 王荣木

成都“后花园”——黑龙滩

努力推进县域经济新跨越

——仁寿

街心广场

英雄广场街头即景

街头夜景

县城全景图

体育广场

仁寿一中校园一瞥

明创示范高中科学楼

人民公园

岛湖风景区

中共大竹县委书记 刘元成

大竹县人民政府县长 胡 杰

美丽富饶的大竹

委书记周永康（中）、达州市委书记李隆春（左）、
长谢天刚（右）视察大竹苎麻纺织印染厂

张中伟（中）在县委书记刘元成（左）、县长
（右）陪同下视察大竹现代农科示范园区

大竹，中国苎麻之乡。

大竹，“竹乡”享誉四方。

大竹，一颗璀璨的明珠，亮丽地镶嵌在四川省东部，达州市南部。

大竹县是一块古老的土地。于唐久视元年置县，至今有1300多年历史。因地多竹而名县。

大竹县是一块富绕的土地。盛产粮油、苎麻、竹木、畜禽等。原煤储量达1.63亿吨，天然气储量约60亿立方米，是全国优质苎麻示范基地县，全国苎麻加工基地县；白夹竹面积居四川省首位。

全县辖63个乡镇、577个村，幅员面积2076平方公里，总人口104万。农业比较发达，工业基础较好，商贸繁荣活跃，交通四通八达，发展后劲明显。先后荣获全国科普示范县、全国文化先进县、全国“双拥”模范县、全国初级卫生保健达标县、四川省社会治安综合治理模范县、四川省中医工作先进县、四川省“小康县”等称号。

热土春潮，生机勃勃。开放的大竹正抓住西部大开发的历史机遇，展开双臂迎接八方宾朋，共创大竹新辉煌！

中国苎麻之乡

川东竹海

浙江省海宁市

海宁地处浙江北部，素有"鱼米之乡、丝绸之府、文化之邦、观潮之地、皮革之都"的美誉，是一个典型的江南水乡。海宁拥有潮、灯、名人三大地方特色文化。海宁潮以其高、多变、凶猛、惊险而被誉为"天下奇观"；硖石灯彩因其工艺独特、制作精细而名闻中外；海宁人杰地灵，涌现出了王国维、徐志摩、蒋百里、金庸等众多名人。

海宁经济发达，市场繁荣，产业特色鲜明，发展环境良好。全市已形成皮革、家纺、经编、电子和医药（化工）等五大主导产业，拥有2个省级经济开发区和3个省级特色工业园区。在第二届全国县域经济基本竞争力评价中居百强县（市)28位。

皮革之都

海宁市南北大道新貌

海宁潮

森琛同志（左一）与广东省副省长雷于蓝（左二）来开平指导侨务工作

广东省省长黄华华（中）和副省长雷于蓝（左一）视察开平依利安达电子有限公司

广东省开平市

林制衣有限公司——牛仔布生产车间

中西合璧的中国华侨园林一绝——国家 4A 级旅游景区立园

乡开平——三埠素有“小武汉”之称

沁源县——再创新优势 跨越奔小康

中共沁源县委书记 王玉圣

拆墙透绿“园林城”一隅

全县提升“黑色”的龙头通州公司

沁源县人民医院

李元工业园区，煤——焦——电——化产业链龙头企业沁新公司

中国茶都——安溪

安溪县地处福建省东南沿海厦（门）、漳（州）、泉（州）金三角结合部，隶属泉州市。全县面积3057.28平方公里，人口106万，自古以来人文荟萃，境内山川秀丽、资源丰富，是中国乌龙茶（名茶）之乡和中国藤铁工艺之乡，也是福建省著名的侨乡和台胞主要祖籍地之一。

改革开放以来特别是“八五”以来，在中央、省、市的正确领导下，安溪县委、县政府坚持解放思想、实事求是的思想路线，围绕“工业化、市场化、产业化、城镇化”进程，努力探索并走出一条以特色支柱产业为支撑，多业并举的县域经济发展路子，改革开放和现代化建设实现了三次历史性跨越。

2002年，全县实现国内生产总值102.01亿元，工农业总产值151.2亿元，财政总收入4.76亿元，分别比1985年增长15.1倍、23.2倍和16.1倍。进入第二届全国县域经济基本竞争力百强县（市），列第99位。

年产20万吨的莲花山水厂

商贸名城——普宁

中共普宁市委书记、市长 吴紫骊

中国普宁中药材专业

电信大楼和邮电广场

220千伏变电站

连接深汕高速公路的普惠高速公路

普宁青榄

普宁蕉柑

普宁青梅

中国建材之乡——南安

书记陈庆宗（左一）、市长陈贻萍（右一）深入企业调研

城市跨江立交桥，展示现代新兴城市风貌

南安与台湾隔水相望。2002 年，石井港实现对金门首次货物直航贸易

南安是民族英雄郑成功的故乡，城市风光秀丽

中国石材城——南安闽南建材第一市场

中共平阳县县委书记 戴祝水

平阳县人民政府县长 仇杨均

城市建设新貌

南麂列岛—大沙岙景区

打造"中国皮塑礼品之都"全面建设小康社会

中国塑料编织生产基地

中国塑编之乡

中国皮都

中国商务礼品生产基地

全国科技工作先进县

国家级星火技术密集区

全国科技兴海示范基地

全国邮电通讯百强县

全国文化工作先进县

全国体育工作先进县

中国武术之乡

中国象棋之乡

全国平原绿化达标先进县

第二届中国县域经济基本竞争力百强县

①

②

③

④

⑤

①塑料编织生产情况

②农业机械化作业情况

③"中国皮都"—中国最大的猪皮革生产基地

④塑料包装生产情况

⑤平阳"中国商务礼品生产基地"

西华县

豫东大林海
平原花果山

中共西华县委书记 栾蔚东

西华县人民政府县长 邹传云

县委书记栾蔚东在出口创汇企业华东工艺皮毛厂调研

县委书记栾蔚东在敬老院与孤寡老人亲切交谈

县长邹传云深入田间指导农业结构调整

县城箕城路中段

时任国务院副总理的温家宝同志深入西华，就农业结构调整开展调研。

西华县是河南省唯一的全国信访工作先进县。图为县委书记栾蔚东到警务区检查指导工作

西华为女娲文化的重要发祥地——图为女娲城

中原地区最大的人造板生产企业——河南省人造板厂第三车间

中国百强 太仓

码头作业现场

雅鹿集团

巴拿马“紫色通道”五万吨油轮停靠长江石化码头通过管道卸油情景

开放型经济快速发展

投资、创业、人居环境渐趋优化

太仓港石化工业区鸟瞰

中共河津市委书记 雷郭堂

河津市人民政府市长 刘振华

争创全国百强的河津市

建设中的山西三联集团全貌

河津市阳光焦化集团 70 万吨焦化厂鸟瞰图

河津市振兴集团

河津市龙门广场夜景

河津市位于山西省西南部、运城市西北角，黄汾两河交汇的三角节，辖两镇五乡两个街道办事处，总国土面积 593 平方公里，总人 36 万人，是一个资源丰富、交通便利、厂矿聚集、经济比较发达新型工业城市。

2001 年初，市委、市政府响亮提出了“绘大发展蓝图，做调结构章，定新世纪战略，摘首富市桂冠”的行动纲领，动员和带领全市民大力实施特色经济、结构优化、科教兴市、民营经济、城镇扩张、境整治、共同富裕和“双治”并重“八大战略”，切实加强党的建设、风廉政建设、精神文明建设和民主法制建设“四个建设”，开创了新纪、新阶段河津改革和现代化建设事业的崭新局面。2002 年财政总入和增幅在山西省 119 个县市中均列第一。提出五年创建三晋首富目标，只用两年时间就完成了。同时通过创优环境，山西铝厂三、河津电厂二期和王家岭煤矿等一批重特大项目先后在河津落户，年总投资达 150 亿元。为了贯彻落实党的十六大精神，全面建设小社会，目前，市委、市政府经过认真调研论证，制定规划，果断决提出了当好“三晋首富市”，三年内跨入“全国经济百强县市”的的奋斗目标，全市掀起了新一轮经济建设热潮。

文登市

文登市区夜景

加快发展外向型经济　造就县域经济新活力

艺达集团飞梭电脑绣花机生产车间

天润曲轴有限公司 KW 铸造生产线

山东宏安集团数据缆生产车

中共潮阳市委书记 罗仰鹏

潮阳市人民政府市长 郑喜宣

广东省潮阳市

莱达集团公司生产的自动“洗瓶机”饮誉全国

“纺织之乡”两英镇的锦程经编有限公司生产线

熔天然景色和人工建筑于一炉的和平大峰风景区

闻名遐迩、山光海色的粤东名胜莲花峰

建于宋咸淳二年的文光塔，巍然屹立于市区中心，登上塔端，古城风光，尽收眼底。

中共浦北县委书记 黄铭福

浦北县人民政府县长 李跃飞

县城一角

中国香蕉之乡——浦北县

浦北县素有“中国香蕉之乡”的美名，位于广西南部，县城距南宁市160公里；距玉林市、北海市、钦州市均为120公里，幅员2517平方公里，其中山地面积235万亩，耕地面积43万亩。辖17个镇1个乡，截止2002年底，全县总人口80万。

浦北县经济建设和社会各项事业得到了较快的发展。农业产业结构调整特色鲜明，形成了香蕉、荔枝、八角、竹子、速生桉、蚕桑、商品猪、商品鸡、淡水鱼和红椎林十大生产基地。工业建立了以出口烟花、工艺编织、建筑材料、食品饮料、制药为龙头的县域工业体系。

浦北县委、县政府正以新的观念、新的思路，新的作风、新的举措，带领全县人民与时俱进，开拓进取，努力开创全面建设小康社会的新局面。

椎林叠翠

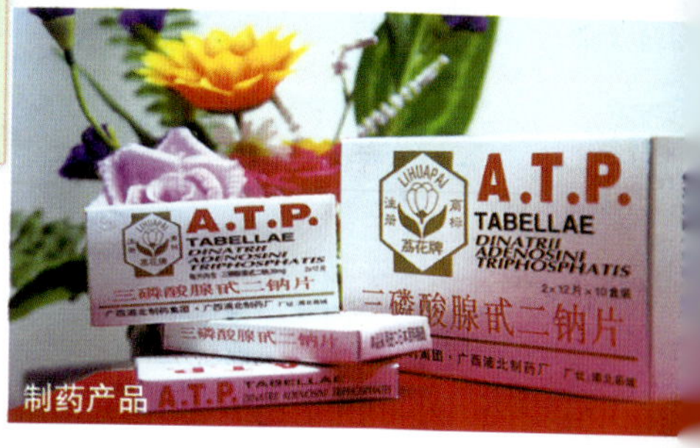

制药产品

国际金奖神蜉酒

南流江哺育的珍稀毛蟹

泉水烟花基地产品

野生珍稀红椎菌

龙门编织城的竹芒编产品

蚕茧

光旖旎的吕四鹤城公园

江海明珠—启东市

东市行政服务中心

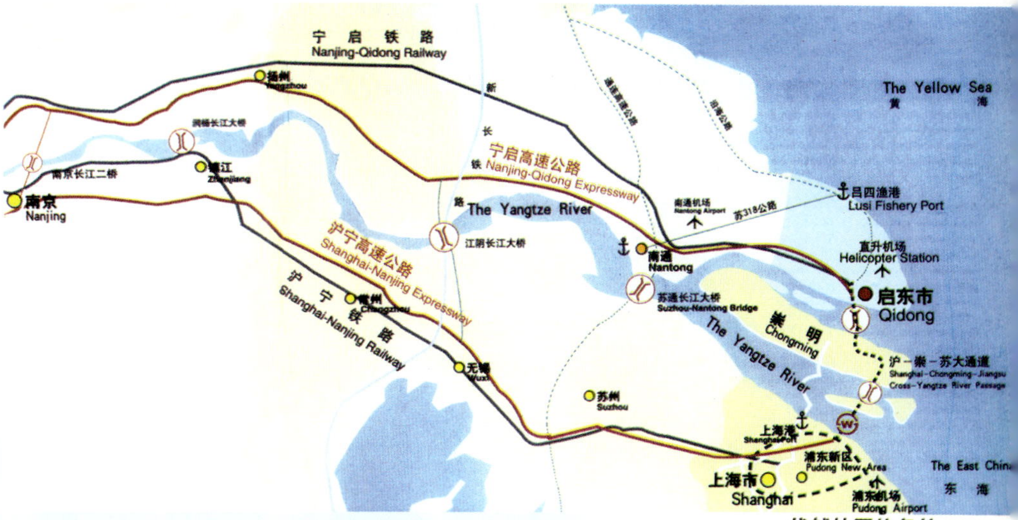

优越的区位条件

城风貌

吕四渔港

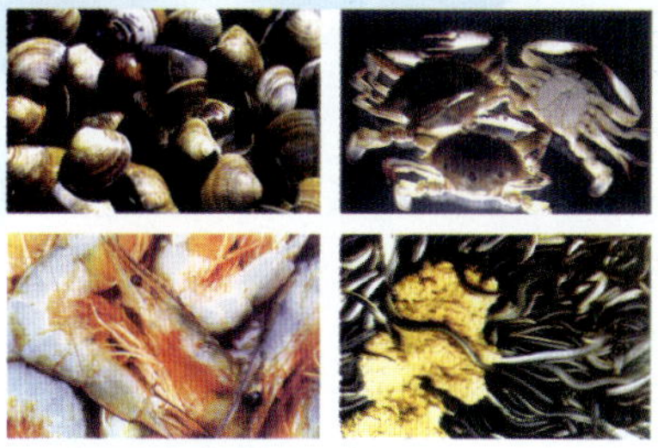

繁忙的港口

区鸟瞰

兴义 一心一意抓发展

兴义市区一角

中共黔西南州委常委、兴义市委书记 黄定承

兴义市人民政府市长 夏开益

南昆线上最大的编组站——威舍火车站

年产 30 万吨的腾辉水泥厂

全国小城镇建设试点镇 威舍镇一角

被徐霞客誉为"磅礴数千里，唯西南奇胜"的万峰林

国家级风景名胜区—马岭河峡谷

大一型企业——兴义贵州醇酒厂研制的“奇香贵州醇”国家级鉴定会

比恐龙早1亿多年的“贵州龙”

何应钦先生故居

优质烤烟生产基地

正在建设中的兴义飞机场

滨江工业城市－泰兴

江苏省泰兴市是国务院最早批准的沿海开放城市之一，是长江三角洲和"上海都市圈"内的一座新兴滨江工业城市。辖24个乡镇，面积1253平方公里，人口128万。素有“银杏之乡”、“教育之乡”和“建筑之乡”的美誉。

市区夜景

鼓楼文化广场

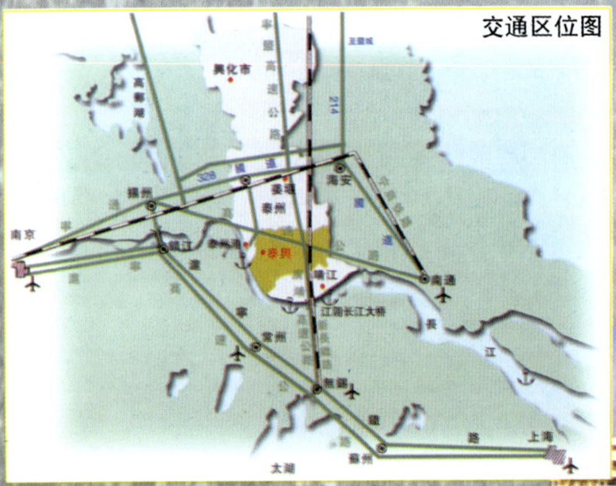
交通区位图

洋思校园

新世纪科技工业

市经济开发区万吨级码头

纺纱生产线

陶的古都 茶的绿洲

宜兴

世纪大桥

共宜兴市委书记 史祖能

宜兴市人民政府市长 吴峰枫

宜兴有"陶的古都"之美誉

竹海

宜城镇全景

文峰塔——夜景

宜兴市市政府全景

太湖风光

三湘第一县——长沙县

长沙县毗邻湖南省会长沙，从东、南、北三面环绕长沙市区，处于长株潭都市经济圈的核心地带。319 国道横穿县境，107 国道、京珠高速公路和省道 1819 线纵贯南北，黄花国际机场座落于境内，具有得天独厚的区位优势。县城星沙距黄花国际机场、长沙火车站、湘江码头均约 8 公里，区位优势尤为突出。全县辖 20 个乡镇，总人口 74 万，总面积 1997 平方公里。

长沙县自古为三湘首善之区，气候宜人、资源充足、物产丰富，自古就有“鱼米之乡”的美称；区位优越、交通发达、信息便捷、商业兴旺，经济实力为“芙蓉国”中之最。

优良的自然人文环境

长沙县委、县政府办公大楼

朱镕基同志视察 LG 飞利浦曙光

三一重工

长海数码

同心实业

中共泸县县委书记 陈万春

中共泸县县委副书记、县长 邹萌

川南明珠——泸县

泸县，地处四川南部，幅员面积 1513 平方公里，人口 103.4 万人，是泸州的北大门和卫星城，

内交通便捷，通讯发达，还先后获得了小康县、四川省综合模范县、四川省

化先进县、全国“双拥”模范县、第二届中国西部百强

等荣誉称号。

泸县桂元

国画大师蒋兆和先生的《流民图》浮雕

重点保护文物——龙脑桥

东方活龙”之称的泸州雨坛彩龙

县城花园干道

川厚润纺织集团

四川中油金诺石化有限公司

县城清溪住宅小区

蜀中之蜀 蜀门重镇

崇州

崇州市委书记梁恩玉（前排中）与市长杨仲强（右一）研究城市规划

艺术中心外景

崇州城市新貌

崇州地处美丽富饶的川西平原，位于天府之国的腹心，气候温和，物产丰富，自古就是川西旺县，有“蜀中之蜀”、“蜀门重镇”之称。全市幅员面积为1090平方公里，其中山区面积占43%，丘陵面积占5%，坝区面积占52%。全市辖18个镇、16个乡，总人口65万人。

崇州交通便利，距成都市35公里，正在建设中的成温邛高速公路横贯全境，有二级公路通往双流国际机场，仅20分钟车程。东临双流、温江，南与新津相临，西靠大邑，北与都江堰接壤。

崇州市委、市政府紧紧抓住西部大开发的历史机遇，带领全市人民奋力拼搏，实现了崇州跨越式发展，连续两届进入中国西部百强县（市）行列，连续三年获得全省综合实力评比“十强县（市）”。同时也是全国优秀旅游城市，全国卫生城市和四川省发展的都市群体重点县市之一。

崇州西藏基地

绿树掩映的生态住宅小区

花团锦簇的崇庆广场

滨河公园

省内县级城市一流的崇州体育中心

洒满曙光的温岭

中共温岭市委书记 王金生

温岭市人民政府市长 王建平

全国第一家股份制企业——宝利特鞋业公司

中国驰名品牌——“钱江”摩托车

江南名阁——东辉阁

温岭市城区新貌

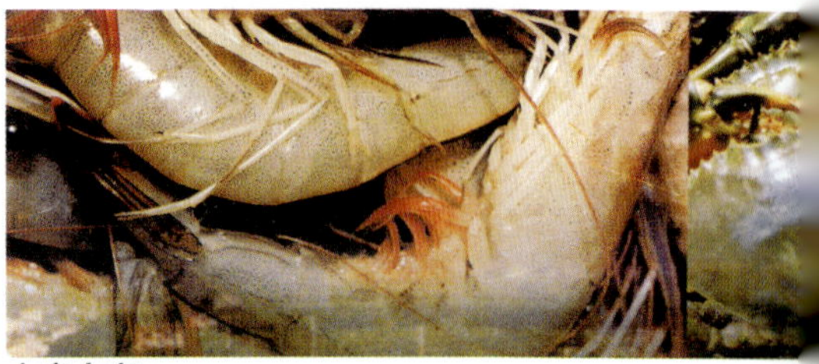
水产大市

温岭，地处浙江黄金海岸带中部，是“长三角”经济圈一座正在崛起的新兴城市。在这里，传统的睿智和现代的聪慧交汇相融，古老的文明与时代的脉搏互相辉映，律动的青春与创新的风格竞相迸发。116 万温岭人正以坚韧不拔、与时俱进的精神，勇立时代潮头，在 920 平方公里的土地上，谱写着一篇又一篇辉煌的历史华章，奏演着一曲又一曲动人的时代凯歌。

这是一座个性凸现、活力洋溢的城市。偎着浩瀚的东海，洒着世纪的曙光，青山、绿水、碧云、蓝天构成了充满向往、蕴含激情的山水园林城市。

这是一座开发开放、蓄势腾飞的城市。当前，她正以强劲态势，向着经济强市、文化大市、中等城市“三大跨越”昂首腾飞。

国家 4A 级风景名胜区
——长屿硐天

国内知名农业品牌
——玉麟牌西瓜

温岭市高新技术示范基地

奋进中的阿克苏市

中国西部百强县（市）

苏市委书记岳秀诚（右）和市长买买提江·阿不拉在研究工作

阿克苏市位于新疆维吾尔自治区西南部，天山南麓、塔里木盆地西北边缘冲积平原上。阿克苏市辖区总面积1.8万平方公里，其中绿洲面积为8689.25平方公里。市辖5乡2镇1场和5个街道办事处，外加境内的农一师16个国有团场和阿克苏地区的红旗坡市场。全市总人口54.35万人（市属人口为24.23万人），其中少数民族人口22.01万人，占总人口的40.5%。

阿克苏市地处南疆交通要道，是阿克苏地委、行署、军分区及农一师师部所在地，是阿克苏地区政治、经济、文化中心、公路四通八达，314国道穿境而过，交通及为方便。

阿克苏市是国家重要的商品粮、商品棉基地，也是著名的瓜果之乡。工业以轻纺、建材、机械、化工、塑料、能源、民族工艺、农副产品加工等为骨干的多层次、综合实力居阿克苏地区之首。

阿克苏市正成为西部大开发的投资热点，实现南疆最大的商贸集散地的目标正在变成现实。

阿克苏先后获得“自治区级文明城市”、“全国双拥模范城”、“全国‘两基’工作先进县（市）”、“全国科技工作先进县（市）”、“自治区园林城市”、“国家卫生城市”、“全国园林绿化先进城市”、“中国人居环境范例奖”等称号。

阿克苏市精神：团结拼搏、艰苦创业、负重加压、争先创优。

婺之望县 歌山画水

——东阳市

中共东阳市委书记、市人大常委会主任　汤　勇

东阳市人民政府市长　陈丰伟

西城工业园区

卢宅古民居建筑群

东阳中学

鲁东南经济大市——诸城

诸城市位于山东省东南部，东邻海滨名城青岛，南毗新兴港口城市日照，北依世界风筝都潍坊，西接沂蒙山脉。全市总人口105万，总面积2183平方公里，是全国沿海对外开放城市、综合体制改革试点市和乡村城市化试点市。在第二届全国县域经济基本竞争力评价中列百强县（市）第54位。

中共诸城市委书记 刘德成

诸城市人民政府市长 邹庆忠

招商引资洽谈会

九龙雕塑夜景

城外贸集团宰杀流水线

诸城汽车厂

世界巨大鸭嘴龙—诸城龙

山西的“旱码头”

——寿阳县

寿阳县位于山西晋中东部，太行山西麓，国土总面积2114平方公里，总人口22万。区位优势突出、地处原、阳泉、晋中三市之间，素有“金三角”之称。已初步形成了山西的“旱码头”和商品集散地。

寿阳县资源丰富，是全国重点产煤县、国家商品粮基地县、全国旱垣无公害茴子白生产基地和山西省优质粮基地县。目前已形成了蔬菜、草畜、林果、杂粮、煤炭、建材、化工、机械和农副产品加工、建筑、运输等盖三产的多元化产业体系。煤炭作为支柱产业，年生产能力已达600万吨，形成了原煤、块炭、洗精煤、型煤型焦等系列延伸产品。以“友胜”、“红光”为代表的民用锅炉畅销华北、西北，在全国享有较高的知名度和市占有率。盛产的玉米、谷子、大豆、荞麦等小杂粮久负盛名，贡米、苦荞、豆腐干等土特产品质量上乘，畅销国。“寿绿”牌茴子白实现无公害标准化生产，飘洋过海，出口俄罗斯、日本等国。

开放的寿阳欢迎各方有识之士前来投资、共同发展！

山西省委书记田成平（右一）在寿阳调研时与县委书记郭正义（中）、县长史景怡（左二）交谈

新改建的长征文化广场

世界荞麦学会认为：“寿阳是世界上最干净的荞麦产地”。

太旧高速公路把寿阳推向了更广阔的时空

中国民间艺术龙灯之乡——铜梁

在国庆五十周年庆典上的“铜梁龙”

中共铜梁县委书记 马 平

铜梁县人民政府县长 管 洪

明月广场

龙广场

综合治理的巴川河一角

贯穿县境的 319 国道

豫东名城——项城市

项城市人民政府市长 孟维忠

林荫绿地遍布城市空间

河南省莲花味精集团

座落在市中心的“城市中心广场”

蓬勃发展的乡镇建设

莲花公园大门

项城市标“三颗星”象征着项城味精、医药、皮革三大支柱产业蓬勃发展

宽敞明亮的城市西大街

市团结路夜景

古为皇帝故都 今日中等城市

迁安 充满着生机与活力

中共迁安市委书记 姚自敏

迁安市人民政府市长 刘桂东

迁安市，地处河北省东部，山水景物秀美、历史渊源悠久，傍燕山山脉而坐，纳滦水穿城而过。面积1208平方公里，人口66.8万，在京津唐秦最活跃的经济区位上。1996年撤县设市。2002年全部财政收入突破6.5亿元，地方财政收入达3.3亿元。自1990年以来，一直跻身于河北十强县（市）行列，2002年在全国县域经济基本竞争力百强评比中列居第80位。

市荣茂钢铁有限公司

迁安市弘业地毯有限公司

迁安市住宅示区一角

迁安市电力大厦夜景

中共苍南县县委书记 余梅生

苍南县人民政府县长 章方璋

开放的苍南

苍南县位于浙江省最南端，濒临东海，南与福建省交界。全县陆域面积 1261 平方公里，海岸线 168.8 公里，沿海滩涂面积 97.24 平方公里。总人口 122.3 万。1988 年经国务院批准为沿海对外开放县。

苍南广大干部群众解放思想，开拓创新，积极进取，探索出了一条具有县域特色的发展路子，成为温州模式的重要发源地。土地有偿使用、家庭工业、浮动利率、农民城建设等一系列改革都走在全国前列。2002 年，全县实现国内生产总值 100 亿元，财政总收入 7.13 亿元，其中地方财政收入 3.85 亿元，农民人均收入 3980 元，三次产业比例由 1982 年的 70：21：9 调整为 2002 年的 10：55：35，完成了从农业大县向工业大县历史性转变。在 2001 年和 2002 年的第一、二届全国县域经济基本竞争力评价中，分别名列第 96 位和 81 位。

苍南县行政中心广场

苍南县城——世纪大道

中国印刷城——龙港

苍南县城——横阳之江

中共醴陵市委书记 杨治平

醴陵市人民政府市长 邝邹飞

美丽的醴陵

瓷城和烟花之乡——醴陵

醴陵市位于湖南省东部，湘赣边界，紧邻长沙、株洲、湘潭金三角经济区，是湖南省的“东大门”、沟通江浙沪的交通要冲。东汉初置县，1985 年撤县设市，总面积 2157 平方公里，总人口 100.3 万，素有“瓷城”和“鞭炮烟花之乡”的美称。

陶瓷和烟花鞭炮是醴陵的两大传统支柱产业，支撑着全市 70% 以上的工商税收，造就了 30 多万人的产业大军。醴陵陶瓷蜚声中外，釉下五彩堪称瓷业一绝，“主席用瓷”成为千古绝唱，有“天下名瓷出醴陵”的美誉。醴陵花炮享誉神州，绚丽多姿，曾在昆明世博会、香港和澳门回归庆典、国庆五十周年庆典等重大活动主会场大放异彩。新世纪、新机遇，醴陵两大产业飞速发展，其势正酣！

醴陵烟花

渌江书院

毛主席用瓷

城市新貌

乳山市银滩（省级）旅游度假区

金岭银滩——乳山市

文化夜市

公园

中式与欧洲风格融合的建筑群

仙人桥

公园石景——千古猿人

颐中足球训练基地

共鄂温克族旗委书记 布 仁

中共鄂温克族旗委副书记、旗长 达喜扎布

街心公园

内蒙古鄂温克族自治旗

党政领导陪同自治区领导视察巴镇

旗府所在地——巴彦托海镇街景

原煤电城——华能伊敏煤电公司

业开发

80公里奶牛带——奶牛养殖场

中共日喀则地委委员、市委书记 王作安

中共日喀则市委副书记、市长 同 珠

教育事业健康快速发展，人民受教育水平显著提高。图为青岛国内合作办领导与市长同珠出席由青岛援建的海尔希望小学落成典礼仪式。

腾飞的日喀则市

湛蓝的天空下，一座座造形各异的建筑鳞次栉比，一条条宽阔整齐的街道伸向远方，一幢幢粉白如新的民宅展示着高原现代农民的崭新生活。这就是美丽富饶的日喀则！

日喀则甲措雄乡民间艺术表演队表演的精彩斯玛卓（腰鼓舞）

日喀则市城市快速发展，城市面貌日新月异呈现了勃勃生机

山东省援建的三星级饭店山东大厦

经济快速发展，对外开放水平日益提高

优美的生态环境

增城荔枝

亮丽的广州东部板块
——增城

增城位于珠江三角洲
东北部、广州东部，南部
新塘、永和两镇已列入广州都会区
规划范围。南与东莞隔江相望，东临惠州，
北界从化、龙门，地处广州、
东莞、深圳、香港等发达城市区间。
紧连广州经济技术开发区和广州科学城，
发展空间大，前景好，
故称广州东部板块。

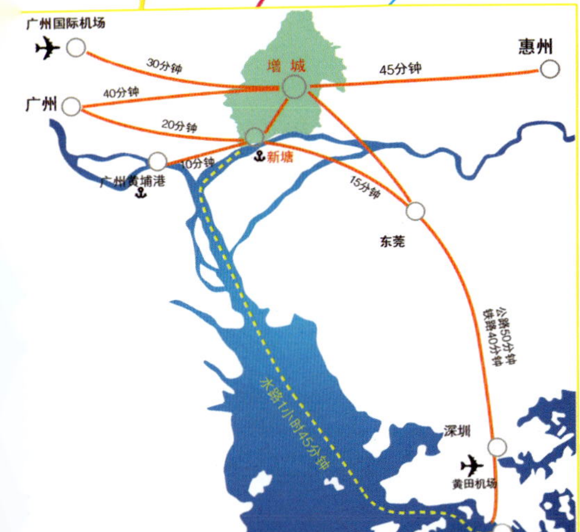

增城市区位图

挂绿荔枝拍卖会

荔城碧桂园

广园东快速路增城路段

增城市新塘（国际）牛仔纺织城

增强基本竞争力 推动福清大发展

福清国际商展中心

3万吨级元洪码头一角

网箱养鱼

福清城雕：八骏雄风

福清位于福建东南沿海，与台湾省仅一水之隔，1990年12月撤县建市，辖20镇1街，总面积2430平方公里，人口120万，是一座伴随着改革开放春风而发展起来的新兴城市，2000年社会经济综合发展指数位居全国百强第32位，2001年国内生产总值和财政总收入分别达207.07亿元和10.2亿元，县域经济基本竞争力位居全国第13位。

国家级福清融侨经济技术开发区一角

州市经济技术开发区

胶州湾畔的璀璨明珠——胶州市

胶州市位于胶州湾畔，青岛市近郊，总面积 1210 方公里，总人口 76 万人。是山东省首批沿海开放城之一，1987 年 2 月在青岛地区率先撤县设市。现辖个镇、5 个街道办事处，811 个行政村、67 个居委会。州区位优越，交通发达，是山东省重要的交通枢纽和物集散地。改革开放以来，胶州市连续两届进入全国域经济基本竞争力百强县（市）行列，连续三届跨入国综合实力百强县（市）行列，先后被命名为国家卫城市、全国环境综合整治优秀城市、全国科技工作先进和国家环境保护模范城市，是山东省首批小康县(市)之一。

中共胶州市委书记 张元福

中共胶州市委副书记、市长 李 皓

02 年 11 月，被评为全国环保模范城市

胶州市城市建设的标志——世纪大厦

城一角

中共高州市委书记　卢方圆

中共高州市委副书记、代市长　温洪贺

江泽民同志视察过的城市雕塑——高凉鼓

高州市——

广东山区综合开发的一面旗帜

高州市位于广东省西南部，全市总面积 3276 平方公里，有人口 155 万，曾是粤西的经济、军事、文化中心，为省级历史文化名城，是江泽民同志亲自动员开展“三讲”教育与“三个代表”重要思想的提出有直接联系的地方。

高州市坚持走“农业起步，以农促工，以工带农，全面发展”的经济发展路子，使全市国民经济持续快速健康发展，社会各项事业全面进步。曾获“第二届全国县域经济基本竞争力百强县（市）”、“全国首届农林牧渔业总产值百强县（市）”、“全国第四届猪牛羊肉总产量百强县（市）”、“全国社会商品零售总额百强县（市）”、“全国邮电百强县（市）”、“全国水果第一市”、“全国农村综合实力百强县（市）”、“全国明星市（县）”等 23 项国家级殊荣。农业总产值已连续 9 年名列广东省各县（市）第一，山地亩产值居全国之冠。

江泽民同志在高州市领导干部“三讲”教育会议上作了重要讲

皮手套生产车间

市委书记卢方圆（左二）介绍荔枝生产情况。

全国特大型水库——高州水库一角

中国荔枝龙眼香蕉之乡　农民正喜摘荔枝

中共安图县委书记 于晓峰

安图县人民政府县长 尹成龙

长白山下第一县 安图县

白山天池

两江水电站发电机房

长白山美人松

白山药材大县——人参

庄河

黄海之滨的一颗明珠

庄河市位于辽东半岛东南部，陆地面积 4034 平方公
人口 89 万，行政区划为 20 个乡镇、4 个街道。几年来，
河人从实际出发，坚持不断创新，确立了“靠工业强市，
农业富民，靠城市牵动，靠体制创新”的发展思路，实行
点突破、狠抓落实的工作方法，使庄河经济进入持续快
展时期。在 2002 年的全国县域经济基本竞争力百强县排序
列第 87 位。

江总书记观看庄河实验小学脑心算表演

华丰——中国家具工业的骄傲

丰富多彩的文化活动

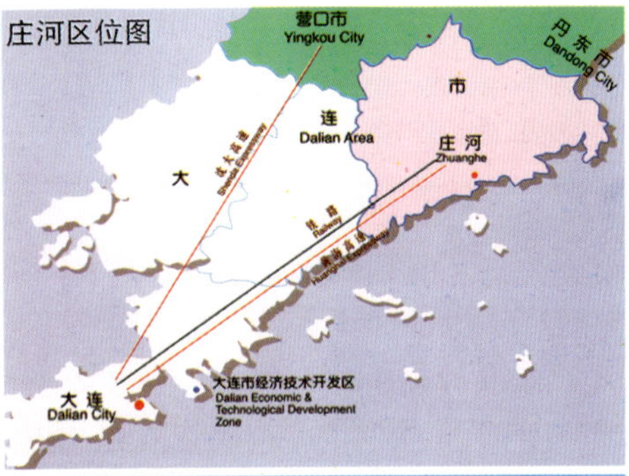

庄河区位图

农业高新技术园区

中国特产——庄河大骨鸡

五一广场

冰峪——自然的恩赐、造化的杰

嘉祥

CHINA JIAXIANG

国石雕之乡

①

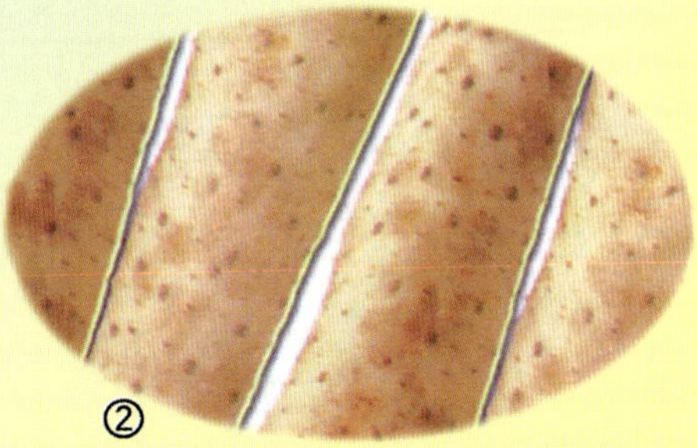

②

③

④

⑤

⑥

图注：

① 无花果
② 细长毛山药
③ 贡品紫皮大蒜
④ 鲁西黄牛
⑤ 鹌鹑
⑥ 小尾寒羊

中国民间艺术（唢呐）之乡

日东高速公路

嘉祥县行政审批服务中心

中国四大圣贤之一——宗圣曾子

济宁（嘉祥）机场

綦城新貌

中国西部百强县
重庆市綦江县

綦江县位于重庆市西南部，是重庆联系贵州、云南、湖南、广东、上海的重要陆上通道，是渝南及黔北毗邻地区重要的物资集散地，有“重庆南大门”之称。

綦江县区位优势明显，投资环境优越。

綦江县是全国商品粮基地县和生猪百强县之一，传统土特产有横山大米、赶水草蔸萝卜、瀛山茶叶等；工业基础雄厚，已形成机械、化工、能源、食品等重点骨干产业，拥有“綦江”牌汽车齿轮、金角牌“老四川”牛肉干等名优产品；社会事业蓬勃发展，民间文化艺术创作繁荣，农民版画、少儿版画、民间吹打等蜚声中外，1988 年被文化部命名为“中国现代民间版画之乡”。

新的世纪，新的希望。綦江人民紧紧抓住西部大开发和渝黔高速公路开通的良好机遇，振奋精神图发展、齐心协力兴綦江，大力谱写“工业强县、农业产业化、城镇建设、市场建设、基础设施建设和旅游开发”六篇文章，努力实现经济社会的新发展，重现新的辉煌。

綦江高速公路

綦江新虹桥

中国镁都 大石桥

中共大石桥市委书记 杨 枢

大石桥市人民政府市长 董建国

桥广场

吕氏（胶漆）集团

肉鸡养殖龙头企业营口大成农牧业有限公司

产各类铝、塑及铝塑复合型材 5 万余吨的辽宁永壮铝塑集团

居民小区

洲最大的碱性耐火材料生产基地青花集团

镁质耐火砖

全国最大的门业生产基地盼盼集团

神木县城东兴街北段

矿区交通四通八达

神木县人民广场

神木县城人民广场夜景

神木县人民广场

神木县城鸟瞰

勇立潮头的中国西部百强县——神木县

神木县位于陕西省北端，晋陕蒙三省区交界地带。全县总面积7635方公里，是陕西省面积最大的县。共辖5乡14镇，总人口36.6万。

神木是一块富饶的土地，这里矿产资源丰富，以煤为最，是闻名于的神府东胜侏罗纪煤田的聚煤中心。全县储煤面积4500平方公里，占县总面积的60%，探明储量500亿吨，被新闻媒体称之为“中国的科特”。

神木围绕优势资源的开发转化，大力调整县域经济结构，不断改善济发展环境，全县经济和社会各项事业得到了快速发展。“八五”至九五”期间，全县经济以平均25.2%的速度增长。到2001年，全县国生产总值达到26.5亿元，财政总收入达到3.5亿元，其中地方财政收1.82亿元，经济总量跃进全省前列，连续两届进入中国西部百强县市）行列。

神木县龙华集团的煤焦油加工厂一角

中国最大的沙漠淡水湖、省级风景名胜区——红碱淖

晶牛浮法玻璃有限责任公司生产车间一角

投资的好地方

——云南开远

中共开远市委书记 杨为民

开远市人民政府市长 卢文祥

驻昆解放军化肥厂引进国外先进的环保装置

开远小龙潭矿务局露天煤矿

云南红河光明股份有限公司啤酒生产线

开远小龙潭发电厂全景

卢文祥市长在察看城市的生态情况

烤烟基地

云南红磷化工有限责任公司污水处理池

开远灵芝湖生态旅游度假区

蒲县

开发的宝地

开放的窗口

中共蒲县县委书记 仇振刚

蒲县人民政府县长 杨治平

荒山造林新挖的林带

农民经营的鱼塘

狠抓林果产业，增加农民收入

各种农副产品加工企业不断壮大，图为生产的杂粮方便面、三珍、精品核桃

扩建开通的东大街

万亩烤烟生产基地之一

蒲县东岳庙全景

发非煤项目，全县有大型铁厂、高岭土厂、发光粉厂等6个较大企业

加快煤焦改造升级，全县有45万吨以上机焦企业15个

电白县

电白县位于广东省西南部，濒临南海，辖20个镇，总面积1840平方公里，总人口122万。全县海岸线长200公里，港口众多，其中博贺港是全国十大渔港之一、广东最大渔港。电白地理条件优越，有山、有海、有平原，海水清澈泛绿，沙滩洁白绵长，山上红荔飘香，文物古迹众多，旅游资源丰富，是镶嵌在南中国海岸线上一颗璀璨的明珠。

中共电白县委书记 李喜气

电白县人民政府县长

电白早熟优质荔枝

电白县行政中心

国家一级群众渔港——博贺渔港

烟用香料生产车间

电白县放鸡岛潜水旅游区

中共临汾市市委书记张茂才（中）在县委书记张德英（左一）、县长亢海银（右二）的陪同下，视察新落成的汾西商贸城。

前进中的汾西

汾西县位于山西省临汾市北部，地处山西省部偏南吕梁山东麓。总国土面积880平方公里，总口14万。

汾西县系矿产资源富藏县，煤、铁、硫铁矿、铝土、石膏、耐火粘土、稀土等资源丰富。含煤面积350平方公里，探明储量3.94亿吨，大部分矿产资源位高、分布广、埋藏浅、易开采。

汾西正积极培育发展“粮、果、林、牧、药，煤铁、石、土”十大主导产业，小杂粮生产、核桃产业发、绿色畜产品生产、煤焦冶炼产业正成为汾西经发展的特色。

具有国内先进水平的核桃露生产线，其晋唐牌核桃系列产品

凤凰广场夜景

全国基本竞争力百强
国家历史文化名城
新兴能源工业基地

孟子故里邹城市

人民广场

中共济宁市委常委、邹城市委书记 梁之安

邹城市人民政府市长 李来云

国际比赛标准游泳馆

开放式的邹城体育公园

全国最大的坑口电厂

孟子文化广场

孟府孟庙

级经济开发区

小康村剪影

天下第一奇山——峄山

中共潼南县委书记 魏寿明

潼南县人民政府县长 宁光贤

靓丽的东安大道街

潼南县

潼南县隶属重庆市，是共和国第任国家主席杨尚昆的故乡。全县幅员积 1594 平方公里，总人口 92 万人。川渝两地的经济结合部，是重庆市构渝西经济走廊联接支撑点和重庆对外放的西北重要窗口。

潼南能源物产充裕丰富，境内水资源可开发量 7.05 万千瓦，是全国初电气化县。交通信息便捷畅达，水陆通网络覆盖全境，村村通程控电话。色经济已具规模，“桂花蒜”、“东升芽”、“天台山大米”等 3 个特色农产被评为市优产品。潼南是全国百强产大县、百强产肉大县和全国百个无公农产品（蔬菜）生产示范基地之一，西南地区最大的网箱鱼基地和重庆市“十万亩笋竹基地”。

潼南大力实施“工业强县”战略形成了食品、机械、建材、纺织、化纸业等六大主导产业，创下了涪江大康尔寿、黄桃罐头、电熔砖等 20 多国际、国内金奖、部优、省优产品。

欢迎四海客商来潼投资兴业，大鹏程！

闻名遐迩的大佛寺

潼南县行政中心大楼

第四任国家主席杨尚昆同志陵园

万亩无公害蔬菜示范基地

潼南变电站全貌

渝西北地区最大的碳铵生产企业——重庆万利来化工股份有限公司

资源丰富的天然气气井

快速便捷的交通快车道

中共秀山县委书记 向 涛

李鹏同志视察秀山

实现县域创新

秀山县 加快经济发展

锰业制品厂电解车间

钟灵绿茶

重庆市秀山土家族苗族自治县位于渝东南边陲，历史上有“武明珠”、“小成都”之称，东连湖南，南接贵州，北通重庆、湖北，员面积2462平方公里，辖32个乡（镇）、59.98万人。近年来，山发展较快，相继建成全国商品粮基地县，全国初级电气化试点，全国体育先进县，全国文化先进县，重庆市个体私营经济试验和综合改革试点县。

2002年，秀山县坚持以“三个代表”重要思想为指导，全力施“立足农业稳县、突破工业强县、狠抓三产县、着眼开放活县、致力科教兴县、强依法治县”战略，县域经济综合实力显增强。“十五”期末，力争人民生整体上达到小康水平。

秀山，一块大有希望的开发宝地。

竹编制品

松花皮蛋

中药材基地

重庆武菱水泥集团

珠江三角洲的“后花园”
——东源县

国家 AAAA 级旅游区——万绿湖风景

■第二届中国县域经济基本竞争力百强

■中国县域经济总览

■中国县域经济基本竞争力评价

■中国县域经济论坛

■中国县域经济推荐

■附 第一届中国县域经济基本竞争力百强

福建省惠安县

——昔称地瓜县 今登百强榜

惠安县位于福建东南沿海，与台湾省隔海相望。土地面积668平方公里，海岸线长141公里，可建30万吨级码头泊位10个；现辖16个乡镇，295个村(居)委会，人口92万。是沿海开放地区和福建省著名侨乡以及台湾同胞主要祖籍地之一，素以“渔业强县”、“建筑之乡”、“石雕之乡”以及独特的“惠女形象”闻名遐迩。

改革开放特别是近5年来，我县坚持邓小平理论和“三个代表”重要思想为指导，牢牢把握发展的主动权，紧紧扭住经济建设中心，充分发挥区位、资源、人文、侨台、基础设施等优势，积极弘扬“勤奋刻苦，务实求真，团结拼搏，创新争先”的惠安精神，抢抓机遇，艰苦创业，奋发有为，加快发展，国民经济和社会事业均进入发展的黄金时期，初步形成了具有浓郁地方经济特色的石材石艺、食品饮料、针织服装制鞋、建筑房地产和海洋水产等五大产业，并成功打造了“惠女”、“惠雕”、“惠泉”三大品牌，石雕建材、惠泉啤酒等惠货产品在国内外市场的知名度和占有率不断提高，水、电、交通、通讯等基础设施建设适度超前。几年来，先后荣获全国科技先进县、全国农村电气化先进县以及全省党建先进县、卫生县城、文明县城、双拥模范县等荣誉称号。2002年预计，全县实现国内生产总值160.11亿元，比1997年增长(下同)1.4倍，年均增长18.8%，财政总收入8.54亿元，增长1.7倍，年均增长22.4%；农民人均纯收入4861元，增长0.3倍，年均增长5.4%。2001年，经济实力跻身全国“最发达100县”的第49位；2002年，进入全国县域经济基本竞争力百强县的第32位。1994年以来，连续9年进入全省经济实力“十强县”行列，位居第五位。昔日以贫困闻名的“地瓜县”如今成为福建省乃至全国经济较为活跃、发展速度较快、发展后劲较强的沿海开放县和投资热点之一。

看今朝形势逼人，望未来任重道远。惠安人民不骄不躁，满怀信心地站在新的起跑线上，决心在党的十六大精神指引下，继续弘扬“惠安精神”，经过5—10年的努力，至2005年，全县基本实现宽裕型小康，人均GDP2.65万元，至2010年，全县率先基本实现现代化，人均GDP4.15万元。到时，惠安将成为海峡两岸繁荣带的一颗璀璨的明珠。

广东省东源县

东源县地处广东省中部,东江中上游,位于珠江三角洲与粤北山区的黄金结合部,是一个年轻的新兴绿色生态县,有珠江三角洲的“后花园”之美称。全县区域面积4070平方公里,总人口51万人,辖23个镇1个畲族乡、286个村委会。

东源气候怡人,属亚热带季风区气候,年平均气温20.7℃,日照充分,雨量充沛,年平均降雨量2142mm,年平均相对湿度77%。良好的气候地理条件孕育出东源得天独厚的自然资源,境内有闻名中外的“华南第一库”——新丰江水库,库容面积43万亩,蓄水量达139亿立方米,水质达国家一级饮用水标准。全县河流交错,主要有东江、新丰江,有21万千瓦可供开发的水力资源。全县丘陵山地340万亩,水田23万亩,旱地15万亩,沙坝地2万亩,水域面积57万亩。有著名的国家级现代农业开发示范区——灯塔盆地。矿产资源主要有石灰石、瓷土、莹石、稀土、花岗石等10类32种,其中莹石储量5000万吨,居全省第一。森林覆盖率达75.2%,有新丰江国家森林公园和国家级自然保护区——大叶山自然保护区,区内有146种珍稀植物和148种稀有动物。

东源县地理位置优越,区位优势明显,距离深圳180公里、广州190公里,紧连河源市区,毗邻惠州、深圳、香港,成为珠江三角洲贯通粤北山区的黄金桥梁和枢纽。全县公路密度53公里/100平方公里,已实现镇镇通二级水泥路、村村通公路。205国道、京九(广梅汕)铁路以及建设中的粤赣高速公路、河龙高速公路贯穿全境。县城设有河源市最大、年吞吐量达300万吨的仙塘火车货运中心。境内的东江、新丰江两条水路运输主航道,通航里程达110公里,百吨轮船可直达惠州、东莞、广州等大中城市。

东源县是年轻的充满生机的山区县,撤区建县后,坚持以经济建设为中心,坚持“绿色生态,持续发展”的主导方向,积极实施农业稳县、工业立县、旅游旺县、科教兴县和借外发展战略,按照“抓住一个重点,突出第二产业,发展三沿经济、办好四个基地、开发五大资源,实现六个增长”的工作思路,大力推进农业综合开发、招商引资、旅游资源开发和新县城建设,走出了一条具有东源地方特色的可持续发展的新路子,使全县国民经济全面、快速、有效增长,经济建设和社会各项事业取得了显著成效。近年全县国内生产总值、工农业总产值和财税收入均以二位数的速度增长。三大产业之比调整为41.7:29.2:29.1,经济结构进一步优化。农业综合开发力度不断加大,全县已形成绿竹、板栗、蜜柚、茶叶、梅李、中草药等农业商品基地。工业已拥有富马硬质合金、霸王花米排粉、新中源陶瓷、万里达电池等名牌产品。现有外资企业99家。以绿色生态、客家民俗风情为主题的旅游业发展迅速,年接待游客近百万人次,有力地促进了第三产业的发展。

我们将秉承客家人诚信与热情,以优质高效的服务精神,致力于招商引资工作,坚持以“改善服务、优化环境”为重点,积极推进“外向带动”战略的实施。继续加大工业园区的建设力度,致力建设良好的招商引资载体;实行“无偿(低价)提供三通一平工业用地、只收税不收行政规费、水电价格从优”鼓励外商投资的优惠政策,打造低成本的投资环境;继续完善招商引资工作制度、县党政领导挂钩联系外来企业工作制度和服务承诺制度,设立专为外商投资服务的“行政服务中心”,简化审批手续,提高工作效率和服务质量,不断改善行政服务;继续完善以新县城为重点的县内交通、通讯、供电、供水等基础设施建设,进一步改善投资条件,为加快发展,提高竞争能力创造良好的环境。

福建省南安市

基本概况

南安历史悠久，自古人文名胜荟萃，曾一度成为闽南的政治、经济和文化中心，是我国古代“海上丝绸之路”的起点，唐代开八闽之先的欧阳詹、明代杰出的思想家李贽、民族英雄郑成功、一代名将叶飞等祖籍地都在南安。1993年经国务院批准，撤县设市，现有面积2036平方公里，人口148万人，现辖23个乡镇、3个街道、1个省级经济开发区。南安是著名的侨乡和港澳台同胞主要祖籍地，南安籍海外侨胞和港澳台同胞300多万人。2002年国内生产总值170.1亿元，财政总收入9.56亿元，经济综合实力连续6年名列全国百强和全省十强县(市)行列，被评为“中国龙眼之乡”、“中国建材之乡”，荣获全国“科技工作先进市”、“文化先进市”、“体育先进市”、“民政工作先进市”、“水土保持先进市”、“城市环境综合整治先进城市”、“婚育新风进万家先进市”、“教育‘两基’工作先进地区”、“中小学信息技术教育实验区”和省“双拥模范城”、“党建工作先进市”、“一级达标文明城市”等称号。

区位优势

南安市地理位置优越，位于福建东南沿海，地处闽南金三角中心区域，与台湾仅一水之隔，东临泉州市，南连厦门市，西与安溪县交界，北与永春县接壤。海陆空交通方便快捷。南安市区距厦门国际机场仅97公里，距泉州晋江机场只有30公里，福厦高速公路、国道324线、省道308、309线贯穿境内，公路密度居福建省第一；漳泉铁路在南安建有三个火车停靠站；国家二类口岸石井港已拥有五千吨级的货运码头群，还建有三千吨级油品专用码头，船只可以直航香港、上海、厦门、广州等地。水电供应充足有余，日供水能力达40多万吨，年供电能力达30亿千瓦时，率先在全省地方电力中实现调度自动化、实用化。邮电通讯超前发展，程控电话装机容量达到20万门，实现了电话程控化和传输数字化。

特色经济

(1)非公有制经济活跃。南安市非公有制经济非常活跃，私营企业、股份合作企业、港澳台资企业、外资独资企业及个体企业发展迅猛，全市工业法人单位和商业法人单位中，非公有制企业单位数分别占72.8%和64.2%，营业收入分别占71.2%和71.5%，已经成为经济发展的主要支撑和推动力量。(2)基地建设富有成效。南安市立足依山临海、地域广阔的地理特征，坚持市场、产业、基地联动发展，做好“山上南安”和“海上南安”两篇文章。发挥“中国龙眼之乡”的优势，大力推进农业产业化，水果、粮油糖、肉蛋奶、蔬菜、水产品、食用菌、畜牧和花卉等八大生产基地颇具规模。发挥“中国建材之乡”的优势，壮大工业主导产业，石板材生产基地、水暖消防器材生产基地、雨伞生产基地、轴承生产基地、纸制品生产基地和傢俬生产基地起步早、规模大、发展快、效益好，省新镇、英都镇分别获得“全国日用品基地镇”、“中国水暖阀门基地镇”称号，诗山镇被评为“中国雨伞城”。(3)市场建设成效显著。闽南建材第一市场已形成影响亚太、辐射全国的建材展示、交易、信息和服务枢纽；官桥粮食批发交易市场日吞吐量800多吨，是福建省惟一的省级粮食批发交易市场，也是我国粮食销区最大的粮食交易市场；泉州花卉城、仑苍水暖专业市场等大型专业市场在全省已颇具影响；环球家具城、闽台农副产品交易市场、洪濑小商品交易市场正在加紧建设，其中环球家具城建成后，将成为全国一流、福建最大的贸、工、商、旅游一体化，产、供、销一条龙的家私家居用品集散地。(4)旅游经济方兴未艾。南安风光秀丽，名胜众多，“海丝”文化和郑成功文化享誉海内外，全市现有国家级重点文物保护单位4处，省、泉州市级保护单位32处，旅游资源十分丰富。

主导产业

南安市通过一系列扶持工业发展壮大的举措，经过几年的精心培育，形成了“1+6+1”的工业产业发展格局。建材支柱行业发展势头迅猛，是全国最大的石材生产基地、福建省第二大陶瓷生产基地，现有石材、陶瓷、铝型材、钢材、水暖、消防器材等各类产品，产值占乡镇工业产值53%；六大重点行业产品日益多样化，产值稳步增长。轻纺鞋服产业有雨具、针织服装、鞋帽、纺织面料等产品，电子机械产业有轴承、汽车配件、报警器、电子元器件、模具等产品，石油化工产业有日用化工、无机化工、石油产品和精细化工，食品饮料产业有水果、粮油、蔬菜、食用菌、水产品、方便食品等产品，纸制品业有妇女儿童用品、纸品加工、彩印和箱包等产品,傢俬装璜产业有家具、室内摆设、家居用品、装璜等产品;以电子信息、新材料、生物技术为重点的高新技术行业初步发展。

投资环境

南安市牢固树立"环境也是生产力"的观念,坚持"软硬"环境一起上,在适度超前发展基础设施的同时,实施招商引资"畅通工程",努力消除思想、环境、体制、政策和结构五大障碍,不断优化投资软环境。政策上,制定并实施《关于进一步改善外商投资工作的决定》、《关于进一步鼓励外商投资的若干规定》、《关于加强投资软环境建设的规定》、《关于加强政府机关勤政建设提高办事效率的决定》和《南安市投资环境清障工作实施意见》。载体上,加大工业园区规划建设,形成了以市级工业园区和乡镇工业园区共同发展的工业园区体系。措施上,加强机关效能建设、深化审批审核制度改革,完善服务窗口,在武荣大厦设立"一站式"综合服务机构,把对外服务窗口部门集中在一幢楼办公,建立一次性告知、一幢楼办结和节假日延时服务制度,对中外客商投资项目,从投资审批、核准、开工建设到正式投产的各个环节提供"一门式"咨询、"一条龙"服务。各工业区设立专门的管理办事机构,负责工业区的规划、开发、管理,并实行限时服务承诺制和一条龙服务制度。保障上,深入开展"严打"整治斗争,落实社会治安综合治理各项措施,保持社会安定稳定。

广东省潮阳市

简介

潮阳市位于广东省东南部,濒临南海,东接汕头市区,西连普宁市。东晋隆安元年(公元397)置县,至今已有1600多年历史。1993年4月撤县设市。现辖22个镇和4个街道。总人口268.2万人,是全国第一人口大市(县级)。港澳台同胞、侨胞200多万人,是全国著名侨乡之一。全市区域总面积1255.6平方公里,耕地面积3.03万公顷,内陆水域面积1.84万公顷,浅海滩涂2040公顷,海岸线34.3公里,由"两山两江两平原"构成,属丘陵、平原兼有的东南沿海地区。改革开放以来,潮阳市积极发挥沿海、侨乡、民力三大优势,大力兴办乡镇企业和"三资"企业,积极发展"三高"、"四化"农业。现已形成纺织服装、精细化工、文具办公用品、电子五金、音像塑料等支柱行业。一批名牌产品脱颖而出,有"雅倩"、"拉芳"中国名牌产品2件,"雅倩"全国驰名商标1件,"雅嘉"、"雪柔"、"大印象"、"拉芳"、"曼妮芬"、"粮丰"等省著名商标12件。全市现有工商企业6000多家,其中工业企业3600家。已组建企业集团37家,其中10家经国家农业部批准为全国乡镇企业集团。有31家企业获IS0—9000质量体系认证,92家企业拥有自营进出口权,7家企业获省质量信得过企业称号。全市累计专利授权量1220项,商标注册9409件。市场建设已有一定规模,商贸活跃。基础设施建设不断完善,城乡面貌发生较大变化,依法治市初见成效。人民的物质文化生活水平进一步提高,精神文明建设得到加强。

形象

1991—1992年跨身全国百强县(市)行列。1995年全市乡镇企业居全国百强第59位,并被国家农业部授予"全国乡镇企业先进市"称号。1996年跨进全省第二批小康达标市行列,同年被国家卫生部授予"爱婴市"称号。1998年被省评为"两基"教育先进市,同年被省授予"卫生先进城市"称号。粮食生产自1989年以来,连续14年实现"吨谷市"。造林绿化多项被评为全国先进单位。2000年获得"全国环境综合整治优秀城市"称号。第一、二届全国县域经济基本竞争力百强县(市)。

区位优势

地处广东省南部南海之滨,距汕头市区13公里。气候温和,夏无酷暑,冬无严寒,年平均气温21.6摄氏度,无霜期360天以上,平均降水量1736毫米。境内有潮阳港(已获国家批准备案为一类口岸),该港距香港仅161海里,距台湾省恒春港201海里,距厦门港150海里。深汕高速公路贯穿市东部,并在市境内设立两个出入口。

特色经济、主导产业

已形成纺织服装、精细化工、文具用品、音像塑料、电子五金等支柱行业。纺织服装:全市拥有生产型纺织服装企业1714家,占全市工业企业总数50%。年可创产值80多亿元,约占全市工业总产值的30%。"曼尼芬"内衣、"佐奇"服装、"大红马"人造纤维线、"秋鹿"睡衣以及"飘娜"花边等为知名度较高的品牌和产品,其中"曼尼芬"品牌被评为广东省著名商标。精细化工:全市现有生产型企业130家,年创产值19亿元,是国内较大的精细化工产品生产基地。拥有中国名牌产品"雅倩"、"拉芳"2件、全国驰名商标"雅倩"1件、省著名商标"雅嘉"、"雪柔"、"拉芳"3件,有护肤、护发、美雾和气雾共4个门类、50多个品种、3000多个花色,产品品种齐全,畅销全国各大中城市,部分还出口东南亚、欧美、澳大利亚、中东、非洲等国家和地区。文具用品:全市共有文具生产企业82家,投资规模1000万元以上的企业2家,500万元至1000万元的企业3家,年创产值9亿元。产品比较齐全,共有9个门类50个品种100多个花色,主要有文件夹、文件架、文件柜、公文箱、写字笔等,拥有一批优质品牌,"齐心"、"树德"两个牌子被评为中国十大文具首选品牌,产品畅销全国,有10多家企业的产品出口东南亚、欧美等国家和地区。音像塑料:现有音像塑料企业410家,约占全市工业企业数的12%,产品主要有电磁记录材料、录音录像带、带盒、碟盒、排水管材、牙刷、皮袋、塑织布等,年产值可达47亿元。知名企业有粤华、粤东磁电、星光、健生、三凌等(集团公司)。电子五金:现有电子五金企业385家,主要产品有集成块、电容、电阻、贴片、不绣钢电器配件等,产品除了内销外,还出口欧美和东南亚各国,年产值16亿元。

投资环境

现有一级国道1条、一级省道2条、二级省道

2条、市养公路134条。实现了市养公路100%水泥化,11条(段)55.8公里上等级公路;市通镇(街道)公路100%水泥化;村(居)100%通车。陆运口岸“港澳货物丰辆检查场”已于1993年10月开通运作;潮阳港已经国务院批准列为国家一类口岸,港区500吨级小船泊位、5000吨级集装箱通用码头、储油量2.4万立方米保税油库和3000吨级油码头,已于1996年9月投付使用;潮阳口岸已设立边检、海关、卫检、动植物检、商检和港监等检验机构,实现申报、报检、检验“一条龙”服务。一个以市区为中心向周边县(市)延伸,贯通城乡,连结空港、海港、铁路、高速公路的现代化交通网络已形成。同时,市成立企业投资服务中心,实行“一站式”服务。建成独立电话号码区号,全市电话总装机容量55.11万门,现有电话42.53万部。移动电话用户30万户,计算机互联网用户9.12万户。全市有火力发电厂1个、220千伏变电站1座、110千伏变电站7座。市区有自来水厂3个,日供水能力10万吨。全市有名胜古迹和旅游景点138处,莲花峰风景区为国家AAA级旅游区(点)。拥有涉外宾馆(酒店)7家,其中二星级1家,三星级5家,四星级1家。

对外招商引资项目

按国家和省的产业政策,我市重点鼓励发展港口、公路、自来水、引水(水厂)、污水处理,垃圾处理等基础设施项目;长期依赖进口的原材料工业项目;汽车、电子、电器的零部件和精密模具制造,热表面处理等配套工业项目;电子信息、新材料、生物工程等新兴技术产业;农业技术工业及优良种苗引进和培育技术;附加值高、以出口为主的各类加工工业。发展我市已具规模的纺织服装、精细化工、音像塑料等产业的工业项目。同时,鼓励发展广播电视、旅游、交通及社会公共设施等第三产业。

广东省电白县

——务实开拓促发展 与时俱进建小康

电白县位于广东省西南部，濒临南海，辖20个镇，总面积1840平方公里，总人口120万。全县海岸线长200公里，有博贺、陈村、莲头、东山等港口，其中博贺港是全国十大渔港之一、广东最大渔港。1982年经国务院批准为沿海经济开放区。1990年以来，我县先后被评为全国农村综合实力百强县、全国治沙先进县、全国水产先进县(第8位)、全国社会商品零售总额百强县、全国“乡镇企业办得好，对社会贡献大”先进县、全国农林牧副渔总产值百强县和全国水果总产量百强县。县城水东镇多次被评为全国卫生先进镇。

地理条件优越

电白县自南北朝梁大通(528年)建郡县至今，已有1400多年历史。电白地理条件优越，有山、有海、有平原。地处热带与亚热带的过渡地带，气候温暖，光热充足，雨量充沛，年平均气温23℃，全年基本无霜冻，年降雨量1942毫米。独特的地理气候条件，使电白得到了大自然的格外眷顾，自然资源得天独厚。农业土特产久负盛名，电白荔枝以早熟优质闻名海内外，花生颗粒饱满，是广东省著名的荔枝和花生生产基地；红心鸭蛋和小耳花猪畅销国内外市场。海洋资源丰富，盛产金丝鱼、石斑鱼、鱿鱼、龙虾、海蜇、膏蟹、蚝等名贵海鲜。全县现已探明的矿产有七类40多个品种，其中钾长石、独居石、锆英石、高岭土储量特别丰富。电白水资源和电力供应充足。境内的罗坑等5个较大水库和共青河引水工程，蓄水容量达到3亿立方米，基本满足全县的生产、生活用水。电力供应除广东大电网供电外，还有地方兴建的火力发电厂和水电站，可确保生产和生活用电。

电白交通、通讯便利。交通四通八达，形成了以公路、铁路、海运为主的立体交通运输网络。国道325线贯穿全县，全县公路总里程1400多公里，村村可通汽车；三茂铁路横贯西北部7个镇，境内设有4个火车站；海上运输方便，水东、博贺两港的船只可直达国内各沿海城市。通讯设施完善，程控电话、移动电话等通讯网络遍布全县。全县固定电话用户12.5万门，平均每百人拥有程控电话10门，全县移动电话用户9万户，流动市话用户6500户，互联网用户5万户。

电白是镶嵌在南中国海岸线上一颗璀璨的明珠，海岸线长，海水清澈泛绿，沙滩洁白绵长，山上红荔飘香，文物古迹众多，可谓山海风光交相辉映，旅游景点别具特色。放鸡岛是全国第一个潜水旅游点，冼太夫人故里、龙头山海湾乐园、麻岗热水温泉、庄山、浮山岭、磻坑仙人洞等自然风景区和名胜古迹是中外游客向往的景点。

特色经济快速发展

改革开放以来，市场经济意识强的电白人民充分利用改革开放早、机制灵活的优势，勇闯市场，精做市场经济大文章，促进了电白经济的快速发展。2002年，全县国内生产总值达92.6亿元，财政收入达4.08亿元，城镇居民人均可支配收入7011元，农民人均纯收入3911元。目前，电白经济基本形成了五个方面的特色：一是特色工业向规模化、基地化方向发展。全县共有工业企业5644家，其中国有企业8家，股份制企业7家，民营企业5442家，外资企业187家。主要行业有香精香料生产、农副海产品加工、建筑材料、制锁、制衣、乙烯后加工、手套加工、家用电器、饲料、竹木器加工、农用化肥等，其中电白人生产的香精香料在国内市场占有率达60%以上。涌现了德兴果品有限公司、亿顺食品有限公司、龙海海蜇集团、华仁香料集团、港日化工有限公司、汉山锁业有限公司、飞乐蓄电池厂、电白依时针织制衣实业有限公司等一批规模大、实力强、科技含量高的龙头企业。二是特色农业走上了区域化、规模化生产的轨道。全县建成了粮食、花生、水果、北运菜、小耳花猪、山地养鸡、红心鸭蛋、药材等十大农业商品生产基地，创立了正红牌红心鸭蛋、龙海海蜇、绿叶牌花生油等十大特色农业品牌。三是海洋产业由传统海洋大县逐步向现代海洋强县迈进。2002年，全县海产品总产量超50万吨。海洋捕捞拓展了密西罗尼西亚、南太平洋等外海远洋渔场。全县海水养殖形成了以对虾、优质鱼、贝类、网箱高档鱼类和对虾种苗为龙头的基地化、规模化生产格局，建成了机械化高密度对虾养殖、对虾高产无公害养殖、对虾种苗繁育、网箱优质鱼养殖、牡蛎养殖等五大特色养殖基地，所辖的爵山镇是广东省最大的对虾种苗繁育基地。四是旅游产业颇具特色。我们通过不懈努力,不断整合旅游资源优势,完善各旅游景点设施,向中外游客精心打造和推出了以冼夫人文化、放鸡岛潜水旅游和热水温泉为龙头的一系列旅游景观,旅游业正在迅速崛起。五是城乡市场体系比较完善。建起了海产品、水果、三鸟、建材、北运菜、粮食、木材、副食品、渔需品等十多类批发市场,连锁经营、物流配送等现代流通方式正在迅速发展,其中木材、海参市场已成为粤西以至全国的重要集散地,电城远光贸易商行成为粤西地区物流配送中心。

投资环境日臻完善

在县委、县政府的正确领导下,电白人民精心打扮自己自己的家园。我们大力抓好县道、乡道硬底化建设,全面规划改建了硬底化县道,乡道上等级率达100%。县城水东按照"一年一小变,三年一大变"的要求,以创立城市品牌为目标,几经扩建改造,扩大了县城城区面积,新建和改建了各类主题鲜明、各具特色的广场和公园。设计安装了一大批风格独特的景观灯,形成了以道路亮化为基础,楼体亮化为主体,广场、公园亮化为衬托,重点部位亮化为点缀的亮化特色,实现了县城的亮化美化。县行政中心、人民广场、东湖广场、水东海堤、东湖公园等景点交相辉映,构成了县城一道道亮丽的风景线,成为人们休闲的好去处。设计新颖、风格独特的县图书馆、体育馆将全面动工建设。电白人民的巧手妙笔,正在把今天的县城水东建成一个规划科学、功能完善,环境优美的具有亚热带海滨特色的美丽城市。

我们坚持工业立县的指导思想,创新工业发展思路,以发展民营企业为主体,以发展资源加工型特色工业为主攻方向,以工业园区为载体,以优质服务为保证,大力推进工业化进程。全县按照"高起点规划、高标准建设、高效能管理、立足长远、着眼当前"的原则,着重抓好了县民营科技工业园和20个镇级工业园区的建设,其中县民营科技工业园发展势头喜人。2002年以来,已投入1.5亿元建设该园基础设施,现已有12家企业在该园落户,项目总投资超2亿元。我们力争到2007年,将县民营科技工业园建成占地2000亩、年产值超20亿元的工业园区,各镇建成占地面积200亩左右的工业园区。

我们致力改善投资软环境,增强招商引资的吸引力和竞争力。切实转变政府职能,增强服务意识,由"审批型政府"转变为"服务型政府"。成立了县投资服务中心,为企业的发展提供热情周到的服务,提高了办事效率,使企业从立项到投产一路绿灯。特别是党的十六大后,全县上下认真学习贯彻落实党的十六大精神,把发展民营经济作为全面建设电白小康社会的头等大事来抓,制订出台了一系列含金量很高的鼓励支持民营经济发展的优惠政策措施,最大限度地给投资者让利,为民营经济的发展创造了一个"社会上有地位、政治上有荣誉、经济上有实惠"的良好氛围,民营经济大发展大提高的春天已经到来。

站在新世纪新的起跑线上,电白县委、县政府以强烈的历史使命感和时代责任感,认真贯彻落实党的十六大精神,在大力发展以民营经济为主要增长点的"内源型"经济的同时,加大对外招商引资力度,吸纳壮大"外源型"经济,千方百计推动全县经济跨越式发展。目前,我县在基础设施建设、果菜加工、海产品加工、滨海旅游开发、海水养殖、农副海产品市场建设、房地产开发、文卫体基本建设等方面共50多个项目正在以优惠政策对外招商。我们将本着"项目至上,商客至上"的理念,热诚欢迎港澳台同胞、海外侨胞、海内外各界人士前来投资创业,开发资源,为早日实现全面建设小康社会的目标而携手前进。

广东省高要市

高要市位于广东省中部、西江中下游，既属珠江三角洲经济区和肇庆市经济发展中心区，又属全省50个山区县(市)之一。东与珠江三角洲腹地接壤，西与粤西相联，处于经济发达的珠江三角洲和资源丰富的西江经济走廊结合部。市城区与国家优秀旅游城市肇庆市隔江相望。高要市水陆交通便利，区位优势得天独厚，西江黄金水道、三茂铁路、国道324线以及广肇高速公路穿境而过。距广州90公里，距香港138海里。全市总面积2196平方公里，辖18个镇、324个村委会、26个居委会，总人口73.1万人，有华侨、港澳台同胞22万人。

改革开放以来，高要市坚持以邓小平理论为指导，以经济建设为中心，积极实施以城市经济为龙头的发展战略，致力抓好生产力发展，不断增创发展新优势，全市经济和社会各项事业都保持了良好的发展势头。1993年撤县建市，1994年列入珠江三角洲经济区，并成为广东省首批23个小康达标县(市)之一,2001年被评为广东省文明城市、卫生城市、文化先进市，在第二届全国县域经济基本竞争力评价中列百强县(市)68位。

高要市投资环境比较完善

三茂铁路、广肇高速公路、321、324国道、省道肇江公路等几大交通动脉在高要交汇，市内的地方道路全部实现硬底化，形成了“四通八达”的交通网络，特别是去年开通的、横贯高要境内的广肇高速公路，更拉近了高要与珠三角发达地区的距离。西江黄金水道流通全市，建有高要口岸和年货物吞吐量20万吨级的集装箱码头，货物载运可直达港澳和海外其他地区。邮电资讯发达，高要信息中心与国内外联网，为互传各方信息，开展经济贸易和友好往来提供了便利。全市供电供水充裕，其中投资20亿元的国家西电东送输变电换流站在高要兴建，市城区日供水能力达20万吨，能充分满足生产生活的需要。市政设施配套完善，环境优越，市内有广新农业生态园、肇庆高尔夫球场等休闲娱乐场所。

高要市外型经济蓬勃发展

近年来，坚持以工业园建设为载体，大力开展招商引资，发展城乡工业群体，壮大工业经济总量，提高工业经济质量。全市每年实际利用外资均达1亿美元以上，建成了市、镇两级25个工业园区。总体规划12.8平方公里的肇庆市(高要)金渡工业园，首期3000亩的道路、给排水、供电等基础设施已经全部竣工;规划总面积5.6平方公里的西区工业带，目前，已经建成中杰鞋城、圣莎拉制衣等一批项目，有哈伊马角陶瓷、鸿海钢铁等规模较大的项目正在建设，还有省级农副产品综合物流园等基地性的大项目已签约落户。高要市委、市政府对于外来投资给予最大限度的优惠政策。一是对于工业园内的土地，根据不同的位置以最优惠的价格出让；二是实行“只收税不收费”的工业园投资优惠政策，支持企业发展；三是全程提供主动、热情、优质、高效的服务，对外来投资者申办报批手续，实行“一站式受理”、“一条龙服务”；四是对外来投资企业，市有关职能部门采取特殊措施，切实维护投资者的合法权益。目前，全市共有“三资”企业450多家，横联企业近700家，形成了食品、轻工、纺织、制衣、制鞋、机械、电子、铸造、建材、冶金为主要门类的工业生产体系，发展后劲进一步增强。其中：华锦集团有限公司发展成为国内技术水平较高、产品质量较好的大型化纤企业集团；鸿图公司发展成为目前华南地区最大的铝合金压铸件生产企业；河台金矿发展成为我国南方最大的黄金生产基地，年产黄金2万两以上。

高要市农业发展增产增效

坚持以市场为导向，以效益为中心，积极引导农民因地制宜调整种养结构，发展“三高”农业，推进农业产业化经营。建立了农业六大商品基地、八大样板示范区和十大农业龙头企业，形成了区域化、基地化、规模化、企业化经营格局。全市现有蔬菜13万亩，水产13.2万亩，水果10.5万亩，丰产林21万亩，肉桂50万亩(被评为“中国经济林肉桂之乡”)，粮经比例调整到4:6。引进建设了广东嘉耀木业有限公司、康达实验动物科技有限公司、高要百事达生物工程技术有限公司等一批规模较大、科技含量较高、经济效益较好的农业项目。

高要市民营经济和第三产业迅猛发展

立足多元化经济发展，把民营经济放到更加突出的位置，加强组织领导，落实扶持政策措施，并实行引导与扶持并举、抓大户与抓群体并举的办法，培育重点大户,建兴彩印、金海岸织造、利星实业等一批民营企业大户迅速发展壮大，南岸、金利、白土、金渡、新桥、大湾、禄步等各具特色的民营企业群体蓬勃发展。巩固和发展小五金、陶瓷、五金机械、竹制品、红木家私等专业特色市场,加快发展现代流通业,城乡集市贸易成交活跃,商贸、饮食、交通、信息、金融、房地产、文化、服务等行业蓬勃发展。目前,民营企业纳税总额占全市工商税收三成多,第三产业增加值占国内生产总值的四成多。

高要市精神文明建设水平不断提高

始终坚持“两手抓,两手都要硬”的方针,从实践“三个代表”的高度出发,把精神文明建设与各项工作一起部署,一起落实。近几年,先后建起了“五馆两场”和“三台一报一中心”;全市中小学校全面实现教学楼房化和“教者有其居”;建起了33家农村卫生分院;办起了镇、村文化活动中心和科技文体活动中心。文明城市、文明村镇、文明小区、文明单位、文明窗口等精神文明创建活动深入开展,依法治市和社会治安综合治理有效推进,党的建设进一步加强，文明法治的良好社会环境进一步形成。科技、教育、文化、卫生、体育、计生、民政等社会各项事业全面进步。

广西壮族自治区浦北县

素有“中国香蕉之乡”美名的浦北县，位于广西南部六万山余脉，东与博白县、兴业县接壤，南与合浦县隔江相望，西与灵山县毗邻，北临横县、贵港市，县城距玉林市、北海市、钦州市均为120公里，距自治区首府南宁市160多公里；幅员2517平方公里，其中山地面积235万亩，耕地面积43万亩。全县辖17个镇1个乡，261个行政村，12个社区，截止2002年底，全县总人口80万。

浦北自1965年由合浦县析出独立设县至今，经过30多年的努力，经济建设和社会各项事业得到了较快的发展。农业产业结构调整特色鲜明，形成了十大生产基地，即15万亩香蕉，43万亩荔枝（龙眼），20万亩八角，15万亩竹子，10万亩速生桉，3万亩蚕桑，10个万头瘦肉型商品猪，1500万羽商品鸡，4万亩淡水鱼，20万亩红椎林生产基地。工业建立了以出口烟花、工艺编织、建筑材料、食品饮料、制药为龙头的县域工业体系，初步形成了“四区一带”的工业格局，即以发展烟花炮竹为主的南部工业区，以发展工艺编织为主的中部工业区，以发展建筑材料为主的北部工业区，以发展制药和食品加工为主的县城工业区；连接沿途泉水至乐民9个大镇的南北二级公路工业经济带。近年来，通过招商引资，外来投资企业成为加快浦北工业和推动整体经济发展的新亮点。交通、城镇、能源、通信等基础设施建设日趋完善，投资环境得到较大改善。全县于1999年率先在全市实现镇镇通水泥路，村村通汽车、村村通程控电话。县城通过近年来加快建设，已初具小城市规模。文化广播体育事业发展较快，1991年获全国文化先进县，1995年获全区社会文化先进县，2000年获全国广播电视先进县。浦北的张载荣、张祥森两位体坛健将，曾分别于1990年、1991年勇夺世界举重冠军。

浦北县历史悠久，具有优良的文化传统，南朝的越州城，唐朝的廉州郡都设在现今的浦北境内，解放前设有16间书院。浦北土地肥沃，气候温和，物产丰富，旅游资源独特，是发展林果经济、旅游业和经商办厂的好地方。浦北县委、县政府正以新的观念、新的思路、新的作风、新的举措，带领全县人民与时俱进，开拓进取，努力开创全面建设小康社会的新局面。

广东省山区综合开发的一面旗帜——高州市

高州市位于广东省西南部，全市总面积3276平方公里,其中山地面积377万亩,耕地面积65万亩，现有人口155万，辖27个镇和6个街道办事处。市区现有面积约20平方公里;人口20多万。市人民政府所在地——高州城,始建于隋开皇十八年(公元598年),为历代州、郡、路、府、道、专区的治所,曾是粤西的经济、军事、文化中心,为省级历史文化名城。

改革开放以来,高州市坚持走“农业起步,以农促工,以工带农,全面发展”的经济发展路子,使全市国民经济持续快速健康发展,社会各项事业全面进步。曾获“第二届全国县域经济基本竞争力百强县(市)”、“全国首届农林牧渔业总产值百强(市)”、“全国第四届猪牛羊肉总产量百强县（市)”、“全国社会商品零售总额百强县(市)”、“全国邮电百强县(市)”、“全国水果第一市”、“全国农村综合实力百强县(市)”、“全国明星市(县)”等23项国家级殊荣。农业总产值已连续9年名列广东省各县(市)第一,山地亩产值居全国之冠,高州市因此被原中共中央政治局委员、广东省委书记李长春赞誉为“广东省山区综合开发的一面旗帜”。2000年2月,江泽民同志亲临高州视察,在高州市领导干部“三讲”教育会议上作了重要讲话,并对我市农业综合开发所取得的成绩给予了充分肯定,亲笔题词“搞好山区综合开发,促进农村经济发展”。三年来,高州市干部群众高举邓小平理论伟大旗帜,深入学习贯彻党的十六大精神,认真实践“三个代表”重要思想,以“建设经济强市,争创文化名城,力争在全省山区中率先基本实现现代化”为总目标总任务统揽工作全局,与时俱进,开拓创新,聚精会神搞建设,一心一意谋发展,全面建设小康壮会,促进了国民经济持续快速健康发展,社会全面进步,人民生活总体达到小康水平。2002年,全市国内生产总值119.5亿元(2000年价),比上年(下同)增长11.1%;工农业总产值171.1亿元（其中，工业总产值112.5亿元,农业总产值58.6亿元),增长11.8%;第三产业增加值40.4亿元，增长12.5%；农民人平纯收入4180元,增长5.0%;外贸出口总值4.55亿美元,增长53.2%；金融机构存款余额77.5亿元，增长15.2%(其中城乡居民储蓄存款余额66.5亿元,增长15.9%);财政总收入5.03亿元,增长26%(其中本级财政收入1.89亿元,增长6.5%);社会消费品零售总额38.9亿元,增长12.6%。精神文明建设和社会各项事业也取得了长足的进步。

“三高”农业发展迅猛

高州属南亚热带季风暖湿气候，光照充足,雨量充沛,土壤肥沃,优越的自然环境为发展农业提供了得天独厚的条件。多年来,高州市从本地实际出发,发挥资源优势,大力发展以水果为龙头的“高产、高质、高效”农业。水果种植面积达174万亩,年产量81万吨。总产值31.3亿元。

高州享有“全国水果第一市(县)”的美誉,被命名为“中国荔枝龙眼香蕉之乡”。高州市水果种植历史悠久,据高州府茂名县志记载,高州种植荔枝始于秦末,至今已有2000多年的历史。位于东部荔枝基地的根子镇贡园内有数十棵从几百年到1500多年的古荔树,有的盘根错节,枝繁叶茂;有的古树新技,枯木逢春;有的历经苍桑,老态龙钟。“一骑红尘妃子笑,无人知是荔枝来”。据专家考证,当年进贡给杨贵妃的荔枝,正是取自高州。那时的当红太监高力士,为向杨贵妃献媚,极力推荐家乡高州产的岭南佳果荔枝给杨贵妃品尝。清代曾任两广总督的著名诗人阮元有诗云:“新歌初谱荔枝香,岂独杨妃带笑尝;应是殿前高力士,最将风味念家乡。”因此,根子又有“大唐荔乡”之称。

高州种植水果不但历史悠久,而且具有很强的市场竞争力。一是种植品种名优化。荔枝以荣获“中国第三届农业博览会名牌产品” 称号的白糖罂、白蜡、黑叶和桂味荔枝为主。2000年2月19日,江泽民同志在根子镇观荔亭前手植的“中华红”荔枝树,就是从荣获广东省早熟优质第一名的 “白糖罂”荔枝中提纯优化出来的新品种;龙眼以荣获“全国首届农业博览会金质奖”的储良龙眼和荣获“中国农业博览会名牌产品”称号的石硖、双孖龙眼为主;香蕉以荣获“全国首届农业博览会银质奖(香蕉类第一名)”的遁地雷香蕉为主,全市荔枝、龙眼、香蕉名优品种种植率达95%以上。二是基地布局区域化,形成了东部4.5万公顷的荔枝生产基地，西部3.2万公顷的龙眼生产基地，中部1.8万公顷的香蕉生产基地,北部1万公顷的黄榄生产基地。三是生产管理标准化。高州市严格按照作物的种植规程，对荔枝、龙眼、香蕉等实行标准化生产，确保水果优质、安全无公害。高州市因此被国家质量技术监督总局命名为“国家荔枝标准化示范区”和“国家龙眼标准化示范区”。“白糖罂牌”荔枝、“马头牌”储良龙眼、“长恒牌”香蕉等一批名优水果被中国绿色食品开发中心认证为无公害的A级绿色食品。多年来，高州名优水果以其质优价宜畅销国内市场，并有部分销往美国、加拿大、日本、新加坡、港澳等国家和地区，受到越来越多消费者的青睐。

除此之外，高州市还大力调整农业经济结构，推广稻—稻—菜模式，发展蔬菜生产，2001年蔬菜总产量52.9万吨，总产值3.6亿元。大力发展养殖业，已形成东部年养猪35万头的肉猪生产基地，西南部面积达14万亩的优质淡水鱼生产基地，中部年养鸡达3500万只的肉蛋鸡生产基地。去年全市养殖业总产值16.7亿元。现在全市已建立水果、蔬菜、养殖、食品等农业龙头企业10家。

工业稳步增长

高州市进一步强化“工业立市”意识，确立了“以发展工业为核心，掀起新一轮发展潮”的发展新思路，按照“建园区、办民营、引外资、兴科技、舞龙头、创特色”的工业发展的18字方针，全面加快工业发展步伐，已形成了全市上下人人关心工业、支持工业、自觉为发展工业服务的良好氛围，掀起了工业发展的热潮，有效地促进了工业的快速发展。一是以抓工业园区为重点，大力加快工业化进程。我市不断加大了金山工业园区建设，完善了金山工业园区的基础设施和其他配套设施建设，并采取倾斜政策，吸引投资者到金山工业园区建厂。在建成了金山工业园区的同时，又多方筹集资金搞好金墩工业园区的基础设施建设。二是以发展民营企业为重点，加快工业发展。我市按照“政治平等、政策公平、法律保障、放手发展”的方针。坚持以为民营企业人员营造“社会上有地位、政治上有荣誉、经济上有实利”的良好氛围为宗旨，采取各种优惠政策，降低准入门槛，为民营企业提供“保姆式”的服务，激活民间投资，大力发展民营经济，目前民营企业已达3000多家，年产值50多亿元。三是以调整工业结构为手段，大力发展特色工业。我市充分发挥资源优势和产业基础，大力调整优化工业结构，抓好农产品加工、皮革制品加工、铸铁件加工、乙烯产品后续加工等资源型、劳动密集型特色工业，初步形成了劳保手套、铸铁和食品加工等极具特色的支柱产业。去年全市实现工业总产值112.5亿元，比上年增长13.8%。皮手套出口创汇3.84亿美元，约占全国同类产品出口量的一半。

第三产业蓬勃发展

一是积极搞活流通。大力引导农民、外地客商和个体商业户参与流通，通过国有、集体、联合体、个体“四轮齐转”，地方军、远征军、外援军“三军联动”，积极搞活流通。全市已建立起一个由1000多个代购商，下联数以万计的小商贩，上联全国20多个省100多个大中城市拥有3万多人的购销网络。二是建设一批大商场、大市场。已建成5家大型商场，全市拥有农产品批发市场18万平方米，购销站1000多个。三是深化国有商业企业改革。2001年全市社会消费品零售总额38.9亿元。四是大力发展旅游业。高州既是历史名城，又是旅游胜地，名胜古迹众多。有东部荔枝带、西部龙眼带、中部香蕉带等丰富的生态农业观光资源。我市有广东省重点保护文物古电白郡城遗址、九层63米高的宝光塔、冼太庙、广东省农民协会南路办事处旧址（南皋学舍）等，有460多年树龄、中土无双的缅茄树，有相传为晋朝道士潘茂名升仙之处的观山寺，有建于清代的文笔塔、南面有宝莲庵等庵群和潘州公园、笔架青峰，有南朝女英雄冼太夫人安营扎寨的高凉岭，有誉为“百鸟浮泽国”的高州水库，有深镇仙人洞、古塘溶洞、灵江温泉。全市旅游资源丰富，发展前景广阔。

基础设施建设日臻完善

我市坚持多渠道筹集资金，高起点规划，高标准建设，集中力量建设一批重点项目。在扩改境内的国道、省道的基础上，又开通了东部“荔枝路”和西部“龙眼路”。公路交通网络日臻完善，形成了四通八达的交通网络，实现了村村通公路。全市公路密度为68公里/百平方公里。全市各镇已基本实现通二级公路，各村委会实现通上等级公路。全市固定电话装机量达12.9万台，城乡已全部通电话，已建成数字移动通信基地站100多个，移动通信网络已覆盖全了城乡每个角落。

努力发展教育事业，推进科技进步

近几年，市投入大量资金，新办学校12所，新建一批教学楼，全市中小学校舍面貌一新。其中，投资近2亿元建设高州中学新校区，并已投入使用。普通教育和成人职业教育有较大发展。去年全市高考入省专线以上人数3119人,创历史最高纪录,居茂名市各县(市、区)之首。有7所学校被评为省一级学校,1所幼儿园被评为省一级幼儿园。建立和健全科技网络,现已建立起市、镇、村和自然村四级科技网络，全市科技人员中拥有高级职称229人、中级职称2984人、初级职称15498人。民间群众成立了“香蕉研究会”、“荔枝研究会”等专业技术研究会336个,参加人数达7163人。各地积极开展形式多样的科技培训活动,向群众灌输科技知识。此外,该市还大力抓好精神文明基础工程建设，投资1200多万元建设高州图书馆，投资600多万元建成高州电视发射塔。全市形成了医疗、预防、保健配套体系。高州人民医院、粤西农垦第三医院、高州中医院均达到国家二级甲等医院标准,其中高州人民医院被评为“全国百佳医院”。

广东省开平市

开平市位于广东省珠江三角洲西南部,是全国著名侨乡、建筑之乡、碉楼之乡和文化艺术之乡。开平1649年建县,1993年撤县设市,1995年被国家定为二类市。全市总面积1659平方公里(其中耕地面积50万亩),总人口68万,旅居海外的华侨和港、澳、台同胞75万多人,分布在67个国家和地区。全市划分为18个镇(办事处)、283个村民委员会、2843条自然村。市区面积25平方公里,人口24万。2002年全市实现国内生产总值113亿元,地方财政收入3.8亿元,出口总值4.4亿美元,实际利用外资1.1亿美元。

开平市地理位置优越,区位优势明显

市区由长沙、新昌、荻海三个埠组成,潭江、苍江两河相聚,三江环抱,景色秀丽,素有"小武汉"之称。交通运输四通八达,进出口快捷便利。佛开高速公路直达开平,开阳高速公路、325国道横贯全境,是粤西地区重要交通枢纽。国家一级口岸三埠港建有集装箱码头和保税仓库,每天有客(货)轮和豪华大巴往返香港、澳门、广州、深圳等地。开平市通讯发达,全市已实现电话程控化、传输数字化,长途电话可直拨世界各地及国内1800多个城市,全市电话普及率达每百人50部。建立了国际互联网开平网站,还开设宽带上网服务,对外通讯快捷方便。开平市加快电子信息化建设,目前已建成第一期"数字政府"工程并投入使用。开平市能源充足,城市建设和旅游服务设施完善,全市拥有星级酒店7家。其中五星级潭江半岛酒店1家,四星级假日酒店1家。经营旅游业务的旅行社2家,旅游从业人员3000多人。

开平市经过改革开放20多年的发展,形成了化纤、纺织、水暖卫浴、食品、电子、医药六大支柱产业。其中涤纶企业集团是全国512家和广东70家大型企业集团之一,化纤产量在全国同行排第二位;华士达制布有限公司是全国最大的无纺布生产企业;依利安达电子有限公司是全国500家最大外商投资企业之一;罗赛洛(广东)明胶公司是全国最大的明胶生产基地;广合腐乳驰名海内外,是全国最大的腐乳生产企业;嘉士利饼干、花生,味事达味极鲜酱油全国销量第一。2002年全市实现工业总产值237亿元,工业增加值35.8亿元。全市三次产业结构比例为11.9:48.1:40。

开平市农业资源丰富,土地肥沃,是广东省重要的农业生产基地

经过多年的农业结构调整,全市粮经比例调整为50:50,2002年实现农业总产值22.3亿元。第三产业发展迅速,商业贸易繁荣。现已建成粤西最大的凉果批发市场、水暖器材市场,建有全国规模最大的中国(水口)卫浴设备展贸中心。还计划兴建大型的食品专业市场和纺织化纤专业市场。2002年全市个体私营企业发展到2万多家,纳税总额2.3亿元。

近年来,开平市大力发展区域特色经济,努力提升化纤纺织、水暖卫浴和食品工业的实力,逐步发展成为我市的优势特色产业和主导产业。2002年全市的化纤纺织、水暖卫浴和食品工业三大产业年产值149亿元,占全市工业产值的70%。开平市已成为全国一个重要的化纤纺织生产和出口基地,目前年销售超500万元以上的化纤纺织企业有260多家,其中年销售超亿元的13家,2002年全市化纤纺织工业总产值127亿元。水暖卫浴产业发展势头强劲,2002年生产销售超过20亿元,产品在国内市场占有率达45%,60%产品出口到国外。食品工业稳步发展。全市现有食品企业105家,获得省部级及以上的名牌产品38个,2002年工业产值26亿元,实现税收1.5亿多元。2002年我市被授予"全国食品工业强市"、"中国纺织产业基地市"和"中国(水口)水龙头生产基地"。

开平市投资环境优越

近年来,开平市加快实施"一区二线五园两基地"的发展战略,着力营造"安全、赚钱、开心"的投资环境。高标准改造了市区东兴大道、文新路、幕沙路,新建三江大道,建成"九景连堤"第一景点"世纪之舟"和具有古罗马特色的旅游购物街,中心医院、供电大楼、工商大楼、文化大楼、汽车客运总站等城市标志性建筑相继建成并投入使用,城市广场建设正在加紧施工,使城市格局更加完善。坚持"交通先行"的发展战略,从2000年开始,掀起了总投资31.6亿元、总长196公里的"四纵两横"公路建设大会战。到2002年底止,已完成高铜线、百大线、蚬东线"三纵"公路建设,稔广线和开阳高速、325国道改造工程今年内可完成。预计“四纵两横”公路全线通车后，将全面改善开平的交通条件和投资环境。大力完善开平、开元、水口、苍城、新美纺织等五大工业园区的配套建设，目前全市各类工业园区达12个，规划建设面积达2.5万亩。同时进一步改善软环境建设，新成立了招商局和民营局，设立外商投资服务中心，制订实施了一系列保障投资者合法权益和鼓励投资的优惠政策，提高办事效率和服务水平，积极为外资民资投资提供“一条龙”服务。

投资环境的日趋完善，形成良好的集聚效应，吸引了日本、美国、英国、意大利、法国、德国、新加坡和港澳台等25个国家和地区的外商在开平投资办实业。全市现有“三资”、“三来一补”企业720家，国际大企业如美国联信公司、法国GBI公司、新加坡汇亚公司、香港依利安达公司等均在开平办有高科技企业。目前，全市合同利用外资11亿美元，实际利用外资超过8.6亿美元。去年全市三资企业纳税1.86亿元，占全市22%。

开平市风光秀丽、气候宜人，旅游资源丰富

全市现有国家重点保护文物——开平碉楼1833座，国家4A级旅游景点、中西合壁的“中国华侨园林一绝”——立园，以及历史悠久的开元塔，规模宏大的梁金山旅游区和大沙河度假区，爱国主义教育阵地周文雍、陈铁军烈士陵园、南楼等旅游景点。开平市正加快创建中国优秀旅游城市、国家园林城市和开展开平碉楼申报世界文化遗产工作，努力营造优美的旅游环境和良好的投资环境。目前，开平已形成一个积极、开放、文明、法治的社会环境。

改革开放以来，开平市两个文明建设取得很大的成绩 先后获得全国明星市、全国财政收入百强市、全国综合实力百强市、全国卫生城市、全国城市建设先进市、全国农村经济第一批实现小康市等20多项国家级荣誉称号。近年还被评为“中国曲艺之乡”、“全国县域经济基本竞争力百强市”和“广东省文明城市”、“广东省双拥模范市”。

广东省普宁市

普宁市位于广东省东南部、潮汕平原西缘。1563年(明嘉靖42年)置县,1993年4月6日经国务院批准撤县设市。

全市面积1620平方公里,划分为20个镇、5个街道办事处、3个乡和3个国营农场。总人口200万人,还有旅居海外侨胞182万人,是广东省重点侨乡。普宁是闻名国内外的商贸名城,万商云集,万物涌市,拥有各类市场72个,总面积56万平方米,包括纺织服装、中药材、水果、茶叶等十大专业批发市场。其中流沙服装专业市场是全国文明市场和全国百强集贸市场,中国普宁中药材专业市场是国家批准的首批8个中药材定点市场之一。普宁也是粤东的轻工业城市,尤以纺织服装、医药两大支柱产业闻名海内外。

2002年,全市国内生产总值155.34亿元,工农业总产值284.30亿元,其中工业总产值268.70亿元,预算内财政收入3.99亿元,外贸出口总值1.18亿美元,集贸成交额150.04亿元,社会消费品零售总额59.04亿元。

区位优势

气候温暖多雨,属南亚热带季风气候,适宜亚热带经济作物生长。水果种植总面积52.6万亩,年产量15.1万吨,被国家命名为“中国青梅之乡”、“中国青榄之乡”和“中国蕉柑之乡”。以水果加工为主的食品加工业也比较发达,全市有食品加工企业250多家,年加工水果15万吨。

境内山水交错,有榕江、练江、龙江三大河流,自然资源丰富。山川景色优美,人文积淀深厚,客商往来频繁。旅游资源开发潜力大,有商务旅游、生态旅游、人文宗教旅游等多种特色旅游项目。

公路交通发达,普惠高速公路、国道324线、省道S236线、揭(阳)神(泉)线、长(布)池(尾)线在市区交汇,普惠高速公路直通广州、深圳、东莞、汕头市,水泥公路延伸到各乡镇,基本实现村村通汽车,形成以高速公路、国道、省道为主干的四通八达的交通网络。运输市场活跃,是粤东有名的汽车货运中心。

特色经济与主导产业

主要行业有纺织服装、医药医械、食品饮料、信息存储、电子器材、玩具塑料等。纺织服装、医药产业的比较优势明显,是普宁的两大支柱产业。全市有产值超亿元企业8家,年营业收入500万元以上的企业126家,省级以上高新技术企业7家。创出广东省名牌产品2个、广东省著名商标4件、揭阳市知名商标22件。民营经济发展迅猛,有上市股份公司2家,广东省民营科技企业21家。

普宁市以“服装城”著称,纺织服装业是普宁市的一大支柱产业。全市现有纺织服装企业1400多家,固定资产投资总值18.7亿元,其中上市公司1家。年产值超100亿元,服装注册商标1000多件,其中著名商标1件、知名商标9件。各式服装年生产能力13亿多件,其中衬衣3亿多件,是国内主要衬衣生产基地之一。拥有纺织品、服装专业市场各1个。从2001年开始,每年举办一次普宁国际衬衣节暨纺织服装交易会。第二届衬衣节于2002年11月举行,参展国内外企业有近200家,参加交易洽谈国内外嘉宾1000多位,签订经贸合同总额折合人民币10.23亿元。

医药产业是普宁市的另一支柱产业。全市已有医药工业企业7家,其中上市公司1家;医疗器械生产经营企业11家,药品批发企业50家。年购销额达 40多亿元。2002年11月,市政府和中国中药协会联合举办了“中国普宁首届中药交易大会”,应邀参加的嘉宾和各地医药企业、药商、药农代表有5100多人,现场购销总额30多亿元,签订投资和贸易合同金额10亿多元。

投资环境

基础设施适度超前,有220千伏变电站1座、110千伏7座,电网覆盖率100%,被国家授予“农村电气化县(市)”称号。建成水厂3座,总制水能力日产19.5吨。电话总容量30.9万门,移动电话19万门,开通了数据通讯、因特网、ADSL宽带网。市区规划控制区157平方公里,建设用地36.6平方公里,现建成区22平方公里,道路、排污、绿化等公共设施配套齐全。全市有各类工业园(小区)18个,规划占地面积近万亩,进园企业280多家,其中上千亩工业园有4个。劳动力充足,设有人才交流中心和劳动力市场。

普宁享有山区、老区、侨乡等优惠政策。进出口口岸查验机构以及各种生产要素服务功能齐全。市委、市政府强化行政服务,优化投资软环境,出台了《普宁市支持鼓励工业发展暂行规定》、《普宁市关于扶持企业创品牌的决定》、《普宁市扶持企业股份制改造若干措施》等一系列扶持企业的政策措施。设立了行政服务中心,把涉工涉企的20多个市直行政审批部门纳入中心管理,为企业提供"一门式管理、一条龙服务、一个窗口收费"。

普宁是潮汕地区著名的文化之乡,人文素质较高。有各类学校734所,设置有大、中专院校和各类培训基地,在岗各类专业技术人才约3万人。报社、电视台、有线广播电视台、广播电台等文化设施配套完善。被评为"全国广播电视先进县(市)"、"全国体育先进县(市)"、"广东省卫生先进城市",获"广东省民族民间艺术之乡"美誉。

对外招商引资项目

(1)普宁市科技工业园。位于市区西北侧,占地面积1300多亩。国道324线、省道S236线、普惠高速公路交汇于此,交通方便,供电、通讯、供水、排污、环卫等设施配套齐全。园区设立管委会,赋予县一级相应的管理权限,为投资者提供全方位优质服务;园内企业享受特殊优惠政策。现有投资项目8个,投资总额6.12亿元。电话:0663—2918055。

(2)普宁市潮汕文化公园。位于寒妈旅游区,总面积3.7平方公里。旅游区依山傍水,风景秀丽,规划为10大功能区:综合区、展馆区、寒妈宫纪念区、旅游度假区、生态游憩区、微缩景观区、体育活动区、高尔夫球练习场区、潮侨区、工艺美食区。电话: 0663—2228541。

增城——打造亮丽的广州东部板块

概况

增城建县于东汉建安六年(公元201年),1993年撤县设市,辖16个镇(街),302个行政村。全市总面积1741平方公里,总人口90万。

区位优势

增城位于珠江三角洲东北部、广州东部,南部新塘、永和两镇已列入广州都会区规划范围。南与东莞隔江相望,东临惠州,北界从化、龙门,地处广州、东莞、深圳、香港等发达城市区间。紧连广州经济技术开发区和广州科学城,发展空间大,前景好,故称广州东部板块。

交通优势

增城紧邻全国第二港黄埔港,设有新塘海关等查验机构,广深铁路和广汕公路、广深公路、广深高速公路、广园东快速路、广惠高速公路等贯穿市境,是广州通往深圳、香港和粤东各地的交通咽喉,驱车40分钟可到达广州国际机场,一个半小时可到达珠三角任何一个城市。

资源优势

增城境内青山绿水,生态环境优美,气候温和,风调雨顺。全市有农用地181.5万亩,可供大规模发展高产、优质、高效农业。有10多个已建或在建的工业园区,具有生态环保特色的工业发展用地240平方公里,能为企业发展提供充足的土地。广州市规划在增城南部新塘、永和、沙埔、宁西、仙村、石滩等镇建设200平方公里的广州东部工业园区。增城是何仙姑的故乡,森林、水库、温泉、名胜古迹等旅游资源丰富。拥有南华、荔湖、仙村等4个高尔夫球场,增城广场、挂绿广场、百花山庄、蕉石岭公园、盈园、正果佛岩等景点建设已初具规模。何仙姑景区、高滩温泉、人称"广东九寨沟"的正果畲族村等正待规模开发。

此外,增城电力、供水、通讯、口岸码头等基础设施日臻完善,投资环境被国家评为"优"(AAA),生活环境优越,正吸引着越来越多的人们投资置业。

经济发展情况

近年来增城以"打基础,造环境,促发展,增强综合竞争力"为主题,坚持科学论证,超前规划,全力打造广州"东部板块",经济发展势头良好。2002年,全市完成国内生产总值178.07亿元,比上年增长15.82%;财政总收入14.94亿元,增长35.44%;实际利用外资1.61亿美元,增长21.5%;合同利用外资2.11亿美元,增长17.13%。三次产业协调发展。2002年工业总产值达347.94亿元,形成了纺织服装业、汽车摩托车及其配件业、农产品加工业、建材业等支柱产业。新塘镇获"中国牛仔服装名镇"称号,康威牌运动服名扬全国。农业产业化经营初具规模。全市种植优质稻59.9万亩、蔬菜39.8万亩、荔枝23万亩、速生丰产林21万亩,已形成优质米基地有限公司、威华中纤板厂、汉华菜场等农业龙头企业。增城荔枝久负盛名,2002年举办的挂绿荔枝拍卖会,最贵一颗卖出了55.5万元的天价,轰动海内外。增城丝苗米素有"米中碧玉"美誉,挂绿、总统等品牌米供不应求,迟菜心等蔬菜远销香港及欧美。第三产业旺发达,一批规模大、档次高的商贸超市和专业批发市场相继开业。金融业网点众多,涉外金融业务不断拓展。房地产业逐步成为支柱产业,广园东碧桂园凤凰城、广园东锦绣香江花园、荔城碧桂园、新康花园、新世界花园等楼盘品牌好、规模大、档次高。

今后发展思路

今后5年,增城将紧紧围绕全面建设宽裕小康社会、加快率先基本实现社会主义现代化的总目标总任务,把握机遇,充分发挥区位、交通、资源和生态优势,增创产业、体制、科技和环境新优势,实施南部带动、北部追赶、科教兴市、工业强市和可持续发展战略,进一步调整经济结构,加快工业化、产业化、城镇化、信息化进程,大力优化文明法治环境,加强党的建设,全力打造广州东部板块,促使增城成为珠江三角洲投资最活跃、经济发展最快、生态环境最好的地区之一,把我市建设成为广州东部新型工业基地、都市型农业基地、区域性物流中心和休闲度假旅游区。今后5年,实现人均国内生产总值年递增12%以上,到2010年人均国内生产总值比2002年翻一番,并争取达到7000美元,实现宽裕小康目标;到2020年比2010年再翻一番,使人民生活更加殷实、富裕。

全力打造新型工业基地

积极配合广州实施"东进"战略,努力把我市建设成为广州东部国际性轻工制造业基地和新兴的生态环保工业城市,成为广州东部经济发展的新亮点。高起点、高标准规划和建设好生态型工业园区,重点开发建设60平方公里的新塘工业园,力争五年后该园工业产值达到300亿元。积极引导工业项目入园经营,鼓励同类产业集聚发展。进一步打好广州牌、外资牌,吸引大企业、大项目、大财团落户我市。创造民营经济大发展的有利条件,扶持民营企业加快发展,全面提高民营经济的整体素质,引导扶持一批纺织服装业、汽车和摩托车及其配件业、建材业、农产品加工业的龙头企业进一步做大做强。

积极发展都市型农业

推进农业产业化经营,加快现代都市型农业发展,进一步优化农业结构,做大做强农业龙头企业,建立健全农业服务体系,逐步将增城建设成为区域性农产品加工集散基地、新兴的生态农业旅游观光基地、农业科普教育示范推广基地。

加快发展第三产业

加快我市南部物流园区的规划和建设,积极引进跨国物流公司和国内大型物流企业。继续鼓励和支持有实力的房地产商到我市投资创业,建立新型社区。积极开发荔枝文化旅游、体育娱乐旅游、生态观光旅游和温泉度假休闲旅游,形成覆盖全市、跨越周边的旅游线路网络。积极发展餐饮服务、社区服务、教育培训、文化娱乐等需求潜力巨大的服务行业,重点支持星级酒店的建设,大力发展信息咨询、金融保险等中介服务。

全面实施北部追赶战略

突出抓好北部山区的交通、流通和劳务输出等重点工作,两年左右完善山区镇的公路、自来水、电视、供电、电信网络,其中2003年实现全市行政村通水泥路。整合山区的农业、生态、人文、温泉等资源,吸引和鼓励投资者到山区投资开发。

加快城镇化进程

以规划为龙头,以基础设施建设为重点,突出中心镇村建设,整体推进全市城镇化建设,营造适宜创业发展和生活居住的良好环境。加快公路、桥梁建设,进一步完善路网功能。超前建设电力、供水、信息化等基础设施,加快推进新塘和石滩火车站及全市口岸码头、货检场站等一批基础设施的改造和建设。按照广州市中心城镇建设的要求,加快中心城镇建设,5年内促使荔城、新塘真正达到现代化中等城市的目标。认真实施“青山、碧水、蓝天、绿地”工程,大力推进绿化、美化、亮化和净化工程建设,突出山水生态特色,努力把增城建设成为国家级生态示范区。深入开展文明城市创建活动,加快广场、公园、河涌改造和建设,力争2003年创建省级文明城市达标,5年左右创建国家级文明城市达标。

切实改善投资软环境

努力营造功能完善的城市环境、充满活力的体制环境、公正严明的法治环境、廉洁高效的政务环境、秩序井然的信用环境、舒适安定的人居环境。集中行政审批部门在一栋楼办事、一个口子受理、一个窗口收费,实行“一站式”审批服务,逐步实施网上申报、网上审批等电子政务工程。建立和完善公开、公正、公平的办事机制,加强行政执法监督,狠刹“三乱”现象,切实保障和维护投资者及外来人员的合法权益,想方设法为他们创造宽松和谐的工作和生活环境。

广西壮族自治区藤县

藤县位于广西东部，介于北纬23°02′35″—24°03′09″,东经110°21′00″—111°11′27″。辖17个镇和2个乡。县人民政府驻藤城镇，行政区域面积3945.62平方公里。2002年末人口92.89万,其中农村人口83.05万。有壮、瑶等少数民族4000多人。人口自然增长率8.96‰。耕地面积4.15万公顷,农田有效灌溉面积2.28万公顷，粮食播种面积4.97万公顷,经济作物种植面积1.42万公顷。盛产无公害香芋、粉葛、无籽西瓜、沙田柚和迟熟江口荔枝等农产品,农机总动力15.93万千瓦。

全县森林覆盖率70.1%，有林面积26.23万公顷。特优林产品有西江桂皮、龙淳八角和松脂。肉桂林面积48万亩，年产肉桂2500吨,2000年被国家林业局命名为“中国名特优经济林肉桂之乡”。八角林面积24.5万亩,年产八角4300吨。松林面积200万亩,年产松脂1万吨以上。

主要矿产资源有钛、黄金、铅锌、重晶石和高岭土,其中钛矿储量998万吨,居广西首位。年产搪瓷钛白粉、涂料钛白粉4万多吨。藤县金茂(原东茂)、富华、雅照、佳源钛白有限公司2001年开始先后通过ISO9001(2000)质量管理体系认证,产品远销东南亚、欧、美等国家。等级公路里程303公里,321国道途经我县东荣、太平、古龙三个镇。内河通航里程236公里,其中南梧二级公路和西江水道东西横贯县境。陆路交通北往桂林、柳州,南下广东各市及港澳地区。西江水运上至南宁、柳州,下达港澳直至东南亚,水陆交通非常便利,水能理论蕴藏量(不含浔江)15.86万千瓦，目前发电装机容量3.69万千瓦,年发电量8800千瓦时。

旅游景点有太平狮山、天平罗漫山、明朝著名将领袁崇焕故居藤县天平镇新马村和太平天国后期英王陈玉成、忠王李秀成、侍王李世贤、来王陆顺德故里大黎镇。其中太平狮山为自治区级森林公园旅游景点。

重庆市潼南县

潼南县隶属重庆市，是共和国第四任国家主席杨尚昆的故乡。全县幅员面积1594平方公里，总人口92万人。境内地貌属盆地浅丘，冲积平坝较多，一般海拔300—450米。潼南属四川盆地中亚热带季风湿润气候。

区位优势十分明显

潼南地处巴蜀腹心，位于重庆西北，是重庆通往遂宁、绵阳及川北的必经之地，是川渝两地的经济结合部，是重庆市构筑渝西经济走廊联接支撑点和重庆对外开放的西北重要窗口。

能源物产充裕丰富

境内水能资源可开发量7.05万千瓦，现水电装机3.28万千瓦，并与国家电网联网，是全国初级电气化县。天然气储量达300亿立方米，年开采量3.7亿立方米。岩盐储量100亿吨。盛产水稻、蔬菜、油菜、油绿豆、花生、柚子、柑橘及猪、羊、鸡、鸭、鱼等农副产品。

交通信息便捷畅达

水陆交通网络覆盖全境，境内通车里程2664.23公里，国道319、省道205线纵贯全境，王兴公路横贯南北，涪、琼两江穿境194公里，现有的涪江大桥和拟建的涪江二桥连接新旧城区，分列涪江南北的遂渝快速铁路、高速公路将于2005年建成通车，届时潼南县城到重庆城区仅90公里，火车、汽车1小时均能到达。实现了市、县、乡三级光纤电视大联网，网络覆盖率达97%，实现村村通程控电话。移动通信、无线寻呼信号覆盖率达99%，建起了传输迅速的宽带网。

特色经济已具规模

潼南无公害蔬菜、优质瘦肉猪、优质粮、优质油菜、优质蚕茧、优质笋竹、鲜切花等农业产业化7个“十万工程”基地已具规模；“桂花蒜”、“东升银芽”、“天台山大米”等3个特色农产品被评为市优产品。潼南是全国百强产粮大县、百强产肉大县和全国百个无公害农产品(蔬菜)生产示范基地之一，是西南地区最大的网箱鱼基地和重庆市“十万亩笋竹基地”。

主导产业快速发展

潼南大力实施“工业强县”战略，着力培养支柱产业，形成了食品、机械、建材、纺织、化工、纸业等六大主导产业，创下了涪江大曲、康尔寿、黄桃罐头、电熔砖等20多个国际、国内金奖、部优、省优产品。

旅游资源独具特色

潼南特色景点众多，极具开发潜力。有杨闇公、杨尚昆故居和清代民居；有马鞍山原始森林、漫山遍野的桃花景观、30余里的人工运河、风光绮丽的青云湖；有全国最大的唐代室内饰金石佛、全国四大回音建筑之一的“石磴琴声”、字体通体高8.5米的“顶天佛字”、石壁出月及海潮音等众多景观景点。

招商项目储备众多

生产经营型招商的重点项目有无公害蔬菜深加工、1500吨曲酒扩产、无公害优质粮油精加工、轴承生产、红薯系列产品开发等近10个；交通、能源、基础设施的重点项目有涪江二桥建设、绵渝公路潼南段经营权转让、液化天然气(LNG)，新城污水垃圾处理等13个；旅游及其他项目有金佛名胜风景区招商、青云水库开发、鳜鱼产业化基地建设、花卉工厂化育苗等7个。另外储备有其他招商合作项目32个。

政策环境宽松优良

制定和完善了招商引资关于土地房产、财政税收、配套规费、奖励办法等优惠政策，制定了一系列服务保障措施，建成了县政府行政审批服务大厅，实行一站式办公、收费和服务。潼南以他宽松的环境，优质的服务保障，优惠的投资政策，热忱欢迎四海客商来潼投资兴业，大展鹏程!

重庆市长寿区

——与时俱进创新业 长寿新区启新篇

长寿区位于重庆市主城东部的长江之滨,居三峡库区"库腰",距主城60余公里,是重庆主城通往三峡库区的交通枢纽。长寿幅员面积1415平方公里,建城面积15平方公里,是重庆市新兴的现代工业城市。辖36个乡镇,总人口88万,其中城镇人口21万。

长寿历史悠久,古属巴国枳邑,原名乐温县,因境内有长寿山,1363年改置长寿县。2001年12月25日,经国务院批准撤销长寿县,设立重庆市长寿区。

长寿自然资源丰富

一是水力资源极为丰富。境内有1江、2湖、3河、13溪、建有水电站30座,年发电量10亿度。其中,狮子滩发电站是新中国建造的第一个水力发电站,被誉为新中国水电专家的摇篮。二是矿产资源储量大。有天然气、煤、盐卤、白云石等20余种可开发的矿产资源,天然气储量已探明3000亿立方米以上,是全国已探明的最大的天然气田之一。天然气年净化输出量45亿立方米,约占全国的42%。三是旅游资源点多面大。有可供开发利用的景点15处,主要有长寿湖、大洪湖、楠木院森林公园、芦池溶洞群等自然景观和怀青台、张飞庙、东林寺等人文景观,其中长寿湖是西南地区最大的人工湖,水面63平方公里,蓄水10亿立方米,大小岛屿200多个,山青水秀,鱼鲜果美,是著名的休闲旅游胜地。

长寿工业基础雄厚

是全国最大的天然气化工基地,被誉为中国西部化工城。重庆长寿天然气化工园区已奠基建设。境内有川维、扬子巳酰、长化、长风、天然气净化总厂等中央、市属特大型、大中型企业17家,集中了国内多数规模最大的天然气化工装置,生产26个系列品种产品,天然气化工产品总量居国内市场第一位。形成了化工、建材、能源、轻纺四大产业。2001年,区域内工业产值实现43.1亿元,地区工业创利4.5亿元。

长寿农副产品丰裕

历史上曾有"天府膏腴之地,巴蜀鱼米之乡"的美誉,是全国著名的商品粮、猪肉、优质水果生产基地,是重庆市最大的禽蛋基地、西瓜基地、水产基地和蔬菜基地。长寿沙田柚多次荣获国家金奖,"绿色食品"夏橙产量居全国第一位。

长寿基础设施完善

渝长、长涪、长梁高速公路在城区交汇,五座互通式立交桥与境内全面硬化的乡镇公路相连,形成了发达方便、快捷的陆上交通网络;长江黄金水道穿境而过,常年可停靠万吨级船队的长寿深水良港正在建设当中;渝怀铁路在城区附近修站建桥,重庆江北航空港距长寿城区仅40公里,车程约30分钟。得天独厚的立体交通网络给长寿新区的大发展插上了腾飞的翅膀。全区总变电容量近200万千伏安,付何500千伏变电站是全国最大的变电站之一。现代信息手段广泛运用,信息高速公路覆盖城乡。

长寿综合实力较强

1988年,长寿地区国有工业固定资产总量居全国县级第8位,1989年成为全国百强财政大县。2001年,实现区域国内生产总值55.7亿元,固定资产投资22.2亿元,外贸出口达4550万美元,财税收入5.3亿元。

长寿投资环境优越

长寿区大力实施筑巢引凤、引凤筑巢"、"招商引商、安商护商"战略,制定了土地征用、外汇管理、配套服务等一系列优惠政策,竭诚为外来投资者提供快捷优质服务。"人人都是投资环境,事事都是投资形象"已成为全区人民的共识;长寿人民以宽广的胸怀诚邀四海客商来长发展。

西部大开发,撤县建区,设立重庆长寿化工园区,为长寿经济社会发展插上了腾飞的翅膀。88万长寿人民紧紧抓住历史机遇,以富民强区为目标,按照"加快工业化,推进城市化,实现城乡共繁荣"的总体要求,突出重点,强化措施,努力把长寿建设成为重庆市的大化工基地,大菜篮子基地,大流通市场,大开放园区,大旅游景区,成为重庆腹心具有较强辐射功能的区域性中心城市,力争在十五期间实现GDP突破百亿元大关,进入全国百强区县行列。为实现这一目标,大力实施三大战略:一是以建设大化工园区为重点,瞄准世界天然气化工最新水平和发展趋势,做大做强天然气化工优势产业,全面提升工业整体水平。二是以调整产业结构为主线,大力发展城郊型农业,培育特色经济,增加农民收入。三是以西部大开发为契机,加快交通和信息网络建设,优化投资环境,增强对外开放实效。

人生追求长寿,事业追求成功。长寿独特的区位优势、良好的投资环境和丰富的自然资源,为外来投资者提供了良好的发展机遇和广阔的发展空间。88万长寿人民正以主人翁的精神风貌、诚实守信的良好风气、勤劳肯干的踏实作风,与各方宾朋共同谱写新世纪新长寿的壮丽篇章!

部分招商引资项目

项目名称	建设性质	主要建设内容规模	启动时间	匡算总投资(万元)	工作进展情况
范家桥水库工程	新建	新增蓄水2311万立方米,新增和改善灌面25万亩	"十五"期	22000	已完成初步设计
醋酸酯	扩建	年新增20万吨醋酸酯	"十五"期	60000	正着手规划
氯酸盐	新建	5万吨/年	"十五"期	10000	正进行规划论证
离子膜碱	新建	3万吨/年	"十五"期	15000	正进行规划论证
聚碳酸酯	新建	5万吨/聚碳酸酯,其中一期1万吨	"十五"期	182000	正进行规划论证
二甲醚	新建	一期生产2.4万吨/年	"十五"期	20000	已立项
化工园区专用码头	新建	年运力500万吨(含罐区)	"十五"期	20000	正着手规划

联系电话:023-40245142　　传真:023-40252900

中国西部百强县——重庆市綦江县

县情简介

綦江县位于重庆西南部,北倚重庆,南接滇黔,西出川陕,东走湘鄂,地处渝黔、渝湘要冲,是重庆联系贵州、云南、湖南、广东、上海的重要陆上通道,也是渝南及黔北毗邻地区重要的物资集散地,有“重庆南大门”之称。全县幅员面积2182.14平方公里,辖19个镇,现有人口94.9万,境内居住有苗族、彝族、土家族、白族、蒙古族等25个少数民族。

綦江区位优势明显,投资环境优越。渝黔铁路、渝黔高速公路、210国道纵贯南北,三南铁路、綦万高速公路、渝湘公路横跨东西,距重庆主城区仅半小时车程。綦江地处渝西经济走廊腹地、是重庆西南出海大通道的必经之道,具通江达海之力、左右传递之功。綦江通讯便捷发达,移动电话覆盖全县,一线通和宽带网正推广,国家电网和地方电网遍布全县,城市建设发展较快,城市功能日臻完善,城市化水平达24.5%。

綦江是全国商品粮基地县和生猪百强县之一。传统土特产有横山大米、赶水草蔸萝卜、瀛山茶叶等。其中,优质水稻、黄籽油菜、草食牲畜、优质瘦肉型猪、天然香料、中药材综合开发项目已纳入重庆市农业产业化“百万工程”。綦江水能资源丰富,蕴藏量15.7万千瓦,可开发利用10.5万千瓦;煤炭储量为9.16亿吨、铁矿储量为9387.9万吨。綦江工业基础雄厚,门类齐全。境内有中央、市属大中型国有企业近20家。县属工业已形成机械、化工、能源、食品等重点骨干产业,拥有“綦江”牌汽车齿轮,金角牌“老四川”牛肉干等名优产品。“古华”猪鬃、“川江”针纺正在崛起,迅猛发展。綦江山川秀丽、景色迷人。境内古剑名山、清溪河、长田林海、丁山湖等众多的风景名胜各具特色,与江津四面山、万盛石林、南川金佛山等风景区构成一个完整的旅游带,极具旅游开发价值。綦江社会事业蓬勃发展,民间文化艺术创作繁荣,农民版画、少儿版画、民间吹打等蜚声中外,1988年被文化部命名为“中国现代民间版画之乡”。

新的世纪,新的希望。綦江人民紧紧抓住西部大开发和渝黔高速公路开通的良好机遇,振奋精神图发展、齐心协力兴綦江,全面实施高速公路发展战略,大力谱写工业强县、农业产业化、城镇建设、市场建设、基础设施建设和旅游开发六篇文章,努力实现经济社会的新发展,重现新的辉煌。

主导产业介绍

机械工业。拥有56265万元总资产的綦江齿轮厂系国家大型二类企业、市级企业技术中心、重庆市工业协作重点配套企业,主要产品变速器、桥齿轮、转向节、取力器销往全国各省市以及加拿大、美国、东南亚。总资产为54515万元的重庆钢四厂(重庆东源钢业股份有限公司)年产10万吨热镀锌,具备西南地区配套最完善的高速公路波形梁护栏板系列产品生产线,灯杆、电力杆成型生产线和大型钢结构件热镀锌生产线,具有独立完成灯杆、电力杆、高速路面设施等系列产品的生产能力。机械加工业基本形成以汽车、摩托车为主的齿轮及配件加工业为主导产业的格局。以綦江汽车半轴厂、綦江齿轮有限公司、綦江车辆配件厂、永新汽配厂、长风机械总厂等为重点的汽(摩)齿轮及配件的加工企业,有较好的发展基础。“十五”期间计划投入4亿元,依托綦江齿轮厂,采取灵活多样方式,组建汽(摩)齿轮集团,进一步拓展重庆及西南汽(摩)齿轮及配件市场。

冶金、化工。重庆冶炼(集团)有限责任公司具备年产4万吨以上重有色金属及其加工产品的综合生产能力,是国家大型企业和有色金属粉末产品主要生产企业。重庆铝业有限公司已形成以重熔用铝锭为主,兼有铸造铝合金锭、钢芯铝绞线、电工圆铝杆、铝合金压铸件等多种产品的生产体系。重庆华鹏冶炼有限公司是精铅及铅合金的专业生产商,具有完善的质量保证体系和先进的检测设备(原子吸收分光光度计和进口德国SPECTROLABS大型精密光电直读光谱仪)。主要产品出口美国、韩国、意大利、印度、苏丹、台湾、香港等国家和地区。

化学工业以重庆中央化学公司、博飞生化有限公司、綦江化肥总厂、东溪化工厂为代表,其中,日本独资的重庆中央化学有限公司具有国际先进管理经验,采用复合CT材料,生产的无毒塑料食品包装容器达4000余种,年生产能力12000吨,其生产流程利用电气加热和循环水进行间接冷却,属于环保型企业。博飞公司投资1.5亿元具有国际先进水平的科技项目L-乳酸项目主要用于食品、医学、电子工业等行业，其产品主要销往西欧、美国、日本。綦江化肥总厂正在实施硝铵复产暨合成氨节能技改，力争磷石膏制4万吨/年、硫酸联产品万吨/年水泥项目国家立项。东溪化工厂已完成乳化无锑炸药产品的开发，即将投入生产。

煤炭工业。綦江境内有37个煤炭企业，年生产能力525万吨，是全国重点产煤县之一。其中，国有大型煤炭企业松藻矿务局是重庆市最大的优质动力煤生产基地，矿井机械化水平在重庆煤炭行业中居于领先，年可产原煤405万吨，主要生产混煤和洗动力煤，兼营电力、炭黑、水泥、汽配、矿建汽车半轴、机电安装、机械配件加工等。

轻纺工业。目前有綦江玻璃制品有限公司、古华畜产品有限公司、龙海纺织品有限公司、川江针纺有限公司等企业，主要发展玻璃制品、棉(麻)布、毛线、猪鬃等为主的各种轻工、轻纺织品。其中，重庆川江针纺有限公司是西南地区最大的毛线生产厂家。古华畜产品有限公司的产品主要销往欧、美地区，年创外汇1000万美元左右，在国际国内同行业中有良好的信誉，2000年获全市出口企业三十强。

食品加工业。綦江有传统的土特产如横山大米、赶水"草蔸"萝卜、红梅、木瓜以及瀛峰茶叶、金角牌'老四川"牛肉干、"饭遭殃"调味品、"都晓得"调味品、"綦江" 萝卜爪和重庆天然酒等名优产品。其中，重庆金星股份有限公司的金角牌"老四川"牛肉干系重庆传统名牌产品，远销26个省、市、自治区及300多个大中城市。重庆天然酒曾获得中商部和四川省名优产品，获得重庆市白酒质量评比第一名，质量达到国家优级产品标准，极具发展潜力。重庆美乐迪公司的"饭遭殃"调味品香辣可口，市场前景看好。

中国民间艺术(龙灯)之乡——铜梁

重庆市铜梁县位于四川盆地东南部,重庆市西北部,是国际主义战士邱少云的故乡和蜚声中外的铜梁龙的发祥地。全县幅员面积1334平方公里,人口81万。

铜梁山河隽秀,人文荟萃

这里有风光旖旎省级风景名胜区——巴岳山·玄天湖·温泉度假区;有被中科院命名为“铜梁文化”的更新世纪石器、殷周方鼎、东汉陶器、恐龙化石等珍贵文物;有全国爱国主义教育基地——邱少云烈士纪念馆。铜梁龙舞艺术源远流长、博大精深,铜梁龙曾两度晋京参加共和国35周年和50周年庆典,在国际国内大赛中屡获殊荣,李鹏委员长欣然题词“铜梁龙”。铜梁基础教育实力雄厚,巴渝名校——铜梁中学连续21年喜获高考大丰收,并三次培养出重庆市理科状元。

铜梁工业门类齐全,发展迅猛

拥有26种矿产资源,稀有金属天青石储量在300万吨以上,锶平均品位在80%以上。依托资源优势,铜梁坚持走“兴工富县”之路。目前,已基本完成县属国有、集体企业的产权制度改革,初步形成了以锶盐化工、建筑建材、丝绸服装、农产品加工、冶金机械和渝西科技工业园区为主的“五业一园”工业经济格局。全县工业企业1033家,规模以上企业46家。渝西科技工业园区已成为重庆市首批级特色工业园区。2002年,全县规模以上工业企业实现产值15.5亿元,实现利润8889万元,全员劳动生产率人均49565元,经济效益综合指数达到132.8%。

铜梁农业基础较好,发展势头强劲

通过实施20万担优质茧、1000万只蛋禽工程(鸭、鹅)、30万亩高效农田林网建设等重点工程,加快农业产业结构调整,形成了蚕桑、蛋禽、瘦肉型猪、草食牲畜、优质水产、花卉苗木、优质水果、黄花、粉葛等特色支柱产业。农产品品质不断优化,引进并发展了淡水龙虾、鲟鱼等特种水产,“江南二号”、“皖西大白鹅、法国布列塔尼兔,嘉激20号高产优质桑等一大批优良品种;铜梁锦橙、毓青碧露茶相继荣获国家农业博览会金奖,铜龙牌挂面、赛龙牌香肠等被评为重庆市优质农产品,龙崽皮蛋、铜龙牌大米被评为重庆市名牌产品。扎实开展“万家专业大户齐奔产业化经营”活动,狠抓龙头企业和中介服务组织发展,着力培植专业市场,农民组织化程度不断提高,农业产业化经营步伐加快,拥有国家级龙头企业1家,市级龙头企业5家,各类专业合作社16个,专业协会30个,专业大户3500户,渝西第一蛋禽交易市场可望成为西南地区规模大、设施齐、功能全的专业市场,逐步形成了“协会统揽、龙头带动、基地支撑、大户示范”的农业产业化新格局。

铜梁基础设施完善,发展环境优越

位于渝西经济走廊的中心,与永川、大足、璧山、合川、潼南等县(市)接壤,辐射能力强。经渝合、成渝高速路到重庆,仅需1小时;渝遂高速公路建成后,距重庆市区41公里,距成都170公里,距重庆江北机场90公里,距遂渝怀铁路火车站15公里。县城以规划科学、管理严格、环境优美而享誉市内外,2001年荣获“中国人居环境范例奖”,2002年通过市级“山水园林城市”的检查验收。铜梁交通便利,以公路为主,境内270公里国、省道全部硬化成水泥路,县乡公路实现柏油化,建成了“50分钟铜梁”交通圈。通讯网络健全,建成了以县城为中心的本地数字电话网,33个乡镇均开通了光纤通信电话,程控交换机总容量达到10万门,固定电话放号累计达到8.8万门,建有数字微波站、无线寻呼系统和移动电话机站。电力资源充足,有中、小型水电站28个,火电站1个,装机容量4.6万千瓦,年发电量2.2亿度。在优化发展硬环境的同时,铜梁县始终牢固树立“开放活县”的思想,着力打造一流的软环境。在重庆市40个区县(市)中率先实行行政审批制度改革,精简各类行政审批事项50%以上,降低行政事业性收费80%以上,建立铜梁县廉政大厅(行政服务中心),实行进一道门、办一切事,优化政务环境,提高服务质量和工作效率,被中纪委、国家监察部确定为政务公开联系点。

铜梁商贾云集,三产兴旺

充分依托铜梁龙的品牌优势,狠抓温泉旅游开发,中华龙温泉旅游度假区一期工程投入使用,特色文化旅游业勃然兴起,重庆中国铜梁龙灯艺术节、中华龙温泉旅游节已成为远近闻名的佳节盛会和旅游精品;商贸业态得到合理调整,连锁店、专卖店、总代理、总经销已成为经营主流，并向乡镇和周边区县延伸；建成解放路步行街，重百商场入驻铜梁，金泉超市发展壮大；铜梁大酒店、太阳宾馆等酒店、宾馆生意兴隆，全县第三产业整体水平得以提升。

近年来，铜梁县荣获了全国绿化先进县、全国造林绿化百佳县、全国生态环境建设先进县、全国优质柑桔基地县、全国100个产肉产粮大县、全国农村能源建设先进县、中国民间艺术(龙灯)之乡、全国文化先进县、全国1/3卫生重点县、全国农村中医工作先进县等荣誉称号，并有望荣获全国双拥模范县“三连冠”。2002年，全县国内生产总值完成50.31亿元，工业增加值13.65亿元，社会消费品零售总额12.97亿元，三级财政收入2.84亿元，县级财政收入1.84亿元，固定资产投资18.92亿元，全县金融机构存款余额39.77亿元。全县经济社会发展综合考核2001年位居渝西经济走廊第一名，2002年有望继续保持好的成绩。

进入新的历史阶段，81万铜梁人民意气风发，豪情满怀，制定了新的宏伟蓝图：高举邓小平理论伟大旗帜，认真贯彻“三个代表”重要思想和党的“十六大”精神，以全面建设小康铜梁总揽全局，以建设“渝西工业大县、财政大县、文化教育大县”为目标，以经济结构调整为主线，突出抓好支柱产业、骨干企业，增大经济总量，进一步提高经济运行质量，形成铜梁区域经济特色，总体发展水平保持渝西前茅，城乡居民收入稳定增长，经济社会持续快速健康发展。

为了实现上述目标，重点将抓好五个方面的工作：一是加快实施“兴工富县”战略，基本建成渝西工业大县。坚持依托园区办工业，把渝西科技工业园区打造成为投资环境好、最具发展活力的特色工业园区和区域示范性园区，建设成为县域经济新的增长极；规划建设15个乡镇特色工业园区。把铜梁建成全国最大的锶盐化工基地、西南地区最大的碳素生产基地、西南地区羽绒加工基地、重庆重要的加工制造业基地。二是大力推进农业产业化和农村城镇化进程。以增加农民收入为目标，稳定党在农村的基本政策，加快农业产业结构和农村经济结构的战略性调整，要以农业园区建设为重点，加速农业产业化、农村工业化和城镇化进程，全面提高农民生产生活水平。三是以建设渝西文化教育大县为目标，依托文化旅游资源，把铜梁建成全国龙文化研究中心、龙舞表演基地和龙灯工艺制品基地；全面开发建设巴岳山·玄太湖·温泉旅游园区，建成国内知名、重庆一流的旅游精品；发挥基础教育的品牌优势，深化教育改革，全面提高教育质量，基本建成区域性教育中心；加快专业市场建设与培育，大力发展现代物流配送，加快第三产业发展。四是狠抓重点项目和基础设施建设，加快县城建设。要以完善渝西科技工业园区基础设施建设、玄天湖水库、龙文化博览园、遂渝高速公路铜梁段、污水处理厂、垃圾处理场、巴川河综合整治等为重点，县城建成区达到15平方公里、常住人口达到15万，城镇化率达到45%，建成全国山水园林城市和人居环境城市。五是进一步优化发展环境，努力扩大对外开放。按照WTO规则，切实转变政府职能，努力建成学习型、服务型、高效廉洁型和诚信政府；要通过深化行政审报制度改革，形成“人人都是投资环境，事事关系发展形象”的良好氛围。

重庆市秀山土家族苗族自治县

重庆市秀山土家族苗族自治县位于渝东南边陲，历史上有“武陵明珠”、“小成都”之称，东连湖南，南接贵州，北通重庆、湖北，幅员面积2462平方公里，辖32个乡(镇)、59.98万人。

近年来，秀山发展较快，相继建成全国商品粮基地县，全国初级电气化试点县，全国体育先进县，全国文化先进县，是重庆市个体私营经济试验区和综合改革试点县。

秀山，一块大有希望的开发宝地，这里，地势平坦，交通方便，土肥粮足，资源丰富。

交通十分便利。县城中和镇位于贯穿全境的国道319线、326线的交汇点，距贵州乌江沿河港94公里，距著名的国家森林公园“张家界”238公里，距枝柳铁路湖南吉首站145公里，距怀化站250公里，距湘黔铁路贵州玉屏站197公里；开通了重庆至铜仁·秀山的空中航线，4小时可达重庆市主城区。2005年通车的渝怀铁路贯穿全境，且全线惟一的区段站距县城2.5公里。正在设计中的渝湘(重庆至长沙)高速公路经过秀山，包头至北海的高等级公路也将经过秀山，形成纵横交错、四通八达的立体交通网络。

商贸条件优越。秀山位于渝、黔、湘、鄂四省(市)结合部，处在重庆、贵阳、长沙三大经济圈辐射圈内，是重庆进入东南沿海最便捷的陆上通道和武陵山区物资集散地，边区贸易历史悠久，交易频繁，具有发展内陆边境贸易的良好条件。

资源独特丰富。县境内矿产资源种类繁多，储量丰富，品质较高，已探明可开采的主矿产有锰、汞、钼钒、煤、硫铁矿、磷矿、煤系高岭土、黑滑石、大理石等20余种。其中碳酸锰矿远景储量高达5000万吨以上，平均品位24%，与湖南花垣县、贵州松桃县并称中国锰矿“金三角”；汞为万吨级特大矿床。水能资源优势突出，有流域在50平方公里以上河流9条，水能理论蕴藏量和可开发量均在100万千瓦以上。境内气候条件和自然条件适宜多种动植物生长，可供药用植物600多种，列为国标省标的230种，尤以玄参、白术、金银花、茶叶最具开发价值。全县有牧草山地158万亩，可利用面积144万亩，养殖潜力大，前景广阔。

奋进的秀山

2002年，秀山县坚持以“三个代表”重要思想为指导，充分发挥丰富的资源优势，运用独具的优惠政策，依靠良好的投资环境，全力实施“立足农业稳县、突破工业强县、狠抓三产富县、着眼开放活县、致力科教兴县、强化依法治县”战略，县域经济综合实力明显增强。全年实现国内生产总值163906万元，增长12.1%，其中，农业总产值62001万元，增长4%，工业总产值73982万元，增长43.7%；全社会固定资产投资64194万元，增长39.9%；社会消费品零售总额76263万元，增长14%；新发展个体工商户2581户，私营企业56户，个体私营经济占全县经济总量的40%，占全县财政总收入的38%；财政收入实现8777万元，增长21.5%；城镇居民可支配收入6153元，增长8.2%；农民人均纯收入1449元，增长7%。三次产业比重由38.1∶29.9∶32调整为34.4∶33.5∶32.1，产业结构趋向合理，经济增长速度和质量是改革开放以来最好的年份之一。同时，各项改革顺利实施，发展环境日益改善，城镇化建设不断加快，社会事业全面发展，精神文明建设、民主法制建设和党的建设得到了进一步加强。

“十五”期末，力争国内生产总值达216600万元，工农业总产值达198400万元，财政收入达14720万元，固定资产累计投资达250000万元，农民人均纯收入达1850元，城镇化水平达30%以上，人民生活整体上达到小康水平。

投资产业导向

(一)工业方面。优先发展能源、矿产开发、建筑材料、食品加工四大支柱产业，大力推进资产重组。

1.能源工业：鼓励投资开发水电资源。

2.开采锰矿石，进行锰产品系列开发，大力发展电解金属锰、四氧化三锰、二氧化锰等系列产品。

3.建筑材料：大力发展新型建筑装饰材料，隔热、防腐、防水材料等新型建筑材料。

4.资产重组：通过股份制、股份合作制、拍卖、兼并、租赁、资产托管、股份融资等多种形式，大力推进资产重组。

(二)农业方面。大力发展现代农业,推动农业产业化进程。

1.鼓励开发引进粮油、水果、蔬菜、花卉、食用菌等优质高产新品种。

2.鼓励开发绿色食品和名、优、特、新农副产品加工。

3.鼓励引进、繁育优质家禽品种和饲养珍稀动物。

4.鼓励发展农副产品的保鲜、包装、贮运和加工、出口。

5.鼓励培植创办种、养、加;产、供、销;贸、工、农一体化的新型企业组织或企业集团。

6.鼓励对荒山、荒地、荒滩开发利用和中低产田、低产林改造。

(三)第三产业。

1.鼓励发展商贸流通业。建立和完善房地产交易,企业产权交易、人才劳动力技术、信息等生产要素市场,发展各种社会化综合服务业、技术服务咨询业。

2.结合旧城改造和小城镇建设,鼓励以中低档商品房为重点,进一步发展房地产业和物业管理。

3.鼓励发展旅游业、开发旅游资源、旅游产品和民族特色产品。

4.鼓励投资星级宾馆、饭店和娱乐业的建设和经营。

(四)基础建设。

1.鼓励投资城市市政公用设施建设,增强城市综合服务功能,投资水、电、气,园林绿化、垃圾、货物批发市场等基础设施的建设和经营。

2.鼓励投资公路、桥梁、隧道等基础设施的建设和经营。

名山脚下的开放县——江口

江口县位于贵州省东北部，世界著名的梵净山脚下，风光旖旎、气候宜人，1987年被列为全国百个开放县之一。

江口县始建于1913年，总面积1869平方公里，其中耕地面积17万亩，辖2个镇、7个民族乡、148个村，总人口22万人，居住着汉、土家、苗、侗等14个民族。

江口县资源丰富，开发潜力较大。水能资源4.26万千瓦；森林资源优势十分明显，森林覆盖率达45.6%；矿产资源丰富，有铜、铁、金、石灰石、玉带石、大理石、粘土等20余种可供开采；水质优良，矿泉水项目已经国家有关部委核定颁证，年开采量可达4万吨；县内属亚热带大陆季风气候，年平均气温16.2℃，无霜期约289天，最高海拔2572.5米，最低海拔275米，年降雨量1300毫米左右；境内河谷坝子居多，溪河密布，土壤肥沃，雨量充沛，光照充足，农业基础条件优越，是国家商品粮生产基地县和农业综合开发县。

江口县是新兴的旅游胜地，境内有列为联合国"人与生物圈"保护网成员的自然保护区梵净山，这座被誉为"名岳之宗，武陵之源"的名山，集神、奇、险、峻、秀、雄为一体，古朴而有灵气。梵净山景区是个集佛教文化、民族民俗文化、生态文化于一身的著名景区，具有得天独厚的开发前景。

中共十一届三中全会以来，经过全县21万各族人民的艰苦奋斗，江口的面貌发生了巨大的变化。2001年国内生产总值达37081万元，比上年增长17.48%，是1978年的8.8倍，为1990年的2.8倍；人均国内生产总值1558元，比上年增长3.5%，是1978年的7.02倍，为1990年的2.47倍；财政总收入完成2453.8万元，比上年增长24.4%，是1978年的13.07倍，为1990年的2.66倍，其中：地方财政收入完成2105.5万元，比上年增长15.8%，是1978年的13.2倍，为1990年的2.67倍；粮食总产量87558吨，农民人均纯收入1266元。比上年增长3.1%，是1978年的19.7倍，为1990年的2.15倍；人口自然增长率控制在10.25‰以内。交通、通讯、电力等基础设施基本完善，全县七乡两镇全部开通了移动电话，部分农村和农户装了程控电话；基本实现了全县村村通电，成为初级电气化县；境内纵横有公路干、支线29条360公里，贯穿全县七乡两镇；S302线贯穿县境，县城距铜仁地区50公里，距大兴机场82公里；渝怀铁路过境江口，结束了江口无铁路的历史；正在逐渐建成以建材、旅游、冷水养殖和畜产品加工为主的特色产品系列；全县社会政治稳定，科技、教育协调发展，呈现欣欣向荣的良好面貌。

面对新世纪，江口县将坚持以邓小平理论和党的十五大精神为指导，深入贯彻落实江总书记"七.一"、"5.31"重要讲话和党的十六大以及省第九次党代会精神，坚持"三个有利于"的根本标准，按照"三个代表"的要求，把发展作为主题，抢抓西部大开发、新阶段扶贫和中国加入世贸组织三大机遇，以经济结构调整为主线，以改革开放和科技进步为动力，以提高人民生产水平为目标，继续实施开放和项目带动、旅游牵动、投资拉动战略，大力推进农业产业化、城镇化、旅游化建设，大力发展民营经济，加快发展工业，兴旺第三产业，努力实现经济总量增、农民收入增、财政收入增。正确处理好改革、发展和稳定的关系，切实加强精神文明建设、民主法制建设和党的建设，解放思想、开拓进取、转变作风、狠抓落实，加快江口经济和社会的发展。

开放的江口真诚欢迎海内外朋友来江口投资、开发、兴业。

江口县重点招商引资项目

序号	项目名称	项目单位	项目内容及建设规模	总投资（元）	拟引资（元）	前期工程情况	联系电话
1	江口县黄家坝防洪堤发电工程	江口县水利局	装机 2×5000KW	1.3亿	1.3亿	省计委已立项	0856-6628235
2	坝盘水电站	江口县水利局	装机 2×4000KW	1亿	1亿	完成可研及设计	0856-6628235
3	江口县新寨火车站开发区开发	江口县桃映乡人民政府	开发1平方公里货运量300万吨	5000万	5000万	完成详规	0856-6628235
4	高墙小区开发	江口县坝盘乡人民政府	开发占地面积0.5平方公里	6000万	6000万	已完成详规	0856-6628235
5	闵孝镇自来水厂	江口县闵孝镇人民政府	日产水400吨可供1500人饮用	220万	220万	已批准立项	0856-6628235
6	新建梵净山商业娱乐城	江口县招商局	占地面积 $14900M^2$	900万	900万	完成可研	0856-6628235
7	梵净山民俗文化村	江口县旅游局	建设规模为 $2200M^2$	180万	180万	已立项	0856-6628235
8	梵净山金顶宾馆建设	江口县旅游局	占地面积 $8000M^2$	580万	580万	初步规划	0856-6628235
9	县城星级旅游宾馆	江口县旅游局	三至四星级宾馆建筑面积 $4000M^2$	2000万	2000万	初步规划	0856-6628235
10	江口县梵净山黑湾河旅游购物中心	江口县旅游局	建筑面积 $1500M^2$	500万	500万	初步规划	0856-6628235
11	梵净山生态旅游观光园	江口县建设局	规划面积30公顷	1.5亿	1.5亿	基础建设基本完成	0856-6628235
12	梵净山旅游西线避暑山庄	江口县德旺乡人民政府	占地面积10亩	600万	600万	已立项	0856-6628235
13	稻谷油菜籽系列加工	梵净山优质粮油加工厂	日加工大米10吨稻谷15吨	500万	500万	基础设施完善	0856-6628235
14	江口县商品牛羊基地建设	江口县畜牧水产局	年出牛1.5万头羊3万只	800万	800万	基础设施完善	0856-6628235
15	江口县畜禽饲料开发加工	江口县畜牧水产局	年产畜禽饲料万吨	1500万	1500万	基本完善	0856-6628235
16	江口县太平河域冷水养殖三文鱼鲟鱼基地建设	江口县畜牧水产局	建三文鱼鲟鱼基地100亩年产冷水鱼1000吨	1835万	1835万	已完成可研	0856-6628235
17	竹笋种植加工	江口县官和乡人民政府	年产优质竹笋可达100吨以上	150万	150万	初步规划	0856-6628235
18	江口县梵净山矿泉水扩建项目	江口县梵净山矿泉水开发有限公司	生产600ML5000万瓶5加仑万桶	500万	500万	基础设施完善	0856-6628235
19	梵净山紫袍玉带石系列工艺品加工	江口县梵净山民族工艺玉雕厂	年产各类产品5万件	500万	500万	已基本完成	0856-6628235
20	江口县年产4000吨生态植物纤维分解薄膜	贵州省铜仁毛巾厂	占地面积 $25000M^2$	600万	600万	基础设施完善	0856-6628235
21	江口县年闵孝肉联厂	江口县闵孝肉联厂	占地面积 $1000M^2$	200万	200万	基础设施完善	0856-6628235
22	江口县凯德瓷砖厂扩建项目	江口县凯德瓷砖厂	占地面积 $5000M^2$	300万	300万	基础设施完善	0856-6628235

资源富饶的抚宁县

抚宁县位于河北省东北部，处京津唐经济区和秦唐沧沿海开放区，北倚燕山，南临渤海，扼东北与华北咽喉。隶属沿海开放城市秦皇岛市，1988年被国务院确定为沿海开放县，1997年建成小康县。

抚宁历史悠久，西汉时为骊城县，唐武德二年（公元619年）取“抚我黎庶，宁我子妇”之意，始称抚宁县。现辖8镇、3乡、2个省级开发区，共615个行政村，1个办事处。全县总面积1626.7平方公里，耕地面积58万亩，总人口50.6万，其中农业人口45万人，有满、回、朝鲜、蒙古等15个少数民族。2002年，全县实现国内生产总值37.97亿元，比上年增长8.5%，实现财政总收入3.21亿元，农民人均纯收入2837元。

抚宁地势北高南低，由北向南山地、丘陵、平原呈阶梯状分布，各占三分之一。属暖温带半湿润大陆性季风型气候，四季分明，雨热同季，夏无酷暑，冬无严寒。年均气温10.1℃，平均无霜期173天，降水量744毫米，水资源总量达4.23亿m^3。

物产资源丰富多样

北部盛产苹果、板栗、核桃等多种干鲜果品，尤以京东板栗闻名遐迩；中南部素有“稻米之乡”美誉；南部海岸线长17.5公里，海洋资源丰富，有浅海养殖区9万亩，浅海底播面积3万亩；矿藏资源种类多、埋藏浅、易开采，目前已探明金属矿产有金、银、铜、铅、铅锌、铁、稀土矿、稀有矿等8种；非金属矿产有硫、磷、烟煤、无烟煤、水晶、玛瑙、耐火粘土、白恶土、细晶岩、重晶石、萤石、长石、石英、石英砂岩、水泥灰岩、白云岩、建筑石材、建筑砂等18种，可采储量很大，其中耐火粘土储量1134.5万吨，建筑石48.76亿立方米，以花岗岩为主，颜色有黑褐色、鸡血红色、浅白色、白黑色等，硬度5度以上。煤储量11927.44万吨，煤层为株罗系石炭二叠系双系煤田，石灰岩储量达35482万吨。

基础设施较为完善

一是交通发达。境内有京哈、京秦、大秦、秦青4条铁路，京哈（102）、山广（205）2条国家级公路和京沈高速公路贯穿全县。1995年全县实现了乡乡通油路。县城距山海关机场45公里，距秦皇岛港40公里，海、陆、空立体化交通运输网络已经形成。二是通讯完善。全县程控电话已发展到86742部，乡镇全部实现交换程控化，手机持有量达6.5万部，有线、无线与国内国际相接轨的现代化立体通讯网覆盖全县。三是电力资源充裕。全县由京津唐秦电网供电，电源可靠，电力供应充足。全县已消灭了无电村，并于1998年率先在河北实行低压电网改造，确保了电力资源的安全。全县已经实现了广播电视村村通。抚宁县城区面积已达6.7平方公里，建有带状游园、紫金山森林公园等一批休闲游乐场所。在南戴河建成中外游人云集、环境幽雅清新、人文景观众多的旅游新区。

抚宁县旅游资源得天独厚，山、海、湖、溶洞、长城交相辉映

南戴河、天马山、背牛顶等名胜景区风光秀丽，景色怡人，董家口明长城、板厂峪明长城砖窑、板厂峪塔、温泉堡水库、大泥河地热、孤石峪、乱刀峪、柳江盆地旅游资源相映成辉。与著名避暑胜地北戴河一桥相连的南戴河，总面积20平方公里。海岸线长17.5公里，不仅滩宽水清、沙软潮平、深浅适度，而且靠近沙滩有茂密的防护林带，是游人进行海浴、沙浴、空气浴和日光浴的理想之地。景区不断建设完善了以参与性、刺激性、文化性为主体的国际娱乐中心，集观瞻、戏水滑梯、游泳池、儿童岛和激流勇进为一体的戏水乐园、总面积为10000平方米、长达1000米跨海索道的人工岛仙螺岛和高达56米的海上观光游乐塔。2002年5月，该县在国际娱乐中心内又建有占地465亩的北方最大的中华荷园。该县还拥有省级森林公园背牛顶自然风景区，景区内有清代乾隆年间的碑林，古建筑“金光洞”等，登及峰顶，云深林密，望长城内外，群山起伏，层峦叠翠，彩云朵朵，南望浩瀚大海，白帆点点，秦皇岛市港口内万吨级轮船尽收眼底，游人犹如置身仙境，美不胜收。全县每年可接待游人260万人次，年可实现旅游综合收入5320万元。

抚宁县特产丰富

主要特产有贝雕、贝堆、根雕、角雕、花盆、砖刻、人造琥珀、砂锅、大虾、墨鱼花、海蟹、腐乳、金天马酒、山梨、板栗、水蜜桃、安梨、苹果、核桃等。

抚宁县文化朴茂，教育鼎盛，素有“勤耕苦读”之风

历史上英才辈出，有官至右金都御史，巡抚宁夏的翟鹏，清代民间画家许碧山，风靡京东及东北名家影棚唐山皮影流派艺人杨德生等。抚宁县中小学教育水平在全省处于前列，1995年全县实现了高标准“普九”，是河北省较早全面实现高标准“普九”县之一。

2003年，抚宁县县委、县政府按照十六大提出的全面建设小康社会的宏伟目标，结合县情实际，在对全县多样化资源进行认真调研和前瞻性定量、定性分析的基础上，提出了“三线富民，八业强县”的总体发展思路，大力发展以板栗为主的生态经济林、以无公害蔬菜为主的设施农业、以绿色环保型生猪养殖为重点的畜牧养殖业。预计3—5年内，板栗种植面积达到30万亩，蔬菜面积达到25万亩，生猪出栏100万头以上，实现农业总产值近50亿元。特别是2000年12月，由农民自主投资建成了我国北方最大的股份制生猪屠宰加工企业潘官营机械化屠宰加工有限公司。该公司总投资1800万元，现有员工320人，有国内最先进的全套机械化屠宰设备，生猪屠宰全部实行一条龙流水作业机械化生产。年屠宰能力可达150万头。2002年生猪屠宰量达42万头，实现产值2.4亿元，产品占秦皇岛市区猪肉市场的95%。2002年4月注册了“潘官营”牌商标。2002年9月通过了北京市肉菜放心工程验收组验收，于当年11月生鲜猪肉进入北京各大批发市场。2003年1月被国家经贸委认定为2003年度“安全放心肉”。该公司已成为带动当地辐射周边地区生猪养殖的龙头企业。工业强县建设势头强劲。大力发展以水泥制造、造纸、煤炭开采、运输、农副产品加工、旅游、石油系列加工、钢铁等八大主导产业已成为抚宁县经济发展的强力支撑。目前，首钢宽厚板制造、林浆纸一体化、100万吨炼油厂融资改造、3万吨干红、浅野水泥扩产、骊骅淀粉深加工、超薄玻璃等一批立县大项目均已进入实质性阶段。其中骊骅淀粉股份有限公司于1998年迈入国有控股大二型医药企业行列，企业拥有固定资产4.8亿元，现有员工2549人，已开发生产以玉米为主要原料的玉米淀粉、口服葡萄糖、山梨醇及各种饲料共13种产品。年加工玉米55万吨，年产淀粉35万吨，口服葡萄糖10万吨，山梨醇6万吨。淀粉综合生产能力居全国同行业第4位，葡萄糖和山梨醇生产能力居国内同行业第1位，是全国淀粉和淀粉糖行业中综合生产能力最大、经济效益水平最好的重点骨干企业，并于1999年在全国同行业中率先通过ISO9002质量体系国际认证，2002年完成了向2000版的过渡，2003年初被国家九部委评为农业产业化国家重点龙头企业。2002年该公司完成产值7.2亿元(90不变价)，利税6068万元。

按照“三线富民，八业强县”的发展战略，抚宁县委、县政府正满怀信心，带领全县50万人民，抢抓机遇，富而思进，只争朝夕，奋力推进县域经济跨越式发展，力争在2020年前把抚宁建设成为经济繁荣、生活富裕、政治民主、社会文明、环境优美的经济强县。

河南省项城市

项城市地处黄淮平原，位于河南省东南部，辖5乡13镇，幅员1083平方公里，100万亩耕地，113.6万人，城区面积18平方公里，城区人口18.9万人。

项城历史悠久，古称项子国，汉初置项县，南朝宋易名为项城县。1993年12月撤县设市。项城人杰地灵，文化灿烂，是黄河文化的重要发源地之一。境内文化遗址众多，拥有南顿故城、汉光武庙、袁世凯故居和行宫等著名古迹。

项城是河南省改革开放发展特别试点市，河南省加快城市进程重点市，河南省对外开放重点城市，2002年县域经济基本竞争力居河南省第10位。这里区位优越，交通便利，106国道纵穿南北，漯阜高速公路、311省道横跨东西，漯阜铁路穿越市境，西接京广，东连京九、津浦；沙颍河航运直通淮河，完整的水陆交通网络，使项城成为豫东较大的物资集散地和客货中转站。

改革开放以来，项城人民坚持实施“兴工、强农、活商”发展战略，成功地开辟了一条具有项城特色的发展之路。工业已形成以味精、医药、皮革为支柱，纺织、机械、电力、建材、化工为重点的工业体系，莲花味精、红光棉纱、皮革、医药等产品驰名中外，出口20多个国家和地区。农业产业化步伐加快。优质小麦、优质杂果、中药材、花卉等主导农产品的绿色优势、科技优势和市场优势基本形成，莲花集团生态农业产业化发展战略正在全面实施。城市建设日新月异，15平方公里可容纳15万人的城市新区正在紧张地建设之中。项城先后荣获全国食品工业强县市、全国科技先进市、全国文化先进市、全国体育先进市、全国卫生先进市、全国平原绿化先进市、全国“两基”教育先进市、全国公民义务献血先进市，河南省文明城市、河南省治安模范市、河南卫生城市、河南省计划生育优质服务先进市和河南省农村基层组织建设先进市等一系列荣誉称号。

党的十六大，为全国人民勾勒了全面建设小康社会的宏伟蓝图，项城人民决心坚定不移地实施“兴工强农，扩城活商，科教先导，优化环境，强市富民”发展战略，与时俱进，开拓创新，扩大开放，加快发展，使项城这颗豫东平原璀璨明珠，更加灿烂辉煌。

河北省迁安市

——充满生机与活力的中等城市

迁安市，地处河北省东部，山水景物秀美、历史渊源悠久，傍燕山山脉而坐，纳滦水穿城而过。面积1208平方公里，人口66.8万，坐落在京津唐秦最活跃的经济区位上。1996年撤县设市。2002年全部财政收入突破6.5亿元，地方财政收入达3.3亿元。自1990年以来，一直跻身于河北省十强县(市)行列，2002年在全国县域经济基本竞争力评价中列百强县第80位。

地理位置优越，交通运输便利

迁安市地处“京津唐”金三角内，西距北京市195公里、天津市160公里，东至秦皇岛市75公里，南距京唐港90公里，与唐山市相距90公里。境内京沈高速、102国道、三抚等三条公路和京秦、大秦、通坨等三条铁路横贯东西，冷大公路、卑水铁路纵穿南北，形成了以市区为中心的四通八达的交通网络。

矿产储量丰富，物产种类齐全

现已探明的矿藏达20多种，其中，金属矿藏主要是铁，储量达27.2亿吨，矿石品位在30%左右，2002年铁精粉年产量达563万吨，已连续数年居全国县级地方铁矿首位，素有“铁迁安”之称。非金属矿藏主要是石灰石、白云石、花岗岩等。石灰石储量达4亿多吨，主要作为水泥、石灰等产品的原材料，年开采量达100多万吨；白云石储量达1.5亿吨，花岗大理岩储量达1.5亿吨。现已发现的动植物资源400多种。其中，“京东板栗”源于迁安，驰名中外；花生、甘薯常年产量居全省第二位是全省甘薯发展重点县；是全国瘦肉型猪生产基地和京东干鲜果品主要产地之一。

历史源远流长，文化底蕴深厚

早在旧石器时代晚期(4.2—5万年前)，迁安境内滦河沿岸、爪村一带就有人类居住。古代(尧时，全国划分为“十州”，冀州分为冀、幽两州，今迁安市属幽州)为幽州地，商朝时为有名的孤竹国，春秋时为山戎分支国，秦朝时为离支县，西汉时改为令支县，辽时取名安喜县，金大定七年(公元1167年)更名为迁安县(意思是迁自安喜)。历史上有名的伯夷叔齐让国、老马识途等典故就发生在迁安。

旅游资源丰富，开发前景广阔

迁安是河北省26个发展旅游重点县(市)之一。境内已具备开发价值的旅游资源多达20余处，其中，世界文化遗产1处(长城)，省级文物重点保护单位4处(长城、爪村旧石器时代遗址、安新庄新石器时代遗址、建昌营封山寺商周时代遗址)。建有4个旅游风景区，白羊峪、龙山两个旅游区被列为省级旅游区，新开发的红峪山庄长城溶洞景区正在建设之中，这里发现了北方最大的溶洞群，已开发4万平米，拥有钟乳石、石笋、地下暗河等多种景观。拥有河北省第一家县级综合性博物馆(建于1992年)，馆内收藏文物5000件，其中古菱齿象骨化石(高3.85米、长7.5米，距今约1.2万年)，其高大和完整程度，目前在国内同一种类象骨化石中首屈一指。有万里长城中惟一的1.5公里大理石长城，堪称长城绝景。另外，北京自动化研究所退休工程师任重远先生通过多年研究破译《山海经》，提出了轩辕黄帝的都城在迁安(即安新庄遗址)、大禹治水在迁安市擂古台龟口的重要观点，并已获部分专家认可和支持。迁安市沙河驿镇轩坡子村也确有复姓轩辕的村民，现有乾隆46年所立的“轩辕氏之碑”为证。《迁安—黄帝古都》研究专著已经出版，民进中央主席、全国人大副委员长费孝通为该书题词“黄帝胜迹，光耀千秋”。

工业基础雄厚，支柱产业鲜明

2002年，工业增加值占国内生产总值的53.4%(一产占12.3%，三产占34.3%)，初步形成了冶金铸造(19.8%)、水泥建材(5.2%)、地毯服装(1.3%)、造纸包装(2.5%)、医药化工(0.7%)、食品加工(7.6%)、电线电缆(0.5%)等七大支柱产业(上述比例为占国内生产总值的比重)。2002年七大支柱产业增加值占国内生产总值比重达到37.7%。2002年底全市工业企业产值超千万元企业达到90家，利润超百万元企业达到62家，纳税超百万元的企业56家。

农业条件明显改善，结构调整扎实推进

近年来，累计投入农业开发资金2亿多元，开发高标准“围山转”工程20万亩，完成中低产田改造22.3万亩，全市水浇地面积达到54万亩，喷灌面积达到30万亩，分别占耕地面积的71%和40%，是全国农业喷灌示范县。以实施菜篮子、花卉、苗木、绿色食品"四大工程"为载体，农业结构调整扎实推进，生产区域化、规模化格局初步形成。到2002年底，全市已建成10万亩菜篮子基地、10.5万亩绿色食品基地，建成100亩以上的苗木、花卉基地30个，各种苗木栽培面积达到2万亩，花卉面积达到2100亩。2002年出栏生猪74万头，肉牛5.9万头，肉鸡883万只。乡镇企业快速发展，在全市国内生产总值的比重中，已由"八五"末的半壁江山跃升到目前的四分天下有其三，上缴税金已占全市财政收入的一半以上。

第三产业发达，民营经济蓬勃发展

到2002年底，全市个体工商户达到41032户、私营企业1210家，实现个体工商税收17867万元。全市已拥有各类市场55个，其中，综合市场37个，专业市场12个，生产资料和生产要素市场6个。2002年，全市第三产业增加值达到39.8亿元。

发展环境开明开放，双向经济充满活力

市委、市政府切实培养和树立"站起来是一把伞，为企业遮风挡雨；俯下身是一头牛，为发展鞠躬尽瘁"的思想，采取有力的措施治理和优化迁安的社会经济环境。体制环境高效、规范，全市564家乡村集体企业和105家市属企业已全部完成产权制度改革，政府职能实现彻底转变。政策环境公开、稳定，先后出台了《关于鼓励扩大开放的若干规定》等一系列促进经济发展的优惠政策。生态环境清洁、秀美，"碧水、蓝天、安静"工程成绩显著，2002年森林覆盖率达30%以上。市场环境公平、有序，以建设诚信迁安、效率迁安和信息迁安为目标，设立了经济110、建立了经济环境建设委员会，加大监督查处力度，不断增创发展的比较优势，以大诚信求大发展。人文环境安定、和谐，坚持用建设现代化"中等城市"为共同理想凝聚全市人民，唱响发展主旋律，大力打造迁安精神，增创"人文环境"新优势，全市上下政通人和、百业俱兴、人心思进、社会安定。服务环境周到、便捷，以提供"零缺陷"服务为目标，大力实施情感工程，完善"一站式办公、一条龙服务、一个窗口收费"的"三个一"服务体系，简化行政审批程序，加大服务的深度和广度，2002年全市共取消审批事项333项，清理地方性法规278件。法制环境公平、公正，各级政府及职能部门依法行政、依法办事意识显著增强，市场经济秩序规范有序。观念的转变和服务意识的确立释放出巨大的现实生产力。迁安形成了千帆竞发、百舸争流的发展态势，迁安成了一块到处是商机、行行都繁荣的热土：来迁安的考察者、洽谈者、投资者络绎不绝，合作伙伴已遍及世界五大洲18个国家和地区以及30多个大中城市。全市已建成投产三资企业10家，新加坡胜科能源有限公司、北爱尔兰戴尔特印刷包装有限公司、日本岐阜武株式会社先后落户迁安，累计利用外资3921万美元，利用亚行贷款248万美元。在外资纷纷涌入迁安的同时，内资也源源不断地注入这方宝地，其中与首钢的合作实现了历史性突破，投资27.6亿元的首钢200万吨钢联和100万吨焦化项目正式落户迁安，与首钢合作的200万吨氧化球团项目、合作开发涝洼矿体项目也已开工。上述工程完工后，年可增加销售收入56.6亿元，税收7.1亿元。同时，全国最大的民营企业希望集团独资饲料加工项目、浙江湖州金洲集团投资10亿元的管材项目、余姚增州投资4亿元的钢管项目、保定大威集团、天津家乐超市等先后在迁安落户。已与国内50多个大中城市和80家大专院校、科研单位建立了经济技术协作关系，引进合作项目100多项，资金3.8亿元，人才1000多人。

基础设施完善，城建日新月异

按照绿色园林城市、文化旅游城市的发展定位和一河（滦河）、两区（河东区、河西区）的发展格局，以"中等城市"龙头，5个精品小城镇为纽带，布局合理、各具特色、良性互促的现代化城镇发展体系已基本形成。全市公路通车里程达到730公里，实现了村村通柏油路。全市固定电话使用量达到128328部，移动电话使用量达到52247部，固定电话普及率达到19.3部/百人，移动电话普及率达到7.8部/百人；供电达到8.8亿千瓦时，电信、电力设施日益完善。市区"四纵四横"的道路骨架已经形成，电力大厦、建行大楼、标志性广场、文化广场、利用电厂余热集中供热工程等一大批公用设施相继建成并投入使用。投资1.13亿元的全省首家县级污水处理厂已建成并投入使用。市区面积达到12.9平方公里，城区人口达到7.8万人。自来水普及率达到80%，统一供热面积达到75万平方米，一座现代化的中等城市已初具雏形。自1987年以来，已连续10年被省委、省政府评为"省级文明城"，连续6年被省政府命名为"省级卫生城"；2000年，被国家建设部确定为全省惟一的“全国乡村城市试点市”。杨店子、野鸡坨、沙河驿3个小城镇被列为全省百镇工程试点镇,建昌营镇、迁安镇被确定为全省小城镇建设重点镇。

科教成果丰硕,社会全面进步

随着经济的快速发展,各项社会科技事业取得长足进步。人才和劳动力市场以及社会保障体系建设不断完善;环境监控和保护工作力度加大,各种污染物排放得到有效控制;教育事业全面发展,普、职、成、幼、特各类教育均进入全省乃至全国先进行列,先后被评为“全国农村教育综合改革先进县”、“全国两基工作先进县”,高考已连续8次位居唐山市10县(市)榜首;卫生医疗条件进一步完善;科技的发展为经济建设注入活力,2000年,全市科技成果转化率达71%,农业先进技术覆盖率达85%,农作物优良品种覆盖率达96%,科技进步对经济增长的贡献率达60%。1993年被国家科委授予“全国科技工作先进县(市)”,1997年被省教委确定为全省惟一的“产学研基地县(市)”。

和着十六大的东风,迁安又开始了新的航程,市委、市政府提出,要当好唐山、全省的先锋,抓住机遇,乘势而上,加快“中等城市”建设,进军全国50强,努力在全省率先全面建成小康社会。以建设“中等城市”总揽全局,坚定不移地实施“工业化、城镇化、民营化”三大主体战略,全方位扩大对外对内开放,依靠机制创新和科技进步,大力调整优化经济结构,确保冶金业、城市建设、农业龙型经济和旅游产业发展实现新的突破,人们已经看到了一幅更新更美的蓝图。到2007年,全市国内生产总值将达到300亿元,全部财政收入达到32亿元。一个以五大工业园区为主体的新兴工业城市;一个以滦河特大桥及连接线工程、滦河迁安段生态防洪工程和 30万亩退耕还林工程的建设为标志的“一桥连东西,一湖贯南北,桥在湖上,湖在城中”,山清水秀的生态大市、绿色园林城市;一个大中城市和首钢的农副产品基地、绿化美化产品基地将崛起在燕赵大地。

河北省遵化市

遵化市位于河北省东北部燕山南麓，北倚长城，西顾京城，南临津唐，东通辽沈，素有“畿东第一城”之称。境内三山两川，总面积1521平方公里，辖25个乡镇，两个街道办事处，648个行政村，68万人口。

遵化历史悠久，源远流长

五代后唐始设县治，宋代更名为滦川郡，清朝因建清东陵而升为直隶州。新中国成立后，勤劳智慧的遵化人民谱写了改造山河的壮丽篇章。50年代，“穷棒子”精神被毛泽东主席誉为“我们整个国家的形象”；60年代，沙石峪人“万里千担一亩田，青石板上创高产”，被周恩来总理称为“当代愚公”和“中国北方农业的一面红旗”；70年代，遵化大办“五小工业”，受到各级领导和国际友人的赞誉；改革开放20多年来，遵化人民发扬“团结、勤奋、求实、创新”的遵化精神，励精图治，艰苦创业，国民经济和社会事业持续、快速、健康发展。1992年，经国务院批准撤县设市；1995年，在全省率先实现小康目标。到2001年底，全市国内生产总值实现98.9亿元，财政收入实现4.1亿元。在第二届县域经济基本竞争力评价中首次跻身全国百强县(市)，位居全国77位，全省第2位。2002年底可实现国内生产总值110亿元，财政收入5.1亿元。

遵化自然地理条件优越，农业和农村经济发展迅速

遵化属温热带半湿润性气候，四季分明，粮食产量常年稳定在3亿公斤左右，有京东“米粮仓”之称，是全国商品粮基地县和全国粮食大县；全市生猪饲养量超百万头，是国家农业部确定的瘦肉型猪生产基地；全市有林面积70万亩，年产干鲜果品2.2亿公斤，名扬海内外的“京东板栗”年产量1.2万吨，是出口名牌产品，去年我市被国家命名为“中国板栗之乡”。近年来，我市围绕农业资源开发，大力发展蔬菜、林果、畜牧三大农业龙型经济，推进农业产业化经营，栗源、广野、蓝猫、青宝等一批外向型龙头企业迅速发展壮大，全年可加工转化果品5万吨、蔬菜6.5万吨、生猪17万头、肉鸡150万只，是全国食品工业强县(市)。苗木是近年发展起来的新兴产业，目前，苗木种植面积已达5万亩，是河北省优质果品苗木基地。

遵化工业起步较早，近年发展较快

遵化矿产资源丰富，储量可观，主要有铁、钛、金、银、锰、铬、白云石等30多种矿产，尤其是铁矿储量达3.2亿吨，年可产铁精粉250万吨，黄金产量连年超万两。依托丰富的资源优势，遵化工业从70年代名扬全国的“五小工业”开始起步，经过30年的发展，目前全市已有各类工业企业1万多家，初步形成了冶金矿山、机械电子、建筑建材、轻工食品、纺织服装、化工医药六大支柱产业。建龙、恒威、栗源、广野、热电厂、啤酒厂等骨干企业发展势头强劲。建龙钢铁公司3年三大步，现已完成规范化改制、产业扩张任务，香港上市的各项准备已就绪，目前该公司已拥有总资产15.3亿元，成为集采矿、选矿、烧结、炼铁、炼钢、轧材于一体的综合性企业，铁钢材的配套年生产能力达到150万吨，2000年和2001年连续两年在河北省民营企业纳税大户中位居第一；恒威钢铁公司总投资1.6亿元的一期技改工程已经完成，年产铁50万吨，实现税收3000万元，总投资2.2亿元的二期技改工程计划于2003年7月投产，钢铁年产能力将分别达到100万吨，实现税收1亿元；栗源公司是目前国内最大的外向型板栗深加工企业，总资产2.5亿元，年产值1亿元，利税1000万元，创汇1000万美元，板栗深加工能力为5000吨，冷冻保鲜储存能力1.2万吨；热电厂一期工程总投资6亿元，装机容量10万千瓦，于去年投入商业运行，已累计发电4亿度，实现销售收入1.2亿元，税收3419万元，电厂二期工程总投资30亿元，装机容量60万千瓦，已与广东宏远集团达成投资意向。这些骨干企业带动了全市工业经济的较快发展，2002年上半年，全市完成工业增加值22.6亿元，同比增长12.7%，预计全年可完成45.1亿元，同比增长12%。

遵化旅游资源得天独厚，第三产业呈加快发展态势

我市拥有以世界文化遗产清东陵、古长城为代表的历史文化古迹，以鹫峰山、上关湖、桃花山为代表的自然风景区，以及古大洋遗迹、汤泉温池、千年古刹禅林寺、栖云寺等独特资源，还有西铺、沙石峪两个闻名全国的传统教育基地。多年来，我市依托资源加快旅游开发步伐，旅游业实现了较快发展，预计全年接待中外游客150万人次,实现旅游综合收入3.8亿元。与此同时,大力发展商贸流通、交通运输等各类服务业。全市已形成以市区时代广场、贸易城等7个综合市场为龙头,以农业机械、建筑建材、粮油、蔬菜、果品、服装等10个专业市场为依托,以36个乡镇综合集贸市场为基础的市场体系框架,成为京东地区重要的商品集散地。2002年上半年,全市社会消费品零售额达到11.4亿元,同比增长18.2%,预计全年可达到23亿元,同比增长13.3%。

遵化投资环境不断优化,双向开放步伐明显加快

遵化交通便利,与京、津、唐、承、秦等大中型城市都有公路相通,国家级干线112国道、省级干线邦宽线和唐遵铁路、大秦电气化铁路穿境而过,成为京东地区重要的交通枢纽。电信事业现代化水平不断提高,电话交换机总容量达14万门。市内有变电站21座,总容量145万千伏安。与热电厂配套的热网工程建设基本完工,全部工程结束后,供热面积可达145万平方米。城市建设力度逐年加大,目前市区建成区面积已达14.5平方公里,形成了“两环两横两纵”的城区主干道路框架和八大功能分区,并已建成6家星级宾馆,其中三星级宾馆2家。为加快对外开放步伐,我市在加强城市基础设施建设的同时,突出抓好以政策环境、法制环境和人文环境为重点的软环境建设,投资环境明显改善,吸引了大批中外客商来遵投资兴业。目前,全市已有三资企业45家,新加坡吉宝公司、香港朝俊投资有限公司、日本新进株式会社、浙江忠祥公司等一大批国内外企业先后到我市投资兴业,为繁荣遵化经济做出了突出贡献。

河南省固始县

固始县位于豫东南鄂、豫、皖三省交界处，南依大别山，北临淮河，总面积2946平方公里，全县辖33个乡镇、601个村街、155万人，为河南省第一人口大县、农业大县。

固始县地势南高北低、中部为丘陵。南部为大别山脉，境内最高点为段集乡曹家寨山，海拔1025.6米，最低点为北部临淮三河尖乡的建湾村，海拔23.2米，也是全省的最低处。境内地势由西南向东北倾斜，地貌为南部山区、北部临淮洼地、西部丘陵、东部平原 。境内河流均属淮河水系，一级支流4条(史河、灌河、泉河、白露河)共368公里，二级支流12条，史河、灌河呈“人”字型贯穿南北，将全县划成三大块；梅山、鲇鱼山灌渠，把全县分为东西两大灌区。全县处于北亚热带向暖温带过渡地带，属大陆性季风气候，长年气候温和，光照充足，雨量充沛，四季分明，年平均气温15.1℃，年均日照2139小时，年均降水量1067毫米，无霜期年均228天。

固始资源丰富，经济发展迅速。全县人力资源优势十分明显，仅常年外出务工创业人员就达40万人；139.5万亩耕地、24.2万亩水面、种养殖条件得天独厚；柳编产业发达，柳编产品畅销80多个国家和地区；“固始鸡”品种优、规模大、科技含量高，产品享誉国内外，三高畜禽集团已跻身于全国151家农业产业化重点龙头企业行列；援生医药集团与上海开开集团合作，加大了企业技改，通过了国家GMP认证，成为全国仅有的500家通过GMP认证的医药企业之一；广电光纤传输，在全省率先实现了城乡有线电视联网和县级信息产业化开发；“双低”油菜种植面积98.2万亩，为全国最大的“双低”油菜生产基地。丰富资源的利用，五大支柱产业的形成，有力地促进了全县经济的发展，县域经济基本竞争力跃升到全国402位，全省第28位。2002年全县完成国内生产总值50.7亿元，财政收入1.52亿元。城镇居民人均可支配收入4860元，农民人均现金收入1980元，为加快固始经济社会发展，奠定了坚实基础。

固始历史悠久，人文荟萃。夏商时代为“蓼国”，东汉设置固始县，春秋时楚国贤相孙叔敖、唐代“开漳圣王”陈元光，五代时“闽王”王审知以及清代著名植物学家吴其睿、民族英雄郑成功、华侨旗帜陈嘉庚都祖居固始。特别是陈元光、王审知两次率将士一万多名及其眷属南下闽越，开漳定闽，历经数十代，其后裔遍及闽南、广东、港、澳、台等地及日、新、马、菲等国。因此，固始和闽、台关系源远流长，近些年，福建、台湾、香港等地常有客商来固始寻根问祖，投资兴业，提高了固始在海内外的知名度。固始在第二次国内革命战争时期，是鄂、豫、皖革命根据地的组成部分，数以万计的优秀儿女踊跃参加红军，为革命前仆后继，流血牺牲，为新民主义的胜利和中华人民共和国的成立，做出了重要贡献。1951年被中央注册为苏区县，1984年被河南省定为重点扶持的9个老区县之一。

县域经济是宏观经济和微观经济的结合部，是发展这个执政兴国第一要务落实到实处的基础，顺应目前加快发展的强劲势头，我们已经绘制了下一步的发展蓝图：那就是经过“十五”期间的努力，综合经济实力达到全省“30强”，实现撤县建市，把固始建成豫东南区域性中心城市。一是潜心打造大农业发展平台，努力实现由传统农业到现代农业的历史性跨越。以工业理念经营农业，围绕优势产业创特色，围绕特色产业创名牌，加快推进农业区域化布局、规模化生产、产业化经营，做大、做强、做优固始鸡、柳编、“双低”油菜等支柱产业，大力发展观光农业、特色农业、有机农业，形成丰富多样的旅游资源和旅游商品，实现第一产业和第三产业有效嫁接、有机互补，实现农业的价值增值和价值延伸。培植壮大规模优势产业群体，发挥产业规模效应和聚集效应。二是全心打造大工业发展平台，努力实现由老弱病残型工业到新型工业化的历史性突破。深化本地资源的高效益开发，大力发展以有机农业和畜禽业为原料的各种食品加工和中药制品、中医生物等特色工业，变原料独特性为产品独特性，形成富有市场竞争力的产业板块，通过产业集聚带动资本集聚、人才集聚和信息集聚，把工业园区建成产业发展的载体和融资平台，建成产业发展的助推器，主动承接大中城市、发达地区的经济辐射和梯度转移，借梯上楼、借船出海。大力发展民营经济，树立民营经济的主体观念和“亲商”意识，充分发挥民营经济在县域经济发展中的主导作用，实现地尽其力、物尽其用、人尽其才、财尽其公。三是精心打造城镇化发展平台,努力实现由县域中心到豫东南区域性中心城市的历史性飞跃。抓住固始被确定为全省城镇化重点县的机遇，把城镇化作为聚集、整合、辐射、带动区域资源和生产要素的重要手段,打破产业界限,清除城乡二元结构壁垒,统筹城乡经济社会发展,加快城市现代化、乡村城镇化、城乡一体化进程,形成特色分明、体系完善、城乡配套、城镇框架体系。四是用心打造非公有制经济发展平台,努力实现由事业到产业的历史性变迁。走出狭隘的政府投资、政府包建的思想误区，把教育、文化、卫生、广电等社会事业开发作为非公有制经济发展的崭新领域,把潜在的资源优势转变为现实的社会生产力和经济效益。

中原明珠——舞钢市

舞钢市是一座新兴的工业旅游城市，位于河南省中部，地处平顶山、南阳、驻马店、漯河四市交接地带，隶属平顶山市。市域面积646平方公里，总人口32万，辖8个乡镇4个街道办事处。

舞钢市历史悠久，自古为冶铁重地，春秋时为柏子国，以生产利剑闻名，名扬华夏的龙泉剑即产于此地。1970年，国家决定在舞阳县南部的马鞍山南麓兴建大型钢铁联合生产基地，1973年11月成立河南省革命委员会舞阳工区办事处，1977年设立舞钢区，1990年9月，经国务院批准撤区建市。

舞钢市得天独厚，资源丰富；四季分明，气候温和

已探明矿产资源50多种，铁矿储量6.6亿吨，占河南省已探明储量的76%，是全国十大铁矿之一。生物资源234科，809属，1685种。全市林地面积28万亩，森林覆盖率达32%，水利资源丰富，被誉为“治淮第一坝”的石漫滩水库，库容总量1.2亿立方米，田岗水库与石漫滩水库紧紧相连，可灌溉农田10余万亩，另有20多座水库似珍珠散布市区。境内河道纵横，流水潺潺。

良好的植被与水资源，使这里形成春和多雨，夏无酷暑，秋来气爽，冬无严寒，年平均气温15摄氏度的森林小气候，为人们提供了春可进山赏花，夏可入林避暑，秋可采撷野果，冬可观赏瑞雪的天然休闲场所。

面对大自然赐于的旅游资源，近年来，舞钢市精心规划，全力打造现代化生态旅游城市，已形成五大景区，数百个景点。石漫滩大坝公园紧临市区，碧波荡漾。二郎山景区位于石漫滩水库南岸，湖光山色，赏心悦目。九头崖景区与嵖岈山隔山相望，山洞瀑布遍布，令人流连忘返。天池山群峰突兀，气势壮观。九龙山怪石林立，令人赞叹。经过开发建设，舞钢市景区景点档次不断提升，配套设施日益完善，旅游业已成为舞钢市经济发展的重要一翼，带动了第三产业的快速发展。

舞钢市工业基础雄厚

驻市大企业邯钢集团舞阳钢铁公司（原冶金部舞阳钢铁公司）拥有号称中国“轧机之王”的4.2米复合式轧机，号称中国“电炉之王”的75吨电弧炉和90吨超高功率电炉，具有国内先进水平的1.9米板坯连铸机，具有年生产100万吨钢和80万吨钢板的生产能力，产品畅销全国和世界各地。1997年9月，邯钢集团兼并舞钢。改制后的舞钢全面引入邯钢“模拟市场核算，实行成本否决”机制，企业焕发出新的生机活力，一举甩掉了连续4年亏损的帽子，走上了持续大幅度盈利的快车道。近年来，舞铜牌钢板凭着卓越不凡的质量被上海东方明珠塔、三峡工程、奥岭核电站、神舟号飞船等国家重点工程采用，并进入美国、日本、欧洲、东南亚市场。省属安钢集团舞阳矿业公司现已形成年处理原矿80万吨、铁精矿25万吨的生产能力。

依托驻市大企业，舞钢市相继建起了建材、化工、制药、棉纺、食品等地方工业企业，1998年，舞钢市对市属工业企业分别采取拍卖、租赁等形式，完成了产权制度改革，使企业重新焕发生机。同时，舞钢市治理优化经济发展环境，大力发展非公有制经济，2002年底，全市非公有制经济总数已达17200个。采取“走出去”“请进来”的办法，加大招商引资力度，1999年以来，引进美国、日本、加拿大等国和台湾、香港、黑龙江、青海等地区项目100多个，引进资金10亿元。

舞钢市有农业人口23万，人均耕地1.3亩。主要农作物有小麦、玉米、大豆、水稻、烟叶、瓜果等，粮食年总产量13万吨左右。近年来，舞钢市在稳定粮食产量的同时，强力推进农业产业化，已形成高效农业、蔬菜种植、食用菌生产、林果培育、畜牧养殖等主导产业，舞钢市依托华懋双汇食品公司、三农饲料公司等龙头企业大力发展肉鸡养殖业、肉鸡饲养量达1500万只，2002年底，畜牧业总产值占农业总产值的51%以上。

舞钢市交通运输、邮电通信、城市建设发展迅速

漯舞、平舞铁路在境内交汇，西连焦枝，东接京广；许泌公路、平驻公路贯穿全境，与京深高速、许南高速相连。各类建筑依山就势，高低错落。宽阔平坦的建设路、钢城路、湖滨大道把市里5个小区联结在一起。城区道路纵横交织，农村全部实现了村村通水泥路。城市生活设施完备，服务行业齐全。程控电话、移动电话已经普及。城市环保质量在全省县级市中连续多年名列第一。

舞钢市山、水、林、城互为交融，具有中原地区其他城市无可比拟的独特优势。舞钢市委、市政府从1998年底开始，创建省级园林卫生城市。辟绿地，建游园，实施“灯光工程”、“拆墙透绿工程、“庭院绿化工程“，已形成以纵贯城市的南北道路为生态轴，以公园、花园、游园为点，以城市主干道为线，以单位庭院为面，点、线、面有机结合的城市绿化系统。现在，舞钢市绿树成荫，绿地遍布，三季有花，四季常青，是省级卫生城市、园林城市。2003年，舞钢市提出，要在省级园林城市的基础上，建设生态城市，在发展中保护环境，在保护环境中促进发展，使舞钢市成为最佳的人居环境。

舞钢市文化、教育、科技、卫生、体育、广播电视等事业发展迅速

基础教育于1996年一次通过国家教委组织的“两基” 验收，2001年又顺利通过了国家教育部组织的复查验收，并被评为全国两基工作先进单位。坚持实施“科教兴市”战略，科学技术广泛应用于工农业生产中，1997年被评为全国科技先进市。文化事业日益繁荣，有专业、业余剧团10多个，拥有文化宫、影剧院等文化娱乐场所20多家。广播、电视、报纸形成立体交叉宣传体系。舞钢公司职工医院、舞钢市人民医院均步入“二甲”行列。石漫滩国际龙舟竞赛基地和河南省水上训练竞赛基地多次承办全省、全国赛事。群众性体育活动广泛开展；早在1990年就被命名为全国体育先进市，舞钢市还是河南省社会治安综合治理模范市、河南省拥军优属模范市，河南省信访工作三无模范市……

近年来，舞钢市经济以较快速度发展，国内生产总值、财政收入等主要经济指标均以两位数速度增长，居民生活水平不断提高。在全省 110个县市中的综合经济实力由1997年的第89位上升到2001年的第52位；2002年又进入全国县域经济基本竞争力提升速度最快百县市，2003年2月，又被确立为河南省对外开放试点市，舞钢市经济已进入快速、健康、持续发展的良性轨道。

昨天，舞钢人凭着智慧和汗水在荒山秃岭上建起了一座工业旅游城市，在共和国发展史上增添了一笔浓重的色彩；今天，勤劳智慧的32万舞钢人民。正高举邓小平理论伟大旗帜，实践“三个代表”重要思想，与时俱进，开拓创新，向着现代化生态旅游城市的宏伟目标奋勇前进。

河南省西华县

——沧桑生巨变　箕城展新姿

西华县位于河南省中东部,属黄淮平原,处黄泛区腹心。全县总面积1194平方公里,辖19个乡镇,3个农林场,434个行政村,总人口83万。西华历史悠久,文物荟萃。公元前202年置县,距今已有2000多年历史。境内现存有女娲城遗址、箕子台遗址、城隍庙、龙泉寺、商高宗陵等名胜古迹。其中,省文物保护单位4处。相传女娲曾在此抟泥造人,炼石补天,故西华又有"娲城"、"箕城"之称。

旧中国的西华多灾多难,1938年以后,10年"黄泛"给西华经济社会以毁灭性破坏。新中国成立后,特别是十一届三中全会以来,历届县委、县政府带领全县人民战天斗地,改造自然,发展经济,人民生活水平显著提高。2002年,全县实现国内生产总值39.04亿元,比上年增长10.3%;地方财政收入11253.5万元,增长14.8%;农民人均纯收入2344元,增长3.85%。全省综合经济实力排序第41位,全市第2位。在经济快速发展的同时,全县社会大局持续稳定,各项事业显著进步。2001年被表彰为全省惟一的全国信访工作先进县。

经济发展思路与特色

近两年,面对我国加入WTO新形势,为充分利用两种资源,实现经济社会超常规跨越式发展,西华县委、县政府瞄准国内国际市场,立足本县实际,对经济社会基本发展思路进行了认真分析和研究,在广泛调查研究、反复商量论证的基础上,提出了"工业强县上台阶,农业固本出特色,城建突破变面貌,优化环境树形象"的总体发展思路。两年来,全县上下围绕这一思路,锐意进取,务实苦干,振奋精神,富于创新,初步形成了"四大特色经济"。一是种植业以结构调整和集约经营为主要手段,由规模型向效益型转变。目前,全县粮经比例调整到46:54,复种指数为246%。初步形成了小杂果、食用菌、芦笋、瓜菜、畜牧等几个特色产业。被授予国家重要的商品粮生产基地县和优质棉生产基地县。二是林果业以用材林和经济林为主,由生态效益型向生态经济效益型转变。全县活立木蓄积量130万立方米,鲜果年产量7000万公斤,森林覆盖率达19.8%,被授予全国平原绿化先进县。三是畜牧业以黄牛、生猪为主,畜牧业在农业经济中的比重越来越大。2002年底,全县已建成万头规模猪场2座,500头以上规模猪场106个,年出栏生猪60万头,黄牛存栏15万头。畜牧业总产值7.2亿元,占农业总产值的24.7%;农民人均牧业收入813元,占农民人均纯收入的19%。四是工业和乡镇企业以农副产品加工增值为主攻方向,资源优势不断转变为经济优势。本地农副产品加工转化率达50%以上。通过开展农副产品深加工,不仅使农产品身价倍增,还吸纳农村大量富余劳动力就业,增加了农民的工资性收入。

工业

依托本地资源优势,大力兴办近农工业,拉长产业链条,实现加工增值。初步形成了以木材加工、棉花加工、粮食加工、皮革皮毛加工、化工、机械、医药、建材、电器、酿造等十大行业为主的工业体系。截至2002年底,全县工业企业发展到406家,其中限额以上企业61家,全部工业总产值达到33.45亿元,比上年增长9.7%,产销率97.2%;工业增加值8.93亿元,增长9.6%,其中限额以上工业完成总产值15.8亿元,实现销售收入15.3亿元,实现利税6657万元,分别增长8%、8%和10%。国有工业入库税金1004万元,增长13.7%;个体私营工业入库税金920万元,增长13.6%;乡镇企业入库税金2503万元,增长24%。各类工业企业稳步发展,运行质量和效益不断提高,培育和壮大了一批以河南省人造板厂、热电厂、华光饲料公司、华丰制药厂、天泉德酒厂、华东裘皮进出口有限公司为代表的骨干企业。华东裘皮进出口有限公司生产的皮革皮毛制品,不仅销往省内外,还远销到美国、日本、韩国、澳大利亚等国际市场。

农业

西华是典型的内陆平原农区地上无山,地下少矿,自然资源单一,农业在国民经济中具有基础性地位。2000年,西华县率先承担了农村税费改革试点任务。通过实施税费改革,减轻了农民负担,调动了农民群众发展生产的积极性。为进一步提高农业比较效益,县委、县政府坚持以市场为先导,以结构调整为主线,教育引导群众调整农业结构,大力发展精品农业,初步扭转了农业弱质局面。2002年,全县实现农业总产值29.2亿元，比上年增长8%。在农业结构调整中，初步形成了果、菌、笋、菜四大特色产业。目前，全县以优质苹果、油桃、大枣等为主的小杂果发展到15万亩；以香菇、双孢菇、木耳为主的食用菌发展到400万平方米、1.2亿袋，瓜菜发展到36万亩；芦笋发展到5.5万亩。围绕特色产业，制定优惠政策，引导动员社会各方面积极兴办农字号企业，强力推进产业化经营，初步形成了四大产业链条。一是林果链条。全县建成水果保鲜冷库330座，年冷贮量1.5亿公斤，成为全国最大的水果冷贮、销售集散地。二是木材加工链条。县里重点扶持河南省人造板厂，目前该厂已发展成为集刨花板、贴面板、高密度纤维板、高强度地板砖、中高档家具生产为一体的骨干企业，年产值5800万元，入库税金345万元。以此为龙头，带动发展各类木材加工企业46个，年加工各类板材15万立方米。三是芦笋加工链条。投资600万元，兴建了益丰隆速冻食品公司，年加工鲜笋150万公斤，形成了围绕基地建龙头，建好龙头带基地的产业化生产经营格局。四是畜牧养殖加工链条。先后建成以逍遥皮革集团、华东裘皮进出口有限公司等为龙头的皮革皮毛加工企业30多家，年产值2.6亿元。

基础设施及投资环境

西华地处河南南部，交通便利。省道南石路、周郑路穿境而过，距漯周界高速公路25公里、京珠高速35公里。近年来，通过多渠道筹集资金，有效解决了基础设施建设投入不足问题，促进了交通、通信、市场等基础设施的不断完善。截至2002年底，全县公路总里程达641公里，百平方公里通油率达57公里；全县货运周转量达13208.9万吨公里，旅客周转量达8315.7万人公里。通信业迅猛发展，程控电话、移动通信、中国联通覆盖城乡，全县固定电话装机总量达5.5万门，移动电话用户26580个，电信业务总量达3066万元。在周口信息港建立了和全国信息网相连接的西华网页，构筑了具有西华特色的“信息高速公路”。城市基础设施建设步伐加快。采取经营城市的理念筹集建设资金，先后投资1.9亿元用于旧城改造，拓宽拉长城区街道5条，新增建筑面积18万平方米，新增绿化面积3万平方米，南二环、西二环开通后，城市建成区面积可由目前的12平方公里拉大到20平方公里，并完成了25平方公里总体规划。金融、保险服务网点遍布城乡。整个城区布局合理，设施齐全，街道整洁，环境优美，一座具有时代气息、适宜居住和投资的小城市初具规模。

沧海桑田，山河巨变。经过长期的艰苦奋斗，西华改变了长期贫穷落后的面貌，走上了快速健康发展的道路。在中国加入WTO和全面贯彻党的十六大精神，加速推进全面建设小康社会的新形势下，全县上下决心高举邓小平理论伟大旗帜，全面贯彻“三个代表”重要思想，按照党的十六大指明的方向，抓住机遇，乘势而上，扎实工作，加快发展，力争尽快实现惠及全县83万人民的更加富裕的小康社会。

快速崛起的郾城

中原名城郾城，始建于隋朝开皇初年，迄今1400余年历史，她位于河南省中南部，地处伏牛山东麓平原和淮河平原交错地带的大沙河平原，据南北之机枢，控东西之要冲，乃历代兵家必争之地，素有“中原第一县”之美誉。气候温和，四季分明，雨量适中，年均降水830.7毫米，年均气温14.6℃，全县面积943平方公里，下辖11个镇7个乡，1个工业开发区，人口90万。作为省定内陆特区漯河市的最大县份，郾城三面环抱漯河市区，借助内陆特区的优势和邻近省会郑州的优越条件，具备了良好的投资环境。

交通方便快捷，通讯事业发达

国家重要交通干线京广铁路、沪渝铁路、107国道，京珠高速公路贯穿全境，县城距郑州国际机场90公里，漯周、漯上、漯西等省道纵横交错，勾织了郾城四通八达的交通网络。郾城通讯事业发展迅速，开通了移动电话、无线寻呼、国际互联网业务，全县实现了通信传输光缆化、交换程控数字化，电话拥有量达到76000多户，农话建设全省名列第三，2000年被河南省授予电话县称号。

物产资源丰富，名胜古迹繁多

郾城地处中原腹地，人杰地灵，物产丰富，土层深厚，土质肥沃，适宜各种温带、暖温带作物生长，是河南省有名的商品粮基地县、生猪出口基地县。农业资源丰富，盛产小麦、大豆、棉花、蔬菜、瓜果等，每年粮食生产都保持在5亿公斤以上。悠久的历史，积淀了丰富的郾城文化，新石器时代的化身台遗址；2000年前龙山文化中期的高台建筑一郝家台；春秋时代的孔子思归碑；1800年前东汉经学家、文字学家、训诂学家许慎的墓地和许南阁祠；早于河北赵州桥的中国第一古桥小商桥；北宋名将杨再兴墓；清道光年间的镇河铁牛、八角硫璃井，龙塔古篆等，其中不少已被列为省、市级文物。沙河天然浴场、河滨游园与明丽清新的现代建筑融为一体，交相辉映，是旅游度假的理想场所，开发前景广阔。

三大产业稳步发展，重点项目建设突飞猛进

在发展农业经济方面，郾城充分发挥基础优势，围绕“一条主线”狠抓“三个重点”，即以农业产业化为主线，狠抓生态林业，绿色规模养殖业，高效种植业。目前，“一条主线、三大重点”已成为郾城农业经济的三大亮点。2002年，全县新植幼树720万株，新建林网10万亩，完善林网30万亩，基本实现了点上有精品，线上成林带，片上成规模的发展态势。按照以绿色创品牌，以规模增效益的原则，大力发展绿色规模养殖，2002年生猪出栏137.7万头，肉蛋鸡饲养量达到1400万只。奶牛、肉牛、肉兔以及其他特色养殖业发展势头强劲，畜牧业占农业总产值的比重达到39%。充分发挥天翼公司、金硕公司、天宫庄园等一批高科技示范园的龙头带动作用，加快农业产业化经营步伐，建成了高效瓜菜基地，优质烟叶基地，优质棉花基地，特色林果基地四大农业产业基地，盛产的小白瓜、葡萄、草莓果鲜味美，万金中华寿桃享誉全省。2002年，全县农业总产值完成21.3亿元，农民人均纯收入达到2886元，实现了农业增效，农民增收的目标。

工业经济蓬勃发展，个体私营经济蒸蒸日上，已成为郾城经济快速崛起的主力军。形成了饮料食品、新型材料、机械制造、电料化工、制革制鞋、假发制品等七大产业群体，建成了“三园两基地”即孟南工业园、昌达工业园、三环食品工业园、面粉机制制造基地、电料金具加工基地。漯河昌达实业占地300多亩，总投资1.8亿元，年销售额突破10亿元，首开全国葡萄糖饮料先河，“澳的利”饮料已成为全国知名品牌。2002年，被授予“全国食品工业百强县”荣誉称号。目前，全县注册个体私营企业25000多家，从业人员75000多人，其中，年销售收入在500万元以上的个体私营企业近200家，个体私营经济在整个县域经济结构中，呈现出“四分天下有其三”的发展格局。

优化投资环境，招引八方来客

近年来，郾城大力倡导抓环境就是抓生产力，抓环境就是抓经济效益的指导思想，坚持“无中生有，软硬兼施”，抓硬环境筑巢引凤，抓软环境暖巢发展，广泛开展“人人都是郾城形象，人人都是投资环境，人人事关经济发展”活动，全县共取消各类收费项目219项，降低收费标准66个，实行“五个一”服务。加大环境整治力度，郾城“改革开放、环境优美、秩序良好、服务热情”的新形象进一步得到确立，吸引了大连实德集团、四川希望集团、德国黛纳公司、日本株式会社、金星集团、双汇集团等大批国内外知名企业、财团投资郾城;2002年,全县共吸引外资2.97亿元,引进新上500万元以上的工业项目48个,100万元以上的农业项目18个。2003年,全县工业新开工、续建、技术改造投资500万元以上项目41个,其中新开工项目21个,续建项目16个,技术改造项目3个,总投资16.3亿元。被河南省确定为全省首批对外开放重点县。目前,郾城县抢抓全省工业园区建设的大好机遇,利用起步早、基础好的优势,进一步加大园区招商的力度,以孟南工业园区为龙头,以澳的利工业园和三环食品工业园两翼带动,在漯河北环路东西长8公里,南北2公里的一线,全面铺开。孟南工业园区基础建设已投资1亿元,形成了交通、水电、通信、供气等"六通一平",已成为投资的热土、兴业的净土,"得孟南者得中原"已被中外客商所认同。

基础设施建设日新月异,现代化内陆开放城市正在崛起

按照"三大一新":大力度、大气魄、大手笔、新思维的指导思想,大力发展城市建设,五年累计投入资金5亿多元,城区面积由1997年的6平方公里,扩展到目前的8.7平方公里,人口由原来的不足5万人,增加到7万多人,形成了今天8纵12横的城市框架;黄河广场、淞江小区、辽河花园、城西新区等一批重点工程相继开发建成,成为城市建设的新亮点。城市基础设施得到更新,城市功能日趋完善,品位不断提高,跻身了全国城市环境综合整治优秀县行列。2003年,县委又提出建设宜居性生态园林城市的总体规划,一座融生态、园林、文化等多种内涵为一体的现代化县城正展现在世人面前。

小城镇中心村建设红红火火,五年累计投入资金20多亿元,建成初具规模的农村小城镇18个,城镇住宅面积以每年1.5万平方米的速度递增,新建地方道路200公里,全县总里程达到700公里,投资1亿多元完成了农村电网改造,开辟公交客运路线13条,公路密度,行政村通油路率、乡镇通客车率居全省领先位置,打造了城乡交融、互为一体的崭新格局。

新世纪,新郾城

进入新世纪,面对国际国内新形式的挑战,郾城的决策者勇立潮头、开拓创新,提出了建设全省经济强县、率先步入小康社会的宏伟目标、大气魄、大力度、大胆略,推动郾城经济和社会各项事业快速发展,全县上下群情激昂、人心思进,想发展、议发展、谋发展、快发展的氛围空前高涨。目前,郾城的综合实力由1997年的全省第25位跃居2001年的第15位,先后荣获了全国农村劳动力开发就业试点县、全省科技工作一类县、全省计划生育一类县、全省首批外向带动工作重点县、全省红旗渠精神杯等荣誉称号。全省对外开放工作现场会、全市植树造林现场会、个体私营经济现场会、计划生育现场会等多个现场会在我县召开。在新世纪改革大潮的跌宕洗礼中,一个充满生机和活力的郾城正以崭新的姿态和奋发向上的精神风貌展现在世人面前。

河南省义马市

义马市位于河南省西部，地处崤函古道，北仰韶峰，南眺洛伊。全市总面积112平方公里，辖两镇和五个街道办事处，总人口15.3万人，共有汉、满、蒙古、维吾、布依、壮、彝、回等14个民族，其中城镇人口12万人，农村人口3.3万人。

义马矿产资源丰富

主要特点是储量大、品位高、品种多、埋藏浅、易于开采利用。现已探明煤炭总储量达79亿吨，素有"百里煤城"之称，是我国的重要的能源基地之一。境内的国有特大型煤炭企业义煤集团公司是国家经贸委确定的520家重点企业之一，义煤集团所属四大煤田之一的义马煤田，大部分位于我市，东西走向25公里，倾斜度2—5公里，含煤面积82.5平方公里，可开采储量11亿吨，所产长焰煤，适宜造气、发电，是优良的动力和化工原料用煤。除煤炭资源外，铝土、玻璃石英砂、火礁岩、重晶石、硫铁矿等矿产资源也很丰富，其中铝土矿探明储量1.02亿吨，占河南省总储量的50%以上。

义马地理位置优越

义马市位于东经111°57′—111°59′，北纬34°41′—34°46′。东、南、西、北分别与新安、宜阳、渑池三县接壤。义马地势大体为北高南低，西高东低，南北倾斜度大，属秦岭余脉崤山延伸地带。市区北部，宜林宜牧，资源丰富。市区南部工矿集中，商业发达。义马地处连接东部发达地区和西部资源区的结合部，是沿黄河经济带和豫晋陕黄河金三角经济协作区的重要组织部分，地理位置十分优越。

义马气候宜人

义马位于暖温带南缘向北亚热带过度地带，四季分明，日照充足。年平均气温12.4℃，历年最热为7月，平均气温25.5℃，最冷为元月，平均气温-2.1℃，年平均日照2250.4小时，历年日照率平均值为51%。秋冬季多西北风，春夏季多东南风。动植物资源比较丰富，降雨量666.9毫米。

义马交通便利

义马市东距洛阳50公里、郑州180公里，西距三门峡60公里、西安290公里，陇海铁路、310国道和连霍(连云港、霍尔果斯)高速公路并行穿境而过，境内路网密布，镇村相连，纵横交错，通衢八方，交通十分便利。

义马钟灵毓秀，有悠久而辉煌的历史文化，是中国古代文明的发祥地之一

境内名胜古迹众多，著名的有被列入全国第五批重点文物保护单位的北魏时期的鸿庆寺石窟和项羽坑杀20万秦卒的楚坑、慈禧行宫、仰韶文化、龙山文化等古文化遗址8处。近年考古发现的义马银杏化石是世界上最古老的银杏化石，距今已1.8亿年，该化石图案已连续被确定为第六、七届国际古植物会议的会微。

义马经济建设日新月异，各项社会事业蓬勃发展

义马市是在原义马矿区基础上，1981年4月经国务院批准建立的新型煤炭工业城市。经过20年来的发展，义马经济和社会各项事业均取得长足的进步。2002年，全市共完成GDP16.399亿元，一、二、三产业比重分别为1.6%、70.6%和27.8%工业经济快速发展，以煤、电、气、化、药为主的特色工业格局初步形成。国家特大型企业义煤集团所辖杨村、耿村、常村、千秋、跃进等13对矿井，年产原煤1000万吨以上，目前生产经营形势蒸蒸日上。2002年义煤集团有12项指标创历史最高水平，其中煤炭产量、销量、经营总额达到1076万吨。此外，义马辖区还有19个乡镇煤矿，年产原煤300万吨。河南省"九五"重点工程义马气化厂，总投资近30个亿，煤气日产量120万方，除供应郑州、洛阳、义马三地居民用气外，还开发了甲醇、液氧等后续煤化工产品。市属企业河南振兴化工集团公司，拥有年产1.3万吨红矾钠生产线和年产1万吨红矾钾的中洁铬盐有限公司。其中，中洁铬盐有限公司的万吨红矾钾清洁生产工艺是河南振兴集团与中国科学院化工冶金研究所进行技术合作的"生态化工"项目，被列入国家"十五"863计划，产品符合国家一级标准，生产线达到世界先进水平，铬盐生产能力位于全国第二位。河南省重点工程黄河槐扒提水工程目前已全面完工，彻底结束义马工业、生活缺水历史。同时，以义马2×13.5万千瓦矸石电厂为代表的民营经济日益发展壮大，以铬盐、煤化工、能源为主导产业的特色经济发展格局已初步形成。2002年在全国县域经济基本竞争力评价中，义马县域经济基本竞争力提升速度跻身全国最快的百县(市)行列，竞争力等级由F级进入E级。2001年全省综合经济实力义马跻身29位，主要人均经济指标名列全省前茅。在软环境方面，建成了政务大厅，推行了一系列行之有效的优化投资环境的制度和措施，一个“寻商、安商、富商”的良好氛围初步形成。

更为令人鼓舞的是，义马对外开放迎来了难得的发展机遇，目前被河南省对外开放领导小组确定为首批23个重点对外开放县市之一。同时2003年2月11日省计委批复义马煤化工产业基地发展规划，该基地发展规划共包括13个煤化工项目，总投资19个亿，2003年动工和即将动工的项目有粗酚精加工、6万吨甲醇扩建、气化厂二期扩建等。年产250万吨的煤制油项目，正在做前期工作，这些项目的上马将为义马的全面发展带来良好的发展机遇。

工业经济迅猛发展的同时，义马的农村经济得以全面发展，初步形成了蔬菜、畜牧、养殖、烟叶、食用菌、经济林五大产业基地，带动了全市60%的农户从事产业化经营。集中实施了五通两建，广大农民生产生活条件进一步改善。民营经济蓬勃兴起，市内建有各类专业市场10个，年贸易额上亿元，民营企业遍及各产业，产品内销全国各地，外销欧美、东南亚，成为义马市国民经济的重要组成部分。全市政治稳定，人民安居乐业，经济建设和各项社会事业蒸蒸日上。城市建设日新月异，建成了水、电、路、气等一批重点基础设施，特别是10万吨水厂的开工建设，将从根本上解决制约义马经济发展的“瓶颈”问题。同时生态公园、鸿庆公园等一批绿化美化工程相继竣工，市民生活环境有了质的提高。城市基础设施配套齐全，功能日趋完善。拥有11万伏全自动控制大型变电站，开通了全球通移动电话，实现了市、镇、村三级国际、国内数字直拨电话，广播电视信号覆盖率达100%，有线电视实现村村通，32套节目24小时转播，各种文化娱乐设施齐全，餐饮服务完善，大型商业网点遍布市区，金融机构健全，可办理国内外一切资金往来业务。市区高楼鳞次栉比，道路宽阔平坦，绿树成荫，花香宜人。

义马市今后一个时期总的发展思路是：围绕一个目标，实施两大战略，建设三大基地，突出四个重点，全面推进义马经济社会跨越式发展。围绕一个目标，就是用5年的时间，让义马的综合经济实力跨入全省先进行列，再用5年的时间跨入全国先进行列，力争2015年提前实现全面小康社会。实施两大战略：一是工业富市战略，二是开放带动战略。建设三大基地，即：铬盐生产基地、煤化工基地、能源基地。突出四个重点既：项目建设、城乡一体化、民营经济、特色农业。

义马发展前景广阔，投资环境优越。随着义马经济的全面发展以及国家产业政策向中西部地区倾斜，义马市又面临大发展的机遇。经济发展的关键工程10万吨水厂的建成投产，投资10亿元的2×13.5万千瓦矸石电厂开工建设，投资19个亿的煤化工基地、投资30个亿2×30万千瓦电厂、4×60万千瓦电厂等一大批大型工业项目正在进行前期工作，这些项目的陆续上马，为义马煤炭就地转化增值，拉长产业链条，优化产业结构创造了条件。

义马的建设，需要国内外大批有志之士的大力支持与坦城合作，热情好客的义马人民将坚持“从优待客，让利在先，互惠互利，共同发展”的原则，以最优越的工作生活环境，最优惠的政策措施，竭诚欢迎国内外朋友和科研单位、大专院校及企业到义经商办企业、投资合作，共同把“豫西煤城”建设得更加璀璨夺目。

充满生机的黑土地——呼兰

黑龙江省呼兰县位于松嫩平原中部，松花江北岸，是省城哈尔滨市最近的郊县。呼兰历史悠久，是黑龙江省最早开发的五城之一，距今已有269年的建城史。全县幅员面积2612平方公里，耕地217万亩，辖3乡13镇，194个行政村，总人口68万。县内地势平坦，土质肥沃，农副产品资源丰富，素有“满洲谷仓”之称；萧红故居、亚洲最大的百年仙人掌、法式天主教堂等旅游景点备受中外游人青睐，孟家团山子风景区有多处金元遗址，极具深度开发价值；有一江四河（松花江、呼兰河、漂河、少陵河、泥河）、五条公路（哈黑、哈伊、哈萝、哈大、哈绥）、两条铁路（滨北、滨洲），纵横交错，交通便利。呼兰地处黑龙江省哈—大—齐经济带咽喉，是东北地区通往黑河、绥芬河等边境口岸城市的重要通道，具有极强的人流、物流、资金流、信息流优势，对发展同俄罗斯等东欧国家边贸经济具有得天独厚的优势。

近年来，呼兰县在省、市的正确领导下，全面贯彻党的路线方针政策，牢牢把握改革发展稳定的工作大局，团结和带领全县人民解放思想、振奋精神、求实创新、攻坚克难，有力地推动了县域经济社会的快速发展，开创了“两个文明”建设的新局面。

国民经济持续快速增长，经济结构调整取得明显实效

2002年，实现国内生产总值63.5亿元，增长11%；人均国内生产总值9339元，年增8%。财政总收入完成4.17亿元，增长6.9%；地方级财政收入2.43亿元，增长12.1%。三次产业比重由1997年的26.2:45.6:28.2调整为26.1:38.4:35.5。在正大、义利、金星等国省级龙头企业的强力带动下，以马铃薯、特菜、果树、花卉和生猪、肉鸡、蛋鸡、奶牛等为主的特色农业龙型经济框架已经形成，产业链条不断延伸，农副产品加工转化率达到50%以上，产业化经营水平全面提高。农林牧渔业总产值实现33.4亿元，年均增长10.4%。工业经济快速发展，国企改革不断深化，非国有工业经济迅猛发展，工业增加值实现21.2亿元，年均增长4.6%，形成了以食品、电力、医药为龙头和以纺织、建材、冶金为优势产业的工业体系，工业对财政的贡献率达到60%以上，非国有工业经济总量已占工业经济的85%以上。商贸经济繁荣活跃，旅游、金融、服务、信息等第三产业进一步发展。全县社会消费品零售总额实现14亿元，年均增长10%。

经济体制改革不断深化，对外开放成果显著

顺利完成了农村第二轮土地承包、农村税费改革、党政机关机构改革和行政审批制度改革，养老、失业、医疗等社会保障制度改革步伐加快。以利民开发区为龙头的开放型经济发展迅猛，进区企业已达210户，固定投资额40亿元，以医药、农副产品深加工、文化教育和高级住宅为主体的四大产业园区快速发展并形成规模。特别是医药产业园区，发展势头强劲，进区制药企业已达23户，投资总额5.6亿元，年产值10亿元，被国家列入火炬计划实施项目。2002年，利民经济技术开发区总产值实现30亿元，全口径财政收入1亿元；5年累计出口创汇额9462万美元，年均增长22.6%。

城乡建设步伐加快，人民生活水平显著提高

围绕开发新老两大城区，不断加大资金投入力度，老城区累计固定资产投资近60亿元，高标准完成了哈绥高速公路呼兰段和“一路三桥”等重点工程，拓宽改造了南北大街，实现了24小时全天候供水，建设了人民广场、步行街和南二道街休闲广场，城区面貌焕然一新，城市载体功能日臻完善。新城区累计投资3亿元，水、电、路、通信等基础设施不断完善，城区功能明显增强，一个现代化新兴城市框架已经形成。县镇人均居住面积达到12.8平方米，农村人均住房面积17.3平方米。城乡居民储蓄存款余额达到22.8亿元，年均增长12.2%。人险、财险保费收入5年累计实现1.54亿元。城镇居民人均可支配收入3950元，年均增长6%；农村人均纯收入2740元，年均增长1.8%。

社会各项事业全面进步，精神文明、民主法制建设迈出新步伐

近5年，共实施省、市、县科技计划项目74项，先后获得国家、省、市科技成果奖15项。2000年，被国家科技部批准为全国科技工作先进县。教育“两基”成果进一步巩固和扩大，2001年被国务院授予“基础教育先进地区”光荣称号。广泛开展群众性体育活动，建设了可容纳1.5万人的标准田径运行场，1998年，被评为全国体育工作先进县。广电事业发展较快，实现了新闻当日播出。计划生育率达到97.1%,人口自然增长率为4.69‰,1999年,县计生协会被评为全国百强协会。思想道德建设和精神文明创建活动取得新成效,广泛深入地开展了学习贯彻“三个代表”重要思想和十六大精神等系列活动。深入开展了严打整治专项斗争和社会治安综合治理,有效维护了政治安定和社会稳定。

今后5年，是加快呼兰发展的重要战略机遇期。县委、县政府在深入学习贯彻党的十六大精神，正确分析和把握发展县域经济面临的机遇和挑战的基础上,紧紧围绕“发展要有新思路,改革要有新突破,开放要有新局面,各项工作要有新举措”的总体要求,明确提出以邓小平理论和“三个代表”重要思想为指导，深入贯彻落实党的十六大精神和省、市党代会、全会精神,围绕“省内当龙头、全国进百强”目标,突出“中心”和“第一要务”,以“招引联、上项目”为突破口,以工业强县为核心任务,扩增一个“亮点”,开发“两大城区”,加强“三农”工作,推进“五化”进程,推进党的建设和“三个文明”建设,把我县建成集绿色食品基地、新兴工业基地、大宗商品流转基地于一体的跨呼兰河两岸繁荣发展的哈尔滨新城区的宏伟奋斗目标。

“省内当龙头、全国进百强” 按照市委的要求，今后5年,呼兰将力争在财政收入上超过省内首位阿城市和“全国百强县”最后一名辽宁大石桥市,实现“省内当龙头、全国进百强”的目标。

扩增一个“亮点” 在继续发展、壮大利民经济技术开发区的同时,利用开发区已有的人才、经验、技术、产业、管理等优势,在老城区再扩大增加一个“利民经济技术开发区”,在全县形成新老城区优势互补、同步开发的两个“洼地”效应,真正实现“跨河发展,两岸繁荣”。

开发“两大城区” 就是在5年之内把呼兰城的新城区建设成为“中国北药之都,食品精加基地,龙江学府名城,哈市商埠新区”,把呼兰城的老城区建设成为“历史文化名城,商埠繁荣重镇,新兴开发园区,特色旅游胜地”,进而把呼兰城建设成为跨呼兰河两岸繁荣发展,园林式、开放型、高科技、现代化的哈尔滨新城区。

推进“五化”进程 即大力推进工业化、产业化、城市化、市场化、信息化。以市场为导向,工业化为核心、城市化为载体,信息化带动工业化,工业化促进产业化。

到2007年,国内生产总值实现120亿元(力争达到150亿元),年均增长 13.6%;财政总收入 8.5亿元(力争达到10亿元),年均增长15.4%;地方级财政收入4.5亿元(力争突破5.5亿元),年均增长15%。

为实现上述目标,我县将紧紧围绕全面建设小康社会、加快推进建设多功能哈尔滨新城区这个核心任务,在推动社会各项事业全面进步,维护政治安定和社会稳定的同时,着力做好以下五方面经济建设工作：

一是加快新型工业化进程,以工业强县为核心任务,快速扩增一个“亮点”,做大做强食品、医药、电力三大主导产业,加快信息化建设步伐,以信息化带动工业化,以工业化促进产业化,实现产业优化升级,努力实现体制、机制、科技、管理四个创新,创建新兴工业支撑型的哈尔滨新城区。

二是加快农业产业化进程，围绕农业现代化、农村工业化、农村城镇化、农业产业化发展目标,坚持走特色路、打绿色牌,做大做强马铃薯、奶牛、肉鸡、生猪等农副产品精深加工龙头企业,努力实现优化结构调整、加快产业化进程、建设现代农业体系三个突破,创建绿色食品生产型哈尔滨新城区。

三是加快第三产业市场化进程,结合建设大市场、促进大流通,发展大贸易,促使各类生产要素合理流动,着力发展非国有经济,整合旅游资源,切实抓好健全市场体系、壮大个体私营经济、发展旅游业三项重点工作创建大宗商品流转型哈尔滨新城区。

四是加快经济开放化进程,突出舆论、服务、法制、政策、城市五个环境建设,创建优良的经济社会发展环境,促进“招引联、上项目”工作的深入开展,加快对外开放步伐和外向化发展进程,深入实施龙头牵动、扩增亮点、全元引联三项战略,创建出口创汇型哈尔滨新城区。

五是加快县域城市化进程,树立经营城市的理念,坚持高标准规划,高起点建设,高质量推进的原则,按照“城在林中,道在绿中、楼在园中、人在景中”的建设标准,大力推进绿化、美化、净化、硬化、文化、亮化等六化工程,把老城区建设成“历史文化名城,商埠繁荣重镇,新兴开发园区,特色旅游胜地”,把新城区建成“中国北药之都,食品精加工基地,龙江学府名城,哈市繁荣重镇”,创建园林式、开放型、高科技、现代化的哈尔滨新城区。

湖北省仙桃市

仙桃市位于美丽富饶的江汉平原腹地，东邻武汉，西接荆州，南靠长江，北依汉水，318国道和宜(昌)黄(石)高速公路贯穿全境，与京珠、沪蓉高速公路紧密衔接，素有“鄂中宝地、江汉明珠”之美誉，是著名的鱼米之乡、状元之乡、湖北省第二大侨乡，也是全国惟一的体操之乡。先后产生过李小双、李大双、杨威、郑李辉等4位奥运会体操冠军。全市国土总面积2538平方公里，人口 147.41万，辖3个市属街道办事处、15个建制镇、6个农林牧渔场和1个工业园区。

经济发展

改革开放以来，仙桃经济得到长足发展，成为中西部地区最具活力的城市之一。1991年跻身全国百强县市行列，1992年以来综合经济实力连续多年位居湖北省首强，1997年成为湖北省首批小康县市。2002年，全市实现国内生产总值110.01亿元，按可比价计算比上年增长6.2%；全口径财政收入5.02亿元，其中地方一般性预算收入增长9.95%；外贸出口总额4419万美元，增长7.62%；全社会固定资产投资32.3亿元，增长10.6%；农民年人均纯收入3158元。农业结构调整步伐加快，“南渔北牧中瓜菜”格局凸现，水产、畜牧、瓜菜等优势农产品产量大幅度增长。工业经济开始提速，全市规模以上工业产值、销售收入、实现利税增幅均超过17%。迈亚、丝宝、仙隆、天轮机械等主要骨干企业增资扩规势头迅猛，亲亲工业园、旺旺工业园、银丰纺织、福建亚通、亚太挚友、南方路机、中包富恩特等一批重大项目相继开工或投产。高新技术改造传统产业不断取得突破。依托纺织服装、轻工食品、医药化工等优势产业，“产业轻结构”的格局基本形成。工商企业产权制度改革进一步深化，农业、城建、教育、文化等领域的改革全面推进，以民营为主休的经济格局已经形成，市场化进程不断加快。招商引资势头强劲。仅去年就引进项目 488个，协议引资56亿元，实际到位资金20.6亿元，其中过亿元的项目12个。美国一登、北大四方、康讯科技、中百仓储、天诚五星级酒店等一批“大、高、外”项目落户仙桃。财政金融形势整体趋好，税收占财政收入的比重达到88.4%。城乡市场繁荣稳定，商贸流通活跃。社会消费品零售总额达到61.15亿元，比上年增长8.5%。

城市建设

仙桃是国家建设部确定的湖北省惟一的城乡一体化试点县市。目前，全市城镇人口达63万人，其中城区人口31万人，建成区面积30KM²，城市化率超过40%，城镇经济占经济总量的比重达到60%。近几年来，仙桃市按照江汉平原地区性中心城市的定位，围绕建设现代水乡园林生态城、现代化中等城市的目标，大力推进城市综合环境创新，全力打造城市品牌，城市整体功能和品位不断提升。近3年来，全市交通、水利、电力、通讯、市政等五大板块集中投入近30亿元，大力推进以“两桥两路”(汉江大桥暨仙天一级公路、黄金大桥暨318国道改线)为重点的道桥工程，以通讯网络、城市宽带综合信息网为重点的信息化工程，以电网改造、天燃气管道、自来水管网建设为重点的能源工程，以仙下河综合整治、城市防洪、垃圾和污水处理场为重点的生态环保工程，使城市基础设施全面改善，整体升级。同时，按照“市场运作，整体开发”的思路，打造城市精品，扩大城市亮点，使亮点成片，精品成线，形成了高速公路出入口、体育中心、仙桃大道西段、东桥文化步行街、流潭森林公园和青少年活动中心等各具特色的城市亮区。城乡文明创建活动深入开展，城市文明程度全面提高，获得“全国文明城市”和“省级园林城市”的殊荣。

投资环境

坚持把创造环境优势作为仙桃的生命工程来抓，用硬措施整治软环境。一是建立三项制度。对重点企业的执法、服务、收费实行收费监理制、综合执法制、责任追究制。建立企业收费明白卡制度，对新、扩、改项目实行“一家收费，多家分流”；强化执法监督，大力推行预约执法、集中执法、综合执法；建立行风定期通报制、领导诫勉谈话制、违规人员服务实习制、末位淘汰制。二是打造三个平台。即市长专线电话、经济发展服务中心、社会调解服务中心。三是优化三大环境。即减少审批环节，简化办事程序，提高服务质量和办事效率，营造优质高效的服务环境；整顿市场经济秩序，倡导公平竞争，打击假冒伪劣和各种霸道行为，大力推进依法行政，营造规范有序的法制环境；建立信用公开制度、信用评价制度和信用惩戒制度,深入开展创建“金融安全区”活动,打造“信用仙桃”,营造诚实守信的信用环境。

社会事业

科技创新能力持续增强。先后与20多所大专院校和科研院所建立合作关系,省级高新技术企业达到7家,高新技术创业中心建设进展顺利,创建国家级可持续发展实验区工作深入推进。教育教学工作处于全省先进行列。高中招生突破万人大关,高考上线人数逐年增加,95%以上的考生可进入大学。仙桃中学、仙桃三中跨入全省省级示范学校行列,实验小学被评为“全国600家名校”之一,仙桃职业学院是湖北省县市级惟一的普通高等学院。民办教育发展进一步规范,逐步向质量型、品牌型发展。体育事业成绩显著。李小双体操学校建成开学,国家体操训练基地定点仙桃,举办2004年中国(仙桃)国际体操节的方案获得国家体操中心批准。计划生育工作荣获全省“三为主”先进市和“全省计划生育优质服务先进市”称号。国有土地收购储备和招标拍卖工作迈出较大步伐。“一控双达标”成果得到巩固,城乡环境质量稳定。

招商项目简介

1.仙桃工业园建设项目。该园紧靠中心城区,规划控制面积 15km²;首期开发8—10 km²。区内土地已由市政府收购储备,可供开发的成片土地面积在1000公顷以上。合作方式:既可由开发商独资整体开发建设,也可以合资合作开发建设硬件设施后对外招商;既可以投资工业项目,也可以租赁经营园区土地。

2. 仙桃市污水处理厂建设项目。建设规模12万吨/日,第一期形成日处理污水6万吨的能力,主要包括污水处理厂、配套管网及提升泵站的建设。一期工程总投资15624万元,投入3000万元的污水提升泵站已开工建设。合作方式:可将供水和排污处理捆绑一起运作,采用合资、合作、BOT等。

3.仙桃市黄金大道建设项目。黄金大道中心城区段长8.8km,道路红线宽60m,建筑红线宽110m,总投资12273万元。主要建设任务是路面铺装及相关配套设施建设。目前,该项目上路基已全部形成。资金回报方式:收取红线控制内的土地综合开发费或土地增值费;匹配中心地段土地给投资方开发建设。

4.仙桃国家体操训练基地建设项目。该基地占地面积100亩,由体育馆、李小双体操学校、运动员公寓三项主体工程及相关配套项目组成。目前,李小双体操学校已建成投入使用,体育馆工程已开工建设。合作方式:独资、合资方式不限。

5.仙桃市青少年活动中心建设项目。该中心依托流潭公园,按照城市森林公园格局建设,规划占地面积1000亩,总投资6000万元,拟高标准建设八大功能区,集教育培训、文化娱乐、人文景观、自然生活、体育锻炼、社会实践于一体。该中心建成后,在承担全市中小学生社会实践任务的同时,向社会开放,实行市场化运作、社会化管理。利用外资方式:合资、合作、独资、BOT等形式均可。

6.高纯超细金红石型电子级二氧化钛项目。中星公司主导产品高纯超细金红石型电子级二氧化钛是在制造声纳、红外、激光、超声技术方面大量应用的光电子陶瓷电容的重要材料,已列入国家高科技重点扶持项目。该公司现有二氧化钛生产线4条,拟新增2条二氧化钛生产线,扩建生产车间2万m²,将现有500吨/年的生产能力扩大到2000吨/年。项目总投资3000万元,拟利用外资2000万元。项目建成后,预计年销售收入1亿元,利税4000万元,产品投资回收期为4年。

7.通用型卡入式荧光灯座生产项目。项目总投资2500万元,计划征地5000m²,生产厂房3000m²。建成后预计年销售8600万元,年利税1628万元。合作形式:合资经营、股份合作、融资均可。

8. 仙桃市仙隆化工有限责任公司生物农药项目。年产50吨喹禾灵、年产50吨精喹禾灵原药和年产200吨氟磺胺草醚原药等两大类市场前景广阔的生物农药生产线。项目总投资 7000万元,建成后预计年销售收入8500万元,利税总额2600万元。合作方式:合资、合作、独资均可。

9.仙桃市啤酒厂招商项目。该厂是由原轻工业部广州设计院设计,按全露天发酵新工艺设计的啤酒示范厂,占地面积5.5万m²,具有年产3万吨啤酒的能力。为盘活企业存量资产,我们将在税收、环保及内外环境上提供优惠政策。合作形式:全资收购,整体租赁。

10.湖北瑞龙油脂公司招商项目。该公司占地28000m²,建筑面积9100m²,总投资4500万元,主要从事菜籽色拉油的生产与销售。设备设计生产能力为日产精炼油50—80吨,年生产菜籽色拉油2万吨。合作意向:租赁、购并、参股控股等多种形式。

酉水明珠——保靖

保靖县地处湖南省西部边陲，座落在湘、鄂、渝、黔四省市边区武陵山区中心腹地，国土面积1761平方公里，其中山地194万亩，耕地24.85万亩，辖25个乡镇371个行政村，总人口28万人，其中以土家族、苗族为主的少数民族人口达23万人，系国家扶贫开发重点县。保靖县原为禹贡荆州之域，春秋为楚，秦为黔中郡，汉高祖五年(公元前202年)改黔中郡为武陵郡，始置迁陵县，清雍正五年(1727年)改土归流，雍正七年建立保靖县，相沿至今。保靖县是毛泽东国文老师袁吉六先生的故乡，是文学家沈从文先生"学习历史的地方"，是奥运举重冠军杨霞的家乡。

保靖县物华天宝，资源丰富。现已探明的有色金属7种，矿产地6处，其中中型矿床6处。金属镁含量极为丰富，品位含量高，有"金色镁都"之称。209国道横贯全境，水利资源蕴藏丰富。总投资20亿，装机24万千瓦的湖南省重点工程——碗米坡水电厂第一台机组可于2003年底发电，2004年全面竣工。农村电网改造和复兴22万伏输变电站、毛沟11万伏输变电站工程的紧张建设，为保靖工业架起了腾飞的翅膀。境内土地肥沃、气温适宜，在2000多种动植物中，有国家重点保护动物30余种，珍稀植物50余种，是全省茶叶、烟叶、生姜、椪柑、药材的重要产区。

保靖风景漪丽，人杰地灵。融自然景观与社会文化于一体为特征的旅游资源较为丰厚，仅酉水河江口至白溪口35公里河段就有奇峰8处，怪泉1处，名山3处，溪涧4处；迁陵古城的八大景点已名噪古今；文物古迹蕴藏丰富，清水坪古墓群和魏家寨西汉古城遗址近年来已抢救性发掘清理了近百座古墓，出土了大量珍贵文物；清水坪溶洞群、碗米坡高峡平湖、"八部大王"庙、汉代迁陵县四方城遗址、战国粮窖与青铜冶炼场遗址、涸洞古人类头骨遗址、洞泡山120万年前的古脊椎动物化石遗址、明代史称"东南战功第一"的土司彭荩臣抗倭营造艨艟战舰、烽火台、点将台遗址，几十穴散发着神秘气息的崖葬群、摹天刻石"天开文运"及南方长城源头等自然景观和人文景观的开发，勾勒出一幅保靖旅游发展的立体蓝图。

独特的地理位置和丰富的自然资源，为保靖的改革开放和招商引资提供了优越的条件。近年来，保靖县委、县政府抢抓机遇，进一步优化经济发展环境，坚持走"你发财，我发展"的路子，积极打开山门，全面招商引资，实现了县域经济跨越式发展。2002年，引资项目48个，合同引资1.2亿元，到位1.12亿元，实现国内生产总值6.9亿元，增长9.9%；完成全社会固定资产投资6.82亿元，增长52%；实现财政收入4808万元，增长25.96%。

迎着新世纪的朝阳，保靖正积极抢抓机遇，围绕城乡居民收入增加、财政收入增长两大目标，着力工业化、农业产业化、城镇化三大建设，开发山地、矿产、水能、旅游四大资源，夯实水利、电力、交通、通信、科教五大基础，壮大水果、畜牧、烟叶、食品、冶金、陶瓷六大产业，突出经济结构战略性调整，创造宽松的经济发展环境。力争通过3—5年的努力，逐步实现"三大构想"：一是以碗米坡水电厂为依托，把保靖建成湘西北五县电力调度中心，实现工业质的飞跃；二是以喜阳食品工业集团为依托，把保靖建成湘、鄂、渝、黔四省边区最大的农副产品加工中心和绿色食品基地，实现农业优化组合；三是以退耕还林和县城提质扩容为依托，围绕"四纵四横四环圈，一特四区喜阳城；一河三溪十个堡，万亩青山绕迁陵"的构想，把保靖建设成环境优美、独具特色的生态园林式旅游县。

随着西部大开发战略的实施，保靖已成为一片充满希望、充满商机的投资开发热土。以全新的面貌欢迎您的到来！

三湘第一县——长沙县

长沙县毗邻湖南省会长沙,从东、南、北三面环绕长沙市区,处于长株潭都市经济圈的核心地带。319国道横穿县境,107国道、京珠高速公路和省道1819线纵贯南北,黄花国际机场座落于境内,具有得天独厚的区位优势。县城星沙距黄花国际机场、长沙火车站、湘江码头均约8公里,区位优势尤为突出。全县辖20个乡镇,总人口74万,总面积1997平方公里。

长沙县自古为三湘首善之区,其建制远溯秦汉,迄今已有2200多年的历史。长沙县钟灵毓秀、人文荟萃,在壮阔的历史长河中,勤劳智慧的长沙县人民勇于进取、敢为人先,创造了骄人的业绩,使这块富饶美丽的土地焕发出了无限的生机。这里曾哺育了黄兴、李维汉、徐特立、杨开慧、柳直荀、田汉、许光达等仁人志士;杨开慧纪念馆、黄兴故居、陶公庙、石燕湖等令人神往的革命纪念地也座落在这里。长沙县气候宜人、资源充足、物产丰富,自古就有“鱼米之乡”的美称;这里区位优越、交通发达、信息便捷、百业兴旺、经济实力为“芙蓉国”中之最。

凤凰振翅搏长空,千年故土展新容。为改变近百年来有县无城的历史,1992年8月,长沙县举全县之力,聚万众之心,在107国道和319国道交汇处筹划设立经济技术开发区,并作为新治城址。经过10年的奋力拼搏,已完成基本建设投资近百亿元,“一园六区”的城市构架初步形成,一座现代化的新城在三湘大地拔地而起。区内已形成了以远大空调、三一重工、LG曙光、长海视听、光南摩托、华天铝业、力元新材料、中粮可口可乐、长沙娃哈哈、金沙利彩印、永泰、巨星等企业为主体的机械制造、信息、新材料、饮料、轻印、房地产六大产业格局。与之配套的黄兴生态工业园和暮云、榔梨、黄花、江背、金井5个乡镇工业园也相继开园。开发区与县城两位一体,珠联璧合,2000年2月被批准为国家级经济技术开发区。随着县城发展,2002年5月按长沙市副中心的定位对县城进行规划修编,到2010年县城规模将发展到60平方公里,人口发展到50万。园区建设迅猛发展,一批有识之士前来经商办厂、投资兴业,带动了县域经济的腾飞,现已形成了以汽车、建材、电子电器、饲料、印刷等为主的龙头企业和以茶叶、花木、蔬菜、水果、生猪、牛奶等农副产品的规模生产以及房地产和旅游产业开发热潮。

奔腾向前的刘少奇故里——宁乡

宁乡总面积2906平方公里，总人口130多万，辖35个乡镇。近年来，县域经济发展迅速，各项事业日益兴旺，发展环境明显优化，社会大局基本稳定。2002年，实现GDP(国内生产总值)75亿元，同比增长11%，全社会固定资产投入34.6亿元，同比增长40%，财政总收入3.58亿元，同比增长28%，农民人均可支配收入达3001元。经济总量步入了湖南省前三名。

宁乡历史悠久，文化厚重。先后出土了绝世珍宝四羊方尊、人面纹方鼎等珍贵文物2000多件，被考古界誉为“南中国青铜文化中心”。宁乡人杰地灵，英才辈出。诞生了刘少奇、何叔衡、谢觉哉、周光召等一批名人俊杰。宁乡山奇水秀，资源丰富。她不仅是闻名全国的“鱼米之乡”、“牲猪之乡”、“茶叶之乡”，而且自然资源丰富，现已探明的矿产达40余种。灰汤温泉是天然的疗养度假胜地，刘少奇故居是国家首批“AAAA”景区，沩山密印禅寺誉享日本和东南亚，黄材水库为全国三大土坝水利工程之一，不加雕饰的湖光山色，令人流连忘返。宁乡区位优越，交通便捷。宁乡位于湖南省重点开发的“一点一线”及长株潭城市群的核地区，距湖南省会城市长沙40余公里，沿长常高速公路驱车仅20分钟即达，是长沙市的西大门，县内长石铁路、长常高速、319国道横贯东西，洛湛铁路连通南北，国道、省道交织县城，形成了以高等级公路干线为骨干、高速公路和铁路为依托、便捷快速的交通网络，是湖南沟通大西南的咽喉之地。

改革开放特别是近年来，宁乡县委、县政府紧密结合县情特点，与时俱进，开拓创新，坚持解放思想，营造浓厚的发展氛围不动摇，坚持超跨发展步伐定位不动摇，坚持把项目工程作为惟一载体、招商引资作为惟一选择不动摇，坚持从严治政，优化经济发展环境不动摇，以“与时俱进抓落实，开拓创新求实效”为主题，实施科教兴县、开放带动、结构优化、依法治县四大战略，县域经济呈现出强劲的超跨发展态势。

现代农业新格局正在构建

宁乡农业一改过去以粮食和牲猪为主导产品的生产结构，提高农业科技含量和市场化程度。全县建设了优质烟叶、高级茶叶、花卉苗木等特产基地，在县域近郊建起了高科技农业示范园。农产品品牌叫响省内外，在2000年湖南省农博会上，深加工农产品获11项金奖，居全省首位。一批省内外的农业公司看中宁乡的农业资源，广东温氏畜禽、台湾和欣茶业、北京大北农科技、长沙卷烟厂、隆平高科、亚华种业等企业在宁乡建立自己的产业基地。公司农业的悄然兴起，加快了宁乡农业向专业化、规模化、市场化经营的转化进程。

工业经济新产业初步形成

全力发展二三产业，培育新的经济增长点，推动宁乡由农业大县向经济强县迈进。对县办工商企业实行“置换企业产权、置换职工身份”的彻底改制，目前民营化率已达90%以上。大力激活民智民资，培育新兴产业，壮大支柱产业，初步形成了湘派服饰、精细化工、电子信息、食品加工、休闲旅游、文化教育六大产业。319国道宁乡段已形成了一个初具规模的现代化服饰走廊：十多年来，圣得西、忘不了、挺绅、捷登等20多家民营服饰企业走品牌经营之路，数百家专卖店已遍布国内，产品走旺中南五省，其产值已占湖南省服饰工业总产值的30%，并以30%以上的年增长速度迅速扩张。精细化工涌现了两大“拳头”企业：由国有企业改制而成的银海石化公司通过与上工股份联合上市，蓄足了发展后劲；投资近2亿元的明辰振邦万吨氟涂料基地，是国家火炬计划项目和重点发展的新材料项目之一，正着力创建中国建筑涂料第一品牌。中国四大软件企业之一的托普软件的落户，使宁乡开始高起点发展高科技电子信息产业。两个“全省第一”打造了食品加工产业的知名品牌：一是全省第一家按欧洲标准设计的精品肠衣加工厂—湖南长城肠衣有限公司；二是中国酱油业的后起之秀，全省最大的调味品生产基地—香港加加酱业（长沙）有限公司。

旅游休闲是宁乡一个极具发展潜力的产业。由县外投资商开发的湖南灰汤温泉度假村，总投资5亿元以上，通过将灰汤温泉引入县城，建设国内独一无二的“泉球互动”的温泉高尔夫球场，并融五星级酒店、特色餐饮和高级住宅于一体，将成为独具魅力的休闲基地。西部山区黄祖沩旅游区度假区被纳入省、市旅游重点项目,现已全面启动。

经济发展新环境不断优化

“环境也是生产力”,宁乡县把优化经济环境作为保证经济可持续发展的根本措施来抓。按照适应市场经济发展和加入WTO的要求,在湖南率先成立了政务公开全程代理中心、收费管理中心、行政效能监察中心、经济环境治理“110”和环境治理办公室,“一办四中心”联动运作,实行集中开放式办公,搭建崭新的政务服务平台。推行《国家行政机关及公务员损害经济发展环境行为责任追究办法》、《行政效能监察七项制度》等措施,严格责任追究。形成了政务公开全程代理、一家收费、行政效能监察、快速处警机制。拓宽政务公开全程代理中心的服务范围。投资100万元以上的招商引资项目、1000万元以上的工程项目、规模以上工业企业全部纳入中心的服务范围,有条件的乡镇开始组建代理中心。加大行政审批制度改革力度,清理行政审批项目505项,废止或修改文件174个。全面推行阳光收费制度,建立优化经济发展环境评估机制。把各执收执法单位为经济建设服务情况、为企业和群众服务情况、依法行政情况、自身建设情况纳入评估内容,通过公众问卷调查、工作考核、听证会评估三个程序,评选出优化经济发展环境最佳单位和最差单位,在全县通报。优良的环境品牌的树立,吸引国内外客商,前来考察和洽谈项目的络绎不绝。

“两个惟一”新战略步伐加快

在县域经济发展的过程中,我们牢牢把握住项目工程和招商引资这两个重点。始终把项目工程建设作为加快发展的惟一载体,健全齐抓共管、责任到位的工作机制。项目工程建设由市场开发、基础设施建设为主向工业、农业等领域拓展,由县城向乡镇延伸。按照“科学决策、量力而行、市场运作、不留后患”的原则,2002年实际动工项目138个,其中2000万元以上的项目35个,竣工投入使用项目53个。项目工程建设带动固定资产投资34.6亿元,拉动GDP增长率4.74个百分点。投资1.4亿元的新宁乡一中项目在短短六个月叶间完成,建成了“三湘第一中学”;投资2.5亿元的玉潭商贸中心,打造了中南地区最大的县级商业步行街,明辰、宏全、文化超市、县人民医院,新建工程等一大批项目的顺利推进,有力地带动了县域经济的发展。我们充挖掘宁乡区位优势,把招商引资作为加快发展的惟一选择。着力加强县城、经济技术开发区、灰汤国际旅游渡假区、服饰工业走廊四大招商载体建设,在园区内实行“无费区”和封闭式管理。采取“领导联片,分块运作,目标到块,责任到人”的工作机制,健全招商引资岗位目标管理责任制和奖励办法,建立重点项目联络责任制,创新园区整体招商模式,完善以商招商、中介招商、代理招商、委托招商、乡友招商、顾问招商等各种招商形式,举办和参与大型招商、经贸活动10余次。近3年来,我县累计协议引资130亿元,到位资金35.6亿元,四川托普软件、大连明辰氟涂料、广东温氏禽畜、湖南谊信农产品物流中心、台湾宏全食品包装等一大批项目顺利落户,总投资50亿元、占地10平方公里的长沙芙蓉城项目正式签约。2002年合同引进资金80.8亿元,累计到位资金17.06亿元。

党的十六大提出了全面建设小康社会的奋斗目标,我县将认真贯彻落实党的十六大精神,加速推进工业化、农业产业化、城镇化进程,努力扩大对外开放,实施招商引资和项目工程作为加快发展“两个惟一”的战略,全力维护社会大局稳定,切实加强党的建设,朝着“经济进三强,建设卫星城”的目标,全面建设小康社会。

湖南省醴陵市

醴陵市位于湖南省东部，罗霄山脉北段西沿，属湘江支流渌水流域，紧邻长沙、株洲、湘潭金三角经济区，是湖南省的“东大门”、沟通江浙沪的交通要冲。总面积2157平方公里，总人口100.3万。交通运输方便、快捷，浙赣复线、醴茶线、醴浏线纵横交错，106国道、320国道在城区交汇，从市区驱车抵达长沙黄花国际机场仅需60分钟。醴陵山俊水曲，风物宜人，全年四季分明，雨量充沛。自东汉初置县，至今已有近2000年的历史，1985年撤县设市，因盛产陶瓷和烟花鞭炮，享有“瓷城”和“烟花之乡”的美称。

醴陵历史文化底蕴深厚，有渌江书院、红拂墓、文笔峰、财源塔、状元洲及日本佛教曹洞宗发源地云岩寺等名胜古迹，四面青山叠翠，城中一带渌水，风景十分优美。这片英雄的土地，曾走出了中国工人运动的杰出领袖李立三，抗日将领左权，为湖南和平解放作出杰出贡献的程潜、陈明仁等仁人志士。

“天下名瓷出醴陵”

作为全国八大陶瓷产区之一，醴陵陶瓷生产已有1700多年的历史。早在清末，“白如玉、明如镜、薄如纸、声如磬”的醴陵瓷器就已名扬天下。特别是独创的釉下五彩瓷，被誉为“东方陶瓷艺术的高峰”，堪称瓷业一绝，曾获马拿马太平洋万国博览会金奖。新中国成立以后，醴陵陶瓷先后有50多种产品获省级以上优质产品奖，成为毛主席亲自指定的日用瓷和邓小平、江泽民同志馈赠外国元首的礼品瓷，并登上了首都人民大会堂、中南海、钓鱼台国宾馆等大雅之堂。全市现有陶瓷企业300多家，形成了以日用瓷、化工陶瓷、工艺陶瓷、建筑陶瓷、特种陶瓷为主的多元化产品体系，产品远销欧洲、美洲、日本等150多个国家和地区。2002年，全市生产日用陶瓷76689万件，陶瓷工业总产值达40亿元。国光瓷业集团股份有限公司是全国9家股票上市陶瓷企业之一。

“瓷城无处不飞花”

与醴陵陶瓷交相辉映的是鞭炮烟花。作为烟花鞭炮的发源地和花炮祖师李畋的故乡，醴陵烟花制作已有1300多年的历史，是全国四大烟花产区之一。醴陵花炮色彩缤纷、绚丽多姿，先后有“金球献宝”、“节日乐”等200多个产品荣获国优、部优、省优奖。现有13个大类、48个型别、2000多个品种，形成了独有的产业优势和独特的花炮文化。在国庆50周年庆典、’99昆明世博会开幕式、澳门回归等重大庆典活动上，醴陵花炮大放异彩，倍受世人瞩目。在两大传统产业发展的同时，服装、建筑、防水建材、印刷等产业也不断壮大、发展，成为新兴的产业群。

改革开放以来，醴陵迈入了经济快车道。1990年，醴陵成为长江流域第一个吨粮县及湖南省首批财政收入过亿元的县(市)之一。近几年的发展形势更加喜人，乡镇企业连续6年名列全省综合十强，城市建成区面积已达17平方公里，城区人口达17万。2002年全市实现国内生产总值67.8亿元，完成财政总收入38500万元，完成外贸出口总额16560万美元。

迈进新的世纪，醴陵人民正围绕新的城市定位，即以高新技术为依托的陶瓷花炮生产基地，以交通区位优势为依托的湘东赣西物流中心，以深厚文化底蕴和秀丽自然资源为依托的山水园林城市，大力推进工业化、城镇化和农业产业化进程。

立足做强陶瓷、花炮两大工业核心板块，醴陵抢抓机遇，积极争取到“川气入醴”工程，成为湖南省惟一受益于“西气东输”工程的县级城市。结合天然气的应用，醴陵加快陶瓷产业的技术改造步伐，力争建设成为中国陶瓷业的“硅谷”。花炮产业将进一步整合资源，加快新品开发，提高规模经济效益和产品竞争力。通过注入科技元素，实现两大传统产业的新飞跃。

立足提升城市品位，打造湘东赣西物流中心，醴陵正加快城市建设，大力推进“双拆四化”(拆违、拆迁，美化、绿化、亮化、净化)，拓展经济平台。总投资3亿元的陶瓷花炮大市场一期工程已经竣工，1000多户陶瓷商家在此经商，二期工程正在建设之中；醴泉小区、世纪花园等整体开发正紧锣密鼓进行，1.2平方公里的城市新区正在崛起；胜利路步行街建设正在规划，城市中心商务区呼之欲出；仙岳山省级森林公园建设已经启动，城市人居环境将更加优化……

醴陵就像一颗明珠，在三湘大地上熠熠生辉！

长白山下第一县——安图县

安图县基本情况

安图县位于东经127°48′—129°08′，北纬42°06′—43°24′之间，隶属吉林省延边朝鲜族自治州，幅员7438平方公里，边境线长31公里，双目峰通道是中朝边界惟一陆界通道。风景秀丽的长白山瀑布和天池座落在境内。全县总人口23万，其中朝鲜族占23%。辖7镇2乡205个行政村。

安图县自然资源十分丰富，概括起来为“五多”：一是山多，地貌是“八山一水半草半分田”，坡耕地占全县耕地总面积的40.1%。二是林多，林地面积64万公顷，森林覆盖率87%，活立木蓄积量9800万立方米。三是水多，大小河流88条，总长1800多公里，年径流量40多亿立方米，水能理论蕴藏量28.6万千瓦。四是矿多，有黄金、煤炭、玄武岩、硅藻土、浮石等30多种。五是特产多，各类植物2340多种，其中山参、灵芝等名贵药用植物670多种，松茸、木耳等山珍食用植物150多种，蜜源植物280多种，梅花鹿、林蛙等野生动物1100多种。

安图县交通十分便利，通讯条件良好，供电、供水充足，城市功能逐步增强，市区内水泥路面形成网络，供水、排水、供电、供热、污物处理等基础设施日趋完善。

目前经济和发展情况

几年来，县委、县政府以建设长白山生态经济强县为目标，结合安图的资源和区位优势力，以项目为载体，努力发展水电工业、林产工业、药材业和医药工业、矿产业、旅游业五大主导产业。

投资6亿元的两江水电站建成发电，全县总装机8.57万千瓦，发电量3.2亿千瓦时；投资3.3亿元的东北延边木业有限公司成为全县林业的龙头企业；长白山药材大县建设全面启动，发展药材6000多公顷，动物类药材以长白山林蛙、梅花鹿、蜂为主，被农业部确定为绿色中药材出口基地县，正在建设全国中药材八大基地之一的中药材GAP项目，投资1.2亿新上了吉林敖东金海发药业股份有限公司；投资3500万元，新上矿泉水厂，二道白河镇被全国矿业联合会矿泉水专业委员会命名为全国大型矿泉水基地，长白山地热、钼矿等正在积极开发；以长白山天池、瀑布为主的旅游事业方兴未艾，年接待游客50多万人次。

到2002年末，全县国内生产总值达到90442万元，财政收入完成8268万元。

“十五”期的规划和总体设想

“十五”期间，我们将紧紧围绕建设长白山生态经济强县的目标，突出项目建设，推进工业一体化进程。利用5年的时间，把金海发药业、两江电站、东北延边木业有限公司、光宇蓄电池有限责任公司、长明水电集团、延边昱丰木业有限公司、长白鹿业股份有限公司、二道矿泉水厂、四湖沟水利枢纽公司等9户企业培育成年产值或销售收入10000万元以上，得税1000万元以上的支柱企业。

水电工业。完成装机15万千瓦，库容5.8亿立方米，年发电量3.15亿千瓦时的四湖沟水利枢纽工程建设。建设装机2.6万千瓦的光明电站、装机6000千瓦的303电站；装机1140千瓦的小营子电站和头岔河一级电站。

药材和医药工业。到2005年，全县药材种植面积达到8000公顷，养鹿10000头，放养林蛙50000万只，药材收入占农村经济收入的40%左右，全县医药工业年平均产值要超过20000万元，利税超过2000万元。

旅游业。完成长白山文化博览城、二道白河镇生态旅游城、温泉度假区、长白山滑雪场、动植物观赏园、白山雪城、休憩园、格林农庄等项目建设。抓好明月镇二龙山、旅游广场、福满绿华科技生态示范区、万宝红旗民俗村、百药园、明月湖、雪山湖等长白山旅游公路沿线的旅游景点建设，力争年接待国内外游客50万人次，创收25000万元。

矿产工业。石墨开发形成年产达5000吨、产值1500万元的规模。开发利用二道地热资源，黄金保持年加工矿石20万吨，年产黄金2万两，实现产值4000万元的水平。

林产工业。到2005年，全县造林面积达到32440公顷。发展长度3公里以上、开发3个以上具备一定规模的项目、年收入在100万元以上的生态经济沟120条，新增产值50000万元，利税10000万元。加大对东北延边木业公司的招商引资力度，加强对延边昱丰木业有限公司、木业集团的扶持，扩大多层板、集成材、细木工板的出口，提高综合利用能力。

吉林省乾安县资源优势及重点产业

乾安县位于吉林省西北部，地处松嫩平原腹地，松花江、嫩江汇合处以南，属松花江第二和第三级阶地，素有“乾安台地”之称。全县总面积3616.6平方公里，辖19个乡(镇、场)，总人口30万。有蒙、回、朝、满等13个少数民族。

乾安人杰地灵，资源丰富，具有极大的发展潜力，被誉为科尔沁草原深处的一颗明珠。全县耕地180万亩，盛产玉米、高粱、大豆等农作物，是国家商品粮基地，全国百名粮食生产先进县之一。乾安县地处黄金玉米带，玉米商品量每年在50万吨左右；大豆、荞麦、蓖麻等杂粮杂豆种植面积在50万亩左右，产量在20万吨左右；肉鹅、肉羊、肉牛等产业发展较快，全县牛发展到 4万头、羊33万只、猪23.5万头、禽420万只。搞好这些资源的加工转化，既是提高农业效益的需要，也是工业快速发展的基础。

目前农业产业化重点项目

1. 吉安生化乾安酒精有限责任公司的50万吨玉米深加工项目：总投资5亿元，公司拥有当今世界最先进的优级酒精生产线，年生产食用酒精16万吨，DDGS饲料6万吨，玉米胚芽3.5万吨，工业酒精1万吨，杂醇油450吨，蛋白粉5万吨。

2.双军实业有限公司投资的玉米青贮项目：总投资2800万元，主要搞玉米青贮和瓜菜保鲜等，现冷藏能力1.2万吨，目前正在进行扩建，3年内贮藏能力可达5万吨，企业建成后将成为东北地区最大的冷藏企业。

3. 龙豆豆制品有限公司的高蛋白学生豆奶粉项目：该项目总投资2000万元，年生产豆奶粉1500吨，绿豆粉500吨，创利税1500万元。公司的产品已通过省评审团验收，各项指标在全省同行业中名列前茅。

4.大豆深加工项目：该项目是我县植物油厂与大连飞牛公司合作的项目，总投资1000万元，年加工大豆1万吨，3年内加工能力可达10万吨，年创产值1个亿。

5.肉鹅深加工项目：乾大有限责任公司与上海客商达成协议，搞鹅体分割包装和鹅绒毛分离及鹅翎加工，年加工肉鹅300万只。

乾安县主要矿产资源有石油、天然气，根据地质勘探，石油储量在3亿吨左右，近斯可开采1.5亿吨，是中油股份有限责任公司4个原油储量超亿吨的区块之一。石油开发是我县最具优势和发展潜力的项目。截至目前我县已开采出8个区块，打井320口，完成投资6.4亿元，实现税金2500万元，小油田开发改变了乾安贫穷落后的精神面貌，拉动了县域经济快速增长。同时，围绕石油勘探和开采，我县以工程机械总公司为依托，大力发展以反循环钻机为重点的机械加工业。境内湖泊含盐、碱、碘等，总储量为1350吨。其中大布苏湖的碳酸钠储量为139.3万吨、氯化钠储量为231.8万吨、硫酸钠储量为202.3万吨，大布苏湖东侧草碳分布面积1.9万亩，储量为736万吨，大量矿产尚待开发。

乾安县属于寒温带大陆性季风气候区，日照时间长，昼夜温差大。从亚麻生育期短、生长快的特性来看，乾安县的气候特点适宜种植亚麻。乾安有万亿达亚麻厂、阳光纺织公司和华荣纺织公司三户亚麻纺织企业，年加工亚麻能力为6500吨。我们将抓住入世后欧美等国家对我国解除了亚麻产品限额的有利契机，加大投资力度，增加竞争优势，形成纺纱、织布、印染、加工一条龙的经营格局，逐步把我县的麻纺业建成国内同行业的排头兵。

名优产品：国家“火炬计划”项目激光轧辊，国家“星火计划”项目甲硝唑原料药，国内独家生产的激光熔覆、硬化、焊接的冶金、石油行业的机械部件，利用日本先进技术生产的鲜荞面，自行研制开发的QZ-2000型反循环系列钻井机，“乾乐”牌葵花仁，高蛋白学生豆奶粉。

重点招商项目

1.小油田开发项目。计划投资12亿元，已投资6.6亿元，预计产值5.4亿元，利税7900万元。

2.吉安生化酒精扩产项目。计划投资8.5亿元，已投资3.5亿元，预计产值10.48亿元，利税18720万元。

3.万亿达亚麻纺织项目。计划投资5亿元，预计年产值4.8亿元，利税5000万元。

4.风力发电项目。计划总投资2.5亿元，预计年产值2500万元，利税1000万元。

5. 双军实业有限公司扩产项目。计划总投资2.5亿元，预计年产值3亿元，利税4800万元。

滨江工业城市——泰兴

泰兴是国务院最早批准的沿海开放城市之一，是长江三角洲和“上海都市圈”内的一座新兴滨江工业城市。辖24个乡镇，面积1253平方公里，人口128万。素有“银杏之乡”、“教育之乡”和“建筑之乡”的美誉。

泰兴水陆交通便捷，沪宁、宁靖盐高速公路和新长铁路穿境而过，距上海、南京、苏州只有1个多小时车程。境内拥有长江岸线28公里，国家一类开放港口泰兴过船港区建成万吨级通用码头和集装箱、化工、建材、液化气、煤炭等5个专用码头，水运优势独具特色。泰兴土地肥沃，物产丰饶，银杏产量占全国的1/3，“泰兴大佛指” 是’99昆明世博会上惟一获得永久性冠名权的“无公害白果”，畅销海内外。境内有全国储量最大、纯度最高的二氧化碳气田，具有良好的开发前景。工业基础较好，现有规模企业2000多家，其中省级企业集团27个，主要产品涉及化工、医药、纺织、电子等十大类近6000个品种。减速机、曲轴、靛蓝染料、小提琴等10多个产品产量居全国第一。建筑业久负盛名，承建工程5次夺得中国工程质量最高荣誉“鲁班奖”和全国质量管理“金屋奖”。外向型经济蓬勃发展，现有三资企业400多家，总投资10亿美元。省级泰兴经济开发区设施齐全，功能齐备，被中国化工协会命名为“中国精细化工(泰兴)开发园区”，目前已有美国、法国、荷兰、新加坡、马来西亚、台湾省等国家和地区的39家公司落户。

2002年，全市经济快速增长，各项社会事业全面、协调发展，综合竞争能力进一步增强。全年实现GDP115.02亿元，同比增长12.4%；完成财政收入9.11亿元，比2001年增加近3亿元，增幅达44.87%，被评为2002年度全省财政总收入上台阶先进(县)市。三次产业结构调整为15.5:44.7:39.8，二三产业比重进一步提高。通过深化改革，企业活力进一步增强，全部工业产、销、利分别达192.41亿元、68.75亿元和3.7亿元，工业经济运行质态不断改善。外向型经济成果显著，全年协议利用外资9488万美元，实际利用外资5695.9万美元，在江苏省长江以北各县(市)中列第一位。城市建设步伐加快，城市品位进一步提升，成功创建成“江苏省文明城市”。人民生活水平继续提高，农民人均纯收入3844元，城镇居民人均可支配收入7556元，年末全市居民储蓄存款余额67.84亿元，比年初净增近10亿元。

江苏省常熟市

常熟，地处沪宁经济走廊，富饶美丽的长江三角洲中心地带，东依上海，南接苏州，西邻无锡，北枕长江与南通隔岸相望，可谓名城簇拥，坐拥优越，总面积1264平方公里，人口104万。常熟自古就是“江南福地”、“鱼米之乡”，气候温和，风调雨顺，历史上因年年丰收而得名“常熟”，积淀着3000多年的深厚文化底蕴，是国家历史文化名城。

改革开放以来，特别是进入新世纪以来，常熟市委、市政府提出了大力构筑“大港口、大交通、大工业、大市场、大城市”新优势，加快推进“工业化、城市化、市场化、文明化”进程，常熟经济驶入了“快车道”，呈现出大开发、大建设、大发展的良好局面，继续保持“全国综合实力百强县市”及“全国十大财神县市”前列。2002年，全市实现国内生产总值365亿元，财政收入41亿元，其中地方财政收入22亿元，人均国内生产总值突破4200美元。

常熟工业门类齐全，基础雄厚

轻工、纺织、机械、电子、钢铁、能源、造纸、新材料、精细化工等都具有一定的优势，名牌、名品、名企交相辉映，形成了常熟工业经济的一大新特色。目前，拥有“波司登”、“梦兰”和“隆力奇”3只中国驰名商标，“波司登”、“雪中飞”羽绒服，“梦兰”床上用品，“阪神”、“白雪”电冰柜等5只中国名牌产品，5只国家免检产品，40只江苏省名牌产品，16只江苏省著名商标，71只苏州市名牌产品和37家省级以上高新技术企业，138只省级高新技术产品，并有23只产品销量和市场占有率为全国同行单打冠军。常熟已初步形成金字塔型名牌名品群，列全国同类城市之首，被经济圈内人士称为“常熟现象”。常熟依托现有产业优势和重点骨干企业，正积极营造规模实力优势、品牌质量优势、技术装备优势、市场竞争优势和人才集聚优势。纺织、服装、机电、轻工建材等特色传统产业继续做大做强，被评为中国纺织产业基地和中国休闲服装名城；高新技术产业起步良好，已初步形成氟化工、光纤通信、新材料、IT配套产品；区域性特色产业方兴未艾，个性化发展趋势渐露端倪，制笔、红木家具等“块状经济”初具规模。

常熟私营个体经济发展势头强劲，在全省一马当先

目前，全市工业投入的65%、工业总产值的40%、农民增收的70%以及税收的1/3来自私营企业。2002年，全市新增私营企业3652家，累计超过1万家；新注册个体工商户超过2万家，累计达54000家；净增个私经济注册资本44.3亿元，累计达102亿元，已涌现出一大批规模型、品牌型、科技型、外向型私营企业排头兵，成为常熟活力最强、后劲最足、潜力最大的经济增长点。

常熟外向型经济取得突破性进展，发展步伐不断加快

2002年，全市新批准外商投资企业166家，累计达1594家；合同利用外资32.4亿美元，累计达75.6亿美元；实际利用外资5.08亿美元，累计达27亿美元。夏普、大金、阿托菲纳、芬欧汇川等一大批国际著名跨国公司纷纷落户常熟。2002年，全市实现进出口总额20.71亿美元，其中出口额13.85亿美元。常熟的经济正大踏步向着更高的国际化水准迈进。

常熟商业市场十分繁荣

2002年，全市社会消费品零售总额达97.54亿元。目前，全市拥有各类三产企业7000多家，从业人员近20万人，各类商品市场150个。常熟招商城成为以服装为主的全国十大工业品市场之一，拥有近2万个门店、摊位，2002年市场成交额138亿元，带动全市3000家服装企业，年销售超过280亿元。以常熟招商城为龙头，支塘食品城、农副产品交易城为基础，建材市场、汽车摩托车市场等各类专业市场为骨干的投资多元化、层次化、全面开放的区域市场体系已基本形成，正努力全面建成包括交通运输、仓储配送、流通加工、信息网等功能完善的现代物流体系。

常熟交通十分发达，是苏南地区重要的交通枢纽

常熟距上海虹桥机场仅90公里，浦东机场140公里，中转服务直通世界各地，距沪宁铁路苏州站40公里。204国道、205省道贯穿全市,苏嘉杭(常熟—苏州—嘉兴—杭州)、沿江(上海—常熟—江阴)两条高速公路为主骨架的现代交通网在境内交汇通达,将分别于2003年10月和2004年7月建成通车。届时,全市高速公路总里程将达66公里,一级公路140公里,二级公路330公里,高速公路密度是全省平均水平的3倍,在全国也居领先;常熟与周边城市交通将全部实现高速化,30分钟内到达苏州、无锡,1小时内到达上海,2小时内到达南京、杭州,全市各镇15分钟内都可上高速。堪称“天下第一桥”的苏通长江大桥已开工建设,更将使长江南北天堑变通途。常熟境内还有37.5公里的长江黄金水道,现拥国家一类对外开放口岸——常熟港,距中国最大的港口——上海港80公里,既是上海航运中心的组合港,也是苏州新加坡工业园的主要进出口通道和配套港,目前已建成营运3.5万吨级码头3个、千吨级码头5个,新建3.5万吨级和5万砘级码头将在年内竣工投运。常熟港已与41个国家和地区的172个国际港口通航通商,跃居全国十大内河港口之列,在国际港口中的知名度日益提高。2002年港口完成货物吞吐量超过1234万吨,并已成为华东地区最大的钢材、木浆中转基地,货物经以上港口均直接出口;到“十五”期末,年吞吐量能力将达2500万吨。此外,常熟水网密布,多条河流直通长江,长江黄金水道和纵横交错的河流网络使得内河运输十分发达便捷,毗邻沿江工业区的4—5级内河航道可直通上海、苏州、无锡。

常熟载体建设日新月异,资本承载能力明显增强

全市拥有各级各类开发区30多个,规划总面积150多平方公里。江苏省常熟经济开发区是一个全方位、多功能、对世界各地投资者敞开大门的现代化新区,比照国家级开发区享有相应的经济审批权限和行政级别,规划面积近50平方公里。它以国家产业政策为导向,大力发展高新技术产业和临江产业,针对不同的产业,开发建设常熟港区和国际高科技氟化学工业园、国际造纸产业园、高新技术园以及其他特色工业园等板块。目前常熟经济开发区正逐步发展成为港口及仓储运输、特殊钢、能源、造纸、冶金、精细化工、汽车零配件等临江产业发展的聚集地。总投资超过6亿元的滨江新市区首期基础设施建设项目已全面启动,集行政、金融、公交中心以及商务宾馆、科研办公于一体,为临江人流、物流、资金流、信息流集聚创造便利条件。常熟东南经济开发区刚刚被批准为江苏省省级开发区,具有独特的近城优势、交通优势和资源环境优势,主要发展电子信息、生物医药、精密机械、新型材料、高档轻纺等高新技术产业,正成为长三角地区最具活力的新兴产业区之一。

常熟有着极佳的人居环境,科教文卫事业发达

虞城依山傍水,秀姿独异,山水城融为一体,素有“七溪流水皆通海,十里青山半入城”之美誉,拥有众多的名胜古迹和人文景观,被列入国家太湖风景区。近年来,常熟市先后荣获“国家卫生城市”、“中国优秀旅游城市”、“国家园林城市”、“国家环保模范城市”“全国社会治安综合治理先进县市”、“全国畅通工程模范管理城市”等称号,2002年荣获国家建设部颁发的“中国人居环境范例奖”。常熟市所辖的每个镇都是省级以上卫生镇;城市饮用水源水质达标率、城市液化气使用率、城市烟尘控制区覆盖率均为100%;城市绿化覆盖率达56.8%,人均公共绿地面积达16.8平方米。市委、市政府提出,常熟要建成全国县级市中“规模最大、人气最旺、环境最美”的城市。至“十五”期末,基本形成现代化的中等规模城市格局。常熟历来崇尚知识与教育,历史上曾出过8名状元、9名宰相、483名进士;当代常熟籍的中国科学院、工程院院士有18人,名列全国同类城市前茅。全市现有高校3所,中等专业学校6所,经国家教育部批准建办的常熟理工学院正在抓紧建设,建成后将拥有2万名学生规模。常熟18至22岁青年人接受高等教育的比例达到32%,在全国同类城市中最高,每年从全国各地返回就业的大中专毕业生多达3000人。常熟还有各类专业技术人员近5万人,熟练技术工人约33万人。

金三角上小浦东——海门市

江苏省海门市地处黄海之滨，南倚长江，西靠开放城市南通，北连广袤的江海平原，是中西部地区出江入海的要道，素有“江海门户”之称，与国际大都市上海仅一江之隔，处在中国沿江经济带和沿海经济带的交汇点上。全市总面积1001平方公里，人口103.5万，下辖22个乡镇。我市设县于后周显德五年(公元958年)，1994年撤县建市，迄今已有1000多年历史。这里人文荟萃，曾诞生了清末状元、近代民族实业家张謇，现代金石书画家王个簃，现代著名诗人卞之琳，中国农工民主党前主席季方等杰出人物。改革开放以来，海门两个文明建设取得了可喜的成绩。先后荣获“中国农村综合实力百强县”、“中国明星县”、“全国科技百强县”、“全国创建文明村镇先进县”、“全国县域经济基本竞争力百强县(市)”等20多项国家级殊荣，并建成江苏省长江以北惟一的国家卫生城市、国家环境保护模范城市，被誉为“金三角上小浦东”。

海门享有“江滨乐土、粮棉故里”的美誉，境内土地肥沃，沟河成网，农林牧副渔五业兴旺，是国家重点粮棉油等农副产品的生产和出口基地。农作物主要有小麦、玉米、棉花、油菜等，薄荷油、黄红麻、小辣椒、中药材、关青豆等产量、质量均居全省之首。水产资源极为丰富，盛产驰名海内外的刀鱼、鲳鱼、河豚、对虾、文蛤等。已建成一批无公害绿色农产品生产基地。

海门经济发展势头强劲

海门是中国近代民族工业的发祥地之一，清末状元张謇在家乡兴办纺织工业，首开民族工业之先河。改革开放以来，海门借助对外开放的先发优势，经济和社会事业得到迅速发展。全市工业已形成了纺织、丝绸、轻工、机械、电子、冶金、化工、建材等8个行业、医药化工、轻纺服装、新材料、建筑业等四大支柱产业，成为全国第一家被授予“国家火炬计划新材料产业基地”、“国家级星火计划密集区”称号的县(市)。建成了全国最大的、被国务院发展研究中心列为“中华之最”的绣品专业市场—江苏叠石桥绣品城，2002年又建成了设施一流的中国被业城。全市已拥有各类专业市场，销售超亿元市场达13个。2002年，全市预计实现国内生产总值149.5亿元，增长12.5%，其中第一产业增加值为19.4亿元，增长5%，第二产业增加值为73.6亿元，增长14.2%，第三产业增加值为56.5亿元，增长13%。经济结构进一步优化，三次产业的比重发展为13:49.2:37.8。财政收入8.79亿元，增长36%。城镇居民人均可支配收入8870元，农民人均纯收入4950元，分别增长了10%和5.7%，主要经济指标在苏中、苏北各县(市)中名列前茅，跻身全国最发达100个县(市)行列，基本竞争力列全国第43位。

海门开放型经济发展迅猛

至2002年底，全市累计批准三资企业599家，累计合同利用外资5.7亿美元，实际利用外资2.07亿美元。全市建成了以省级海门经济开发区为龙头，由18个乡镇工业园区组成的各具特色、优势互补的开放开发群体，形成了省级开发区、海门港、青龙化工园区、乡镇工业区四大开放载体和瑞士罗氏、台湾慧聚生化医药高科技投资区，韩国企业投资区、台湾姜氏企业投资区、香港药物研究所(海门)医药研究产业基地投资区、北京林氏高科技投资区、清华化工投资区、沿江旅游风情带等七大投资区。2002年，外贸自营出口额达1.2亿美元，增长19.95%；实际利用外资为2650万美元，创历史新高，列南通六县(市)之首；外经合作新签对外承包劳务合同额5084万美元，实现营业额5762万美元。

海门建筑经济保持领先

海门市建筑业发达，是江苏省政府首批授予的“建筑之乡”，目前已在全国24个省(市)80多个大中城市、世界22个国家和地区发展业务，全市建筑经济总量连续12年列江苏省同行业第一，建筑外经在全国县级市中名列前茅，海门南通三建成为全国工程质量管理优秀企业、省建筑企业20强榜首企业。2002年，全市建安产值突破100亿元，达102亿元，为乡镇提供的财力已占乡镇预算外财力的40%以上。每年承建工程一次性竣工合格率达100%，屡获殊荣，2002年又获一项鲁班奖工程。

海门发展环境日臻完善

海门先后获得了江苏省惟一的“全国创建文明村镇先进县(市)”及“江苏省文明城市”称号，2000年已成为苏北第一家且目前苏北惟一的国家级卫生城市，目前正在向国家园林城市迈进。城市建设已由旧城改造向新区建设拓展，城市品位得到提升。市内交通已由全面黑色化、网络化向市外大交通、高速化接轨，形成了“四纵五横”公路网。此外，海门市还加大投资软环境的优化。2001年出台了

《关于进一步优化发展环境的50条规定》，并在全市范围内开展以“实施优惠政策，提供优质服务，营造优良环境”为主题的“创三优”活动，成立了“一条龙”服务的行政审批服务中心，设立了外商投诉中心，建立了重点项目推进协调制、重点客商定期联系制、提供有价项目信息奖励制等，对外商的就医、子女的入学等采取“绿卡制度”、提供“绿色通道”，全面落实市民待遇，创造了良好的亲商、安商、富商氛围。

海门区位优势更趋优越

海门位于大上海的北侧，是苏北离上海最近的县级市，随着上海市加快规划实施长江口越江通道工程和海门市区西侧苏通长江大桥的即将兴建、海门市区东侧崇海长江大桥的加紧筹建以及宁启高速公路海门段的加紧施工，海门将成为苏北地区与浦东经济接轨的桥头堡、沿江沿海开放带的东大门。目前被誉为“长江第一渡”的海太汽渡的开通，大大缩短了海门与上海的距离，从海门乘车到上海机场只要2小时。提供给外商及大型企业专用的汽渡专用快速通道正在筹建。南通机场、南通国际集装箱码头等紧挨海门，为海门走向世界创造了更为便利的海陆空交通条件。

海门工作环境极佳，通讯便捷，电力充裕

近年来，海门市进一步扩大开放，积极为中外投资者创造优越的工作条件，先后建成了一批公寓式办公楼房，开放型标准厂房。开通了政府网站，电子信箱，IP电话，凡是国际上先进的通讯手段这里都有，为来海投资商、旅游观光者架起了联系海内外的桥梁。全市电力设施齐全，电力装备标准高、质量好，为各类企业生产和人民生活提供有力保障。市区空气清新，绿树成荫，沟河交错，整洁卫生，生活和工作在这里的人们，能充分领略到海门这一江边都市的柔媚、玲珑与精致。

海门人素质高、信誉好，是最大的优势

一是诚实守信，办事认真，说一不二。无论是市级领导，还是部门工作人员，工作快捷高效，服务热情周到。能答应的一定答应，答应的坚决做到；可服务的保证服务，服务一定到位；已承诺的决不食言，不折不扣兑现。二是劳动力素质高，全市已普及九年制义务教育，是全国基础教育先进县(市)。在每年市委、市政府召开的外商投资企业代表座谈会上，大家一致反映，海门投资环境好，海门人讲文明、守信誉、服务好，在海门投资安心、放心、称心，真可谓“不来不知道，一来忘不掉”。不少外资企业一次又一次追加投入，在海门不断发展，并不断介绍他人来海投资。

海门社会稳定，治安秩序良好

多年来从未发生过一起伤害外来投资者人身和财产安全的事件，是全国社会治安综合治理先进集体。

海门开放政策优惠超常

在海门市投资的外商企业除了享受国家规定的有关优惠政策外，海门市还提供更灵活、更优惠的政策，坚持做到二个保证：一是在国家政策允许的前提下，别人不能做到的，我们能做到；二是别人能做到的，我们都能做到，并且做得更好。2001年，海门市通过广泛听取中外客商意见，广泛调查周边地区政策，出台了《进一步优化发展环境的规定》，内容包括外商企业在海投资的税收优惠政策、土地优惠政策、服务优惠政策等50条，各项政策在华东地区最优惠。发动全社会各行各业以各自的实际行动为客商来海投资兴业创造更便捷的条件、更优惠的政策，让来海投资的每一位中外客商都有一种到了家的感觉，都有一份惊喜的感叹。

来海投资回报丰厚

实践证明：凡是到海门来投资的每一位客商都得到了丰厚的回报。这将继续被实践所验证。在海门市所提供的各项优惠政策中，对申报项目、注册登记等一切手续都由该市有关部门在较短的时间内负责办理，不加收任何服务费，让投资者腾出更多的精力发展生产；对企业应纳税收，除国家规定上缴外，留地方的部分可以以奖励的形式，根据企业的不同情况给予部分或全额返还，让投资者加速资本积累；对土地的使用，除帮助办理一切手续外，可提供超低价位的优惠，让投资者在海门生根开花结果。当然，你即使不来投资，也可以介绍你的朋友来投资；你不来投资，你可以同海门人交朋友。海门市的宗旨是：我们不可能让每个客商到海门来投资，但我们可以让每个客商做海门人的朋友。

勤奋、聪慧的海门人民决心用5—7年的努力再造一个新海门，海门发展的前景将更加广阔。海门人民愿同海内外一切有识之士增进友谊，加强合作，本着互惠互利、共同发展的原则，携手开创新世纪更加美好的未来。

江苏省启东市

启东市地处美丽富饶的长江三角洲，位于万里长江入海口北侧，襟江带海，三面环水，形似半岛，拥有江海岸线长203公里，全市总面积1157平方公里，人口116万。境内全年气候湿润，四季分明，物产丰富，风光旖旎，被誉为“江海明珠”。改革开放以来，启东市的经济建设和社会事业取得了较快的发展。GDP总量从1978年的4.37亿元，增长到2002年的140亿元，年均递增16%；财政收入从1978年的4460万元，增长到2002年的6.9亿元，年均递增12%。作为全国首批沿海对外开放地区之一，启东市连续两届进入全国县域经济基本竞争力百强县(市)、连续三届挤身全国农村综合实力百强县市行列，先后荣获全国首批小康县，全国科技百强县市、中国明星县市，全国卫生城市等称号。近年来，启东市坚持实施面向世界的大开放战略、面向上海的大接轨战略、面向市场的大调整战略、面向未来的大开发战略，着力改善投资环境，全面提升城市形象，启东已成为中外客商投资的理想场所。

地理位置优越

启东市雄踞长江三角洲洲头，东与日本、韩国隔海相望，距长崎、釜山、台北等国际大港均为400海里；南与国际大都市上海隔江相望，直线距离50公里。境内的吕四港是国内四大渔场之一，不仅海产丰富，而且是理想的对外通商口岸，是国内不可多得的深水大港。近几年，启东的交通环境正在发生根本性的变化，宁启高速公路、宁启铁路、沿海高速公路相继动工，长江口南支的桥隧工程将于2003年9月正式开工，长江口北支连接启东和崇明的大桥工程也将同步建设。沪崇启大通道和两高速一铁路的建设将使启东全面融入上海一小时经济圈，成为通江入海、贯穿南北的交通要冲。

产业基础良好

启东市有1200多家工业企业，形成了门类比较齐全的工业体系，拥有机械电子、轻纺服装、精细化工、生物医药、新型建材、电动工具、水产品加工等支柱产业，打造出了诸如盖天力钙片、白加黑感冒新药、海四达电池、微波炉变压器、风神空调、林洋电子、王中皇压力锅、调味海苔等一批在国内外有较高知名度的高新技术产品和特色产品。启东海洋资源丰富，近几年来在水产养殖、滩涂开发、海洋生物、临海工业等方面取得了长足发展，前景十分广阔。“十五”期间，启东将抓住世界经济结构调整机遇，重点在纺织服装、化学新材料、电子信息、海洋生物等领域加快接受产业转移步伐，促进产业优化升级。

劳动力素质优良

启东市地灵人杰，素有尊文重教的优良传统。启东的基础教育及各类职业教育在全省乃至全国处于领先地位，高考成绩历年名列全省前茅。江苏省启东中学连续两年创造了1个班考取10多个清华大学的佳绩，在国际奥赛中更是所向披靡，获得了“七金二银” 的奇迹，神奇的“启东金牌”现象享誉海内外。启东市每年都有大量的大中专以上毕业生回家乡创业，为经济发展提供了全方位的人才和劳动力资源。启东人作为拓荒者的后代，勇于开拓、敢于吃苦、善于经营，只要有合适的就业岗位和人尽其才的环境，劳动力素质必将转化为经济发展的强大动力。

服务质量一流

启东市一直把实施经济国际化战略放在十分突出的位置，始终奉行“为投资者服务，让投资者盈利”的宗旨，坚持按国际惯例和市场经济规则办事，大力营造“亲商、安商、扶商、富商”的氛围，以一流的办事效率、一流的服务质量，致力于把启东建成长江三角洲区域范围内政策最宽、商务成本最低的投资创业乐园。启东成立了行政服务中心，为投资者提供一门式、一条龙服务，为投资者开辟投资兴业的“快捷通道”；建立了外商投资服务中心，为外商提供全天候、全方位、全过程的优质高效服务；设立了经济环境监察中心，着力查处影响投资环境的行为，使外来投资者的一切合法权益得到有力的维护。启东还设有苏北惟一的县级海关、国检办事处等外资服务窗口，进出口业务办理非常方便。

投资政策优惠

在启东的投资者除100%享受国家、江苏省所规定的有关优惠政策外，还可享受一些特殊的优惠。在税费征缴方面，境外客商在我市投资项目，从获利年度起，企业所得税除享受国家“两免三减半”政策外，还可在不同的年限内享受已缴纳所得税地方留成部分的100%或50%奖励。境外客商在我市新办国家级高新技术企业,可享受国家高新技术开发区同等的税收优惠政策。在土地使用方面,注册资金100万美元以上的工业项目、开发土地从事农业产业化经营项目或在市开发区兴建标准厂房且投资额在100万美元以上的,所需土地出让金按标定价格收取后给予50%奖励;境外客商利用我市境内闲置厂房、设备、场地兴办注册资金并到账50万美元以上的独资企业,如属划拨土地的,保留划拨土地使用权,5年内土地年租金按企业应缴租金额的100%给予奖励。

人居环境理想

启东市有着宜人的生 活环境,生活理念,方式和水平完全与上海接轨,还有上海所没有的江海风光、休闲旅游景点,是创业、生活的理想之地。更为重要的是,启东民风淳朴,民众热情好客,开放意识较强,重商、亲商意识浓烈,而且社会安定,治安良好,企业生产生活安全有充分的保障。

开放、文明的启东,热诚欢迎各界人士来启投资!

太仓——长江口迅速崛起中的现代化港口城市

位于长江经济带和沿海开放带交汇处的太仓市是江苏省苏州市下辖的一个县级市，东枕长江，南依上海，西接苏州，北连常熟。全市区域总面积823平方公里，辖12个镇、2个省级经济开发区，总人口45万。

太仓因2400多年前吴王在此设立粮仓而得名，素有“锦绣江南金太仓”之美誉。元、明时期太仓的浏家港商贸繁荣，曾是漕运中心，史称“六国码头”。明代著名航海家郑和由此七下西洋，远航亚非30余国。太仓文化底蕴深厚，人文荟萃。明清两代状元、进士、画家、诗人辈出，娄东画派更是名垂青史，影响深远。近、现代以来，涌现出了世界著名女物理学家吴健雄、诺贝尔物理学奖获得者朱棣文、画坛巨匠朱屺瞻、新舞蹈艺术家吴晓邦等一批蜚声海内外的著名人士。

改革开放以来，太仓经济快速发展

早在上个世纪80年代末就率先实现了小康。随着“科教兴市、以港强市、经济国际化”三大发展战略的加快实施，太仓的经济综合实力位居全国前茅，人均GDP、财政收入等主要经济指标在江苏省排名在前。2001年实现国内生产总值158亿元，人均超4000美元，列江苏省前茅。连续两届进入全国县域经济基本竞争力百强县(市)行列。据国家统计局最近的测评，太仓的综合经济实力名列全国百强县(市)第七位，发展活力排名第一。

开放型经济的快速发展，对提升太仓经济实力起到了关键作用

凭借临江、沿沪的良好区位优势，抓住浦东开发开放的良好机遇，利用外资保持了持续快速发展的良好势头。目前，开放型经济已成为全市经济的半壁江山，累计举办三资企业近1800家，合同利用外资超40亿美元，实际利用外资20多亿美元，已有美孚、杜邦、耐克等16家世界500强企业落户太仓。特别是太仓港口开发区和太仓经济开发区已成为海内外客商投资的重要载体，江苏省的石化和能源原材料工业基地，也是江苏省德资企业最密集的地区和国际著名的自行车生产基地。太仓港是国务院已明确的上海国际航运中心的干线港和组合港，是国家的一类口岸。港口开发区的规划面积为80平方公里，现已建成保税仓库1个、泊位16个，开辟了国际、国内14条航线，并成功完成了华能电厂、华能阿莫科、华苏塑料、艾克森—美孚、长江石化等一批石化、能源原材料项目，总投资超10亿美元。2002年以来，在省、市的高度重视下，太仓港的开发建设形成了加快发展的良好局面，围绕建成集装箱干线港，一批万吨级以上码头建设正在迅速推进；临江产业加快发展，总投资超10亿美元的玖龙纸业项目和总投资超1亿美元的太仓港环保发电厂已破土动工，经国家环保总局批准的太仓港再生资源进出口加工区已有20多只项目进入，一批超千万美元的项目加快建设，临江产业各板块形成了竞相发展的态势；滨江大道、污水处理厂、围滩吹填等重大基础设施建设项目齐头并进，港口开发建设展现出广阔的发展前景。与之相呼应，太仓经济开发区也在快速发展，已完成了一期12平方公里的开发引进外资项目近200个，总投资超百亿元，目前正在加快实施二期19平方公里的开发建设。一个现代化港口城市正在迅速崛起。

民营经济的快速发展为太仓经济注入了新的活力

目前已拥有私营企业3392家，个体工商户13411户，注册资本40亿元。各镇都形成了布局集中的民营经济小区，璜泾镇已拥有高速纺加弹企业300多家，加弹丝产量占据了全国的15%。一大批私营企业正在走上上规模、上档次、上水平的发展轨道。

经济结构调整的加快推进使太仓的产业层次不断提升

农业养殖业比重不断提高，产业化经营持续推进，温氏养鸡等省级龙头企业日益发展壮大，形成了一批特色鲜明、初具规模的生产专业村、镇和现代农业示范园区。以面向上海大都市的城郊型农业、面向国际市场的出口创汇型农业、面向未来的生态型农业正在逐步形成之中。工业经济经过结构调整和技术创新，运行质量不断提高。纺织服装、轻工食品等传统产业不断优化升级，石油化工、能源原材料、机械电子等新兴产业日益发展壮大，信息、新材料等产业起步良好。涌现出了耐克、利泰等一批大型企业和雅鹿、大仓等一批国家级、省级名牌产品。

投资、创业和人居环境的日趋优化使太仓城市的文明程度明显提高

太仓境内已形成“三纵三横”的高等级公路框架,每百平方公里拥有高等级公路43.8公里,密度列全省首位。沪嘉浏高速公路的建成使太仓至上海虹桥机场仅需半小时车程。即将建成的沿江高速公路和即将建设的苏昆太高速公路在建成后将使太仓对外的陆上交通更为便捷。通过老城区改造、新城区开发以及一批重点基础设施项目的建设,太仓城市功能日趋增强,环境日益改善,具有了优美、整洁、安静、舒适的特点。市区建成区近20平方公里,人口近10万,人均公共绿地达8平方米,人均住房面积超过30平方米,已形成了“林中城、城中园”的独特风格。目前已建成国家卫生城市、国家环保模范城市,正在争创国家园林城市、国家文明城市和国家生态城市。

当前,拥有良好的港口优势和区位优势的太仓,正在全力加快外资、民资的发展,全力做好充分发挥临江、沿沪优势加快发展港口建设和接轨上海两篇文章,全力打造一个现代化的港口城市。

江苏省宜兴市

宜兴地处长江三角洲，位于苏浙皖三省交界，地理环境和自然条件得天独厚，是国家太湖风景区著名的旅游城市、中国优秀旅游城市。宜兴全境2038.7平方公里(水域250平方公里)，耕地110万亩，山林53万亩。全市总人口108万。下设28个乡镇、1个环科园。

宜兴以盛产陶瓷、艺术精湛而名扬四海，誉为“陶的古都”

陶瓷制品主要有紫砂陶、美彩陶、均陶、精陶、青瓷五大类，称为“五朵金花”。其中尤以紫砂古朴典雅、独树一帜，具有较高的艺术鉴赏和珍藏价值，深受国际上特别是东南亚一带收藏家的珍爱。

宜兴以物产丰富、山青水秀而驰名遐迩，誉为“茶的绿洲”、“竹的海洋”

宜兴是江苏省重要的茶叶、毛竹、板栗产地，全市拥有茶园近6万亩，拥有毛竹18.2万亩。

宜兴以名胜众多、景色迷人而蜚声中外，誉为“洞天世界”

现被国家列为太湖风景名胜区的阳羡景区，是旅游观光、避暑渡假的好地方。溶洞集“古、大、美、奇”于一体，令人叹为观止，并有“江南第一古迹”、“海内奇观”之誉，现供旅游开放的有善卷、张公、灵谷、慕蠡、西施5洞和自然典雅的玉女山庄。境内还有众多的文物古迹，三国东吴的国山碑被誉为“江南第一碑”，周王庙及其碑刻、太平天国王府及壁画、唐代龙窑遗址以及新建的徐悲鸿纪念馆、尹瘦石艺术馆等，都是旅游的好去处。

宜兴以人文荟萃、名流辈出而享誉海内外，誉为“教授之乡”

宜兴人在历代科举考试中名列前茅，其中状元4人。近代，宜兴籍专家学者更是名流辈出，如：著名科学家周培源、唐敖庆，著名艺术家徐悲鸿、吴冠中、钱松嵒、尹瘦石，音乐家潘风之、闵惠芬，文学家于伶，政治家潘汉年，教育家蒋南翔，新闻学家徐铸成，“会计学之父”的潘序伦，外交家前驻美大使朱启桢等等。目前工作在全国各地的宜兴籍学者、专家超过2万人，副教授以上的有5000余人，其中两院院士17人，所以宜兴又有“千名教授一故乡”、“无宜不成校”的美誉。

宜兴以环保产业蓬勃兴起而独树一帜，誉为“环保之乡”

全市拥有各类环保工业企业800多家。经国务院批准的国家级高新技术开发区—中国宜兴环保科技工业园，正在向建成全国环保科研中心、环保技术信息中心、环保设备仪器质量监测中心、环保干部职工培训中心、环保产业中心的目标迈进。

改革开放以来特别是近几年来，宜兴经济呈现了健康快速发展之势，形成了环保设备、电线电缆、精细化工和陶瓷四大支柱产业。2002年实现国内生产总值224亿元，财政收入21亿元，完成工业总产值568亿元，工业产品销售收入484亿元，全社会固定资产投资达59亿元，协议利用外资2.6亿美元，实际利用外资1.3亿美元，均创历史最好水平。

随着宜兴经济社会的迅速发展，加上宜兴独特的自然和人文优势，宜兴正日益成为海内外有识之士投资兴业的理想场所。

1.宜兴的地形地貌适合发展多种行业。宜兴地形地貌比较丰富，南部为丘陵山区，北部为平原区，东部为太湖渎区，西部为低洼圩区，市内河湖星罗棋布，构成了宜兴别具一格、充满魅力的地理特色。不仅有适合发展制造业的工业区，也有适合发展旅游业的天然风景区，更有大片山坡水面可以发展生态农业，是一个可以多领域、全方位开发的好地方。

2. 宜兴有丰富而优秀的劳动力资源。宜兴是“千年陶都”、“教授之乡”，文化底蕴深厚。基础教育在江苏省各县(市)中名列前茅，全市高中阶段教育普及率保持在90%左右，同龄人口接受高等教育的比例在国内县(市)中处于领先水平，每年有5000名左右大中专毕业生学成归来，投身家乡建设。

3.宜兴有充足而清洁的能源。国家“十五”时期的重点工程之一西气东输工程，即把西北地区的天然气输送到上海，其管道就经过宜兴，并在宜兴设立了一个中转站，2003年宜兴即可用上价廉质优的天然气。同时，由国家投资近50亿元建设的江苏抽水蓄能电站，前期工程正在实施，主体工程将在2003年开工建设，该项目建成后将大大提高电网调峰填谷能力；此外，500千伏宜兴变电站正在施工之中，建成后将使宜兴电网的供电能力和供电可靠性得到进一步提高。

4.宜兴有独特有利的区位条件。宜兴是苏浙皖接壤地区综合实力最强的城市,在本地区中有巨大的吸引力和辐射力。随着新长铁路于2002年年内通车营运,锡宜高速公路、宁杭高速公路于2003、2004年相继通车,从宜兴到上海、南京、杭州等大城市的时间均将在1.5小时左右,这将使宜兴成为华东地区又一个重要的交通枢纽。同时,由于宜兴周边分布着沪、宁、苏、锡、杭等特大型城市,这一区域内集聚着1亿多人口,其市场消费能力约占全国的1/4,因此,企业在宜兴从事生产制造有着广阔的市场腹地。

5. 宜兴有国家级的开发区,享有特殊优惠政策。我们拥有全国最具特色的开发区——中国宜兴环保科技工业园。在中国大陆现有的53家国家级开发区中,以环保命名的专业性开发区仅此一家。在环科园投资,可以享受国家最高层次的优惠政策;同时,我们还根据环科园开发的需要,将其辟为“外商投资企业无费区”,并对进园投资的高新技术项目、资本密集型项目和产业关联度大的项目,在土地、税收政策上予以倾斜。近年来,我们又相继创办了化学工业园、诸桥工业区、陶都工业园、台湾工业城等14个工业园区,投资者在园区内将享受集工商、税务、海关、商检等于一体的全过程跟踪服务。

6.宜兴有务实高效的体制环境。宜兴是江苏省最早实施并完成企业产权制度改革的县(市)之一,乡镇企业和市属企业的产权制度改革及职工劳动关系的转换已基本到位,全市形成了以非公有制经济和混合型经济为主体的发展格局。近年来,我们又实施了行政审批制度改革,加快完善社会保障体系,经济社会的市场化程度明显提高。

7.宜兴有良好的政务环境。宜兴市委、市政府实行“你发财,我发展”的开明方针,倡导亲商、安商、富商的服务理念,建立了行政审批证照办理中心和党风政风监察中心,健全了各项服务制度,狠抓软环境建设。宜兴还是江苏省首批文明城市,民风朴实,社会稳定。所有这些都为投资者来宜兴创业提供了有利条件。

崛起的辽北明珠——法库

法库县是沈阳市北部的一个郊县，区域面积2320平方公里，居沈阳市第二位。下辖19个乡镇、309个行政村。全县现有人口45万，其中，城镇人口近10万。县城处于国省公路明沈线、沈环线、昌法线交汇处，是东北取道101线入关的要冲，是国务院批准的沈阳市绿色生态卫星城。如今，法库—这颗镶嵌在松辽平原上的塞北明珠，正敞开宽广的胸怀，闪烁着诱人的光彩，携手八方宾朋，共创辉煌明天。

法库县历史悠久，已有8000多年人类活动历史。长期以来，汉、蒙、满、回、锡伯等众多民族，繁衍生息在这块土地上。全县307个村相继出土过不同时期的历史文物，仅青铜器时期到辽国时代的古遗址就有315处之多，现有市级以上文物保护单位14处。法库县人杰地灵，哺育了大批名人志士。以萧鲍鲁和萧义等北府宰相为代表的萧氏望族、清代重臣僧格林沁亲王、清佛经状元、转世活佛桑赞扎布、慈禧太后摄影师、中国摄影和电影奠基人任庆泰、显赫一时的民国高级将领杨宇霆、最高人民检察院检察长杨易辰、北京市委书记、国务院副秘书长冯基平、革命教育家车向忱、奥运竞走冠军陈跃玲等都是法库人。

改革开放以来，法库县委、县政府带领全县各族人民，艰苦奋斗、务实创新，经济和社会事业蓬勃发展，各项主要经济指标都以20%以上的速度递增。特别是近两年，实施"一木、一瓷、一绿、一游、一城"兴县战略，使县域经济步入现代化建设的快车道，成为沈阳市县区中经济增长最快的地区之一。

一木

就是发展林业产业化，大力发展速生商品林，利用丰富的森林资源，创办木材加工企业，建设木制品原料生产加工基地县。法库县是全国造林百佳县、全国平原绿化先进县、国家三北防护林四期工程科技示范区和全国退耕还林重点县，境内森林茂密、林网交错，林地面积达90万亩，木材蓄积量300万立方米，森林覆盖率25.9%；居沈阳市第一位，在科尔沁沙地南缘构筑了辽东半岛中部城市群的绿色生态屏障。为把林业做成强县富民的第一产业，县政府出台了加快林业发展的优惠政策。根据国家退耕还林的有关规定，按照"谁造林、谁经营、谁受益"的原则，对退耕造林者每亩每年补助原粮100公斤、现金20元，补助年限生态林为8年，经济林为5年。同时每亩当年一次性补助苗木费50元。县内外企业、社会团体、机关事业单位和个人参与退耕还林工程，同样享受国家补助政策。这一举措极大调动了社会各方面造林的积极性，初步建立了以资源换资本，以龙头带基地组团式发展的新机制，形成了造林主体多元化、资金投入社会化的开放式全社会办林业的新局面。仅2002年就新植17.83万亩林木，其中私有林占80%以上。林业发展离不开龙头企业的牵动，以法库县明哲木业公司、文成木业公司为主体的木材深加工龙头企业，中、高密度板和夹心板生产项目年加工能力达20万立方米。可以说，法库的木材原料源源不竭，是大型木材深加工企业理想的发展之地。

一瓷

就是利用丰富的非金属矿产资源，大力发展陶瓷产业，建设东北瓷都。法库县境内已探明有较大开发价值的非金属矿产近30种，占沈阳市已知矿种的70%以上、辽宁省的20%以上，是辽宁省一类矿产资源县，是1986年国家命名的全国瓷土基地。瓷土、硅石、沸石、硅灰石、长石、珍珠岩等储量较大，品位较高，用于生产陶瓷的胚体原料在法库境内都可找到并可完全满足供应。辽宁省副省长、沈阳市市长陈政高认为，非金属开发利用是法库的"希望之光"，要把法库建成"北方瓷都"。是法库工业战略性调整的主攻方向。为此，法库县经济技术开发区规划出占地5000亩的陶瓷工业城，出台了《陶瓷工业开发优惠政策》，对企业实行土地免费使用10年、财政奖励10年、税后无费等多项扶持政策。目前，总投资1.6亿元、占地300亩、年生产能力2000万平方米的山东崔军集团墙地砖生产项目一期工程已经投产，首开东北冬季陶瓷生产的先河，企业产销两旺。新上三条生产线2003年7月将正式投产。目前，山东、广东、河北等地十余家全国知名建陶企业正准备来法库投资兴业。年末，陶瓷生产线可望达到30条，产值可实现9亿元，利税1亿元。规划80条陶瓷生产线的东北最大的建陶生产基地正在形成。陶瓷工业城也将进一步完善服务功能，优化软硬发展环境，随时欢迎更多、更大的建陶企业来此大展宏图。

一绿

就是利用沈阳远郊净土优势,大力发展绿色食品产业,建设全省绿色食品基地县。法库县的农业资源非常丰富,是国家重点商品粮生产基地。耕地面积198万亩,正常年景产粮7亿公斤,羊肉、牛肉产量居沈阳市第一位,果菜产量居沈阳市第一位。法库县的大气、水质、土壤等指标完全符合A—AA级绿色食品生产要求,辽宁省政府批准的惟一一家绿色食品开发区就坐落于法库县孟家乡。占地20平方公里的开发区现已完成总投资1.9亿元,落户企业22家,实现销售收入1亿元,成为农业高新技术的创新园和农业现代化的展示带。在它的带动下,全县绿色食品生产基地扩展到16个乡镇。对于前来投资的绿色食品加工企业,法库将一路"绿灯",共同分享"绿色"的财富。

一游

就是利用本县丰富的旅游资源和丰厚的历史文化底蕴,建设好辽宁省首批旅游强县。法库县被誉为沈阳的后花园,正在开发建设中的五龙山、巴尔虎山、药王山、圣迹山、尚屯水库、爱湖、秀水湖和渔梁山城八处风景区,每年接待大批游客。众多的人文景观、独特的塞外风光、纯朴的满蒙风情和美妙的历史传说美轮美奂,令人心驰神往,同时也蕴藏着巨大的商机,是旅游业投资者的福祥之地。

一城

就是集中力量完善功能,努力把县城建设成为市场繁荣、市容美化、市民文明的沈阳市现代化绿色生态卫星城。法库县城古老而年轻,元、明、清建筑古朴幽香,现代楼宇流光溢彩。文化、教育、卫生、交通、通讯、商贸鸣奏出城市经济和北方文明的奋进合弦。经沈阳市政府批准,位于县城南部的沈阳法库经济技术开发区正以完善的功能、宽松的环境、优惠的政策和周到的服务吸引国内外客商来此投资兴业。

在以中国"入世"为标志的新一轮改革开放大潮中,法库又提出了以工业立县、以林业富县的战略构想和经济与社会事业跨越式发展的奋斗目标,用3年时间,森林覆盖率达到50%左右,矿产加工业占经济总量的40%左右,粮菜绿色食品率达到60%左右,城市化率达到30%左右,努力把法库建设成为辽北区域性商贸、文化、旅游中心,赶上省内中等发达县市水平。

过去的法库是兵家必争之地,如今的法库是商家必争之地。别处不具备的自然资源法库具备、别处没有的优惠政策法库拥有、别处无法提供的投资环境法库提供。法库人民竭诚欢迎海内外各界人士到这里建功立业,共同开发这块极巨开发潜力和无限商机的热土!

联系电话:024-87122921 传真:024-87122379

内蒙古自治区鄂尔多斯市东胜区

内蒙古自治区鄂尔多斯市东胜区位于内蒙古自治区西南部的鄂尔多斯高原,位处自治区呼、包、鄂“金三角”地区,是鄂尔多斯市政治、经济、文化、交通和信息中心。全区辖6镇6个街道办事处,总面积2200平方公里,总人口25万,其中城镇人口21万。东胜区资源富集,境内拥有丰富的煤炭、天然气、石英砂、方沸石、建筑粘土、陶土、畜产品和中药材等资源。尤以煤炭为最,东胜煤田已探明储量727亿吨,它与神府煤田连在一起,属世界八大煤田之一。天然气储量2204亿立方米,地质储量5000亿立方米。陶瓷粘土储量为4.3亿吨。方沸石探明储量2376万吨,居世界第一。随着国家能源战略西移和西部大开发向纵深发展,东胜区以资源为依托,初步形成具有地方特色的工业体系有毛纺、煤炭、电力、化工、建材等100多家工业企业,2000多种产品。

“九五”期间,东胜广大干部群众坚持“三个有利于”标准,解放思想,大胆改革,务实创新,锐意进取,推动了经济和社会各项事业的持续、快速、健康发展。“九五”末,全区GDP达到35.8亿元,是“八五”末的3.3倍,年均递增29.1%,人均GDP连续4年位居全自治区第一;财政收入达4.95亿元,是“八五”末的2.6倍,年均递增28%,总量和人均连续4年位居全区第一;固定资产5年累计投入58亿元,是“八五”的2.1倍,农民人均纯收入2364元,城镇居民人均可支配收入6000元,居全区101个旗县区第一,综合经济实力位居自治区10强。先后被命名为全国卫生先进城市、全国环境综合整治优秀城市、全国文化先进市和自治区五星级城市。

2000年以来,东胜人牢记树立与时具进的观念,按照“政府创造环境,社会发展经济,以城市带农村,城乡经济一体化发展”的思想,以“三个代表”重要思想为指导,抢抓西部开发机遇,以发展为主题,以结构调整为主线,以改革开放和科技进步为动力,以提高人民生活为根本,全面推进二次创业,加速城镇化,推进产业化,实现工业化,推动了经济和社会事业的跨越式发展,城市面貌日新月异,城乡经济快速增长,社会事业全面进步,人民生活明显改善,初步形成了绒纺、酒业、人造板、沙棘、农副产品批发5大龙头企业,产品远销海内外。百万只白绒山羊养殖、沙棘沙柳种植、菜篮子工程建设、移民搬迁等工程,有力地推进了农村产业化、城市经济一体化发展。2001年,全区GDP达到41.2亿元,财政收入达到5.985亿元,城市居民人均可支配收入6706元,人均总量和增速位居自治区前茅。在第一届全国县域经济基本竞争力评价中,名列中国西部百强县(市)第8位。据国家统计局测评,东胜区在全国县(市、区)社会经济综合发展指数前100名中,名列第53位,发展活力指数位居全国第2位。

城市面貌焕然一新

东胜城市建设和管理一年上一个新的台阶,城市面貌发生了翻天覆地的变化,已初步形成了“一路一灯一景,一街一树一花”和“蓝天、绿地、白墙、红瓦”的城市风格。整洁、文明、繁荣、富庶的东胜区已成为鄂尔多斯高原上一颗璀璨的明珠。近年来,累计投入资金20多亿元,完成了市区六街七路和四大出入口的拓宽改造、二期给水、鄂尔多斯广场、污水净化等57项大的基础设施建设项目。房地产业迅猛发展,建成各类楼房400多幢,新增集中供热面积65万平方米。建成了5公里环城绿化带,开通了4.2万门程控电话和5.2万部移动电话。市内开通了7条公共汽车环路,出租车发展到近3000辆。

城乡经济快速发展

东胜创造性地提出了“政府创造环境,社会发展经济”的城市经济发展思路,使非公有制经济得到迅猛发展,社会和经济效益显著提高,经济总量跨入了全自治区前三位。全区非公有制领域拓展到8大行业,14个门类,2000年,全区非公有制企业及个体工商户发展到8356户,总资产60多亿元,完成增加值15.5亿元,占全区财政收入的1/3,是1995年的10倍。近年来,东胜区紧紧抓住国家和自治区重点建设项目实施的机遇,大力发展农村基础设施建设,认真实施了生态项目工程、世行项目工程、沙棘项目工程、环城林带工程和绿色通道工程,全面实行禁牧舍饲,生态环境明显改善,完成了水土保持初步治理面积800平方公里;建成了电气化市、实现了村村通电、乡乡通油路,程控电话、通讯网络覆盖全区;扶贫攻坚完成了历史性任务,贫困人口明显减少;农民收入不断增加,生活质量明显提高。

社会事业全面进步

东胜牢固树立"科学技术是第一生产力"的概念,不断深化科技体制改革,深入全面地实施"科教兴区"战略,全区科技总体水平明显提高,科技对经济增长的贡献率达到51%;坚持将教育事业摆在优先发展的战略地位,近年来,共投入资金7700万元,新建和修缮中小学校舍、教师住宅6万多平方米,办学条件和教职工生活条件进一步改善,小学、初中的教师学历合格率分别达到99.2%和95.8%,适龄儿童入学率、小学毕业升学率达到100%,青壮年非文盲率达到99.67%,"两基"达标提前完成,素质教育全面实施;文化、体育、卫生等各项工作迈上了新的台阶,新闻、广播、电视事业取得了长足发展,提前两年率先在全区完成了村村通广播、通电视任务;计划生育和环境保护工作常抓不懈,促进了经济、人口、环境协调发展。

精神文明技术硕果累累

东胜区委、区政府以邓小平理论为指导,始终坚持两个文明一起抓,认真实施鄂尔多斯形象工程,坚持以人为本,标本兼治,内强素质,外树形象,把建设文明城市和培育文明人有机的结合起来,使全区文明建设相互促进、协调发展;广泛开展文明单位、文明小区、文明街路和文明乡镇等群众性精神文明创建活动,重点抓好市容市貌、环境卫生、商品市场、交通秩序和文化市场管理。通过全社会的共同努力,一举跨入了自治区五星级文明城市的行列,祥和、富裕、文明的新东胜逐步展现在世人面前。

党的建设全面加强

东胜区委把加强党的建设,努力提高党的凝聚力和战斗力,作为深化二次创业,完成"十五"计划的根本保证,面对新形势、新任务,按照"治国必先治党、治党务必从严"的要求,进一步把全区各级党组织和领导班子的建设作为工作的重中之重,抓好抓实。在思想建设上,全区坚持用邓小平理论武装各级干部的头脑,坚定二次创业的信念,紧密结合事关东胜改革发展的重大问题,解放思想,更新观念,创造性地开展工作,各镇、街道办事处、区直各部门按照"三个代表"重要思想的学习要求,在全区范围内迅速掀起以"察民情、办实事、富万家"为主题的教育实践活动高潮,并把这项活动作为全区贯彻中央关于开展"三个代表"重要思想学习教育活动的重要载体,认真实施,务求落在实处;在组织建设上,以机构为契机,深化干部队伍管理制度改革,创新人选用人机制,加大干部轮岗交流力度,全面实行干部竞争聘用上岗;在作风建设上,坚持克服形式主义和官僚主义,坚持重实际、说实话、求实效,发扬脚踏实地、埋头苦干的工作作风;在廉政建设上,建立健全领导干部党风廉政建设责任制,狠抓大案要案,纠正行业不正之风,坚持不懈的开展反腐败斗争。

中国镁都——大石桥

大石桥市位于辽东半岛渤海岸畔,是一座新兴的现代化城市。因菱镁矿资源丰富以及拥有亚洲最大的镁质耐火材料生产基地,而被世人誉为“中国镁都”,2001年跻身第二届全国县域经济基本竞争力百强县(市)行列。大石桥地处东经122°7′—122°59′,北纬40°18′—40°56′,属北温带海洋性季风气候。全市辖13个镇、5个行政管理区、3个国营农场,总面积1597平方公里,总人口72万人。

大石桥市坐落于沈阳、大连两市之间,丹东、锦州、营口、盘锦等城市的交叉点,交通便捷畅达。哈大公路、长大铁路贯穿全境,沈大高速公路、盘营高速公路在大石桥汇集,市内有高速公路出口3个。大石桥火车站是辽南铁路枢纽、国家一等站。大石桥距东北第二大港一鲅鱼圈港45公里,距营口港23公里。驱车去沈阳、大连只有一个半小时的路程,去北京也只有5个小时的路程。

大石桥物华天宝,具有丰富的物产资源

已经探明的矿藏有34种,其中菱镁石储量达25亿吨,储量及品位居全国之首。滑石储量500万吨,硼石储量500万吨,居全国第二位。全市有耕地面积52000公顷。西部辽河平原有高标准水田33000公顷。

全市已经形成以冶金、化工、机械、食品、建材、服装等13个行业为支柱产业的工业体系和镁质制品、滑石、硼制品、水泥制品等10个矿业生产群体。全市现有规模企业144家,有17家已经发展成为企业集团。其中,青花集团是亚洲最大的碱性耐火材料生产基地,盼盼集团是全国最大的防撬门生产厂家,华晨集团是全国最大的重烧镁砂生产基地,大石桥市新型耐火材料厂是全国最大的电熔镁砂生产基地,农业产业化格局已基本形成,建立了具有产业化特点的优质米、水果、蔬菜、柞蚕、畜禽、水产品等精深加工生产基地。高新科技产业发展迅猛,荣源镁矿、津大肥业、青花集团等95家企业已与北京科技大学、中国农科院土肥研究所、上海宝钢研究院等103家科研院所建立了紧密型科技合作关系,在企业内建立科研机构和研发基地8个。永安镇、金桥管理区被农业部授予“全国乡镇企业科技园区”。目前,大石桥市已与美、日、英、韩、马来西亚、港、澳、台等40多个国家和地区建立了经贸关系。

大石桥市不断优化县域经济发展环境

大石桥市行政区划面积150平方公里,规划区面积60平方公里,城市功能定位为文化商城,城市风格定位为现代欧式。能源、交通、通讯、信息、市场、服务设施配套完善,教育、文化、科技、体育、卫生事业方兴未艾。兴隆商城、商业步行街、三山大厦、龙泉山庄、鹏源酒店等千余家高标准、高品味的商业购物、文化娱乐、餐饮服务场所遍布全市。具有国际水准的体育馆、游泳馆、保龄球馆经常成为国家、省、市各类体育比赛的专用场所。

大石桥市文化底蕴丰厚,人文景观很多

有距今28万年的金牛山古猿人遗址,有远古时期的巨石文化遗址——石棚,有中外闻名的迷镇山娘娘庙,有风光秀美的蟠龙山公园,碧波荡漾的淤泥河风景区等景观几十处。

天时地利,政通人和。大石桥热诚欢迎海内外有识之士来这里合作开发建设,共求繁荣与发展。

内蒙古自治区鄂温克族自治旗

鄂温克族自治旗是我国三个少数民族自治旗之一，位于祖国北部边疆内蒙古自治区的东北部，呼伦贝尔草原的南端，大兴安岭西麓。全旗土地总面积为19111平方公里，人口15万，是以鄂温克民族为主体，汉、蒙、达斡尔、回等20个民族和睦相处、共同进步的大家庭。全旗辖有1个矿区、3个镇、1个民族乡和5个苏木。旗境内驻有三大国有企业：全国标准化煤矿之一、国家二级企业大雁煤业公司；全国第一家煤电联营试点、拥有100万千瓦装机容量的大型能源企业伊敏华能东电煤电有限责任公司；位于世界稀有树种樟子松故乡的红花尔基林业局。有两个国家级自然保护区：辉河湿地自然保护区和红花尔基樟子松林自然保护区。有一个省级经济技术开发区：内蒙古巴彦托海经济技术开发区。拥有全国民族团结进步模范单位、全国文化先进县、全国体育先进县、全国残疾人工作先进旗、全区双拥模范旗等荣誉称号。

区位优势

旗所在地巴彦托海镇距呼伦贝尔市府所在地海拉尔区仅9公里，距海拉尔国际航空机场、海拉尔铁路客货站9公里，旗境内有通往“欧亚大陆桥”满州里口岸的301国道和滨州铁路。

资源优势

鄂温克旗地域辽阔，是举世闻名的呼伦贝尔大草原的重要组成部分，空气清新，风光旖旎，景色秀丽，有世界上保存最完好的草原，有松涛激荡的大兴安岭林海，有弥足珍贵的历史文物古迹，有民风独特、民俗各异的各民族人文景观。全旗拥有草原128.9万公顷，占全旗总面积的68.9%；林区面积112公顷，占全旗土地面积的33%；地表水资源为10.716亿立方米，流域长度20公里以上的河流有31条，各种湖泊600多个；地下资源以煤为主，已探明的煤储量为103.12亿吨以上，还有铁、锌、铝、铍、石灰岩等；旗内植物有72科284属621种，有国家二级保护植物樟子松和兴安柳，天然芦苇面积达72万亩，常年产量2万吨以上；旗境内栖息的野生动物种类有4个目14科49种，有国家保护的珍稀动物12种；鸟类有16个目34科140种。

自治旗东南部有与举世闻名的法国维希矿泉相媲美的维纳河矿泉，属高密度矿泉，泉水中含有20多种人体所必需的微量元素，医疗、保健价值极高。鄂温克旗红花尔基樟子松是世界稀有树种，外型美观，绿枝红杆，四季长青，是理想的城乡绿化树种，并具有极强的固沙能力，有“沙漠卫士”之称。目前，世界上只有两处大面积连片樟子松林，一处在加拿大，另一处就在红花尔基。经过多年的保护和建设，红花尔基形成了长120多公里、宽40多公里的樟子松林带，现已建成30万亩的采种林和2万亩的母树林，累计采种40多万公斤，成为我国樟子松种子基地。1998年，呼伦贝尔草原与四川九寨沟、云南迪庆、湖北神农架、丝绸之路、长江三峡一道被国家旅游局确定为我国21世纪推向国际旅游市场的六大重点景区之一。借此良机，作为呼伦贝尔大草原的重要组成部分，旗委、旗人民政府将旅游业作为结构调整的重点，将旅游资源优势转化为经济优势，全力推进旅游业，实现了由“接待事业型”向“支柱产业型”的跨越。旗内旅游景区有巴彦胡硕旅游区、红花尔基森林公园、辉河湿地自然保护区、五泉山旅游区和维纳河疗养院渡假区等，其中巴彦胡硕旅游区和红花尔基森林公园已被国家旅游景区质量等级评审部门初审评定为2A级和A级。

主导产业

自治旗以畜牧业为主导产业。近年来，旗委、旗人民政府紧紧抓住我国加入WTO、西部大开发和国家扶持人口较少民族发展等机遇，审时度势，提出“主攻牧业产业，依托科技教育，服务煤电企业，发展第三产业，保护生态环境，增强综合实力”的经济建设方针，积极构筑自治旗特色经济，大力发展质量效益型畜牧业，推进了畜牧业产业化进程。

奶业是自治旗极具发展潜力的经济支柱产业之一，目前奶业产值占畜牧业总产值的50%以上。1996年以来，旗委、旗人民政府大力实施“80公里奶牛带”工程，已投入资金4200万元，产生了巨大的经济效益，2002年全旗奶牛头数达5万头，实现销售收入8229万元。在草业建设上，自治旗始终依靠草业科技，普及推广实用技术，加大草业开发力度，推动畜牧业现代化建设。1996年以来，全旗共建设配套草库26万亩，节水灌溉人工草地24万亩，草籽基地23.3万亩，草籽基地种植面积1.6万亩,生产草籽122万吨,被国家农业部列为中国北方高寒地区禾本科和豆本科牧草繁育基地。驻旗呼伦贝尔海洋牧业公司加工的草捆从大连口岸出口,远销日本、韩国等国家。乳业、草业的发展带动了肉类加工业的兴起。加快发展肉牛、肉羊养殖业,建设“干草原肉羊带”和“草甸草原肉牛带”,努力培育肉源基地,形成独具特色的支牧肉类加工业。在积极培育呼伦贝尔羊的同时,与超大集团山东分公司合作引进杜泊羊种公羊,实施杜泊羊一代羔羊生产基地项目建设,实现配种2000只。同时引进安格斯、海福特肉牛品种,提高了牛肉产量。2002年,全旗出栏牲畜达20多万头。

畜牧业的发展促进了国民经济的快速发展,居牧民生活水平得以稳步提高。2002年,自治旗国内生产总值完成14.97亿元,同比增长24.9%;财政总收入完成3.37亿元,同比增长14.8%,其中地方财政收入完成1.43亿元,同比增长6.9%;城镇居民人均可支配收入完成5407元,同比增长10%;牧民人均可支配收入完成3685元,同比增长7.1%;工业增加值完成6.5亿元,同比增长19.39%。

2003年起,自治旗开始启动提出“五个大旗”建设工程,即在“十五”期间,初步将自治旗建设成为“奶业大旗、工业大旗、生态大旗、文化大旗、旅游大旗”,加快推进全面建设小康社会进程。

投资环境

改革开放以来,旗委、旗人民政府不断加大对投资环境的建设力度,出台多项招商引资优惠办法,不断改善全旗交通、通信、能源等投资硬环境和经济技术开发区优惠政策等软环境。美国、德国、日本、加拿大、澳大利亚、蒙古、俄罗斯等十几个国家和北京、上海、石家庄、哈尔滨等地的一大批优秀企业先后与自治旗在畜产品加工、草业、牲畜改良、房地产开发、生态建设等领域进行广泛合作,促进了旗域经济的发展。

内蒙古巴彦托海经济技术开发区是经内蒙古自治区批准的省级经济技术开发区,是鄂温克旗重点建设项目之一,位于呼伦贝尔市首府海拉尔区和旗所在地巴彦托海镇之间,距海拉尔仅3公里。开发区规划面积为20.8平方公里,设有绿色产品出口加工区(北区)、生态农业产业化示范区(南区),高新技术孵化区、商贸服务区等区域。开发区将依托地缘优势,民族自治政策优势以及热情、周到的服务,立足全区,面向全国及俄、蒙、欧洲市场,充分发挥科技创新、出口创汇、生产示范、推广辐射、科技教育、房地产开发、旅游观光七大功能,建成北部边疆向北开放、向内扩张的高新技术孵化器,绿色产品加工出口基地,优良畜种、草籽、苗木、花卉繁育基地,轻工、纺织服装出口加工国际贸易基地,成为推动边疆地区社会经济发展的样板。

除此之外,自治旗还拥有伊敏高载能工业园区、大雁工业园区和红花尔基生态园区等三个市级经济技术开发区。

招商引资

鄂温克旗具有得天独厚的地理、资源、经济、政策等优势。近年来,共引进国内资金2.84亿元,直接利用外资1549万美元。仅2002年就实施了20个招商项目,引进旗外资金10047万元。旗里重点招商企业有光明乳业公司、天鹅乳业公司、呼伦贝尔海洋牧业公司、卓达房地产公司、金泽苑房地产开发公司、绿祥食品加工公司等数十家企业。目前,旗委、旗人民政府正与伊利集团商洽有关入驻巴彦托海经济开发区事宜。

鄂温克旗将按照“以开放促改革、促开发、促发展”的方针,本着“为投资者服务,让投资者成功”“你赚钱,我发展”的原则,将充分发挥地理、资源、经济、政策等优势,以市场为导向,内延挖潜与外延开发相结合进行资源开发,振兴旗域经济,与入驻企业共同发展。全旗各族人民热忱欢迎海内外各界人士以合资、合作、独资、承包、兼并、租赁、收购等各种形式来鄂温克旗兴办各类企业和各项事业。重点招商引资项目有:

1.兴办环保、生态建设项目,基础设施建设项目。

2.优质牧草种植,草产品、畜牧业养殖与畜产品加工、粮油料、中草药、山野菜、果蔬保鲜加工出口基地建设项目。

3.新型建材开发、煤炭深加工以及高耗能工业项目。

4.开发集自然人文景观、民俗风情、现代娱乐为一体的特色旅游项目。

5.兴办高新技术、科研、信息咨询等产业。

6.国家产业政策鼓励发展的其他产业。

与时俱进的新彭阳

彭阳县位于宁夏东南部边缘,六盘山东麓。东、南、北分别与甘肃镇原县、平凉市、环县接壤,西与本区固原市原州区为邻。1983年10月由固原分设置县,是一个以农业为主的国家级重点贫困县。全县总土地面积2528.65平方公里。现辖3镇16乡,156个行政村,831个村民小组。2002年底,全县总人口24.69万人,其中农业人口22.86万人,占92.6%;回族人口7.2万人,占29.2%。人口密度98人/平方公里。彭阳县属黄土高原中部丘陵沟壑区,地貌类型复杂多样,全县分为北部黄土丘陵区、中部河谷残塬区和西南部土石质山区三个自然类型区。海拔1248—2418米,属典型的大陆性季风气候,为温带半干旱地区,年平均气温7.4—8.5℃,日照时数2518.1小时,无霜期140—170天,年降水量350—550mm,可利用水资源5521万立方米,红河、茹河、安家川河三条河流经境内,常年流量约为4920万立方米。现有耕地面积174.6万亩,林地29.8万亩,牧草地67.2万亩,未利用地80.1万亩。

建县二十年来,历届县委、政府立足县情实际,团结带领全县回汉各族人民,坚持不懈地打基础、搞建设、抓改革、促发展,改造山河,改善群众生产生活条件,改变贫困落后面貌,全县经济社会发展及各项事业取得了显著成就,不仅走出了一条治山治水、治穷致富的成功路子,而且形成了"勇于探索,团结务实,锲而不舍,艰苦创业"的彭阳精神。经过努力,全县综合经济实力明显增强。2002年底,国内生产总值、地方财政收入分别达到3.98亿元、1000万元,与建县初相比,增长了15倍、13倍。农业经济稳步发展。粮食生产持续增长,总产量达到1亿公斤以上。以牛羊为主的畜牧业、以"两杏"为主的林果业、以地膜玉米为主的特色种植业已初具规模,畜牧养殖总量达70万羊单位,人均牧业收入300元;经济林累计达到40万亩,年果品产量1000多万公斤;地膜玉米种植面积每年稳定在15万亩以上,产量稳定在5000万公斤以上。工业经济发展较快。现有工业企业1114家,工业产值10124万元,已形成了煤炭开采、食品加工、化肥生产、家具制造、机械修理、建筑建材等20多个行业。基础建设步伐加快,新修基本农田90.9万亩,人均3.6亩;治理小流域78条,控制水土流失面积1333平方公里,打井窖4.8万眼;森林保存面积106.9万亩,森林覆盖率由建县初的3%提高到14.68%;基本实现了自然村通电,农电入户率达到91%;70%的乡镇通了油路,实现了村村通公路;城乡电话交换程控化,传输数字化和无线寻呼系统全面开通,现拥有8000门程控电话网。人民生活不断改善。农民人均纯收入1233元,城乡居民人均可支配收入3500元,城镇居民人均住宅面积12平方米。社会事业全面发展。科技应用推广成效明显,科技对经济增长的贡献率达到40%;普及初等义务教育步伐加快,学龄儿童入学率达到98.2%,青壮年非文盲率达到97.3%;计划生育率达到85.63%,人口出生率控制在14.94‰以内。

彭阳县光热水土资源较为丰富,区域性气候差异明显

适宜发展农、林、牧等多种生产,盛产小麦、玉米、胡麻、莜麦、荞麦、豆类等农作物,素有"粮仓油盆"之誉。山杏、仁用杏、苹果、花椒等干鲜果品独具特色,其中山杏、仁用杏种植面积32.7万亩,年产鲜杏7100万吨,杏干710吨,杏核1040吨,年加工杏仁350吨。党参、黄芪、银柴胡等中药材,以其质量上乘倍受商贾亲睐。蕨菜、黄花菜、苦苦菜驰名西北。

彭阳县矿产资源丰富

开发利用潜力巨大,已探明并开采利用的矿产资源8种,其中煤储量7.2吨,有2个矿点已开采利用;石灰岩、砖瓦粘土、石英砂岩、沙砾石、耐火粘土、石料等矿产资源储量可观,开发前景广阔;天然优质矿泉水日出水量4040立方米,经国家矿产储量委员会审定已开发利用,富含锶、钙、锌等矿物质和微量元素。地方工业已形成能源、食品、轻纺、轻工、建材等十几个行业门类和200多个产品品种。果脯系列产品、矿泉水、硫酸、麻棉纱等远销区内外。

彭阳特色经济发展潜力巨大

林果、畜牧、菌菜、药杂等产业逐步呈现出较为明显的资源优势,对发展县域经济。增加农民收入起到了重要作用。目前,县上重点培育发展四大支柱产业:一是发展特色型种植业。重点发展具有一定市场前景、稳产、高效的特色优质型的经济作物和小秋杂粮种植，建立和扩大烟叶、药材、菌菜、瓜果等各具特色、优势明显的经济作物种植基地。在粮食生产上，突出地膜玉米和小杂粮两大特色，每年种植地膜玉米15万亩以上，并培育种植面积在10亩以上的示范大户500户；每年建成10—15个以荞麦、莜麦、豆类为主的小杂粮千亩示范点，种植面积达到20万亩以上。经济作物注重品质特色和地域优势，大力发展以胡麻、麻子等为主的油料生产，每年种植面积稳定在20万亩左右；大力发展西瓜、辣椒等大路菜，积极发展红葱和黄花菜种植，加大季节温棚蔬菜种植，每年发展露地瓜菜种植2亩以上的农户500户，新建改造温棚500栋；积极发展烤烟生产每年抓好种植面积在4亩以上的栽植户2000户；引导群众发展中药材生产，每年分品种培育药材种植2亩以上的农户500户；积极发展菌草、桑蚕生产，每年发展100户菌草栽培户和100户种植4亩以上的种桑养蚕户。二是打造生态型林草业。以建成“生态建设示范县”为目标，高起点、高标准、宽思路、前瞻性，搞好退耕还林草工程。在治理模式上，坚持把退耕还林草与小流域结合，山、水、田、林、草、路同步治理；与结构调整结合，一、二、三产业同步发展；与后续产业开发结合，生态、经济、社会效益同步提高；与可持续发展结合，人口、自然、环境同步协调促进。每年完成退耕还林15万亩，荒山造林15万亩，种草9万亩，改良天然草场10万亩。在品种选择上，改造现有山杏，发展仁用杏和肉厚质优的曹杏，每年栽植曹杏5000亩；发展花椒、核桃等干鲜果，每年栽植干鲜果10000亩。三是做强致富型畜牧业。按照“小群体、大规模”和“北羊、南牛、中部猪、中北部土鸡”的饲养格局，发展千家万户的节粮型优质肉牛、肉羊、三元瘦肉杂猪和养殖示范园区为载体的适度规模养殖，主攻市场前景好、潜力大、具有清真品牌的牛羊养殖业，特别是把彭阳土鸡作为本县的一大特色培育做大，力争在短期内使土鸡养殖形成规模，打出品牌。在示范引导上，巩固已发展的5000户养殖大户，再培育新发展大户5000户。继续以补贴的形式鼓励新建暖棚4000栋，青贮、氨化池2万立方米，青贮、氨化秸秆1000万公斤。四是扩大增收型劳务业。把全县农村4.2万剩余劳动力的输出转移作为解决农民近期花钱和增加资本原始积累的一项重点产业来开发。每年争取户均输出1人，全年输出6万人次，年人均创收2000元，实现劳务总创收1.2亿元。

彭阳县可开发利用的资源十分丰富

招商引资项目繁多，经过考察论证，目前拟开发19个新项目，即2万亩中药材种植加工项目、花椒、黄花菜初加工项目、杏系列产品深加工项目、天然胡麻胶项目、2万吨紫花苜蓿草粉颗粒饲料加工项目、豆类、荞麦、燕麦等小杂粮深加工合作项目、玉米深加工合作项目、1000吨脱水蔬菜加工项目、菌草开发项目、引进小尾寒羊1000只改良本地土种绵羊项目、“彭阳鸡”养殖项目、2.5万亩种桑养蚕加工项目、阿胶系列产品生产项目、20万标张牛、羊皮革加工生产项目、天然富锶型矿泉水系列饮料开发项目、开发利用4万多剩余劳动力资源项目、反季节优质高效蔬菜生产技术合作项目、“两杏一果”贮藏保鲜项目。重点做大做强四大产业开发：一是果品加工业。依托现有两家杏子产品加工企业的聚合优势，加快企业技术改造，提升生产技术水平，着力培育果脯、杏仁等具有地方特色的拳头产品，打造统一的具有核心竞争力的知名品牌，辐射带动一批原料型的小型加工厂，形成年产值8000万元的生产能力，使彭阳县跻身于“全国杏子产业大县”的行列。二是矿泉饮料业。推进现有三家矿泉水公司的重组整合，统一品牌，做大营销，提高市场竞争力，使含锶型、高品味的矿泉水迈出宁夏、走向全国，形成年产值超过6000万元的骨干财源型企业集团。三是草畜开发业。以草畜资源为依托，扩大招商引资，争取新上饲料、乳制品和畜产品加工等项目，培育年产值5000万元的草畜开发企业集团。使之成为带动全县畜牧业发展的龙头企业。四是小杂粮加工业。以现有的面粉加工企业为基础，加强设备更新和技术改造，积极开发以小杂粮为原料的荞面、莜麦面、豆面以及糕点、饼干、方便面等地方特色产品，带动一批小型食品加工业的发展，形成年产值3000万元生产能力的企业群，提高市场占有率和竞争力。

彭阳基础设施齐备，投资环境日臻完善

309国道横穿东西，平(凉)惠(安堡)公路纵贯南北，宝中铁路越境而过，形成了东进西出、南来北往的交通网络。城乡公路四通八达，人便于行，货畅其流，晴雨无阻。电力充裕，110KVA电网覆盖全县，广播电视实现县乡联网，程控电话装机三万门，移动通讯网络覆盖城乡，无线寻呼、公众传真、国际国内直拨电话、特快专递十分方便。邮政、学校、医疗、保健、文化娱乐、金融保险、饮食服务等设施齐全。城乡建有综合农贸等市场,商贸流通活跃。人才、房地产、技术、信息、产权、劳务等社会综合服务功能日趋完善。为抓住国家实施西部大开发战略机遇,实现工业和乡镇企业二次创业,县委、县人民政府在县城南门建立工业园区,西门建立第三产业园区,凡进入园区投资建设者,除享受国家的优惠政策外,还享受许多地方性优惠政策。彭阳地域辽阔,民风淳朴,环境优美,彭阳人诚实守信,勤劳智慧,民族团结,社会安定,是一片理想的投资开发沃土。

进入新世纪,面对西部大开发和我国加入世贸组织的良好机遇,彭阳县立足县情,与时俱进,提出了"生态立县、特色富县、科技兴县、工业强县、依法治县"的二十字方针,明确了今后一个时期全县经济社会发展的基本工作思路:即实施六大战略(开发带动战略、农业产业化战略、生态建设战略、城镇化辐射战略、生态建设战略和可持续发展战略),突出五个重点(城乡基础设施建设、特色农业产业化、非公有制经济、第三产业和科技成果引进推广),强化三个建设(党的建设、精神文明、政治文明和民主法制建设),实现一个目标(稳定解决群众温饱,全面建设小康社会),力争五年起好步,十年上台阶,二十年大发展,建成一个山川秀美、经济繁荣的新彭阳。

塞上明珠——青铜峡

青铜峡市地处宁夏平原中部，总面积1892平方公里，辖6镇8乡3个农林场，总人口24.8万人。是全国科技先进市，全国林业百强县，全国双拥模范市，全国卫生先进市，全区首批小康达标市，对外开放先进市，宁夏经济核心区重要组成部分。2002年，实现国内生产总值27.7亿元，年递增15.6%；实现财政收入1.33亿元，年递增10.9%；农民人均纯收入达到3101元；社会消费品零售总额达到3.87亿元，年递增5.4%；全社会固定资产投资累计达到41.1亿元、跨入中国西部百强县(市)行列。

气候优越

青铜峡光热资源丰富，属中温带大陆性气候，无霜期158天，年降水量260.7毫米。九曲黄河穿境北流，年过水量400亿立方米。地下水补给总量3.5亿立方米，可利用量1.2亿立方米，水质好，可直接用于生产和生活。

土地广阔

宜林面积2.2万公顷，宜渔水面3935.3公顷，耕地3.115万公顷，农村人口人均3亩耕地，地势平坦，土质肥沃，是全区现代农业示范园区。

资源丰富

主要有铁铜、石膏、烟煤、重晶石、石灰石、水泥灰岩、砂砾、胶泥等，盛产水稻、小麦、玉米、苹果、葡萄等农作物。

交通方便

包兰铁路大古铁路、109国道、沿山公路、石中高速公路横贯全市，距银川机场仅50公里。率先在全区实现了乡乡、村村、校校、队队通硬化路面，形成了四通八达的交通网络。

通讯发达

信息畅通，市内中国银行等五家金融机构开办了外汇存储、国际结算等业务，电子汇兑全国联网；程控电话直通国内外。城市基础设施完善，城市供水、排水供电、供热功能齐全，城区日供水能力达2万立方米，日供热能力73.6兆瓦，保证了生产及生活需要。

名胜众多

境内有两千多年前的古渠水系；有线条清晰、写意真实的广武门头沟岩画；有号称“宁夏小八达岭”之称的北岔口明长城；有西北最大最多的佛教庙群牛首山寺庙和始建于西夏时期排列奇特的108塔；有气势雄伟，蔚为壮观，集发电、灌溉、防洪于一体的大型水利枢纽工程——青铜峡拦河大坝；有风光旖旎的库区鸟岛、黄河风情园；有回乡民俗风情的鸿乐府、峡口民俗村等景点。

宁夏重要工业基地

境内有青铜峡铝厂、大坝电厂、青铜峡水电厂等20多家国家、区属大中型企业，形成了以电力、冶金、化工、建材、食品、轻工业、农副产品加工等产业为主体的工业体系，各类工业产品达480余种。年产铝锭60万吨，碳素制品6万吨，铝型材5000吨，水泥200万吨，水力与火力发电厂年发电量100亿千瓦时。其中水泥、烧碱、PVC树脂、铝锭、铝型材、皮革、加砌块、老苗月饼等拳头产品畅销区内外，法福来面粉荣获宁夏回族自治区名优产品称号，西夏贡米荣获“99”中国农业博览会金奖。“九五”期间，市属工业企业产值年均增长12%，工业税收年均增长21%，名列全区前茅。

全国重要的商品粮生产基地

“九五”期间，青铜峡市大力调整农业经济结构，推进农业产业化进程，围绕粮食、蔬菜、林果、畜禽养殖四大产业，形成了粮食、畜牧、蔬菜、食用菌、瓜果、桑蚕、肉蛋奶、水产品等八大农副产品基地。到“九五”末，全市建成吨粮田11339公顷，水稻、小麦、玉米、苹果等粮食和经济作物总产量居全区前列。特色农业规模不断扩大，经济作物种植面积已达13340公顷，产值在农业总产值中的比重逐年攀升。农业科技推广力度加大，农业先进实用技术推广率达90%以上，科技对农业的贡献率达到52%。建成高标准养殖小区109个，发展规模养殖大户2480个，畜牧业产值占农业总产值的1/3以上。灌区森林覆盖率达到13.2%，率先在全区实现了二代林网化。

投资环境良好，政策优惠，合作前景广阔

城乡道路的硬化贯通，青铜峡宾馆、世纪商厦、青秀园等标志性建筑的建设，城市北区的开发建设，以吴青工业园区为主体的“一带六区”工业经济新格局的构筑，青铜峡铝厂、大坝电厂的扩建都为各类客商前来青铜峡投资置业提供良好的环境。另外,凡到青铜峡投资置业者,除享受中央西部大开发优惠政策和《<宁夏回族自治区鼓励外商投资规定>有关问题的通知》规定的优惠政策外,还可享受青铜峡市招商引资的优惠政策。

现在可供合资合作开发的项目和投资意向有:吴青工业园区建设项目、年产2万吨活性颗粒石灰氮项目、日产2000吨熟料干法窑外分解生产线、年产800万块粉煤灰烧结砖项目、利用天然气生产5万吨离子膜烧碱回收技术改造项目、3万吨粗铅技术扩建项目、青铜峡市峡口镇万亩酿酒葡萄基地及榨汁项目、青铜峡市民用天然气项目、青铜峡市高级中学、青铜峡黄河旅游区开发项目、青铜峡农牧综合开发项目、清真牛羊肉系列制品深加工项目、青铜峡华夏万亩生态红枣基地建设项目。

西部大开发的号角催人奋进,“十六”大的蓝图宏伟壮丽。勤劳朴实的回汉人民热忱欢迎各方朋友来青铜峡观光旅游,投资置业,共创辉煌。

山东省嘉祥县

嘉祥县位于山东省西南部，东距济宁市区20公里、曲阜90公里，西与菏泽市的巨野县接壤，南临“中华蒜都”金乡县，北倚水泊梁山，地处黄泛冲击平原的边缘，海拔高度35至40米。东西宽22公里，南北长47公里，总面积960平方公里，辖8镇7乡，714个行政村，总人口76万，其中农业人口66万，非农业人口10万。经济和社会各项事业全面发展，先后被评为“全国体育工作先进县”、“全国科技工作先进县”、“中国民间艺术（唢呐）之乡”、“全省村委会建设先进县”、“全省社会治安综合治理模范县”，2000年被评为省级卫生城，连年荣获全市人口与计划生育责任目标一等奖。全县政治安定、社会稳定，人民群众安居乐业。

历史文化悠久

公元1147年建县，是中国古代四大圣贤之一曾子的故里。嘉祥人民自古深受儒学文化和运河文化的综合影响，承袭曾子“道传一贯”的行为规范，崇尚“修、齐、治、平”的政治观，“以孝为本，重在养志”的孝道观，“诚意正心、内省慎独”的修养观。“嘉祥”是春秋时期鲁哀公在此狩猎获麒麟取其“嘉美祥瑞”之意而得名。境内文物古迹众多，有被誉为“汉代历史百科全书”的国家级重点文物保护单位—武氏墓群石刻，省级文物保护单位曾庙以及9处市级重点文物保护单位、7处县级重点文物保护单位。

具有便利的交通条件

东距京沪铁路40公里、京福高速公路50公里，西临京九铁路60公里，距省会济南150公里，抵青岛港400公里、日照港220公里，新石铁路、327国道、日荷高速公路、京航大运河穿境而过，坐落在嘉祥境内的济宁机场已开通至北京、广州、杭州等航线。

资源丰富

全县耕地面积92万亩，境内有126座山头，石灰岩储量90亿吨，煤储量10亿吨，河道88条。农林牧渔业开发潜力很大，是优质小麦、大豆、棉花、玉米主产区，是全国商品粮基地县、鲁西黄牛育肥基地县，全国惟一的小尾寒羊保种基地县、无花果种植大县，江北鹌鹑养殖第一大县。

工业门类齐全

拥有煤炭、电力、机械、电子、化工、轻工、纺织、建材、食品加工等门类，有20多个产品获国家、省、市优质奖，120多个产品打入国际市场。煤炭、电力、造纸、水泥、石材等五大产业优势凸显。年产45万吨的新河煤矿建成投产；240万吨梁宝寺煤矿、300万吨旋窑水泥正在建设；70万千瓦自备电厂、30万吨高强度瓦楞纸等项目正待开工；全县从事石雕加工的厂家93家，产品形成十大系列、1000多个品种，畅销全国各地和东南亚各国。嘉祥是农业部命名的“中国石雕之乡”，石雕工艺品出口20多个国家和地区。

农业资源开发前景广阔

红皮大蒜、细毛长山药曾为皇室贡品，鲁西黄牛、小尾寒羊闻名全国，棉花、无花果、鹌鹑是“江北大县”。目前，全县大蒜种植面积达到8.6万亩，细毛长山药达到3000余亩，棉花种植面积15万亩，无花果5000亩。鲁西黄牛存栏20万头，小尾寒羊60余万只，鹌鹑1600万只。农牧产品加工龙头企业发展到154家，全县已有28家小尾寒羊调拨点。去年10月山东省畜牧办与宁夏农牧厅在我县梁宝寺镇联合建立了“鲁宁小尾寒羊繁育推广中心”，每年可向宁夏、甘肃等西部地区调拨小尾寒羊4万余只。大地牧业集团投资过亿元的万头肉牛繁育加工厂正在开工建设。

具有高标准的经济园区

“一区三园”（嘉祥经济开发区、梁宝寺煤矿工业园、里能新河工业园、嘉祥石雕艺术园）主要道路和供水、供电、通讯等基础设施完善，达到了“六通一平”，进园区投资企业水、电、汽价格低廉。山东里能集团、太阳纸业集团、肥城矿业集团、青岛六和集团、青岛万年集团、中国非金属集团、杭州千禧纸业集团等大企业先后进园经营。年产45万吨新河煤矿已经投产，240万吨梁宝寺煤矿、300万吨旋窑水泥、上海工业园、华夏文教园、萌山商业步行街正在建设，70万千瓦电厂、6万千瓦自备电厂、30万吨高强度瓦楞纸等项目正待开工。

具有良好的基础设施条件

近四年来开发县城区商业、住宅面积81万平方米,新建5层以上建筑100多幢。城区主要道路全部修复一遍,全县通车总里程达到367公里,干线公路好路率达到92.2%,目前正在实施"村村通油路"工程,三年内可实现村村通柏油。农村电网改造一期工程如期竣工,电价普遍下调。城乡电话普及率达到每百户11.2部,电视入户率达到100%,宽带信息网覆盖全国各地及100多个国家和地区。

具有优越的投资环境

嘉祥县已被确立为山东省改革开放试点县,济宁市改革开放试验区。目前,"进了嘉祥门,就是嘉祥人;来到嘉祥县,事事都好办"、"你投资,我欢迎;你发财,我发展"已成为全县人民的共识。县委、县政府出台了一系列招商引资的优惠政策,在项目建设用地、税费返还、生产经营等方面给予外商最大限度的优惠。政策跟着项目走,采取"一事一议"的办法,一切都可以谈,一切外地的优惠政策都可以利用,做到人无我有,人有我优。成立了行政审批服务中心和行政机关工作效率投诉中心,压缩了行政审批事项和收费项目,实行一站式办理,限时办结。以最优惠的政策环境、最宽松的法制环境、最优质的服务环境、最善意的舆论环境吸引客商投资兴业。

招商引资项目

(1)总投资8135万元、年销售收入16600万元、利税2600万元万头肉牛规模化饲养与产品开发项目。(2)总投资3500万元、年销售收入5680万元、利税2380万元国家优质小尾寒羊选育及商品羊产业开发项目。(3)总投资4500万元、年销售收入2.1亿元、利税3700万元鹌鹑乳鸽系列产品综合开发项目。(4)总投资8000万元、年销售收入10350万元、利税3300万元食用菌精深加工系列产品项目。(5)总投资1536万元、年销售收入1000万元、利税600万元纯天然胡萝卜汁项目。(6)总投资4668万元、年销售收入12040万元、利税2732万元无花果产品综合开发项目。(7)总投资3800万元、年销售收入4700万元、利税2050万元年产35吨无花果蛋白酶开发项目。(8)总投资800万美元、年销售收入738.4万美元、利税260万美元绿色有机蔬菜种植生产基地项目。(9)总投资1600万元、年销售收入1.48亿元、利税1700万元大蒜系列产品开发。(10)总投资9亿元、年销售收入21亿元、利税17.6亿元5000吨/年钕铁硼永磁合金材料开发项目。(11)总投资2000万元、年销售收入2000万元、利税1000万元年产1000吨生物农药乳油项目。(12)总投资1100万元、年实现销售收入2250万元、利税650万元鲁锦系列产品开发项目。(13)总投资500万元、年销售收入1500万元、利税1000万元仿古现代石雕工艺品开发项目。(14)投资108245万元、年产值10.8亿元、利税1.7亿元30万吨高档包装纸板项目。(15)总投资4390万元(已获国家专利)、年销售收入4200万元、利税1900万元装配式带饰面墙体砌块项目。(16)总投资80亿元、4×31.5万KW煤气电一体化项目。(17)总投资7000万元、年可实现利税5000万元超薄铜带产品开发项目。(18)总投资1800万元、年销售收入650万元、利税500万元青山、武氏墓群石刻、曾庙三个龙头景区旅游综合开发项目。(19)总投资6940万元、9年内可收回全部投资污水处理及回用水工程项目。(20)总投资4873万元、年销售收入613万元、利润533万元城区集中供热工程项目。(21)总投资8000万元、能够获得丰厚的经济效益、永久的社会效益和环境效益萌山森林公园项目。(22)华夏文教园招商项目。华夏文教园是国家教育部华育发展总公司、山东省文教用品配送中心惟一定点的全国最大的集生产、销售于一体的综合性教育用品配送基地。该园总投资5亿元,占地2600亩。面向国内外文教用品生产、经营企业招商,生产企业入园生产,经营业户入园经营。

联系方式:山东省嘉祥县对外经济贸易合作局
联系人:闫兵
电话:0537-6853402 6853401
传真:0537-6861137

千年古城 锦绣兖州

兖州位于山东省的西南部，北依巍巍泰山，南临烟波浩渺的微山湖，东靠孔子故里，西接水泊梁山，总面积651平方公里，人口60万，2001年、2002年，连续两届被评为全国县域经济基本竞争力百强县(市)。兖州历史悠久，文化底蕴深厚。古大禹治水，分天下为九州，兖州为其一，历代均为政治、经济、军事、文化重镇，有兴隆塔、青莲阁、金口坝、天下第一剑等名胜古迹和珍贵文物；李白、杜甫曾在兖州“双曜相聚”，李白更在兖州居家二十余载，留下了许多不朽诗篇；现代文化繁荣，是全国文化先进市和中国民间艺术之乡。兖州交通便利。处于新欧亚大陆桥和京沪铁路交汇处，是全国主要交通枢纽、鲁西南最大的物资集散地和客运中转站；京福、日荷高速公路穿其左右，素有“九省通衢、齐鲁咽喉”之称。兖州资源丰富。是全国八大煤炭基地之一和山东省三大丰水区中惟一尚未大量开发的地区。兖州经济发达。是新兴的工业城市，现已形成能源、冶金、机械、造纸、建材、化工、纺织等七大主导产业；农业资源丰富，是全国农业现代化试点市、全国优质商品粮生产基地；外向型经济发达，已与60多个国家和地区建立了稳定的经贸合作关系。

胶州湾畔的璀璨明珠——胶州市

胶州市位于胶州湾畔，青岛市近郊，总面积1210平方公里，总人口76万人。是山东省首批沿海开放城市之一，1987年2月在青岛地区率先撤县设市。现辖13镇、5个街道办事处，811个行政村、67个居委会。

胶州区位优越，交通发达

胶济(青岛—济南)、胶黄(胶州—黄岛)、胶新(胶州—新沂)3条铁路横贯境内，同三(同江—三亚)、济青(济南—青岛)、环胶州湾高速公路及204国道纵横交错，构成四通八达的交通网络。境内有机场、渔港码头各一处，市区至青岛港、黄岛前湾港分别为40分钟和30分钟车程，距青岛流亭国际机场半小时车程，是山东省重要的交通枢纽和货物集散地。

胶州气候怡人，资源丰富

属温带东南亚季风型海洋气候，夏无酷暑，冬无严寒，四季分明，气候温和。年平均气温12度左右，年平均降水700毫米。盛产小麦、玉米、土豆、花生、辣椒、水果、蔬菜等。境内矿产资源丰富，现已开采或探明的矿藏如萤石、重晶石、石墨等均具有极高的经济价值。境内海岸线长约25公里，沿海滩涂5.6万亩。水产品品种繁多，盛产黄花鱼、带鱼、按鱼、镜蛤等。境内水资源丰富，大沽河等6条河流横贯东西，地下水资源15亿立方米。

胶州历史悠久，文化灿烂

4000多年前即有先民在这里繁衍生息，创造了新石器时代的三里河文化。因胶州扼海运咽喉，处陆运要冲，商业贸易相当发达，唐宋时期曾是全国五大商埠之一，明清时期曾有“金胶州”的美称。现有新石器时代集大汶口文化与龙山文化于一体的三里河文化遗址和清代著名书画篆刻家、“扬州八怪”之一的高凤翰故居纪念馆。近300年历史的胶州大秧歌至今保留着浓郁的地方文化特色，被誉为“胶东之花”的胶州茂腔独具艺术魅力。市内建有景色秀丽的胶州公园、西湖公园和艾山风景旅游区、胶河旅游度假区、国际社区等特色景观。

改革开放以来，胶州市曾连续二届进入全国县域经济基本竞争力百强县(市)、连续三届跨入全国综合实力百强县（市)、先后被命名为国家卫生城市、全国环境综合整治优秀城市、全国科技工作先进市和国家环境保护模范城市，是山东省首批小康县(市)之一。近年来，胶州市委、市政府紧紧围绕“苦干三年经济综合实力进入全省先进县市行列”的奋斗目标，积极实施外向带动、园区带动、骨干企业带动三大战略，突出建设“两园一城”，凝心聚力抓经济，千方百计促发展，全市经济和各项社会事业取得了显著成绩。2002年，完成国内生产总值151.29亿元，比去年同期(下同)增长21.0%，其中第一产业增加值19.53亿元，增长4.6%；第二产业增加值84.33亿元，增长27.2%；第三产业增加值47.43亿元，增长18.3%，三次产业比重调整为12.9:55.7:31.4。固定资产投资52亿元，增长45.4%；合同利用外资8.3亿美元，实际利用外资3亿美元，分别增长102.3%和71.0%；实际利用内资28.6亿元，增长87.6%。实现税收总额9.9亿元，增长29.9%；实现新口径地方财政收入4.9亿元，同比增长42.6%，按可比口径达到5.7亿元，增长30.9%。

对外开放成就斐然

全市上下牢固树立坚持发展靠外经的思想不动摇、对外开放在经济工作中的重中之重地位不动摇、党政一把手抓外经的做法不动摇的“三个不动摇”开放理念，形成了“千军万马招商、千方百计招商”的浓厚氛围。园区建设异彩纷呈。成功启动胶州湾工业园，集中开发“一区八园一长廊”，带动了镇镇都有工业园，园园都有新形象。东部工业区、重点工业园、镇村工业园联动发展，韩国、日本、台湾工业园特色聚集，海尔、澳柯玛等产业园包片开发，构筑起园区经济新格局。目前，全市已建成工业园区69平方公里，均达到“六通一平三化”。积极探索全民招商、专业招商、名企招商、节会招商等多种方式，充分发挥名企效应，着力吸引大高新企业落户。创新“胶治会”举办方式，变请进来为走出去，先后赴韩国、日本、四川成都举行大规模招商推介活动，取得良好成效。截至2002年底，全市已累计引进外资项目1103个，合同利用外资28.8亿美元，实际利用外资12.8亿美元。美国爱默生、法国拉法基等8家世界500强企业及海尔、中集等名牌企业落户胶州。全市已开工外资企业400余家，吸纳劳动力7.5万人。外贸出口企业328家，其中年出口过1000万美元的企业23家。出口市场进一步拓展，韩、美、日、欧等传统市场得到巩固，独联体、拉美、非洲等新兴市场得到开拓，与我市建立贸易关系的国家和地区已达到102个，出口产品达180多种。2002年实现出口创汇12亿美元，连续数年位居山东省各县(市)首位。

民营经济增势强劲

专门出台了发展民营经济“32条”扶持政策，并将利用民资情况纳入年度目标考核，放宽登记范围，放宽经营领域，降低准入门槛，鼓励更多人员从事个私经济，加快扩张总量。突出强化外向协作配套，引导个私业户围绕外企找门路，寻求技术、产品和生活服务配套，大力发展配角经济，年配套销售额2亿多元。2002年底，全市个体工商户达到2.5万户、私营企业3192家，从业人员7.3万人。积极培植大户，对年销售收入过500万元的民营企业进行重点扶持，带动壮大了铁塔、皮革、服装、农副产品加工四大优势产业。目前，全市私营企业注册资本百万元以上的412家，年销售收入1000万元以上的42家、过亿元的4家。外向型私营企业170家，科技型私营企业90家。以8处民营园区为重点，引导个私企业向园区聚集。加快扩张大椒、蔬菜等8家专业批发市场，充分利用民资推动胶州湾综合批发市场建设，吸纳更多个私业户入市经营。积极实施“百户进镇计划”，重点推进营海、胶东、李哥庄、北关、铺集等5处乡镇商贸街建设，进一步拓展个私企业发展空间。

高效农业迅速发展

突出“三抓一开发”，加快建设30处农业园区、7大良种繁育基地和4个标准化生产试验园区，全市粮经比达到4:6，初步构筑起了以畜牧养殖区、城郊型农业区、高效创汇农业区和胶州湾水产养殖带为重点的“三区一带”格局，成为全国无公害农产品生产基地示范县(市)。规模化养殖发展迅速，全市奶牛存栏达8000头，海淡水养殖面积6万亩，实现畜牧总产值13.35亿元，占农业总产值的35%。开开奶牛和新雅生猪养殖园被确定为全国农业科普基地。林业产业化步伐加快，山丘区开发成效显著，全年新造林3.8万亩，综合开发山丘区2.3万亩，北关永存万亩苗木基地被确定为全国标准化示范基地。大力培育农副产品加工龙头企业，全市具有一定规模的农副产品加工企业发展到216家，年加工各类农产品88万吨。具有地方特色的专业批发市场和集贸市场达到81处，年交易额31亿元。农村中介组织发展到1000个，农机总动力达到70.6万千瓦。全市形成了畜牧、蔬菜、花卉苗木、水产、果品五大高效主导产业。

现代工业突破发展

按照“在手项目抓到位，在建项目抓投产，投产项目抓增资，关联项目抓配套”的总体思路，突出抓好重点项目建设。2002年，确定了38个投资500万美元以上外资、1000万元以上内资重点建设项目，建立跟踪促进机制，加快开工建设，加大技改力度，激发企业活力。截至2002年底，全市限额以上工业企业工业增加值75.1亿元，实现利税11.6亿元，分别增长28.5%、0.3%，带动形成了金属结构、皮革制鞋、电子制造、食品加工等四大支柱行业，成为重要的集装箱、耐克鞋、铁塔、炭黑、船用锅炉生产基地。

第三产业蓬勃发展

充分发挥区位优势，发展临港经济。先后引进青岛福兴祥物流中心、青岛双星仓储中心等物流仓储企业10家，进一步提升了三产发展档次。规划建设了总投资5亿元、占地2000亩的胶州湾综合批发市场，对全市的木材、钢材和汽车配件市场进行搬迁、整合，西部市场群加速隆起。先后引进韩国PS、青岛国货、利群等知名企业，先后建起世纪大酒店、东方乐园、阳光大厦等星级宾馆和“韩国城”、诺贝尔山庄以及东苑绿世界、韩国餐饮一条街等，商住餐饮设施一应俱全。2002年，全市社会消费品零售额45.3亿元，增长13.1%；市场交易额41.4亿元，增长14.8%。

城市建设日新月异

牢固树立经营城市理念，按照规模做大、实力做强、功能做优、环境做美的要求，加快推进城市化进程。加速整合30平方公里工业区，快速启动10平方公里新城区，加大30平方公里旧城改造力度，初步构筑起70平方公里的现代化中等城市框架。多方投入资金10亿多元启动新城区，建起了3平方公里基础路网，机关办公大楼正式启用，公安大楼、广电大楼基本竣工，20万平方米住宅小区全面建成。实现土地收益1.56亿元，其中招标拍卖和挂牌出让收益1.31万元。吸引外资1200万美元建起了“韩国城”，利用BOT方式融资7500万元兴建第二污水处理厂，采用BT方式融资5000万元建设新城区广场，进一步提升了新城区建设形象。旧城改造有序推进，运用市场化运作方式，建起了世纪大厦等标志性建筑。积极实施实事工程,完善城市基础功能,城市绿化覆盖率达38%,人均公共绿地8.3平方米,供热普及率65%,被评为省级园林城市,在青岛五市中率先建成国家环境保护模范城市。深入实施"五个一"工程,小城镇建设力度不断加大,城镇集聚功能明显增强,李哥庄镇被评为全国创建文明小城镇示范点。

发展未有穷期,创新永无止境。随着经济全球化步伐加快,勤劳勇敢的胶州人民将按照"发展要有新思路,改革要有新突破,开放要有新局面"的要求,强化"工业立市、商贸兴市、特色活市、品牌强市"四种意识,大力实施对外开放、民营经济、城镇建设三大战略,加快建设加工制造、物流仓储两大基地,着力抓好农村经济、财源经济、科技教育、基础设施建设四大重点,尽快形成开放型、民营型、园区型、临港型、农副产品加工型五大特色经济,力争"十五"末经济综合实力跨入全国百强县(市)前50名,山东省前五名,成为江北对外开放(实际利用外资、出口创汇、涉外税收三项综合指标)第一县(市)。

山东省临邑县

临邑县辖7镇3乡一个经济开发区、855个行政村，总面积1016平方公里，耕地78万亩，人口52万。是国家批准的对外开放县，省确定的改革开放试点县。历史上曾出现过东汉的辞赋家祢衡、明末的书法家邢侗。境内石油、天然气资源丰富，胜利石油管理局临盘采油厂座落境内。

近年来，我们认真贯彻落实党的路线、方针、政策，坚持解放思想、与时俱进、真抓实干，全县经济和社会各项事业保持了较快发展。国内生产总值年均增长在17%以上、财政收入在28%以上、农民人均纯收入在8%以上。2002年，全县共完成国内生产总值45亿元，增长15.2%，其中一二三产业增加值分别增长4.5%、20.5%和15.6%；实现财政总收入27713万元，增长33%，其中地方财政收入18906万元，增长55%；农民人均纯收入2896元，增长10.6%；城乡居民储蓄余额19.6亿元，比年初增长11.8%。2003年我县的工作思路是：围绕实现两大目标（撤县设市、建设生态县），完成三大任务（工业大投入、城市大开发、农业大调整），强化四个保障（用十六大精神凝聚合力、招商引资广借外力、跑"部"进"省"争取国力、开拓实干启动内力），落实五项措施（城市资产经营、开发区建设、农业标准化建设、建立真正的"下评上、上评下"激励约束机制、企业厂长经理年薪制），做好六项工作（深入学习贯彻党的十六大精神，掀起全面建设小康社会的高潮；加强精神文明建设，构筑"新世纪、新临邑、新跨越"的平台；加强基层党组织和基层政权建设；做好油区工作；抓好稳定工作；搞好农村合作医疗试点）。

坚持"工业立县"的发展战略

始终把发展工业作为改变欠发达面貌、实现跨越发展的重要举措，每年的工业投入都在10亿元以上，每年都上一批投资超千万元的大项目。对恒源石化、克代尔啤酒等骨干企业，年年增投入、扩规模。克代尔啤酒几年时间由2万吨发展到了20万吨规模，2002年上交税金1776万元。昌源纸业上交税金1419万元。截止2002年底，全县上交税金超千万元的企业达6家。几年来，工业规模得到了快速膨胀，第二产业增加值由6.2亿元增长到20多亿元，三次产业比由"一二三"调整到"二三一"，工业经济已占据了国民经济的半壁江山。2003年我县确立了实施"百万工程"的工业发展规划，即：30万吨铸钢、20万张背投电视显示屏、10万纱锭、10万吨聚丙烯、10万吨玉米深加工、10万吨造纸和10万吨啤酒，"百万工程"总投资9.2亿元，项目全部投产后，年产值将达到40亿元。在抓好"百万工程"的同时，确定投资10亿元，开工建设十大重点项目，即：克代尔啤酒20万吨再扩建、洛北春酒厂搬迁扩建、盛达纺织10万纱锭、鲁北炭素6万吨/年预焙阳极、临盘热电联产、恒源石化3千吨/年钴酸锂及5千吨/年四氧化三钴、恒源石化8千吨/年叔丁醇、昌源纸业5万吨/年瓦楞纸、科影光学仪器20万张/年背投电视显示屏、大豆蛋白扩建及其系列产品加工。奥泰纺织、恒利热电、叔丁醇、昌源自备电厂等项目已投产或即将投产。投资2.3亿元的盛达纺织10万吨纱锭、投资5200万元的四氧化三钴及钴酸锂、投资4400万元的叔丁醇等8个超千万元项目已开工建设。投资1.4亿元的临盘热电、投资9700万元的昌源纸业5万吨瓦楞纸、投资4700万元的10万吨啤酒等10个项目正在筹划开工建设。为加大项目建设力度，县里成立了重点项目办公室，强化跑"部"进"省"，增加项目储备，加快发展工业步伐。1—3月份，全县共实施工业项目42个，总投资13.3亿元，已完成投入2.6亿元，同比增长62%。

坚持把招商引资作为经济发展的"助推器"

努力做好借助外力求发展的文章，把招商引资作为一项头等大事来对待。县乡都组建了专门的招商引资队伍。加强了与发达地区的联系，举办了两届临邑槐花节，突出了园区招商。计划用3—5年的时间，把开发区建设成总投资40—50亿元，销售收入100多亿元，利税20亿元，其中税收10亿元，提供2—3万个就业岗位的省级开发区。2003年以来，我县进一步加大招商引资力度，将任务层层分解到县乡领导干部身上。计划全年引进资金10亿元以上。当前我县正抓紧筹备第三届临邑槐花节。1—3月份全县共引进、续建项目53个，总投资额26亿元，其中客商投资24.6亿元，已到位资金6.9亿元。

坚持把调整农业结构作为农民增收的关键措

施

几年来,全县共压缩粮田面积30多万亩,发展蔬菜大棚、林果大棚6万个,种植中华寿桃、黄金梨、冬枣等名优果树3万亩,植桑2万亩,种植花生、油葵、苜蓿等经济作物5万亩。粮经作物比调整到了1:1。畜牧业,大力发展市场前景好的名、优、特、稀品种,小尾寒羊、波尔山羊等特色品种规模不断扩大,初步形成了黄牛养殖、奶牛养殖、特色养殖三大特色,奶牛专业村达到35个,奶牛存栏1500多头,规模小区和饲养场达到了150处,养殖专业村达到280个。水产业,形成了养鸭300万只、以临盘镇“浙江村”为中心的鱼鸭混养基地,以临邑镇为中心的淡水虾养殖基地。全县共建成农副产品加工龙头企业35家,建成农业科技园区16个,带动了全县农业产业化的发展。

坚持把民营经济作为加快发展的新生力量

按照市委、市政府的要求,我们始终把民营经济做为工作的一大重点,力度不断加大,措施不断加强,民营经济的规模不断膨胀,档次不断提高,已成为县域经济的重要支撑力量。到2002年底,全县民营业户已发展到1.14万户,其中私营企业995家,从业人员27566人。培植出一批规模大、效益好、科技含量高的企业,民营企业纳税额由3年前超百万元的1家,发展到超百万元的5家、超千万元的2家。在主导产业上,已形成了面粉、塑编、电磁线三大产业,其中面粉加工能力已达到120万吨,全县日加工面粉200吨以上的企业已达11家;塑编产业已形成3000台的规模,产品已打入韩国市场。

坚持把城市和市场建设作为拉动经济发展的重要手段

我县结合实际,提出了城市带动战略,按“东西对接”的工作思路,加大了城市建设力度。2002年,投资1亿多元建设完善了工人文化宫、县医院病房楼、客运中心、城区绿化工程、城区亮化工程等十大为民工程。今年围绕撤县设市这一任务,计划投入资金2.84亿元。在市场建设方面,提出以建设商贸型城市为目标,以培植大型专业批发市场为重点,进一步加大市场培育力度。2002年,全县共实施市场建设项目53个,总投资8.43亿元,其中投资在1000万元以上的9个,500—1000万元以上的6个。2003年我县将重点抓好鲁西北汽配大市场、副食品批发市场、临盘综合市场、韩国一条街等市场建设,搞好欧式商贸街、温州服装城、临南蔬菜市场、临盘禽蛋市场、商贸城、生猪交易市场等市场的培育和完善。鲁西北汽车配件大市场。占地126亩,总投资6000万元,计划到10月份建成营业。同时计划把生猪交易市场培育成年交易额超50万头的市场。力争到2003年末,全县市场成交额超亿元的发展到6处,超5亿元的3处。

坚持经济和社会协调发展

围绕实施可持续发展,提出了建设生态环境县的发展思路,建设了省级红坛寺森林公园。精神文明建设成效显著。积极开展省级精神文明先进县、省级双拥模范城等创建活动。文化建设成绩明显。群众文化活跃,广场文化、公园文化、社区文化、企业文化形式多样,新世纪广场连续两届被评为全省优秀文化广场。各项改革顺利进行。先后实施了企业改革、乡镇区划改革、农村税费改革、教育体制改革、县乡机构改革。在一系列改革中,乡镇区划改革是全省的试点县,其他几项改革是全市的试点县。在这些改革实施中,我县都能平稳过渡不出问题,并且每项改革都走在了全市的前列,受到市以上表彰。农村税费配套改革的经验,得到省委的肯定,省委书记张高丽,副书记姜大明,副省长黄可华分别做出批示,其经验做法在全省推广。

鲁东南经济大市——诸城

诸城市位于山东省东南部，东邻海滨名城青岛，南毗新兴港口城市日照，北依世界风筝都潍坊，西接沂蒙山脉。全市总人口105万，总面积2183平方公里，是全国沿海对外开放城市、综合体制改革试点市和乡村城市化试点市。

诸城历史悠久。汉代置县，宋代称密州，是密州州治所在地。诸城物华天宝，人杰地灵。古代曾涌现出舜帝、公冶长、张择端、赵明诚、刘墉、丁耀亢等一大批名人，宋代大文豪苏东坡曾任密州太守两年，在这里写下了《水调歌头·明月几时有》等千古绝句。在近现代文学史上，涌现出了王统照、臧克家、王愿坚、陶钝、崔克、李仁堂等一批文化名人和电影表演艺术家。党的"一大"代表、山东党组织最早的组织者和领导者王尽美，也诞生在这里。诸城又称"龙城"，地下恐龙化石蕴藏丰富，被誉为"世界之最"的鸭嘴龙化石就出土并陈列于诸城。诸城又被人们誉为改革之乡。党的十一届三中全会以来，农业上，探索推行了商品经济大合唱、贸工农一体化和农业产业化，是农业产业化的发源地；工业上，在全国率先推行股份合作制改革，并推进"四扩一调"和组织形式升级，加快了工业经济发展步伐；精神文明建设方面，大力实施为民服务联动，提高了社会文明程度。全市经济从1980年到1991年国内生产总值翻了两番，到1996年又实现了第三个翻番。2002年，全市完成国内生产总值113.1亿元，实现财政总收入8.2亿元，在第二届全国县域经济基本竞争力评价中列百强县(市)第54位。党和国家领导人江泽民、李鹏、朱镕基、李岚清、温家宝、贾庆林、曾庆红、吴官正等先后到诸城视察。

诸城经济具有鲜明特点。农业基础雄厚。诸城是全国农业产业化的发源地，目前，全市已培育起肉鸡、生猪、黄烟、粮油、蔬菜、果品、万寿菊等12大主导产业，被国家和山东省确定为粮食、主料烟、生猪生产基地；各类加工龙头企业900多家，年加工能力300万吨，外贸公司、得利斯公司被列入国务院确定的全国重点扶持龙头企业；全市农产品基本达到绿色无公害产品的要求，创出了一批名牌产品，得利斯被评为中国驰名商标；肉鸡、色素、黄烟等大宗农产品在国际市场上占据了一定份额，年农产品出口创汇1.5亿美元以上。工业门类齐全。在全国率先推行中小企业股份合作制改革，发展起了食品加工业、纺织服装业、机械制造业"三大产业群"和外贸城、汽车城、纺织城、食品加工城"四大工业城"。一批骨干企业迅速崛起，全市大中型企业48家，省以上企业集团29家，利税过千万元的企业17家，其中5家过亿元。第三产业发展迅速。城乡集贸市场发展到133处，各类网点4万处。其中龙海水产城年交易额超过25亿元，成为江北县级最大的鱼市之一。对外开放进一步扩大。全市建成三资企业260家，自营进出口企业71家，与世界上60多个国家和地区建立了经贸联系，2002年实现出口创汇2.7亿美元。

山东省蓬莱市

蓬莱市地处山东半岛最北端,濒临渤、黄二海,是沿海开放城市之一。总面积1207.2平方公里,海岸线长86公里,50万人口,辖8个镇、5个街道办事处、1处省级经济开发区、1处省级旅游度假区和1处临港工业区。

蓬莱是著名的历史文化名城

蓬莱一名源于汉武帝时代,从唐贞观年间至民国初期,蓬莱一直是胶东地区的政治、经济和文化中心,历史文化积淀深厚,文物古迹众多。境内有驰名中外的中国古代四大名楼之一的蓬莱阁,有迄今保存最完整的中国古代水军基地—蓬莱水城,有民族英雄戚继光表功祠和戚家牌坊,均属于国家重点文物保护单位。

蓬莱是著名的海滨风景旅游城市

这里有"海市蜃楼"奇观,有"八仙过海"的传说,有独特的黄金海岸,融合海岛自然风光,素以"人间仙境"著称于世,年接待中外游客200万人次。

蓬莱是中国北方重要的港口城市

蓬莱港旧称登州港,唐代时就与泉州、扬州、胶州并称为中国四大古港,日本第一批遣唐使就由此登陆到西安;近代又成为中国四大通商口岸之一。目前已建成港口3处,万吨级以上泊位4个,年吞吐能力1000万吨以上,蓬大、蓬旅客货滚装运输航线,是连接华东与东北距离最短的"黄金水道"。1996年,蓬莱新港被国家批准为一类开放口岸,并配套建设了海关及查验机构,现已开通至日本、韩国、朝鲜、新加坡等14个国家和地区的航线。

蓬莱资源比较丰富

黄金储量大,品位高,2001年黄金产量15.6万两,为全国第三产金大县。蓬莱是全国优质红富士苹果和全国为数不多的优质酿酒葡萄的重要产区,又是全国重要的海珍品增养殖基地,2001年水产品总量35.8万吨,居烟台市第一,全省第二位。蓬莱以北39海里,发现了储量达6亿吨的全国最大海上整装油田—蓬莱19—3油田。

近年来,我们立足蓬莱区位优势、园区优势、资源优势、产业优势和人文优势,确立"抢抓机遇,巧借外力,膨胀总量,跨越发展"的总体思路,集中精力抓落实,国民经济和社会事业发展取得显著成绩。2001年,实现国内生产总值81.9亿元,地方财政收入3.18亿元,全社会固定资产投资21.1亿元,城乡居民储蓄余额48.8亿元,农民人均纯收入3765元,分别增长13%、53%、64.8%、29.5%、11%和8.2%。先后荣获中国优秀旅游城市、全国科技实力百强县、全国文化先进市、全国体育先进市、山东省双拥模范市、山东省信访工作先进市和第四、第五届精神文明建设工作先进市等荣誉称号,连续三年保持全省社会治安综合治理模范市荣誉。

调整经济结构,膨胀主导产业

蓬莱市立足实际,以发展特色经济为目标,大力调整产业结构。2001年,全市三次产业比达到17.7:45.3:37,形成了极具竞争力的七大优势主导产业:一是旅游业。连续投入4亿多元,先后完成田横山文化公园、戚继光故里、蓬莱西苑景区、登州博物馆、别墅区改造、八仙雕塑建设和八仙渡改造等10大精品工程,引进北京中安达、滨海仙境园、水城原貌恢复等3个投资过5亿元大型旅游项目,全市旅游区规划面积由0.8平方公里扩大到目前的25平方公里。2001年,"五一黄金周"期间蓬莱旅游收益一跃成为全省第二,荣获"中国优秀旅游城市"称号,蓬莱阁景区被评为全国"AAAA"旅游景区。2001年旅游门票收入实现6800万元,综合收入10亿元。二是黄金工业。坚持开采与加工并举,地表工业与地下工业并举,2001年,在稳定提高黄金产量基础上,依托黄金工业园和黄金新园,引进了蓬港金业和金龙不锈钢等6个项目,总投资达2.5亿元,积极做好黄金深加工和工业应用文章。三是酒类饮料业。以建设"名酒城"为目标,立足蓬莱葡萄种植优势,先后引进了中粮、王朝、华鲁、万达、大红鹰等葡萄酒企业,总投资2.5亿元,加上市内20多家民营葡萄酒企业,目前已形成4万吨的葡萄酒生产规模。最近,又争取中粮公司在我市建立葡萄酒庄园,并于日前通过专家评审,同时还与菲律宾康达集团洽谈引资建设葡萄酒庄园,与中国农业大学合作建设葡萄酒学院等项目等。为做大葡萄酒产业,聘请全国20多位葡萄种植和酿酒专家,对蓬莱葡萄产业发展进行了规划论证,成立了蓬莱产区葡萄与葡萄酒商会,努力争取"绿色产品"的认证,申请"蓬莱葡萄酒原产地域保护",为进一步膨胀葡萄酒产业开辟了更为广阔的空间。除葡萄酒，还引进青啤、古井等国内知名企业，形成了13万吨啤酒和2万吨优质白酒的生产能力。2001年，全市酒类饮料销售收入8.5亿元，实现利税1.6亿元。四是食品加工业。围绕水产品、果品、肉食鸡、蔬菜四大板块，扶持京鲁渔业引进北京水产总公司投资2.5亿元在加工区兴建占地460亩的海洋食品工业园，达产后，年加工能力1.8万吨，可实现产值7亿元，利税5000万元，出口创汇5000万美元；规划建设了占地3平方公里的海洋食品加工园，目前，已有18家个体民营企业进区经营，总投资2亿元，年加工能力3.5万吨，达产后，年创汇5000万美元；培植起外贸集团、民和牧业、园艺场、龙丰制粉、鑫源工贸、三和食品等产业化龙头，其中民和食品有限公司是一家民营性质的股份制企业，资产总额2亿多元，2001年销售收入2亿多元，已通过ISO9002国际质量体系认证，正在争取上市。五是木材加工及建材业。引进建设了环球木业、君浩木业、华和木业等骨干企业，规划建设了2000亩木材工业园，形成板材、家具及其他相关产品共同发展的主导产业群；引进菲律宾康达集团投资9000万美元开工建设了150万吨回转窑水泥项目、投资5000万美元的丰德陶瓷项目，水泥建材产业的主导地位进一步突出。六是医药及石化工业。加快推进金创药业、京蓬药业、华茂公司、蓬莱制药、华泰制药、融海制药等企业的挂靠联合、技术改造和产品开发，先后与北大、清华、华东理工、复旦等近20家高等院校以及杜邦、拜尔等世界知名医药化工企业建立了合作关系。特别是2001年，依托华泰制药成功引进了北大高科启动了生物制药项目，首开全市传统产业与高新技术产业相嫁接的先河。同时，引进青岛广源发集团投资6.5亿元建设沥青加工项目，全部达产后，年可生产沥青100万吨，实现销售收入38亿元，利税2.5亿元，目前正在栾家口建设5万吨原油码头。七是机械重工业。立足传统产业基础，在南王工业园内规划建设了山汽改工业园，促成企业确定“退城进园”加速规模膨胀；立足蓬莱港口优势，先后引进美国巨涛海洋重工、永和重工等项目；最近又引进新加坡莱福士造船公司投资5亿元，在蓬莱新建大型造船厂，建成后将成为我国北方重要的造船基地。

打造招商平台，发展开放型经济

蓬莱瞄准国内外两种资源、两个市场，大搞招商引资和开放式重组，借助外力培育新的经济增长点。在载体建设上，重点加强园区建设，建成旅游度假区、经济开发区、西城临港工业区和大辛店、刘家沟工业园“三园三区”，为开放型经济发展构筑了新的平台。目前，全市完成园区基础设施投入7.5亿元，面积达到50.1平方公里。最近又在原有园区基础上，积极推进优势整合，将经济开发区、刘家沟工业园、登州工业园、紫荆山工业园和南王工业园统一规划，形成一个大的工业园区，进一步优化布局，全面增强了对外吸引力。在政策服务上，相继研究出台了《优化全市经济发展环境的意见》、《关于处理干扰阻碍经济发展环境问题的暂行规定》、《关于进一步加快园区发展的意见》、《关于进一步加大招商引资力度，促进全市经济跨越发展的意见》等一系列文件政策，全面加大措施，扎实推进政府职能由管理型向管理服务型转变、由管理服务型向招商服务型转变，营造环境竞争优势。一是提速增效：建成4000平方米的“便民服务大厅”，以此为主阵地，推行“一厅式”服务，首接负责制和服务承诺制，完善服务内容，提高服务效率。目前，进厅部门已达28个，做到了投资手续一厅办理，限时办结，极大地增强了对外招商吸引力。二是全面减免收费：对于进园区项目实行“无费区”政策，规定凡在三区投资500万元以上、三园投资200万元以上、园区以外投资1000万元以上的生产性项目和旅游项目，地方性收费一律予以减免，解缴上级收费严格按照最低限收取，涉及项目建设的各类有偿服务费用，全部减半收取。三是开通“绿色通道”：对在蓬投资过500万元的外商和高级管理人员，市政府发给“绿色通道证”，在旅游、交通、就医、子女入学入托等方面给予高规格礼遇，全面营造出“亲商、安商、富商”的社会氛围。四是加强民主监督。设立了外商投诉中心，坚持24小时值班，全面负责处理外商投诉。目前，已受理24起外商投诉案件，全部得到妥善解决，外商反响很好。实行了纳税人评议政府职能部门的“下评上”制度，每半年，由纳税人对政府职能部门进行一次评议，受到了各类投资主体的一致欢迎。在组织招商上，一方面，强化全员招商。从班子成员、乡镇、部门、村和企业五个层次入手；实行目标责任制和政策激励制，全面激发招商工作积极性；另一方面，强化专业招商。设立了招商促进局，面向全国以年薪12万元和7.2万元聘请了局长、副局长，在全市考选优秀人才充实力量，进一步优化了招商机构设置与人员配备,大大提高了招商成效。近年来,共引进国内外项目200多个,吸纳资金9亿美元。环球木业、青岛啤酒、北大高科、巨涛重工、华美半导体、康达水泥、中安达旅游、广源发集团等30多个国内外著名大集团、大企业进驻蓬莱,其中7个项目投资超过5亿元。两年内蓬莱可形成中粮葡萄酒、环球木业、黄金集团、海洋食品工业园等12个利税过亿元的企业。

加快城市化进程,建设现代化旅游城市

蓬莱市坚持"突出重点,集约投入,分步实施"的工作思路,全力完善城市设施,加快城市化进程。一是高起点规划城市。从天津请来一名专业教授担任科技副市长,主抓城市规划;专门从财政拿出300万元,用于城市总体规划修订,同时加快区域详细规划编制。近年来,先后从清华大学、同济大学聘请专家学者组织了20多次评审,目前市区详规覆盖率达90%,进入全国县级先进行列。二是高品位建设城市。老城区主要实行保护性开发,工业企业逐步"退城进园",目前全市"退城进园"工业企业将达到12家;新城区和东西两翼按照现代化城市要求,引入市场机制,大力实施精品工程。近年来,先后完成40多条、300公里城镇主干道路建设,其中,高标准建成25公里海滨观光大道和海滨广场、八仙雕塑等一批精品工程和标志性工程,文化广场进入"全省十佳广场"之列;100%的镇和42%的村通上了硬化道路。开工建设3个5万吨级码头;新建1处旅游飞机场、2处供水工程、1处污水处理厂,完成城区电网配网自动化建设和全市农村电网改造,城市功能进一步完善。新建绿地60万平方米,城市绿化覆盖率达49.2%。三是高效能管理城市。适应城市化要求,结合乡镇撤并,在城区设置五个街道办事处,并全面加快了城区"村改居"工作,强化社区居委会工作职能,充实工作队伍,构建起"一级政府,三级管理"框架;大胆改革户籍制度,膨胀城市规模,"十五"期末城区人口可达20万以上,成为中等城市;建立健全专业执法队伍,进一步强化执法主体;集中搞好城市综合治理,重点整治"脏、乱、差"现象,初步树立起文明城市的形象。四是高水准经营城市。引入城市经营理念,通过拍卖钟楼路和登州路保洁权、绿化管理权,市场化运作黄海花园,实现政府收益5000多万元,推动城市发展逐步走向了"以市养市"的良性循环。同时,加快小城镇建设,建成大柳行、北沟、村里集三大产业镇,大辛店、北沟被列入为山东省小城镇建设试点镇行列。

推动精神文明建设,实现社会全面进步

蓬莱市是"国家级星火技术密集区",全市高新技术企业28家,科技进步对经济增长贡献率达58%。蓬莱文化教育事业繁荣。全市拥有各类学校210所,大中型文化广场10处,每年举行大型文化活动20多次,其中,一年一届的"中国·蓬莱'和平颂'国际青少年文化艺术盛典",吸引十多个国家和地区的数万青少年会聚蓬莱,使蓬莱成为了一座名符其实的"国际和平城"。体育工作成绩显著,多次承办国家级、省级体育赛事,被命名为"山东省田径之乡"。城乡医疗机构发达,"一级乙等"以上医院占86.4%。社会保障体系完善,农村社会养老保险覆盖率95%,城镇职工养老、医疗保险覆盖率97%。全市计划生育率99.7%,人口自然增长率-0.74‰。环境保护工作名列全省前茅,全市建成污水处理厂3座,垃圾无害化处理场1座,水环境质量、空气环境质量均达到国家环境功能区划标准。

山东省庆云县

庆云县隶属山东省德州市，辖4镇4乡、381个行政村，总面积502平方公里，耕地面积44.7万亩，人口30万人，是山东省的“改革开放试点县”和德州市的“放开搞活试点县”。

区位优势明显

庆云县地处两省、三市、五县交界处，北靠京津，面向济南，座落于华北、胜利、大港三大油田中心，位于环渤海经济带内，素有主要进京门户和山东北大门之称。国道205线和省道315线、246线穿越县城。“十五”期间将建成投入使用的津淄高速公路和环省高速公路于此交汇，与京沪、京福、京津塘、济青和环渤海高速公路相通，途经庆云的京沪高速铁路已在设计勘测，形成四通八达的交通网络。国家“西气东输”工程的主要支线之一途经庆云，2003年城区可用上天然气。

特色经济强劲

近几年，庆云县按照“商贸兴城，以商促工，工业立县”的发展思路，立足实际，居弱图强，扎实苦干，市场建设高潮迭起，工业园区快速膨胀，民营经济铺天盖地，骨干企业迅速壮大，城市建设日新月异，呈现出勃勃生机和旺盛活力。一是迅猛崛起的北方商贸名城。成功运用市场化融资方式，吸纳社会资金7.2亿元，先后建成了小商品、服装、建材、科技五金、粮油、农贸农资、兽药饲料、旧货、金融机具等18个专业批发市场，市场总面积达到131万平方米，市场内商贾云集，各类经营业户达3000多家，商品4万余种，有500多家全国知名厂家在此设立了总经销、总代理，交易火爆。2001年市场交易额达50亿元，2002年有望突破80亿元，交易范围涉及19个省市的100多个县市，初步形成了南义乌、北庆云的小商品集散格局，北方商贸名城已初具雏型。力争用2—3年时间，建成由30多个专业批发市场组成的冀鲁边界最大的市场群，年交易额突破100亿元。同时，先后举办了中国庆云小商品、糖酒副食、农资农牧、2002中国庆云小商品博览会等大型交易会，成立了市场发展局和庆云商城集团，市场的形象、管理水平逐步升级，现已被列入山东省五大重点现代专业批发市场之一。

二是快速发展的经济开发区。总规划面积10平方公里的德州渤海经济技术开发区，按照“一区多园”和“园中园”的标准，高起点的规划、高标准建设、高速度招商、高质量服务、高效益发展，走四位一体，综合开发之路，不断加大基础设施投入，千方百计引进项目，规模得以迅速扩大。目前，入区企业达98家，投资额达6.1亿，有48家企业建成投产，累计完成销售收入4.6亿。

三是日益壮大的骨干企业。着力培植了东渡畜禽加工有限公司、中澳禽业有限公司、鼎力枣业食品有限公司、联发不锈钢有限公司、科技实业、庆元电子、金融电子集团等一批骨干企业。尤其把东渡、中澳、鼎力三个农业产业化龙头企业作为拉动农民增收、财政增长的重中之重来培植，集中工业口和农业口的力量，全力构筑“顶天立地”之势。中澳企业拥有固定资产1.2亿元，2002年又新上6000吨熟食产品加工项目和日宰杀5万只肉鸡的生产线；鼎力枣业食品有限公司新上天然红枣汁饮料项目，填补同类饮品空白，被国家评为“绿色食品”，年生产能力达到2万吨，可实现销售收入8000多万元，利税2100多万元。东渡畜禽已通过欧盟注册，达到日宰杀肉兔3万只的规模。

四是势头强劲的民营经济。按照“横抓特色经济，纵抓特色乡镇，一村一品，一乡一业，纵横结合，整体推进”的工作思路，大力发展围绕市场搞加工，力促民营经济铺天盖地。全县8个乡镇中有7个有了自己的特色产业，初步形成了小商品、小电子、金融电器、建材、低压电器、绳网等多个加工区，形成1个产业乡，66个专业村，从事小型加工总户数达到4864户，从业人员2.6万人。

五是日趋合理的农业产业结构。积极适应加入WTO的新形势，立足资源优势，加快产业结构调整步伐，形成了枣、菜、畜牧三大主导产业。目前，全县枣树已发展到1000万株；肉食鸡、肉食兔的养殖规模不断扩大，形成了各类养殖小区25个，年出栏量分别达到300万只、500万只；蔬菜种植面积发展到8万亩，庆云大叶香菜已被国家注册，远销京津及东北三省。

投资环境优良

在硬环境上，按照“小县城、大县域”的发展格局，突出城市个性和魅力，高起点规划，高标准建设，高水平管理，投入资金5亿元，完成了街道改造、供排水、供电、通讯等一批大型基础设施建设项目,推行了以净化、亮化、绿化为主要内容的市容市貌管理。现在,城区面积发展到8.4平方公里,楼房错落有致,道路宽敞,街巷整洁,夜景更是亮而美,是一个适宜投资发展的理想之地。

在软环境上,努力营造公平的经营环境、良好的治安环境、优质的服务环境和公开透明的执法环境。在全国率先成立了经济环境保护委员会和“经济110”,进一步规范税费征管,加大对“三乱”、“五霸”的打击力度,为外地客商建立联系档案,发放了特别保护证,车辆特别通行证和税费明白卡,强化了对外商的保护和管理。成立了“一站式服务大厅”,坚决落实好“一门管理、联合审批、一次收费、限时办结”的服务宗旨,投资者所需的手续在一个工作日内办结,特需审批的项目,不超过三个工作日,最大限度地提高了办事效率。

开放氛围深厚

庆云始终把对外开放、招商引资作为推动经济快速发展的重中之重,突出其战略地位。先后出台了招商引资若干优惠政策,开展了“招商引资年”和“招商引资攻坚年”活动,大打招商引资的人民战争。目前,“走进庆云门,就是庆云人,来到庆云县,事事都好办”和“知商、重商、爱商、富商”已成共识,共有来自全国20多个省市万余名外商在庆云投资经营。2001年全县合同引进资金达到8.79亿元,到位资金6.35亿元。今年又跨上一个新的台阶,全年引进资金可超过10亿元,项目300多个。

“改革的庆云政策最优惠、开放的庆云环境最宽松、发展的庆云服务最优质”。热情好客的庆云人民竭诚欢迎广大有志之士前来投资兴业,共谋发展!联系电话:0534—3321087 3321083

山东省乳山市

乳山市位于胶东半岛东南端，因境内“大乳山”而得名。历经几次撤立变革，于1962年正式复县，1993年撤县设市。全市人口60万，面积1668平方公里，辖2个省级开发区、14个镇、1个街道办事处，601个行政村。地方财政收入跻身全省县级前20位，在第二届全国县域经济基本竞争力100强中位居第62位。

资源充足，物产丰富，素有“金岭银滩”之誉

乳山市是山东省外向型农业示范区，盛产花生、苹果、水产、丝绸等，是著名的“水果之乡”和“水产之乡”。境内海岸线长185公里，盛产鱼、虾、贝、藻等100多种海产品，是全国有名的“牡蛎大市”、“海参大市”。矿产资源尤其是黄金资源丰富，年产黄金10万两以上，居全国县级第5位，花岗石储量70多亿立方米，产品在国内外市场深受欢迎。

依山傍海，环境优美，是最适合人类居住的城市之一

属典型的暖温带海洋性季风气候，冬无严寒，夏无酷暑，四季分明，气候宜人。城市绿化覆盖率达41%，人均绿地面积16平方米，大气、水质、噪音等质量均优于国家标准，是全国环保模范城市；旅游资源丰富，已顺利通过了中国优秀旅游城市检查验收，其中素有“天下第一滩”美誉的国家“AAAA”级旅游区—银滩旅游度假区，林秀海碧，沙白水洁，拥有长达20公里的沙滩和可同时容纳15万人的海水浴场，是旅游、疗养、避暑和度假胜地；岠嵎山国家级森林公园树木葱茏，奇石林立，是山东省面积最大、山石景点最多、种类最全的旅游地之一。

条件优越，设施完善，是全国投资百强城市之一

乳山市与日本、韩国隔海相望，位于沿海开放城市青岛、烟台和威海三市中心地带，市区至青、烟、威三市路程均在1个半小时以内，相当于同时拥有青岛、烟台、威海三大机场、三大港口、三大火车站，海陆空交通十分方便。城市承载功能强，基础设施完善，近年来投入10多亿元资金用于城市改造和基础设施建设，全市形成了“三横四纵一环”高等级公路框架，青威高速公路、309国道、济威铁路横贯全市，市区日供水能力10万方，程控电话总量15万门，是国内外客商投资置业的黄金热土。

经济发达，后劲充足，是一个发展迅速的沿海开放城市

全市拥有黄金、化工、机械、建材、服装、食品等30多个行业、3600多家企业，已与40多个国家和地区建立了经贸合作关系，兴办外贸生产企业280多家，累计利用外资项目500多个，合同利用外资近10亿美元，实际利用外资4.1亿美元。2002年全市完成财政总收入5.38亿元，增长12.59%，完成地方财政收入3.7亿元，增长23%。

社会繁荣，文明进步，两个文明建设同步发展

乳山是儒教之邦、礼仪之乡，科技教育事业十分发达，高考升学率一直名列山东省前茅。乳山人民素以勤劳朴实、诚实守信、文明善良、热情好客著称于世，民风淳朴，社会秩序井然，曾先后荣获“全国科技实力百强县(市)”、“全省社会治安综合治理先进市”、“全省精神文明建设工作先进市’、“全省双拥模范市”“全国县域经济基本竞争力百强县(市)”等荣誉称号。

近年来，乳山市始终坚持以邓小平理论和“三个代表”重要思想为指导，牢牢把握经济建设这一中心，以建设“小而特、富而美”新乳山为目标，大力推进区域经济超常规跳跃式发展，全市经济稳中快进，活力大增，后劲趋强，呈现出强劲的发展势头。结合本地实际，乳山市在经济发展总体思路上一贯秉承“借外兴内”理念，深入实施了“借韩、借青、借旅”三大战略。借韩，就是利用与韩国地理接近的区位优势、与韩国安山等八大商工会所和韩商交流频繁的感情基础、在乳韩资项目的示范效应，积极吸引更多的韩资企业来乳投资，把乳山建成韩国的加工贸易基地；借青，就是借助青岛雄厚的经济势力、较高的知名度，多方法、多途径搞活与青岛的合作，加快融入环青岛经济发展带，把乳山建成青岛的加工配套基地；借旅，就是发挥良好的旅游资源优势，以融入环青岛、环渤海旅游圈为方向，全面加快旅游业发展，把乳山建成闻名中外的滨海旅游胜地，借助旅游业带动乳山经济的更快腾飞。

在经济总体布局上，始终围绕“三区兴城、四带兴经”来展开

“三区兴城”，就是加速城区、开发区、度假区的膨胀发展、对接融汇，以城带区，以区促城，加快建设生态型花园式松散状滨海新城。“四带兴经”，就是全力培育以经济开发区为龙头，融城区街道、金三角、城东、乳山口等工业园为一体的环城工业隆起带；以银滩旅游度假区为龙头，融岠嵎山、大乳山、东部海湾等旅游景点为一体的环海旅游经济带；以山东省海水农业科技示范园为龙头，融沿海各镇水产养殖为一体的沿海渔业产业带；以农字号加工企业为龙头，融309国道两侧的下初葡萄、育黎萝卜、崖子苹果等为一体的沿路高效特色农业带，形成“带形块状”经济发展新格局。

在具体发展思路上，始终做到“两轮齐驱、三力共促”

“两轮齐驱”，就是突出对外开放、民营经济两大动力。在对外开放上，以项目为主导，以园区为载体，突出引资促开放。重点抓了经济开发区、银滩旅游度假区和城区工业园、金三角工业园等“两区八园”的建设，鼓励有条件的镇、村、企业参与园区开发，实行市办、镇办、村办、民办(民营企业)、外办(外商)、企办六种模式一齐上，各类园区一齐上，加快建设“仿真式”工业园区，全市已建设各类园区18个。在民营经济上，大力实施“三个五”和“十百千”工程，突出抓民营经济总量的扩张。“三个五”，就是按3年每年新增个体工商户5000户以上的速度增长，到“十五”期末总数达到4万户以上；“十百千”，就是通过壮大华隆食品、华绣制衣、环球塑业等10家龙头企业，培育100家民企中坚，力争到“十五”期末，全市利税过千万元的民营企业达到10家，过200万元的达到100家，过50万元的达到1000家，民营经济对地方经济的贡献率达到45%以上。目前，全市共有民营企业897家，个体工商户3.2万户，民营经济对地方财政收入的贡献率达到34%。

“三力共促”，首先是加快调整增应对力。工业，积极加大技改投入促增量，每年完成技改投入10亿元左右，重点膨胀壮大黄金、食品、服装等支柱行业，巩固金洲、金华、中鲁3个亿元利税企业以及华隆、双连、笙歌等40个利税过500万元骨干企业，这些企业年实现销售收入、利税和利润均占全市总额的7成以上。农业，立足于应对入世，加快农业生产标准化、特色化、生态化和组织化进程，规划了崖子果品、白沙滩大姜等7大标准化无公害农业基地，形成了以崖子镇4万亩优质水果、下初镇1万亩葡萄、白沙滩镇1.5万亩大姜等10大特色产业镇，“垛山”苹果、“白沙”大姜等绿色无公害农产品已初具品牌效应。其次是加大投入增后续力。在对外招商多引资、发展民营多聚资的同时，坚持跑部进厅多争资、挂靠强企多借资、银行搞活多贷资、经营城市多活资，积极拓宽渠道，千方百计加大投入力度，2002年全市完成固定资产投入30亿元，是近年来投入最大的一年。特别是坚持把城市作为项目来建设、作为资本来经营、作为产业来发展，积极做活以地生财、以地养城文章，2002年全年经营城市收入近亿元，其中实现土地收益7000万元，并创下了每亩土地118万元的拍卖纪录。第三是优化环境增吸引力。在硬环境建设上，大力推进以城区互促、园城共进为重点的“三区对接”工程，以城市改造、绿化亮化为重点的城区“三年改貌”工程，以“治四乱一规范”为重点的管理升级工程，以植树造林为重点的城市生态绿化工程，环境对经济的拉动作用明显增强。在软环境建设上，结合推进机构改革工作，进一步简化程序，提高效率，加快政府职能转变。在设立运作好建设服务、涉外服务两个“集中服务大厅”的同时，加快运作项目审批服务大厅，引导各职能部门强化服务观念，优化服务环境；对各类投资项目，从项目论证、审批、建设、生产等各个环节提供“一条龙”服务，为对外开放、经济发展创造了宽松环境。

迈向现代化的新滕州

滕州市位于山东省南部，东依沂蒙山，西濒微山湖。1988年撤县设立县级市，总面积1485平方公里，现辖21个镇(街道)，1220个行政村(居)，总人口156万，是山东省人口最多的县级市。2002年，全市国内生产总值完成140.5亿元，同比增长13.6%；全社会固定资产投资完成27.3亿元，增长30.6%；实际利用市外资金26.9亿元，增长23.4%；境内用电量21.5亿千瓦时，增长11.5%；社会消费品零售总额48.8亿元，增长11%；境内财政总收入9.9亿元，增长29%，其中地方财政收入3.8亿元，增长35.9%；城镇居民人均可支配收入6129元，增长9%；农民人均纯收入3239元，增长5.8%。

历史悠久，文化丰厚

滕州史称“滕小国”，古为“三国五邑”之地，是商代始祖的发祥地。境内有“北辛文化”、滕国、薛国故城等古文化遗址，是“科圣”墨子和工匠祖师鲁班的故里；还有发明舟与车的奚仲、施行“仁政”的滕文公、善于招贤纳士的孟尝君、勇于自荐的毛遂、汉家儒宗叔孙通等历史名人，俊彩星驰，各领风骚，留下千古佳话。

区位优越，交通便利

滕州地处苏鲁豫皖交界的淮海经济区中心位置，自古就有“九省通衢”之称，是鲁南地区重要的交通枢纽，境内京沪铁路、104国道、京福高速公路、京杭大运河和即将建设的京沪高速铁路穿境而过，形成了四通八达的交通网络。

资源丰富，物产众多

滕州是全国有名的能源基地、建材之乡，境内探明矿产资源30余种，其中煤炭总储量37亿吨，被列为全国重点煤炭开发基地，素有“鲁南煤田”之称；水资源总量6.55亿立方米，是北方盛名的富水区；石灰石、大理石、河砂等均有相当储量。旅游资源丰富，特别是微山湖红荷湿地资源为华东独有、世界罕见。

产业发达，经济繁荣

农业生产条件好，平畴沃野，林茂粮丰，被国家定为商品粮基地、优质蔬菜基地、“中国马铃薯之乡”。2002年，全市农业增加值实现22.1亿元，同比增长6.7%；经济作物播种面积达117万亩，其中马铃薯播种面积达到41万亩，为全国最大的二季作马铃薯种植区；合同鸡兔养殖大棚达到10365个，合同鸡兔出栏量达到2662万只；鲁南牧工商公司被评为山东省农业产业化经营先进龙头企业；农副产品专业批发市场达到9处，各类营销组织达1.3万个，滕州蔬菜批发市场被农业部列为“全国鲜活农产品批发市场”。工业门类齐全，拥有煤炭、建材、纺织、机电、冶金、化工、卷烟、造纸、橡胶、食品等近40个门类。2002年，全市规模以上工业企业实现增加值19亿元，增长21.6%；销售收入72亿元，增长36%；利税8亿元，增长65.1%；利润3.9亿元，增长95.6%。大批重点项目开工建设。2002年开工建设投资1000万元以上的重点项目88个，计划总投资71亿元，其中投资过亿元的项目18个，5000万元—1亿元的项目9个；已竣工项目43个，累计完成投资26.2亿元。预计这批项目全部达产后，年利税可达15亿元，安置就业1万余人。民营经济发展迅速。2002年，民营经济完成增加值78.4亿元，同比增长15.6%；纳税额5.3亿元，增长47.4%；注册资金20.7亿元，增长28.6%；从业人员13.4万人，增长12.9%。第三产业繁荣活跃，超市、连锁经营、物流配送等现代服务业发展迅速，香港肇丰集团时代超市、上海华联超市、济南人民商场、南京万家利超市等知名企业纷纷登陆滕州；现代批发市场建设有较大进展，全市各类市场180处，年交易额近80亿元，其中荆西副食品和干杂海货批发市场，已跻入全国大市场行列，商品辐射到全国及泰国、新加坡、越南、香港等国家和地区。城市面貌日新月异。编制完成了52平方公里城区控制性详规并经市人代会审议通过，成立了土地储备中心和城市资产运营中心，城建和交通基础设施建设力度加大，城区规划面积达到106平方公里，城区人口近30万，城市化水平达37%。经济发展的外向度不断提高。2002年，全市“三资企业”发展到203家，拥有自营进出口权企业28家，出口商品达18大类、380个品种；实际利用市外资金26.9亿元，同比增长23.4%；进出口总额1929万美元，其中出口1735万美元，同比分别增长32.9%和56.9%。

环境优越，商机无限

近年来，滕州市坚持把环境建设作为加快发展的生命线来抓，弘扬“明礼诚信”风尚，强化“投资者是上帝,引资者是功臣”、“外商只管投资,其他一切由我们来办”、“宁肯自己受气,不让外商吃亏”的观念,完善招商引资优惠政策,推进行政“提速”,深化审批制度改革,加强投资服务中心、环境投诉中心、机关效能监察中心建设,整顿和规范市场经济秩序,加强信用体系建设,在全社会形成了亲商、敬商、重商、护商的浓厚氛围。真诚欢迎海内外有识人士来滕观光旅游,投资兴业,共谋发展,同铸辉煌!

中国山东滕州招商引资项目

序号	项目名称	规模及内容	总投资(万元)	合作方式	中方单位名称	联系方式
1	4000万只/年肉鸡加工生产线项目	新建日加工10万只肉鸡分割生产车间和5000吨冷库一座	6800	合资、合作	山东鲁南牧工商公司	李福琪 0632-5915018
2	屠宰加工120万头生猪生产线项目	大型肉联厂一座,土建投资1800万元,设备投资1200万元	4000	合资、合作独资	滕州市肉联厂	朱万紫 0632-5512443
3	年新增3000吨果脯生产项目	新上两条连续蒸煮和全自动烘干线,配套建设1000吨恒温库一座	2900	合资、合作设备引进、补偿贸易	山东省滕州市荆河酒业有限责任公司	韩建华 0632-5588296 0632-5583323
4	5万吨/年玉米酒精糟液治理综合利用项目	新建玉米油生产车间、饲料生产车间、污水处理场、20t/h锅炉、2000KVA变电室、循环水池各一座、改造酒精车间	6969	合资、合作或其它方式	山东省滕州市荆河酒业有限责任公司	韩建华 0632-5588296 0632-5583323
5	全生物可降解餐饮具及包装材料项目	8条年产4.8亿只食品包装及家电产品包装件生产线,需新建车间1万平方米,科技、办公、生活楼6000平方米	6008	合资、合作独资、控股等方式	山东益康集团	高敬方 0632-5961499 0632-5961196
6	辐照及辐照交联高性能电缆项目	新建辐照专用设备立塔及车间,国外购置高压辐照加速器,新上编织屏蔽机,以及其它基础设施建设	3960	合资、合作设备投资	山东华能线缆有限公司	曹秉营 0632-5578299
7	20万吨捣固炼焦技改项目	对原2×20孔70型焦炉采用捣固炼焦方式进行改造,新建一座38孔JN40型捣固焦炼炉,及煤气净化回收系统	4989	合资、合作、独资、BOT	枣庄矿业(集团)公司柴里煤矿焦化厂	张笃巨 0632-4055673
8	年产1万吨二甲醚技改项目	用煤气一步法合成二甲醚,因水、电、汽、压缩、冷冻、脱碳、制气、脱硫设备、设施都已具备,仅上合成、精馏设备	3445	合资、合作	山东信诚化工股份有限公司	陈至诚 0632-5682222
9	年产5000吨发酵甘油技改项目	对原有10万吨淀粉生产线进行技术改造	4600	合资、合作、独资	滕州市大宗集团	宗成乐 0630-2809168
10	数控设备生产、科研成果转化基地项目	生产数控成型设备910台,数控系统1500台套	4000	合资、合作	山东鲁南同锐公司	张晓明 0632-5556102
11	宽幅彩色三元乙丙橡胶复合防水卷材项目	新建厂房2000平方米,引进挤出压延复合生产线一条	9600	合资、合作	力华防水建材公司	朱应力 0632-5571575
12	年产9000万块煤矸石多孔砖项目	新建原料棚、原料制备车间、陈化室、成型车间	3000	合资、合作、独资	滕州市西岗镇经委	李国栋 0632-2102669
13	60万吨回转窑水泥生产线项目	拟新建一条年产60万吨回转窑生产线	16000	合资、合作、BOT	东郭水泥有限公司	巩延岳 0632-2520199
14	100万吨丘村煤田开采项目	新建年产100万吨原煤生产矿井一处	15055	合资、合作、BOT	郭庄矿业公司	张胜泽 0632-2115616
15	合资建设2×24MW热电联产项目	改造项目设计装机容量为2×24MW,配置3×130t/h的循环流化床锅炉,年发电量达3.75亿度	24600	合资、合作、BOT、TOT、参股经营	滕州市大宗集团煤矸石热电厂	宗成乐 0632-2809168
16	热电联产二期改造项目	新上一台1.2万KW背压式供热发电机组,两台75t/h循环流化床锅炉,并敷设10KM集中供热管网	5000	合资、合作、控股经营、BOT	滕州市汇金煤矸石热电有限责任公司	李志刚 0632-5584803-8008
17	微山湖湿地红荷旅游开发项目	一期投资1.8亿元,包括码头、道路、环保设施、宾馆、旅游配套服务设施等	46000	合资、合作、独资、BOT	滕州市滨湖镇政府	张宗辉 0632-2601116
18	滕州市皇城、莲青山旅游资源开发项目	一期开发八个旅游景点及道路、旅游设施建设	5000	独资、合资、合作	滕州市王学仲艺术馆	张宜楼 0632-5514578
19	战国科圣城	规划面积500亩,分为科技区、军事区、雕塑区、观染区、生活区、王府区、教育区、鲁班区、名人区、商品区等十大区	20000	独资、合资、合作开发	滕州市墨子中心办公室	李广星 0632-5512314 0632-5515017
20	科圣职业大学	占地500亩,建筑面积约10万平方米,在校生5000人	20000	合作、合资	滕州市高级职业学校	李维山 0632-5511403

孟子故里——山东省邹城市

山东省邹城市是我国春秋战国时期伟大的思想家——孔子和孟子的诞生地，素有“孔孟桑梓之邦，文化发祥之地”的美誉，是国家历史文化名城，新兴能源工业城市，国家首批对外开放城市。下辖14个镇、3个街道办事处，871个村(居)。境域面积1613平方公里，总人口111万。城区面积24平方公里，城市人口25万。改革开放以来，百万勤劳智慧的邹城人民乘开放东风，沐改革春雨，辛勤耕耘，奋力开拓，在这片富饶的土地上，创造出一个又一个辉煌业绩，一座光彩夺目的现代化城市正在崛起。2002年，全市国内生产总值完成160亿元，比上年增长15.2%；地方财政收入完成7.12亿元，增长27.4%。在第二届全国县域经济基本竞争力评价中，我市名列全国百强县(市)第30位、山东省第4位，综合经济实力在济宁市居首位。

区位优势独特

邹城市位于山东省西南部，地处京沪铁路和新日铁路交汇处，东倚沂蒙山区，西临鲁西平原，南襟徐淮要冲，北枕泰岱南脉与鲁都曲阜毗邻，全市地势东高西低，山区峰峦叠嶂，丘陵逶迤起伏，平原沃野千顷，三种地貌各占1/3。属暖温带过渡型季风气候，四季分明，气候温和，风光秀丽。

文化悠久灿烂

邹城市是一座有着3000多年历史的文化名城。1992年10月撤县设市，为山东省直辖县级市。这里人杰地灵，英贤辈出。有三迁择邻、断机教子、培养了“功不在禹下”的亚圣孟轲的世代贤母—孟母，与徐庶之母、岳飞之母并称的“中国贤良三母”；有被尊为万世师表的儒学亚圣——孟子；有名扬千古“一经传家”的西汉父子丞相——韦贤、韦玄成；有被传为世代佳话“凿壁偷光”刻苦治学的西汉经学家——匡衡……悠久的历史，灿烂的文化，给邹城留下了大量珍贵的历史文化遗产，境内共有各类文物古迹300余处，其中国家级重点文物保护单位2处，省级重点文物保护单位8处。那“云护宫墙春杳杳，露涵松桧晓苍苍”的三孟(孟庙、孟府、孟林)古建筑群，始建于北宋年间，虽然饱经岁月沧桑，却依然展示着往昔的风采；北朝“四山”(铁山、岗山、葛山、尖山)摩崖刻石是佛教文化及书法艺术精品，被誉为“大字鼻祖、榜书之宗”，是中国书法艺术的瑰宝；明鲁荒王陵称京南江北最大的地下宫殿；历史文化名山——峄山誉“邹鲁秀灵”、“岱南奇观”以奇石洞穴著称，凡来游客无不赞为“天下第一奇山”……人文景观与自然景观相辉映，形成了独具特色的“山·水·圣人”综合旅游区，是研究中国与东方文化的“历史博物馆”和著名的文化旅游胜地。

矿产资源丰饶

邹城市矿产资源丰富醠，共有8大类20余个品种，以煤炭、花岗石、石灰石为主，其次为黄沙、高岭土、石英石、大理石、重晶石等。境内藏煤面积357平方公里，地质储量41亿吨以上，设计年产能力3000万吨原煤的全国特大企业——兖矿集团和设计能力360万千瓦的全国最大的坑口电厂——邹县电厂均在邹城境内，煤电优势凸显，是国家重点能源工业基地。近年来，丰富的煤电资源，吸引了一批国内外客商来邹，合作发展了以消耗煤、电为主的大型钢铁、电解铝等生产加工企业，实现了“双赢”。

交通通信便捷

全市形成铁路公路、水路纵横交错、四通八达的交通网络和自动化程度较高的通信网络。市区距济南机场180公里，距济宁机场70公里。京沪铁路纵贯南北，新日铁路横穿东西，104国道、京福高速公路等10余条公路干线遍布全境，通车里程达600多公里。水运可由白马河经南四湖、大运河可直达宁、沪、浙一带。邮电通信发达，建成了先进的程控通信网络，市话交换机总容量已发展到20多万门，实现了村村通电话。

基础设施完备

新一轮城市总体规划于1998年实施，现已形成山、河、城一体，旧城风貌古朴典雅，新城景色气象万千，风格独特的城市格局。市区分为工业、商业、文化、生活、风景、旅游等若干区域，城市供水、供气、环卫、公交等配套设施健全完善。五年来，多方筹资10多亿元，重点实施了旧城改造、造绿、亮灯、城市容貌等工程。相继建成了能承接国际比赛的体育馆、游泳馆、山东省县级最大的博物馆、文化广场、污水处理厂等一批现代城市公益设施，形成了“园、场、馆”相映衬，满足人民群众文化、休闲、健身需要，现代文明与历史文化有效融合的独特风景线。建有高标准星级涉外宾馆5处,科技、教育、文化、医疗卫生发达,是山东省命名的鲁西南第一个省级卫生城市。

经济实力雄厚

丰富的资源,无尽的宝藏,发达的交通,优惠的政策,使邹城市经济建设和各项社会事业得到迅猛发展。农村经济形成区域化、特色化发展格局,盛产小麦、玉米、花生、大豆、蔬菜、苹果、大枣、板栗、核桃等农产品,是全国商品粮生产基地和油料生产大市。建成了核桃、石榴、大樱桃、大枣等10个万亩规模经济林。畜牧业以鸡、猪、羊、牛、鸭、鱼为主,规模养殖比重达到65%。工业经济实现跨越式发展,被列为山东省30个工业强县市之一,现已形成了以能源、精细化工、食品酿造、纺织、机械、新型建材等6大支柱行业为主、结构合理、特色突出的工业体系,产品品种3000多个,中成药、煤炭、尿素、氢氧化钾、高锰酸钾、油漆、啤酒、白酒、电子玻璃纤维、机械铸件、棉纺织品等40多种产品的产量和市场占有率在全省同行业居领先地位。在新材料、医药、生物应用等领域取得大进展,着力培植成新兴产业。大力发展第三产业,全市共有各类服务网点9000多个,大型零售市场10个,各类市场78个,已发展成为鲁西南地区主要的商品集散地。加大了招商引资力度,不断优化发展环境,吸引来自美国、日本、芬兰、澳大利亚、英国、香港、台湾等国家和地区的商家落户邹城,兴办"三资"企业56家。各项社会事业蓬勃发展,精神文明建设硕果累累,先后被评为中国明星城市、全国财政实力百强县(市)、全国社会文化先进市、全国科技先进市、全国体育先进市、全国村民自治先进市和山东省经济强市。

面对当前宏观经济环境发生的深刻变化,新一轮市场竞争日趋加剧的新形势,邹城市立足经济和社会发展现状,审时度势,着眼长远,决定把大力招商引资作为当前和今后一个时期的重中之重,举全市之力,走开放之路,力促全市经济社会实现跨越式发展。为此,从加强组织领导和优化经济发展环境入手,制定并落实了一系列招商引资优惠政策,相继规划建设了经济开发区、里彦新材料工业园、北宿煤电铝工业园、唐村新型建材工业园、煤化工工业园、中心科技工业园、食品酿造工业园和农副产品加工工业园等八大工业园区,特别是一期占地6平方公里的经济开发区是经山东省政府批办的省级经济开发区,经过两年的建设,现已实现了"六通一平"和封闭式管理,为投资兴业的海内外客商提供了良好的载体和经营环境。

我们热忱欢迎国内外有识之士前来这片投资热土,邹城人民愿与八方宾朋携手发展,共创美好未来。

山西省保德县

基本情况

保德县属晋西北黄土高原丘陵沟壑区，地处晋、陕、蒙三省交汇处。全县总面积997.5平方公里，辖4镇9乡343个行政村，总人口14.5万人，其中农业人口12.8万人，是典型的山区农业小县，也是国家级贫困县。

保德农业以种植业、养殖业、林果业、农副产品加工业为主。粮食产量平年保持在4000万斤，其中豆类、土豆、糜谷等小杂粮具有一定的市场开发价值。养殖业以牛、猪、羊、鸡、兔为主。林产品主要是红枣和海红，年产量在500万公斤以上，是全县农业的主导产业。农副产品加工以“两红”为主，其系列保健品有20多个花色品种，畅销国内市场。

工业有煤炭、建材、电力、化工、冶炼、机械、食品、陶瓷等行业，主要工业产品有精煤、焦炭、活性炭、电石、水泥、白灰、高铝耐火材料、生铁、铝锭、陶瓷玻璃制品等十多种。

乡镇企业和个体私营经济，扬帆冲浪，异军突起，发展壮大成为县域经济主力军。全县民营企业总数达到432个，年创税金2000余万元。产值在500万元以上的企业有神东康家滩煤矿、保鹿电石厂、黄河活性炭厂、福利水泥厂、天桥联营焦化厂等。交通运输、餐饮娱乐、商业贸易等第三产业，逐步向房地产、休闲旅游、股票市场、中介服务等新兴领域拓展。交通、通讯、电力等基础设施建设和文教卫生等各项社会事业齐头并进，长足发展。

地方优势

资源优势。保德县有得天独厚的矿产自然资源，其中以煤炭、石灰石、铝土矿、矿泉水等四种最为丰富。已探明煤炭储量为127亿吨，蕴及全县南北，属河东煤田，低硫，低灰，发热量在6000大卡以上，是理想的优质动力煤和工业用煤，煤质好且更适合加工转化。石灰石遍布全县，裸露地表，质地好，易开采，可采量超过360亿吨，极具开发价值。铝土矿储量7600万吨，分布集中，品位高，含铝量在58%以上。“天桥泉”地下水是华北地区罕见的富水泉域，可采量为14.5立方米/秒，水质纯净爽口，富含硒等各种微量元素，具有一定抗癌作用，能有效预防心、脑血管疾病，是理想的纯天然优质矿泉水。还有铁矿、硫矿、高岭土，油母页岩、长石、粗砂、红土等资源，储量也十分可观，亟待开发。

名品优势。堪称地方标志性的保德名产主要有保德油枣和活性炭。保德油枣，是山西八大名枣之一，其深加工系列精制品有十几个，远销北京、天津、上海、广洲、哈尔滨等国内各大中城市。“中华贡枣”驰名海外、久负盛誉，民间流传有清朝康熙皇帝巡经保德盛赞“保德黄河大油枣”的动人故事。出口创汇产品——活性炭，通过国家二级出口通道，远销日本、英国、美国、加拿大等，为国家赚取了一定数量的外汇。特别是压块活性炭，是全省乃至全国小有名气的高科技产品。除此外，还有高铝耐火材料，特种水泥、石灰氮、精煤、三级冶金焦等也是保德指日可待的知名产品，它将以科技含量高、环保程度高、效益回报高的优势特点而叫响全国。

革命老区的优势。保德县在革命战争年代为党和国家做出过巨大贡献和不朽牺牲。老一辈无产阶级革命家许光达、彭绍辉曾在此战斗过、工作过。著名的晋绥二中在保德这片土地上曾为党培养出一大批优秀干部和好儿女。解放后社会主义建设时期，特别是改革开放以来，党和国家给予老区人民无限关爱。尤其是在国家“八七”扶贫攻坚战中，保德被国务院首批确定为全国592个贫困县之一，从政策、资金、项目、人才、技术、信息等各方面给予倾斜扶助，扶持脱贫项目十几个，投入资金过亿元，有力地促进了保德经济建设和社会全面进步。

区位优势。保德自古就有“水旱码头”之称，处于南来北往的咽喉要道，是晋陕蒙通商贸易的集散地。而今，国家实施西部大开发，山西实行对外大开放，这对于地处晋、陕、蒙“黑三角”地带的保德，其窗口、门户、交通枢纽的优势十分明显。

人文优势。保德人民不仅有“自力更生，艰苦奋斗，不屈不挠，勇于奉献”的老区精神，而且牢固树立了“讲正气、顾全局、重情义、看长远”的黄河儿女形象。从古至今这块人杰地灵的土地上涌现出不少可歌可颂的黄河骄子。有名垂青史的杨家军，明代五省总督陈琦喻，当代全国著名女高音歌唱家马玉涛，全国劳动模范、造林英雄张侯拉。保德永远以“德”取胜。

基础优势。保德交通便利，北通陕蒙、南临兴县。境内有桥依线、朱庙线、西循环线，网络全县乡村;出境公路有神府线、离保线、河保线、岢保线,四通八达;黄河大桥联结陕西、内蒙等地;神朔双轨电气化铁路横穿本县腹地。

电力供给保障有力。天桥水电厂座落在距县城8公里处,与华北电网联网,年发电量5亿度。全县有22万伏、3.5万伏变电站6座。

通讯服务高效便捷。程控电话、无线寻呼、移动电话、网络信息全面开通。全县乡村铺设了增容光缆线路,新建了电子辐射塔,电子信息覆盖全县。

政策优势。我县积极创新政策环境,热忱欢迎各届有识之士前来投资开发。首先大力优化了县域经济发展环境。县里专门成立了优化环境领导组,以县人大常委会名义出台了《保德县优化环境若干规定》,成立了保德县收费管理局,采取统一管理,集中征收的办法,对纳税在 5000元以上的企业实行封闭管理和重点保护。

公检法司同企业普遍建立了治安责任制,切实根治了行业三乱,铲除了腐败温床,保障了企业正当权益,创新了企业生存生产发展环境。

其次,县委、政府出台了《保德县关于引进项目、资金、技术、人才的系列优惠政策》具体内容如下:凡为我县引进资金,使用期在三年以上的,根据引进资金来源、数额、利息等情况。分别给予3%—10%的奖励;凡引进外商来办企业,投资额在10万美元以上者,可解决1名农转非户口;凡来我县投资办企业者,均给予落户、住房、子女入托(入学)和就业等方面的优惠,并给提供厂地、劳力、资源、能源、电力等;投资100万元以上者,给投资方无偿提供土地1亩;凡来我县投资办企业者,投产当年免收产品税,并在一定时间内减半征收税费;凡引进技术,被采纳效益明显者,给予奖励。凡来我县工作的科技人员,工资向上浮动一级,并安排家属就业,子女入学、入托以及直系亲属户口的进入和就业,属于正式调入并长期定居的,优先安排住房;凡应聘来我县担任企业厂长(经理)、技术员和管理人员的高、中级专业人才,在住房、子女上学、就业、家属调动工作方面给予优先安排。

特色经济

红色产业——红枣、海红。"两红"是保德农业传统优势产业,也是以产、供、销一条龙,贸、工、农一体化为特征的主导产业。全县现有红枣14万亩,海红1万亩,年产红枣800万斤,海红果200万斤。"两红"加工企业有9个,龙头企业黄河油枣有限责任公司和三元海红制品有限公司年加工能力达1000吨,其系列精制品达16个之多,主要有"御赞牌"黄河大油枣、中华贡枣;"妙莲香"牌海红果脯、果茶果酱、果酒等,是人们外出旅游、馈赠亲友、休闲娱乐所不可缺少的理想食品。

黑色产业——煤炭、活性炭。煤炭是我县工业的支柱产业。关井压产后全县现有大小煤矿43座,年产外销原煤200万吨。国家大型企业神华集团神东公司租赁经营我县康家滩煤矿和桥头、孙家沟煤矿,投资9亿元技改扩建成现代化采煤系统大型矿井,设计规模达到年产原煤620万吨,达产达效后,仅此一项可为地方创税费一亿多元。煤炭深加工产品主要是活性炭,已形成一定规模,黄河活性炭厂和新保炭化材料厂两个龙头企业年生产能力达1万吨,型煤、型焦等煤炭深加工潜力产品项目,正争取上马,黑色产品链将不断延伸。

灰白色产业——水泥、电石、白灰和铝矾土。石灰石是我县仅次于煤炭的第二大资源优势产业,也是我县乡镇企业和"两非"经济发展的重头戏。全县现有水泥企业7个,年产量达30多万吨;电石企业4个,年产量达4万吨,白灰企业12个,年产量达50万吨。电石大部分出口,水泥和白灰占领包头、神木、府谷市场。石灰石还可深加工而成双氢铵、石灰氮等许多高附加值产品,是我县最具开发潜力和广阔前景的特色资源。铝矾土深加工以南河沟乡郝家塔和东关镇铁匠铺煅烧基地为依托,年产铝粉1万吨。

绿色产业——大棚蔬菜、名贵花卉。日光温室大棚是我县实施农业结构调整战略所开发的一项新型产业。全县黄河沿岸共规划大棚基地2000亩,主要发展无公害无污染的反季节精细瓜菜及各种名贵花卉和中药材。我们的宗旨是"推出四季鲜、服务晋陕蒙"。我们的目标是沿黄三乡二镇"一户建一棚,一棚挣一万,家家奔小康",力争把保德建设成为晋陕蒙"黑三角"地带的绿色基地。

彩色产业——小杂粮。保德是"小杂粮王国之园",小杂粮种类较多、种植较广、产量较大。品种有糜子、谷子、黍子、莜麦、荞麦,特别是豆类有绿豆,黄豆、豌豆、豇豆,红芸豆等多种杂豆。经精细加工而成的小杂粮系列食品,价格优惠,营养特别丰富,是广大城乡人民共所喜爱的绿色保健食品。

山西省汾西县

县情简介

汾西县位于山西省临汾市北部，地处山西省中部偏南吕梁山东麓。北连交口、灵石县，南接洪洞；西依姑射山与隰县、蒲县接壤，东临汾河与霍州市相望。总国土面积880平方公里，地势由西北向东南递降，西北部最高的姑射山，海拔1890.8米，境内绝大部分地区海拔为800米至1000米，属黄土丘陵残垣沟壑区。

汾西县历史悠久，东汉设县，北齐置郡。现辖5镇3乡1个社区。即永安镇、勍香镇、和平镇、对竹镇、僧念镇、佃坪乡、团柏乡、邢家要乡和县城社区管理委员会。共有127个行政村(居委会)，总人口14万，其中农业人口11.8万。

汾西县属暖温带大陆性气候，四季分明，气候特征为冬季少雪严寒，春季多风干旱，夏季炎热多雨，秋季阴雨连绵。年平均气温为10.1℃，年平均降水571mm，年平均无霜期192天。

汾西县系矿产资源富藏县，煤、铁、硫铁矿、铝钒土、石膏、耐火粘土、稀土等资源丰富。含煤面积达350平方公里，探明储量3.94亿吨，大部分矿产资源品位高、分布广、埋藏浅、易开采。

汾西县现有耕地面积43万亩，种植业以小麦、玉米、小杂粮为主，糜子、荞麦、扁豆、豌豆、黑豆、黄豆、绿豆、小豆、豇豆等小杂粮生产以其独特品质享誉晋南乃至全省。汾西县沟壑面积占总面积的78%，沟多、沟宽、沟浅、沟道降小，宜建设沟坝地，目前，可开发的沟坝地达10万亩，已建成的6万亩“稳产高产，旱涝保收”沟坝地，被誉为汾西人民的刮金板，保命田，闻名全省乃至全国。

汾西县宜林宜草面积达47万亩，现有天然林22万亩，以核桃、红枣为主的经济林8万亩，优质牧草基地3.5万亩。县域野生药材资源丰富，以养牛、养羊、养猪、养鸡为主的畜牧养殖产业蓬勃兴起，林果主导产业已初具雏形。

区位优势

汾西县基础设施建设随着经济的发展逐步得到改善。全县已实现了乡乡镇镇通油路。县城距南同蒲铁路霍州站仅27公里，距什林站18公里。霍桃干线公路贯穿全境，境内有4条三级出境公路边接国道108大运线，通霍候一级公路。

特色经济

汾西县是典型的旱作农业县，农业以种植玉米、小麦、小杂粮为主，经过几年的努力，已初步形成有一定规模的玉米、小杂粮生产基地，以优质玉米、小杂粮生产为主的粮食生产已成为汾西农业经济发展的一大特色；汾西县西北高、东南低，形成天然太阳坡，适宜各种果树生长。目前，以核桃、红枣为主的干果经济林建设已初具规模，特别是县委、县政府按照“市场牵龙头、龙头带基地、基地联农户”的产业化经营模式，运作和推进林果产业发展，积极扶持新建了以核桃加工为主的山西智源实业有限公司，已批量生产“智源”核桃加工系列产品，年转化核桃1500吨，核桃生产加工产业的发展已成为汾西经济发展的又一特色。汾西县有种草养畜的传统习惯，按照“村连村、户连户、小群体、大规模、百村万户发展畜牧养殖”的模式，几年来大力发展养牛、养羊、养猪、养兔、养鸡产业，特别是沼气养猪、秸秆微贮养牛、养羊产业发展成为全县生产“绿色畜牧产品”的一个新亮点。兔业发展的龙头企业祖代良种兔场已建成。汾西县是煤铁资源富藏县，依托丰富的矿产资源发展起的煤焦冶炼和新型建材产业已有一定规模。目前，有年产机焦40万吨的企业2个，125立方米炼铁炉和充气式造型铸造生产线项目正在建设之中。小杂粮生产、核桃产业开发、绿色畜产品生产、煤焦冶炼产业开发成为汾西经济发展的特色。

主导产业

2001年，汾西县委、县政府在认真分析县情的基础上，确立了培育“粮、果、林、药、牧，煤焦、铁、石、土”十大主导产业的战略决策。并积极扶持发展。“粮”以无公害绿色玉米、小杂粮生产力主；“果”以无公害绿色核桃、红枣干果经济林建设及核桃加工产品开发为主；“林”以白皮松、油松刺槐、毛白杨生态林建设为主；“药”以党参、柴胡、黄芪、远志、款冬花生产基地建设为主；“牧” 以发展秸秆养牛、养羊，沼气养猪等绿色畜产品为主；“煤、焦”以发展规模化机焦生产为主；“铁”以延伸产业链发展冶铸产业为主；“石、土”产业已开发新型建材工业产业为主。

投资环境

汾西县交能便利，县城至霍候一级公路，108国道大运线仅26公里。现有35KV输电站4座，110KV输变电站1座，电力供应充足。两年来，县委、县政府致力于建设“绿色汾西、节水汾西、开放汾西、信用汾西”，使县城经济发展的硬软环境大为改善。2002年以来，县政府出台了《关于招商引资的优惠政策》和《大力发展民营经济的决定》，在项目审批、税费优惠、水电配套、土地征用、企业封闭或管理等方面都制定了具体的优惠政策。

招商引资项目

山西智源实力有限公司 核桃仁深加工项目(TEL:0357—5122450 韩安庆)

山西丰玺碳球有限公司 年产500万片高温泡沫陶瓷净化器(TEL:0357—5122439 师孟生)

山西省四元煤焦有限公司 新建382m² 炼铁高炉项目(TEL:0357—5120436 郭跃平)

汾西县绿光生物肥有限责任公司 年产10万吨绿光生物肥项目(TEL:0357—5126202 逯文龙)

山西省古交市

自然状况及历史沿革

古交市位于山西省吕梁山脉中段东麓，省城太原的西侧，距太原50公里，地处北纬37°40′16″至38°8′39″东经110°43′38″至112°21′5″之间，南北长53公里，东西宽50公里，平均海拔1604米，最高海拔2324米，汾河横穿全境，总面积1551平方公里，辖有7乡、3镇、4个街道办事处，146个行政村，36个社区居民委员会，总人口20.5万人。

古交市属北温带大陆性气候，日照充足，昼夜温差大。全年日照数2808小时。年平均温度9.5°C，年平均降雨量420mm。无霜期平均202天。

古交春秋属晋，战国属赵，汉、魏、晋及北朝均为晋阳西陲。隋唐以来属交城、阳曲二县。1958年建立古交工矿区，1988年撤区设市。古交市作为国家“六五”、“七五”、“八五”计划重点开发的能源重化工基地，经济、文化、教育、科技、卫生、基础设施、公众福利等各项事业，在改革开放的20多年间均得到了快速的发展。尤其是1988年撤区改市之后，古交进入了一个全新的发展时期，古交已由1978年不足几千人的落后小镇，发展成为一座现代化的工矿城市。到1998年底，国家重点建设的五对特大型矿井和两对中型矿井全部建成投产，再加上地方煤矿，全市形成了原煤规模化生产。源源不断的优质煤炭输往全国各地，有力地支援了国家建设。

区位优势及经济状况

古交是省城太原市惟一的县级市，是省城太原市连接晋西北地区的交通枢纽，地理位置优越，同时也是重要的商品、货运集散地，具有较强的经济辐射带动功能。太古岚铁路和太佳公路穿越全境，太古高等级公路全线通车，使古交和太原机场之间的距离缩短为60公里，扩展了古交与外界的联系。山西引黄 入晋引水工程穿越古交，距汾河水库也不过50公里之遥。

这两年来，古交经济社会出现了快速发展势头，财政收入在2001年增长32.8%的基础上，2002年又实现了51.5%的高增长，两年翻了一番(2000年10929万元，2002年22162万元)。2002年，全市国内生产总值（含驻地)25.82亿元，比上年增长18.3%；人均国内生产总值12424元；财政总收入22162万元，比上年增长51.5%；社会消费品零售总额达到9.32亿元，比上年增长15.6%;城镇居民人均可支配收入达到6610元，比上年增长13%；农民人均纯收入达到3388元，比上年增长12%。在2002年底揭晓的中国县域经济竞争力排行榜中，古交市被评为“第二届全国县域经济基本竞争力提升速度最快的百县(市)”。

特色经济

矿业经济。古交是全国主焦煤生产基地，是一个依矿而立、缘矿而兴的工矿城市。煤田面积754平方公里，地质储量96亿吨，可采储量50亿吨，其中70%以上是优质焦煤，其余为肥煤、瘦煤和无烟煤。古交煤田煤质优良，煤层稳定，具有埋藏浅、倾角小、厚度适中、适宜机械化开采等特点。优质铁矿储量为3000万吨，低硫低磷的优良铝矾土、石英、石膏、白云石、石灰石等储量也很丰富。此外，硫磺、铜、银、云母、水晶石、花岗岩等也有一定储量。

城市经济。古交非农业人口12.1万人，高出农业人口3.7万人。市区交通便利，通讯发达，城市基础设施建设不断加强，以成功举办“古交杯”全国第八界独轮车锦标赛为标志，城市荷载能力和服务功能日臻完善。境内城乡公路通车里程586公里，市乡、乡村之间形成四通八达的交通网络。市话程控装机容量达2.541万门，移动通讯网、无线寻呼网覆盖全境，方便快捷。银行、保险等金融部门形成体系，遍布城乡。

生态经济。古交是典型的土石山区，山地丘陵占全区总面积的95%以上，全市宜林、宜草面积约64万余亩，退耕还林还草、开发“四荒”、发展畜牧业有着得天独厚的优势。

主导产业

古交煤、铁资源丰富，由于资源立市的特殊背景，古交市形成了以煤炭生产为主导的超重型产业结构。国内生产总值、财政总收入、农民人均纯收入的大约70%是由煤炭产业直接和间接提供，以煤炭为主的矿业经济是古交经济的显著特点。近年来，古交市利用环保杠杆撬动产业升级，坚决淘汰落后生产力，培育了山西金业煤焦化集团有限公司等一批具有市场竞争力的高科技民营企业。“煤一焦一化工”产业链已经基本形成，由煤炭产业派生出的“煤一电一铝(镁)”和“铁矿开采一冶炼一铸造"等产业链也正在形成。

项目牵动战略初见成效

古交市委、市政府 2000 年 10 月提出了"主攻二产、重抓一产、培育三产"的产业发展思路，并围绕这一思路，把"项目牵动战略"作为提升县域经济竞争力的核心。通过把握"政府引导、市场运作、创优环境"等几个环节，实施项目牵动战略，使经济发展步入良性轨道。

从 2001 年到 2002 年，连续两年上马的 70 项实事、重点工程，这些工程涉及工业、农业、商业、城建、环保、科教文卫等各个领域，激活了内需，培育了一批新的经济增长点，强力推动了经济和社会的大发展。一是财政收入等主要经济指标呈现出高速增长的强劲势头。从 2001 年到 2002 年，两年时间就翻了一番，增幅在 2001 年实现 32.8%的基础上，2002 年又实现了 51.5%的高增长。国内生产总值、社会消费品零售总额、农民人均纯收入等几项主要经济指标也都有大幅度的增长，全市经济发展已进入了一个快速增长的新阶段。二是产业整体发展水平得到提升，产品结构发生了根本性的变化。随着五大机焦项目等一批标志性调产项目的陆续建成投产，原有土小企业的彻底关停取缔，高科技、高附加值的资源深加工产品已形成规模优势，在工业产品销售结构中占主要比重。

转变政府职能，创新经济发展环境

古交市把优化发展环境作为促进经济和社会快速发展的重要举措，以转变政府职能为切入点，大力推进行政审批制度改革，建立了高效的服务型政府。从 2000 年 12 月开始，大幅度取消不符合市场经济运行规则的审批事项和收费项目 146 项。建立了煤焦铁运销管理大厅、建筑项目审批大厅、房地产交易大厅、"四荒"拍卖和土地流转大厅等多个集中审批办公大厅。特别是在太原市率先建成了"政务服务中心"，把全市 28 个政府部门所有能集中的审批项目全部集中起来，实行"一门受理、并联审批、一门收费、限时办结"，规范审批行为，依法行政，阳光作业，增强了政府办事的透明度，极大地提高了政府对新上项目和民营企业的服务效率。通过建设法制政府、效能政府、服务政府，实现了政府提速、环境提档和形象提升。

未来展望

在进一步引深"三看古交"解放思想大讨论活动前提下，按照"主攻二产，重抓一产，培育三产"的战略决策，通过积极落实优惠政策，营造宽松的投资环境，实施项目牢动战略等重要举措，古交市必将步入改革开放的快车道。随着一大批极具发展潜力的项目正在抓紧实施，将为全市经济持续增长展现出美好的发展前景。2001 年、2002 年上马的 70 项实事、重点工程，加上 2003 年即将新上的 30 项实事、重点工程，3 年内 100 项工程总投资约 70 亿元，大约是国家用于矿区建设投资的 1.5 倍。五大机焦项目全部建成后，全市机焦生产能力将达 500 万吨。同时，全国最大的燃用洗中煤电厂——古交电厂等三大电厂项目的建设，电解铝、金属镁项目建设，再加上生铁冶炼业的提升改造，科技开发园区 L—乳酸等一批高科技项目的上马，投资 5 亿多元的金兰花园住宅小区建设，将为古交未来几年甚至更长一段时期内经济的持续快速发展提供强力支持，将使全市的工业化、城市化进程大大加快，财源基础将更加稳固，古交"二次创业"的春天已经来到。

跨入新世纪之后，特别是随着中国加入 WTO，开放的古交必将进入一个全新的发展境界。古交市将敞开大门，迎接新世纪的八面来风，热忱欢迎海内外朋友、中外客商到古交来投资、经商、办企业，共创新世纪古交美好的明天！

山西省沁水县

沁水县位于山西省东南部，地处太行、太岳、中条三山交汇处，隶属晋城市。全县总面积2655平方公里，辖14个乡镇、244个行政村，总人口21万人。

沁水县历史悠久，人杰地灵，是人类文明的发祥地之一

相传"舜躬耕于历山"，历山就在沁水。中科院考古证明，早在23000年前，中华民族的祖先就在沁水这片土地繁衍生息。这里的古人类文化遗存被称为著名的下川文化，它早于仰韶文化和龙山文化，填补了山顶洞人文化中断代的空白，是世界研究古人类活动的重要依据。沁水，古为端氏聚，春秋属晋，战国属韩，秦属河东郡，唐宋五代隶泽州，汉代置县，隋易现名，至今已有1400多年的历史。悠久的历史孕育了一批批杰出人物，唐代曾出现与吴道子齐名的大画家荆浩，明代曾出现北方散曲家常伦以及五位尚书，现代曾出现人民作家赵树理，他们都曾为人类文明的发展与进步做出过杰出贡献。

沁水县资源丰富，物华天宝，是一块待开发的宝地

全县地处中国第一大煤田——沁水煤田的腹地，是驰名中外的"兰花炭"的主要产地，含煤面积2500平方公里，地质储量360亿吨，已探明储量88亿吨，含煤面积、煤炭储量均为全国之首。沁水煤炭不仅储量大，而且煤质优，曾被日本、英国、荷兰等国皇室选作壁炉专用燃料，畅销全国，远销港澳台地区、东南亚、东北亚一些国家和英法等欧洲国家。沁水煤炭资源地质结构简单，易于开采，全国罕见，如今已成为全国重要的化工原料煤和出口煤炭生产基地。这里还是全国最大的煤层气田，现已探明储量达1000亿立方米，开发利用前景十分广阔。除煤炭、煤层气之外，沁水还蕴藏着大量的铁、铜、铝、白云岩、水晶石等十几种矿产资源。沁水农业资源十分丰富，土地肥沃，气候湿润，雨量充沛，光照充足，适宜栽培多种农作物。全县现有林地面积168万亩，森林覆盖率为44%，林木积蓄量189万立方米。有天然草地174万亩，其中5000亩以上的连片草地8大块163万亩，载畜量可达53万个羊单位，1982年，我国政府和新西兰政府合作，在沁水王必乡杨家河建立了中国北方第一个示范牧场，牧草面积3万亩。有蜜源面积200万亩，占总面积的50.2%，其中洋槐、黑刺、荆条等优质蜜源就有115万亩，居华北地区之首，在全国也是少见的无公害蜜源基地。有沁河、县河、固县河等10余条较大河流和444处小泉小水，水资源总量达4.4亿立方米。这里适宜于植物药材、动物药材和矿物类药材天然存活，全县年收中药材600吨，是山西主要的药材商品生产县和国家中药材重点产区之一。

沁水县山川秀美，景色宜人，是人们休闲旅游的绝妙去处

境内的国家级自然保护区——历山，被人们誉为"北方天然公园"和"我们北方最具代表性的动植物宝库"。这里有北方面积最大的原始森林、华北第一大溶洞、下川古人类遗址、万亩高山草甸，是集避暑、度假、旅游、健身、探险、考古于一身，融南北风光特色于一体，汇古今美丽传说于一篇的综合性风景区。目前已开发的舜王坪、白云洞、东西峡、动植物标本馆等几十个景点可以满足人们不同的旅游需求。与这些自然景观相映成辉的是底蕴深厚、遍布全县的人文景观。明代建筑柳氏民居，是柳宗元同祖后裔府邸，规模宏大，布局巧妙，工艺精湛，寓意丰富，是中华民族建筑艺术的瑰宝。湘峪"三都古城"、坪上古城、郭壁古城等一批古代城堡连成一体，气势磅礴，雄伟壮观，建筑精美，风格独特。一批批古建筑群、古墓葬群、古寺庙群、古文化遗址群，构成了山西著名古文化走廊。如今，以园林式山城、碧峰森林公园、赵树理故居为代表的一批现代景观又以新的姿态展现在世人面前，令人赏心悦目，流连忘返。美丽的沁水，天蓝、水清，鸟语花香，环保指标达到国家一级标准，与桂林、青岛一样，是人类最适宜居住的地方。

进入新世纪的近几年，全县上下立足农业、煤炭、旅游三大资源优势，围绕农民增收、工业增效、财政增长三大目标，大力调整和优化经济结构，突出在三个方面狠下功夫，一是突出三大资源的综合开发，在培育壮大支柱产业上狠下功夫；二是突出加大基础设施建设力度，在打破瓶颈制约、改善基础条件、营造投资环境上狠下功夫；三是突出加快小城镇建设，在带动和促进第三产业、改善居民生活环境和提高居民生活水平上狠下功夫，经济建设和各项社会事业突飞猛进,取得了显著的成就。

特色农业发展迅速

通过大力调整和优化农业内部结构,大力发展区域经济,畜牧、蔬菜、蚕桑、林果四大支柱产业全面发展。以家庭牧场为载体的养羊业有了新的突破,通过实施“三改一防一引进”,广泛开展“单位联农户,千人进万家”活动,加大扶持力度,一批养羊专业户蓬勃兴起。目前全县养羊大户已达到1355户,全县羊群饲养量达到24万只,成为全省的畜牧大县;沿沁河沿岸为主建起了1500栋蔬菜大棚、2.5万亩商品基地,形成了百里千栋万亩蔬菜带;依托八大基地乡镇,发展壮大蚕桑产业,蚕茧产量突破100万公斤;以发展民营大户为突破口,加大林果业发展力度,建设了一批精品工程和样板工程。与此同时,面向市场,大力实施“订单农业”,全县订单农业面积达到3.5万亩。在此推动下,全县农村经济全面发展,2002年,全县农村经济总收入达到11.6亿元,同比增长2%;农民人均纯收入上升到2166元,同比增长4%;全县累计有9个乡镇、172个行政村、14.1万人口达到小康水平,分别占到全县乡镇、行政村和农业人口总数的64.3%、70.5%和81%,实现了基本达小康的战略目标。

煤炭产业不断壮大

以提高煤炭“三率”为突破口,全面加大提升力度,对全县重点煤矿全部实行了五级筛分和采煤方法改革;狠抓了一批矿井的技术扩建,在关井压产的形势下,走出了一条靠技改扩建而实现规模效益的路子;坚持“关小、改中、建大”的发展策略,实施扶优扶强,扩张国有煤矿生产规模。特别是坚持“资产重组、资本运作、联合建大”的方针,完成了优势企业永红、永安、侯村三矿和加丰煤炭集运站的股份制改造,与外来投资公司共同出资成功组建了“沁和煤业有限公司”,在整合煤炭资源、做大做强煤炭产业上迈出了重大步伐。目前全县有生产矿井49座,2002年共生产原煤453万吨,同比增长73.3%,外销原煤327万吨,同比增长18.2%,原煤加工转化量达到95万吨,转化率达到21%。全县煤炭行业提供财政收入8294万元,占全县财政总收入的58%。在全年GDP增长11.6个百分点中,煤炭贡献率达到40%以上,拉动经济增长4.6个百分点。

旅游开发步伐加快

完成了全县旅游总体规划,着力加强旅游基础设施建设和旅游精品工程建设,加大宣传促销力度,增加旅游收入,取得大的成效。2002年,全县旅游业共接待游客10万人次,旅游总产值达到1200万元。

投资环境日臻完善

公路四通八达,形成网络,侯月复线电气化铁路,横穿全县东西72公里,依托这一优势,建成2个大型煤炭集运站和2条铁路专用线。邮电通讯发展迅速,程控电话、移动通讯、无线寻呼、邮政快递全面开通,国际互联网设施完善,应用广泛。全县小水电站星罗棋布,输变电工程相继配套,电力充沛。小城镇建设快速推进,县城改造成为新的亮点,山区小城正在美起来、绿起来、亮起来。在全县大力开展环境创新活动,制定完善各项优惠政策,重奖环境创新单位和个人,形成了宽松的内外部环境,吸引外地多家民营企业到沁水投资办厂,投资额达到8000多万元。

经济结构的调整和基础设施的改善,促进了全县经济发展,使沁水综合实力得到增强,各项主要经济指标在全省、全市的位次前移。2002年全县国内生产总值首次突破10亿元大关,达到10.6亿元,同比增长11.6%,增幅居全市第二;财政总收入首次突破亿元大关,达到1.4亿元,同比增长50.4%,增幅居全市第一。GDP和财政总收入两大指标的历史性突破,标志着沁水经济发展的速度明显加快,经济运行的质量显著提高,同时也表明沁水经济正处在一个新的上升期和扩张期,一个新的发展高潮正在到来。

展望未来,随着国家中西部大开发战略的实施,以及晋侯高速公路、煤层气开发、张峰水库等一批国家、省、市重点工程的相继上马,沁水正在成为人们关注的地方。沁水是一片充满希望的热土,是一块待开发的宝地。开放的沁水真诚欢迎国内外客商、有识之士和朋友来沁水投资、合作、观光旅游,共同发展经济,共创美好明天。

主要招商引资项目。大型煤层气开发(TEL:0356—7022663,王炳喜);净化蜂蜜出口(TEL:0356—7022941,田晓华);10万亩优质大豆生产基地建设(TEL:0356—7027638 杨汉礼);赵树理文化旅游村开发(TEL:0356—7029238,吕小植);历山博物馆建设、张峰水库水上游乐园开发(TEL:0356—7029238,吉万钧)。

山西省蒲县

蒲县位于山西省西南部，吕梁山南端西麓，东与洪洞接壤，西与大宁毗邻，南与吉县、临汾相连，北与隰县、汾西交界。素有晋西锁钥之称，以文明遐迩的东岳庙而著称，是临汾通往西山几县的门户。地势东高西低，三面群山环绕，五川沟壑相连，土垣条带分布，一水贯穿全境。全县总面积1510.61平方公里，辖4镇5乡，103个村委，649个自然村，总人口11万。

历史悠久，人杰地灵

据境内薛关镇龙王庙细石器遗址发掘考证，远在1.2万年前，已有先民繁衍生息，唐尧时期，以尧帝师蒲伊子隐居于此而得名。古有蒲国、蒲阳、蒲子之称。北魏置石城县，隋大业元年改蒲县至今。

物华天宝，资源丰富

全县现有耕地39.68万亩，林地107万亩，牧草地12万亩，可供开发利用的四荒地达59万亩。地下资源主要有煤、铁、铝矾土、油母页岩、石膏、陶土、磷、镁、铜、银、硫磺、白云石、石灰石、天然气等。以煤为最，含煤面积1360平方公里，占总面积的90%，地质储量约170亿吨。全县75%的财政收入来源于煤焦。享誉市场的乔家湾气肥煤田，储藏范围广，煤低灰低硫、高热值，煤层高度达两米，藏量深度达七层。另有河东煤田含煤面积870平方公里，地质储量约100亿吨，刁口井田面积110平方公里，储量约5.82亿吨，极具开发价值，因埋藏较深，目前尚未开发利用。铁矿的储量为1.2亿吨，分褐铁矿、硫铁矿、赤铁矿、赤褐铁矿四种，有大部分尚未开发利用。

气温和煦，物产丰富

属温带大陆性气候，春季多风少雨，夏季雨量集中，秋季天高气爽，冬季寒冷少雪，年平均气温8.7℃。境内野生木本粮油、果树有15个科、41个种。农作物以玉米、小麦、杂粮、土豆、烟叶、豆类等为主。年产玉米8000余万斤，小麦773万斤，土豆900万斤，烟叶110万斤，豆类200余万斤，果树生产已具规模，年果品产量200余万斤。野生动物资源有陆栖脊椎动物70余种。

交通便利，通信畅通 全县公路通车里程502公里，临大公路从蒲县腹地穿过，从县城出发，当日即可到达北京、太原、石家庄、西安等大中城市。全县建有19个通讯基站，程控电话5500余门，基本实现了县内通信无盲区。

经济发展，事业兴旺

近年来，县委、县政府团结带领全县人民求实创新、扩大开放、励精图治、艰苦创业，全县经济快速增长，社会事业全面进步，人民生活水平有了显著提高，各条战线、各行各业都发生了深刻变化，呈现出勃勃生机。工业经济发展迅速，形成了以煤炭、焦化、冶炼、电力、建材、食品等为重点的、门类比较齐全的工业体系，一批固定资产超千万元、实现利税超百万的骨干企业，在经济建设中发挥着举足轻重的作用。乡镇企业、个体私营经济迅猛崛起，增势强进，成为县域经济最具活力的增长点。农村经济全面发展，农业的基础地位持续加强，产业化开发有了良好开端，农民人均纯收入达到2239元，被山西省委、省政府评为小康建设示范县。财政收入连年大幅度增长，县级综合经济实力显著增强。同时，紧紧围绕改善群众的生产生活条件和投资环境，全县城乡的交通、通讯等基础设施有了很大改观，科教文卫等各项社会事业长足发展，社会主义精神文明建设不断取得新的进步。截至2002年，全县国内生产总值完成7.2亿元，增长16.3%，规模以上工业增加值1.7亿元，增长31.68%，财政总收入8792万元，增长25%，全县储蓄存款净增3.38万元，达到7.47亿元，接近历史总和，被评为全国县域经济基本竞争力提升速度最快的百县（市）之一。

2003年，为了进一步加快蒲县的发展，县委、县政府确定了30个涉及工农业、基础设施等领域的招商引资项目，其中；小杂粮、油料、饲料加工、优质牛开发项目3个，煤炭深加工、机焦项目建设10个，新型建材、冶炼金属项目4个，基础设施建设、罗南路改造、变电站增容改造、广场建设等项目12个，同时出台了19项优惠政策，并专门成立了优化环境办公室，集中审批，集中收费，统一管理，为项目建设创造宽松环境。欢迎有识之士前来投资开发。在这里，您将得到最优惠的待遇和最真诚的合作。

蒲县是一方充满希望、前景广阔的热土。我们坚信，蒲县的前景一定会更加美好！

山西省沁源县

县区简介

沁源县位于山西省会太原市东南部，长治市西北部。东邻沁县，南接屯留、安泽、古县，西连灵石、霍县，北靠平遥、介休。地理座标在东经111°58′30″—112°32′30″，北纬36°20′20′′—37°0′42″，全境东西宽45公里，南北长74公里，土地总面积2554平方公里，辖5镇9乡，总人口16万，属长治市管辖。

区位优势

沁源县位于山西省中南部，长治市西北部，地处太岳山东麓，系沁河发源地。县境四周环山，西北高而东南低，构成与邻县天然屏障。山地、丘陵占总面积的95.7%，河谷、附地仅占4.3%。海拔最高处鱼儿泉乡茶沿2523米，最低处中峪乡龙头939米，平均海拔1400米左右。属暖温带大陆性季风气候区，气候温和，空气湿润，平均温度8.6℃，年相对湿度平均65%。

资源特点

矿产资源极为丰富，已发现的有18种，储量大的有煤、铁、铝矾土、石灰岩4种。煤炭总储量128亿吨，可采储量90亿吨(主焦煤60亿吨，动力煤30亿吨)，含煤面积占总面积的80%。铁矿总储量5800万吨，铝矾土储量1.5亿吨。野生资源也极为丰富，各类乔、灌、草本植物有百余科600多个品种，盛产木耳、磨菇、黄花菜、核桃等土特产品和黄羊、党参、柴胡、连翘等药材。森林分布在全县大小山岭，林地面积210万亩，森林覆盖率达55.3%，居全省之首。天然林108万亩，占全省的7.2%，树种130余种，以油松、杨树、桦树、栎树、落叶松为主，活立木总蓄积量586万m^3；境内牧草资源丰富，天然牧坡面积113万亩，牧草有261类，载畜量为42万羊单位。水利资源丰富，境内沁河汾河两大水系，年平均径流量2.6亿m^3，地上地下水总储量7亿m^3，可利用水量2867万m^3，为山西省相对富水区。

特色经济

农业生产方面：全县现有耕地28.7万亩，人均耕地2亩。粮食生产重点以玉米、马铃薯为主，突出开发玉米和脱毒马铃薯制种基地，有裕源牛肉、香菇、黍子、苦荞、甜荞、豌豆、莜麦等14个绿色产品认证，成为山西省低代脱毒马铃薯繁育重点县。林业生产重点开发核桃经济林和落叶松基地建设，实施天然林保护工程，实行家庭托管责任制，是山西省林业重点县，全国的“油松之乡”以全国油松之王——“九杆旗”享誉全国。畜牧业重点开发东西两山40万亩草地，建成黄牛改良、白绒山羊、肉牛、肉羊基地，成为全国黄牛改良基地县。

工业生产方面：全县有工业企业300余家，固定资产总值达20多亿元。初步形成了采煤、烧焦、炼铁、采铝、化肥、发电、机械、建材、食品加工等工业体系，其中优质主焦煤、冶金煤、铸造煤、洗精煤、型煤、刚玉等十多种产品获省优。形成了煤炭、焦炭、农副产品加工三大支柱产业。是全国重点产煤县。

生态旅游方面：有灵空山森林公园、沁河源头、芊林背、花坡170平方公里亚高山草甸、闫寨太岳军区司令部、岳北革命烈士陵园等景点，极具开发价值。

山西省曲沃县

县情简介

山西曲沃县历史悠久文化源远，为古晋国建都之地。全县国土总面积437.9平方公里，耕地面积35万亩，总人口23万，其中农业人口19万，辖5镇2乡。境内现有全国重点保护文物“曲沃—天马遗址”，省级保护文物“曲沃古城遗址”，有景明旅游区、星海温泉、乔岳晴岚、薛家大院等旅游景点。

区域优势

曲沃县位于山西省临汾盆地南端，地理坐标北纬35°33′—35°51′，东经111°24′—111°37′。北依塔儿山（崇山）、乔山、垆项山和襄汾县为界，南靠紫金山（绛山）同绛县为邻，东与翼城接壤，西北隔汾河和襄汾县相望，西南与侯马市毗连。县境南北长29.5km，东西宽15.4km，最高海拔1418.6米，山区约占全县总面积的10%，丘陵区约占20%，冲积平原区约占70%。

全县属温带大陆性季风气候，年平均气温12.7℃，无霜期189天左右，年均降水量535毫米。地下水资源为3565万立方米，境内河流有浍河、滏河及浍河交流黑河、天河，均由东向西汇入汾河，属黄河流域汾河水系。泉水有沸泉、温泉。

曲沃县主要粮食作物有小麦、玉米、谷子、高粱、豆类、薯类等；主要经济作物有棉花、油料、药材和各种蔬菜。

境内矿产资源丰富，金属矿主要有铜、铁、钴、金、银、铅、锌等，非金属矿主要有石灰石、石膏、大理石等。

曲沃县交通发达，同蒲铁路纵越县西，侯月铁路横贯境内，大运公路、晋韩公路交汇而过，乡镇贯通二级油路，村村通三级油路。全县乡（镇）村全通程控电话和有线电视。

特色经济与主导产业

2002年，曲沃县委、县政府带领全县广大干部群众，高举邓小平理论伟大旗帜，全面贯彻“三个代表”重要思想和党的十六大精神，与时俱进，开拓创新，狠抓机遇，争先发展，全面落实“135”发展思路，即围绕建设更高水平的小康县目标，实施“工业强县、文化立县、城建活县”三大战略，实现经济结构战略性调整、项目建设、城市建设、体制创新和科技进步、对上开放和优化环境等五项突破，大力实施“156”工程，即十大农业园区、五大城建工程、六大工业项目，基本实现了由传统农业向现代农业大跨越，工业弱县向工业强县大跨越。

农业上以红提、红枣、大棚、畜牧养殖为主的主导产业得到较快发展。其中里村镇万亩红提、曲村5000亩红提、史村5000亩红提园区初具规模，全县红提葡萄面积达到3万亩以上。红枣产业发展势头强劲，杨谈、高显两个万亩红枣园区发展迅速，全县红枣面积已推广到了3万亩。蔬菜生产向无公害、绿色食品发展，“户均半亩棚”的农业调产战略得到进一步实施，以太子滩、乐昌、北董、史村四大棚区为主的各种棚菜面积发展到近5000亩，有17个农产品品种顺利通过国家绿色认证，为曲沃农产品昂首挺进全国超市打开了绿色通道。畜牧养殖业实现了新的突破，以史村镇周庄村百万只蛋鸡养殖场、里村镇文敬万头猪养殖场为代表的畜牧养殖小区，按照“人畜分离、两产分离、集中防疫、规模发展”的新模式，高起点规划，高标准建设，呈现出旺盛的发展势头，得到山西省、临汾市有关领导充分肯定。

小康建设得到全面提升，以园区为支撑，以村镇建设为标志，以绿色通道建设为纽带，全面实施了“四镇”、“八村”小康示范提升工程。饮水解困走在全省前列，完成了里村、高显集中供水和文敬等五个单村提水工程，13900余人用了放心水。高标准建设的里村红提葡萄园区、太子滩精品蔬菜园区成为临汾市农业调产的亮点，曲沃县被授予“临汾市小康建设先进县”。

工业上基本形成了以采、选、冶炼、铸造、建材为主的产业产品体系。以山西宁晋为代表的钢铁工业发展迅猛，正在成为全县主导性产业；以中国石化成品油库和格瑞有限公司、太子滩建设的气调库等新型仓储业正在曲沃蓬勃兴起；制造工业的传统地位得到进一步巩固，常华铸造、乔山铸造、恒通铸造、亚华制盖、晋星糖制品等企业发展势头强劲。在推动采矿、冶炼、铸造、建材等主导行业规模扩张的同时，充分挖掘农副产品加工、包装和食品、化工等特色产业的活力，促使一批中小经济实体茁壮成长。光彩铁业、光明铁厂、吉利铁厂等企业改造后100立方米以上炼铁高炉先后投产；恒达水泥、长城水泥改造建设项目正加紧建设；投资600万元的祥龙化工厂已投入生产，年产值达1000万元；福祥面粉厂生产的“晋玉”牌面粉取得国家绿色食品认证；“华玉”牌袋装羊汤、下坞“黄河元宝”牌烧鸡生产规模得到扩大，经济效益看好。

2002年，全县国内生产总值完成14.8亿元，比上年增长23.9%；乡镇企业营业收入累计完26.72亿元，比上年增长81.93%；列入考核的工业企业完成增加值36.2亿元，比上年增长47.5%；财政总收入首次突破亿元大关，达到10252万元，比上年增长22.2%；人均纯收入达到2891元，比上年增长4.4%；大多数经济指标超任务、超上年、超历史，增速达到两位数，实现了历史性突破，进入第二届全国县域经济基本竞争力提升速度最快的百县（市）行列。

投资环境

近年来曲沃县先后制定出台了《关于加快经济发展的优惠办法》、《关于进一步优化经济发展环境、推进民营经济快速发展的实施意见》，对前来办企业者实行“一站式”办公，一个窗口协调，一份批文到底；对发展民营经济，引进资金、引进技术的干部群众以及企业家，按照有关奖励规定，该兑现的兑现，该落实的落实。在立项、贷款、用人、用地、能源供应、税费征收、证照办理等方面，不讲成份，给民营企业同等待遇，尽可能地提供方便。同时，大力整顿和规范市场经济秩序，制定了《关于对重点企业、重点项目实施封闭式管理的办法》、《关于加大治理“三乱”力度，保持企业健康发展的实施意见》等政策，对境内优势企业挂牌保护，在电力、物力、资金等方面给予政策倾斜，减轻企业负担，为企业的发展创造一个良好的政策环境。

对外招商引资项目

2002年，全县上上下下齐努力，方方面面谋发展，曲沃形象与投资环境得到明显改善和优化，各路客商纷至沓来，投资上亿元的项目如雨后春笋，应接不暇。

河南仁和集团在曲沃投资兴建的大型钢铁企业——山西宇晋钢铁公司，该项目于2001年10月奠基，年产40万吨轧材生产线仅用6个月就建成投产，一座50吨炼钢转炉、6000立方米制氧生产线全面完工，投入生产，10000立方米炼铁高炉、两座50吨转炉、两座450立方米炼钢高炉、一条120万吨高线、一条40万吨半高线正在建设，固定资产投资已达5亿多元，创造了全国冶金行业建设速度之最。2003年底将形成300万吨钢、200万吨材和100万吨铁的生产规模。

山西通才工贸公司，总投资8亿元，两座380立方米高炉和两座550立方米高炉项目已奠基，一期两座380立方米炼铁高炉土建工程已全面开工。

投资1.2亿元的中国石化150万立方米成品油库项目，已完成设计、立项、审批、征地等前期准备工作，现已破土动工，2004年将形成15万立方米成品油库储备能力，届时年销售收入将达20亿元，利税达1亿元。

格瑞有限公司引进外资400万美元建设的5000吨气调库项目已经奠基，办公楼已开工建设，即将动工兴建主体库。

太子滩2000吨电气调库引进资金200余万元，一期工程已全面竣工，二期工程正加紧建设。

吉利铁厂128立方米高炉引进资金1800余万元，已于2002年9月底竣工投产。

三星焦化实业有限公司引进资金1500万元、总投资2000余万元兴建的158立方米的高炉项目，目前正加紧安装施工。

投资80亿元的和信电力发展有限公司，已签定协议2000万元资本金已到位，即将动工建设。

陕西省城固县

——发展壮大县域经济 加快小康建设步伐

城固是西汉名外交家张骞的故里。位于陕西汉中盆地腹地，北靠秦岭，南依巴山，阳安铁路、108、316国道及正在建设中的西汉高速公路穿境而过，交通十分便利，县城距省会西安300公里，离汉中市区31公里，是省市建设“汉江工业走廊”及“串珠式城市带”的重镇之一。县域总面积2265平方公里，辖24个乡镇，总人口50万，总耕地49.3万亩，其中水田42.5万亩。境内驻有陕西飞机制造公司、燎原公司、核工214大队、空军航测团、试飞大队、57321部队等多家中省单位。

县内生物、矿产、水力、旅游资源较为丰富。有林地面积214.9万亩，森林覆盖率54%，初步形成了柑桔、猕猴桃、茶叶、桑蚕、烟叶、食用菌、名贵中药材等生产基地。地下资源已探明有石灰石、大理石、硅石、花岗岩等非金属矿藏，极具工业开发价值。水力资源充足，“一江五河”(汉江、胥水河、文川河、南沙河、堰沟河、牧马河)纵横交错，仅胥水河可开发利用水力资源8.86万千瓦。开发利用该河水利资源的龙头工程——焦岩水利水电枢纽工程前期工作已正式启动。城固是全省历史文化名城，古迹遍布，文物众多，出土文物3600多件，可开发利用的旅游景点60多处，尤以张骞纪念馆、宝山仰韶文化遗址、地母发祥地五郎关、道教圣地洞阳宫、天主教总舵古路坝、省级旅游风景名胜区南沙河、汉太尉李固墓等景点闻名海内外。

改革开放以来，全县经济建设和社会发展取得了突出成就，曾被评为省综合实力十强县。特别是近几年来，城固围绕“强农、兴工、活商、富民、建市、小康”的总目标，大抓城建、交通等基础设施建设和各项产业发展，经济建设连上新台阶，城乡面貌发生巨大变化。2002年，完成国内生产总值25.9亿元，其中一、二、三产增加值分别达7.8亿元、12.12亿元、5.98亿元；三产增加值占GDP的比重为30.1:46.8:23.1；完成财政总收入达1.36亿元。其中地方财政收入7252万元，农民人均纯收入达1811元。农业和农村经济初步形成了以“果、菜、畜牧业、蚕、茶、优质米”等6大产业为主导的农业产业化发展格局；工业经济初步形成了以食品、化工、建材、纺织、医药、烟草、粮油及农副产品加工业为主的20多个行业门类、3000多户企业、200多种产品的工业体系，“城古”酒，“兵马俑”烟、“飞虹”纺织品、“张骞”碳铵、“月亮”方便面屡获部优、省优称号；非公经济和第三产业快速增长，2002年底，私营企业已达481户，个体工商户达2.44万户，从业人员已占全县人口13.3%；基础设施建设迅猛发展，先后拓宽改造城区“7纵12横”主干道，建成陕南最大的经贸市场和号称“陕南第一街”的汉江路，县城建成区面积已达12平方公里，城市人口近13万人，初步建成了集商贸流通、无污染工业、高新技术开发、文化旅游为一体，功能齐全的新型小城市；地方公路形成了平川以二级公路为主体，山区以三级公路为主体的环形路网结构，万门程控电话和移动通讯设施直通海内外。全县各项事业协调并进，计划生育、文化文物、科技教育、体育卫生、广播电视等十多项工作跨入全国或全省先进行列。

近年来，城固大力实施产业结构调整，初步形成了柑桔、猕猴桃、生猪、中药材四大特色产业。

柑桔产业

城固气侯温和，雨量充沛，是我国柑桔最佳适生区之一，柑桔栽培历史十分悠久，素有“桔乡”美称。所产柑桔成熟早、品质好、色泽鲜洁、果味浓郁、酸甜适度，并以其独特的口感深受消费者亲睐。“享誉全国” 全县城已建成万亩以上8个柑桔基地乡镇，形成了东至宝山镇，西至老庄镇，沿秦岭南坡绵延18公里柑桔林带，总面积已达10万亩，年产量突破12万吨，形成了我国柑桔适生北缘地区最大的优质柑桔生产基地，“升仙蜜桔”享誉大江南北，畅销西北各省，部分产品远销俄罗斯。

猕猴桃产业

城固是猕猴桃最佳优生区。无冻害风险，土壤酸碱性适宜，光热生态优异，猕猴桃生长历史悠久，资源丰富，人工栽培生长快，果品味浓色鲜，且较关中和南方早半个月左右成熟上市，具有明显的地域和时差优势。我县自1991年大面积栽培至今，已有10年历史，猕猴桃人工栽培面积已达2万亩，年产猕猴桃3000多吨，产品旺销海内外。初步形成了汉江沿岸及108国道两侧为主的猕猴桃为主的生产基地，实现了集中连片，规模发展。近年先后引进了秦美、海沃德、亚特等优质丰产品种并大力示范推广，严格按照无公害优质产品标准进行管理，所产猕猴桃品质好、无污染、原汁原味，被受果商和消费者喜爱。

生猪产业

城固是陕西省瘦肉型商品猪生产基地县和全省重要的生猪供应基地。多年来，我县积极实施生猪改良工程，大力引进优良的瘦皮肉型品种。广泛推广三元杂交、快速育肥等先进科学技术，使生猪生产逐步由数量型向质量效益型转变，形成商品猪生产基地乡镇17个，全县生猪年存栏28万头，出栏30万头，年产猪肉2.5万吨。生猪产业已成为我县农业主导产业之一，是农民致富的一个短平快项目。近年，成功引进了北京顺鑫鹏程食品有限公司在我县投资办厂，一个集优良生猪引进、繁育、推广、深加工为一体的生猪产业龙头企业——汉中顺鑫鹏程食品有限公司在我县落户，年可饲养优良纯种猪1000多头，优良种猪2万头，日屠宰量达1200头，极大地促进了我县生猪种化进程，带动了我县及周边县区生猪产业的迅猛发展。

中药材产业

我县中药材以品种多、数量大、药用价值高而闻名于医药界。全县数量在500公斤以上具有采挖、收购、利用价值的野生药材有10类531种，常年收购有230种。家种药材品种近百种，其中常年保持持续产量的有天麻15万窝，元胡近1万亩，附子0.58万亩，杜仲10万亩，枣皮1万亩，黄柏0.3万亩，五倍子2万亩。枳壳0.42万亩，厚朴0.36万亩，生姜0.5万亩，百合0.2万亩等。近年来，特别是90年代初，我县逐步发展中药提取药产业，依托黄姜生产，发展皂素水解物生产，现已能够生产结晶皂素、双烯醇酮和黄体酮中间体。目前全县共有皂素生产企业22家，其中15家具有汽油淬取物精提工艺装备。2002年生产皂素水解物约2000吨，结晶皂素约150吨，双烯醇酮36吨，黄体酮中间体1.2吨，工业产值约1.2亿元，当年皂素产品占全国市场份额的五分之一左右，是我县最具发展潜力的新兴产业。

为进一步提升对外开放水平，扩大招商引资规模，近年来，城固大力加强投资环境建设，认真落实招商引资优惠政策，重点优惠产业项目，重奖招商引资有功人员，高看外地来城客商，实行投资软环境建设行政首长责任制，狠抓基层执法部门整治，严查重处干扰破坏招商引资事件，建立招商引资服务大厅，实行一条龙办公、一厅式会审，减少审批事项，简化办程序，全力营造廉价高效的政务环境，民主公正的法制环境，诚信有序的市场环境，健康向上的人文环境，形成了“宽松、宽容、宽待”的社会氛围，城固已真正成为具有吸引力和竞争力的投资热土。

目前，城固已精心筹备20个重点项目，预计投资达10.6亿元，诚邀各方客商来城投资，洽谈。其中基础设施项目3个，分别是胥水河水电资源开发、钟楼商业步行街改造工程、柑桔批发市场建设；工业生产性项目12个，分别是城化公司尿基复合肥生产线，棉纺织品合资合作项目、高档墙地砖生产线、速冻水果生产线、石英砂深加工项目、城固中药饮片加工厂GMP技术改造、上元观玉米淀粉厂招商、泰华油脂公司加工、经营承包招商、城固酒厂厂房设备招商、县机砖厂产权转让，县饲料厂资产转让、轻机厂厂房场地设备招商；旅游开发项目5个，分别是南沙风景区整体转让、张骞纪念馆开发、五门堰风景区开发、韩家祠堂古建民宅开发、宝山商代遗址博物馆建设。

山西省寿阳县

寿阳县位于山西省晋中东部，太行山西麓，国土总面积2114平方公里，辖14个乡镇206个行政村，总人口22万。地处太原、阳泉、晋中三市之间，区位优越，素有“金三角”之称。石太铁路、307国道、省道榆盂公路和太旧高速公路横贯全县。有国家、省级各类仓库13个，总储量130多万吨，已初步形成了山西的“旱码头”和商品集散地。有方山国家森林公园、清代名人“三代帝王师祁隽藻”故居及文昌阁等100多处古建筑，气候凉爽，是理想的旅游避暑胜地。境内煤、铝钒土、石膏、石灰石、耐火粘土等地下地上资源丰富，煤炭总储量210亿吨，是全国重点产煤县。耕地面积104万亩，宜林宜牧面积120万亩，是国家商品粮基地县、全国旱垣无公害茴子白生产基地和山西省优质杂粮基地县。改革开放以来，寿阳经济飞速发展，目前已形成了蔬菜、草畜、林果、杂粮、煤炭、建材、化工、机械和农副产品加工、建筑、运输等涵盖三产的多元化产业体系、煤炭作为支柱产业，年生产能力已达600万吨，形成了原煤、块炭、洗精煤、型煤、型焦等系列延伸产品。以“友胜”、“红光”为代表的民用锅炉畅销华北、西北，在全国享有较高的知名度和市场占有率。盛产的玉米、谷子、大豆、荞麦等小杂粮久负盛名，贡米、苦荞、豆腐干等土特产品质量上乘，畅销全国。“寿绿”牌茴子白实现无公害标准化生产，飘洋过海，出口俄罗斯、日本等国。寿阳电力充沛，通讯先进，蓝天碧水，人情淳朴，办事快捷，投资环境优越。开放的寿阳以优良的环境、优质的服务、优惠的政策真诚欢迎各方有识之士前来投资开发旅游、煤炭，农产品加工等产业，坚持互利双赢，谋求共同发展。

陕西省神木县

——勇立潮头的中国西部百强县

县情简介

神木县位于陕西省北端，晋陕蒙三省区交界地带。全县总面积7635平方公里，是陕西省面积最大的县。共辖5乡14镇，总人口36.6万。

神木古称麟州，因地处长城沿线，边疆要塞，“南卫关中、北屏河套、在扼晋阳之险，右持灵夏之冲”，历代为军事重镇。北宋著名抗辽英雄杨业父子在此世代驻守，抗击侵扰，雄踞一方，留下了千古美名。也因塞外风光无限而吸引了不少文人墨客驻足题留，北宋河东宣抚使范仲淹曾到此巡边，写下了著名的《留题麟州》和《麟州秋词》。神木也是光荣的革命老区。1927年建立党组织，1934年创建红色政权，开辟了神府革命根据地。在这块英雄的土地上，成长了王瀛、汪铭、王兆卿、贾拓夫等一批民族英雄，他们为了民族的解放和富强而流血流汗，成为一代英杰。神木更是一块富饶的土地，这里矿产资源丰富，以煤为最，是闻名于世的神府东胜侏罗纪煤田的聚煤中心。全县储煤面积4500平方公里，占全县总面积的60%，探明储量500亿吨，且煤质优良，属特低灰、特低磷、特低硫，中高发热量的优质动力煤和气化用煤，还是理想的环保洁净煤。此外，神木还有铁矿、石灰石、石英砂等矿产资源，其中石英砂储量436万吨，二氧化硅含量在97%以上。丰富的资源引起了海内外的瞩目，上世纪80年代中期，国家大型企业神华集团进驻神木，着手开发神府东胜煤田。目前，神华集团已在神木境内投资达100多亿元，形成了年产2500万吨煤的生产规模。上世纪以来，国家确定了榆林能源重化工基地，神木因其得天独厚的资源优势成为这个国家能源重化工基地的开发中心。

党的十一届三中全会以来，特别是神府煤田开发的十多年来，神木围绕优势资源的开发转化，大力调整县域经济结构，不断改善经济发展环境，全县经济和社会各项事业得到了快速发展。“八五”至“九五”期间，全县经济以年均25.2%的速度增长。到2001年，全县国内生产总值达到26.5亿元，财政总收入达到3.5亿元，其中地方财政收入1.82亿元，经济总量跃居全省前列。能源重化工基地建设初具规模。以煤炭、电力、建材、化工为主的支柱产业体系已经形成，地方煤炭产量达到960万吨，电力装机容量达到30万千瓦，总投资逾百亿元的6×60万千瓦锦界大电厂有望年内或明年开工建设。平板玻璃生产能力达到130万重量箱，浮法玻璃生产线已经建成投产。农业经济结构调整步伐加快。退耕还林还草工程全面实施，枣杏、畜牧产业得到较快发展，全县造林保存面积达到320万亩，人工种草150万亩，羊子饲养量达到55万只。神木交通便利，设施完善。包(头)神(木)、神(木)黄(骅港)、神(木)延(安)三条铁路在神木交汇，年运力可达8000万吨。县境内形成了以包神、榆神、神府、神佳、神盘5条出境出省二级公路为主干，11条县级公路为骨架，总里程达43000公里的公路网络。县内无线寻呼、国际国内程控电话、移动电话网络全面开通运营，国有四大商业银行金融网点遍布。县城基础设施建设步伐加快，城市环境大为改观。精神文明建设取得重要成果。教育工作1998年实现“两基”达标，2000年建成国家级重点职业中学。计划生育工作1998年实现“三为主”，2000年建成“综合服务县”，10月被国家计生委命名为“全国县级计划生育先进单位”。党的建设得到加强。农村基层组织整体水平不断提高，非公有制经济党建工作全面开展。干部人事制度改革取得较大进展，初步建立起了公开选拔、任前公示、任前试用、年度考核、考核淘汰等选拔制度和收支两条线、会计委派、政府采购、任前经济责任审计等监督管理制度，建设了一支高素质的干部队伍。

进入新世纪，神木人民正全面贯彻“三个代表”重要思想，围绕建设西部经济强县目标，进一步扩大对外开放，改善投资环境，加大招商引资力度，以全方位的服务和优惠的政策，热忱欢迎海内外客商和有识之士来神木旅游观光、洽谈贸易、兴办实业，和神木人民一道携手并进，大展宏图。

凸显的区位优势

神木地处陕北，历史上交通不便，信息闭塞。但因其位置处于黄河中游，北接内蒙古，东跨黄河入山西，又是晋陕蒙三省区交界地带的中心，县域北部蒙汉两族杂居，东部、南部秦晋两省一衣带水。这里陕蒙、秦晋人民自古睦邻友好，生产生活互通有无，物资商贸频繁。

改革开放以采，神木区位优势凸显。首先，这里资源富集，神府煤田、榆神煤田相继现诸于世，为海内外所瞩目，新闻媒体称这里为“中国的科威特”，国家级的榆林能源重化工基地的中心就在这里。西部大开发实施以来，神木被确定为国家山川秀美工程建设重点县、西电东送工程火电基地，其在全省经济发展中占有举足轻重的位置，神木从过去闭塞落后的地区成为陕西省实施西部大开发的“桥头堡”。其次，神木交通便捷，铁路、公路四通八达，使其本来所具有的良好的区位环境显现出了新的优势。这里有包神、神朔、神延三条铁路交汇，已成为西北铁路网的重要枢纽，包神线北达包头与包兰、京包线接续，贯通大西北、华北；神朔线东达山西朔州，与大秦线相交，可直达秦皇岛，与建设中的朔（州）黄（骅港）铁路相接后，横穿京九铁路，神延线南达西安与陇海线交汇，再经西康铁路直通西南和华中。这里公路网络密集，包神、榆神、神府、神佳、神盘五条二级出境公路可与山西、内蒙、宁夏、西安路网相接，贯通东西南北。神木县城距榆林机场110公里，距包头机场240公里，均有二级公路相通，乘机和物资空运十分方便。

独具特色的地方经济

神木资源富集，土地广阔，开发和建设中形成了独具特色的地方经济。

工业经济以开发优势资源为主。形成了以煤炭为龙头，煤炭、电力、化工、建材为支柱的工业体系。全县煤炭年产量达3500万吨。煤炭产品远销全国10多个省区和日本、韩国、马来西亚等国家和地区。目前，煤炭工业产值占全县工业总产值的50%，成为神木的龙头产业和支柱产业。依托煤炭产业，电力工业和煤化工工业也得到迅速发展。机焦、焦油、电石等煤化工产品产量连年增长、市场销售供不应求。建材工业以生产玻璃产品为主，全县已建成平板玻璃、格法玻璃、浮法玻璃三条生产线，满足不同层次的市场需求，投资1亿元的高科技玻璃器皿生产线即将建成投产。

轻工业以地毯加工为主。神木地毯采用传统的手工艺制作，历史悠久，久负盛名，产品畅销国内外。现有两家设备齐全的地毯厂和上百家手工作坊生产地毯。食品工业以生产白酒为主，年产麟州牌系列白酒500多吨，产品曾荣获亚太博览会金奖。

农业生产历史上以种植业，养植业为主。近年来，神木县全面贯彻国家“退耕还林（草）、封山绿化、个体承包、以粮代赈”的生态环境建设政策，积极走封山禁牧、退耕还林（草）、舍饲养畜的农业发展新路子，大量调减种植业比重，发挥宜林宜牧优势，已由传统的种植业为主向自给型农业、防护经济混合型林业和商品型畜牧业转变，逐步形成了畜牧和红枣两大产业，畜产品加工、红枣加工成为发展农村经济和增加农民收入新的亮点。目前，全县造林保存面积达到320万亩，其中红枣经济林累计达到16万亩，常产红枣近1000万斤；人工种草150万亩，羊子舍饲量达55万只。

旅游、建筑、运输和餐饮、娱乐等服务业蓬勃发展。特别是旅游产业已成为县城经济新的增长点，县内形成了红碱淖湖（全国最大的沙漠淡水湖）、杨家城遗址、县城东西两山庙群、杏花滩、大保当汉墓、西京寺、黄河漂流等旅游景点和旅游线路，年接待国内外旅客12万人次，较大地带动了县城经济的发展。目前，包括旅游业在内的第三产业年产值已达13.6亿元。第一、二、三产业在国民生产总值中的比例为5:55:40，第三产业在县域经济发展中实现了“三分天下有其一”。

在地方经济不断发展，经济总量连年攀升的态势下，煤炭、电力、煤化工、建材、畜牧、红枣、旅游已成为我县经济发展的七大主导产业。随着西部大开发的进一步推进，七大主导产业优势还将不断显现，在全县国民经济的发展中发挥更加重要的作用。

良好的投资环境

在经济社会快速发展的同时，神木不断深化改革，加强综合治理，为县内外各类投资商营造了良好的投资环境。

干部群众不断解放思想，全县开放开发氛围浓厚。近年来，神木县不断强化措施，动员广大干部群众解放思想，更新观念，解放思想的热潮一浪高过一浪。县委多次组织各级干部到沿海发达地区考察学习，对照先进寻找差距，先后举办了“学习张家港，我们怎么办”和“神木创新与发展”等大型理论研讨会，形成并在全县范围内推开了“七破七立”解放思想运动，使全县广大干部群众思想观念实现了较大转变，“人人都是投资环境”的招商意识普遍树立，“你赚钱，我发展”、“不求所有，但求所在”的双赢开放意识不断增强，为优化全县投资环境营造了浓厚的思想舆论氛围。

基础设施日趋完备,对外开放和招商引资能力不断增强。"九五"期间,全县累计完成基本建设投资17.58亿元,其中完成公路建设投资9.2亿元,县境内公路四通八达,实现了乡乡通油路,村村通公路、通电、通有线电视,程控电话网络、国际国内移动通信网络覆盖全县。城市基础设施建设取得了良好成效,县城建设近年累计完成投资4亿多元,修建城市道路35公里,规划中的4纵21横主干街道已完成3纵11横,城市广场、住宅小区、供电供水供热、绿化美化等基础设施日趋完备,城市居住环境大为改善,2000年,县城被国家爱卫会评为"国家级卫生县城",2001年又被中央文明委等五部委命名为"全国文明小城镇建设示范点"。

转变政府职能,增强服务意识,着力创造宽松的政策环境和提供优质服务。神木县委、县政府先后制订出台《关于鼓励外商投资的若干规定》、《关于招商引资的奖励办法》等20多项政策规定,对县内外投资商在征用土地、税收、户籍等方面予以全面优惠,对外来人口在子女入学、就业、参军及享受社会保障等方面与本地人口平等对待。同时大力转变政府职能,增强服务意识,做到以诚招商、以情留商、以信安商。一是清理了一大批不合理收费项目,统一和规范了收费行为,对县境内重点企业实行挂牌保护、县级领导对口联系,有效地堵塞了"三乱"现象发生,保障了企业的合法权益。二是减少行政审批项目,为投资者创造公开、公平、竞争的市场准入机制。全县共减少行政审批项目67类,大大增强了市场自我调节功能。三是全面推行优质服务,设立了政务大厅,实行"一厅式办公",限时办理各类证照,投资者项目资料齐全,一般在3个工作日内予以办理;对重大招商引资项目,县上有关部门实行全程服务,打破常规,特事特办,尽可能满足投资者提出的各类要求。四是全力整顿市场经济秩序,每年集中开展市场经济秩序整顿工作,严厉打击了各种金融诈骗、制假贩假、不正当竞争等严重破坏市场经济秩序的行为,为各类企业和投资者营造公开、公平、公正的市场经济环境。

积极推进依法治县,营造健全的法制环境。近年来,神木县大力推进依法治县工作,积极开展全民普法教育,健全民主法制,规范政府执法行为,建立公开透明的社会管理机制,减少"暗箱操作",基本上保证了政府依法行政。全县治安群防群治网络健全,综治工作成效明显,执法水平不断提高。几年来,全县社会稳定,治安状况良好,刑事、治安案件明显减少,各类生产经营企业和投资客商安全感增强,群众满意度不断提高。

颇具竞争力的招商引资项目

为保证投资商利益,降低投资风险,实现投资保值增值,神木县结合资源优势,积极调研储备了一批产品市场前景看好,符合国家产业政策的招商引资项目,以合资、合作、引资等方式诚招各方客商前来投资。

招商引资项目

序号	项目名称	内容简介	项目总投资(万元)	经济效益	合作方式	承办单位及联系方式
1	神木县煤转甲醇项目	依靠煤炭资源优势,拟建年产10万吨甲醇生产线。项目前期工作基本就绪,已经具备了开工建设条件。	74828	投资利润率13.8%,投资利税率17.55%投资回收期6.86年(含基建期两年)。	合资、合作、引资	神木县项目研究开发办 0912-8338198
2	神木县红碱淖旅游综合开发项目	1、大型水上娱乐中心;2、沙漠影视拍摄基地;3、高尔夫球场;4、景区基建;5、红石岛整体开发;6、冬季冰上娱乐项目	31080	投资利润率20.6%,投资利税率27.8%,财务内部收益率29.7%。	合资、合作、引资	神木县红碱淖旅游区管委会办公室 0912-8480139
3	神木县聚氯乙烯项目	拟建一条年产5万吨聚氯乙烯生产线。项目前期工作已基本就绪,具备开工建设条件。	18000	投资利润率 20.48%,投资利税率 29.68%内部收益率 24.51%。投资回收期为5.51年(含建设期2年)	合资、合作、引资	神木县电化有限责任公司 0912-8455263

续表

4	神木县孙家岔煤矿项目	该矿为神府矿区总体规划中的特大型矿井，矿井建设拟以逐步滚动发展的方式进行，最终规模为4mt/年。建设条件良好。	30312.85	财务内部收益率14.54%，投资利润率21.04%，投资利税率28.57%，投资回收期3.39年（含基建期）。	合资、合作、引资	神木县煤焦电有限责任公司 0912-8335988
5	神木县玉米燃料酒精项目	依托当地丰富的煤炭和玉米资源，拟建设年产5万吨玉米燃料酒精项目。	14188	年利润1733万元，投资利润率12.22%投资利税率26.01%，全部投资内部收益率17.44%投资回收期7.37年。	合资、合作、引资	神府能源开发总公司 0912-8338198
6	神木县羊子养殖项目	年产羊子5000只，种草1500亩。	300	年利润100万，投资利润率28.6%，投资利税率35.8%，投资回收期四年。	合资、合作、引资	神木县中鸡乡政府 0912-8470018
7	神木县西林瓶生产线项目	拟建一条年产15亿个西林瓶生产线。	4000	年利润600万元，投资利润率15.8%投资利税率25.7%，投资回收期7年。	合资、合作、引资	神木县项目研究开发办 0912-8338198
8	神木县30万吨焦化厂项目	年产优质铁合金焦30万吨，焦油3万吨，煤气$5.2\times10^8Bm^3$，剩余煤气$2.6\times10^8Bm^3$。项目选址于神府经济开发区锦界工业小区，项目建设条件良好。	14188	年产值6000万元，年利润1800万元，投资回收期4年。	合资、合作、引资	神木县项目研究开发办 0912-8338198
9	神木县红枣加工厂项目	年加工鲜枣1400吨，生产天然干制红枣500吨，酒枣100吨。	230.9	年利润118万元，投资利润率39.6%，投资利税率63.3%，财务内部收益率46.1%投资回收率3.1年。	合资、合作、引资	榆林市铁路运营有限公司 13909129528
10	神木县肉兔、肉羊良种繁育推广及屠宰加工项目	饲养祖代种兔1千只，年产父母代种兔3万只，年屠宰肉兔80万只，生产冻兔肉1千吨。饲养种羊106只，年繁殖种羊260只，年屠宰加工养肉500吨。项目前期工作已基本就绪，具备开工建设条件	1588.27	投资收益率37.27%，投资利税率43.2%投资回收期4.34年。	合资、合作、引资	榆林市铁路运营有限公司 13909129528
11	神木县天然气利用工程项目	项目建成后供气4.9382户，年供气量1638.12万立方米，年供应工业用户3645.295万立方米，年供应公共建筑用气1031.928立方米。	8911	投资利润率2.73%，投资利税率7.27%投资回收期8.87年（含基建期3年）	合资、合作、引资	神木县建设局 0912-8332682
12	神木县朱盖沟水库灌溉工程项目	朱盖沟水库灌溉工程，流域面积179.1千平方米，水库总容量4156万立方米	9723.82	经济内部收益率13.1%，经济净现值为734.47万元。投资回收期为8.7年。	合资、合作	神木县水利局 0912-8314349
13	神木县无碱玻璃纤维池窑丝生产线项目	拟建设一条年产1.5万吨无碱玻璃纤维池窑生产线。	17981.61	投资利润率21.86%，投资利税率29.16%，投资回收期5.59年。	合资、合作、引资	神木县发电有限公司 0912-8452174
14	神木县污水处理厂工程项目	建设规模$2\times10^4m^3/d$，设计占地37.8亩，厂区地质条件良好，建设条件优越。	32478	投资利润率1.72%，投资利税率1.94%投资回收期13.39年（含基建期2年）。	合资、合作、引资	神木县建设局 0912-8332682

中国著名茶乡——西乡县

县情简介

陕西西乡县位于秦岭以南，汉中盆地东部，总面积3240平方公里，地形以山地丘陵为主，山区占64.8%，丘陵占28.4%，平川占6.8%。全县辖23个乡镇286个村9个居委会，有汉、回、苗等13个民族，总人口40万。全县气候温和，属北亚热带半湿润季风区，有西北小江南之美誉。

西乡古属梁州，设城置县始自东汉，三国对刘备曾封张飞为西乡侯。西乡是革命老区，1932年陈浅伦在西乡创建了红29军，建立了苏维埃政权，是原北京大学党委书记兼副校长、兰州大学党委书记兼校长江隆基、原中央民族学院党委副书记兼副校长张养吾等老一辈革命家、教育家故乡。

丰富资源待开发

茶叶资源独具优势。西乡把茶叶作为经济结构调整的重中之重，累计发展茶园18万亩，2002年投产园5万亩，年产茶1600吨，有茶叶初制厂127家，精制厂2个，茶叶龙头企业4个，“午子仙毫”名茶多次获省部级以上奖励，获得国家绿色食品认证，西乡被评为“中国著名茶乡”、“中国经济林之乡”国家级荣誉称号，成为陕西省最大的产茶县。西乡茶区土层深厚，土质疏松，远离城镇，各项指标完全符合国家有关无公害茶园有机茶生产要求。西乡绿茶以其优越的生态条件和“纯绿色、无污染、全天然、富锌硒”的特色，以及富含氨基酸、茶多酚、儿茶素、维生素等多种人体必需的营养物质和微量元素的独特内在品质，极具市场优势与开发价值。2002年，西乡确立了建设茶业经济强县的奋斗目标，将到2008年累计发展高质量茶叶基地25万亩，2014年达到盛产，形成年产绿茶17000吨的茶叶生产规模与系列产品开发能力，建成区域茶叶科研、教育中心及茶产品集散地。依托生态茶园建设，把“陕南小华山”午子山、伊斯兰教圣地鹿龄寺及七星湖、枣园湖等景区开发结合起来，发展生态旅游业，构成陕西旅游业的一个亮点。

矿产资源丰富，瓦道子石膏矿探明储量4.7亿吨，是亚洲第一大矿；花岗石、大理石等质地纯洁，绚丽多彩；硫铁矿、锰矿、白云岩等储量也较为丰富。水能资源开发潜力巨大，全县水能总蕴藏量26.3万千瓦，可开发利用15.7万千瓦，有曲江洞、焦家坝等发电良址。生物资源多样，牛肉干、烤烟、银杏、樱桃、板栗等均形成一定规模，极具开发价值。

良好环境欢迎你

近年来，我县大力实施“两调整六加快”战略(即：调整经济结构，调整所有制结构；加快农业产业化步伐，加快基础设施建设，加快对内对外开放，加快县城和小城镇建设，加快非公有制经济发展，加快新一轮扶贫攻坚步伐)，全县经济社会全面快速发展，形成了开放开发的良好氛围。

交通通讯方便快捷。阳安铁路横贯县境东西，可直达北京、上海、武汉、成都、西安等地，西乡火车站为三级站。210、316国道西接汉中，东连重庆、湖北，西乡至汉中为二级公路，1个小时可去汉中，西汉高速公路建成后3个小时可到西安，交通条件逐步改善。信息、通讯便捷，程控电话、移动电话实现了公路沿线与集镇全覆盖，宽带互联网、光纤有线电视缩短了西乡与外界的距离。

城镇建设发展迅猛。县城东西长5公里，南北宽3公里，有常住居民8万人，北大街商业街年内建成，县城绿化、亮化、美化工程正在实施。总规划面积30平方公里、辐射人口约15万人的县城和小城镇经济带已基本形成，为发展商品流通、贸易和旅游、服务业等提供了无限商机。

市场体制初步建立。坚持以建立现代企业制度为目标，国有、城镇集体企业和乡镇企业基本完成产权置换改革，非公有制经济成为县域经济发展的主体力量，经济活力显著增强。采取市场化思维和“两手并用”的工作方式，转变政府职能，实施依法行政，各类经济主体公正、公平、公开竞争的市场格局已经形成。

投资环境日益优化。按照“开放兴县”的战略思想，清理不利于经济发展的地方性政策、法规，出台了经营城市、招商引资等一系列优惠政策，整顿市场经济秩序，放宽市场准入条件，实行招商引资一站式服务，简化办事程序，为县外资本进入创造了优越环境。2002年招商引资达成项目协议26个，计划投资6.49亿元，成功实施城市出租车、公交车等项目20个，到位资金1.17亿元，实现了利用外资新突破。

四川省崇州市

崇州市地处美丽富饶的川西平原，位于天府之国的腹心，为繁荣富庶之地，自古就是川西旺县，有“蜀中之蜀”、“蜀门重镇”之称。全市幅员面积为1090平方公里。其中山区面积占43%，丘陵面积占5%，坝区面积占52%。全市辖18个镇，16个乡，总人口65万人，是全国优秀旅游城市、全国卫生城市和四川省发展的都市群体重点县市之一。

崇州历史悠久

置县始于汉高祖元年；唐武则天垂拱二年置蜀州；领晋原、唐隆、青城、新津四县；南宋绍兴十四年升为崇庆军节度、崇庆府；元朝至元二十年改为崇庆州；1913年废州改为崇庆县；建国后仍置县，1994年6月，经国务院批准，撤销崇庆县设立崇州市。

崇州区位优势明显

崇州位于美丽富饶的川西平原，气候温和，物产丰富，交通便利，距成都市35公里，正在建设中的成温邛高速公路横贯全镜，有二级公路通往双流国际机场仅20分钟车程。东临双流、温江，南与新津相临，西靠大邑，北与都江堰接壤。

崇州市委、市政府紧紧抓住西部大开发历史机遇，与时俱进，带领全市人民奋力拼搏，实现了崇州经济跨越发展，年GDP平均增长达到12.6%。1999年起连续三年获得全省综合经济实力评比“十强县(市)”。列首届中国西部百强县第12位。2001年全市实现国内生产总值70.5亿元。

崇州工农业并举，工业以轻工业为主，2001年实现工业总产值95.1亿元，乡镇企业总产值125.4亿元。农产品以稻、麦、油菜为主，主要经济作物有川芎、郁金。是全国著名的商品粮基地县、瘦肉型猪基地县、国家级农业综合开发区。目前全市大力调整农业结构，已建成生猪、肉牛养殖、无花果、布朗李、蚕桑等特色农牧业生产基地。全年农村经济总收入32.2亿元，农民人均纯收入3095元。

崇州商业繁荣

全市共有贸易市场近50家，具有悠久历史的道明竹编、怀远的藤编、棕编工艺产品名播川西，远销海外。2001年，全社会消费品零售总额21.1亿元，其中：国有企业的商品零售额为1.1亿元，集体企业商品的零售额为4.6亿元，私营及个体企业商品的零售额为8.7亿元。

交通、通讯设施配套

崇州位于318川藏公路干线上，公路网四通八达，已实现村村通水泥路，全市有国道1条，省道1条，公路里程达1074公里，已开工建设的成温邛高速公路，将推动我市交通事业的更快发展。通讯事业蓬勃发展，截至2001年底全市共有程控电话5.4万门，移动电话用户45600户。天然气日供量达10多万立方米。

资源丰富

崇州境内矿产资源丰富，现已发现的有14种，其中探明储量有5种；煤、铅、锌、石灰石和泥炭，其中以煤、石灰石储量最多。全市境内主要河流有三条：西河、黑石河、金马河。除降水外，全市年河川径流总量为157074万立方米，理论蕴藏量总计为110900KW，可开发量为57000KW。

旅游景点各具特色

崇州市历史悠久，境内文物古迹众多，有国家级、省级文物保护单位5处，有聚集于市内建于唐朝的千年名园罨画池，明洪武初的文庙、陆游祠。宝墩和紫竹古城史前文化遗址；清道光的宫保府，又有深藏与凤栖山中的古寺，白塔山中的白塔寺、化城山中的大明寺、屹立文井江畔的洄澜塔等闻名遐迩的历史古迹。崇州是“中国优秀旅游城市”之一。除历史文化竟园林景观外，还有景色绚丽的自然风景区：以中华大熊猫野生活动区为品牌的野生动物聚集区鸡冠山，以自然山水景观著称的风景名胜区九龙沟，以佛教文化著称的“西川第一天”凤栖山，川西宝镜白塔湖。

崇州以玻璃制品业、蓄电池制造业、制革制鞋业、酒类食品业、机械配件铸造业、医药工业、建材业、畜牧业、商贸业为产业支柱。目前，已拥有全国最大的白料玻璃制造企业——四川蜀玻（集团）公司、四川最大的蓄电池生产企业——成都川西蓄电池(集团)公司。

为加速崇州经济建设发展速度，崇州对外开放、招商引资工作既向外资开放，也向内资开放；既向沿海发达地区开放，也向沿江、沿边地区开放，努力营造良好的投资环境，新建立的高新技术开发区和工业园区，已完善了开发区内的道路、通讯、水、电、气基础设施,同时对外来客商崇州将在税收、土地、工商登记、服务等方面给予最大的优惠和提供最优质的服务。我们始终坚持互利双赢的开放观,广泛接触,全方位的开展对外合作,广交朋友,共谋发展。

目前崇州对外招商项目有:

塑料合金产业开发
年产25万吨配合饲料厂扩建工程
崇州市天然气管网二期扩建工程
无花果产业化开发
黄腐酸系列产品开发
年产60万头生猪养殖、加工、经营产业化项目
绿色速冻食品开发
鸡冠山森林公园开发
五万吨生物添加剂饲料厂扩建工程
华怀路崇州段改建工程
动植物细胞复活剂
城市生活垃圾无害化资源化处理
二甲基已二醇及下游产品
新建“四星”级宾馆
无根山矿泉水开发
九龙沟温泉开发
非义务教育合资全作办学
大型儿童游乐项目开发
具体详情请查看我们的网站:
http://www.cdchongzhou.com

四川省大竹县

大竹概况

大竹县位于四川省东部，达州市南部。于唐武则天久视元年，至今已有1300多年历史。全县幅员面积2076平方公里，耕地93.14万亩，辖19个镇44个乡577个村，总人口104万，其中农业人口91万。

大竹，区位优越。国道318线、210线纵横交错，达渝高速公路贯通全境。县城西至襄渝线渠县火车站40公里，北至达县火车站60公里、达县机场70公里，南至重庆江北机场130公里，东至梁平机场90公里、万州港176公里，将成为川、渝、鄂、陕的物资集散地和川东北地区的商贸中心。

大竹，地灵人杰。流传过明建文帝避难、吴佩俘逃竹的故事，留下过英勇红军和华蓥山游击队战士的足迹，飘洒过林孔唐、徐德、徐相应等一代英烈的热血，养育过一代佛学宗师破山和尚、为官清正的江(国霖)探花、声名远播的抗日爱国将领范绍增以及政绩突出的领导干部彭友今、王明达、刘昌杰、胡昌政等。

大竹，资源丰富。土地肥沃，盛产粮油、苎麻、竹木、畜禽等。矿产资源丰富，原煤储量达1.63亿吨，天然气储量约60亿立方，自来水日供水量5万立方，移动通讯网络覆盖面达95%。苎麻名冠全国。有3000多年历史。50年代，被国务院定为苎麻生产基地县。近年来，苎麻种植面积、产量居全国产麻县之首，是全国优质苎麻示范基地县。麻纺工业初具规模，有苎麻加工企业30多家，年苎麻脱胶能力1万吨，长纺2万锭，产值2亿多元。苎麻纺织产品有部、省优产品30多个，远销日港澳、欧美等国家和地区。是全国苎麻加工基地县。“竹乡”享誉四方。“问我大竹竹几何？根串七县，叶落九洲！”全县有白夹竹、黄竹、斑竹、楠竹等16个竹种，成片白夹竹达16万亩，居四川省首位。活立竹蓄量达68万吨。传统竹编“二郎竹席”和竹椅、竹沙发等远销省内外，竹编工艺及竹制品开发利用潜力很大。风景秀丽迷人。有绿竹如海的五峰山省级森林公园(申报国家级公园已通过初评)，有烟波浩淼的乌木百岛湖，有世界少有、中国稀有的中欧结合式建筑群清河古镇(“哈儿”故居)，有曲径通幽、险象环生的“三国故道”，有云雾缭绕的云雾峡及云雾古刹。

大竹，业绩骄人。先后荣获全国科普示范县、全国文化先进县、全国“双拥”模范县、全国初级卫生保健达标县、四川省社会治安综合治理模范县、四川省中医工作先进县、四川省“小康县”等称号。

大竹，前景辉煌。抓住国家实施西部大开发和中国加入WTO的良好机遇，坚持“作风兴县、名优强县、开放活县、依法治县”的总体思路，立足大竹、背靠达州、依托重庆，参与西部大开发，放眼国际国内，加强区域协作，促进追赶型、跨越式发展，让大竹走出巴山蜀水，走向世界。

大竹经济

按照“作风兴县、名优强县、开放活县、依法治县”的总体工作思路，坚持深度开发资源、奋力做强“名优”、“渐与国际接轨，建设经济强县”的经济发展方略，集中精力加快发展，锐意创新真抓实干，县域经济持续健康发展，农业大县向经济强县转变的进程加快。综合经济实力增强。2002年全县实现现价国内生产总值49.05亿元，比上年增长11.32%，其中第一、二、三产业增加值分别为15.03亿元、19.45亿元、14.57亿元；社会消费品零售总额13.60亿元，比上年增长15.90%；全县地方财政一般预算收入达1.12亿元，比上年增长13.45%；大竹县在2001年四川省各县市GDP排行榜上，居第34位；在四川省丘陵县、市综合经济实力排序中，居第9位；在第一、二届中国西部百强县排序中，分别居第58位、52位。结构调整成效显著。所有制结构调整加快，县属生产型企业改制达95%，民营经济快速发展，个体工商户达12460户，私营企业259户；产业结构不断优化，一、二、三产业比31:40:29。农村经济全面发展。2002年，现价农林牧渔业总产值预计达23.42亿元，粮经产值比27:73，粮食总产量达50.5万吨，农民人均纯收入2389元。城市经济运行质量提高。工业保持较快发展速度，规模以上工业产值年均增长速度为19.05%；2002年，规模以上工业产值、利润、税金分别达8.5亿元、1092万元、3650万元；工业改革与发展被达州市委誉为“大竹路子”，作出了“工业学大竹”的决定。商贸经济充满活力，2002年，全县社会消费品零售总额达13.6亿元；城镇居民人均可支配收入达4620元。

加快发展，争创“三个一流”(川东一流的县城、一流的工业重镇、一流的农业大县),实现大竹新的跨越已成为百万竹乡人民的共同目标。大竹县委、县政府将带领全县人民,以党的十六大会议精神为指针,结合县情,着力发挥后发优势,奋力谋求先发效应,突重点、攻难点、育亮点,努力促进大竹新的跨越。城建:坚持“新区开发与旧城改造并举,以新区开发为主”的发展思路,将县城建成省级文明县城、达州市二级中心城市和苎麻汽配商贸交易中心,构建川东战略高地。工业:继续实施“工业强县”战略,培育一批重点骨干企业和支柱产业,培育一批名牌产品,建立一套完善的运行机制,努力提高工业对GDP和财政收入增长的贡献率,使工业真正成为县域经济的支撑,到2004年,规模以上工业企业年产值达20亿元(其中出口创汇1000万美元),全县工业经济在GDP中的占有量力争达到45%,对财政的贡献率达到35%。农业:坚持强推“4321”工程,力争农业总产值年均递增4.5%,农民人均可支配收入年均增加200元以上;建成全国第一流的苎麻产业大县,全县苎麻发展到25万亩,苎麻产品产值达7.5亿元;建成川东第一流的旅游强县,充分发挥21万亩竹资源优势,把五峰山森林公园建成富有竹文化特色的国家级森林公园;建成川东第一流的畜禽生产基地,把星火禽业协会建成全国第一流的农业专业技术协会,实现年产值5亿元;建成川东第一流的现代农业示范园,示范园区面积扩展到1万亩。

招商引资项目

1.5000锭高支纱技术改造及建立6万亩优质苎麻基地

2.五峰山森林公园旅游开发

3.汽车电喷发动机专用高压燃油管生产线

4.大规格高档水晶釉内墙砖

5.35KV及以下交联电缆生产线

6.扩建1万吨醪糟生产线及建立10万亩糯稻生产基地

7.新建城市垃圾处理厂

8.禽蛋加工生产线

9.现代农业科技试验示范园

10.开发苎麻高档织物系列产品

四川省双流县

双流县是四川省成都市辖的近郊县。全县辖26个乡镇,总户数25.1万户,总人口87.4万人,幅员面积1072平方公里。

历史文化悠久

双流县是开发最早的古县邑之一,始建于公元前316年,时称广都,与古蜀国的成都、新都并称"三都"。至隋朝避炀帝(杨广)讳改称双流(以两江汇流而得名)。迄今已有2300多年历史。双流山川毓秀、人杰地灵,物产丰富、经济繁荣,人文荟萃。

区位优势明显

双流县位于"天府之国"——成都平原的腹地。紧靠西南地区重要的中心城市、四川省会——成都市,县域三面环绕成都,县城东升镇距市区仅10公里。县域重镇华阳镇、中和镇、白家镇、文星镇、九江镇距市区在5—10公里之内。境域北靠温江县和成都市武侯区、高新区,东连龙泉驿区及简阳市,南接仁寿县、彭山县,西邻新津县、崇州市。境内有西南最大的国际空港——成都双流国际机场,拉近了与国际国内的时空距离,增强了交往合作的能力,区位优势十分明显。

基础设施完善

交通运输便捷。双流县交通四通八达,已形成水、陆、空齐备的立体交通体系。境内的双流国际机场(全国第五大航空港)距县城2公里,开通国际国内航线160余条;成昆铁路横贯境内,并有双流、公兴两个火车站;川藏公路、成乐大件路(成都至乐山)、成雅高速公路(成都至雅安)、成都外环高速公路、机场高速公路、国道"213"穿越县境;全县建有天府大道、金华路、双温路、双黄路、双龙路等高等级公路,全县公路通车总里程达1605公里,形成了以国道、省道为骨架,县道、乡道、村道纵横交错的公路网络。

能源供应充足。全县建成35KV以上的变电站9座。现已形成日供气250多万立方的能力。建成日供水能力20万吨的成都岷江水厂,并超前规划建设了联结成都市的供水管网系统。

通讯快捷通畅。建A、B、G基站61个,有移动通信用户近10万户。电话总装机容量逾17万门,现已安装电话12.3万户。建成了传输光缆化、交换系统程控化的现代通讯网络。

经济发展迅速

改革开放以来,双流乘改革开放的东风,大胆解放思想,不断开拓前进,实现了经济社会的快速发展,连续6年成为四川省县级经济实力综合评价"十强县"第一名,连续两届成为中国西部百强县(市)第2名、并跻身全国县域经济基本竞争力百强县(市)。从1992年以来的10年间,GDP年均增长18.9%,财政收入年均增长24.8%。2001年实现国内生产总值112.8亿元,其中第一产业增加值11.98亿元,二产业59.2亿元,三产业 41.67亿元。社会消费品零售额 26.3亿元。全县财政收入7.36亿元。2002年末金融机构各项存款余额达110亿元,贷款余额90亿元。农民人均可支配收入3164元。人均国内生产总值13070元、固定资产投资额2094元、财政收入849元、城乡居民年末人均储蓄余额7099元。

社会事业发达

县境内有高等院校5所;中小学230所,其中省级重点3所,国家级示范中学2所。有各类科研单位30个,其中国家级科研所2个,专业技术人员1.8万人,是西部地区拥有两院院士等高级科研人才较多的县。全县有各类医院45所,其中二级乙等医院3所。建有标准的国际高尔夫球场和足球场等体育文化设施。

发展前景广阔

按照国务院批准的成都市总体规划,双流县是成都城市将向东向南发展的重点区域,东升镇、华阳镇已定位为成都市的卫星城和城市副中心,将分别承担成都部分金融、商贸、交通枢纽等功能。西南航空港经济开发区为高新技术产业园区,牧马山开发区为高档旅游、人居、休闲、会务活动中心。目前,德国拜耳、重庆宗申等一大批企业集团已落户双流发展,以中科院成都分院和四川大学为龙头的科技教育产业园区正在崛起。双流将抓住西部大开发和成都城市向南(双流)发展的历史机遇,按照"推进城市化,建设新双流,实现新跨越"的总体思路,以"当先不让,再攀新高"为目标,扎实推进工业强县,大力实施城市化发展战略,双流将在新的世纪,再创新的辉煌。

李白故里——四川省江油市

市情简介

江油历史悠久，自东汉光武帝建武元年(25年)设置政区以来,迄今已有1977年的历史。江油为三国蜀汉军事重镇,系道教发源地之一,又是辛亥革命四川首次起义“江油之役”和红四方面军围城打援的“江油战役”的发生地,有着深厚的三国文化、宗教文化和革命文化氛围。

江油是唐代大诗人李白的故乡,一座风景如画的历史文化名城,也是位于成都经济圈北端一座正在崛起的新兴工业城市、旅游城市,全市幅员面积2719平方公里,人口87万,素有“九寨门户,蜀道咽喉”之称。中国改革开放的总设计师邓小平为江油亲笔写了“李白故里”四个苍劲有力的大字。

1988年建市以来，江油城市建成区面积由9.06平方公里扩展到现在的20多平方公里，新、改、扩建20多条城市主次干道,新增城区道路100余公里,形成了四通八达的城市交通网络;城市绿化覆盖率达到95%,城区现有公共绿地244公顷,城市园林绿化、街道绿化、小区绿化、庭院绿化交相辉映。1995年江油市被省政府评为“双拥”模范城市,1998年跨入四川省绿化先进城市行列,1999年被评为“全国卫生城市”。

江油教育、文化、卫生、体育等社会事业在建市以来蓬勃发展。目前,全市基本实现普及“九年义务教育”，高考升学被大专院校录取人数连年创出新高;全市地方传染病得到有效防治;群众体育活动丰富多彩,向上输送了世界举重冠军刘寿斌、国际象棋大师娄红宇等一批优秀体育人才。江油还被国家体育总局命名为全国“武术之乡”、“全国体育先进县(市)”,被四川省政府评为“四川省文化先进县(市)”。

区位优势

江油市位于四川盆地西北部、涪江中上游地带,距省会成都150公里。江油属亚热带湿润季风气候,年均日照总数1367小时,年均降雨量1100毫米,年无霜期280天,境内最高海拔2356米,相对高差1886.8米,年均气温16摄氏度。

江油交通便利,通讯设施完备。宝成铁路复线纵贯全境,境内有大小火车站12个,居全国之最;绵阳至江油高等级公路和在建的绵广高速公路纵贯全境,驱车经绵江公路及成绵高速公路到达成都仅需要1个半小时;绵阳南郊机场更使蜀道天堑变通途,从江油至绵阳驱车20分钟即至;全市通柏油路、水泥路的乡镇已达80%以上;无线通讯网、程控电话网、国际互联网为您提供及时、准确的信息资源。江油境内矿产资源丰富,品位达99%的石灰石储量超过6亿吨,硫铁矿、石英砂储量亦非常丰富,市境内天然气储量超过300亿立方米,全市年产天然气6亿立方米，日供净水8.5万立方米,年产水泥330万吨,年发电量达50亿度。

江油是国家三线建设的重点地区之一,境内有上市公司川投长城特殊钢公司、四川双马水泥集团公司和中国航天工业总公司航空燃气涡轮研究院等40余家国有大中型企业和科研机构，它们奠定了江油坚实的工业基础和科技基础。近年来,江油综合经济实力不断增强。2001年江油市实现国内生产总值71.7亿元,辖区内工业总产值75.4亿元,农林牧渔业总产值17.8亿元，农村居民人均纯收入2498元;实现财政收入4.7551亿元,跨入了中国财政大县百强之列。

特色经济

江油市是四川重要的商品粮基地，盛产水稻、小麦、玉米等多种农副产品及棉花、油料等经济类作物。近年来,江油现代农业产业化发展已形成规模,培植了恒源药业、天源山菜公司、种子公司等一批龙头企业,涌现了方水乡白玉水果产业开发区这样的新兴农业经济实体。依靠科技兴农,培育出了红花罗汉藕、食用樱花叶等一批出口日本的农业科技产品,奠定了创汇农业的基础。

江油物产丰富,人文荟萃,山川奇丽,历史文化底蕴深厚。太白祠、粉竹楼、陇西院、洗墨池、磨针溪、读书台等三十多处李白遗迹令人神往;奇丽险峻的窦团山、规模宏大的李白纪念馆、千姿百态的岩溶景观、风光如画的养马峡、涪江六峡以及神秘莫测的道教圣地乾元山等风景名胜以其独特的人文景观和自然景观吸引了大量的海内外游客。江油的旅游也自20世纪80年代初兴起以来,至今已形成一定的体系和规模,2001年江油共接待游客141万人次,实现旅游总收入3.3亿元。

在继续发掘蒲家沟、老君山等新的旅游资源的同时,江油十分注重旅游文化资源的整合,着力打造旅游品牌优势。江油聘请专家完成了江油城市旅游形象的理念系统和标识系统的设计,以"李白故里"这一独特人文资源作为江油旅游统一的对外形象标识。为了打好"李白牌",自20世纪80年代起,江油对市内三十多处李白遗迹进行了多次的修缮和重建,同时又在风景秀丽的昌明河畔建起了李白纪念馆、太白公园、太白诗书画院,让海内外游客有更多的场所对"飘然亦不群"的李太白进行缅怀。2001年江油又在青莲镇天宝山300余亩的范围内,建成(一期工程)以李白诗歌为内容,以园林、碑刻为载体,以书法艺术为表现形式的太白碑林,使天宝山成为华夏第一座李白诗山。截至目前,江油已举办六届太白灯会和四届李白文化节。2001年举办的李白文化节是历次规模最大的,节日期间举行了李白文化研讨会、中央电视台《同一首歌--江油李白文化节》大型广场演出、太白碑林揭幕、文物精品展、集邮展、李白故里旅游周、川渝国标舞邀请赛、太白乡情专场歌舞晚会等大型文化、旅游活动。2002年2月江油在北京中华世纪坛成功举办了《大哉李白——纪念李白诞辰1300周年国际艺术展暨四川江油李白故里馆藏精品展》。2002年4月22日至5月16日江油又举办了"2002李白故里文化旅游博览会",相继推出《放歌李白故里》大型演唱会、鲁能杯乒乓球超级联赛江油主赛场三场比赛、大型牡丹花卉展览,宋祖英、甘萍、赵亮、蔡振华、王涛等明星名将先后在江油亮相。

在李白文化研究方面江油以四川李白研究会为依托,收集珍贵文物、李诗版本、碑刻拓片、诗书画印、研究成果、重要资料5000余件;发掘、整理出《李白故里》、《李白的故事》、《李白诗歌赏析》、《李白文选》等系列专著和刊物,举办了6次全国学术研讨会。原江油市政协副主席、作家王慧清女士呕心沥血二十载,数易其稿,终于写成了大型系列电视剧《李白》,后又改成长篇小说由长征出版社正式出版,并由上海电视台改编电视连续剧。2002年4月26至27日,全国知名作家、李白诗歌研究会专家及各新闻媒体齐聚绵阳共同研讨《李白》,再次将李白文化的气氛推向了高潮。

主导产业

江油是巴蜀大地上崛起的新兴工业城市,是国家"三线"建设重点地区,也是四川重要的能源生产基地、科研基地、商品粮基地和建材生产基地。境内现有上市公司川投长城特殊钢公司和四川双马水泥集团公司;西南地区最大的火力发电厂——江油发电厂、有西南地区最大的气田——川西北石油矿区、四川矿山机器厂、川纺集团酱油棉纺织厂等1500多家企业以及中国航天工业总公司航空燃气涡轮研究院、中国核工业总公司国营八五七厂、四川材料与工艺研究所等科研单位，这里还拥有12万成熟的产业工人、2万在职科技人员和1万名离退休科技人员,他们奠定了江油坚实的工业基础和科技基础。江油市工业开发区是省级优秀工业开发区,规划总面积达9.8平方公里。目前区内已实现水、电、气、路、闭路电视、通讯的全面畅通。建区至今共审批立项项目280个,审批投资20亿元,实际完成投资额14亿元，现已建成了投产项目12个。2002年,为了减小客商的投资风险,工业开发区新建了20000平方米的全轻钢结构的工业标准厂房,投资企业根据自己需要可租可买,现在一期工程已完成,二期再建20000平方米标准厂房,工程已经动工。

"十五"期间,江油市经济社会发展的指导方针是:抓住国家实施西部大开发战略机遇,以加快发展为主题,以经济结构战略性调整为主线,以改革开放和科技进步为动力,以提高人民生活水平为根本出发点,加强农业基础地位,加快工业化、城市化进程,加强基础设施建设,注重生态建设和环境保护,加大招商引资力度,大力发展民营经济,努力实现经济追赶型、跨越式发展和社会全面进步。到"十五"期末,力争国内生产总值达到103.7亿元,财政收入达到6.4亿元,城市人口规模达到50万,建成经济和社会协调发展的富裕、文明、美丽的中等城市。

投资环境

为实现"十五"计划提出的各项目标、任务,江油市正积极实施工业强市战略和城市化战略,将招商引资作为各项工作的重中之重,通过招商引资调整经济结构、培育新的经济增长点。开放的江油以优质的服务、良好的基础设施、安定团结的社会环境来吸引更多的优势企业到江油市安家落户。

江油市是四川省首批命名的对外开放城市。为逐步与国际惯例接轨,适应加入WTO后的经济形势和经济秩序,给投资企业创造一个正规、良好的生存、发展空间,江油市委、市政府制定了一系列的优惠政策和服务保障措施。一方面,市委、市政府

[2000]87号文件明确规定：投资企业进入江油，其增值税25%的地方所得部分以及营业税100%，前3年全额奖励该企业，后2年奖励50%，其所的税前5年100%奖励给企业用于扩大再生产；另一方面，成立了“江油市行政服务中心”，对外来投资项目从立项审批到有关登记注册手续的办理，实行“一站式服务”；制定了对重点投资企业实行市级领导定点联系制度；在投资企业中建立收费明白卡制度等，以制度的形式给外来投资企业提供保证和服务。

在市委、市政府的正确领导下，经过全市人民的共同努力，江油市的招商引资工作取得了较好的成绩。1998年江油市共完成了协议引资8.39亿元，实际到位资金2.05亿元；1999年完成协议引资9.76亿元，实际到位3.59亿元；2000年，完成协议引资8.48亿元，实际到位3.75亿元；2001年完成协议引资13.46亿元，实际到位资金超过7亿元。乘西部大开发的东风，江油经济发展的优势已为更多有识之士所瞩目，一大批国内外的优势企业如广东汕头超声电子股份有限公司、四川沱牌集团、浙江水晶集团、浙江省台州市椒江玻璃集团、广东澜石伟昌制管公司、深圳华辰制药有限公司、株洲时代集团、四川巴蜀电力集团公司、四川金阳集团、四川一康制药集团、四川荣高集团以及德国梅塞尔气体产品有限公司、中瑞合资爱肯娜生态农业有限公司、日本山菜贸易社、香港英惠集团等已到江油安家落户，为江油经济发展注入了新的活力。

江油以优惠的政策、优质的服务、雄厚的工业基础、完善的基础设施为外来企业创造了良好的生产、经营环境；千古吟唱的李白诗篇，沉积厚重的三国、封神文化，宽畅洁净、绿树成荫、华灯点缀的城市，为企业员工营造了一个舒适、安逸的生存环境。江油正以更加开阔的视野，更加开明的政策，更加高涨的热情欢迎更多的有识之士来江油这块热土共谋发展，共创伟业。

川南明珠——泸县

基本情况

泸县,地处四川南部,与中央直辖市重庆市和四川省内的自贡市、内江市两市接壤,是泸州的北大门和卫星城。幅员面积1513平方公里,耕地69.6万亩,辖24个镇,人口103.4万人。

县城福集镇,位于“川南明珠”玉蟾山下,是1996年开始新建的具有风景旅游特色的现代化新兴城市。九曲河、濑溪河、马溪河悠悠环绕;龙脑桥、白龙塔点缀其间;地势平缓,山水相依,桥景相连,独具风景旅游特色。

泸县交通便捷,通讯发达,光纤电视、数字通讯覆盖全县。属亚热带湿润性季风气候,土地肥沃,物产丰富,素有“川南鱼米之乡”的美誉。县内矿产资源丰富,煤、石英砂、石灰石等量大质优。劳动力资源丰富,农村劳动力56万人,长期外出务工21万人,尤以建筑劳务为主,成建制劳务输出13万人之多,是国家级劳务输出基地县。以全国重点保护文物龙脑桥为代表的明代石刻蜚声国内外,泸州雨坛彩龙有“东方活龙”之称。泸县近几年还先后获得了小康县、四川省综治模范县、四川省文化先进县、全国“双拥”模范县等荣誉称号。

2002年,全县实现国内生产总值(GDP)36.51亿元,比上年增长9.1%;实现财政收入1.91亿元,比上年增长18.3%;实现社会商品零售总额11.38亿元,比上年增长11.35%;农民人均纯收入达到2619元,比上年增加110元;招商引资到位资金2.73亿元,固定资产投资10.54亿元,城乡居民储蓄存款余额28.8亿元,计划生育率达94.5%。

发展的潜力和优势

区位优势。泸县地处泸州北大门,隆纳高速公路、隆泸铁路、219省道纵贯县境,县城距泸州机场33公里,到泸州集装箱码头39公里,县城距隆昌28公里,是泸州通往成都、重庆的咽喉,地理位置十分优越。

资源优势。泸县的烟煤、石灰石、石英砂储量大,分别达到1亿吨、1.8亿吨、23.6亿吨,为火电、建材、玻璃行业的发展提供了基础和条件;粮食、水果、蔬菜、水产品、生猪等农副产品量大质优,在全市乃至全省都名列前茅;劳动力资源充足,民间资金潜力大,是经济发展的又一优势。2002年末,泸县城乡居民储蓄存款余额达28.8亿元,每年还要从外地汇回劳务收入8亿元左右。

基础优势。隆纳高速公路、隆泸铁路、219省道、泸永高等级公路和正在建设的泸荣高等级公路纵贯全县,县城到各乡镇的水泥路面已基本硬化,全县通公路里程达2539公里,580个村已通公路。另有泸州机场和集装箱码头,为泸县的人流和物流畅通提供了十分便捷的交通环境。光纤电视、移动通信已覆盖全县;县城建设起点高,山水园林旅游县城已基本形成格局,极大地提高了县城品位,为泸县经济发展特别是招商引资创造了良好的条件。

产业优势。工业上初步建立了纺织、建材、食品、玻璃制品、能源、化工等支柱产业。食品工业独具特色,酿酒历史悠久,享有酒乡的美誉,年产白酒2万多吨;纺织工业形成体系,棉纺、化纺、印染、服装已具规模;建工建材实力雄厚,有国家一级施工企业2个,二、三级施工企业30个,13万建工人员常年活跃在全国30个省市区200多个县,部分建筑技术工人赴埃及、约旦等国家和地区施工。农业上初步形成了粮食、仔猪、水果(甜橙、龙眼)、水产、中药材(黄姜)等主导产业。已建成国家商品粮基地县、国家杂交水稻种子基地县、国家中心苗圃基地县、国家长江中上游水果开发项目县、国家龙眼生产基地县、国家商品瘦肉猪基地县、省商品水禽基地县、省蚕桑生产基地县等11个国家、省级基地县。

文化底蕴深厚。泸县山川秀美风光旖旎。省级风景名胜区玉蟾山,以石如玉、山似蟾闻名遐迩,400余尊明清两代摩岩石刻造像栩栩如生;著名国画大师蒋兆和先生的代表作《流民图》是目前国内最大型的现代人物浮雕;横跨九曲河上仅次于赵州桥的国家级重点保护文物龙脑桥鬼斧神工。碧波荡漾的玉龙湖、风景如画的海潮湖,令人流连往返。

今后发展的指导思想和总体目标

泸县是典型的丘陵大县,如何沿着党的十六大描绘的蓝图,实现跨越式发展的目标,我们的指导思想是:高举邓小平理论伟大旗帜,全面贯彻“三个代表”重要思想,抓住西部大开发机遇,适应加入世贸组织新形势,调动一切积极因素,实施优先发展工业、加速农业结构调整、加快基础设施建设战略,以科技应用、招商引资和优化发展环境为主要措施,推进工业化、产业化、城镇化进程,促进三次产业互动、城乡经济相融,实现农民增收、财政增收;加强精神文明建设,加强民主法制建设,加强党的建设,实现泸县发展新跨越。

新时期新阶段新任务，全县人民众志成城、信心百倍,力争到2007年,国内生产总值在2000年的基础上翻一番,综合经济实力进入全省百万人口大县前六位,始终跻身西部百强县,工业经济占主导地位,县城“三大中心”地位初步形成,生态环境大为改善,经济社会协调发展。

风景这边独好，泸县正抒写着新世纪一代风流。巍巍玉蟾迎客松,松笑松舞拥抱八方有志者;滚滚濑溪开放潮,潮涨潮涌造就一代弄潮儿。

四川省仁寿县情及招商引资优势

——西部正在大开发 百万大县争作为

仁寿县地处四川盆地东南部,隶属四川省眉山市。全县幅员面积2606.36平方公里,耕地面积9018公顷,辖110个乡镇1109个行政村,9214个经济社,总户数45万余户,总人口160万人,是一个典型的丘陵农业大县。2002年,全县GDP50.6亿元,第一产业占35.4%,第二产业占28.7%,第三产业占35.9%,农民人均可支配收入2072元。仁寿县连续两届名列"中国西部县域经济基本竞争力百强县(市)"。

人文地理

仁寿建于隋开皇十八年(公元589年),境内地形北高南低,龙泉山脉自东北向西南横贯全境,浅丘、低山、深谷及平坝等多种地势并存,以丘陵、低山为主。县境内无大江大河,沿龙泉山谷有溪河东西分流,经椰江、越溪河、龙水河、通江河汇入岷、沱二江,流域县积2222平方公里,总长282公里。1972年在龙泉山西麓建成的省内第一座大型引蓄灌溉工程黑龙滩水库,可蓄水3.6亿立方米,解决仁寿县城区及大部分区镇乡生产生活用水,控灌仁寿、井研、简阳三县田土7107公顷。仁寿属亚热带季风湿润气候,年均气温17.4℃,年均降雨1009.4mm,年均日照1196.6小时,年均无霜期312天。县境内少数民族有回、藏、彝族等10余个,占全县总人口的0.19%,以回族居多。在这片热土上,诞生了文武双全的宋丞相虞允文,"东方梵高"石鲁、著名画家冯建吴兄弟和新中国地质事业奠基人之一黄汲清院士。仁寿区位优势明显,县城北距成都90公里,南距乐山83公里,西离眉山38公里,随着成都市发展的不断南移和国道213仁寿段全面贯通,仁寿将挤进成都平原经济第二辐射圈,进入四川经济发展快车道。

资源优势

矿产资源丰富。煤炭储量300亿kg,膨润土储量10亿kg,丰富的石灰石、石英矿和生物资源均有工业开发价值。劳动力资源丰富。仁寿人口众多,为全省第一人口大县,农村劳动力63万个,长年在外务工人员达30余万人;教育优势明显。城区内有中小学校10余所,中专学校两所,自恢复高考以来,全县累计为国家输送近4万名大中专学生。1989年被国家教育部批准为"全国农村教育综合改革实验县",1998年获省"农村教育改革先进县"称号,"双基"通过国家验收顺利达标。仁寿教育二十七年保持长盛不衰,2002年高考升学率万人比名列全省前茅。

旅游优势

省级重点风景名胜区黑龙滩水库誉为"成都后花园",23.6Km^{2}的湖面镶嵌着85个岛屿,龙岩、泼水现字天下一绝。牛角寨大佛号称乐山大佛之父,1569尊石刻造像分布于全山,集儒、道、佛于一体的佛龛更是世界瑰宝。左青龙、右白虎的南宋虞公祠保护完好,禾加中华溶洞群深达30Km,钟乳石千奇百怪,岔洞妙趣横生。县城内一街(天街)、一阁(奎星阁)、一道(仁寿大道)、四广场(人民广场、体育广场、街道广场、英雄广场)是假日休闲旅游的好去处。

基础设施

公路纵横交错。纵有213国道北接成都南通乐山、自贡;横有106省道西接成昆线和成乐高速路,东连成渝高速路;还有直通资阳、资中和威远的省县路网,交通四通八达。

城镇设施齐全。县城面积12.8Km^2,县城人口12万人,自来水日供能力8万吨,天然气日供能力10万m^3。天梯、飞泉山、百乐湖三大广场和乾隆时期的奎星阁,展出县城英姿。

通讯便捷,供电可靠。成昆国家一级光缆国防干线贯通仁寿,全县实现乡乡通光缆,国际电话、国际传真、移动电话和Intel网全部开通。国家电网的220KV变电站1座、110KV变电站3座,眉、乐双电源供电,可靠率99.6%。

特色农业

全县农业人口141.8万人,农村劳动力63万个,从事大田种植的劳动力41.3万个,耕地面积9.19万公顷,其中田4.07万公顷,土5.12公顷,主产水稻、小麦、棉花、油菜、蔬菜、水果、蚕茧、花生、生猪、山羊、小家禽畜、水产品等。仁寿县先后被国家列为"商品粮基地县"、"优质棉基地县"、"瘦肉型猪基地县"、"水稻制种基地县",全国十二大粮仓县之一,水果、蚕茧、油料被列为省级发展基地。

近年，仁寿在确保人民粮食基本需求的基础上，按照“南梨北枇、波杂肉羊、优质粮食、蔬菜花卉、小家禽畜”的特色农业发展思路，面向市场加快农业结构调整步伐。突出发展优质枇杷、梨子、蔬菜等为主的种植业，突出发展DLY生猪、波杂肉羊、肉奶牛、名特优水产等为主的养殖业，建成了5万亩优质枇杷基地、5万亩优质梨基地，10万亩休稻养鱼示范基地、40万只优质基地，100万头DLY生猪生产基地，已初步构建起优质枇杷、优质梨子、优质粮食、优质猪羊、优质蔬菜和良好生态环境等“五优一好”现代特色农业框架。全县年粮食总产达72万余吨，水果总产达1.3亿公斤，可出栏生猪137.5万头，山羊45万只，肉牛6000余头，2002年农业总产值达29亿元，农民人均可支配收入达2070元，并喜获“四川省无公害农产品基地县”和“四川省优质生猪科技园”殊荣。仁寿文宫被命名为“中国枇杷之乡”。目前，全县龙头企业200多家，拥有加工面粉25万吨，屠宰生猪100万头以上的加工能力。涌现出了“双汇集团仁寿分公司”、“川纺集团仁寿棉纺织厂”、“神龙脱水蔬菜加工企业”、四川果王公司等规模大，辐射带动力强的龙头企业。发展了一批羊业、枇杷、柑桔、梨子、葡萄、食用菌等协会和组织。特别是畜禽加工龙头企业，近年发展较快，已达22家，全面带动了全县畜牧业的发展，畜牧业产值已占全县农村经济的“半壁河山”。枇杷为媒，经贸唱戏，仁寿已连续4年举办中国枇杷之乡枇杷节，第三届中国枇杷之乡枇杷节暨万人大合唱、第四届枇杷节上虞丞乡28人组成的抬工号子队再创上海大世界基尼斯纪录。

仁寿工业

通过企业产权制度改革，建成了以民营经济为主体的县域经济格局，食品加工、纺织、轻化、建材、能源五大支柱产业已见雏形。仁寿工业园区占地800亩，由香港怡宝投资有限公司首期投资2亿元进行基础设施建设。2002年仁寿工业总产值完成13.2亿元，完成工业净投入1.74亿元，工业增加值实现4.1亿元。

对外开放

仁寿坚持开放强县战略。凡县内外人员利用县外资金、技术、知识产权在县内兴办实业者，一律享受外资企业政策；建设期内，属于县级收取的各种地方性费用全免，高新技术产业投入营运后，10年内免收地方的各种行政性费用；行政服务中心“一站式”服务，“漏斗式”管理。开放的政策、良好的治安环境是投资置业好去处。一批国内知名企业如河南双汇、川纺集团、成都正兴集团、乐山金杯集团、苏州维的电讯和成都利源乳业公司等纷纷入县落户。目前，我县对外招商项目主要以农产品加工为主，我们热忱欢迎社会一切有志之士投资智力仁寿。不求所有，但求所得，是我们发展的理念；你发财，我发展是我们共同的祝愿。

川中丘区之星——射洪

概况

子昂故里、名酒之乡的射洪县位于四川盆地中部,涪江中游,幅员面积1497平方公里,其中,丘陵占89.1%,河谷10.9%,2001年末总人口103.61万人,其中农业人口81.24万人,非农业人口22.37万人,人口密度693人/平方公里。

境内气候温和,降雨充沛,土质肥沃,水能资源和天然气、盐卤及砂石储量丰富,绵渝高等级公路横贯全境,达成铁路、成南高速公路襟南而过。县内山青水绿,风景宜人,省级重点文物保护单位金华山陈子昂读书台闻名遐迩,省级风景名胜区平安寨森林公园及螺湖公园、金湖公园、沱牌生态工业园颇具特色。

经济社会发展成就

改革开放20多年来,射洪人民发扬"团结、实干、拼搏、奉献"精神,奋力开拓,不断进取,经济社会发展取得了骄人的成绩。2001年,全县实现了国内生产总值45.6亿元,工农业总产值45.28亿元,工农业产值比为84:16,县域财政收入3.43亿元,县级财政收入1.77亿元,经济发展总量和人均占有水平均名列川中丘陵区前茅。其主要特点是:

坚定不移地推进工业强县战略,不断壮大工业实力

全县现有独立核算工业企业277户,规模以上企业22户,有大型企业3户,中型企业3户,上市公司3户。规模以上企业拥有固定资产55亿元,净资产24亿元。射洪生产的沱牌曲酒属中国名酒、美丰尿素、银银牌斜纹布、特阔提花布、蜀道牌接技浆料、安浪牌棉胎是四川省名牌。2001年,全县工业实现总产值37.87亿元,规模以上工业实现销售收入22.57亿元,利税3.47亿元。

大力改善农业生产条件,促进农业上新台阶

射洪先后投巨资兴建前锋渠、人民渠、螺引、武引等大中型水利工程,耕地保灌率达80%,复种指数268%,森林覆盖率39.2%,粮、棉、油、猪、蚕等各种农产品质优量大,是全国商品粮基地点,棉花基地点,水稻、玉米制种基地县,肉类产量百强县,绿化造林百佳县。2001年,全县粮食总产33.6万吨,棉花总产1810吨,蚕茧总产1674吨,油籽总产1.8万吨,出栏肥猪94万头。通过加大农业结构调整,大力提高农副业、畜牧业及劳务输出在农民收入中的比重,农民人均纯收入水平达到2212元,在川中丘陵区率领先达到小康水平。

加大基础设施建设力度,为经济发展创造良好环境

射洪发扬敢办大事,能办成大事的精神,集中力量建设螺电、金电、绵渝路射洪段改造、涪江三桥等重点工程、现有发电装机10万千瓦,年发电量5亿度,电力供应自给有余。通过成功地开采浅层天然气,日供气能力达20万立方米。建成高等级公路64.8公里,县通乡公路全部实现黑色化。有线电视、光纤通讯实现村村畅通,移动通讯网覆盖全部乡镇。县城太和镇城区建成规模16平方公里,常住人18万人,开通公共汽车10路,"园林式"中等城市格局初步形成。

重视发展第三产业,活跃城乡经济

全县现有集贸市场95个,专业批发市场8个,21000个商贸服务机构和经营网点遍布城乡,各类金融机构健全,服务配套,华西证券、川财证券在射洪开设有营业部。2001年全县社会消费零售总额16.1亿元,金融存款余额31.18亿元,贷款余额30.59亿元,证券成交额19.6亿元。

坚持"科教兴县"方针,促进社会事业协调发展

全县现有科研机构29个,科技人材5066人,科技进步对经济增长的贡献率达50%,被列为"国家星火技术密集区"、"省技术创新示范县"。有各级各类学校529所,其中国家、省级重点学校5所,高考上线率达70%以上。城乡卫生机构健全,有大小体育场地370处,容纳2300人的射洪体育馆多次承办国家级赛事。

投资优惠政策

凡在我县新办生产型企业,自投产之日起,企业上交属于地方财政收入的税收在5年内由财政按50%—80%返还企业使用,对外来投资项目建设过程中的各种规费一律免收,项目建成后,生产性企业的规费,五年内减半收取;对新办生产型企业,用电、用气、用水价格按目录价格下浮15%—25%;对投资项目的审批和办证,县行政服务中心实行"一站式"服务。

重点招商项目

沱牌、明珠国有股权转让,城西片区、城东片区、沱牌工业园区、美丰工业园区、银华工业园区招商,射蓬路、射西路二级公路改造、县城防洪堤及滨江路改造工程、县城污水处理厂、垃圾处理厂合资合作,柳树电航、打鼓滩电航合资合作,县丝绸厂、毛巾床单厂、酿造厂闲置厂房及设备出让,农业规模经营,农产品深加工及亚热带高新农业技术引进和推广,平安寨森林公园、螺湖公园、金湖公园深度开发等。

面对国家实施西部大开发和我国加入世贸组织的历史机遇,射洪将高扬发展主旋律,抢抓新机遇,应对新挑战,与时俱进,开拓创新,勇于争先,努力实现经济社会发展的新跨越。

奋进中的阿克苏市

阿克苏市位于新疆维吾尔自治区西南部，天山南麓、塔里木盆地西北边缘冲积平原上，东经79°39′—82°01′，北纬39°31′—40°27′，北靠温宿县，南邻阿瓦提县，西与柯坪、乌什两县毗连、东与新和、沙雅两县接壤，东南部深入塔克拉玛干大沙漠与和田地区的洛浦、策勒两县交界。

阿克苏市辖区总面积1.8万平方公里，其中绿洲面积为8689.25平方公里，荒漠面积为8380平方公里，总耕地面积156.9万亩，人均耕地面积为4.1亩，市辖5乡2镇1场和5个街道办事处，外加境内的农一师16个国有团场和阿克苏地区的红旗坡市场。全市总人口54.35万人(市属人口为24.23万人)，其中少数民族人口22.01万人，占总人口的40.5%。

阿克苏市属暖温干旱气候地区，降雨量稀少，蒸发量大，气候干燥，年日照时数2862.7—2996.8小时，无霜期205~219天，年平均降水43.9—65.3毫米，年蒸发量1256—1509.7毫米，相对湿度56—58%，年平均气温9.9—11.5摄氏度。

阿克苏市地处南疆交通要道，是阿克苏地委、行署、军分区及农一师师部所在地，是阿克苏地区政治、经济、文化中心，公路四通八达，314国道穿境而过，客货运输直通全疆地、州、市、县、乡(镇)，民航客机每周八班往返乌市，铁路直达乌鲁木齐，交通极为方便。邮政、通讯方便快捷，已形成一个传输数字化、交换程控化、固定与移动兼备，能提供多层次、多手段、现代化通信网络。

阿克苏市境内有常年不冻的老大河、新大河和多浪河，年径流量114亿立方米，水能理论蕴藏量6.64万千瓦，有动能储量5亿立方米的地下水。阿克苏市的矿产资源十分丰富，其中有伴生矾磷、石灰岩、石膏、石英砂、陶瓷原料、玄武岩、汞、重晶石、铝矾土、煤等。已开采的有石灰石、石膏、伴生矾磷。

阿克苏市是国家工要的商品粮、商品棉基地，也是著名的瓜果之乡，苹果、香梨、杏、葡萄、甜瓜等特色产品在全国都享有盛誉。其他经济作物有油料、甜菜、小茴香、药材等。阿克苏市及邻近区域苹果产量近4万吨，梨产量达6万吨，葡萄产量4.7万吨，杏产量5万多吨。

工业经过多年的努力，已形成了以轻纺、建材、机械、化工、塑料、能源、民族工艺、农副产品加工等为骨干的多层次、多结构工业体系，综合实力居阿克苏地区之首。

阿克苏市委、市政府解放思想，拼搏创新，积极实践江总书记“三个代表”重要思想，不断优化投资环境，创造性地开展招商引资工作，使招商引资和对外合作项目建设取得令人瞩目的进展。2001年以来，招商引资额已超过10亿元，国内生产总值(现价)22.21亿元，其中第一产业5.187亿元，第二产业5.2亿元，第三产业11.84亿元，地方财政收入1.883亿元。阿克苏市正成为西部大开发的投资热点，实现南疆最大的商贸集散地的目标正在变成现实。

近几年来，阿克苏市加大投资力度，城市基础设施建设和综合服务功能不断完善，市容市貌管理日趋规范，城市绿化覆盖率达38.1%，先后获得“自治区级文明城市”、“全国双拥模范城”、“全国‘两基’工作先进县（市）”、“全国科技工作先进县(市)”、“自治区园林城市”、“国家卫生城市”、“全国园林绿化先进城市”、“中国人居环境范例奖”等称号。“团结拼搏、艰苦创业，负重加压、争先创优”的阿克苏市精神深入人心并得到大力弘扬，城乡各族人民的科学文化素质和思想道德素质不断提高，两个文明建设协调快速发展。

阿克苏市委、市政府已制定了国民经济和社会发展第十五个计划纲要。“十五”期间，阿克苏市将紧紧抓住西部大开发的机遇，以经营城市为新的发展思路，加大农村产业结构调整力度，建设粮食、棉花、林木、果品、蔬菜、花卉、畜禽产品等重大基地，实施城市集中供热、垃圾无害化处理、路桥、天然气管道、西部防护林、文化体育场馆、公园、公交、旧城改造、多浪河风景带生态系统工程等，加快改革开放和现代化建设进程，把阿克苏市建设成基础设施配套、综合服务功能完善、环境舒适优美、社会进步文明、经济富裕繁荣的花园式生态型城市，为城市营造良好的投资环境。

重点招商引资项目情况

1.皮革加工项目。阿克苏市及周边地区每年屠宰牛40万头以上，羊800万只，牛皮、羊皮资源丰富。该项目年加工20万张牛皮，生产服装革、鞋面革（如投资商具有成熟的技术和一定的资金实力，还可发展高档皮装加工、鞋类加工）。该项目建成后，将会带动阿克苏市及周边县的畜牧业生产，促进阿克苏市农村经济持续、快速、健康发展。该项目总投资6700万元，建议书已审批。

2.秸秆纤维颗粒饲料加工推广项目。阿克苏市是传统绿洲农区，也是国家商品棉基地和粮食基地，有丰富的农作物秸秆资源可用于发展畜牧业。该项目拟在阿克苏市工业园区内，建设占地30亩的秸秆纤维颗料饲料加工厂，年加工秸秆颗粒饲料3万吨，投资概算为365万元。目前，该项目建议书已审批。

3.废弃农膜回收利用项目。阿克苏市区域内耕地面积700万亩，年农膜覆盖400万亩至420万亩，农膜年使用量1.6—1.8万吨，为解决废弃农膜污染农田农业生态环境的问题，拟建设规模为年回收加工处理再生利用废弃农膜1.5万吨的工厂。项目总投资1.02亿元。目前，该项目建议书已审批。

4.年产4万吨EM—生物有机复合肥项目。投资1863万元建造棚式库房两座，保温发酵工房两栋，夏季用露天酵场10000平方米及办公室、职工宿舍、购置粉碎机、搅拌机、电脑配料机、造料机、提升机、输送机、自动称重打包机等生产设备及原材料。目前，该项目建议书已审批。

5.果汁加工项目。阿克苏市是新疆著名的瓜果之乡，香梨、苹果、葡萄、桃、桑葚、石榴等在区内外享有盛誉，目前全地区果树面积约为35万亩。拟引进果汁加工生产线及相关配套技术，加工生产苹果汁、葡萄汁、桑汁、杏汁及其他特色饮料。年加工苹果、桑、杏等产品2500吨。项目总投资5140万元。目前，该项目建议书已审批。

6.无公害蔬菜基地项目。阿克苏市依干其乡有着发展无公害蔬菜业得天独厚的地缘优势和资源优势，已建成温室5000亩，效益较好。最近，依干其乡率先在南疆建成上规模的蔬菜瓜果批发市场，并经自治区农业厅评审认证，全乡1.2万亩蔬菜，获准为“无公害蔬菜生产基地”。急需建设大规模的温室大棚蔬菜基地，以推动全乡蔬菜产业内订单化、规模化、标准化方面发展，成立净菜公司，增强农村经济实力。项目拟建设日光节能温室及其配套设施，大棚1000亩，项目总投资3000万元。目前，该项目建议书已审批。

7.活畜交易市场项目。阿克苏市活畜交易屠宰市场占地60亩，建筑面积17000平方米，日屠宰牛120头，羊800只，项目总投资1066万元。目前，该项目建议书已审批。

准噶尔盆地上的一朵奇葩——美丽富饶的和布克赛尔

和布克赛尔蒙古自治县（简称和布克赛尔县）位于准噶尔盆地西北部，塔城、克拉玛依、阿勒泰三地区中心，北与阿勒泰毗邻，南与克拉玛依、昌吉市接壤，西北与哈萨克斯坦交界，217国道穿境而过，距新疆首府乌鲁木齐420公里。县辖五乡二镇四个牧场，县境东西长210公里，南北宽207公里，总面积为30589.2平方公里，占新疆总面积的1.9%，属温带大陆性气候，热量适中，光照充足。

和布克赛尔县有着辉煌雄壮的历史。这里曾是历史上成吉思汗后裔——东归的土尔扈特五旗支部的分封地，号令天山南北威振中亚草原的准噶尔汗国的政治中心，也是蒙古族"江格尔文化"的发源地，人文历史、草原文化源远流长，境内有古岩画群、古墓群、古城和古建筑等多处遗址。

和布克赛尔县自然资源十分丰富。农业种植区土质良好，日照时间长，积温高，适宜棉花、小麦、玉米、油葵、甜菜、瓜果等各种农作物生长；县境内水资源丰富；作为传统的牧业县，全县有天然草场2152万亩，改良草场61.75万亩，综合载畜能力100万头（只）标准畜；另外，随着引水工程的完工使用，南部察和特生态农业开发区300万亩土质肥沃的原始宜农宜牧荒地发展畜牧业潜力巨大，前景广阔。野生动植物资源种类繁多，主要有胡杨、落叶松、贝母、黄芪、麻黄、鹅喉羚（黄羊）、石貂、雪兔、金雕、雪鸡等；矿产资源尤为丰富，已初步探明的矿产资源有：煤、石油、芒硝、膨润土、食盐、石灰石、沥青、花岗岩、高岭土、铬、金、铁、铜等20多种，矿产地共65处。其中储量上亿吨的有：煤、膨润土、石油、石英砂、芒硝等，具有品位高、易开采、质量上乘等优点，是新疆屈指可数的资源大县。

工业支柱企业主要有以年产原煤150万吨以上，销售收入超亿元，上缴利税上千万规模的和布克赛尔县煤炭工业集团公司；年产水泥40万吨的雪山水泥股份有限责任公司；产销各类盐制品50万吨以上生产规模的和布克赛尔宏达盐业有限责任公司；玛湖、石西、彩南等油田；县绒毛分梳厂及即将兴建的新疆北疆地区末端支撑电源项目2×12.5万千瓦时火电厂等。工业主要产品有原煤、水泥、盐制品、石油、膨润土、石灰石、黄金等。

和布克赛尔县境内水草丰茂、自然风光秀丽如画，人文景观奇特，旅游资源丰富，是理想的旅游避暑胜地。哈尔尕图风景旅游区内群山环绕，古木参天，森林似海，郁郁葱葱，环境优美，气候凉爽宜人，山水草原风光壮丽。阿吾斯奇夏牧场地处中哈边境，气候湿润，景色秀丽，动植物资源丰富，是天然的绿色公园。江格尔文化风蕴浓厚，赛马、叼羊、摔跤、姑娘追、民俗歌舞弹唱、篝火晚会等浓郁的民俗风情千姿百态，道尔本厄鲁特森木故城遗址、光其根乌必勒砾石岩画群、王爷府等文物古迹众多。阿尔格勒特温气泉是少有的地热资源，富含具有医疗价值的硫、碘、磷等多种矿物质，经专家采样化验分析，对治疗风湿病、关节炎、皮肤病、心脑血管病、坐骨神经痛等病症有奇特疗效，现正积极申报将其纳入自治区旅游线路之一。

近年来，和布克赛尔县各族人民在县委、县人民政府的带领下，认真实践"三个代表"，团结一心，拼搏奋进，按照"一个重点、两个调整、三个推进"的发展思路，即把和什托洛盖镇作为小城镇和工业经济发展的重点；调整农牧业经济布局和产业产品结构；推进农业产业化，推进工业产业化升级，推进科技创新；依托资源地缘优势，抢抓发展机遇，开拓创新，锐意进取，县域经济实力明显增强，人民生活水平不断提高，精神文明建设硕果累累，科教文卫、广播电视等社会各项事业全面进步，全县上下呈现出经济发展、社会稳定、民族团结、人民安居乐业的繁荣兴旺景象。2002年，实现国内生产总值31052万元，同比增长11.4%。完成本级财政收入6456万元，增长30%；完成固定资产投资1.1亿元；农牧民人均纯收入达到2403元，增加367元。在2002年全塔城地区综合考评中荣获第二名；同时，先后获得"自治区精神文明建设先进县"、"自治区计划生育三为主先进县"、"塔城地区小城镇建设先进县"等荣誉称号。

农业产业结构调整取得新成效

粮食生产主要在优化品种、品质结构上下功夫；棉花生产的重点是提高单产和降低成本；继续扩大饲草料和特色作物种植面积，多样化种植的格局日益明显，粮经饲比例为2.2:3.1:4.7。现代快速发展。2002年,全县牲畜最高饲养量达77万头(只),年末存栏50.42万头(只),畜牧业产值占大农业产值的64%。

工业经济迅猛发展

2002年,全县完成工业总产值2.05亿元,同比增长24.6%;工业增加值8021万元,同比增长11.7%;产销率达88%;实现净利润1228万元;企业技改投入力度继续加大,科技贡献率明显提升。2002年,共完成技改投入1.24亿元。工业经济发展水平有了提高,发展后劲得到增强。

非公有制经济发展步伐加快,涉足领域和经营层次不断扩大

2002年,全县个体工商户已发展到1985户,同比增加170户;私营企业19家,同比增加5户;个体私营企业注册资金5635万元,增加996万元;上交税金1086万元,财政贡献率进一步提高。

小城镇建设突飞猛进,城乡面貌日新月异,投资环境得到进一步改善

和什托洛盖镇作为全国500家、新疆20家重点建设试点镇和塔城地区三大独立经济区之一,地理区位优势明显,经济基础雄厚;近年来,和布克赛尔县始坚持以规划为龙头,以基础设施建设为重点,不断加大和什托洛盖小城镇综合配套设施建设。已累计完成投资上亿元,新建商品楼57幢,建筑面积7万平方米,供排水工程、道路建设、文化娱乐等基础设施建设已完工。截止目前,该镇已聚集各类工矿企业21家,年创产值1.5亿元以上,年创利润1500万元以上;镇区内非公有制经济不断壮大,年上交税金600多万元,相继出台了土地、税费、户籍等方面的优惠政策33条,为小城镇发展营造了宽松的投资环境,促进了小城镇的快速健康发展。该镇先后荣获地区"十佳特色乡镇"、自治区"优秀示范镇"等荣誉称号。同时,全县已完成城市中心街(区)详细规划38.6公顷,城市街景设计48公顷,风景区规划30.5公顷。全县共改造硬化城区道路10条,计7.3公里,新建硬化人行道10.2公里,城区绿化灌溉渠11.2公里,安装路灯202盏,新建中心广场1处,公园2处,建成绿化带11000平方米,完成生态防护林1373.3亩,城区绿化覆盖率达29%,人均公共绿地8.3平方米。城镇供水普及率达80%。县城至各乡、场、镇三级沥青路面初具规模,形成便利、快捷的交通网络;火力电能保障充足;县乡电话已并入新疆北疆通讯光缆网络,无线寻呼、移动电话现代化网络传输技术得到普及,可提供优质的通讯服务,从根本上解决了交通、通讯等方面的"瓶颈"问题。

和布克赛尔县政治稳定、经济繁荣、物产丰富,城镇建设、交通通信、金融服务等基础设施完备,是一个蕴藏着巨大潜力的宝地。这里不仅是旅游者的乐园,也一定是投资者的乐园,热情好客的和布克赛尔人真诚欢迎社会各界人士来我县观光旅游、参与开发,共谋发展大计,我们将以优质的服务、严谨的作风、优美的环境,与您携手共创和布克赛尔的美好明天。

部分招商项目简介:

1.五万吨烧碱技改项目:投资总额为6600万元,年创利税1200万元,新增增加值2400万元。

2.石英砂综合开发项目:我县石英砂矿厚2—10米,储量2.15亿吨,$SiO_2$95%以上,需投资1800万元。

3.绒毛分梳厂深加工项目:需投资500万元。

4.硫酸钾开发项目:初步探明原盐储量为30亿吨,硫酸钾的储量达300万吨,预计总投资7000万元。

5.风景旅游区开发项目:避暑、休闲、娱乐体育等一体化设施建设共需投资700余万元。

西域明珠——库尔勒

库尔勒市位于欧亚大陆和新疆腹心地带，地处天山南麓、塔里木盆地东北边缘，是南北疆的交通枢纽，古丝绸之路的咽喉之地。库尔勒市是华夏第一州——巴音郭楞蒙古自治州的首府，兵团农二师、塔里木石油勘探开发指挥部、塔里木石油化工工程建设指挥部所在地，是巴州的政治、经济、文化、科技中心。成立于1979年的库尔勒市，全市建成面积50平方公里，居住着汉、维、蒙、回、俄罗斯等23个民族，总人口38万。全市辖9个乡、5个国营农牧园艺场、5个街道办事处，2个镇，112个城市居民委员会。

库尔勒的母亲河——孔雀河穿境而过，在市域内达271公里，平均年径流量11.8亿立方米，加上中国最大的内陆淡水湖——博斯腾湖的调节，水量长年稳定。全市土地总面积106753万亩，草场总面积663万亩，天然林及荒漠灌木林60万亩，耕地面积69万亩。

库尔勒光热水土资源十分丰富，昼夜温差大，十分适宜小麦、玉米、瓜果、棉花、甜菜、蕃茄及其他经济作物的生长，形成了独特的农产品资源优势。2001年全市粮食总产量3930.6万公斤，蔬菜10.6万吨，香梨4502.6万公斤，棉花2836.4万公斤，肉产量1.97万吨。库尔勒是国家百强产棉市和自治区香梨基地。库尔勒香梨是我市特有的产品，具有含糖量高、香味浓郁、果肉细嫩、酥脆多汁、耐储藏等特点，远销香港、东南亚等国家和地区。库尔勒的长绒棉、甘草膏制品、蕃茄酱、野生罗布麻同样声名远扬。

中国改革开放的20多年，也是库尔勒市建设成长的重要时期。如今，库尔勒综合经济实力名列县域经济前茅，改变了以传统农牧业经济为主的状况，形成了以农牧业为依托，以优势产业为龙头，拥有石油、化工、纺织、造纸、食品、煤炭、建材、机械、电子等初具规模的工业及建筑、运输、商贸协调发展的综合经济体系。2001年，库尔勒市域实现国内生产总值105.52亿元(按当年现价)，与1991年相比，年均增长速度超过20%；社会固定资产投资66.7亿元；财政收入达3.41亿元；城乡居民年末储蓄余额45亿元；城镇职工年均货币工资11523元；农民人均纯收入3257.5元。

随着塔里木石油的开发，以石油石化为主导的新一代支柱产业正在形成。已探明塔里木盆地油气总资源191亿吨，跻身全国大气区和大油田之列。除石油天然气资源外，库尔勒其他矿产资源也很丰富，有煤、红柱石、云母、蛙石、石墨、铁、锰等矿藏50多种，其中红柱石储量居全国之首，有望成为库尔勒新的支柱性产业。

库尔勒地处南北疆的交通要道，基础设施日益完善。库尔勒电网是新疆南疆地区最大的电网，交通运输已形成了公路、铁路、航空、管道齐备的立体运输网。南疆铁路运输能力500万吨/年，已经开通了库尔勒至西安、乌鲁木齐、阿克苏、喀什的客运列车；航空运输已开通库尔勒至北京、济南、成都的航线；管道运输已建成轮南至库尔勒、库尔勒至鄯善的输油输气管道，目前正在加紧建设“西气东输”库尔勒段的管道工程。库尔勒电讯事业发达，市话网络覆盖八县一市，移动通讯发展迅速。

江泽民总书记、李鹏委员长、朱镕基总理等党和国家领导人也曾多次到库尔勒市视察。新疆自治区党委五届四次全委(扩大)会议确定把库尔勒作为新疆的两个中心城市之一，优先促其发展。国家和自治区领导给予库尔勒的关怀，使得库尔勒在西部大开发中拥有了其他城市不可比拟的发展机遇。库尔勒市委、市政府确定了在西部大开发中库尔勒经济发展的方向，即：牢牢把握新疆自治区党委、自治区人民政府提出的要把库尔勒作为南疆的中心城市优先促其发展的历史性机遇，坚持走开放、融合之路，以市政基础设施为基础，以石油石化开发为龙头，以物资集散、商贸建设为纽带，变地缘、资源优势为产业优势，加大改革开放和招商引资力度，内增凝聚力，外增吸引力，实现超常规跨越式发展，把库尔勒建成新疆第二大中心城市和环塔里木经济带的中心城市，实现“北乌南库”、相互辐射联动的、西北新兴的石油化工和模范生态示范城市。

集八方之力，走共同发展之路。为不断改善投资环境，促进对外开放和经济技术协作，库尔勒市先后制定出台了一系列优惠政策：《新疆库尔勒市关于加快经济发展的优惠政策》、《新疆库尔勒市关于大力发展个体、私营经济的意见》、《关于加快我市农业和农村经济发展的有关优惠政策》等。对关系库尔勒市国民经济发展的重大项目实行“政策随项目”的特殊保护性扶持优惠政策。“库尔勒经济技术开发区”(省级开发区)将以“封闭式管理、开放式运作”的开发区运行模式,切实保护投资者的利益,使国内外客商在库尔勒有一个舒适的“家”!

近几年来,库尔勒市先后获得了全国双拥模范城、中国首批优秀旅游城市、国家卫生城市、全国科技工作先进城市等荣誉称号。良好的投资环境使库尔勒市万商云集,招商引资取得突出成效。2001年,库尔勒市共签约内引外联项目35个,项目金额21.9亿元,库尔勒已成为新疆乃至西部最具发展潜力的城市。江苏维维集团、山东德百、北京三亚、新疆华凌集团、以色列艾森贝克等一大批项目在库尔勒开花结果,特别是同江苏维维集团的合作,实现了“互惠互利、增进友谊、共同发展”的协作原则,起到了东西合作示范的作用。

西部大开发中,库尔勒市依托优势,抢抓机遇,在练内功、打基础、摘牌改制变身份激活原有的国营、集体企业的同时,多个项目获得了国家和自治区的支持,仅城市供水项目总投资就达5.7亿元;已经纳入或即将纳入国家和自治区重点建设项目中,库尔勒直接受益的重大项目有:一是小草湖至库尔勒高等级公路建设项目,它的建成将拉近库—乌之间的距离,增强“北乌南库”的联动作用;二是218国道从库尔勒市至若羌延伸至青海西宁;三是库尔勒机场的迁建,此举增强了库尔勒对外开放辐射功能;四是塔里木河孔雀河中下游生态环保项目;五是乌库电网联网、库尔勒农电网改造项目,该项目的建成将解决库尔勒可持续性发展的基础性问题;六是“西气东输”项目,该项目在库尔勒市有一百多公里管线,项目业主是驻库企业,该工程的建设对库尔勒市的经济和社会方面的拉动都将产生巨大的影响;七是孔雀河风景旅游带的建设,将改善库尔勒市区的居住和生态环境。另外,还有一大批城建、旅游、生态等项目在上报之中。这些项目的实施,将会使库尔勒天更蓝、地更绿、水更美,为库尔勒营造更加美好的生态环境、投资环境,为吸引人才、资金、技术,推动经济建设,实现库尔勒可持续性发展奠定坚实的基础。

21世纪将是西部实现现代化极不平凡的年代,也将是库尔勒市大开放、大开发、大融合、大发展的黄金时期。库尔勒市将继续坚持物质文明和精神文明协调发展,不断完善城市各项基础设施建设,增强城市服务功能,进一步改善投资环境,以高效、优质的服务,欢迎海内外客商朋友来库尔勒市兴办实业,共同开发建设富裕、文明、美丽的西北新兴城市——库尔勒。

美丽的西部明珠——新疆沙湾县

地理位置

沙湾县介于东径 84°57′—86°09′,北纬 43°29′—45°56′之间，位于新疆维吾尔自治区西北部,天山北麓、县城距首府乌鲁木齐 185 公里。东界石河子市、玛纳斯县;南倚和静县、尼勒克县;西邻奎屯市、乌苏市、独山子;北连克拉玛依市,和丰县,总面积 13100 平方公里,南北狭长,约 240 公里,东西宽 101 公里。境内耕地面积 279.7 万亩(包括农八师和其他单位 165.2 万亩),县属实有耕地面积 114.5 万亩。

政区划分

沙湾县县辖 29 镇 3 乡,5 个国营农牧场和两个行政管理区，驻有新疆生产建设兵团的 13 个团场,2 个场矿。境内总人口约 46 万人,其中县辖人口 20.8 万人。有汉、哈、回、维等 24 个民族,汉族人口占总人口的 68%。共有 248 个村民委员会,8 个居民委员会和 21 个牧业生产队。

气候资源

沙湾县地处欧亚大陆腹地,属中温带大陆性气候,昼夜温差大,是全国同纬度区域光热资源最丰富和无霜期最长的地区之一,年平均温度 6.9℃,年平均降水量 185.5 毫米，无霜期在 160—190 天之间,年日照总时数 2829 小时。

水文土壤

沙湾境内有 6 条河流，均发源于天山山脉,河系总径流量 21 亿立方,与玛纳斯县和农八师共用,沙湾县实际分水量 6.07 亿立方，初探地下水储量 1.4 亿立方;可开发水能资源的河有 4 条,电能储量 9.3 万千瓦。

自然资源

沙湾县具有丰富自然资源,南部山区和北部沙漠,蕴藏着煤炭、砂金、石灰石、芒硝、页岩、玉石等 40 多种矿产资源，初步探明煤炭储量 1.5 亿多吨,石灰石储量 5000 万吨，天山雪岭以云杉为主的木材蓄积量达 316 万立方;有当归、大黄、贝母、甘草、雪莲等药用植物和马鹿、梅花鹿、野山羊、熊、狼、野猪等野生动物。

沙湾县境内天山北麓，散布着数处天然公园，有鹿角湾、蒙古庙、水沟、白杨沟、北部沙漠风光旅游区等自然景观和位居全国八大温泉之一的温泉健身疗养院。目前我县旅游开发已初具规模,并在区内外具有一定的知名度。

交通通讯

沙湾县内外交通发达。地处第二亚欧大陆桥沿线经济技术开发带的黄金地段,北疆铁路、乌奎高速公路、312 国道、天山公路、呼克公路分别横贯境内,同三条南北干线组成“田”字形交通网格。距县城 400—500 公里的霍尔果斯、阿拉山口、巴克图三个国家一类口岸和首府乌鲁木齐把沙湾涵盖进了对外开放的活跃经济区域。通讯便捷,信息传输快,总容量 3.2 万门的电话程控交换机、无线寻呼和移动通讯网络健全,可直拨世界各地。

社会事业

沙湾县已蝉联三届自治区级文明县。全县共有科研机构 20 余所，县级科学技术团体 50 多个,科研项目遍及全县各个领域,现有职称的各类科技人员 3000 多名,1996 年获自治区科教兴新先进县称号。教育事业发展跨入自治区先进县行列。全县有 100 余所中小学校,教学班达 1000 余个,在校人数达 3 万余人，入学率 99.5%，大中专升学率达到 80%以上,1997 年荣获国家文化先进县和“双基”教育先进县称号,1998 年通过全国体育先进县验收。医疗卫生事业稳步前进,服务网点遍及城乡,医疗条件和质量不断提高,1995 年沙湾县医院被自治区评为二等甲级医院。沙湾县社会政治稳定,人民安居乐业,各民族和睦相处,是自治区民族团结、军民团结模范县和综合治理先进县。

经济现状

沙湾县作为国家批准的对外开放县,属国家民族自治地方改革开放试验区,位于天山北坡综合经济带的中部，是自治区实施西部大开发扶优扶强,率先发展的县(市)之一。1998 年以来,先后投资 4 亿余元用于县城和小城镇建设，建成六大广场、三大公园,完成 30 余条道路改造和绿化工程,城市绿地覆盖率达到 35.9%，投资硬环境得到极大改善,连续三年荣获自治区城市建设“天山杯”竞赛第一名。2001 年全县 GDP 总量实现 22.69 亿元,可用财力达到 1.38 亿元，农牧民人均收入达到 4597 元,县域综合经济实力位居全疆第六位。

沙湾县的农业以粮、经、饲为基本结构框架。

2001年全县粮食总产达到11.03万吨，单产达到579公斤，年末牲畜存栏71.37万头(只)，肉产量达2.4万吨。沙湾县是新疆最大的棉花生产基地县和优质棉出口基地县之一，是全国生态农业先进县。“十五”期间，沙湾县将围绕畜牧养殖、高产棉花、花生林果、蔬菜番茄、粮食等五大产业，重点建设30余项工程，投资额预计达30亿元以上。

对外招商引资项目

1.沙湾县5000吨/年浓缩枸杞汁生产项目
2.沙湾县100吨/年花生红衣加工生产项目
3.沙湾县10000吨/年花生酱生产项目
4.沙湾县5万锭/年棉纺扩建项目
5.沙湾县50吨/日棉籽蛋白生产项目
6.沙湾县5000吨/年马铃薯a淀粉生产项目
7.沙湾县1200吨/年胡萝卜素产业化项目
8.沙湾县400吨/年风味辣椒酱生产项目
9.沙湾县1.5万吨/年红薯系列产品加工项目
10.沙湾县日处理50吨乳制品生产加工项目
11.沙湾县10000吨/年肉制品深加工项目
12.沙湾县2万头/年肉牛养殖产业化项目
13.沙湾县100万只/年肉鸭养殖产业化项目
14.沙湾县10万只/年肉羊养殖产业化项目
15.沙湾县30万吨/年优质饲草料加工项目
16.沙湾县榆树沟煤矿30万吨/年扩建项目
17.沙湾县5万吨/年硫酸钾肥扩建项目
18.沙湾县温泉旅游景区开发建设项目
19.沙湾县千泉湖生态旅游景区开发建设设目
20.沙湾县金沟河现代牛业发展示范基地建设项目

新疆维吾尔自治区鄯善县

鄯善县位于新疆维吾尔自治区天山东段博格达山南麓的吐鲁番盆地东部，距乌鲁木齐281公里，兰新铁路、312国道、亚欧光缆贯穿全境。全县辖五乡五镇，县域总面积3.98万平方公里，总人口20.26万。地势北高南低，火焰山将鄯善分为南北两部分。气候干热，降雨稀少，无霜期长，光照充足。

鄯善县地上地下资源十分丰富，自古有“天然聚宝盆”之称

这里盛产无核白葡萄、哈密瓜、长绒棉，是无核白葡萄和哈密瓜的真正故乡，是全国最大的无核白葡萄生产基地，也是国家和自治区最早指定的商品葡萄生产基地。鄯善县生产的“楼兰牌”干红、干白葡萄酒，是九七年香港国际评酒大会上中国惟一获奖的国内品牌。鄯善县计划到2005年建成万亩酿酒葡萄基地；进一步研制开发葡萄汁、哈密瓜汁等系列产品，培育瓜果饮料工业，并把鄯善县建成具有独特地域文化风格和高知名度品牌的国内一流葡萄酒(汁)生产基地。

有两千年栽培史的鄯善哈密瓜享誉全国，1998年3月国家正式命名鄯善县为“中国哈密瓜之乡”。鄯善县是第一个哈密瓜商品出口基地，也是出口哈密瓜最多的地区。

鄯善县长绒棉因可纺性好，成纺指数高而被中外客商所青睐。

鄯善县矿产资源种类繁多，目前已探明的矿产资源达50多种，国家和地方已经开发的有石油、天然气、黄金、花岗石、铁矿、煤、湖盐、芒硝、石灰石、菱镁石、冰州石、膨润土、钠硝石、钾硝石等。鄯善县是全国矿产资源十强县，为全国第二大膨润土资源地，世界十大煤炭资源地，世界第二大钠硝石资源地。吐哈石油已建成的七大油田，有六个在鄯善县境内。目前，鄯善县的石化工业已形成了8万吨甲醇、2万吨马来酐生产规模。LNG项目(液化天然气)一期投资15.7亿元，目前该项目已启动，计划在2003年9月完成一期工程。1997年在全国石材统一定编工作会议上，“鄯善红”花岗石被评为名优产品。鄯善县力争2005年使荒料生产达到30万立方米，板材达到100万平方米，进而把鄯善县建成西北石材加工销售的集散地，形成新疆石材产业的龙头。矿产开发上，鄯善县突出以铁精粉、球团开发生产为主的铁矿石加工增值战略，其他矿业开发也在快速发展。随着石油、黄金、石材、铁矿等优势资源的开发，鄯善县经济发展步入了健康有序的快车道。

鄯善县风景独异，旅游资源十分丰富

这里，有国家重点风景名胜区——世界惟一与城市相连的库木塔格沙漠风景区；有世界两大著名宗教(佛教、伊斯兰教)历史文化交融汇萃之地——吐峪沟大峡谷风景区；有唐代至清代吐鲁番著名的政治经济文化中心——柳中城(鲁克沁王城)遗址；有可与吐鲁番阿斯塔娜古墓群相媲美的洋海古墓群；有西北县(市)最大的文化旅游广场；有享誉世界的火焰山景区(火焰山2/3在鄯善县境内)；有新疆最古老的民俗文化区、维吾尔族艺术瑰宝十二木卡姆艺术发源地、国家民族文化艺术之乡——鲁克沁镇民俗文化旅游区；有新疆第一影视城；有世界奇观、世界最大的雅丹地貌；有新疆最大的海底生物化石遗址；有人间世外桃园——位于东天山坎儿其大峡谷的神仙湾风景区；有集农业工业民俗风情于一体的综合旅游区——鄯善金矿万亩生态民俗风情园；有吐鲁番至敦煌的14条丝绸古道中最具神秘色彩的大海道等。

近年来，鄯善县依托资源优势，积极实施优势资源转换战略，工矿企业迅速崛起，工业经济蓬勃发展，建成了石油化工、有色金属冶炼、无机盐化工、食品、棉纺、酿酒、建筑、石材、矿产品采掘加工等企业。目前鄯善县已成为新疆区域内经济最活跃的县市之一，综合经济实力居全疆县级前列。2001年和2002年连续两届进入中国西部县域经济基本竞争力百强县(市)，随着经济迅猛发展，科学技术、文化教育、医疗卫生、城乡建设等都呈现出前所未有的发展态势，鄯善县被选为联合国初级卫生保健示范县、联合国健康教育项目县。近几年鄯善县城乡建设投资力度加大，鄯善县城已成为设施配套、环境优美、功能齐全的新型城市。

在经济、社会长足发展的同时，鄯善县精神文明建设也取得了丰硕成果，先后荣获全国民族团结进步模范县、全国科技先进县、全国文化建设先进县、国家卫生县城、全国民政工作先进县、全国“二·五”普法先进县、全国扫盲先进县、自治区文明县、自治区双拥模范县等殊荣。

鄯善县未来的发展定位

建成东疆区域经济中心,建设优美的石油城市和未来西部文化旅游精品城市。

鄯善县未来奋斗目标

到2005年,国内生产总值达到69.96亿元,年平均增长11%(含石油),县属国内生产总值19.41亿元,年平均增长12%,地方财政收入2.51亿元,年均增长10%,农牧民人均纯收入3776元,年平均增加240元。

鄯善县目前的主要任务

加速发展优质高效农业,建设精品绿洲;实施开放性的资源重组调整战略,提升产业档次;进一步完善城市服务功能,推进城镇化进程;加快重点景区建设,全面启动旅游产业;加强精神文明建设,推动社会全面进步。

鄯善县确定发展思路

加大结构调整力度,突出发展特色经济,通过超常规运作,实现跨越式发展。

由此采取的发展措施

以发展精准、高效农业和农牧民持续增收为目标,以葡萄产业化经营为重点,大力发展科技设施农业,积极推进农区畜牧业发展;以实施优势资源转换战略为目标,实行资源开放性政策,促使优势资源向优势企业集中,通过产权纽带,积极推进企业间的重组联合,通过内引外联,强强联合,促进工业升级;以建设具有现代化特色的新兴石油城市为目标,增强中心县城带动辐射功能,推进城镇化建设和旅游业发展;以国内生产总值两位数以上增长为目标,大力发展非公有制经济,促进二、三产业快速发展; 以提高城乡文明程度和全民素质为目标,以加快发展科技教育为重点, 增强经济发展后劲,促进经济社会全面协调发展;以吐峪沟大峡谷和大漠风景区的开发建设为突破口, 加强宣传力度,全面启动旅游产业。

西部大开发为鄯善县的发展展现出辉煌的前景。鄯善县将进一步围绕县委提出的"超常规运作,跨越式发展"战略,充分发挥资源优势,加大经济结构调整力度,大力发展精品高效农业和高新技术产业,大力开展招商引资,努力实现由经济大县向经济强县的跨越。

中国西部百强——安宁市

市情简介

位置：位于云南省中部，东距省会昆明主城区28里，是昆明通往滇西8个地州和缅甸的必经之道。

区划：辖7镇3乡，市域面积1321平方公里。

人口：29.5万人，其中非农业人口占人口总数的55.6%。

交通：成昆铁路和安楚、石安高等级公路横贯安宁境内，形成了四通八达、纵横交错的网络化交通格局。

资源：磷矿、盐矿、钙硭硝、铁矿、天然温泉、高岭土。

气候：亚热带高原季风气候，平均海拔1800米，年平均气温15.7度，年降雨量1136毫米，冬暖夏凉，四季宜人。

市树：滇翠柏(又名大鳞肖楠、花瓶柏)。

市花：梅花。

安宁精神：团结奋进，求实拼搏，乐于奉献，争创一流。

发展战略：科教兴市、工业强市、城市发展推动、建设园林生态城市和对外开放五大战略。

支柱产业：冶金矿产、盐磷化工、高新技术、商贸旅游、绿色经济。

城市品牌：中国西部百强县(市)、全国文化先进市、全国科技工作先进市、全国体育先进市、全国县(市)综合发展指数百强市、全国计划生育先进市、全国小城镇建设先进市、全国农村能源建设先进市，云南省首批园林城市、云南省文明城市先进集体等10个国家级、14个省级荣誉称号。

安宁市支柱产业

冶金矿产产业。安宁市是云南省最大的冶金矿产基地，在云南冶金行业中保持着主导地位。昆明钢铁集团有限公司作为全国特大型钢铁企业，2001年产钢量达到209.8万吨、钢材163万吨。现已探明盐矿储量136亿吨。居全国内陆型矿第2位；磷矿石产量占全省1/4以上。

盐磷化工产业。安宁境内的云南磷肥工业基地是目前亚洲最大的磷化工基地。以云南磷肥工业基地和云南省盐业总公司昆明盐矿为依托，建成了磷肥生产企业集团和盐化工企业集团，形成了云南省乃至全国的磷肥、盐化工生产中心。投资1.9亿元的云南华云实业总公司水泥厂先期入驻安宁化工园区。

高新技术产业。随着昆明经济开发区、高新技术开发区、滇池国家旅游度假区的调整进入，安宁迎来了高新技术产业发展的高潮。昆明高新区安宁科技园于年底动工建设。昆明冶金研究院、昆明冶研新材料股份有限公司已在安宁化工园区内投资建设年产1200吨电子功能粉体材料、1700千克红外光学锗晶体、12万平方米斜窄流单元集成式分离设备等高新科技项目研制生产。昆软集团在温泉风景旅游度假区内新建“昆明软件园”，形成了集“产、学、研”为一体的科研基地。云南大学生物科技园即将在安宁科技园内动工建设。

商贸旅游产业。安宁温泉誉满中外，吸引着众多文人雅士纷至沓来，明代大旅行家徐霞客和老一辈无产阶级革命家董必武、著名诗人郭沫若等文人雅士在此留下了惊异的赞叹和美好的诗篇。新近开发的温泉风景旅游度假区、金方日式露天森林温泉、玉龙湾东南亚影视城和青龙峡生态旅游区等旅游景点，充分展示了秀丽的自然风光、丰富多彩的人文景观和迷人的民族风情，使广大游客流连忘返，络绎不绝。

绿色经济产业。1999年以来，安宁从实际出发，不断加大农业产业结构调整力度，积极发展城郊型农业，粮经比例达到4:6，建成了烤烟、红梨、油菜、水生蔬菜、竹子、茶叶、畜牧(禽蛋)等七大基地，初步形成了“种、养、加”并举、布局合理的绿色经济产业，并将重点发展并壮大以天然药品、绿色果品、生物医药、保健和花卉等生物资源开发创新产业为主导的绿色经济，构建自身特色。

安宁市招商引资项目选介

1.磷矿浮选厂：安宁现有磷矿储量5.6亿吨，年产原矿170万吨，通过浮选的磷矿石可达200万吨以上。年计划生产能力3000万吨，总投资500万美元。合作期限50年。

2.无公害浅水藕产业化经营：全市浅水藕生产基地面积15208亩，产品“鄂莲4号”曾获世博会银奖。拟引资新建基地大面积生产、储藏、保鲜和深加工开发营销。年计划生产能力2至3万吨，总投资

200万美元。合作期限15年。

3.青龙峡风景区旅游开发:青龙峡风景区位于安宁市青龙镇境内,距昆明68公里。拟引资开发青龙峡"滇中第一漂"旅游项目及相关景点的深度开发,形成休闲、度假、娱乐为一体的旅游风景区。年计划旅游人数50万人次,总投资300万美元。合作期限30年。

4.日式露天温泉:该项目已由安宁金方商业集团有限公司投资300万美元,利用我市特有的偏硅酸温泉水,在森林中建造了自然园林日式露天温泉。拟引资在现有基础上扩建森林温泉浴场,新建康体休闲中心和多功能会务中心。年计划游客80万人次,总投资3000万美元。合作期限50年。

前进中的滇南重镇——开远

开远地处云南省东部，红河州中部，距省府昆明230公里，全市总面积1950平方公里，总人口30万，城市人口19.107万，有汉、彝、回、苗、壮等33种民族，少数民族人口占总人口的52.5%，是一个多民族聚居的城市。市内海拔在950米至2775米之间，属亚热带干燥季风气候地区，年均气温19.8℃，素有"天然温室"之美誉。

开远自1981年撤县建市至今，经过近20年的建设和发展，已奠定了"滇南重镇"的地位，在昆河经济带和个开蒙城市群中起着重要的基础性支撑作用。

开远资源丰富，是云南省重要的资源宝库

水资源蕴藏量2.3万千瓦。已探明的矿产资源有煤、石灰石等10余种，蕴藏量最大的是煤，小龙潭褐煤基地储量10.5亿吨，可露天开采，石灰石储量8000万吨，品质优良，热区资源蕴量丰富，适宜多种热带、亚热带珍稀植物的生长。目前，酿酒葡萄、蓖麻、印楝、皂素、佛手、花卉等为主的生物资源综合开发正在成为开远的新兴支柱产业。

开远区位优越，交通便利，是滇东南重要的交通枢纽

地处省会昆明与国家级口岸河口之间，滇越铁路穿城而过，是通往越南乃至东南亚最现实、最经济的陆上通道。昆河二级公路南北贯穿全境，326、323国道穿越市区，与邻近地州、市县公路交织成网，四通八达，交通极为便利。

开远工业基础雄厚，是云南省重要的能源、化工、建材基地

开远是一座工业城市，"二五"至"六五"期间，国家先后投资70亿元，在开远建成了年生产能力630万吨的小龙潭矿务局，年发电量40多亿度的小龙潭电厂，年生产力80万吨的云南开远水泥股份有限责任公司，生产和出口各种化肥的驻昆解放军化肥厂和云南红磷化工有限责任公司等一批大中型骨干企业，形成了以煤、电力、化工、建材、食品为主要支柱的工业体系。现有中央企业19家、省属18家、州属19家，有红河州第一家股票上市的啤酒生产企业—云南红河光明股份有限责任公司，是云南省国有大中型企业比较集中的地区之一。工业产值占全市工农业总产值的90%以上。随着云南大唐红河2×300兆瓦电厂、红磷化工有限责任公司60万吨磷铵技改等工程项目的启动，开远作为云南省重要的能源、化工、建材基地的地位更加稳固。

开远商贸门类齐全，市场繁荣，是滇东南的商贸集散地和仓储中心

目前，滇南农资综合批发市场、滇南生产资料交易市场、滇东南建材批发市场、开远五金机电小商品综合市场、开远商品批发市场、红河州蔬菜水果批发市场已投入使用。全市共有各类批发单位100余家，仅二级批发单位就有19家，其辐射范围达4个地州、22个县市、500多万人口。第三产业在国民经济结构中的比重达40%以上。

开远气候适宜，山奇水秀，是理想的旅游胜地

开远有南洞公园、泸江公园、三角海、云窝寺、热带植物园、灵芝湖森林公园、大庄清真寺等旅游度假和风景名胜区。泸江公园享有"南疆明珠，滇南毓秀"之美誉，被誉为阿迷八景之首的南洞公园，奇水异石，鸟语花香，是避署的好去处。热带植物园、灵芝湖森林公园，山水相宜，美不胜收。新兴的旅游产业为开远的发展点缀了一道亮丽的风景。

开远人才荟萃，投资环境良好，是最具活力和吸引力的理想投资地区之一

云集开远的驻开中央、省、州属企业及部队有各类专业人才的储备，为开远经济发展提供了雄厚的智力保障。

近年来，国民经济健康稳步发展，全市国内生产总值(GDP)由1997年的168090万元增加到2002年的244753万元，增长46.6%，年均增长7.9%，比上年增长8.3%。一、二、三产业比重由1997年的19.9:42.6:37.5调整为2002年的16.7:41.3:42，全市综合经济实力显著增强，连续两年进入中国西部县域经济百强。

开远市致力于投资环境的改善，加强了生态环境的治理，实施了面山绿化造林工程、世界竹藤园、珠防工程、天保工程等重点造林工程，实现了工业污染源达标排放。以"云南开远个私经济实验区"的建设为契机，加快非公经济的发展，出台了一系列优惠政策，采取鼓励和扶持非公经济快速发展的有效措施。设立了开远证券营业部。基本建立了职工医疗保险制度和职工大病补充医疗保险制度，城乡人民生活得到较大改善。连续两届被评为"全国双拥模范城",是"云南省文化先进市"、"全国体育先进市"、"云南省园林城市"、"全国乙级卫生城市"、"全国武术之乡"。

随着中央实施西部大开发,省政府实施绿色经济强省、民族文化大省和东南亚国际大通道的战略,省级个体私营经济实验区在开远的全面建设及个开蒙城市群建设步伐的加快,开远迎来了千载难逢的历史发展机遇。市委、市政府审时度势,结合本市实际,制定了"生态建市,工业强市,商贸活市,农业稳市,科教兴市"的发展思路,为开远的经济发展注入了新的活力,保持了全市社会经济各项事业持续、健康、快速发展。

招商引资项目

开远市灵芝湖森林公园生态旅游开发

开远市东南亚珍稀竹种园

开远市南洞风景区水上娱乐城

开远市2万亩皂素原料基地建设

优质水果基地建设和观光农业开发项目

轻钢结构项目

开远市西山小涩梨开发项目

红河州滇南蔬菜水果批发市场

开远市特需用品供应有限公司商贸城

开远辰泰商业广场

开远市工业品交易市场

开远东城供水工程

开远游乐场

多功能光电热水器生产项目

扩建年生产磷酸氢钙六万吨,磷酸二氢钙四万吨的生产线项目

羧甲基淀粉

年产1000吨塑料制品改扩建项目

CO低压气相合成碳酸二苯酯

年产一万吨煤基合成油

开远市建设西路道路建设

联系单位:开远市经贸委经协科

TEL:0873-7223784 邮编:661600

腾飞的日喀则市

湛蓝的天空下,一座座造形各异的建筑鳞次栉比,一条条宽阔整齐的街道伸向远方,一幢幢粉白如新的民宅展示着高原现代农民的崭新生活。这就是美丽富饶的日喀则!

日喀则市是全国历史文化名城,是西藏第二大城市,是后藏地区政治、经济、文化、旅游、交通、信息、服务中心,是历代班禅大师的驻锡地。这里有悠久的历史,丰富的文化,著名的历史人物和众多的名胜古迹,是世界上海拔最高城市之一。

日喀则市地处喜玛拉雅山北麓,雅鲁藏布江南岸,位于雅鲁藏布江与年楚河汇流处的冲积平原,东依西藏首府拉萨,南靠喜玛拉雅山北麓,西连阿里高原,北接藏北草原,雅鲁藏布江横贯境内。最高海拔为6646米,最低海拔为3840米,市委、市府所在地海拔3840米,据西藏首府拉萨277公里,交通便利。这里阳光充足,气候温和,年均气温6摄氏度,是夏季避署和旅游的好地方。

全市幅员面积3875平方公里,耕地面积18万亩,市辖10个乡、2个办事处,167个村委会,10个居委会,全市常住人口9.3万余人,流动人口2.5万余人,城市规划面积22平方公里,建成区面积12平方公里,城市人均居住面积20平方米。

日喀则市水土资源丰富。全市水能蕴藏量1000万千瓦,自来水可满足全市供应,日供水2万吨。矿产资源已探明的主要有金、铬、硼、煤等,储量可观。

日喀则市是一片神奇而美丽的土地,这里有众多的寺庙,高耸入云的雪山,这里有奇异的地质地貌,美丽的自然风光;这里有灿烂的民族文化,别具一格的风土人情;这里花草茂盛、古树参天,有风景优雅的东风林卡、有班禅大师安寝的夏宫(新宫)……;这里距号称"第二敦煌"的萨迦寺有150公里,距世界第一高峰珠穆朗玛峰300公里,是西藏旅游黄金线之一,是国内外旅游界人士的重点观光点。

日喀则市的供电能力已达1.6亿千瓦,邮电通讯日趋完善,服务设施不断健全,到目前为止,有线电视已经上网,无线通讯、寻呼已全部与国内外开通。

自中央第三次西藏工作座谈会以来,日喀则市更是踏出了快速发展的轨道。全市人民在市委、市政府的正确领导下,经济快速发展,全市GDP每年都以2位数的速度增长,2002年,全市完成国内生产总值(GDP)46330万元,经济总收入27847.82万元,本级财政收入1800万元,农牧民人均收入2454.74元,全年粮油总产量为13526.66万斤,农业生产连续获得十五个丰收年。

目前,全市社会稳定、人民安居乐业,社会各项事业健康、协调发展,呈现出了一派欣欣向荣的景象。随着新时期工作重点的转移,我市把发展特色产业、旅游业等做为振兴日喀则经济的支柱产业。目前,以"联嘎姆"优质青稞系列,荞麦生产、加工和以特色养殖业为龙头的一批农牧产业正在我市逐步形成并日益发挥着巨大的经济效益。为了进一步提高我市外开放水平,市委、市政府从提升城市形象入手,狠抓软硬环境的改善,先后出台了一系列鼓励招商引资的优惠政策。为外地客商提供了宽松的投资环境。2002年,全市招商引资金额达1.2亿元。

后藏的日喀则市,像一颗璀璨的明珠镶嵌在雅鲁藏布江畔,这个被誉为"土质最好的庄园",是一片充满希望的土地,是一片蕴满宝藏的土地,这是一片期待开发的土地,热情好客的日喀则人民热诚欢迎各地有志之士、国内外友人到这座世界最高的城市观光旅游、开发建设。

开放的日喀则欢迎您,
腾飞的日喀则召唤您!

浙江省苍南县

苍南县位于浙江省最南端，濒临东海，南与福建省交界。全县陆域面积1261平方公里，海岸线168.8公里，沿海滩涂面积97.24平方公里。年均降水量在1600毫米以上，属中亚热带海洋性季风气候区。辖20个镇、16个乡，总人口122.3万。1988年经国务院批准为沿海对外开放县。

建县以来，苍南广大干部群众解放思想，开拓创新，积极进取，探索出了一条具有县域特色的发展路子，成为温州模式的重要发源地。土地有偿使用、家庭工业、浮动利率、农民城建设等一系列改革都走在全国前列。2002年，全县实现国内生产总值100亿元，同比增长13.2%，财政总收入7.13亿元，同比增长19.9%，其中地方财政收入3.85亿元，同比增长28.2%，农民人均收入3980元，同比增长4.9%。三次产业比例由1982年的70:21:9调整为2002年的10:55:35，完成了从农业大县向工业大县历史性转变。在2001年和2002年的第一、二届全国县域经济基本竞争力评价中，分别名列第96位和81位。

苍南气候温暖，风光旖旎

境内滨海——玉苍山省级风景名胜区，拥有炎亭海口度假村、渔寮度假村和玉龙湖度假村以及碗窑古寨、蒲壮所城等名胜古迹。其中长2000米、宽700米的渔寮沙滩，为中国沿海大陆架上最大的沙滩。

苍南物华天宝，资源丰富

近海渔场有鱼类200多种，名贵水产品有鲥鱼、石斑鱼、梭子蟹、黄鱼等。农副产品丰富，四季柚在清代列为贡品，素有“仙家名果”之称。已探明的矿产有明矾石、高岭土、叶腊石等10多种，其中明矾石储量占世界明矾总储量的76%，明矾石产地矾山镇被称为“世界矾都”。

苍南交通便利，区位优势明显

地处浙南闽东北的区域中心，距温州机场80公里，104国道和即将在2003年底竣工的同（江）三（亚）沿海高速公路横贯境内，筹建中的温（州）福（州）铁路将在苍南切口设站，境内已经竣工的龙金大道和环海公路在各乡镇之间形成快速通道。

苍南区域经济特色，主导产业突出

近年来，苍南县通过大力进行经济结构调整，加快产业积聚提升步伐，全县形成了以印刷、塑编、纺织、食品、机械仪表、礼品等行业为主的工业体系和以优质米、蘑菇、四季柚、马蹄笋、席草、水产养殖等农业主导产业。工业经济形成了鲜明的区域特色，灵溪的“中国塑编之都”，龙港的“中国印刷城”，金乡的“商标文化城”，宜山的“纺织城”在全国享有盛名。全县乡镇企业和中小企业众多，与世界各地工商企业嫁接的互补性较强。市场体系培育不断完善，目前拥有各类市场79个，市场总面积达95.4万平方米，其中“水产品市场”在全国沿海省份，“副食品批发市场”在浙南闽北，闻名遐迩。

苍南投资环境优良，积极“筑巢引凤”

近年来，苍南县全力推进城市化进程，按照建设鳌江流域中心城市和浙闽工贸小城市目标，对龙港中心区和县城中心区规划设计进行国际招标，力图构筑具有江南特色山水园林城市，城市建设步入新一轮发展时期。为树立良好的形象，苍南县于2001年开始实施“信用立县”战略，通过打击各类制假行为特别是印刷业制假，全面整顿市场秩序，规范企业行为，建立企业信用信息网，全县信用环境日益改善。同时，始终把招商引资工作作为跨越式发展的推动器，先后出台了一系列优惠政策，在土地征用、金融信贷、规费收取等方面给予优惠和支持。县行政审批服务中心开辟“为企业服务快速通道”，实行急事快办、特事特办；灵溪、龙港分别建立了工业园区管委会，为工业企业进区提供一站式、一条龙服务；县内已有的投资服务中心、资产评估所、会计师事务所等中介服务组织，也将给投资者提供优质便捷的服务。

当前，百万苍南人民正紧紧围绕县委、县政府提出的跨越式发展战略目标，全面贯彻落实党的十六大精神，以只争朝夕的精神，全力实施赶超战略，力争提前实现全面建设小康社会的目标。

太湖西南岸的璀璨明珠——长兴县

浙江省长兴县位于太湖西南岸，素称“鱼米之乡，丝绸之府，文化之邦”；面积1427平方公里，人口62万。长兴历史悠久，文化底蕴深厚。陈朝开国皇帝陈霸先出生在这块神奇的土地上，至今还保留着他临世沐浴的“圣井”。茶圣陆羽在长兴实地考察了唐代贡品——“紫笋茶”，写成了旷世巨作《茶经》，长兴也因此成为中国茶文化的发祥地。长兴的民间艺术独具特色，享誉海内外、曾出访东南亚国家的长兴“百叶龙”，在今年新春伊始又“飞”到新西兰参加了新年灯会。列为世界地质遗产命名为“金钉子”的长兴灰岩保护区座落在境内煤山镇。长兴是革命老区，抗日战争时期，粟裕等老一辈革命家在此成立了新四军苏浙军区司令部(该旧址现为国家级文物保护单位)，故长兴又有“江南小延安”之称。

长兴地处浙、苏、皖三省交界，交通便捷，区位优势得天独厚：距上海、杭州、南京、宁波、苏州、无锡、芜湖等大中城市均在200公里以内。104、318两条国道和正在建设中的杭宁高速公路、申苏浙皖高速公路以及宣杭铁路和新(江苏新沂)长(兴)铁路均交汇于县城；素有“东方小莱茵河”之称的黄金水道长湖申运河始于长兴，直达上海。

改革开放20多年来，以建材闻名华东的长兴工业经济，加快结构调整，建材、轻纺等传统工业得到改造提升；精细化工、生物医药、机械电子、特色轻工等高新技术和新兴产业得到培育发展；涌现出一批具有较强综合竞争力的企业集团和工业产品。近年来，长兴先后争创了全国科技工作先进县、省级文明城市、双拥模范城“四连冠”、浙江省教育强县、综合治理先进县，连续两届进入全国县域经济基本竞争力“百强县(市)”之列。2002年全县国内生产总值92亿元；财政总收入6.8亿元；农民人均纯收入5120元。

长兴有耕地60万亩，林地90万亩，水面10万亩，是国家“粮油大县”和浙江省水产大县，名特优产品丰富。被称为“太湖三珍”的银鱼、白壳虾、鲚鱼，是长兴久负盛名的水产品；银杏、青梅、板栗是长兴重要的出口农产品，被誉为“长兴三宝”；栝楼、蔬菜、特种水产、禽畜及花卉苗木是近几年来大规模发展起来的高效农业产业；全县已形成蔬菜20万亩、西瓜10万亩，特种水产基地7万亩等多品种、上规模的绿色农业基地。县树银杏，全县有3.3万亩共75万棵，果实的年产量在500吨左右。分布在小浦镇的“古银杏长廊”绵延12.5公里，树龄在百年以上的有2370棵，数千棵古银杏成林蔚为壮观，吸引了一批又一批中外游客。绿色“拳头”产品青梅，全县种植面积达5.2万亩。长兴还有闻名遐迩的“品茗三绝”：紫笋茶、紫砂壶、金少泉。

县城城市框架拓展到21平方公里，形成了以金陵路、人民路为纵向，以解放路、县前街为横向的“七纵七横”的主干道网；建成了相对集中的经济开发区、商贸区、文教区和住宅区。金陵商城、浙北农副产品批发市场等5个骨干市场，常年转销贸易额超200亿元；规划面积1.5平方公里的商贸物流中心正在加快建设。交通、电力、通讯、水利、污水处理、垃圾处理等一批重点工程建设突飞猛进，城市综合功能日益增强，城市品位不断提升，县域城市化水平达38%。通过招商引资，一大批国内外开发商参与长兴城市建设，高品位商住楼拔地而起，配套完善、管理规范、环境优美的现代化居住小区逐年增多；浙江省县级城市首家按五星级标准建造的长兴国际大酒店正在加紧兴建。近年来，县委、县政府提出了“借助外力加快发展”的战略措施，采取多种方式招商引资，在全县形成了亲商、安商、重工、扶工的浓厚氛围，高起点、高标准规划工业园区，完善水、电、路、通讯、绿化及标准厂房等基础设施建设；以县经济技术开发区为龙头、乡镇工业园区相配套、总面积超60平方公里的工业园区掀起了新一轮建设热潮。

2002年长兴连续两次举办大型招商会以来，向海内外展示了长兴良好的开放形象，有160多个投资项目相继开工或投产（其中投资1000万美元以上的项目7个)，一批大项目陆续落户长兴；去年合同外资完成2.5亿美元，实到外资跻身全省第四；县经济技术开发区进入全省“十强”。一流的环境、配套的优惠政策和服务措施，使长兴成为商贾云集的投资热土。今年起，长兴确定的产业招商重点是：新型纺织、新型建材、电子信息、机电、旅游、农产品及食品加工等。在十六大精神指引下，长兴将以加快建设山水园林型现代化中等工贸城市为目标,加快工业化、外向化、城市化、科技产业化进程,着力打造“四张名片”(争创全国文明城市、全国“双拥”模范城、全国卫生城市、国家园林城市),推进“三大建设”(建设“诚信长兴”、“数字长兴”、“绿色长兴”), 同时用大手笔确定旅游发展新定位,突出长兴的“太湖风光、帝王之乡、古生态文化”特色,重点建设太湖休闲度假区、古生态旅游区、陆羽茶文化景区、陈武帝故宫四大景区,从而为全县的经济跨越式发展创造更美、更有吸引力的环境。

浙江省东阳市

概况

东阳位于浙江省中部,总面积1739平方公里。全市辖17镇4乡6街道,总人口79万。东阳历史悠久,人杰地灵,建县已有1800多年的历史,素有"婺之望县"、"歌山画水"之美称,是全国著名的教育之乡、建筑之乡和工艺美术之乡。东阳人文荟萃、英才辈出,孕育了北伐名将金佛庄、新闻先驱邵飘萍、科学泰斗严济慈、植物学家蔡希陶等一大批仁人志士。

经济社会发展基本情况

改革开放以来,东阳的经济和社会持续快速发展,综合实力显著增强,人民生活水平不断提高,精神文明建设硕果累累,社会各项事业协调发展,是浙江省首批小康县市之一。1999年列入浙江省中等城市发展规划,2002年跨入浙江省经济强市和省级文明城市行列,县域经济竞争力位居全国百强,列第58名。2002年,全市实现国内生产总值122.8亿元,比上年增长12.5%;财政总收入8.8亿元,比上年增长29.3%;全市各项存款119.4亿元,比年初增长19.2%;农民人均纯收入5350元,比上年增长6.4%;外贸出口总额2.4亿美元,比上年增长17.6%。

投资环境不断优化。东阳区位优势明显。西有杭金衢高速公路,北至杭州173公里,邻近东南亚最大的小商品城——义乌小商品市场,相距不过18公里,汽车只需10分钟便可抵达。金甬高速公路贯穿东阳全境,东至宁波193公里。市内公路四通八达,全市已形成半小时经济圈。东阳自然风景、人文景观等旅游资源丰富,拥有全国重点文物保护单位——明清古建筑群卢宅肃雍堂以及享有"东方好莱坞"之美称的横店影视城等旅游精品,是中国优秀旅游城市。东阳是浙江省第四个"电话市",宽带网已覆盖全市各主要镇乡,基本形成了现代化通讯网络。电力纳入华东电网,供应充沛,被国家电力部授予农村电气化县(市)。东阳饮用水源——横锦水库的水质达到国家一级水标准。全市基本实现村村通公路、程控电话、调频广播,形成交通便捷、信息畅通、资源共享、协调发展的良好格局。

党委政府十分注重优化经济发展环境,扎实开展"投资环境整治年"活动。出台优惠政策,限定工业园区用地最高价格,免除了建设过程中的一切行政性收费。整合了工业园区,加大了基础设施建设力度,改善了硬环境,全市形成"三带四区十园"、工业小区和专业村多层次梯度发展格局。实行机制创新,建立行政服务中心、经济发展环境投诉中心、会计核算中心和建筑工程招投标中心。推行投资审批全程代办员制度,简化程序,规范收费,承诺办事,为企业和群众提供便捷服务。开展了两轮行政审批制度改革,减少审批项目752项,推行联合审批,压缩审批环节,提高了办事效率,优化了投资环境,为招商引资奠定了良好基础。

国民经济快速增长。东阳工业主要以磁性电子、医药化工、服装针织、工艺美术、建筑建材等五大支柱产业为主,并涌现出横店集团、广厦集团、浙江莹光化工有限公司等一大批规模企业。工业产品中,磁性材料、医药中间体、皮具、席草、木线、扬声器、金银丝、油石等是全国最大的生产基地之一。尤其是磁性材料,占国内市场的70%以上,被誉为"中国磁都"的横店东磁有限公司,2002年完成销售收入20亿元,上缴税收超8千万元;近几年发展起来的木线行业,产值占全国的70%,加工企业近千家,年销售超10亿元。东阳建筑业发达,已连续五年创出鲁班奖,总数达七只。全市共有建筑企业158家,其中特级资质企业1家,一级11家,二级35家。农业方面,创造、深化推广了农业现代化的典型——蔡卢经验。大力实施"效益优先、藏粮于田"工程,农业产业结构明显优化。农田基础设施和农田水利建设也得到了长足发展,荣获了浙江省第六届水利"大禹杯"金奖。被授予"中国木雕之乡"和"中国香榧之乡"称号。

中等城市初具雏形。东阳城市基础设施完善,中等城市框架基本形成,建成区面积36平方公里,城区人口达到26.5万。深入实施"北进西延南连东扩"城市发展战略。北跨东阳江,建设江北新区。西延义乌,加快开发区建设。南连横店,将横店融入城区,实现吴宁与横店的优势叠加。东扩已经提上议事日程。旧城改造稳步推进。强化城市管理,城市功能日益增强,城市品位逐步提升。供电、供水、污水处理、垃圾填埋、城市防洪能力得到较大提高,被评为全国城市环境综合整治优秀城市。

招商引资势头强劲。东阳市在外人才优势得天独厚,具有20多万建筑、科技、经营、经商、学者等在外人才,体现为创业层面广、人才资源优、资金实力强的特点。东阳人在外创建的年经济总量400多亿元,纯收入60多亿元。为了充分利用好这一优势,东阳市提出开发"东阳人经济",深入实施"四引"回归工程——引进企业、引进资金、引进科技项目、引进技术人才,促进东阳经济和东阳人经济共同繁荣。将2002年定为"招商引资年",把招商引资作为"一把手"工程来抓,在工作中做到一切围绕招商、一切为了招商、一切服务招商。通过千方百计努力,吸引了包括"东阳人经济"在内的大批外地企业到东阳投资,掀起了一个招商引资的高潮。2002年引进企业442家,总投资35.2亿元,为该市下一步实现跳跃式发展奠定了坚实的基础。

社会事业蓬勃发展。东阳教育鼎盛,人才辈出,是省首批教育强市,教学质量在省内名列前茅。据不完全统计,目前在国内外具有高级职称的东阳籍人士达4000多人,博士和博士后600余人,早在1989年,东阳就被《人民日报》誉为"百名博士汇一市、千位教授同故乡"。还先后获得全国科技工作先进市、全国体育先进市、全国文化先进市、全国"三五"普法先进市、省级卫生城市、省社会治安综合治理先进市等多项殊荣。

发展目标和思路

新世纪初,东阳提出以创建经济强市,快建现代化中等城市为跨世纪发展目标,深入实施"兴工强市"和城市化发展战略,大力发展新型工业化,努力加快城市化,积极推进城乡一体化,力争提前基本实现农业农村现代化,确保到2007年,把东阳建设成为以"工业强市、建筑大市、文教名市、旅游优市"为主要特征的经济繁荣、生活富裕、政治民主、社会文明、环境优美的经济强市和现代化中等城市。

浙江省海宁市

海宁地处浙江省北部、杭嘉湖平原南端，东距上海120公里，西离杭州60公里，南濒钱塘江，总面积699.92平方公里，总人口64万，辖13个镇。1986年11月经国务院批准撤县设市，是我国首批沿海对外开放县(市)。

海宁素有“鱼米之乡、丝绸之府、文化之邦、观潮之地、皮革之都”的美誉，是一个典型的江南水乡。海宁拥有潮、灯、名人三大地方特色文化。海宁潮以其潮高、多变、凶猛、惊险而被誉为“天下奇观”；硖石灯彩因其工艺独特、制作精细而名闻中外；海宁人杰地灵，涌现出了王国维、徐志摩、蒋百里、金庸等众多名人。

海宁经济发达，市场繁荣

2002年，全市实现国内生产总值155.02亿元，人均24207元，三次产业比例为7.1:60.5:32.4;财政总收入14.67亿元，其中地方财政收入6.29亿元；城镇居民人均可支配收入11715元，农民人均纯收入6002元。在第二届全国县域经济基本竞争力评价中居百强县(市)第28位。

农业结构不断调整

近年来，海宁市围绕“农业增效、农民增收”目标，大力推进农业结构调整，使特色种养业规模不断扩大，农业产业化经营步伐进一步加快。在稳定粮油、蚕桑、畜禽等传统种养业生产的基础上，积极发展特种水产、优质水果、花卉苗木、优质肉鸡等高效农产品生产，打响了“海昌”牌蜜梨、“丁桥”牌春玉米、“庆云桥”牌千张、“海宁桑”等一批农产品品牌。

工业经济突飞猛进

近年来，海宁市围绕培育规模特色经济，深入实施“兴海工程”和“122”发展战略，集中力量扶持特色优势产业发展，全市初步形成了以皮革、纺织(经编和家纺装饰布)、电子、化工(医药)等区域特色产业为主的工业经济新格局。其中皮革、纺织等主导行业发展迅猛，成为拉动全市工业快速增长的主要力量。荣获了“中国皮革之都”、“中国纺织产业基地”称号，先后涌现了中国皮革第一镇、中国经编名镇和中国布艺名镇等一批特色镇。

商贸旅游日益繁荣

海宁商贸流通业发达，城乡交易活跃。海宁中国皮革城、海宁中国家纺装饰城及海宁中国轻纺村三个专业市场，已经发展成为目前全国最大的皮革服装、家纺装饰布和织锦缎集散中心。依托产业、市场的发展，成功举办了9届皮革服装展销会和3届皮革博览会以及2届家用纺织品博览会。海宁旅游资源丰富。盐官观潮胜地公园和沿江百里文化旅游长廊是浙江省重点开发项目，也是国家首次公布的全国43个旅游发展优先项目之一。目前以“一潮三看赏四景”的观潮旅游为特色，以人文景观和历史遗迹的访古探幽为内涵的旅游格局已经形成。成功举办了9届中国国际钱塘江观潮节，2000年更是通过中央电视台对海宁潮进行了现场直播，大大提升了海宁潮的知名度。

城乡建设日新月异

近年来，海宁以建设现代中等城市为目标，全面贯彻“一年拉框架、两年出形象、三年大变样”的城市建设战略，城市化进程逐步加快。组织实施了“十大新世纪工程”，全线贯通了市区第一环线，建成区面积达到18平方公里，现代中等城市框架初现雏形。实施了国家生态示范市建设，进一步加大了“绿色通道”、沿海防护林、污水处理等工程建设力度，市污水处理厂一期工程和盐仓污水处理厂建成投入运行，加强了农村污染综合治理，城乡环境面貌有了进一步改善。

对外开放不断扩大

全面实施对外开放战略，与国际、国内经济的融合度不断提高。连续四年跻身全省“出口十强”县(市)行列，外贸依存度达到30.7%。已与俄罗斯、美国、日本、香港等50多个国家和地区建立了经贸关系，出口商品生产企业300余家，出口皮革服装、皮沙发套、染料中间体、白厂丝、丝绸服装、锁具、袜子等产品200余种。目前全市有2个省级开发区——海宁经济技术开发区和海宁农业综合对外开发区，3个省批特色工业园区——海宁中国皮都科技工业园、海宁中国经编针织科技工业园和海宁中国装饰布工业园。开发区和工业园已经成为海宁招商引资的主战场和经济发展的新平台。

发展环境日趋改善

近几年来，海宁一直把环境建设作为发展经济的重要抓手，经济发展环境得到进一步优化。市内公路通畅,基本形成了“两横六纵”的公路框架,提前实现了“一级公路通省市,二级公路通乡镇”的目标;沪杭铁路横贯全境,沪杭甬高速公路和320国道、杭州绕城公路越境而过,01省道东连上海浦东,西贯杭州钱塘江二桥,交通十分便捷。同时,海宁有十分充裕的水资源与电力资源,日供水量45万立方米,电力总装机容量40万千瓦,为客商投资办厂提供了强有力的水源、电力保证。另外,海宁的邮电通信、信息网络发达,银行、保险、证券等服务机构一应俱全。

跨入新世纪,海宁人民满怀信心,正朝着建设经济文化强市、观潮旅游名市、现代中等城市的目标阔步前进。

崛起的滨海新城——温岭

温岭地处浙江东部沿海中部，三面濒海，陆域面积920平方公里，海岸线长317公里，辖11镇5街道，人口116万。明成化五年（1469年）置县，1994年2月经国务院批准撤县设市。温岭兼得山海之利，气候宜人，属中亚热带季风气候，受海洋性气候影响明显。温岭物产丰饶，水产品总量连续多年位居全国第二、浙江省首位，素以“鱼米之乡”著称，被誉为“虾仁王国”，是“中国高橙之乡”和 “中国果蔗之乡”。温岭山青水秀，风光迷人，是中国大陆新千年、新世纪第一缕曙光首照地，境内拥有一个国家级风景旅游区、一个省级风景名胜区和一个省级森林公园，旅游资源十分丰富。经千年人工开凿而成的长屿硐天，是国家4A级风景旅游区，被誉为“虽由人作，宛如天开”；方山—南嵩岩风景区，磅礴峥嵘，气势雄伟；江厦森林公园，古木森大，绿荫如盖；温岭的沿海一带，建筑独特，碧海金沙，风光旖旎，石塘镇被誉为“东方巴黎圣母院”。温岭地杰人灵，历代人才辈出，宋代有江湖诗派代表人物戴复古，在中国文学史上久负盛名；植物学家陈泳的《全芳备祖》是中国第一部植物学辞典；明代有茶陵派诗人谢铎；清代有音韵学家戚学标。

改革开放以来，温岭经济社会持续、快速、健康发展，走出了一条具有“中国特色、时代特征、温岭特点”的发展路子，形成了机制灵活、市场活跃、民资丰厚的区域经济特色，经济实力不断增强，城市化进程显著加快，社会各项事业全面进步。连续两届入围“全国农村综合实力百强县市”，获“中国明星县市”、“全国农民收入先进县市”、“全国科技先进县市”、“全国质量兴市先进县市”等称号，是浙江省首批小康县市和首批农村现代化实验区。2002年，全市实现国内生产总值218.7亿元，财政总收入17.5亿元，其中地方财政收入8亿元，农民人均纯收入6220元。据国家统计局测评，温岭社会经济综合发展指数居全国2200多个县市第28位，其中发展水平居21位。2002年，又进入全国县域经济基本竞争力15强行列。经过20多年改革开放的实践，温岭经济的发展呈现了六大特征：

民营经济较为发达

该市以全国第一家股份合作制企业的创办为起点，积极营造民营经济发展优势，民营企业快速发展。至今，民营企业已近3万家，产值近500亿，在全市工业经济中形成了“十分天下有其九”的局面。其中股份合作经济涉及一、二、三产业的各个领域，股份合作企业的工农业产值约占全市工农业总产值的50%。

支柱产业初具规模

该市通过改造传统产业，发展新兴产业，初步形成了摩托车及汽摩配件、机械电器、鞋帽皮塑、水产食品、建筑建材五大支柱产业。汽摩配件行业实力最为雄厚，钱江摩托集团具有年产100万辆摩托车的生产能力，是浙江省15家重中之重企业，全国行业排名第一。服装鞋帽企业量大面广，达3798家，产值88.4亿元，占全市工业比重的18.5%，是全世界最大的注塑、胶塑皮鞋生产基地，被称为“天下之履，十有其一”。机电、水泵产品驰名中外，是国家出口电机的质量检测基地。温岭的建筑业久负盛名，是有名的“建筑之乡”，其最新的代表作--杭州雷锋塔工程享誉海内外。

区域经济凸现特色

温岭以五大支柱产业为主，形成了“一镇一品”、“一村一品”特色经济发展布局。按照区块经济的分布格局和发育程度，该市建设了泵业、鞋业、机电等12个特色工业园区，园区被列入浙江省重点项目。其中塑料工业园区已成为全国最大的日用塑料制品集散地，产品在国内同类市场中占有率达50%以上。同时该市依托中心城市规划建设了一个13.8平方公里的综合性大型工业城。目前，温岭工业经济已经构建了大型综合工业城—特色工业园区—工业小区—集聚加工点相结合的经济发展布局。

专业市场发展迅速

温岭根据产业特点和经济特色，采用股份合作等多种形式，先后投资近3亿元，建成了水产、鞋革、电器、钢铁等十大具有地方特色的骨干专业市场，形成了多层次的市场发展格局。全市现有各类贸易市场120多个，年成交额超亿元的专业市场25个，市场总数和超亿元市场数均居全省前列，其中松门水产品批发市场为华东同类市场之最，跨入全国百强集贸市场行列。2001年，全市集贸市场成交额达158.6亿元。

海洋经济优势明显

温岭充分利用三面濒海、海洋资源丰富的优势,大力发展以海洋渔业为重点的海洋经济,海洋经济得到快速发展。目前,全市共有各类渔船4000多艘,其中钢质渔轮2000多艘;开发浅海滩涂养殖12万亩;年加工出口水产品近6000吨;年水产品总量50多万吨,走出了一条捕、养、加结合,渔、工、贸协调发展的路子。

投资环境非常优越

近年来,温岭大力推进以行政审批制度改革为重点的政府各项改革,通过改革,全市审批、核准事项减少46.8%。在此基础上,2001年5月,该市建立了浙江省规模最大的市政府办证中心,全市30个主要部门的行政审批实行一幢楼办公,一条龙服务。同时,该市积极营造良好政策环境。相继出台规模企业"一厂一策"、企业技改实施贴息政策、重大项目支持制度和科技风险金制度、对投入高新技术产业发展的给予资金支持。温岭区位优势明显,国家沿海高速公路、104国道和筹建中的沿海铁路穿境而过,礁山港是国家批准的对台贸易港口,距市区25公里的民航机场直达北京、上海、广州等十几个重要城市,距市区40公里的海门港有开往香港、日本等地的定期航班,境内金融、商业、饮食、宾馆等设施配套齐全,市容整洁,环境优美。

温岭今后一个时期的经济社会发展主要任务是"围绕两大目标,实现三大跨越"。即围绕提前基本实现现代化和建设现代化中等城市两大目标,努力实现在实力上向经济强市跨越,在内涵上向文化大市跨越。争取通过"十五"期间的努力,成为浙江省提前基本实现现代化的城市。"长风破浪会有时,直挂云帆济沧海"。披着世纪曙光,踩着世纪鼓点的温岭人民正在十六大精神的指引下,再攀经济社会发展新的高峰。

诸暨——向基本现代化迈进

诸暨市位于浙江省中部，与绍兴、义乌、萧山等7个县市区接壤，区域面积2311平方公里，人口105.85万，现设28个镇乡、街道，有1031个村和55个居委会。交通便利，距上海2个小时路程，距萧山国际机场半个小时路程，浙赣铁路、杭金衢高速公路、金杭公路贯穿境内。

诸暨自公元前222年秦时置县，历代未废，是越国古都，西施故里，於越文化的发祥地之一。1989年撤县设市。深厚的文化积淀和创强争先的民风造就了众多俊才英杰，如中国古代著名画家、诗人王冕，太平天国名将何文庆，中国共产党早期无产阶级革命家、共产主义事业的开拓者俞秀松，著名科学家赵忠尧、金善宝、何增禄等。

改革开放以来，特别是近年来，诸暨市经济建设和各项社会事业取得了快速发展，已连续五届荣获"全国农村综合实力百强县(市)"称号，2002年又进入中国县域经济基本竞争力20强和浙江省17个经济强县(市)扩权序列。2002年，全市预计实现国内生产总值200.23亿元，同比增14.0%；财政收入14.11亿元，同比增长24.5%；工业生产性投入40.64亿元，同比增长44.5%；工业用电16.83亿千瓦时，同比增长24.3%；500万元以上工业企业产值256.43亿元，同比增29.5%；自营出口3.15亿美元，同比增35.8%；实到外资4031万美元，同比增322%；市内金融机构存款余额142.31亿元，比去年初净增32.83亿元；市内金融机构贷款余额98.36亿元，比去年初净增27.65亿元；社会消费品零售总额52.72亿元，同比增长13.6%；城镇居民人均可支配收入11707元，同比增12%；农民人均纯收入5993元，同比增7%。

诸暨经济以民营经济和工业经济为主体，块状特色产业与大企业大集团交互辉映，已形成了袜业、五金、珍珠、服装、贡缎等在全国有较高知名度和市场竞争力的区域性特色产业。主要呈现出以下三方面的特点：

有比较厚实的经营者群体

全市共有工商登记注册的个体工商户和企业6万多家，其中职工8人以上企业6000多家；年销售500万元以上工业企业近600余家；销售上亿元的工业企业59家；销售上20亿元以上企业2家；去年实交税收超千万元的有25家，其中8家企业超3000万元；浙江省级高新技术企业31家，国家级高新技术企业13家。继富润纺织、菲达环保两家国有企业上市后，民营企业大东南集团公司、海越公司也即将上市，盾安集团通过辅导期验收。

有比较明显的块状布局

全市有13大块状经济，其中五大重点块状是全国重要的制造业基地。大唐袜业去年生产70亿双，产值107亿元，占全国产量的65%、全世界产量的35%；三都贡缎去年生产14.8亿米，产值85.6亿元，占全国产量的80%、非洲市场的95%；枫桥纺织服装业产值64亿元；山下湖珍珠淡水珍珠及珍珠制品产量160吨，产值24.6亿元，产量占全国的35%、占全世界的30%；山下湖珍珠市场交易量占全国的90%、全世界的30%；店口五金工业今年产值达133.4亿元，其中铝塑复合管件产值38.5亿元，占全国的70%。大唐、店口、山下湖、枫桥、直埠5个浙江省批特色工业园区都出自于块状经济。

有比较突出的品牌优势

从整体品牌看，诸暨市已连续三届举办了中国珍珠节和中国袜业博览会，这些节会的成功举办极大地促进了产业的发展，使得产业与文化走上了良性互动的发展路子。从单体品牌看，有浙江省级著名商标企业27家，浙江省名牌产品25只，中国名牌产品和中国驰名商标各1只。

诸暨还是浙江省的农业大市、建筑强市和市场大市。近几年，诸暨市全面放开粮食生产、收购和销售，大力发展特色农业和无公害农业，粮经比例为44:56，形成茶叶、珍珠、生猪、香榧等十大种植养殖主导产业，创浙江省级以上名牌农产品19只，省级绿色农产品7只，国家级农业龙头企业1家。全市建筑业产值在去年首次突破百亿元大关，达116.2亿元，并有1只独立承建的工程荣获国家建筑工程质量最高奖—"鲁班"奖。全市经工商核准登记的市场有83个，市场成交额198.57亿元，其中市场成交额超10亿元的市场有4个。

在经济建设快速推进的同时，诸暨的城市化步伐不断加快，"一个中心、六大城镇组群"的新兴中等城市框架初步形成。城市建成区面积已达22.8平方公里，人口21.2万。城区人均拥有道路面积10

平方米,人均拥有住房面积20平方米,绿化覆盖率30%,城市化率达45.1%。特别是城市广场、污水处理一期等重大工程的竣工,提高了城市品位。

科技、教育、文化、水利等社会事业全面发展。2002年科技综合实力居浙江省第6位。诸暨承继耕读传家的民风,一以贯之尊师重教,实行"确保中间、放活两头"的教育发展思路,社会力量办学与政府办学协调发展,基础教育与职业教育比翼双飞。全市共有民办学校16所,在校中小学生超过1.5万人,占全市学生总数近十分之一。每年高考上线人数达4000多人,外地在诸暨就读上万人,被评为浙江省首批教育强县(市),成为浙江省首个全面实现高标准普及九年义务教育的县市。积极实施文化精品工程,被认定为"中国优秀旅游城市"。"浣江——五泄风景名胜区"被国务院批准为第四批国家级重点风景名胜区,斯宅民居被认定为国家级文保单位。水利建设成绩显著,完成第一期城市防洪体系工程,基本形成大湖畈标准堤闭合圈。

在社会稳定工作方面,与时俱进深化发展毛泽东同志在40年前批示的"枫桥经验",形成了新的时代特色,即"党政动手,各负其责,依靠群众,立足预防,化解矛盾,维护稳定,促进发展,做到小事不出村,大事不出镇,矛盾不上交"。

这几年,诸暨市深入学习贯彻"三个代表"重要思想,以作风建设为抓手,积极推进以实绩论英雄、群众选干部为重点的干部人事制度改革,强调"部门围绕基层转,一切围绕经济转",形成了较好的用人导向和工作导向,较好地调动了各级领导和党员干部干事业的积极性和主动性。

党的十六大召开后,诸暨市迅速组织学习贯彻,提出今后五年的战略部署,即实施一个战略,实现三个提前。实施一个战略,即实施民本战略,推进富民强市,始终坚持执政为民、发展富民、满足民需、依靠民力的理念;实现三个提前,即提前进入基本现代化、提前建成新兴中等城市、提前形成规范的区域性社会主义市场经济体制。今年诸暨市的工作主题是"创新、创业、创强,全面推进工业立市、开放兴市、文明强市"。今年主要经济工作目标为:国内生产总值增长14%;工业生产性投入增长35%;自营出口增长25%;实到外资增长50%;财政收入增长15%;工业用电量增长21%;社会消费品零售总额增长13%;金融机构年末存款余额增长22%;城镇居民人均可支配收入增长5%;农民人均可支配收入增长5%。

浙江省平阳县

平阳是国务院批准的首批沿海开放县之一

平阳地处浙江省南部，东濒东海，南邻苍南，西靠文成，北接瑞安。全县陆域面积1051平方千米，海域面积3.7万平方千米，人口84万，下辖17个建制镇、14个乡。改革开放以来，特别是近年来，平阳大力推进经济结构战略性调整，抓住机遇、奋力追赶，促进了经济社会的快速发展。平阳从全国打假重点县发展成为全国科技工作先进县，从财政补贴县跃升为财税“双亿”元县，成为浙江省惟一同时拥有“全国科技工作先进县”、“国家级星火技术密集区”和“全国科技兴海示范基地”三个国家级科技称号的县，并荣获“中国塑编之乡”、“中国皮都”、“中国商务礼品生产基地”、“全国邮电通讯百强县”、“全国平原绿化达标先进县”等称号。2002年实现国内生产总值86.8亿元，同比增长12.2%。财政总收入6.83亿元，同比增长27.7%。城镇居民人均可支配收入14330元，农民人均纯收入4466元。

平阳是一个人文大县

平阳建县于西晋太康四年(公元283年)，距今已有1700多年，素有“东南小邹鲁”之称，历代名人辈出。南宋爱国诗人林景熙、元末画家黄公望、清朝思想家宋衡和原全国政协副主席苏步青、“百岁棋王”谢侠逊、新闻巨子马星野、数学家姜立夫、英语专家吴景荣等是杰出的代表。平阳有悠久的武术传统，宋室南迁150年间，就出了武状元13名，武进士253名。近年来，平阳被国家有关部委授予“全国文化工作先进县”、“全国体育工作先进县”、“中国武术之乡”、“中国象棋之乡”等称号。

平阳是一个革命老根据地县

抗日战争和解放战争期间，平阳有“浙江延安”的美誉，曾有1236名烈士为革命事业抛头颅、洒热血。刘英、粟裕曾经率领中国工农红军在平阳战斗过，浙江省委第一次代表大会于1939年7月在平阳的冠尖和马头岗召开。

平阳是一个旅游大县

县内处处皆胜境，旅游资源占全县陆域面积的三分之一强。苏步青教授写过一首诗，其中有两句：“秋色平分南北雁，高风遥接东西林。”指的就是以儒、道、佛三教荟萃闻名的国家级风景名胜区——南雁荡山。联合国“人与生物圈”保护区、国家海洋自然保护区南麂列岛被誉为“碧海仙山”，山海奇观，令人叫绝。平阳还有西湾、腾蛟等众多美景，各具特色。同时，平阳属中亚热带海洋性季风气候区，冬无严寒，夏无酷暑，全年皆适宜旅游。

■第二届中国县域经济基本竞争力百强

■中国县域经济总览

■中国县域经济基本竞争力评价

■中国县域经济论坛

■中国县域经济推荐

■附　第一届中国县域经济基本竞争力百强

第一届中国县域经济基本竞争力百强县(市)名单

1st CHINA COUNTY-LEVEL ECONOMY BASIC COMPETITIVENESS TOP100

排位	县域	UNIT	中郡指数	竞争力动态	竞争力等级
1	广东顺德市	GD—Shunde City	R1T2073	相对稳定	A
2	广东南海市	GD—Nanhai City	R2T2073	相对稳定	A
3	江苏江阴市	JS—Jiangyin City	R3T2073	相对稳定	A
4	江苏常熟市	JS—Changshu City	R4T2073	相对稳定	A
5	江苏张家港市	JS—Zhangjiagang City	R5T2073	相对稳定	A
6	福建晋江市	FJ—Jinjiang City	R6T2073	相对稳定	A
7	江苏武进市	JS—Wujin City	R7T2073	相对稳定	A
8	江苏昆山市	JS—Kunshan City	R8T2073	相对稳定	A
9	浙江萧山市	ZJ—Xiaoshan City	R9T2073	相对稳定	A
10	浙江绍兴县	ZJ—Shaoxing County	R10T2073	相对稳定	A
11	山东荣成市	SD—Rongcheng City	R11T2073	相对稳定	A
12	江苏吴江市	JS—Wujiang City	R12T2073	相对稳定	A
13	福建福清市	FJ—Fuqing City	R13T2073	相对稳定	A
14	江苏宜兴市	JS—Yixing City	R14T2073	相对稳定	A
15	浙江温岭市	ZJ—Wenling City	R15T2073	相对稳定	A
16	浙江鄞县	ZJ—Yinxian County	R16T2073	相对稳定	A
17	福建南安市	FJ—Nan'an City	R17T2073	相对稳定	A
18	浙江慈溪市	ZJ—Cixi City	R18T2073	相对稳定	A
19	江苏太仓市	JS—Taicang City	R19T2073	相对稳定	A
20	上海南汇县	SH—Nanhui County	R20T2073	相对稳定	A
21	山东文登市	SD—Wendeng City	R21T2073	相对稳定	A
22	浙江瑞安市	ZJ—Rui'an City	R22T2073	相对稳定	A
23	辽宁海城市	LN—Haicheng City	R23T2073	相对稳定	A
24	浙江乐清市	ZJ—Leqing City	R24T2073	相对稳定	A
25	浙江余姚市	ZJ—Yuyao City	R25T2073	相对稳定	A

第一届中国县域经济基本竞争力百强县(市)名单(续)

1st CHINA COUNTY-LEVEL ECONOMY BASIC COMPETITIVENESS TOP100

排位	县域	UNIT	中郡指数	竞争力动态	竞争力等级
26	浙江诸暨市	ZJ—Zhuji City	R26T2073	相对稳定	A
27	广东潮阳市	GD—Chaoyang City	R27T2073	相对稳定	A
28	浙江余杭市	ZJ—Yuhang City	R28T2073	相对稳定	A
29	江苏丹阳市	JS—Danyang City	R29T2073	相对稳定	A
30	浙江义乌市	ZJ—Yiwu City	R30T2073	相对稳定	A
31	广东增城市	GD—Zengcheng City	R31T2073	相对稳定	A
32	山东龙口市	SD—Longkou City	R32T2073	相对稳定	A
33	山东邹城市	SD—Zoucheng City	R33T2073	相对稳定	A
34	上海奉贤县	SH—Fengxian County	R34T2073	相对稳定	A
35	山东寿光市	SD—Shouguang City	R35T2073	相对稳定	A
36	广东普宁市	GD—Puning City	R36T2073	相对稳定	A
37	浙江上虞市	ZJ—Shangyu City	R37T2073	相对稳定	A
38	广东新会市	GD—Xinhui City	R38T2073	相对稳定	A
39	江苏通州市	JS—Tongzhou City	R39T2073	相对稳定	A
40	福建惠安县	FJ—Hui'an County	R40T2073	相对稳定	A
41	浙江海宁市	ZJ—Haining City	R41T2073	相对稳定	A
42	湖北仙桃市	HB—Xiantao City	R42T2073	相对稳定	A
43	山东莱州市	SD—Laizhou City	R43T2073	相对稳定	A
44	山东章丘市	SD—Zhangqiu City	R44T2073	相对稳定	A
45	浙江桐乡市	ZJ—Tongxiang City	R45T2073	相对稳定	A
46	山东平度市	SD—Pingdu City	R46T2073	相对稳定	A
47	山东即墨市	SD—Jimo City	R47T2073	相对稳定	A
48	福建石狮市	FJ—Shishi City	R48T2073	相对稳定	A
49	新疆库尔勒市	XJ—Ku'erle City	R49T2073	相对稳定	A
50	山东胶南市	SD—Jiaonan City	R50T2073	相对稳定	A

第一届中国县域经济基本竞争力百强县(市)名单(续)

1st CHINA COUNTY-LEVEL ECONOMY BASIC COMPETITIVENESS TOP100

排位	县域	UNIT	中郡指数	竞争力动态	竞争力等级
51	江苏海门市	JS—Haimen City	R51T2073	相对稳定	A
52	广东惠阳市	GD—Huiyang City	R52T2073	相对稳定	A
53	江苏启东市	JS—Qidong City	R53T2073	相对稳定	A
54	广东台山市	GD—Taishan City	R54T2073	相对稳定	A
55	四川双流县	SC—Shuangliu County	R55T2073	相对稳定	A
56	山东胶州市	SD—Jiaozhou City	R56T2073	相对稳定	A
57	浙江富阳市	ZJ—Fuyang City	R57T2073	相对稳定	A
58	辽宁瓦房店市	LN—Wafangdian City	R58T2073	相对稳定	A
59	山东滕州市	SD—Tengzhou City	R59T2073	相对稳定	A
60	辽宁普兰店市	LN—Pulandian City	R60T2073	相对稳定	A
61	湖北潜江市	HB—Qianjiang City	R61T2073	相对稳定	A
62	河南巩义市	HEN—Gongyi City	R62T2073	相对稳定	A
63	福建龙海市	FJ—Longhai City	R63T2073	相对稳定	A
64	山东诸城市	SD—Zhucheng City	R64T2073	相对稳定	A
65	山东兖州市	SD—Yanzhou City	R65T2073	相对稳定	A
66	江苏江都市	JS—Jiangdu City	R66T2073	相对稳定	A
67	广东三水市	GD—Sanshui City	R67T2073	相对稳定	A
68	山东新泰市	SD—Xintai City	R68T2073	相对稳定	A
69	湖北襄阳县	HB—Xiangyang County	R69T2073	相对稳定	A
70	广东高要市	GD—Gaoyao City	R70T2073	相对稳定	A
71	浙江东阳市	ZJ—Dongyang City	R71T2073	相对稳定	A
72	广东开平市	GD—Kaiping City	R72T2073	相对稳定	A
73	湖南长沙县	HN—Changsha County	R73T2073	相对稳定	A
74	江苏铜山县	JS—Tongshan County	R74T2073	相对稳定	A
75	山东乳山市	SD—Rushan City	R75T2073	相对稳定	A

第一届中国县域经济基本竞争力百强县(市)名单(续)
1st CHINA COUNTY-LEVEL ECONOMY BASIC COMPETITIVENESS TOP100

排位	县域	UNIT	中郡指数	竞争力动态	竞争力等级
76	湖北枣阳市	HB—Zaoyang City	R76T2073	相对稳定	A
77	山东招远市	SD—Zhaoyuan City	R77T2073	相对稳定	A
78	浙江玉环县	ZJ—Yuhuan County	R78T2073	相对稳定	A
79	江苏泰兴市	JS—Taixing City	R79T2073	相对稳定	A
80	山东肥城市	SD—Feicheng City	R80T2073	相对稳定	A
81	江苏东台市	JS—Dongtai City	R81T2073	相对稳定	A
82	河北迁安市	HEB—Qian'an City	R82T2073	相对稳定	A
83	浙江嵊州市	ZJ—Shengzhou City	R83T2073	相对稳定	A
84	上海崇明县	SH—Chongming County	R84T2073	相对稳定	A
85	福建长乐市	FJ—Changle City	R85T2073	相对稳定	A
86	山东安丘市	SD—Anqiu City	R86T2073	相对稳定	A
87	浙江临海市	ZJ—Linhai City	R87T2073	相对稳定	A
88	河北丰南市	HEB—Fengnan City	R88T2073	相对稳定	A
89	江苏溧阳市	JS—Liyang City	R89T2073	相对稳定	A
90	浙江永康市	ZJ—Yongkang City	R90T2073	相对稳定	A
91	山东莱西市	SD—Laixi City	R91T2073	相对稳定	A
92	湖北宜昌县	HB—Yichang County	R92T2073	相对稳定	A
93	广东揭东县	GD—Jiedong County	R93T2073	相对稳定	A
94	河南新郑市	HEN—Xinzheng City	R94T2073	相对稳定	A
95	浙江长兴县	ZJ—Changxing County	R95T2073	相对稳定	A
96	浙江苍南县	ZJ—Cangnan County	R96T2073	相对稳定	A
97	湖北天门市	HB—Tianmen City	R97T2073	相对稳定	A
98	浙江平湖市	ZJ—Pinghu City	R98T2073	上升	A
99	浙江临安市	ZJ—Lin'an City	R99T2073	相对稳定	A
100	山东蓬莱市	SD—Penglai City	R100T2073	相对稳定	A

第一届中国西部百强县(市)名单

1st CHINA WESTEN COUNTY-LEVEL ECONOMY BASIC COMPETITIVENESS TOP100

排位	县域	UNIT	中郡指数	竞争力动态	竞争力等级
1	新疆库尔勒市	XJ-Ku'erle City	R49T2073	相对稳定	A
2	四川双流县	SC-Shuangliu County	R55T2073	相对稳定	A
3	云南大理市	YN-Dali City	R117T2073	相对稳定	A
4	重庆江津市	CQ-Jiangjin City	R121T2073	相对稳定	A
5	重庆合川市	CQ-Hechuan City	R124T2073	相对稳定	A
6	四川新都县	SC-Xindu County	R151T2073	相对稳定	A
7	四川什邡市	SC-Shifang City	R160T2073	相对稳定	A
8	内蒙古东胜市	NM-Dongsheng City	R163T2073	上升	A
9	四川江油市	SC-Jiangyou City	R180T2073	注意	A
10	四川郫县	SC-Pixian County	R185T2073	相对稳定	A
11	四川绵竹市	SC-Mianzhu City	R201T2073	相对稳定	B
12	四川崇州市	SC-Chongzhou City	R205T2073	上升	B
13	新疆鄯善县	XJ-Shanshan County	R211T2073	相对稳定	B
14	云南安宁市	YN-Anning City	R213T2073	注意	B
15	四川都江堰市	SC-Dujiangyan City	R216T2073	上升	B
16	重庆永川市	CQ-Yongchuan City	R224T2073	相对稳定	B
17	四川彭州市	SC-Pengzhou City	R225T2073	相对稳定	B
18	四川西昌市	SC-Xichang City	R234T2073	相对稳定	B
19	四川邛崃市	SC-Qionglai City	R237T2073	相对稳定	B
20	广西来宾县	GX-Laibin County	R239T2073	相对稳定	B
21	四川广汉市	SC-Guanghan City	R250T2073	相对稳定	B
22	云南楚雄市	YN-Chuxiong City	R252T2073	相对稳定	B
23	四川金堂县	SC-Jintang County	R258T2073	相对稳定	B
24	贵州遵义县	GZ-Zunyi County	R260T2073	相对稳定	B
25	重庆长寿县	CQ-Changshou County	R261T2073	相对稳定	B

第一届中国西部百强县(市)名单(续)

1st CHINA WESTEN COUNTY-LEVEL ECONOMY BASIC COMPETITIVENESS TOP100

排位	县域	UNIT	中郡指数	竞争力动态	竞争力等级
26	四川大邑县	SC-Dayi County	R268T2073	上升	B
27	广西宜州市	GX-Yizhou City	R284T2073	相对稳定	B
28	四川射洪县	SC-Shehong County	R288T2073	注意	B
29	广西邕宁县	GX-Yongning County	R290T2073	相对稳定	B
30	广西合浦县	GX-Hepu County	R292T2073	相对稳定	B
31	甘肃武威市	GS-Wuwei City	R293T2073	相对稳定	B
32	广西博白县	GX-Bobai County	R294T2073	相对稳定	B
33	广西北流市	GX-Beiliu City	R295T2073	相对稳定	B
34	四川中江县	SC-Zhongjiang County	R296T2073	相对稳定	B
35	四川三台县	SC-Santai County	R297T2073	相对稳定	B
36	新疆阿克苏市	XJ-Akesu City	R306T2073	上升	B
37	内蒙古准格尔旗	NM-Zhunge'er Banner	R320T2073	上升	B
38	广西贺州市	GX-Hezhou City	R330T2073	相对稳定	B
39	广西武鸣县	GX-Wuming County	R340T2073	相对稳定	B
40	内蒙古达拉特旗	NM-DalateBanner	R349T2073	上升	B
41	广西灵山县	GX-Lingshan County	R355T2073	相对稳定	B
42	新疆石河子市	XJ-Shihezi City	R365T2073	相对稳定	B
43	四川简阳市	SC-Jianyang City	R367T2073	注意	B
44	四川温江县	SC-Wenjiang County	R379T2073	相对稳定	B
45	重庆铜梁县	CQ-Tongliang County	R381T2073	相对稳定	B
46	新疆哈密市	XJ-Hami City	R382T2073	上升	B
47	四川仁寿县	SC-Renshou County	R391T2073	注意	B
48	重庆綦江县	CQ-Qijiang County	R392T2073	相对稳定	B
49	重庆开县	CQ-Kaixian County	R398T2073	相对稳定	B
50	云南宣威市	YN-Xuanwei City	R408T2073	相对稳定	C

第一届中国西部百强县(市)名单(续)

1st CHINA WESTEN COUNTY-LEVEL ECONOMY BASIC COMPETITIVENESS TOP100

排位	县域	UNIT	中郡指数	竞争力动态	竞争力等级
51	云南昭通市	YN-Zhaotong City	R411T2073	相对稳定	C
52	重庆大足县	CQ-Dazu County	R416T2073	上升	C
53	贵州兴义市	GZ-Xingyi City	R418T2073	上升	C
54	内蒙古锡林浩特市	NM-Xilinhaote City	R421T2073	上升	C
55	云南个旧市	YN-Gejiu City	R424T2073	相对稳定	C
56	四川南部县	SC-Nanbu County	R426T2073	上升	C
57	广西南丹县	GX-Nandan County	R430T2073	相对稳定	C
58	四川大竹县	SC-Dazhu County	R439T2073	相对稳定	C
59	云南弥勒县	YN-Mile County	R441T2073	相对稳定	C
60	内蒙古临河市	NM-Linhe City	R444T2073	注意	C
61	新疆昌吉市	XJ-Changji City	R451T2073	相对稳定	C
62	广西全州县	GX-Quanzhou County	R453T2073	相对稳定	C
63	甘肃玉门市	GS-Yumen City	R456T2073	上升	C
64	云南宜良县	YN-Yiliang County	R465T2073	相对稳定	C
65	广西河池市	GX-Hechi City	R479T2073	相对稳定	C
66	青海格尔木市	QH-Ge'ermu City	R480T2073	上升	C
67	陕西神木县	SN-Shenmu County	R481T2073	上升	C
68	广西百色市	GX-Baise City	R484T2073	相对稳定	C
69	广西横县	GX-Hengxian County	R486T2073	注意	C
70	重庆璧山县	CQ-Bishan County	R487T2073	相对稳定	C
71	广西桂平市	GX-Guiping City	R488T2073	注意	C
72	贵州盘县	GZ-Panxian County	R491T2073	相对稳定	C
73	贵州毕节市	GZ-Bijie City	R497T2073	注意	C
74	云南景洪市	YN-Jinghong City	R499T2073	注意	C
75	新疆玛纳斯县	XJ-Manasi County	R520T2073	相对稳定	C

第一届中国西部百强县(市)名单(续)

1st CHINA WESTEN COUNTY-LEVEL ECONOMY BASIC COMPETITIVENESS TOP100

排位	县域	UNIT	中郡指数	竞争力动态	竞争力等级
76	新疆沙湾县	XJ–Shawan County	R524T2073	上升	C
77	四川达县	SC–Daxian County	R525T2073	注意	C
78	内蒙古海拉尔市	NM–Haila'er City	R526T2073	相对稳定	C
79	重庆南川市	CQ–Nanchuan City	R529T2073	相对稳定	C
80	四川峨眉山市	SC–Emeishan City	R530T2073	上升	C
81	宁夏青铜峡市	NX–Qingtongxia City	R531T2073	上升	C
82	广西浦北县	GX–Pubei County	R539T2073	相对稳定	C
83	重庆荣昌县	CQ–Rongchang County	R540T2073	相对稳定	C
84	四川资中县	SC–Zizhong County	R542T2073	注意	C
85	甘肃张掖市	GS–Zhangye City	R546T2073	相对稳定	C
86	四川富顺县	SC–Fushun County	R549T2073	注意	C
87	广西容县	GX–Rongxian County	R552T2073	相对稳定	C
88	内蒙古伊金霍洛旗	NM–Yijinhuoluo Banner	R560T2073	上升	C
89	广西平果县	GX–Pingguo County	R563T2073	上升	C
90	广西陆川县	GX–Luchuan County	R564T2073	相对稳定	C
91	重庆潼南县	CQ–Tongnan County	R565T2073	相对稳定	C
92	贵州清镇市	GZ–Qingzhen City	R566T2073	上升	C
93	四川安岳县	SC–Anyue County	R568T2073	注意	C
94	内蒙古满洲里市	NM–Manzhouli City	R573T2073	上升	C
95	四川新津县	SC–Xinjin County	R575T2073	上升	C
96	甘肃酒泉市	GS–Jiuquan City	R578T2073	上升	C
97	云南开远市	YN–Kaiyuan City	R587T2073	相对稳定	C
98	四川威远县	SC–Weiyuan County	R588T2073	相对稳定	C
99	新疆乌苏市	XJ–Wusu City	R603T2073	上升	D
100	新疆乌鲁木齐县	XJ–Wulumuqi County	R605T2073	注意	D

第一届中国县域经济基本竞争力提升速度最快的百县(市)名单

1st CHINA COUNTY-LEVEL ECONOMY BASIC COMPETITIVENESS INCREASING TOP100

县域	UNIT	中郡指数	竞争力动态	竞争力等级
安徽郎溪县	AH-Langxi County	R1201T2073	上升	G
安徽宿松县	AH-Susong County	R744T2073	上升	D
甘肃阿克塞县	GS-Akesai County	R1172T2073	上升	F
甘肃安西县	GS-Anxi County	R1188T2073	上升	F
甘肃成县	GS-Chengxian County	R1361T2073	上升	G
甘肃和政县	GS-Hezheng County	R1678T2073	上升	I
甘肃金塔县	GS-Jinta County	R1260T2073	上升	G
甘肃酒泉市	GS-Jiuquan City	R578T2073	上升	C
甘肃民勤县	GS-Minqin County	R1312T2073	上升	G
甘肃宁县	GS-Ningxian County	R1262T2073	上升	G
甘肃永登县	GS-Yongdeng County	R685T2073	上升	D
甘肃玉门市	GS-Yumen City	R456T2073	上升	C
广东陆河县	GD-Luhe County	R1241T2073	上升	G
广西融安县	GX-Rong'an County	R1179T2073	上升	F
贵州惠水县	GZ-Huishui County	R1281T2073	上升	G
贵州江口县	GZ-Jiangkou County	R1611T2073	上升	I
贵州雷山县	GZ-Leishan County	R1690T2073	上升	I
贵州黎平县	GZ—Liping County	R1447T2073	上升	H
贵州麻江县	GZ-Majiang County	R1631T2073	上升	I
贵州水城县	GZ-Shuicheng County	R1319T2073	上升	G
贵州铜仁市	GZ-Tongren City	R1173T2073	上升	F
贵州万山特区	GZ-Wanshan Special Region	R1784T2073	上升	I
贵州习水县	GZ-Xishui County	R1210T2073	上升	G
海南琼中县	HAN-Qiongzhong County	R1154T2073	上升	F
河南南召县	HEN-Nanzhao County	R626T2073	上升	D

第一届中国县域经济基本竞争力提升速度最快的百县(市)名单(续)

1st CHINA COUNTY-LEVEL ECONOMY BASIC COMPETITIVENESS INCREASING TOP100

县域	UNIT	中郡指数	竞争力动态	竞争力等级
河南汝阳县	HEN-Ruyang County	R1218T2073	上升	G
河南新县	HEN-Xinxian County	R1021T2073	上升	F
黑龙江木兰县	HL-Mulan County	R1209T2073	上升	G
湖北江陵县	HB-jiangling County	R1159T2073	上升	F
湖北团风县	HB-Tuanfeng County	R1027T2073	上升	F
湖南洪江市	HN-Hongjiang City	R727T2073	上升	D
吉林大安市	JL-Da'an City	R698T2073	上升	D
吉林江源县	JL-Jiangyuan County	R808T2073	上升	E
江西九江县	JX-Jiujiang County	R1229T2073	上升	G
江西彭泽县	JX-Pengze County	R1352T2073	上升	G
辽宁长海县	LN—Changhai County	R752T2073	上升	D
内蒙古察哈尔右翼后旗	NM—Chaha'eryouyihou Banner	R1464T2073	上升	H
内蒙古鄂托克旗	NM-Etuoke Banner	R702T2073	上升	D
内蒙古鄂托克前旗	NM-Etuokeqian Banner	R1156T2073	上升	F
内蒙古杭锦旗	NM-Hangjin Banner	R819T2073	上升	E
内蒙古清水河县	NM-Qingshuihe County	R1204T2073	上升	G
内蒙古苏尼特右旗	NM-Suniteyou Banner	R1318T2073	上升	G
内蒙古突泉县	NM-Tuquan County	R1243T2073	上升	G
内蒙古乌审旗	NM-Wushen Banner	R1003T2073	上升	F
内蒙古锡林浩特市	NM-Xilinhaote City	R421T2073	上升	C
内蒙古伊金霍洛旗	NM-Yijinhuoluo Banner	R560T2073	上升	C
内蒙古准格尔旗	NM-Zhunge'er Banner	R320T2073	上升	B
宁夏惠农县	NX-Huinong County	R1449T2073	上升	H
宁夏灵武市	NX-Lingwu City	R1010T2073	上升	F
宁夏盐池县	NX-Yanchi County	R1148T2073	上升	F

第一届中国县域经济基本竞争力提升速度最快的百县(市)名单(续)

1st CHINA COUNTY-LEVEL ECONOMY BASIC COMPETITIVENESS INCREASING TOP100

县域	UNIT	中郡指数	竞争力动态	竞争力等级
青海大通县	QH-Datong County	R850T2073	上升	E
青海德令哈市	QH-Delingha City	R1279T2073	上升	G
青海甘德县	QH-Gande County	R1847T2073	上升	J
青海共和县	QH-Gonghe County	R1106T2073	上升	F
青海乐都县	QH-Ledu County	R1344T2073	上升	G
青海平安县	QH-Ping'an County	R1037T2073	上升	F
青海同仁县	QH-Tongren County	R1571T2073	上升	H
青海乌兰县	QH-Wulan County	R1762T2073	上升	I
青海循化县	QH-Xunhua County	R1410T2073	上升	H
青海泽库县	QH-Zeku County	R1731T2073	上升	I
山东曹县	SD-Caoxian County	R599T2073	上升	C
山东临清市	SD-Linqing City	R319T2073	上升	B
山东庆云县	SD-Qingyun County	R1150T2073	上升	F
山西汾阳市	SX-Fenyang City	R708T2073	上升	D
山西广灵县	SX-Guangling County	R1267T2073	上升	G
山西怀仁县	SX-Huairen County	R705T2073	上升	D
山西静乐县	SX-Jingle County	R1764T2073	上升	I
山西岢岚县	SX-Kelan County	R1404T2073	上升	H
山西临县	SX-Linxian County	R1639T2073	上升	I
山西灵丘县	SX-Lingqiu County	R1467T2073	上升	H
山西天镇县	SX-Tianzhen County	R1638T2073	上升	I
山西五寨县	SX-Wuzai County	R1107T2073	上升	F
山西兴县	SX-Xingxian County	R1530T2073	上升	H
山西右玉县	SX-Youyu County	R1305T2073	上升	G
陕西横山县	SN-Hengshan County	R1527T2073	上升	H

第一届中国县域经济基本竞争力提升速度最快的百县(市)名单(续)

1st CHINA COUNTY-LEVEL ECONOMY BASIC COMPETITIVENESS INCREASING TOP100

县域	UNIT	中郡指数	竞争力动态	竞争力等级
陕西洛川县	SN-Luochuan County	R756T2073	上升	D
陕西米脂县	SN-Mizhi County	R1456T2073	上升	H
陕西清涧县	SN-Qingjian County	R1753T2073	上升	I
陕西神木县	SN-Shenmu County	R481T2073	上升	C
陕西延川县	SN-Yanchuan County	R859T2073	上升	E
陕西子长县	SN-Zizhang County	R1270T2073	上升	G
陕西子洲县	SN-Zizhou County	R1652T2073	上升	I
四川丹巴县	SC-Danba County	R1842T2073	上升	J
四川德格县	SC-Dege County	R1843T2073	上升	J
四川华蓥市	SC-Huaying City	R795T2073	上升	D
四川九寨沟县	SC-Jiuzaigou County	R1393T2073	上升	G
四川康定县	SC-Kangding County	R860T2073	上升	E
四川理塘县	SC-Litang County	R1873T2073	上升	J
四川茂县	SC-Maoxian County	R1563T2073	上升	H
四川南部县	SC-Nanbu Countty	R426T2073	上升	C
四川石棉县	SC-Shimian County	R1253T2073	上升	G
四川西充县	SC-Xichong County	R1130T2073	上升	F
新疆呼图壁县	XJ-Hutubi County	R922T2073	上升	E
新疆喀什市	XJ-Kashi City	R779T2073	上升	D
新疆轮台县	XJ-Luntai County	R976T2073	上升	E
新疆且末县	XJ-Qiemo County	R1228T2073	上升	G
新疆吐鲁番市	XJ-Tulufan City	R686T2073	上升	D
新疆温宿县	XJ-Wensu County	R1278T2073	上升	G
浙江三门县	ZJ-Sanmen County	R653T2073	上升	D
浙江天台县	ZJ-Tiantai County	R432T2073	上升	C

第一届中国各省市区县域经济基本竞争力排序

1st CHINA COUNTY-LEVEL ECONOMY BASIC COMPETITIVENESS EVALUATION BY PROVINCE

省市区	竞争力数	排列	分级
上海	2027	1	I
天津	1900	2	I
北京	1848	3	I
江苏	1846	4	I
山东	1693	5	II
浙江	1675	6	II
福建	1465	7	III
广东	1447	8	III
河南	1419	9	III
湖北	1404	10	III
重庆	1318	11	III
安徽	1311	12	III
辽宁	1297	13	III
河北	1236	14	III
湖南	1229	15	III
海南	1188	16	III
吉林	1167	17	III
广西	1048	18	III
黑龙江	1029	19	III
江西	910	20	IV
四川	859	21	IV
内蒙古	857	22	IV
云南	701	23	IV
贵州	659	24	IV
新疆	651	25	IV
陕西	638	26	IV
山西	618	27	IV
宁夏	578	28	IV
甘肃	515	29	IV
青海	407	30	IV
西藏	56	31	V